हिन्दू पंच

बलिदान अंक

सम्पादक

कमलादत्त पाण्डेय

प्रस्तावना

सुरेश सलिल

वाणी प्रकाशन

वाणी प्रकाशन

4695, 21-ए, दरियागंज, नयी दिल्ली 110 002

फ़ोन : +91 11 23273167 फ़ैक्स : +91 11 23275710

शाखाएँ

अशोक राजपथ, पटना 800 004, बिहार

कॉफ़ी हाउस कैम्पस, महात्मा गांधी मार्ग, इलाहाबाद 211 001, उत्तर प्रदेश

महात्मा गांधी अन्तरराष्ट्रीय हिन्दी विश्वविद्यालय, वर्धा 442 001, महाराष्ट्र

सुल्तानिया रोड, मोतिया पार्क, भोपाल 462 001, मध्य प्रदेश

www.vaniprakashan.com
marketing@vaniprakashan.in
sales@vaniprakashan.in

Hindu Panch (Balidan Ank)
Edited by Kamladutt Pandey

ISBN : 978-93-5072-000-4
Journalism/History

संस्करण 2000
आवृत्ति संस्करण 2021

मूल्य : ₹ 695

आर. टेक ऑफ़सेट प्रिंटर्स, दिल्ली-110032 में मुद्रित

वाणी प्रकाशन का लोगो मक़बूल फ़िदा हुसेन की कूची से

विषय सूची

'बलिदान अंक' का महत्त्व

हमारे राष्ट्रीय मुक्ति-संघर्ष की अधिकांश अभिलेखात्मक सामग्री भाषायी पत्रकारिता में बिखरी पड़ी हैं, जिसकी ओर एक साथ और समग्रतः किसी का ध्यान अब तक शायद ही जा पाया है। यही वजह है कि स्वाधीनता आंदोलन का सर्वाग संपूर्ण इतिहास अब तक नहीं लिखा जा सका। 1857 के ऐतिहासिक विद्रोह के दौरान दिल्ली से हिंदी और उर्दू में 'पयामे आजादी' नाम का एक पत्र निकलता था, जिसके संपादक बेदार बख्त नाम के कोई सज्जन थे। सत्तावनी संग्रामियों का अभियान गीत—"हम हैं इसके मालिक, यह हिंदुस्तान हमारा/ पाक वतन है कौम का, जन्नत से भी प्यारा"—पहले-पहल उसी में प्रकाशित हुआ था। विद्रोह की विफलता के बाद समूची दिल्ली में तलाशियों का जो दौर-दौरां शुरू हुआ, उसमें जिसके यहाँ 'पयामे आजादी' की एक भी प्रति पाई जाती थी, उसे तुरंत गोली से उड़ा दिया जाता था। आज उस पत्र की एकमात्र ज्ञात प्रति लंदन की ब्रिटिश म्युजियम में है। इसके अलावा भी कोई एक दर्जन उर्दू अखबार उस दौरान दिल्ली से निकलते थे। उन्हीं में से एक 'दिल्ली उर्दू अख़बार' भी था, जिसके रिपोर्टर से ब्रिटिश सेना के एक सिपाही ने अंग्रेजों की ओर इशारा करके कहा था कि "गोलियाँ तो इन्होंने भरवा दी हैं, अब देखना हम किसको मारते हैं।"

हिंदी में वैसे तो पत्रकारिता की शुरुआत 1857 की घटनाओं से कोई तीस साल पहले कानपुर के युगलकिशोर शुक्ल ने कलकत्ता से 'उद्दंत मार्तंड' अखबार निकाल कर कर दी थी और 'हिंदुस्तानियों के हित के हेत "उसे विपरीत परिस्थितियों के बीच भी एक वर्ष तक चलाते रहे, 1850 में एक बार फिर उन्होंने कमर कसी और 'साम्यदंत मार्तंड' नामक पत्र निकाला, जो दो वर्ष तक प्रकाशित हुआ, लेकिन ऐन 1857 की घटनाओं के दौरान 'पयामे आजादी' के अलावा हिंदी में और कोई पत्र निकलता था या नहीं, इसका पता लगाया जाना अभी बाकी है। फिर भी यह सच है कि देश के जन-धन के औपनिवेशिक शोषण और राष्ट्रीय मुक्ति आकांक्षा का प्रथम प्रभावी स्वर भारतेंदु युगीन 'हिंदी प्रदीप' और 'ब्राह्मण' आदि पत्रों में ही मुखर हुआ। बीसवीं सदी की शुरुआत के साथ 'बंगवाणी', 'भारत मित्र, 'अभ्युदय', 'कर्मयोगी' आदि कई और पत्र स्वातंत्र्य भावना के संवाहक बनकर सामने आये और उन्होंने अपनी प्रभावी उपस्थिति दर्ज की। लेकिन जिसे सही अर्थो में आजादी के समग्र उपक्रमों का मुखपत्र कहा जा सके, ऐसा हिंदी का पहला पत्र 'प्रताप' था, जिसे 1913 के अंतिम महीनों में कानपुर से गणेश शंकर विद्यार्थी ने शुरू किया था। उसके बाद तो, न सिर्फ कई अखबार बल्कि कई ऐसी पत्रिकाएं भी प्रकाशित हुईं, जिन्होंने राष्ट्रीय युग के निर्माण और उसे भरपूर अभिव्यक्ति देने में कोई कोर-कसर नहीं उठा रखीं। इस प्रसंग में 'प्रभा' (कानपुर), 'चाँद' (इलाहाबाद), 'स्वदेश' (गोरखपुर) और 'हिंदू पंच' (कलकत्ता) के नाम विशेष रूप से उल्लेखनीय हैं। वैसे तो इन पत्रों का प्रत्येक अंक राजनीति, साहित्य, संस्कृति, इतिहास, अर्थशास्त्र की विचारोत्तेजक और युगीन महत्त्व की सामग्री से समृद्ध होता था, लेकिन 1920-30 के दशक में इनमें से प्रत्येक के कुछेक ऐसे विशेष अंक प्रकाशित हुए, जो अपने समय में तो बेहद चर्चित और विवादास्पद रहे ही, भविश्य के लिए भी अमूल्य ऐतिहासिक धरोहर प्रमाणित हुए। वे हैं : 'स्वदेश' का 'विजयांक' (1924), 'प्रभा' का 'झंडा-अंक' (1925), 'चाँद' का 'फाँसी अंक' (1928) और 'हिंदू पंच' का 'बलिदान' अंक (1930)। प्रभा के 'झंडा अंक' को छोड़कर शेष तीनों विशेषांक प्रकाशित होते ही जब्त कर लिये गये थे। प्रसन्नता की बात

है कि उनमें से 'हिंदू पंच' के 'बलिदान अंक' का पुनर्प्रकाशन आजादी की अर्धशती के अवसर पर वाणी प्रकाशन, दिल्ली से 'आजादी के दस्तावेज' पुस्तकमाला के अंतर्गत हो रहा है।

'हिंदूपंच' का प्रकाशन 1926 में कलकत्ता से प्रारंभ हुआ था और उसका संपादन दायित्व वहन किया था द्विवेदी युग के प्रसिद्ध लेखक ईश्वरी दत्त शर्मा ने। पत्रिका के ध्येय वाक्य के रूप में प्रत्येक अंक के प्रथम पृष्ठ पर दो काव्य-पंक्तियां होती थीं : ''लज्जा रखने को हिंदू की, हिंदू नाम बचाने को/आया 'हिंदू-पंच' हिंद में, हिंदू जाति जगाने को।'' यहां 'हिंदू' शब्द पर विशेष बल है और वह पुनर्वार आया है, लेकिन इसे आज के चड्डीधारी हिंदुत्व के बजाय 'कौम' या 'जाति' के अर्थ में लेना होगा। हिंदू, अर्थात् हिंदुस्तान में रहनेवाले सभी धर्मो, संप्रदायों का जातीय समूह, जो अपने राष्ट्रीय हितों को सर्वोपरि मानता हो।

'हिंदू पंच' का 'बलिदान अंक' पत्र के पांचवें वर्ष के प्रथमांक के रूप में 'पहली जनवरी 1930' की डेट लाइन से प्रकाशित हुआ था। किंतु विशेषांक के प्रारंभ में संपादक की ओर से जो 'भूमिका' छापी गई है, उसमें उल्लेख हुआ है कि ''लाहौर राष्ट्रीय कांग्रेस के शुभ अवसर पर हम सहर्ष आपकी सेवा में यह विप्लवकारी 'बलिदान अंक' सादर समर्पित करते हैं।'' लाहौर कांग्रेस 1929 के दिसंबर मास में हुई थी और संपूर्ण आजादी का प्रस्ताव उसमें पारित हुआ था। इस अवसर पर 'बलिदान अंक' को जारी करने का अर्थ है कि लगभग पूरा 1929 का वर्ष उसकी तैयारी में लगा होगा और तब हम इस नतीजे तक पहुंच सकते हैं कि बलिदान अंक को इस रूप में निकालने का विचार 1928 के अंत में परिपक्व हो चुका होगा। संभव है, उसके तात्कालिक उत्प्रेरक की भूमिका 'चाँद' के फाँसी अंक ने भी अदा की हो, क्योंकि ठीक उन्हीं दिनों दीपावली के मौके पर 'फाँसी अंक' आया था। लेकिन 'बलिदान अंक' निकालने की प्रेरणा 'फाँसी अंक' से मिली या नहीं मिली, यह महत्त्वपूर्ण नहीं है, बल्कि महत्त्वपूर्ण यह है कि हम उस पूरे कालखंड पर दृष्टिपात करें और देखें कि अहिंसा के जिस दर्शन से महात्मा गांधी ने महज एक चौरीचौरा की घटना को आधार बनाकर 1922 में असहयोग के उमड़ते जन-प्रवाह को बिखेर दिया था और 1921 की अमृतसर कांग्रेस में हसरत मोहानी द्वारा पेश मुकम्मल आजादी के प्रस्ताव को तिरस्त करा दिया था, उस अहिंसा-दर्शन के बजाय एकाएक फाँसी और बलिदान जैसे मुद्दे कैसे महत्त्वपूर्ण हो उठे ? अचानक 1929 में जवाहरलाल नेहरू को संपूर्ण आजादी की बात कैसे जरूरी लगने लगी ? और तब हमारा ध्यान 1925 से 1929 के दौरान घटी कुछ ज्वलंत घटनाओं की ओर जाता है। 9 अगस्त 1925 को काकोरी की ट्रेन-डकैती की घटना होती है, 17 और 19 दिसंबर 1927 को काकोरी के चार क्रांतिकारियों—बिस्मिल, अश्फाक, रोशनसिंह, राजेंद्र लाहिड़ी—को फाँसी पर लटकाया जाता है, 30 अक्तूबर 1928 को लाहौर में साइमन विरोधी प्रदर्शन में लाला लाजपत राय पर लाठियाँ बरसाई जाती हैं और उन्हीं चोटों की वजह से 17 नवंबर को उनका निधन होता है, उसके बदले की कार्रवाई के रूप में भगत सिंह, चंद्रशेखर आजाद आदि क्रांतिकारी 17 दिसंबर को सांडर्स का बध करते हैं और 8 अप्रैल 1929 को भगत सिंह व बटुकेश्वर दत्त, असेम्बली में बम फोड़ते हैं। यह भी ध्यान रखने की बात है कि 30 अक्टूबर 1928 से 8 अप्रैल 1929 तक के इस समूचे घटनाक्रम से पहले 8-9 सितम्बर 1928 को दिल्ली के फीरोजशाह कोटला की एक बैठक में भगत सिंह आदि क्रांतिकारियों ने अपने गुप्त संगठन के नाम में 'समाजवादी' शब्द जोड़कर अपने क्रांतिकारी सरोकारों और आजादी की अपनी परिभाषा का खुलासा कर दिया था।

इन सुर्खियों पर दृष्टिपात कर लेने के बाद जहाँ हमारे सामने कांग्रेस के इस बदले हुए रवैये की वजहें स्पष्ट होती हैं, वहीं 'फाँसी अंक' से बलिदान अंक के बीच हमारे राष्ट्रीय आंदोलन में जो नये गुणात्मक बिंदु जुड़े, वे भी स्पष्ट हो उठते हैं। 'फाँसी अंक' में विचार की मनोभूमि बहुत गंभीर और बौद्धिक है, लेकिन अजादी और विद्रोह की क्लासिक अवधारणा का रंग वहाँ इतना गहरा है कि सुकरात और फ्रांस की राज्यक्रांति से आगे आकर दुनिया के इतिहास और वर्तमान पर दृष्टिपात करने की ओर उसका ध्यान ही नहीं जाता। इसकी वजह यही है कि 'फाँसी अंक' जब तैयार हो रहा था, तब तक उपर्युक्त घटनाक्रम में से सिर्फ काकोरी के बलिदान ही सामने आ सके थे, जबकि 'हिंदू-पंच' के 'बलिदान अंक' की तैयारी दिसंबर 1927 से अप्रैल 1929 के समूचे घटनाक्रम के आलोक में

हुई। इसीलिए यहां बलिदान की परिभाषा और बलिदानियों की परंपरा सफल पौर्वात्य और पाश्चात्य इतिहास वाङ्मय का अवगाहन करते हुए अपने निकटतम अतीत तक आती है और राष्ट्रीय आंदोलन के साथ विभिन्न अंतर्राष्ट्रीय मुक्ति-आंदोलनों को भी अपने फोकस में रखती है। बलिदान अंक का संयोजन पांच विभागों के अंतर्गत किया गया है—1. **प्राचीन भारत के बलिदान,** जिसमें वेद, महाकाव्य, पुराण आदि संस्कृत वाङ्मय में से शिवि, दधीचि, प्रह्लाद, जटायु, भीष्म, कर्ण, अभिमन्यु आदि के प्रसंग उठाए गए हैं, 2. **मध्यकालीन भारत के बलिदान,** जिसमें प्रताप, शिवाजी, पद्मिनी, दुर्गावती, पन्ना, हमीर, हकीकत राय, बंदा बैरागी और सिख गुरुओं आदि से लेकर 1857 के नाना साहब, लक्ष्मीबाई, कुँअर सिंह आदि तक की त्याग और बलिदान की कथाएँ दी गई हैं, 3. **वर्तमान भारत के बलिदान,** इसमें 20वीं सदी के शहीदों और जेल में बंद क्रांतिकारियों की जीवनियाँ दी गई हैं, 4. **कविता खंड,** इसमें राष्ट्रीय कविताओं का एक चवन प्रस्तुत किया गया है, और 5. **विदेशों में बलिदान,** इसमें एक ओर जहाँ सुकरात, ईसा, जोन ऑफ आर्क के त्याग और बलिदानपूर्ण जीवन की झलकियां दी गई हैं, वहीं फ्रेंच, आयरिश, तुर्की, चीनी, जापानी क्रांतियों की कथाएँ और कार्ल मार्क्स, लेनिन तक अन्य अनेक बोल्शेविक क्रांतिकारियों की संघर्षगाथाएँ दी गई हैं। इस तरह हम देखते हैं कि हिंदू पंच के बलिदान अंक का फलक बहुत व्यापक और रूपबंध अपने समग्र अर्थों में विश्वकोशीय प्रकृति का है। इस प्रकार के रूपबंध में एक खतरा यह होता है कि बहुत सारी जरूरी चीजें कई कम जरूरी चीजों के साथ गड्डगड्ड हो जाती हैं, लेकिन यहाँ इस खतरे से सतर्क रहा गया है। यही वजह है कि लक्ष्मीबाई और कुंअर सिंह के लोक और इतिहास विश्रुत बलिदानों के साथ-साथ 1857 के लगभग अज्ञात रहे आये पीर अली और हरिकिशन सिंह जैसे शहीदों की जानकारी हमें मिलती है। मार्क्स और लेनिन और सुन यात सेन के साथ-साथ, अमेरिका में फाँसी पर लटकाये गये सक्को और वेंजेरी जैसे कम्युनिस्ट क्रांतिकारियों और मोरक्कोवर्ती रीफ देश के मुक्ति आंदोलन के नेता अब्दुल करीम जैसे अज्ञात व्यक्तियों के कार्यो से हम परिचित होते हैं। ब्रिटिश-दमन के उस विपरीत देशकाल में, अनेकानेक बाधाओं को पार करके, जिस प्रकार यह सारी दुर्लभ सामग्री जुटाई गई (जिसमें अनेक दुर्लभ किस्म के चित्र भी आते हैं), उससे 'बलिदान अंक' के आयोजकों और संपादक के सरोकारों को भली-भांति समझा जा सकता है। इसमें कोई संदेह नहीं है, कि 'चांद' के 'फांसी अंक' के साथ-साथ 'हिंदू पंच' के 'बलिदान अंक' के पुनर्प्रकाशन से आजादी के आंदोलन के दो अत्यंत महत्वपूर्ण संदर्भ-स्रोत हमारे लिए सुलभ हो गए हैं।

—सुरेश सलिल

चित्र सूची

वर्तमान भारत के बलिदान

विदेशों में बलिदान

भूमिका

पंचके प्रेमी पाठक-पाठिकाओ !

यह एक अत्यन्त आन्दोलनकारी समय है। इस समय न केवल इस देशमें; बल्कि समग्र भूमण्डलपर और समस्त देशों और जातियोंमें एक अभूतपूर्व क्रान्तिकी उत्ताल तरङ्ग उठी है। प्राचीन परम्पराओं और दासताको जकड़नेवाली रूढ़ियोंके विरुद्ध एक घोर विप्लव मचा है !

ऐसे उथल-पुथलकारी युगमें लाहौर राष्ट्रीय कांग्रेसके शुभ अवसरपर हम सहर्ष आपकी सेवामें यह विप्लवकारी "वलिदान-अङ्क" सादर समर्पित करते हैं। यह अङ्क कैसा हुआ है, हम अपनी मनोकामनामें कहाँतक सफल हुए हैं, इसका निर्णय आप स्वयं ही इसे पढ़कर कर सकेंगे। पर पढ़ने और इस अङ्कका मनन करनेके समय आपको यह भी अवश्य विचार कर लेना होगा, कि हमलोग आज किस परिस्थितिमें हैं और हमें कितनी कठिनाइयों तथा विघ्नोंमें काम करना पड़ता है ? हमें स्वतः इन कठिनाइयोंकी परवाह नहीं हैं; क्योंकि हम तो जाति और समाजकी सेवा करनेके लिये प्राणपनसे तत्पर हैं। इस समय, जब कि हमारा राष्ट्र-महासभा कांग्रेस पूर्ण स्वतन्त्रताका प्रस्ताव पास करनेके किये उद्यत है—सरकारकी ओरसे 'राउण्ड टेबल'का चारा है और बड़े-बड़े राजनीतिक तथा सामाजिक उलट-फेरकी आशङ्का है, तब ऐसी मनो-रञ्जक घड़ीमें, हमारा आपको यह विशाल विशेषाङ्क समर्पित करना कुछ कम महत्वपूर्ण नहीं है। इस अङ्कमें उन भीष्मव्रती वीरों तथा हुतात्माओंकी स्वर्णमयी स्मृतियों और साहसी कार्योंका रोचक दिग्दर्शन है, जिन्होंने मातृभूमिकी स्वतन्त्रता और रक्षाके लिये निज प्राणोंकी बलि चढ़ा दी, पर अपने उज्ज्वल उद्देश्यका कोई अंश भी न छोड़ा। उनके जीवनका उत्सर्ग समस्त मानवजातिका स्वाभाविक अभिमान है और निश्चय ही हमारा भारतवर्ष भी उस अभि-मानसे वञ्चित नहीं हैं। हमें पूर्ण आशा और विश्वास है, कि वीरोंका वलिदान हमारे देशवासि-योंको अवश्य ही उत्साहित करेगा। हम निसंकोच यह भी स्वीकार करनेमें न हिचकेंगे, कि यह अंक हमारी आन्तरिक इच्छाओंके सर्वथा अनुकूल नहीं हो सका है; तो भी अल्प समयके भीतर ही हमने इसे सब तरह सुन्दर, चित्रित और रुचिकर बनानेका प्रयास किया है। इस अङ्कके निकालनेमें अपने कतिपय लेखकों,सुकवियों और प्रतिष्ठित व्यक्तियोंसे जो अमूल्य सहायता मिली है, उसके लिये हम उनके हृदयसे आभारी हैं। इस उद्योगमें और इस विशाल अंक-को सर्वांग-सुन्दर बनानेमें प्राय: १५०००) रु० व्यय हुए हैं। कागज, स्याही, छपाई आदि खर्चोंके साथ प्रेसकी झंझट भी मौके बेमौके दुःखप्रद हो जाती थी, पर तो भी हमें सन्तोष है, कि यह अङ्क ठीक अव-सर-पर आपकी सेवामें पहुंचकर आपको आनन्दित करेगा।

जहाँ तक जो कर्तव्य था, उसे पूर्ण करनेका हमने यथाशक्ति उद्योग किया है। हमारी कठिनाइयोंको कम करनेमें यदि हमारे प्रेमी पाठक भी हमारा थोड़ा हाथ बटायें, और प्रत्येक पाठक यदि दो दो ग्राहक बढ़ानेकी कृपा करें, तो हम उनके हृदयसे आभारी होंगे और समझेंगे, कि "हिन्दू-पंच" की सफल कामनाके लिये आप भी हमारे साथ हैं।

"बलिदान अंक" के खर्चका व्योरा इस प्रकार है—

५७० रीम कागज	५१३०) रु०
कम्पोजिंग छपाई	३४२०) रु०
ब्लाक डिजाइन बनवानेमें	१०००) रु०
१०५ रीम आर्ट पेपर	१५७५) रु०
कवरकी छपाई व कागज	३५०) रु०
प्रचार कार्यमें	८००) रु०
सम्पाद-कीय विभागमें व्यय	१०००) रु०
टिकट अधिक लगेगा	१८७५) रु०
	१५१५०) रु०

—सम्पादक

लज्जा रखनेको हिन्दूकी, हिन्दू-नाम बचानेको।

आया "हिन्दू-पंच" हिन्दमें, हिन्दू जाति जगानेको ॥

वर्ष— ५ } → पहिली जनवरी सन् १९३० ई० ← { अंक— १

विचित्र बलिदानी वीर।

[रचयिता—कवीन्द्र रसिकेन्द्र]

[१]

शरद-निशाके अकलङ्क चारु चन्द्रमा हैं,
गौरवकी गरिमा हैं, गर्वके प्रहारी हैं।
'रसिकेन्द्र' मर्म कर्म-योगका समझते हैं,
सत्यका सुवर्म सजे धर्म-ध्वज-धारी हैं।
आत्म-अभिमानी हैं विचित्र-बलिदानी वीर,
जड़ता जलानेको ज्वलन्त चिनगारी हैं।
कान्तिके प्रकाशक हैं, भ्रान्तिके विनाशक हैं,
'शान्तिके उपासक हैं; क्रान्तिके पुजारी हैं।'

[२]

लाल कमलाके महाशक्तिके अनन्य भक्त,
सादगी समाई हुई आर्य-रक्त-धारी हैं।
त्यागके तपस्वी अनुरागके परागपूर्ण,
कोमल कुसुम कण्टकोंके पथ-चारी हैं।
सैनिक स्वदेशके अहिंसा अस्त्र धारी आज,
सजते स्वतन्त्रताके साज सुखकारी हैं।
कान्तिके प्रकाशक हैं, भ्रान्तिके विनाशक हैं,
'शान्तिके उपासक हैं, क्रान्तिके पुजारी हैं।'

बलि-वेदीपर

जब-जब दैवी शक्तिपर दानवी दर्पका प्राबल्य होता है, तभी तब दैवी शक्तिकी शुद्ध आन्तरिक प्रेरणा, उस दर्पका दमन करनेके लिये सुप्त आत्माओंमें अदम्य उत्साह प्रदान करती है। अन्धकारमें भटकते हुए क्लान्त पथिकोंको सहसा बिजलीकी चमक देखकर होश संभालना जैसे कुछ कठिन नहीं है, उसी तरह आत्मोद्धारके लिये स्वाधीनताका प्रकाश देखकर हमें भी अपना कर्तव्य निर्द्धारित करनेमें क्या कठिनाई है? वह कतव्य हमें अपने ही लिये पालन करना है, कर्तव्य-पालनके लिये हमारे सामने विस्तृत क्षेत्र पड़ा है और उसके पालन करनेमें हमें अपना ही बलिदान करना है। जिस तरह बीज स्वयं नष्ट होकर नये अंकुर उत्पन्न करता है, उसी तरह हमें भी बलि चढ़कर एक नयी सुखदायी सृष्टि करनी है!

स्वेच्छापूर्वक किये गये बलिदान कभी निष्फल नहीं जाते। संसारके किसी भी देशका इतिहास यह नहीं सिद्ध कर सकता, कि पवित्र आत्माओंके बलिदान कभी अपना उद्देश्य पूरा न कर सके हों। जब किसी देश या जातिकी घोर दुरवस्था हो जाती है, जब दानवोंके कुटिल प्रहारोंसे सत्य और न्यायकी भी ध्वनि बन्द हो जाती है, और धर्म तथा मानवताका सर्वत्र तिरस्कार होता है, तब सज्जन तथा संयमी पुरुषोंका एक मात्र यह कर्त्तव्य हो जाता है, कि वे सत्कर्मके लिये अपना बलिदान करें। सुकरात, ईसा, लेनिन, लालाजी, म० गांधी अत्यन्त सज्जन और सदाचारी पुरुष होते हुए भी अपनाही दमन और बलिदान करनेके लिये क्यों मजबूर हुए? क्योंकि वे निरंकुश शासकोंसे दीन जनतापर अत्याचार होते सहन नहीं कर सके। वे अधर्मके द्वारा धर्मको और पापके द्वारा पुण्यको दबाया जाना न देख सके। इसी लिये उन सत्पुरुषोंको अपना ही बलिदान करके यह दिखाना पड़ा, कि निःसहाय पीड़ितोंको अभी निराश होनेकी आवश्यकता नहीं है। उन्होंने अपने बलिदानोंसे यह सिद्ध कर दिया, कि बलवानोंको अब भी निर्बलोंके चरणोंपर अपने अभिमानी मस्तक झुकाने ही होंगे।

संसारके जितने भी देश दानवी शासनोंसे स्वतंत्र हो सके हैं, वे निर्भीक शहीदोंके बलिदानोंकेही द्वारा स्वतन्त्र हुए हैं। फ्रान्स, इटाली, रूस, तुर्की, अमेरिका, चीन आदि देशोंके स्वतन्त्र होनेमें वहांके अगणित महापुरुषोंको हँसते-हँसते बलि-वेदीपर चढ़ना पड़ा—उन्होंने मृत्युका इस प्रसन्नतासे आलिंगन किया, जैसे कोई अपनी प्रियतमासे मिलता है। उन शहीदोंको कोई डरा-धमका नहीं सका, और न कोई स्वेच्छाचारी शासक उन्हें धनके प्रलोभनसे खरीद सका। फ्रान्समें जिस समय विलासी राजा और शासक प्रजाको हर तरह पीस रहे थे, उस समय फ्रेंच क्रान्तिकारियोंके अदम्य उत्साहनेही उस सत्ताका अन्त किया। इटालीमें जिस समय शासकोंकी स्वेच्छाचारिता पराकाष्ठाको पहुँच गयी थी, उस समय मेज़िनी गेरीबाल्डी आदिकी ही सेवाओंसे देशका उद्धार हुआ था। रूसका नृशंस सम्राट जब अपनी सैनिक शक्तिसे उन्मत्त होकर निःसहाय प्रजाके रक्तसे होली खेल रहा था, तब लेनिन और ट्रॉट्ज़कीके

वीर बोल्शेविकोंके ही वलिदानने उस सम्राटको राजमुकुट सहित धूलमें मिला दिया। जब तुर्कीका स्वेच्छाचारी सुलतान दीन इस्लामका खलीफा बना हुआ सैकड़ों वेश्याओंके साथ विहार करता और प्रजाका रक्त शोषण कर रहा था; तब मुस्तफा कमालके देशभक्त सहयोगियोंने ही उसका नाश किया। चीनके मंचू शासक जब देशको तबाह कर रहे थे, तब डा० सन-याट-सेनके वलिदानी वीरोंने उसका ही अन्त किया। इसी तरह संसारके जिस-जिस स्वतन्त्र देशके इतिहासपर दृष्टि डालिये, सर्वत्र वीर शहीदोंके शृङ्खलाबद्ध वलिदानके ही भीम कार्योंका सुफल परिणाम दिखाई देगा।

भारतवर्षके लोगोंके लिये भी वलिदान करना कोई कठिन बात नहीं है। इस देशका प्राचीन उज्ज्वल इतिहास वलिदानोंसे ही भरा हुआ है। भारतका धार्मिक सिद्धान्त ही आत्म-वलिदानका रहा है। यहांके बड़े-बड़े महापुरुषोंने अपना और अपने पुत्रोंका जिस प्रसन्नतासे वलिदान किया है, उसका उदाहरण संसारके इतिहासमें मिलना कठिन है। ध्रुव-प्रह्लादके समयसे लेकर यवन-शासन कालतक अगणित भारतीय महापुरुषोंने हँसते-हँसते मृत्युका आलिंगन किया था। पर अब उसका उत्साह काल-चक्रके प्रभावसे यद्यपि घट गया है, तथापि आज भी वीरश्रेष्ठ स्व० लाला लाजपत राय, भिक्षु-पुंगी और तपस्वी यतीन्द्रनाथ दास सरीखे शहीद पैदा होकर यह प्रमाणित कर रहे हैं, कि अभीतक दैवी शक्तिने अपनी छाया इस देशपरसे नहीं उठायी है।

किन्तु हम साधारण भारतवासियोंने अपने आलस्य और अविवेकसे वलिदानका महत्व बहुत कुछ भुलासा दिया है। अब केवल देवीके सामने निरीह बकरेको वलि चढ़ानेमें ही हमने वलिदानका महत्व समझ लिया है। किन्तु वलिदानके इस ढोंगसे हम केवल देवीके कोपके भाजन होते हैं। हमें जब कि अपने कुविचारों और कुत्सित भावनाओंका वलिदान करके स्वयं संयमी और दृढ़प्रतिज्ञ बननेका व्रत लेना चाहिये और आवश्यकता पड़नेपर अपना शरीर भी वलि चढ़ा देना चाहिये; तब हम ऐसा तो करते नहीं और निरपराध बकरेको काटकर देवीको प्रसन्न करनेकी चेष्टा करते हैं; किन्तु हमारी यह चेष्टा हमारे ही लिये अनिष्टकारक है। इस तरहके आडम्बर दिखानेसे अब काम नहीं चलेगा; बल्कि देश-माताकी स्वतन्त्रताके लिये हमें अपना और अपने प्रियजनोंका वलिदान करना ही होगा।

क्या माताकी परतन्त्रतासे हमें लज्जा नहीं आती? हमारी वह समृद्धिशालिनी रत्नगर्भा माता, जो किसी समय धन-धान्यसे परिपूर्ण थी, आज दरिद्र भिखारिणी हो रही है। परतन्त्रता और दासतामें रहते-रहते क्या अब हम ऐसे निष्प्राण हो गये हैं, कि वह दासवृत्ति त्याग देनेका हम प्रयास भी नहीं कर सकते? हम जानते हैं, कि हमारे विरुद्ध प्रचण्ड शक्ति अपने सम्पूर्ण सैनिक बलसे खड़ी हमें घुरेर रही है; पर क्या हम पतंगसे भी गये बीते हैं, जो अग्निमें गिरकर प्राण भी नहीं दे सकते? क्या दासतामें रहनेका हमें ऐसा अभ्यास हो गया है, कि दासतामें रहना और मरनाही पसन्द है? दीन-हीन माता अपने सपूतोंकी ओर बड़ीही कातर दृष्टिसे निहार रही है। माताके हाथ-पैर जंजीरोंसे जकड़े हैं और उसका भोजन भी उससे छीन लिया गया है। कहां हैं माताके वे वीर सपूत, जो उसकी जंजीरें तोड़नेके लिये अपने बलवान हाथ उठायें? कहां हैं माताके वे लाडले, जो माताकी रक्षाके लिये अपने प्राण हथेलियोंपर लिये आगे आयें?

आह! भारतकी पतित परतन्त्रताने भारतवासियोंको संसारके सामने कैसा कलङ्कित कर रखा है! माता ही

यदि दासता और दरिद्रतामें रहेगी तो उसकी सन्तानें कहां आदर पायेंगी ? सचमुच सोनेका अब और समय नहीं है। बिना आत्म-वलिदान किये स्वतन्त्रता कभी न आयेगी। हमारे रोने, मांगने या गिड़गिड़ाने से हमें कोई स्वतन्त्रता न प्रदान कर देगा। स्वतन्त्रता ऐसी है ही नहीं, जो आसानीसे मिल जाये और आसानीसे मिली हुई स्वतन्त्रता कभी टिकाऊ नहीं हो सकती। स्वर्गीय लाला लाजपतराय कहा करते थे, कि हमें चुपचाप मरकर नींवके कंकड़ोंकी तरह वलिदान करना चाहिये। इमारतको तो सभी देखते हैं; पर नींवके ठोस कंकड़ोंको कौन देखता है, जिनके सहारे वह भव्य इमारत खड़ी है ? तुम्हें अपने वलिदानोंके लिये शोहरत नहीं चाहिये; बल्कि अभिमान-रहित होकर गुप्त रूपसे किये गये वलिदान ही ईश्वरको सबसे अधिक प्रिय हैं। इसलिये तुम्हें स्वयं अपना वलिदान करके बल-पूर्वक स्वतन्त्रता प्राप्त करनी होगी। अपने हकों और अधिकारोंके लिये लड़ो, लड़ो, और लड़ते हुए बलि चढ़ जाओ, पर एक इञ्च भी पीछे मत हटो। जलिआनवाला बागमें अगर तुमने अपनी सङ्कुचित पीठोंपर गोलियां खायी थीं, तो अबकी अपनी विशाल छातियोंपर दानवी गोलियोंका स्वागत करो। मरनेका क्या भय है, जब एकही मौत मरना है ? मातृ-भूमिके लिये लड़ते हुए मर जाना सदाके लिये इतिहासमें अमर होना है। निःसन्देह तुमने अमरत्वका प्याला पिया है; और तुम्हें कोई गोला नहीं मार सकता। अगर तुम दृढ़ विचारों और अपनी पवित्र प्रतिज्ञाओंके साथ निरन्तर शान्ति-पथपर अपनी स्वतंत्रताके लिये बढ़ते चले जाओगे; तो याद रखो कि संसारमें कोई शक्ति तुम्हारी अविचल गतिको नहीं रोक सकती। तुम्हें वास्तवमें अपना रक्त बहाना होगा। किसीको मारना नहीं होगा, बल्कि स्वयं मरना होगा। महात्मा गांधीके आदेशानुसार तुम्हें पूर्ण अहिंसात्मक रहते हुए और जल्लादोंको आशीश देते हुए निर्भीकता-पूर्वक वलि-वेदीकी ओर बढ़ना होगा। माता वसुन्धरा प्यासी है; उसकी प्यास अपने रक्तसे बुझानी होगी। राम और कृष्णकी भूमि एक बार फिर स्वतन्त्र करनी ही होगी। विदेशी शासनके सुरक्षित पहरेमें आलस्यपूर्ण जीवन व्यतीत करते हुए हममें जो कायरता आ गयी है; उस कायरताको हम इसी तरह भगा सकते हैं; कि कर्तव्य-पालनके लिये कमर कसकर खड़े हो जायें।

जहाँ धुँआधार गोलियाँ चल रही हैं और हवाई जहाजोंसे बम बरसाये जा रहे हैं, जहाँ दीन अनाथोंके रक्तसे भूमि सींची जा रही है; वहाँ आकर वीरोंको खड़ा होना होगा। इस कर्त्तव्य-पालनके लिये तुम्हें समस्त यातनाएँ सहन करते हुए चुपचाप वलि चढ़ जाना होगा और इसका पुरस्कार होगा—"स्वतन्त्रता।" याद रहे, कि यह दैवी शक्तिकी प्रेरणा है और इसके यह मतलब हैं, कि वलिदानोंका तांता न टूटने पाये। सैकड़ों—हजारों नहीं; बल्कि लाखों और करोड़ों शीश वलिवेदीपर चढ़ जायेंगे और तब तुम देखोगे, कि स्वतन्त्रता अविलम्ब आयेगी। विजयकी जयमाल वही पहनेगा, जो उसके लिये अपने प्राण जोखिममें डालेगा। वलिवेदीपर चढ़ाया रक्त कभी निष्फल नहीं जाता और रक्तसे सींची हुई भूमिपर स्वाधीनताका ऐसा विशाल वृक्ष उत्पन्न होगा, जिसकी घनी छांहमें समस्त देशवासी समान रूपसे सुख-शान्ति पायेंगे।

इसलिये देशके नौजवानो ! उठो; जागो और माताके लिये अगणित वलिदान देनेको तैयार हो जाओ !! एक बार आया हुआ अवसर फिर नहीं आता। तुम सच्चे आशावादी हो और याद रहे, कि तुम कभी निराश न होगे !

———

प्राचीन भारत

के

बलिदान !

वलि-दान।

[लेखक—श्रीयुत रामस्वरूप शर्मा।]

"छलयसि विक्रमणे वलिमद्भुतवामन
पद-नख-नीर-जनित-जन-पावन।
केशव-धृत-वामनरूप,
जय जगदीश हरे॥"
—श्रीजयदेव।

पुराकालमें 'वलि' नामसे एक महापराक्रमी राजा हो गये हैं। यद्यपि इनका जन्म असुर-वंशमें हुआ था और ये असुरोंके ही राजा थे, तथापि ये बड़े न्याय-निष्ठ और दानी थे। ये महाराज प्रह्लादके पौत्र और विरोचनके पुत्र थे। कठोर तपस्याके द्वारा इन्होंने प्रर्याप्त यश और राज्य प्राप्त किया था। इनके राज्यमें सभी प्रजाजन परम सुखी और सन्तुष्ट थे। किसीको किसी बातका कष्ट नहीं था।

उन दिनों सुशासन करना तो राजाका कर्त्तव्य था ही; परन्तु इसके अतिरिक्त राजाका कुछ और भी कर्त्तव्य समझा जाता था और वह था—राज्य-विस्तार-की आकांक्षा रखना। राज-कर्त्तव्यका यह भी एक प्रधान अङ्ग माना जाता था; कम-से-कम असुरोंमें यह परिपाटी अवश्य ही प्रचलित होगी। अपने अपार धन और जन-बलसे वलिने एक-एक कर मर्त्यलोकके सब राज्योंपर अपना अवाध आधिपत्य विस्तार कर लिया था। चौबीस घण्टोंमें कभी सूर्य अस्त नहीं होता था—ऐसा विस्तृत इनका राज्य था। साम्राज्याधिकारके लिये इन्हें जितना यश मिला था, उतनाही यश इन्हें अपने महान् दानोंके लिये भी प्राप्त हुआ था। इनकी उदारता और दान-शीलता जगत्प्रसिद्ध थी।

परन्तु 'प्रभुता पाइ काहि मद नाहीं?' की कहावत चरितार्थ हुए बिना नहीं रह सकती थी। अपने असीम साम्राज्य और विशाल दानोंके लिये इनके मनमें मद एवं अहंकारने भी घर बना लिया। पार्श्वचरों, मन्त्रियों और सभा-सदोंके परामर्शने उस अहंकार-रूपी अग्निमें घृताहुति प्रदान करनेका काम किया। अन्तमें इनकी राज्य-लिप्सा यहाँतक बढ़ी, कि वे स्वर्ग-राज्यको भी हड़पनेका सपना देखने लगे।

क्रमशः वह समय भी आया। वलिने अपने पशु-बल या राक्षसी बलसे सात्विक-बल-सम्पन्न देव-भूमि स्वर्गको अपने अधीन कर लिया। अब तो वलि त्रिभुवन-विजयी बन गये। इधर इनके मनका अहंकार भी चरम मात्राको पहुँचने लगा। एक अहंकार बहुतेरे पापोंका बीज है। राजाके लिये तो वह सर्वथा त्याज्य है। परन्तु अहंकारी स्वयं इस बातको नहीं समझता अथवा यों कहिये, कि उसमें इस बातके समझनेकी योग्यता ही नहीं रहती। संसारका इतिहास इस बातका प्रमाण है, कि राजा या राज-शक्तिके अहंकार और मदने विशाल-से-विशाल साम्राज्यके अधीश्वर सम्राट्को भी नीचा देखनेके लिये बाध्य किया है। महाराज वलि त्रिभुवन-विजयी बनकर दर्प और गर्वसे चूर हो रहे थे।

उधर देवगण दैत्य-शासनाधीन रहना नहीं चाहते थे। उनमें प्रबल असन्तोष बढ़ रहा था। उन्होंने क्षीरशायी भगवान्से प्रार्थना की, कि वे बलिके इस बढ़े हुए दर्पको चूर्ण करें। भगवान्ने उनकी प्रार्थना सुन ली। दैत्य-दर्प दलन करनेके लिये भगवान् विष्णु

कश्यप ऋषिके औरस और अदितिके गर्भसे वामन-रूपमें पृथ्वीपर अवतरित हुए।

कुछ काल-बाद दैत्य-राज बलिने अपनी विजयके उपलक्ष्यमें एक महान् यज्ञके अनुष्ठानका आयोजन किया। बौने ब्राह्मणके रूपमें भगवान् भी वहाँ पहुँचे। सब ब्राह्मणोंकी तरहसे उस बौने ब्राह्मणका भी महाराज बलिके दरबारमें आदर-सत्कार किया गया। सब लोगोंको मुँह-माँगी वस्तुएँ दानमें दे दी गयीं। पूर्ण-मनोरथ हो-होकर सब लोग अपने स्थानको जाने लगे। अब उस बौने ब्राह्मणका भी नम्बर आया। महाराज बलिने पूछा,—"कहिये, ब्राह्मण-देवता! आप क्या चाहते हैं?"

वामन,—"महाराज! आप तीनों लोकके स्वामी, अधिपति और शासक हैं। आपके लिये कोई भी वस्तु अलभ्य नहीं है। तीनों लोकमें आपके दानकी बड़ाई गायी जाती है। आपके यश और ख्यातिकी बातें सुन कर मैं भी कुछ पानेकी आशासे आया हूँ।"

महाराज बलि,—"हाँ-हाँ, यह तो मैं भी जानता हूँ। आप भी देख रहे हैं, कि मुझसे दान पाकर सब लोग सन्तुष्ट-चित्तसे वापस जा रहे हैं। पर आप यह बताइये, कि आप चाहते क्या हैं?"

वामन,—"महाराज! मैं जो कुछ माँगूँगा, क्या आप उसे देंगे? क्या मुझ बौनेकी अभिलाषा आप पूरी करेंगे? यदि आप मेरा मनोरथ पूर्ण करनेका वचन दें, तो मैं कहूँ?"

बलि,—"मैं प्रतिज्ञा करता हूँ, ब्राह्मण देवता! कि आप जो कुछ माँगेंगे, वही दूँगा।"

वामन,—"हाँ?—देंगे?"

बलि,—"कह तो चुका—अब और आप क्या कहलाना चाहते हैं? मैं एक बार जो प्रतिज्ञा कर लेता हूँ, उसे कभी नहीं टालता।"

वामन,—"अच्छी बात है, महाराज! मुझे तीन पग भूमिकी आवश्यकता है।"

महाराज बलि भिक्षुककी बात सुन, हँसते-हँसते लोट-पोट होने लगे। हँसनेकी बातही थी। बलि अपनेको तीनों लोकका अधिकारी समझते थे। उनके लिये तीन पग भूमि क्या चीज़ थी? सो भी तीन पग भूमि माँगने वाला एक बौना आदमी था। भला वह तीन पगमें कितनी-सी भूमि ले लेता? यही सोचकर महाराज बलि अपने पारिषदों सहित ज़ोर-ज़ोरसे पेट-भर हँस लेनेके बाद बोले,—"ब्राह्मण देवता! इसीके लिये आप इतनी प्रतिज्ञा करा रहे थे? जाइये, जहाँ आपकी इच्छा हो, तीन पग भूमि नाप लीजिये।"

वह बौना ब्राह्मण कोई साधारण बौना थोड़े ही था! उसने एक पैर मर्त्य-लोकमें रखकर दूसरा पैर एकदम स्वर्ग-लोकमें रखा और फिर पूछा,—"कहिये महाराज! अब तीसरा पैर कहाँ रखूँ?"

मुहूर्त्त-भरके लिये बलि उस अद्भुत वामनकी लीला देखकर दङ्ग रह गये! वे अपने मन्त्रियों और अमात्योंकी ओर देखने लगे। सबकी बुद्धि चकरा गयी! सारा अहङ्कार चूर्ण हो गया! बलि कुछ भी न समझ सके, कि तीसरा पग कहाँ रखनेको कहें? परन्तु अहङ्कार दूर होतेही, उनका गर्वोन्नत मस्तक अपने आपही उस वामनके आगे झुक गया!

बलि भी अपने वचनके सच्चे निकले। उन्होंने कहा,—"भगवन्! तीसरा पग इस मस्तकपर रखिये।"

भगवानने उसपर पैर रखा और बलिको बाध्य होकर स्वर्ग और मर्त्यका राज्य छोड़कर पातालमें जाना पड़ा। वहाँ भी भगवानने उसे बन्दी कर रखा; पर कुछ काल बाद, देवर्षि नारदके परामर्शसे जब उसने भगवान-की आराधना की, तब उन्होंने उसे सपरिवार पाताल लोकमें वास करनेकी आज़ादी दे दी।

❀ ❀ ❀ ❀

यही पौराणिक कथा है। इसमें एक ओर जहाँ बलिकी दानशीलताकी पराकाष्ठा दिखायी गयी है, वहाँ दूसरी ओर यह भी दिखाया गया है, कि परस्वाप-हारी सम्राटको भगवान भी छलसे या कौशलसे उसके अन्यायाचरणके लिये दण्ड देनेको बाध्य होते हैं। राज-

नीति-विशारदोंके लिये भगवानके इस कार्यमें एक सार्वकालिक आदर्श दिखाई देगा। इस कथानकसे यह भी निष्कर्ष निकलता है, कि साम्राज्यवाद स्वभावतः राज्य-लिप्साकी वृद्धि करता है; साम्राज्यवादी शासक चाहे जितनाही उदार या दानी क्यों न हो, उसे अपने साम्राज्यका एक मद अवश्य होता है और वही मद उसके अन्तका कारण बनता है। भगवानको हमारे यहाँके दार्शनिकोंने समदर्शी भी कहा है। अतएव भगवान यह नहीं देख सकते, कि संसारमें साम्राज्यवादके द्वारा असाम्यकी सृष्टि हो और उस असाम्यपर समताकी कलई चढ़ानेके लिये सम्राट या राजाको समय-समयपर दान देनेकी आवश्यकता प्रतीत हो। समदर्शी तो यही चाहेगा, कि न कोई अमीर हो न कोई ग़रीब; न किसीको परमुखापेक्षी होकर दान लेना पड़े और न किसीको दानी कहलानेके लिये अहङ्कारी होना पड़े। वह तो सबको समान देखना चाहेगा। फिर समदर्शी कहलानेवाले भगवान भला इस बातको कैसे देख सकते, कि वलि अपनेको त्रिभुवन-विजयी वीर समझे और एक बौनेको तीन पग भूमि दान करना अपने लिये एक तुच्छ बात समझकर उपेक्षाकी हँसी-हँसे?

आध्यात्मिक दृष्टिसे देखनेवालोंका विचार है, कि वलि बड़ा भारी दानी था और उसे अपनी दातव्यताका गर्व भी बहुत अधिक था। यही गर्व उसके पतनका कारण हुआ। परन्तु भक्त कवियोंने भगवानकी दयालुताका परिचय देते हुए कहा है, कि वलि वास्तवमें भगवानका भक्त था और उसकी आन्तरिक पुकारको सुनकर ही भगवान उसके द्वारपर भिक्षुकके रूपमें उपस्थित हुए थे। वे कहते हैं, कि भगवान भक्तिके भूखे हैं। जो उनकी भक्ति करता है, वे उसपर अवश्यही सदय होते हैं। उनके विचारमें वलिसे बढ़कर दानी कौन हो सकता है, जिसके दरवाज़े पर भगवानको भी भिक्षा माँगने जाना पड़ा? और उसकी अपेक्षा भाग्यवान ही कौन होगा, जिसने भगवानके पूत चरणोंके पाँवड़के लिये अपना मस्तक बिछा दिया?

सत्याग्रही प्रह्लाद।

[लेखक—श्री० शिवशङ्कर मिश्र।]

(१)

प्रह्लादकी माताका नाम कयाधू और पिताका नाम हिरण्यकशिपु था। हिरण्यकशिपुने दीर्घकाल पर्यन्त तपस्या कर अलौकिक शक्ति लाभ की थी; परन्तु वह उसे सत्कार्यमें व्यय न कर सका। वह दुराचारी और नीच प्रकृतिका मनुष्य था।

प्रह्लादके तीन भाई और थे; किन्तु वे सभी शील-स्वभावमें अपने पिताकेही समान थे। पर प्रह्लाद सर्वथा दोष-रहित, भगवद्भक्त, सत्यवादी, जितेन्द्रिय, तत्वज्ञानी, सहनशील, दयालु और परोपकारी पुरुष थे। उनमें अपने पिता और भाइयोंका एक भी दुर्गुण दिखाई न देता था। वे परम ब्रह्मनिष्ठ और सद्गुणी थे। उन्हें देख, सबको आश्चर्य होता था, कि दानव-कुलमें यह देवचरित्र बालक कैसे उत्पन्न हुआ? इसका स्वभाव इतना विलक्षण क्यों है?

जिस समय हिरण्यकशिपु तप करने गया, उस समय दानवोंको शक्तिहीन पाकर देवताओंने उनपर आक्रमण कर दिया। बिना सेनापतिके सेना रणक्षेत्रमें कदापि नहीं ठहर सकती। दानवोंका अग्रणी हिरण्यकशिपु था। उसकी अनुपस्थितिमें दानवोंकी घोर पराजय और देवताओंकी विजय हुई। निरुपाय दशामें दानवोंने पलायन करना ही श्रेयस्कर समझा। वे अपना धन-धाम और सर्वस्व ज्यों-का-त्यों छोड़, प्राण ले-लेकर भागने लगे। देवताओंने हिरण्यकशिपुका राजमन्दिर और समूचा नगर लूट लिया।

उन्हीं दिनों कयाधू गर्भवती थी। न वह अपने प्राण दे सकी और न भागकर आत्मरक्षाही कर सकी। देवराज इन्द्रने उसे अपने साथ अमरावती ले जाना स्थिर किया। निदान, जब वे उसे ले चले, तब मार्गमें कहीं वीणा-पाणि नारदसे भेंट हो गयी। नारदने

पूछा—"हे देवराज! एक तो यह पर-नारी और दूसरे गर्भवती है। इसे ले जाकर क्या करोगे?"

इन्द्रने कहा,—"हम लोगोंने दानवोंको निर्वंश करना स्थिर किया है। अतः इसके गर्भसे जो बालक उत्पन्न होगा, उसे भी मार डालेंगे और बादको इसे छोड़ देंगे।"

नारदने कयाधूकी ओर देखा। उसकी दीन और मलिन मुख-मुद्रा देख, उन्हें दया आ गयी; वे बोले,—"राजन्! इसे इसी समय छोड़ दीजिये। मैं विश्वास दिलाता हूँ, कि इसके उदरसे जो पुत्र उत्पन्न होगा, वह महान् ईश्वर-भक्त, सदाचारी और सच्चरित्र होगा। उसके द्वारा देवताओंका कभी अनिष्ट न होगा।

किसकी सामर्थ्य थी, जो नारदकी बात टाल सके? देवराजने तत्काल कयाधूको बन्धन-मुक्त कर दिया। नारदने उसे सम्बोधित कर कहा,—"पुत्री! मुझे यह भली भाँति विदित है, कि तुम साध्वी और सती रमणी हो। जबतक तुम्हारे पति लौट न आयें, तबतक चलो; सानन्द मेरी पर्णकुटीमें निवास करो।"

कयाधूने कहा,—"आपने मेरी रक्षा की है। अतः आप मेरे पिताके समान हैं। आप जो कहें, मैं वही करनेको तैयार हूँ।"

कयाधूकी यह बात सुन, नारदको परम सन्तोष प्राप्त हुआ। वे सानन्द उसे अपने आश्रममें लिवा ले गये। वहीं साध्वी कयाधू तपस्विनिकी भाँति पवित्र जीवन व्यतीत करने लगी। उसकी नित्यचर्यासे प्रसन्न हो, नारदने उसे आत्मधर्म और निर्मल भक्तिका उपदेश दिया।

इसका प्रभाव गर्भस्थ बालकपर भी पड़ा। यथासमय प्रह्लाद भूमिष्ठ हुए। उनकी तेजस्विता देख कर ही लोगोंने कह दिया, कि इस बार बबूलमें आम लगा है। दोही तीन वर्षकी अवस्थामें प्रह्लादके अलौकिक गुण प्रकट होने लगे। लोग उन्हें देखकर चकित हो जाते थे। उन्हें इस बातका पता न था, कि हिरण्यकशिपुके वीर्यका प्रकृति-गुण नारद मुनिके संस्कार द्वारा परिवर्तित हो गया था—लोहा पारसके संयोगसे सुवर्णमें परिणत हो चुका था।

(२)

प्रह्लादके हृदयमें, भूमिष्ठ होनेके पूर्वही, भक्ति-भावका जो बीज नारद मुनिने वपन किया था, वह अब अंकुरित और पल्लवित हो चला। प्रह्लादकी अवस्था पाँच वर्षकी भी न थी, कि उनमें भगवदनुराग प्रकट होने लगा।

एक दिन हिरण्यकशिपुने उन्हें बड़े प्रेमसे गोदमें बैठा कर पूछा,—"पुत्र! कहो, तुम्हें संसारमें कौनसी बात सबसे प्रिय मालूम होती है?"

प्रह्लादने कहा,—"पिताजी! मुझे यह दुनियांभरकी हाय-हत्या और मिथ्याभिमान बिलकुल पसन्द नहीं। मेरे जीमें तो यही आता है, कि एकान्त अरण्यमें बैठ, भगवानका भजन करूँ। यही मुझे सर्वाधिक प्रिय है।"

प्रह्लादकी बात सुन, हिरण्यकशिपु चौंक पड़ा। वह त्यागकी अपेक्षा भोगका आसन अधिक ऊँचा समझता था। खाना, पीना और सुख भोग करना; इसेही वह जीवनका उद्देश्य मानता था। अपने अबोध बालकके मुँहसे उपयुक्त शब्द श्रवण कर उसने पूछा,—"पुत्र! तुम्हें यह उलटी बातें किसने सिखायी हैं?"

प्रह्लादने कहा,—"किसीने नहीं, पिताजी! जो मैं कहता हूँ, वह वास्तवमें मुझे प्रिय है।

हिरण्यकशिपु चुप हो रहा। सोचने लगा, "मालूम होता है, कि किसीने मेरा अनिष्ट करनेके उद्देश्यसे इस अबोध बालककी बुद्धि भ्रष्ट कर दी है। अनेक ब्राह्मण इधर-उधर घूमा करते हैं। शायद उन्हींमें से किसीने यह कार्य किया हो। यह भी सम्भव है, कि मेरे शत्रुओंने इसे ऐसी शिक्षा दी हो। कुछ भी हो, मैं अपने जीते जी इसे विपथगामी होने न दूँगा। जिन देवताओंने मेरी अनुपस्थितिमें मेरा सर्वस्व हरण कर लिया था; यह उन्हींकी उपासना

करे! यह मैं सहन नहीं कर सकता। अभी यह बालक है। इसका हृदय कोमल है। जिधर झुकाने की चेष्टा की जायेगी, उधर झुक जायेगा। इसे शिक्षा देकर ऐसा बना दूँगा, कि जो मैं कहूँ, वही करे। शत्रुओंका षड्यन्त्र मैं कदापि सफल न होने दूँगा।"

ऐसेही अनेक तर्क-वितर्क कर हिरण्यकशिपुने प्रह्लादको गुरुकुल भेजना स्थिर किया। दानवोंके कुलगुरु शुक्राचार्य थे; किन्तु उन दिनों वे तपस्या करने चले गये थे। इसलिये हिरण्यकशिपुने उनके पुत्र षण्ड और अमर्कको बुला भेजा।

हिरण्यकशिपुने उनसे कहा,—"देखो, तुम स्वयं समझदार हो। अतः विशेष कहना व्यर्थ है। बालक प्रह्लादको तुम्हें सौंपता हूँ। इसे ले जाकर अपने विद्यालयमें रखो और समुचित शिक्षा दो। यदि इसे सब प्रकारकी नीति सिखा कर देव और दानवों-पर शासन करने योग्य बना दोगे, तो मैं तुम्हें यथेष्ट धन प्रदान कर सन्तुष्ट कर दूँगा।"

हिरण्यकशिपुकी आज्ञा शिरोधार्य कर षण्डामर्क प्रह्लादको अपने विद्यालयमें लिवा ले गये। प्रह्लादने अक्षर-ज्ञान प्राप्त कर पट्टीपर सब प्रथम भगवत-नाम लिखा, जिसे देखतेही उसके गुरु गरज उठे,—"प्रह्लाद! तुझे यह किसने सिखाया? ख़बरदार! अब कभी यह नाम न लिखना।"

दूसरे दिन षण्डामर्कने जब प्रह्लादसे कुछ लिख लानेको कहा, तब उन्होंने समूची पट्टी राम-नामसे रँग-कर रख दी। देखतेही षण्डामर्क झल्ला उठे। बोले,—"फिर तूने वही काम किया?"

प्रह्लादने दबी ज़बानसे पूछा,—"गुरुदेव! क्यों न लिखूँ? इसमें क्या दोष है?"

षण्डामर्कमें उत्तर देनेकी सामर्थ्य न थी। भगवानके नामको वे बुरा कैसे प्रमाणित करते? बोले,—"पहले यह बता, कि किसी पापीने तेरी बुद्धि पलट दी है, या तू आपही इस दशाको प्राप्त हुआ है?"

प्रह्लादने कहा,—"मुझे किसीने कुछ नहीं सिखाया; पर भूल हो, तो आप बता दीजियें।"

"अच्छा ले बताता हूँ,"—यह कह कर गुरुदेवने प्रह्लादके पाँच-सात छड़ियाँ जमा दीं। प्रह्लादकी आँखोंसे आँसू बह चले। कोमल शरीरपर छड़ियोंके दाग बन गये; पर अबतक वे यह न समझ सके, कि राम नाम क्यों न लिखना चाहिये।

षण्ड और अमर्कने इसी प्रकार बहुत चेष्टा की, कि राम-नाम लिखना छोड़ दे, पर वे इस चेष्टामें विफल रहे। अन्तमें वे ऊब उठे। उन्हें मालूम हो गया, कि जिस लड़केको हम पढ़ाने बैठे हैं, वह हमें पढ़ा सकता है। निदान वे प्रह्लादको लेकर हिरण्यकशिपुके पास पहुँचे। बोले,—"लीजिये, जो कुछ हो सका, वह इसे पढ़ा दिया। पर यह लड़का इतना हठी और दुराग्रही है, कि इससे हमें हार माननी पड़ी। राजन्! अब इसे सम्हालना और पढ़ाना हमारे अधिकारके बाहरकी बात है।"

षण्डामर्ककी यह बात सुन, हिरण्यकशिपुने सक्रोध प्रहलादकी ओर देखा। प्रह्लाद शान्त थे। पूछा,—"कहो पुत्र! तुमने विद्यालयमें क्या सीखा?"

प्रह्लादने कहा,—"पिताजी! 'राम'-नामके सिवा और कुछ न सीख सका।"

प्रह्लादके ये शब्द सुनतेही हिरण्यकशिपुके नेत्र लाल हो गये और होठ फड़कने लगे। उसने षण्डामर्क की ओर दृष्टिपात कर कहा,—"तुमने इस बालकको क्या शिक्षा दी है? मित्र होकर तुमने हमारे साथ शत्रुका काम किया है? यदि मेरे गुरुपुत्र न होकर तुम और कोई होते, तो तुम्हें इस कर्मका ऐसा प्रतिफल चखाता, कि जन्म-भर याद करते।"

हिरण्यकशिपुकी डाँट सुनकर षण्डामर्क काँप उठे। बोले,—"राजन्! यह आपका पुत्र जो कुछ कह रहा है, वह इसे न तो हमींने पढ़ाया है, न किसी दूसरेने। इस लड़केकी बुद्धिही ऐसी है।"

गुरुपुत्रोंका वक्तव्य समाप्त हो जानेपर हिरण्य-

कशिपुने उन्हें विदा कर दिया। बादको प्रह्लादको डपट कर पूछा—"रे दुष्ट! सच बता, तेरी मति किसने इस प्रकार भ्रष्ट कर दी?"

प्रह्लादने कहा,—"किसीने नहीं; पिताजो! मैं जो कहता हूँ, उसमें बुरा क्या है?"

इतना कह, प्रह्लाद चुप हो गये। सुनतेही हिरण्य-कशिपु जल-भुन कर राख हो गया। उसने राक्षसों-से कहा,—"इसे इसी क्षण मेरी आँखोंके सामनेसे हटा लो और कहीं ले जाकर मार डालो। यह अपने सुहृदोंको छोड़, चचाके मारनेवाले, विष्णु के चरणोंकी पूजा करता है!"

इतना कह, हिरण्यकशिपुने प्रह्लादसे फिर पूछा,—"क्यों मूढ़! अब भी रामका नाम लेगा?"

प्रह्लादने कहा,—"पिताजी! कैसे कहूँ, कि न लूँगा? श्रीरामही तो मेरे जीवनाधार हैं।"

यह सुन, हिरण्यकशिपुने गरज कर कहा,—"राक्षसो! इसे इसी क्षण यहीं मार डालो। इसकी मृत्यु देखकर मैं अपना दग्ध हृदय शीतल करूँगा।"

यह सुनते ही अनेक राक्षस, त्रिशूल ले-लेकर प्रह्लाद पर टूट पड़े। पर यह क्या? वे प्रह्लादपर प्रहार कर रहे हैं, या फौलादकी दीवारपर? त्रिशूलोंकी धारें मुड़ गयीं? प्रह्लाद विचलित न हुए, राक्षसोंका सारा धैर्य्य छूट गया।

यह देख, हिरण्यकशिपु बड़ी चिन्तामें पड़ गया। कुछ देरके बाद उसने राक्षसोंसे कहा,—"इसे पर्वतकी चोटीसे ढकेल दो; हाथीसे कुचलवा दो; पशुओंसे नोचवा लो और इतनेपर भी न मरे, तो विष दे दो। देखें, कैसे नहीं मरता है?"

राक्षसोंने हिरण्यकशिपुकी आज्ञा शिरोधाय कर यह सब उपाय कर देखे; परन्तु प्रह्लादका बाल भी बाँका न हुआ। जब पर्वतकी चोटीपरसे ढकेल दिये गये, तब राम-राम कह कर इस प्रकार उठ बैठे, मानों निद्राका परित्याग कर गुद-गुदे गद्दे परसे उठ रहे हों। मदोन्मत्त हाथी छोड़ा गया, तो उसने उन्हें उठाकर अपनी पीठपर बैठा लिया और जब जङ्गली जानवरोंके आगे डाल दिये गये, तो वे पालतू कुत्तेकी भाँति उनके हाथ-पैर चाटने लगे। इसके बाद प्रह्लादके हाथ-में हलाहलका प्याला दिया गया। कहा गया, कि या तो राम-नाम लेना छोड़ दे या इसे पी जा।

प्रह्लाद राम-नाम लेना छोड़ दें, यह असम्भव था। वे 'राम राम' कहते कहते ही वह विष पान कर गये! उदर तक पहुँचतेही जो विष प्राण ले सकता था, वह प्रह्लादके लिये अमृत हो गया। एक-एक कर तीन दिन व्यतीत हो गये; पर प्रह्लादका चेहरा तक न मुरझाया।

अब हिरण्यकशिपु बड़ी चिन्तामें जा पड़ा। उसे मालूम होने लगा, मानों प्रह्लाद अजर अमर हैं। वह सोचने लगा, कि कहीं यह पुत्र मेरी ही मृत्युका कारण न हो जाये? अतः फिर प्रह्लादको मार डालनेकी चेष्टा होने लगी। वे धूपमें बैठाये गये; शीतमें बैठाये गये; निराहार रखे गये; जलमें डुबाये गये, और काल-कोठरीमें बन्द किये गये; पर सभी व्यर्थ! एक भी चेष्टा सफल न हुई।

हिरण्यकशिपुका मुँह सूख गया। प्रफुल्लता जाती रही। वह रात-दिन उदास रहने लगा। उसकी बहिन होलिकाने इसका कारण पूछा। हिरण्यकशिपु-ने कुछ भी न छिपा कर सारा वृत्तान्त कह सुनाया। होलिकाने कहा,—"ओह! ज़रासी बातके लिये इतनी बड़ी चिन्ता। यह तो मेरे बायें हाथका खेल है! एक चिता तैयार करवाइये। मैं प्रह्लादको गोदमें ले, उसीपर बैठूँगी। मैं वह विद्या जानती हूँ, जिससे मैं अग्निमें जल नहीं सकती। प्रह्लाद जल जायेगा और मैं जीती-जागती फिर निकल आऊँगी।"

बहिनकी यह बात सुन, हिरण्यकशिपुके हृदयमें आशाका संचार हुआ। डूबतेको तिनकेका सहारा भी बहुत होता है। उसने तत्काल एक विशाल चिताका आयोजन किया। होलिका राक्षसी प्रह्लादको उठा लायी और चितामें जा बैठी। राक्षसोंने

हर्ष-नाद कर उसमें आग लगादी। प्रह्लाद समाधिस्थ योगीकी भाँति स्थिर बैठे थे।

चिताकी भीषण लपटें आकाश तक जा पहुँची। चारों ओर धुआँ छा गया। राक्षसोंने समझा, आज प्रह्लादका अन्त हो गया। किन्तु अग्नि शान्त होनेपर सबने देखा, कि होलिका तो जलकर भस्म हो गयी है और प्रह्लाद चिता-भस्मपर पद्मासन लगाये बैठे हुए हैं। उनके मुखसे वही राम-नामकी ध्वनि अब भी निकल रही है।

यह दृश्य देखकर दानव-दल चकित और स्तम्भित हो गया। उसे यह न समझ पड़ा, कि यह स्वप्न है या सत्य? हिरण्यकशिपु भी अपने नेत्र मलने लगा। अन्तमें उसने अपने आपही कहा,—"अच्छा, अब मैं स्वयं इसे यम-सदन भेजूँगा।"

हिरण्यकशिपु प्रह्लादपर झपट पड़ा। प्रह्लाद अब तक चिता-भस्ममें उसी तरह बैठे हुए थे। मालूम होता था, मानों स्वयं भगवान् शङ्कर भस्म विलेपित बाल ब्रह्मचारीके वेशमें आसीन हों। हिरण्यकशिपुने उन्हें हाथ पकड़ कर बाहर खींच लिया और गरजकर पूछा,—"क्या अब भी तू राम-नाम लेना न छोड़ेगा?"

प्रह्लादने उत्तर दिया,—"नहीं, कभी नहीं। चाहे प्राण ले लीजिये। यह आपके अधिकारकी बात है; किन्तु मैं राम-राम कहना नहीं छोड़ सकता।"

हिरण्यकशिपुने राक्षसोंसे कहा,—"इसे पन्द्रह दिनके लिये घोर कारागारमें बन्द कर दो। देखो, इसके विचार परिवर्तित होते हैं या नहीं? यह अन्तिम अवधि है। यदि पन्द्रह दिनमें इसने अपना दुराग्रह न छोड़ा, तो मैं स्वयं इसे प्राण-दण्ड देकर राम-नाम लेनेका मजा चखाऊँगा।"

इतना कह, हिरण्यकशिपु वहाँसे चला गया। राक्षसोंने प्रह्लादको कारागारमें बन्द कर दिया। पन्द्रह दिन व्यतीत हो गये; परन्तु प्रह्लादके विचारोंमें लेश-मात्र भी अन्तर न पड़ा। सोलहवें दिन दैत्यराजने राक्षसोंको आज्ञा दी, कि प्रह्लादको मेरे सम्मुख उपस्थित करो। राक्षसोंने वैसाही किया। हिरण्यकशिपुने देखा, कि अब भी प्रह्लाद रामका नाम ले रहा है। उसके क्रोधकी सीमा न रही। सारा शरीर काँप रहा था। होठ फड़क उठे। नेत्रोंसे मानों चिनगारियाँ निकलने लगीं।

हिरण्यकशिपुकी यह भाव-भङ्गी देख, राक्षसगण समझ गये, कि आज कुछ अनर्थ अवश्य होगा। सबके हृदय किसी अनिष्टकी आशंका कर काँप उठे! इसी समय हिरण्यकशिपुकी गर्जना सुनाई दी। रे मतिमन्द! कुलद्रोही! दुराग्रह छोड़ दे। रामका नाम न ले। मेरा कहा मान; अन्यथा समझ ले, कि आज तेरी जीवन अवधि समाप्त होती है।"

प्रह्लादने नम्र होकर कहा,—"आप जो कहेंगे, वही करूँगा; जिस तरह रखेंगे उसी तरह रहूँगा, पर भगवानका नाम न छोड़ सकूँगा। मैं उस अजर-अमर और सवव्यापी परमात्माको कभी न भूल सकूँगा।"

हिरण्यकशिपुने कड़क कर कहा,—"मूढ़! मिथ्या बकवाद द्वारा मेरे कानोंको अपवित्र न कर। तेरे भगवान्‌की अजरता, अमरता और व्यापकता मैं भलीभाँति जानता हूँ। मेरे मुखपरही मेरे शत्रुकी प्रशंसा करते तुझे लज्जा नहीं आती? अच्छा, अब अपने कियेका फल भोग कर। बुला अपने रामको! देखें, कहाँ है तेरा राम?"

प्रह्लादने कहा,—"पिताजी! उन्हें बुलाना न पड़ेगा। वे स्वयं सब कुछ देख और सुन रहे हैं। मुझमें, आपमें और सभी वस्तुओंमें वे व्याप्त हो रहे हैं। ऐसा कोई स्थान नहीं, जहाँ वे न हों। ऐसा कोई पदार्थ नहीं, जो उनसे रहित हो।"

हिरण्यकशिपु झल्ला उठा। कहने लगा,—"मूर्ख! अब भी बकवाद नहीं छोड़ता? बोल, क्या इस खम्भेमें भी तेरा भगवान् है?"

प्रह्लादने कहा,—"हाँ; अवश्य। मैं उन्हें इस खम्भेमें भी देख रहा हूँ।"

प्रह्लादकी यह बात सुन, हिरण्यकशिपुको बड़ा क्रोध हो आया। उसने उस खम्भेमें एक ऐसा मुष्टि-प्रहार

किया, कि वह बीचसे फट गया। फटते समय ऐसी विकट ध्वनि हुई, कि राक्षसोंके दिल दहल गये! हिरण्यकशिपु भी सन्न हो रहा। सब-के-सब बड़ी चिन्तामें पड़ गये। किसीको यह न ज्ञात हो सका, कि यह ध्वनि कहाँसे आ रही है? मालूम होने लगा, मानो प्रलय हो रहा हो।

किन्तु यह स्थिति अधिक समय तक न रही। कुछ ही देरके बाद खम्भेसे नृसिंह भगवान निकल पड़े। उनका भयानक शरीर, भीषण भाव और गदादि आयुध देख, दैत्यगण भयसेही मृतक-तुल्य हो गये। किन्तु हिरण्यकशिपु सावधान था। वह समझ गया, कि प्रह्लादका भगवान् इस वेशमें उपस्थित हुआ है। निदान अपनी गदा लेकर वह उनपर झपट पड़ा। नृसिंह भगवानने उसके प्रहारको अनायासही व्यर्थकर, उसके हाथसे गदा छीन ली। गदा छिन जानेपर हिरण्यकशिपुने तलवारका वार किया; परन्तु वह भी व्यर्थ हुआ। कुछ कालतक दोनोंमें युद्ध होता रहा। अन्तमें सायंकालके समय नृसिंह भगवान्ने हिरण्यकशिपुका पेट फाड़ डाला। फाड़तेही उसके प्राण-पखेरू देह-पिञ्जरको छोड़, न जाने कहाँ चले गये।

दानवदल आपही मृतप्राय हो रहा था। कुछ तो प्राण लेकर भागे; कुछको जीवनदान दिया गया और कुछ युद्धमें मारे गये। जिसने जैसा किया, उसने वैसा फल पाया।

प्रह्लादकी इच्छा थी, कि सांसारिक झमेलोंमें न पड़कर त्यागीकी भाँति पवित्र जीवन व्यतीत किया जाये; परन्तु नृसिंह भगवानने उन्हें शासन-भार ग्रहण करनेके लिये वाध्य किया। निदान बड़ी धूम-धामसे प्रह्लादका अभिषेक हुआ। इसके बाद नृसिंह भगवान अन्तर्धान हो गये। प्रह्लादने दीर्घकाल पर्यन्त दानवोंपर शासन कर अन्तमें परम पद प्राप्त किया। धन्य है ऐसे सत्याग्रही पुरुषको, जिसने सत्यके लिये कठोर-से-कठोर असंख्य यन्त्रणाओंको हँसते-हँसते सहन किया!

महाराज शिवि।

[लेखक—श्रीयुत "पौराणिक"]

(१)

पुराणोंमें यह बात जहाँ-तहाँ देखनेमें आती है, कि जहाँ किसी मनुष्यने कठोर तपस्या करनी आरम्भ की, कि स्वर्गलोकके देवराज इन्द्रका आसन डोल गया। उग्र तपस्वीके तपश्चरणकी बात सुनते ही अमित विभव-सम्पन्न देवराजका इन्द्रासन क्यों काँप उठता है? इसमें क्या रहस्य है? बात यह है, कि तपस्या करनेवालेके तपोबलकी परीक्षा करते रहना ही इन्द्रका कर्त्तव्य है। वे न तो इस बातसे डरते या घबराते हैं, कि उनका इन्द्रत्व छिन जायेगा और न उन्हें किसीकी ओरसे एकाएक होनेवाले भयङ्कर आक्रमणकीही आशंका रहती है।

पुराणोंकी छान-बीन करने वाले यह बात भली भाँति जानते हैं, कि तपस्याके द्वारा जहाँ बड़े-बड़े प्रचण्ड राक्षसोंने तपःसिद्ध होकर भी संसारमें महान् अनर्थ और अन्धेर मचाये हैं, अपनी अजेय शक्तिसे त्रिभुवनको कम्पायमान कर दिया है, वहाँ कितनेही कठोर तपस्वियोंने केवल संसारकी कल्याण-कामनाको ही अपना इष्ट माना है और कितनेही ऐसे भी उग्र तपस्वी हो गये हैं, जो समस्त ऐश्वर्य, विभव और पार्थिव सुखोंपर लात मारकर केवल भगवच्चरणोंकी प्राप्तिको ही अपना परम ध्येय मानते थे। इससे यही मालूम होता है, कि तपस्या सर्वथा सदुद्देश्यसे प्रेरित होकर ही नहीं की जाती थी। अतः इस बातका पता लगाते रहने की भी आवश्यकता अनिवार्य-सी थी, कि कौन व्यक्ति किस अभिप्रायको लेकर तपस्या किया करता है? किसका क्या अभीष्ट है और कौन तपस्वी क्या चाहता है? इस कामका भार देवराज इन्द्रपर सौंपा हुआ था। इसी लिये वे सदा सब तपस्वियोंके विषयमें सतर्क और सावधान रहा

करते थे। जिस प्रकार आजकल कोई सरकार अपने शासनके अन्दर किसी प्रकारके आन्दोलनको देख कर सतर्क और सावधान होती है, उसी प्रकार कठोर तपस्या-रूपी अन्दोलनकी देख-भाल करनेका काम यदि देवराज इन्द्रके हाथोंमें हो, तो इसमें आश्चर्यकी कोई बात नहीं।

(२)

भारत-खण्डमें प्राचीन समयमें उशीन नामक एक धन-धान्य-सम्पन्न राज्य था। आज जिसे हमलोग उज्जैन कहते हैं, सम्भव है, वही किसी समय उशीनके नामसे प्रख्यात हो। अनन्त कालके स्रोतमें पड़कर स्थानों और व्यक्तियोंके नाम प्रायः अपभ्रंश होते-होते कुछ-के-कुछ हो जाते हैं। सम्भव है, यहाँ भी वही बात हुई हो।

जो हो, उशीनाधिपति महाराज शिवि बड़ेही दयालु, विनम्र, भगवद्भक्त, अतिथि-परायण, दानी और पुण्यात्मा थे। इनकी प्रजा इनकी सुन्दर राज्य-व्यवस्थासे परम सुखी थी। अभिमान और राजमद तो इन्हें छू तक नहीं गया था। ये अपने प्रजाजनोंको अपने प्राणोंसे भी बढ़कर मानते थे। प्रजाके सुख-सन्तोषकी वृद्धि करनाही ये अपना कर्त्तव्य समझते थे। राज्य-विभव सब कुछ इनके पास था; पर ये उसके मोहमें नहीं पड़े रहते थे। सत्कार्योंमें ही ये अपने राज्य-कोषके अवशिष्ट धनको व्यय करते थे। इनके व्यवहारोंसे यही जान पड़ता था, कि ये अपनेको राजा नहीं; वरन् राज-कार्यका प्रबन्धक समझते थे—अपनेको प्रजाजनोंका रक्षक और सेवक समझते थे। ऐसे समस्त सद्गुणोंसे सम्पन्न राजाके अपनी कोई सन्तान न थी। इस बातके लिये राजा जितने स्वयं चिन्तित रहते थे, उससे भी बहुत अधिक चिन्तित उनके प्रजाजन रहा करते थे।

एक बार देवर्षि नारदने आपके पास आनेकी कृपा की। अतिथि-सत्कारमें अपना सवस्व मुक्त-हस्त होकर देनेवाले राजा शिविने उनका खूब आदर-सत्कार किया। सर्वज्ञ नारद राजा और राज्यके प्रजाजनोंका मनोकष्ट आसानीसे समझ गये। उन्हें राजा शिविके अपुत्रक होनेकी बात मालूम हो गयी। उन्होंने समस्त विधि बताकर तपस्या करनेका परामर्श किया। इसके बाद देवर्षि चले गये।

महाराज शिवि देवर्षि नारदके आदेशानुसार कठोर तपःसाधनमें प्रवृत्त हुए।

(३)

उधर देवलोकमें इन्द्रादि समस्त देवताओंको महाराज शिविकी उग्र तपस्याका पता चल गया। देवराज इन्द्र उनके कठोर तपश्चरणका उद्देश्य जाननेके लिये व्याकुल हो उठे। किसीने उनसे कहा, कि शिवि इन्द्रत्व की प्राप्तिके लियेही यह कठोर तपस्या कर रहे हैं। किसीने कहा, नहीं यह बात नहीं है। शिवि कभी कोई ऐसा देव-द्विज-विरोधी उद्देश्य लेकर तपस्या नहीं कर सकते। देव-ब्राह्मणमें उनकी अटूट श्रद्धा है। वे सदा सत्कर्मों में निरत रहा करते हैं। उनके राज्यमें सर्वत्र शान्ति और शृङ्खला है। लोभ-मोह आदि पापपूर्ण वृत्तियाँ तो उनके पास भी नहीं फटक सकतीं।

इस प्रकारको द्विविध बातोंसे महाराज इन्द्रका सन्देह दूर न हो सका। उन्होंने महाराज शिविकी परीक्षा लेनेका निश्चय किया। बिना पूरी तरह परीक्षा लिये किसी तपस्वीका मनोभाव मालूम नहीं हो सकता। पहले हलकी परीक्षाएँ ली गयीं, जिनसे देवराज इन्द्रको यह मालूम हो गया, कि शिवि बहुत ही निरभिमान मनुष्य हैं। वे किसी साधारण व्यक्तिसे भी अपनेको बड़ा नहीं समझते। यद्यपि उनका ज्ञान बहुतही विस्तृत था; तथापि वे अपनेको बहुत ही सामान्य मनुष्य समझते थे।

परन्तु देवराज केवल इतनी सी बातसे सन्तुष्ट होने वाले जीव नहीं थे।

(४)

एक दिन महाराज शिवि अपने नित्य कर्मोंसे छुट्टी पाकर प्रकृतिकी सुरम्य वाटिकामें विचरण कर

रहे थे। मन ही-मन विश्व-ब्रह्माण्डकी रचना और प्रकृतिकी अद्भुत लीलाके विषयमें आलोचना-प्रत्यालोचना कर रहे थे। इतनेमें एक कपोत (कबूतर) फड़फड़ाता और डरता-काँपता हुआ उनके पैरोंके पास आ गिरा। महाराज शिविके हृदयमें दयाका समुद्र उमड़ आया। उन्होंने झट उसे उठा लिया। कपोतके हाव-भावसेही वे समझ गये, कि या तो किसी व्याधने इसका पीछा किया होगा, या किसी हिंस्र पक्षीने इसे खदेड़ा होगा। आश्रयमें आया हुआ जान, उन्होंने उसे अपनी गोदमें छिपा लिया। बात-की-बातमें एक भयंकर बाज़ भी वहाँ आ पहुँचा। उसे देख, महाराज शिवि समस्त घटना समझ गये।

परन्तु उनकी धारणा कितनी भ्रान्ति-पूर्ण थी, यह उन्हें थोड़ी ही देरमें मालूम हो गया, जब कि उस बाज़ने उनके सामने आकर कहा,—"महाराज! यह मेरा आहार है। आप इस तरह यदि मेरे मुँहका कौर छीन लेंगे, तो आपपर बड़ा भारी पाप लगेगा। और वह पाप आपके समस्त सद्गुणों और सत्कर्मोंपर पानी फेर देगा। आप स्वयं सोच सकते हैं, कि ऐसा करना कितना बड़ा अन्याय है। आप यदि मेरा आहार नहीं देंगे, तो आजसेही आप अन्यायी कहे जायेंगे और एक अन्यायी राजाके राज्यमें जैसे अन्धेर होते हैं, वैसेही अन्धेर यहाँ भी होने लगेंगे। फिर उसका परिणाम क्या होगा, यह तो आप स्वयं समझ सकते हैं।"

बाज़के मुँहसे ऐसी युक्ति-पूर्ण बातें सुन, राजाके आश्चर्यकी सीमा न रही। वास्तवमें वे बड़े असमंजसमें पड़ गये। एक ओर आश्रितकी रक्षा करना जहाँ उनका परम धर्म था, वहाँ दूसरी ओर एकका आहार उसके मुँहके आगेसे छीन लेनेका महान् अपराध था। परन्तु शिवि ऐसे-वैसे पुरुष नहीं थे। आश्रितकी रक्षाके लिये वे सब कुछ कर सकते थे। उन्होंने थोड़ी देर तक सोच-विचार करनेके बाद बाज़से कहा, "देखो, भूखे बाज! तुम चाहे जो कोई क्यों न हो, और चाहे जिस रूपमें ही क्यों न आये हो, मैं इस आश्रित निर्दोष कपोतके लिये अपना सर्वस्व अर्पण कर दूँगा; पर इसे न दूँगा। तुम मांसाहारी पक्षी हो। मांस मिलनेसे ही तुम्हारी क्षुधाकी निवृत्ति हो सकती है। अतएव तुम चाहो, तो मैं इस कपोतके बराबर मांस वज़न करके दे सकता हूँ। आशा है, तुम इतनेसे ही सन्तुष्ट हो जाओगे।"

बाज़ने कहा,—"जैसा इस पक्षीका मांस है, वैसाही दूसरेका। मुझे इसमें कोई आपत्ति नहीं। पर आप मांसके लिये जब एक दूसरे प्राणीको कष्ट देंगे, तब क्यों नहीं इसेही मेरी क्षुधाकी तृप्तिके लिये दे देते?"

शिवि,—"नहीं—नहीं, बाज़! मैं किसी भी प्राणीको कष्ट देना नहीं चाहता। मैं अपनेही शरीरसे इसके बराबर मांस काट कर तुम्हें दे दूँगा। इसके लिये मुझे कुछ भी कष्ट नहीं होगा।"

अब बाज़के पास कोई दलील नहीं रह गयी। उसने कहा,—"अच्छी बात है। जब आप यहाँतक करनेको तैयार हैं, तब मुझे कुछ भी कहना नहीं है।"

महाराज शिविने उसी समय तुला मँगवायी और एक ओर उस कपोतको बैठा दिया तथा दूसरी ओर अपनी जाँघ काट कर रख दी। पर यह क्या? कपोत इससे भी अधिक भारी है? उन्होंने दूसरा अङ्ग काटा; पर कपोत फिर भी भारी रहा। अन्तमें राजा शिवि अपना विशाल वक्षःस्थल काटनेके लिये तैयार हुए!

आश्रित-रक्षाके लिये इस प्रकार अपना वक्षःस्थल विदीर्ण करनेको तैयार देख, बाज़ फ़ौरन न जाने कहाँ ग़ायब हो गया। कपोत भी अन्तर्धान हो गया। उनके स्थानमें स्वयं देवराज इन्द्र और अग्नि देव दिखाई दिये। उन्होंने परम प्रसन्नताके साथ राजा शिविको आशीर्वाद दिया और कहा,—"महाराज! बस कीजिये। आपकी परीक्षा पूरी हो चुकी। हम आपको पहचान नहीं सके थे। इसी लिये इतना

कष्ट दिया गया। आप धन्य हैं। दया और आश्रित-रक्षा-रूपी धर्म भी आपको पाकर धन्य हो गया! आप क्या चाहते हैं? किस लिये आप इतनी कठोर तपस्या कर रहे हैं? आपको जिस वस्तुका अभाव है, वह अवश्य मिलेगी। आपकी तपस्या आज पूरी हो गयी। ईश्वर आपकी मनोवाञ्छा पूर्ण करे।"

देवगणकी कृपासे महाराज शिविके कटे अङ्ग फिर जुड़ गये। वे सानन्द घर आये और पुनः राज-काय देखने लगे।

(५)

कुछही काल बाद रानी गर्भवती हुईं और यथा-समय एक परम रूपवान् पुत्र-रत्नने जन्म ग्रहण किया। सारा राज्य आनन्दसे खिल उठा। माता-पिता और पुरजन-परिजनोंके आदर-यत्न और लाड़-प्यारसे राज-कुमार चन्द्रकलाकी तरह वर्द्धित होने लगा।

महाराज शिविकी दुश्चिन्ता अब जाती रही। वे अब इस लड़केकोही सारा राज्य-भार सौंपनेके लिये उसे राजधर्मकी समुचित शिक्षा देने लगे। वे यही सोच कर निश्चिन्त थे, कि जब यह राज्य-भार सम्हालने योग्य हो जायेगा, तब मैं परम-पदकी प्राप्तिके लिये वानप्रस्थ जीवन व्यतीत करूँगा। इसी उद्देश्यसे वे अमीसे अपने आपको वानप्रस्थ जीवनमें प्रवेश करने योग्य बना रहे थे।

पुत्र-प्राप्तिके लिये उन्हें प्रसन्नता भले ही हो; पर मद या अहंकार नहीं हुआ था। वे सब कार्य पूर्ववत् करते थे। उनका वर्त्तमान जीवन राजर्षिका जीवन था। इसी समय एक दिन कोई ऋषि राजाके अतिथि होकर आये। राजाने उनका यथाविधि आदर-सत्कार किया। ऋषिने कहा,—"राजन्! मुझे महा-मांस खानेकी इच्छा हुई है। इसीलिये तुम्हारे यहाँ आया हूँ।"

राजा बड़ी चिन्तामें पड़े। रानीसे परामर्श किया और कहा,—"ऋषिवर! हम तीन ही प्राणी हैं—मैं, मेरी स्त्री और तपस्याके द्वारा, देवकृपासे प्राप्त एक-मात्र पुत्र। कहिये, इनमेंसे आपकी सेवाके लिये किसका बध किया जाये?"

ऋषिने सोचकर कहा,—"राजन्! राजकार्य सम्हालनेके लिये तुम्हारा रहना परमावश्यक है। स्त्रीका मांस निषिद्ध है। हाँ, यदि तुम मुझे सन्तुष्ट करना चाहते हो, तो उस बालकका ही मांस खिलाओ; परन्तु देखो, तुम्हें यदि कष्ट हो; यदि तुम्हारी आँखोंमें पानी आ जाये, तो मैं उसे ग्रहण नहीं करूँगा।"

राजाके लिये भयङ्कर परीक्षाका समय आ उप-स्थित हुआ। अन्तमें उन्होंने कलेजेपर पत्थर रख कर ऋषिके आदेशानुसार उसी पुत्रका बध किया, जिसके लिये उन्होंने कठोर तपस्या की थी; जिसे राज्य भरके लोग प्यार करते थे। ऋषिके कहनेसे रानीने स्वयं उस प्राणप्यारे, आँखोंके तारे एक-मात्र पुत्रका मांस पकाया। ऋषिके आगे थाली परोसी गयी। अब ऋषिने कहा,—"आओ, राजन् तुम भी भोजन करो।"

राजाने पहले नाहीं-नुहीं की; पर ऋषिके यह कहनेपर कि 'यदि तुम नहीं आते, तो मैं भी असन्तुष्ट होकर चला जाऊँगा।' बाध्य होकर उन्हें भी भोजनके लिये बैठना पड़ा।

❁ ❁ ❁ ❁

एकाएक ऋषिने बच्चेका नाम लेकर पुकारा और बच्चा दौड़ता खेलता हुआ वहाँ आ पहुँचा। सामनेकी थालियोंमें सात्विक अन्न-व्यञ्जन दिखाई दिये। ऋषि अब अपने सच्चे रूपमें प्रकट हुए। वे स्वयं ब्रह्मा थे। राजा समझ गये, कि यह भी उनकी परीक्षा थी। वे ब्रह्माके चरणोंपर गिर पड़े।

आश्रितकी रक्षाके लिये और अतिथिके सत्कारके लिये इतनी उदारताका दूसरा दृष्टान्त संसारके इतिहासमें नहीं मिलता। केवल भारतको और वह भी प्राचीन भारतको ही ऐसे पुण्य-श्लोक महामानवोंको जन्म देनेका गौरव प्राप्त है।

दधीचिका देह-दान

[लेखक—श्रीयुत नरोत्तम व्यास।]

(१)

मदोन्मत्त, पर-अधिकारलोलुप और निबल-उद्दालक असुरोंने पृथ्वीतलपर अधिकार-विस्तार कर स्वर्णमयी स्वर्ग-भूपर दृष्टि लगा दी थी। उनके चरोंने अद्भुत स्वर्गलोकका जो मधुरिमापूर्ण माहात्म्य वर्णन किया था, वैभवोंकी जो कथा कही थी, उसपर असुरराज 'वृत्र' का मन मचल पड़ा। रात-दिनकी लालसाके उत्तेजनने उसे अधीर बना दिया। उसने एक दिन—उस दिन, जब सारे सुर निश्चिन्त हुए, मैनाक-विहार करने गये थे, घरोंपर सिवा देवियोंके कोई देव न था—भीषण आक्रमण कर स्वर्गके जर्रे-जर्रेपर अपना अधिकार विस्तार कर लिया। जब सुरगण स्वर्ग लौटे, तब दुर्गद्वारोंपर ही नृशंस असुरोंने उन्हें मार-मार कर भगा दिया। सुरोंके घर-द्वार, धन-सम्पत्ति, स्त्री-सन्तान सब लुट गये। उन्हें अपनी किसी वस्तुका भी मुँह देखनेका सुयोग नसीब नहीं हुआ। वे दुःखित होकर निर्जन वनवास करनेके लिये वाध्य हुए।

स्वर्गका राज्य पाकर 'वृत्र' ने सुरोंकी स्त्रियोंकी बेइन्तिहा-बेइज्जती की। नये करोंके नामसे उनको विविध भाँतिसे पीड़न दिया। इन्द्र और उनका सारा बल एक साथ मिलकर भी वृत्रके फौलादी पञ्जोंसे स्वर्गका उद्धार नकर सका और न अपनी प्रजाको विपत्तिसे बचनेमें सहायताही दे सका। सबकी बुद्धियाँ कुण्ठित थीं; सब हैरान थे, कि इस दैवी चक्रसे कसे त्राण पाया जा सकेगा। आखिर सुर और मानव, सबकी सम्मिलित शक्तिसे असुरोंपर आक्रमण करनेकी योजना हुई। अनन्त जन-समुद्र विविध अस्त्र-शस्त्रोंसे सुसज्जित हो कर स्वर्गका उद्धार करनेके लिये उमड़ा।

वृत्रासुरने भी इस चढ़ाईकी खबर सुनी। वह निश्चिन्त था; क्योंकि वह अपनी मृत्युसे अभय था। बचपनसे ही महदाकांक्षाओंसे प्रेरित होकर उसने घोर साधना और अटूट संयम द्वारा अक्षय बल प्राप्त कर लिया था और शरीरको इतना मज़बूत बना लिया था, कि तीर-तलवार किसीकी भी चोट उसपर असरही न कर सके। असुरोंकी संगठन-शक्तिमेंही उसका सारा बल था। उसके पसीनेकी एक बूंदपर उसके अनुयायी सौ रक्तकी बूँदें टपका देनेके लिये तैयार रहते थे। इसलिये असङ्गठित, शक्ति-विस्मृत सुरोंकी उछल-कूदका समाचार पाकर भी वह विचलित न हुआ। उसने अपनी विपुल वाहिनीको एक साथ भेज कर तथा स्वयं दुर्ग-रक्षापर रहकर सुरोंका खूब सामना किया।

त्रिपिष्टपकी सीमापर हुई सुर और असुरोंकी यह लड़ाई अनन्त कालसे मशहूर है। इस दिन अनन्त सुरोंको चन्द असुरोंसे पुनः जिस बुरी तरहसे लाञ्छित और अपमानित होना पड़ा था, वह कभी न भूलने योग्य घटना है। स्वयं देवराज इन्द्र अपनी समस्त शक्तियोंसे वृत्रपर आक्रमण करके भी उसका कुछ न बिगाड़ सके थे और दीर्घकालकी लड़ाईके बाद इस बुरी तरहसे अपनी जान लेकर भागे, कि अपने अनुयायी सुरोंकी भी लौटकर सुध न ली। इस बार सुरगण सदाके लिये स्वर्गकी आशा छोड़ बैठे। पर सुर-राज इन्द्रने वृत्रके हाथोंसे जो हार पायी थी, उसका घाव उन्हें चुप बैठनेके लिये मजबूर न कर सका। वे अब सब-त्यागी संन्यासी बनकर समस्त सुरोंके साथ मातृ-भूमि स्वगका उद्धार करनेकी चिन्तामें लगे।

घोर विपत्तिके समयही प्राणीको प्रभुका स्मरण हुआ करता है। इस बार समस्त सुरोंको भगवान् विष्णुकी शरण ग्रहण करनेका स्मरण हुआ। अतएव परस्पर परामर्श कर वे क्षीरसागरकी ओर चले।

(२)

विष्णुने व्यङ्गके साथ कहा,—"स्वदेशकी भक्तिही जिनका जीवन है, वे भोग और विहारोंमें अपना समय नष्ट नहीं करते। सम्पत्ति वीरभोग्या है। जो भोगता है, वही प्राण देकर उसकी रक्षा भी करता है। आपमें

यदि स्वदेशोद्धारकी चिन्ता होती, तो कायरोंकी भाँति भाग कर मेरे पास न आते; बरन् देशके नामपर अपने को वलि कर देते। परन्तु मालूम होता है, आपमें वह जीवनही नहीं रह गया है। अमृत पीकर जो अमर हो गये हैं, वे ही वलिदानका साहस न कर, आर्त्त हो कर मेरी शरण ग्रहण करने आये हैं ? छिः ! आपको अपनी धन-सम्पत्ति, स्त्री-बालकोंका मोह है, जिनके मोहसे आप स्वर्गोद्धारका उपाय मुझसे पूछने आये हैं। यदि मातृ-भूमिकी भक्ति भी होती, तो वृत्रका अधिकारही स्वर्गमें नहीं जम पाता।

"वृत्र अजेय है। उसने अखण्ड ब्रह्मचर्यकी साधना की है। तपसे मौतको जीत लिया है। उसे अस्त्र-शस्त्र नष्ट नहीं कर सकेंगे। उसका विनाश उस मनुष्यके शरीरका वज्र कर सकता है, जिसके शरीरकी हड्डियाँ उससे अधिक ब्रह्मचर्य-पुष्ट हों, जिसने अनन्त काल तक अपनेको तपस्याकी मिट्टीमें तपाया हो। यदि वही आत्मदान कर—तुम्हें अपने शरीरको अस्थि दे, और उसका विश्वकर्माकी कुशल-प्रतिभा वज्र निर्माण करे, तो उसी बज्रकी एक चोटसे, न केवल वृत्र वरन् उसका समस्त सैन्यदलतक भस्म हो जा सकता है।"

सुरलोग इस उपायको सुनकर स्तम्भित रह गये। कौन है ऐसा, जिसने अनन्त युगतक तपस्यकी हो और कल्पोंतक ब्रह्मचर्य धारण किया हो ? मिथ्या बात है ! सुरोंने नितान्त सत्यतासे कह दिया, कि "ऐसा व्यक्ति सृष्टिभरमें दुर्लभ है।"

विष्णुने फिर कहा,—"मेरी सृष्टिमें दुर्लभ कुछ नहीं है। अध्यवसाय चाहिये। इन्द्र ! जाओ, तुम्हारा यह कर्त्तव्य है, कि ऐसे पुरुष-पुङ्गवकी खोज करो। जबतक स्वदेशके लिये तुम इतना कष्ट न उठाओगे, तबतक उसका उद्धार होना असम्भव है।"

इन्द्रने नीचा सिर करके कहा,—"जो आज्ञा।"

(३)

दिन-पर-दिन बीत गये, महीनों-पर-महीने और बरसोंके बाद बरस—इन्द्रने त्रिभुवनका ज़र्रा-ज़र्रा खोज डाला—पर कहीं विष्णुद्वारा निर्दिष्ट लक्षण-विशिष्ट व्यक्ति नहीं मिला। अब यह निराश मुख देवताओंको कैसे दिखाया जायेगा—इस ग्लानिसे व्यथित होकर इन्द्र आत्महत्याके लिये अग्रसर हुए, कि त्रिभुवन-विहारी नारदने अकस्मात् उपस्थित होकर इन्द्रका दुखड़ा सुना। उत्तरमें उन्होंने कहा,—"हिमालय-की अधित्यकापर दधीचि ही ऐसे ऋषि हैं, जो विष्णु-द्वारा निर्दिष्ट लक्षणोंसे सम्पूर्ण विशिष्ट हैं। आप उन्हीं के पास जाकर यह असम्भव भिक्षा माँगिये।"

इन्द्रके निराश प्राणोंमें नवीन आशा-जीवनका सञ्चार हुआ। वे पिछले परिश्रमकी क्लान्तिको भूलकर रात-दिन एक करते हिमालयपर जा पहुँचे। दूरपर अनेक शिष्यगणसे घिरकर बैठे तपःपुञ्ज महर्षि दधीचिका उन्हें दर्शन हुआ। इन्द्रको उनके दर्शन-मात्रसे ही क्लान्तिहर शान्ति मिली। मानों अध्यात्मजगत्के दधीचिही अधीश्वर हों।

इन्द्रने थोड़ीही देरमें देखा, कि उनके अनेक आत्मचर विविध लोकोंसे प्राणियोंकी विपत्ति-कथाका समाचार लेकर आते हैं और ऋषिवर उन्हें सुन-सुनकर, तत्काल, विपन्मोचनका प्रयत्न करते हैं। इसीलिये इन्द्रकी दूर-दृष्टिसे, सहस्रलोचनोंकी दृष्टिसे ऐसा मालूम हुआ, कि ऋषिकी रक्षामें अनन्त प्राणियोंका आशीर्वाद समूर्त बनकर नियुक्त है। उन्हें कोई भी घातक वायु स्पर्श नहीं कर सकता। विनाश-पूर्वक उनकी हड्डीका पा सकना तो नितान्त असम्भव बात है।

बहुत देरके सोच-विचारके बाद इन्द्र नितान्त दयनीय ढङ्गसे, अर्थी और आर्त भक्तकी तरह, दधीचिके सम्मुख पहुँचे। साष्टांग प्रणाम कर बैठे। ऋषिने उनके आनेका कारण पूछा। इन्द्रने संक्षेपमें निस्पृहकी भाँति उत्तर दिया कि "आप जैसे परोपकारपरायण परमार्थीकी सेवाका पुण्य प्राप्त करनेके लिये आया हूँ।"

दधीचि मुस्करा दिये और [illegible] प्रसंगमें लगे हुए थे, पुनः उसीमें व्यापृत हो गये। महीनोंकी एक मनसे की हुई आश्रम-परिचर्याके बाद ऋषि इन्द्रको

आशीर्वाद देनेके लिये तैयार हुए। इन्द्रने नितान्त बिनीत ढङ्गसे, स्वदेशकी ममतासे करुण हुए, द्रवित हृदयसे ऋषिको स्वर्गविनाशकी कथा कही। शतकण्ठसे वृत्रासुरके अत्याचारोंका बर्णन किया। सुरोंके गृह-भ्रष्ट होकर निर्जन वनवासका बयान किया। ऋषिने कहा,—"आखिर मेरे द्वारा इस विपत्तिका किस प्रकार प्रतिविधान होगा?"

"वही बताता हूँ" कह कर इन्द्रने विष्णु के उपदेश और नारदका निर्देश कह सुनाया और बादको ऋषिके उत्तरकी अपेक्षामें चुप हो रहे।

दधीचिने अत्यन्त आत्मप्रसादका अनुभव करते हुए हर्ष-सहित कहा,—"देवेन्द्र! सुर मेरे सजातीय हैं और स्वर्ग-भूमि मेरी आदि-जननी है। स्वजाति और स्वदेशका दु:ख मेरा दु:ख है। इसके लिये आत्मार्पण करना मेरा पहला कर्त्तव्य है। एक दिन इस देहका विनाश अवश्यंभावी है। अत: यह रोग-शय्यापर सड़-सड़ कर नष्ट हो, उससे पूर्व तो स्वजाति और स्वदेशके हितार्थ ही त्यागा जाना, इसको अमरता प्राप्त होना है। मैं अभी इस शरीरको भस्म करता हूँ, तुम मनमानी अस्थियाँ लेकर सुरकाज सँवारो।"

इतना कहते-कहते, इन्द्रके प्रत्युत्तरकी बिना प्रतीक्षा कियेही ऋषिने तप:प्रभावसे तेज प्रकट किया और इन्द्रके देखते-देखते दधीचि अस्थि मात्र रह गये।

क्षण-भरमें ही इस अकल्पित घटनाको होते देख इन्द्र स्तम्भित रह गये। वे कहाँ हैं, क्या हो रहा है, इसका उन्हें तनिक भी भान न रहा। बहुत देर बाद उन्हें आत्मस्मरण हुआ, तब वे दधीचिके त्यागका महत्व समझ सके। सचमुच पृथ्वीतलमें उन्हें दधीचिसा स्वदेश और स्वजाति-सेवी दिखाई नहीं दिया। जिनका स्वर्गसे प्रत्यक्ष और अतिनिकट सम्बन्ध था, तथा जिनके आत्मीय जन विदेशी और विजातीय अत्याचारी शासकोंके हाथोंसे त्रस्त हो रहे थे, उनमें इतने त्यागकी स्वप्नमें भी हिम्मत नहीं पड़ी और जिसकी निवास-भूमि दूसरी हो चुकी थी, पीढ़ी-दर-पीढ़ीसे जिनका सम्बन्ध भिन्न समाजमें परिवर्तित हो गया था, उसकी प्राचीनताके प्रति इतना मोह और उसके लिये ऐसा अपूव त्याग देख कर इन्द्र गद्-गद् हो गये।

(४)

इन्द्रने दधीचिकी अस्थियाँ विश्वकर्माको ले जाकर दे दीं। विश्वकर्माने बहुदिन-व्यापी परिश्रमके बाद उन अस्थियोंका ऐसा अद्भुत वज्र निर्माण किया, जिसकी चमकसे विश्व चमत्कृत हो जा सके। इन्द्रने उसी वज्रको लेकर, ऐरावतपर सवार हो, असुरोंको जा ललकारा। असुर इस समय विलासितामें मस्त हुए भोग-भोग रहे थे। वृत्र देवताओंको पहले जैसा असङ्गठित-अबल समझकर बिना पूरी तैयारीकेही इन्द्रका सामना करने चला। इन्द्रने उसको सामने देखतेही वह अभिनव वज्र पूरे पराक्रमसे घुमाकर फेंका, जिसके पहले आघातसेही 'वृत्र'मारा गया! साथही उस वज्रने एक-एक असुरको ढूँढ़ ढूढ़ कर मारा। स्वर्ग स्वाधीन हुआ। असुरोंने पुन: अपना देश और गृह पाये। उस दिनके बादसे आज दिन तक, केवल स्वर्ग ही नहीं, वरन् त्रिभुवनमें दधीचिका यह देह-दान अलौकिक और महान त्याग माना गया। आज भी स्वदेश और स्वजातिपर वलि होनेवालोंमें 'दधीचि' प्रथम माने जाते हैं।

श्रीरामचन्द्र!

[लेखक—श्रीयुत ब्रजविहारी लाल]

दशरथ-नन्दन मर्यादापुरुषोत्तम भगवान् श्रीरामचन्द्रकी उपासना प्रत्येक हिन्दू करता है—प्रत्येक हिन्दू-हृदयमें उनके प्रति प्रगाढ़ श्रद्धा-भक्ति है और वास्तवमें उनके महान सफल सत्कार्योंने उन्हें ईश्वरका अवतार भी सिद्ध कर दिया है। उन्होंने पतितोंका उद्धार किया, दुष्ट दानवोंका संहार किया; शवरीके बेर खाये और जनताका ऐसा उत्तम शासन किया, कि आज भी लोग राम-राज्य चाहते हैं और उस लोकप्रिय शासनकी मुक्त-कंठसे प्रशंसा करते हैं।

अयोध्याधिपति महाराज दशरथके चार पुत्रोंमें श्रीरामचन्द्र ज्येष्ठ थे। उनके अन्य तीन छोटे भाई लक्ष्मण, भरत और शत्रुघ्न उनकी बड़ी भक्ति करते थे। श्री रामचन्द्र समस्त शास्त्रोंके पूर्ण ज्ञाता तथा रण-विद्याके भी अपूर्व पण्डित थे, उन्होंने पन्द्रह वर्षकी ही आयुमें कितनेही भयंकर-से-भयङ्कर राक्षसोंका संहार किया, जो ऋषियोंका यज्ञ आदि बिगाड़ते थे। अहिल्या सरीखी शाप भ्रष्टा स्त्री उन्होंने केवल अपने चरण-स्पर्शसे उद्धार किया।

इसके बाद राजा जनकके यहाँ शिवका धनुष भंग कर उन्होंने सीताका पाणिग्रहण किया। इससे उनकी कीर्ति दिग्दिगन्तमें व्याप्त हो गयी। इसके बाद वे अपने पूज्य पिताके राज-काज तथा शासन-सम्बन्धी मामलोंमें भी योग देने लगे। प्रजाका प्रेम भी उनके प्रति ऐसा था, जैसा आजकल संसारमें किसी भी राजा या राजकुमारके प्रति नहीं देखा जाता। रामको सर्वगुण-सम्पन्न, पूर्ण नीतिवान्, ज्ञानवान् तथा लोक-प्रिय देखकर महाराज दशरथने उन्हें युवराज पदसे विभूषित करना चाहा, और जब महाराजने अपनी यह विमल इच्छा प्रकट की, तब समस्त मन्त्रियों तथा प्रजाजनोंने महाराजकी सदिच्छाका मुक्तकण्ठसे समर्थन किया। महाराज दशरथकी तरह सारी प्रजा भी रामचन्द्रको सिंहासनारूढ़ देखनेके लिये व्याकुल होगयी। अन्तमें महाराजने घोषणा की, कि "कल रामको युवराज-पद दिया जायेगा।" इस घोषणासे सारी प्रजामें आनन्द स्रोत बहने लगा।

किन्तु कालकी विचित्र गतिके प्रभावसे अथवा भावी देव-कार्य्यकी सफलताके उद्देश्यसे महाराज दशरथकी एक प्रिया रानी कैकेयीने रामको चौदह वर्षके लिये वन-गमन तथा निज पुत्र भरतके लिये राज्याधिकार माँगा। बहुत वर्ष पूर्व महाराज दशरथने रण-क्षेत्रमें युद्ध करते हुए वीरांगना कैकेयीके एक वीरोचित कार्य्यसे प्रसन्न होकर उसे दो वर-दान दिये थे। उन्हीं दोनों वरदानोंको इस समय दासी मन्थराकी प्रेरणासे कैकेयीने महाराजसे माँगा। कहना व्यर्थ है, कि कैकेयीकी माँगें सुनकर महाराज बहुत ही दुःखी हुए।

किन्तु राम सरीखा आज्ञाकारी पुत्र क्या कभी अपने पिताको मिथ्यावादी बना सकता था? क्या वे राजसिंहासनके लिये पिताके विरुद्ध विद्रोह कर सकते थे? आजकलके लोभी युवराजोंकी तरह यदि राम उस समय ऐसा भी करते, तो कोई कुछ भी आपत्ति न करता, बल्कि सारी प्रजा उनका साथ देती; किन्तु फिर पितृ-भक्तिका ऐसा अमर आदर्श संसारके लिये कौन छोड़ जाता? यही समय रामके संयम और ज्ञानकी महती परीक्षाका समय था। पिताकी प्रतिज्ञा सुनते ही श्री रामचन्द्र तुरन्त वन-गमनके लिये तैयार हो गये। बस, यहींसे उनका महान त्याग और वलिदान आरम्भ होता है। उन्होंने अपने समस्त सुखदायी स्वार्थोंकी पूज्य पिताके चरणोंपर वलि चढ़ा दी, और वे अपनी पतिव्रता स्त्री सीता तथा आज्ञाकारी भाई लक्ष्मणके साथ वन-यात्राके लिये तैयार हुए।

उस समय महाराज दशरथ अनन्त दुःखों और पीड़ाओंके सागरमें डूबे थे; वे "हा राम! हा राम!" कहकर चिल्ला रहे थे, और रामको वन-गमनके लिये मना भी कर रहे थे; परन्तु रामने विनम्रतासे

कहा,—"यदि मैं वन न जाऊँ, तो मेरे पिता मिथ्यावादी होंगे। राम अपने पिताको मिथ्यावादी कदापि नहीं बना सकता।" राजा दशरथको मूर्छित दशामें ही छोड़कर श्रीराम सपत्नीक वनके लिये विदा हो गये। उस समय समग्र देशमें हाहाकार मच गया था। अवधकी सारी प्रजा रोती हुई रामके पीछे-पीछे गयी और रामको मनाने लगी, कि "आप अयोध्या लौट चलिये और राज्य सम्हालिये!" पर रामने एक परम सन्तोषी योगी पुरुषकी तरह प्रजाको सान्त्वना देकर वापस लौटा दिया।

क्या आजकल भी किसी राजा या युवराजके लिये प्रजा ऐसी ही दुःखी होती है? कई वर्ष पूर्व अंगरेज़ युवराज प्रिन्स-आफ़-वेल्स जब भारतमें आये, तो भारतीय प्रजाने उनका किस तरह स्वागत किया था? उस दिन प्रजाने शोक मनाया था और समग्र देशमें भीषण हड़ताल हो गयी थी। कैसा अन्तर है वर्तमान युगमें और प्राचीनकालमें! आजकलके अधिकांश राजा और सम्राट केवल स्वार्थी, स्वेच्छाचारी और अर्थ-लोलुप होते हैं; पर श्री रामचन्द्रजी परम निस्स्वार्थी और परोपकारी थे। तप, और त्यागही उनके जीवनका ध्येय था। बादमें जब कैकेयीके पुत्र भरत भी उन्हें मनाने और बुलाने गये, तब भी रामने नहीं माना, और वे अपनी पितृ-भक्तिके महान व्रतपर अटल बने रहे। भरतको केवल चरण-पादुका लेकर वापस आना पड़ा।

इसके बाद चित्रकूट, और पम्पासर पार करते हुए श्री रामचन्द्र, सीता और लक्ष्मण सहित दण्डकारण्यमें पहुँचे। इस बीचमें उन्हें कई दुर्दान्त राक्षसोंका भी संहार करना पड़ा था। फिर वे विन्ध्याचल पहुँचे, और वहाँ अगस्त मुनिसे उनकी भेंट हुई। अगस्त मुनि उस समयके सबसे महान् विज्ञानाचार्य थे, जिन्होंने विज्ञानके बलसे अनेक तरहके अस्त्र-शस्त्र बनाये थे, जिनमेंसे कई शस्त्रास्त्र उन्होंने रामको भी दिये। वह पहाड़ी स्थान बड़ाही सुन्दर और रमणीक था; इस लिये श्रीरामजी वहीं पर्ण कुटी-बना कर रहने लगे। किन्तु यहाँ एक दिन रावणकी बहन शूर्पनखाने रामको देखा, और वह उनपर मोहित हो गयी। पर रामजीने जब उसके साथ विवाह करनेसे साफ़ साफ़ अस्वीकार कर दिया, तब वह लक्ष्मणजीके पास गयी। लक्ष्मणजी स्वभावसे ही कुछ क्रोधी थे, उन्होंने शूर्पनखाकी धृष्टता देख कर उसकी नाक काट ली। शूर्पनखा रोती हुई रावणके पास पहुँची, और राम-लक्ष्मणकी शिकायत करते हुए सीताके रूपकी बड़ी प्रशंसा की। रावण तुरन्त सीता-हरणके लिये तैयार हो गया।

रावणने दण्डकारण्यमें पहुँच कर अपने मामा मारीचसे भेंट की, और अपना विचार सुनाकर उससे स्वर्ण-मृग बननेके लिये कहा। मारीचने रामके असीम पराक्रमकी याद दिलायी; पर रावणने एक न सुनी, और मारीचको स्वर्ण-मृग बनना ही पड़ा। मारीच जब सोनेका मृग बन कर पर्ण-कुटीरके सामने घास चरने लगा, तब सीताजीको वह बहुत भला लगा, और उन्होंने रामचन्द्रजीसे उसका सुन्दर स्वर्ण-चर्म लानेके लिये कहा। राम धनुष-बाण लिये उस मृगके पीछे दौड़े; पर वह मृग दूरही होता जाता था। इस तरह वह मृग श्रीरामको बहुत दूर ले गया। लक्ष्मणजी, जो सीताकी रक्षाके लिये थे, वे भी मायावी मारीचकी "हा राम! हा राम!" की चिल्लाहट सुन कर पीछे दौड़ गये। अन्तमें रावण संन्यासीका रूप धारण करके सीताजीसे भिक्षा माँगने गया, और इस बहाने उन्हें हर ले गया।

इसके बाद श्री रामचन्द्रजी विलाप करते हुए सीताको खोजने लगे। मार्गमें उन्हें गिद्धराज जटायु मिला, जो सीताकी रक्षाके लिये रावणसे लड़ कर, आहत होकर ख़ूनमें लथपथ पड़ा था। जटायुसे रामको सीता-हरणकी बात मालूम हुई। जटायुके मर जानेपर श्रीरामने उसका अग्निदाह किया और फिर वे सीताकी खोजमें दक्षिणकी ओर विदा

हुए। ऋष्यमूक पर्वतके निकट उनकी भेंट हनुमान, सुग्रीव, नल, नील, जाम्बवान् आदि बन्दर-भालुओंसे हुई। रामने उनसे मैत्री की और बालीको मारकर सुग्रीवको वहाँका राज्य दिलाया। सुग्रीवने सीताको ढूँढ़नेका वचन दिया। इसके बाद बानरी सेना सीताको खोजने लगी। समुद्रतट तक पहुँचनेपर जटायुके भाई सम्पातीसे भेंट हुई, जिसने कहा, कि रावणकी लङ्कामें सीताजी अशोक-वाटिकामें बैठी हैं। महा पराक्रमी हनुमानजीने समुद्र पार किया; सीतासे भेंट की और लङ्कामें आग लगायी। इसके बाद हनुमानजी लौटे और श्रीरामचन्द्रको सीताका सन्देश सुनाया।

फिर तो सुग्रीवके नेतृत्वमें विराट बानरी सेनाने मार्च करना आरम्भ किया। नल, नील उस समयके महान इनजीनियर थे, जिन्होंने समुद्रपर भी पुल बाँध दिया। आजकलका कोई भी युरोपीय इनजीनियर शत योजन समुद्रपर पुल नहीं बाँध सका है, यद्यपि नदी-नालोंपर उन्होंने बहुतेरे पुल बाँधे हैं। नल, नीलके बनाये पुलसे राम, लक्ष्मण तथा समस्त बानरी सेना उस पार लङ्काके बाहर पहुँची, तब तो रावण भी कुछ शङ्कित हुआ; पर राक्षसी स्वभाव होनेके कारण क्रूर बना रहा। उसके सात्विक भाई विभीषणने बहुत समझाया, तो भी उस दुष्टने नहीं माना। अन्तमें श्रीरामचन्द्रजीने युद्ध-घोषणा की, और फिर बन्दरों तथा राक्षसोंमें वह घोर युद्ध हुआ, कि पृथ्वी और आकाश कम्पायमान हो गये। रावणके एक-एक शूर-वीर भाई, पुत्र, सेनापति सब मार डाले गये, और अन्तमें तुमुल संग्रामके बाद रावण भी मारा गया! इसके बाद अशोकवाटिकामें नज़रबन्द सीताजीका उद्धार हुआ। वह रामजीके पास लायी गयीं, तो भी लोकापवादके भयसे सीताजीको वहाँ दहकती हुई अग्निमें प्रवेश करना पड़ा। सीता? सीता अग्निमेंसे और भी प्रदीप्त होकर निकलीं। राम और सीता दोनों मिले; और सबको परमानन्द प्राप्त हुआ। श्रीरामजीने वहाँ विभीषणका राज्याभिषेक किया और लङ्काका राज्य उसीको दे दिया। आजकलके साम्राज्यवादियोंकी तरह उस समय यदि श्रीरामजी भी चाहते, तो लङ्काका राज्य आर्य्यावर्तमें मिला लेते; पर ऐसा न कर, उन्होंने विभीषणकोही वहाँका राजा बनाया।

श्रीरामजीके वनवासकी अवधि समाप्त हो चुकी थी; इसलिये वे पुष्पक-विमानपर सवार होकर अयोध्याके लिये रवाना हुए। यहाँपर यह ध्यानमें रखना चाहिये, कि वह पुष्पक-विमान आजकलके हवाई जहाज़ोंकी तरह न था, जिनपर थोड़ेसे इने-गिने मनुष्य बैठ सकते हैं। वह पुष्पक-विमान इतना विशाल था, और इनजीनियरिङ्ग कलाकी मशीनोंसे ऐसा विचित्र बना था, कि उसपर जितने मनुष्य चाहें; बैठ सकते थे। इसीलिये जब श्रीरामचन्द्रजी, सीता और लक्ष्मणके सहित अयोध्याके लिये रवाना हुए, तो उनके साथ हनुमान, सुग्रीव, अङ्गद तथा असंख्य बानरी सेना भी सवार हुई और वे सब रामके साथ आनन्द मनाते हुए आये। भरत, शत्रुघ्न आदिने पहलेसेही आगे बढ़कर उनका स्वागत किया। फिर वह शुभ घड़ी भी आयी, जब श्रीरामचन्द्रजीका राज्याभिषेक हुआ, और सारी प्रजाने आनन्द मनाया।

किन्तु इस राज्याभिषेकके बाद भी श्रीरामचन्द्रकी तपस्या समाप्त न हुई। क्या देश और जाति उनसे और भी त्याग चाहती थी? हाँ, चाहती थी। श्रीरामको अपने एक गुप्तचरसे मालूम हुआ, कि कोई धोबी अपनी धोबिनको यह कहकर मार रहा है, कि "क्या मैं भी राम हूँ, जो रावणके घरमें रही सीताको अपने घरमें रख लूँ?" वह धोबी निश्चय ही मूर्ख था; पर इस एक घटनासे इतना पता तो अवश्य लगता है, कि उस समय लोकमतका कितना महत्व था। साथ ही यह भी मालूम होता है, कि उस समयके गुप्तचर प्रजाके छिद्रान्वेषी नहीं होते थे, और न गुप्त षड्यन्त्रोंका पता लगाते फिरते थे। राम-राज्यके गुप्तचर यह देखा करते थे, कि प्रजामें किसी मनुष्यको किसी बातसे या दुःखसे कोई अस-

न्तोष तो नहीं है और जब उस गुप्तचरने एक सामान्य धोबीको भी सीतापर वैसा अपवाद लगाते सुना, तो उसने स्वामीसे कहा। श्रीरामचन्द्रजीका महत्व इससे बहुत अधिक बढ़ जाता है, जब हम यह देखते हैं, कि वे अपने राज्यके किसी धोबीकी शिकायत सहन नहीं कर सकते थे। वैसा अपवाद सुनते ही उन्होंने सीताका परित्याग कर दिया। श्रीरामचन्द्रजीको देवी सीताके अखण्ड पातिव्रतमें तनिक भी सन्देह नहीं था और उनसे बढ़कर यह बात और कोई नहीं जानता था, कि सीता परम सती हैं। तो भी विरोधी लोकमतका प्रतिकार करनेके लिये उन्होंने लक्ष्मणको आज्ञा दी, कि—"जाओ, सीताको जंगलमें छोड़ आओ!" और श्रीलक्ष्मणजीने वैसा ही किया भी; वे सीताको महर्षि बाल्मीकिके आश्रममें छोड़ आये।

सीता उस समय गर्भवती थीं। उन्होंने वहाँ लव और कुश दो पराक्रमी पुत्रोंको जन्म दिया। बादमें श्रीरामचन्द्रने अश्वमेध-यज्ञका आयोजन किया। ऐसे अवसरपर उन्हें सीताकी याद आयी। पर सीता उनके पास नहीं थीं, इसलिये उन्होंने उनकी एक स्वर्ण-प्रतिमा बनवायी अश्वमेध यज्ञका छोड़ा हुआ घोड़ा बाल्मीकिके आश्रममें पहुँचा। लव, कुशने उस सुन्दर अश्वको तुरन्त पकड़ कर बाँध लिया। अश्वकी रक्षाके लिये रामचन्द्रकी जो सेना थी, उसके साथ शत्रुघ्न, हनुमान आदि महाबलवान योद्धा थे। वे सब लव और कुशको घोड़ा छोड़ देनेके लिये समझाने लगे। किन्तु उन दोनों बालकोंने अपना धनुष-बाण संभाला, और घोड़ा देनेसे इनकार किया। इसके बाद युद्ध आरम्भ हुआ, जिसमें लव-कुशके बाणोंसे व्यथित होकर सारी सेना भूमिपर लोट-पोट होने लगी। रामजीको जब यह समाचार मिला, तब वे स्वयं युद्ध करनेके लिये आये।

रणक्षेत्रमें केवल दो सुकुमार बालकोंको देख कर श्रीरामको पहले तो आश्चर्य हुआ; किन्तु फिर कोई अनिवर्चनीय प्रेम उनके हृदयको आन्दोलित करने लगा। उसी समय वहाँ महर्षि बाल्मीकि भी पहुँच गये, और उन्होंने सीता आदिको श्रीरामसे मिलाया। राम अपने पुत्रोंको पहचान कर परम आनन्दित हुए और सीताको दोनों पुत्रों सहित अयोध्या लिवा ले गये. और इसके बाद अश्वमेघ यज्ञ सानन्द समाप्त हुआ।

राम-राज्यमें न कोई निर्धन ग़रीब मनुष्य था, और न प्रजामें किसी प्रकारका कोई सङ्कट था, इसीलिये राज्य-भरमें कहीं कोई अपराध नहीं होता था। चोरी, डाके जालसाज़ी आदि आजकलके अपराध हैं; पर राम-राज्यमें ऐसे अपराध कोई जानता भी न था। राम-राज्यकी शासन-प्रणाली ऐसी थी, जिससे प्रत्येक मनुष्यको राज्यके सभी सुख-सुभीते प्राप्त थे, इसलिये सर्वत्र आर्यावर्तमें अखण्ड शान्ति विराजती थी। दुर्भिक्ष कभी पड़ताही न था; इसलिये कहीं रोग, शोक, कष्ट, भय, ग्लानि, हिंसा, प्रतिहिंसा, असन्तोष आदि न थे। राम-राज्यमें सबको सब सुख समान रूपसे प्राप्त थे, इसी लिये हम अब भी राम-राज्यही चाहते हैं। श्रीरामचन्द्रजीने अपने जीवनमें कभी विलासिताका जीवन नहीं व्यतीत किया, वे सदा तपस्वी और त्यागी ही रहे हैं। वे अपनेको प्रजाका स्वामी नहीं, वरन उसका रक्षक समझते थे। वे आजकलके कैसर, ज़ार या सुलतानकी तरह "ईश्वरीय अधिकार" लेकर नहीं पैदा हुए थे, जो एक ओर अपने उन "ईश्वरीय अधिकारोंकी" घोषणा करते फिरें और दूसरी ओर प्रजापर मनमाने अत्याचार करें; आजकलके अत्याचारी क़ैसरों ज़ारों, और सुलतानोंको प्रजा खदेड़-खदेड़ कर निकाल रही है, पर आह! राम-राज्यकी प्रजा सदा उनपर न्योछावर होती थी। वैसी सुखी प्रजा अब संसारमें कहाँ मिलेगी! आज भी करोड़ों मनुष्य उन प्रातःस्मरणीय महाराज श्री रामचन्द्रजीको भगवान मान कर उनका नाम लेकर सुबह सोकर उठती है, क्योंकि वे भारतके एक अत्यन्त श्रेष्ठ महापुरुषोंमें हैं। श्रीरामको स्मृति हमारे हृदय और आत्माको सदा पवित्र बनाती है।

विदुला

—:*:—

[लेखक—देवतास्वरूप भाई परमानन्दजी]

कृष्णने युद्ध करनेसे पूर्व एक बार स्वयं कौरवोंके पास जाकर उन्हें समझाना चाहा। युधिष्ठिरने उन्हें रोकना चाहा और कहा,—"वहाँ जानेसे कुछ लाभ नहीं, दुर्योधन आपका कहना कदापि नहीं मानेगा।" परन्तु कृष्णने कहा,—"मैं यह सब हाल जानता हूँ, समस्त संसार मिलकर भी मेरा कुछ नहीं बिगाड़ सकता। मैं क्रोधमें आऊँगा, तो सबको नष्ट कर दूँगा। मेरा जाना पहले तो व्यर्थ ही नहीं होगा, फिर व्यर्थ भी होगा, तो मेरे जानेसे दुर्योधनपर नित्यका कलङ्क तो अवश्य ही रहेगा।" निदान भगवान गये और दरबारमें पहुँचकर भीष्म-द्रोणाचार्य्यादिके सामने ही कहने लगे,—"राजन्! मैं इस हेतु आया हूँ, कि जिसमें जन-विध्वंसकी नौबत न आये। दूसरोंके दुःख देखकर सुखी होना अच्छा नहीं। आप अपने पुत्रोंको समझायें। मैं पाण्डवोंको समझा लूँगा। पाण्डवोंसे मेल करनेमें सबका भला है। इस समय सैकड़ों क्या, हज़ारों ही राजा उनके साथ हैं। एक-से-एक वीर योद्धा गण उनके लिये लड़नेको तैयार हैं; पर युधिष्ठिरने धर्मकी बातें समझा कर उन्हें रोक रखा है। आप भी सुलहके लिये तैयार हो जाइये। आप जानते हैं, कि युधिष्ठिरका व्यवहार आप वा आपके लड़कोंके प्रति कैसा है? उनका राज्य छीना गया, द्रौपदीका अपमान किया गया, वे बन-बन दुःख उठाते फिरे; फिर भी धर्म एवं सत्यके पथसे कभी नहीं हटे। आप भी धर्मका ख़याल करके ऐसा काम करें, जिससे कि यह भयङ्कर कुल-नाश न होने पाये।"

सबने ही कृष्णके इन वचनोंको पसन्द किया और उसके समर्थनमें किस्से-कहानियाँ सुना, धृतराष्ट्रको धर्मपर चलनेकी प्रेरणा की। धृतराष्ट्रने कहा,—"मैं भी यही चाहता हूँ; पर क्या करूँ? मेरा कुछ वश नहीं है। दुर्योधन किसी तरहसे नहीं मानता। जितना सम्भव था, यत्न किया गया। कृष्णने यह सारा वृत्तान्त कुन्ती को जा सुनाया, और पूछने लगे, कि अब तेरी क्या सम्मति है? कुन्ती बोली,—"युधिष्ठिरसे जाकर कहो, तुम्हारा धर्म अब घट रहा है। तुम शायद धर्मके उलटे अर्थ समझते हो। वेदमें ऐसे धर्म्मकी महिमा नहीं है। धर्म वहाँ रहता है, जहाँ बुद्धि और ज्ञानसे काम लिया जाता है। क्षत्रियोंको चाहिये, कि वे अपने भुज-बलपर भरोसा रखें। मैं बिदुलाका किस्सा तुम्हें सुनाती हूँ। युधिष्ठिरको जाकर सुना दो। वह किस्सा इस प्रकार है:—

"बिदुलाका जन्म क्षत्रियोंके जिस शाश्वत वंशमें हुआ, उस कुलके क्षत्रियोंका प्रण था—'सिर जाये तो जाये, पर रणभूमिसे बिना शत्रु-विजय किये न आयेंगे।' बिदुलामें अपने कुलके सब गुण, उत्साह, वीरता आदि कूट-कूट कर भरे थे। उसकी शादी सुवीर राजाके साथ हुई, जो मारवाड़से दक्षिणकी ओरके राज्यका स्वामी था। उसके मर जानेके बाद उसका संजय नामका पुत्र गद्दी पर बैठा। वह उत्साहहीन, अल्प बुद्धि और राजनीति से अनभिज्ञ था। सिन्धके राजाने यह देखकर उसपर चढ़ाई की। संजय परास्त होकर भाग गया और एक पर्वतके शिखरपर जाकर शरण ली। बिदुलाको जब यह समाचार विदित हुआ, तब उसके नेत्रोंमें ख़ून भर आया; वह वहाँ चली गयी, जहाँ संजय पड़ा था। उसने उसे बड़े कठोर वचन कहे। जिन अग्निवत् तीव्र शब्दोंमें बिदुलाने अपने पुत्रको आह्वान किया, वह सुनने योग्य हैं:—

"ओ शत्रुओंको प्रसन्नता देने वाला! तू मेरा पुत्र नहीं है। इस कुक्षिसे वह अग्नि प्रकट होनी चाहिये थी, जो शत्रुओंको जला कर भस्म कर देती। तू किसके वीर्य्यसे पैदा हुआ? न तू अपने पिताका है न माताका। तुझमें अग्नि नहीं, तुझमें क्रोध नहीं—कौन तेरी गणना पुरुषोंमें करेगा? क्या तू

नपुंसक है ? जो रण-भूमिको त्याग कर यहाँ भाग आया है ? यह उदासीनता क्षत्रियके लिये अनुचित है। यदि अपना कल्याण चाहता है, तो अपने भार को स्वयं सम्भाल; अपनी आत्माको अपवित्र मत कर; अपमानका जीवन मृत्यु है। उठ ! अपने भयको त्याग ! क्षत्रिय-पुत्र सदैव ऐश्वर्य्यका आकांक्षी रहता है। वह किसीके अधीन रहना नहीं चाहता। वह शेर की तरह वनमें विचरता हुआ सबको अपने बलाधीन रखना चाहता है। नीचे या मध्य भागमें रहना वह पसन्द नहीं करता। वह सदैव बड़ाई और मानके शिखरपर दिखाई देता है। उचित है, कि तू एक बार फिर प्रज्वलित होकर अग्निकी तरह भड़क उठ, न कि सिसक-सिसक कर तेरा दम निकले। यह क्या नीचता है ? तेरे जैसा कायर—नपुंसक क्या काम करेगा ? तुझे चाहिये था, कि हाथमें खड्ग लेकर रण-भूमिमें विद्युत्की भाँति कड़कता और चमकता हुआ नज़र आता—मरता या मारता; परन्तु लोग प्रशंसा करते न अघाते। जिसमें साहस नहीं,वह पुरुष नहीं; जिसमें लज्जा नहीं—वह निर्लज्ज न पुरुष न स्त्री, न उससे मित्रोंको सहायता मिलेगी और न प्रजाको आश्रय मिलेगा। न वह पिताका नाम जीवित रखेगा और न माताकी छाती शीतल करेगा। यह देश-निकाला, यह विपत्ति और सुख-सम्पत्तिसे विहीनता किसको प्रिय है ? संजय ! तू पुरुष बन ; स्त्रियोंका वेश मत धारण कर। क्या तू मुझे स्त्रियोंमें लज्जित करेगा ? उठ खड्ग हाथमें ले और शत्रुदलमें अग्नि-संचार कर दे।"

संजय माताके ऐसे वाक्य सुनकर उठ खड़ा हुआ और इस प्रकार कहने लगा,—"मातः ! इस संसारमें तुझे क्या सुख मिलेगा, जब तेरा पुत्रही इस लोकमें न रहेगा ? जीवनके सब सामान फिर तेरे किस काम आयेंगे ?"

बिदुलाने उत्तर दिया,—"अल्पज्ञ लड़के ! मरना-जीना तो प्रति दिनका बना हुआ काम है, इसको कोई रोक नहीं सकता। जो रण-भूमिमें मरता है, वह स्वर्ग प्राप्त करता है ! जो वहाँसे भागता है,वह नरकाधिकारी बनता है। क्षत्रिय जबतक युद्धमें लड़कर अपने शौर्य्यका प्रकाश नहीं करता, तबतक वह माता-पिताका ऋणी रहता है। तू दुबल पुरुषोंकी भाँति व्यवहार मत कर। ऐसा हो, कि ब्राह्मण भिक्षुक तेरा आश्रय लें। तू क्यों किसीका भरोसा करता है ? जो भुज बलपर स्वाभिमान रखता हुआ संसारमें काम करता है, ही लोक-परलोक दोनोंमें यश पाता है। माता मानसे कहती है, यह मेरा पुत्र है—जिसकी आँख सिंहके सामने भी नहीं झपकती हैं।

"यह माना, कि सिन्ध राजके पास सेना बहुत है; परन्तु एक वीर क्षत्रिय अपने देशमें शत्रुको खेला-खेला कर मार सकता है ! इसलिये तू बद्ध-परिकर होकर तलवार हाथमें ले और अपनी सेनाको एकत्र करके शत्रुका सामना कर। कायरोंकी भाँति मृत्युसे न डर।"

संजयने कहा,—"कलह-प्रिय माता ! तुझे लड़ने-भिड़नेकी सूझती है; तेरा दिल पत्थकार बना हुआ है; तेरा हृदय लोहेकी भाँति है; तू इस तरह बातें करती है—जैसे मैं तेरा जाया पुत्रही नहीं हूँ। और तू मेरी माता ही नहीं है। यदि मैं मारा गया, तो तू राज्य लेकर क्या करेगी ?"

बिदुलाने उत्तर दिया,—"मुझे राज पाटका ख़याल नहीं है; तू कुलको कलङ्कित करनेकी राहपर चल रहा है। तेरे पिता, पितामह कभी इस राहपर नहीं चले। क्षत्रिय इसलिये पैदा होते हैं,कि सबकी रक्षा करें। क्षत्रिय*की भुजाओंके बलपर ब्राह्मण, वैश्य तथा शूद्र तीनोंके जीवन निर्भर हैं ! क्षत्रिय वह आग है,जिसे देखकर बन-के सिंह-व्याघ्र तक पास आनेका साहस नहीं करते। यदि यह अग्नि शान्त हो जाये, तो फिर देशका क्या हाल होगा ? इस लिये तू जा और रण-भूमिकी शत्रु-सेनाको मार भगा, उनकी बहुसंख्याका ख़याल न कर।

* क्षत्रिय शब्दका अर्थ ऋषियोंने यह बताया है, कि—क्षत अर्थात् घावसे जो रक्षा करे, उसको क्षत्रिय कहते हैं।

संजयने कहा,—"माता! क्रोध न कर; कृपाकी दृष्टि कर; मैं तेरी आज्ञाको भङ्ग न करूँगा।"

इसपर माताने उत्तर दिया,—"संजय! अब मेरे दिलको शान्ति मिली है। मेरे तीव्र वचन इस भावसे थे, कि तेरे अन्दर साहस पैदा हो। मैं तेरी मान-प्रतिष्ठा करूँगी। परन्तु उस समय, जब कि राजा सिन्धकी सेनाको पददलित करेगा और लोकमें विख्यात होगा, कि संजयने अपने पिताके पद-चिह्नपर चलकर अपने धर्मको स्थिर रखा।"

संजयने पुनः पूछा,—"माता! न मेरे पास धन है, न सेना। ऐसी अवस्थामें विजय कैसे प्राप्त होगी? अपनी अवस्थाका विचार करके ही मैंने राज्य-चिन्तन छोड़ दिया है। तूही कह, कि मैं क्या करूँ और शत्रु-पर कैसे विजय प्राप्त करूँ?"

माताने पुत्रको इस प्रकार उत्तर दिया,—"क्रोध, भय और कायरता—इन तीनोंके कारण सब क्रिया निष्फल होती है। यदि कोई यह आशा रखे, कि क्रोधसे काम बन जायेगा, तो वह भी मूर्ख है। पुरुषको साहस और उद्योगसे सब काम करने चाहिये और उसका फल ईश्वरपर छोड़ना चाहिये। जिस प्रकार सूय पूर्व, पश्चिम, उत्तर और दक्षिण सब ओर किरणें फैलाता है, तू भी उसी प्रकार अपने बलका विस्तार कर। तेरे राज्यमें ऐसे पुरुष हैं, जिनमें देशका अभिमान है। वे शत्रुको अत्यन्त घृणाकी दृष्टिसे देखते हैं। उनको अपनी राज्य-पताकाके नीचे ला, धनकी लालसावालोंको धन-लोभ दे और जो शत्रुओंसे परास्त हैं तथा जो ईर्षा और द्वेषकी अग्निमें जल रहे हैं, उनपर अपनी गूढ़ सहानुभूति प्रकट कर, वे सब तेरा साथ देंगे। जिस प्रकार मैंने तुझे कठोर बचन कहकर रण-भूमिके लिये तुझे तैयार किया है, उसी प्रकार तू भी राजपूतोंको बुलाकर उत्तेजित कर। प्रत्येक पुरुषकी प्रकृति पहचान और उसी प्रकार उसके साथ व्यवहार करके उसे अपने अधीन रख। तेरे पास थोड़े ही दिनोंमें योद्धाओंकी पर्य्याप्त संख्या हो जायेगी। जहाँ तूने संकल्प किया, कि तेरे चारों ओर तेरी अनुकूल प्रकृति, स्वभाव और उत्तेजना वाले पुरुष इकट्ठे हो जायेंगे। जब शत्रु-दल सुनेगा, कि तू इस प्रकार तैयार है, तो वह स्वयमेव ही विगत-शौर्य्य हो जायेगा। विपत्तिके समय राजा कभी नहीं घबराता। प्रजा, सैन्य और मन्त्री सभी डर जाते हैं। परन्तु राजा उनको ढाढ़स देता है। कुछ तो घबरा जाते हैं। कुछ शत्रुसे जा मिलते हैं। परन्तु सबका प्रबन्ध राजाके हाथमें है। कई तेरी जातिके खयालसे तेरे मित्र बन जायेंगे; उनपर पूरा विश्वास रख; परन्तु इतना अधिकार मत दे, कि वे तुझे धोका दे सकें। भयभीत और चकित मत हो। अपने दुःखसे दूसरोंको उद्विग्न मत कर। पर्वतके समान मनको दृढ़ रख। वे कभी तेरा साथ न छोड़ेंगे। उठ, धीरज धर। मेरे पास निधि है, मैं सब-कुछ तुझे दूँगी; मेरी सब दौलत तू है, हीरे-पन्नेकी तरह देदीप्यमान होकर शत्रु-सेनाका संहार करके अपने माता-पिताके नामको उज्ज्वल रख।"

ऐसी बातें सुनकर संजयको ढाढ़स बँध गया। उसनें कहा,—"माता तू! मेरी सच्ची मन्त्रिणी है। मैं अबतक भयभीत था। तेरी बातोंने मेरे सोये दिलको जगा दिया। मैं जाता हूँ, लोहे-से-लोहा बजाता हूँ। या तो शत्रु-दलका संहार कर दूँगा या स्वयं प्राण दे दूँगा।"

यह कह कर सञ्जयने उस पर्वत-शिखरपर अपनी राज-ध्वजा खड़ी की। सहस्रों पुरुष एकत्र होगये। उसने कहा,—"मित्रो! अपमान और दासताके जीवनसे मृत्यु श्रेष्ठ है। जीते-जी अपने सम्बन्धियोंको दुःखमें छोड़ना और देशको रिपु-सेनासे पद-दलित कराना, कायरोंका काम है। मैं तुम्हारे लिये प्राण त्यागने चला हूँ। यह जान तुम्हारी और तुम्हारे देशकी है और इसीपर बलिदान होनेको तैयार है। देश-सेवामें मैं सबसे पहिला तुम्हारा अग्रगामी हूँ। कहो, तुम्हारी क्या सम्मति है?" सबने एक स्वरसे कहा,—"हम सब युद्ध करनेको उद्यत हैं। हममेंसे एक भी

ऐसा नहीं, जो रण-भूमिसे मुँह मोड़े।”

सञ्जयने कहा,—“शाबाश! जहाँ हिम्मत है, वहाँ अवश्य जय होती है। आओ, अपने देशको दस्यु और तस्करोंसे साफ़ करें।”

इसके बाद वे जल-प्रवाहके समान शत्रु पर टूट पड़े। दुश्मनोंके पैर उखड़ गये और सञ्जयने शत्रु के माल असबाब तथा अपने देशपर अधिकार कर लिया। बिदुला स्वयं रण-क्षेत्रमें आयी और पुत्रका माथा चूमकर कहने लगी,—“पुत्र! अपने बापका सच्चा पुत्र! बिदुलाकी आँखोंका तारा! तू ही राज्य करनेका सच्चा अधिकारी है।”

—:०:—

योगिराज श्रीकृष्ण

[लेखक—श्री० गोविन्दलाल मिश्र]

आनन्दकन्द भगवान श्रीकृष्णचन्द्रका जन्म उस समय हुआ था, जब कि दानवोंके अत्याचारोंसे समस्त प्रजा ग्रसित और पीड़ित हो रही थी। कंस, जरासन्ध, कालयवन, केशी आदि राक्षसोंके अत्याचारोंसे सर्वत्र त्राहि-त्राहि मची थी, और उस समय एक ऐसे महा पराक्रमी नर-पुङ्गवकी ज़रूरत थी, जो राक्षसी राज्यका नाश कर धर्म-राज्य प्रतिष्ठित करता। कंसके अत्याचार यहाँ तक बढ़ गये थे, कि अपनीही बहन देवकीके दुध-मुँहे बच्चोंको वह मार डालता था; सिर्फ इसलिये कि उसे उनके द्वारा अपनी मृत्युका भय था। कंसकी यदि दानवी प्रकृति और प्रवृत्ति न होती, तो वह सहजही देवकी और उसके बच्चोंसे प्रेमकी सन्धि कर लेता, स्वयं जीता और उन्हें भी सुख-शान्तिसे जीने देता; पर संसारके नीच स्वेच्छाचारी राजाओं या सम्राटोंके इतिहासोंमें ऐसी आनन्ददायकी घटना नहीं मिलती, जब कि उन्होंने शासितोंसे ऐसी प्रेमकी सन्धि की हो। कंस भी एक-वैसा ही भयङ्कर स्वेच्छाचारी शासक था, और इसलिये उसने अपनी प्रकृतिके अनुसार बहन देवकी और उसके पति वसुदेवको कारावरुद्ध किया। यहीं संसारके सर्वश्रेष्ठ योगिराज भगवान् श्रीकृष्णका जन्म हुआ।

ऐसे महापुरुषोंके जन्म कालमें कुछ-न-कुछ अलौकिक चमत्कार भी अवश्य घटते हैं। वसुदेवने स्वप्नकी बातोंपर विश्वास करके नव-जात शिशु कृष्णको गोदीमें लिये गोकुलकी ओर चले। भाद्र-पदके कृष्ण-पक्षकी अन्धकारमयी रजनीमें कठिनतासे यमुना नदी पार करके वे गोकुल पहुँचे, और वहाँ यशोदाके उसी समय जो एक कन्या उत्पन्न हुई थी, उसे उठा लिया, और कृष्णको वहाँ छोड़कर फिर मथुरा लौट आये और कन्याके साथ फिर कारावासमें चले गये। योगमाया रूपी वह कन्या रोने लगी, और उसकी रुदन-ध्वनि सुनकर अचेत सोये हुए पहरेदार लोग भी जाग उठे। उन्होंने तुरन्त कंसको सूचना दी। मृत्युकी आशङ्कासे सदा भयभीत रहनेवाला कंस घबराया हुआ आया और देवकीसे वह कन्या छीनकर ज्योंही उसे पत्थरपर पटकने चला, त्योंही वह कन्या उसके हाथसे छूटकर विद्युल्लताकी तरह चमकती हुई आकाशमें चली गयी। कंस और भी घबराया, और उसने शङ्कित होकर आकाशकी ओर देखा, तो उसे वहाँ कन्याकी जगहपर एक अष्टभुजा देवी दिखाई दी, जो उसे ललकार कर कह रही थी, “अरे मूर्ख! मुझे मारनेका तूने व्यर्थ प्रयत्न क्यों किया? तुझे मारनेवाला तेरा शत्रु तो गोकुलमें उत्पन्न हो चुका है!” यह ध्वनि सुनतेही कंसके होश उड़ गये। वह अपनी मृत्युके भयसे सदा दुःखी और चिन्तित रहने लगा।

फिर कंस अपने बचनेके उपायोंपर विचार करने लगा, और उसे सबसे अच्छा उपाय यही जँचा, कि हालके पैदा हुए समस्त बच्चोंको मरवा डाला जाये! उसकी इच्छा और आज्ञा कानून थी, और उसके समस्त सेवकोंको उस क़ानूनका पालन करना पड़ता था। उन सेवकोंमें यदि कोई ऐसा सत्पुरुष भी होता, जिसे वैसी अत्याचारी आज्ञाएँ ना-पसन्द हों, तो भी

वह कंसकी कानून रूपी इच्छाका उल्लङ्घन करनेका साहस नहीं करता था। यहाँपर हमें हाईकोर्टके एक अंगरेज़ जजकी उक्ति याद आती है, जिसने कुछ राजनीतिक क़ैदियोंको कानूनी धाराके अनुसार कठोर दण्डकी आज्ञा देते हुए इतना अवश्य कहा था,—"हम यदि दया दिखानी भी चाहें, तो नहीं दिखा सकते; क्योंकि वैसा करनेसे कानून हमें रोकता है। हम हर तरहसे सरकारी कानूनके पाबन्द हैं, और यदि आज ऐसा कोई क़ानून बन जाये, कि पैदा हुए बच्चे मार डाले जायें, तो हम कलसेही उस कानूनको पूरा करने लगेंगे, यानी देशमें नवजात शिशुओंकी हत्या करनेकी आज्ञा देनी आरम्भ कर देंगे।" यही सिद्धान्त समस्त स्वेच्छाचारी शासनोंका रहा है, और इसी सिद्धान्तके अनुसार कंसकी आज्ञासे दीन प्रजाके बच्चोंका आम तौरसे संहार होने लगा। प्रजामें हाहाकार मच गया। अनेक यादव लोग देश छोड़-छोड़ कर भागने लगे।

गोकुलमें नन्दके यहाँ पुत्र-जन्मकी खबर सुननेपर नागरिक लोगोंने बड़ा उत्सव मनाया। वसुदेवके एक और स्त्री थी, जिसका नाम था रोहिणी। वह नन्दके यहाँ थी, और उसने भी एक पुत्रको जन्म दिया। महर्षि गर्गने इस लड़केका नाम बलदेव, और यशोदाके लड़केका नाम श्रीकृष्ण रखा। उस समयके ऋषियोंने अपने दिव्य ज्ञानसे यह जान लिया था, कि श्रीकृष्ण विष्णु भगवानके अवतार हैं। उधर योगमायाकी वाणीका विश्वास करके कंस अपनी मृत्युके भयसे बेचैन हो रहा था। कंसकी आज्ञासे सभी बच्चे मारे जा रहे थे, और अब कंसने कृष्णको भी मारनेकी तदबीर सोची। पूतना नामकी राक्षसीको आदेश देकर यशोदाके घर भेजा। पूतना अपने स्तनोंमें विष लगा सुन्दरी ग्वालिनका रूप बना कर गयी और श्रीकृष्णको प्यार करनेके बहाने गोदमें उठा कर दूध पिलाने लगी। कृष्ण उसका स्तन पान करते हुए उसकी जीवनी शक्ति खींचने लगे। पूतनाको कष्ट होने लगा; वह अपनेको छुड़ानेका प्रयत्न करने लगी; पर कृष्णके पाशसे कहाँ बचती? अन्तमें श्रीकृष्णने उसे मारही डाला। यह समाचार जब कंसने सुना, तो वह समझ गया, कि कृष्णही मेरा शत्रु है। इसके बाद कंसने अनेक राक्षसोंको नाना रूपमें कृष्णका संहार करनेके लिये भेजा; पर उन सबका कृष्णके हाथों संहार हुआ। श्रीकृष्ण ज्यों-ज्यों बड़े होने लगे, त्यों त्यों कंस चिन्तित होने लगा। अघासुर, शकटासुर, वकासुर आदि भयङ्कर दानव श्रीकृष्णको मारनेके लिये भेजे गये; पर स्वयं ही मारे गये। यमुनामें कूदकर कालिय नागको मारा। इसी तरह श्रीकृष्ण और बलदेवने कितनेही राक्षसोंको मारा।

उस युगमें गोपगण इन्द्रकी पूजा किया करते थे। पर कृष्णने सबको वह पूजा करनेसे मना किया, और कहा, कि गोवर्धन-पर्वतसे हमें बहुत लाभ पहुँचता है; इसलिये इन्द्रके बदले गोवर्धनकी पूजा करो। इसके बाद बड़ी वर्षा हुई; समस्त गोकुल-भूमि जलमग्न हो गयी; पर श्रीकृष्णने गोबर्धन धारण करके सबकी रक्षा की। श्रीकृष्णने उसी शैशव-कालमें कितनेहो पतितोंका उद्धार किया। पर कंस उनकी इन लीलाओंसे हैरान रहता था। उसने फिर वृषभासुर, केशी, व्योमासुर आदि राक्षसोंको कृष्णके मारनेके लिये भेजा; पर कृष्णने उन्हें भी मार डाला। इसके बाद कंसने एक धनुर्यज्ञ कराया, और अक्रूरके द्वारा कृष्ण तथा बलरामको भी निमन्त्रण दिया। दोनों भाई सहर्ष मथुरा चले। मथुरा पहुँचकर श्रीकृष्णने कंसका एक बहुत बड़ा धनुष तोड़ डाला, और यह समाचार सुनतेही कंसकी चिन्ता बहुत बढ़ गयी! कंसने उनके मार्गमें एक उन्मत्त हाथी इस लिये छोड़ दिया था, कि जिसमें वह श्रीकृष्णको मार डाले; पर उन्होंने उस हाथीको ही मार डाला। इसके बाद श्रीकृष्ण और बलराम कंसके दरबारमें पहुँचे, और वहाँ चाणूर तथा मुष्टिक नामक राक्षसोंको मल्लयुद्धमें पछाड़ कर मार डाला। दोनों भाइयोंने और भी कितनेही राक्षसोंको वहाँ मारा। इसके बाद जब कंस ऊट-पटाँग बकने लगा, तो श्रीकृष्णने उसे भी सिंहासनपरसे खींच कर पृथ्वीपर

पटक दिया, तथा मुष्टिप्रहारोंसे मार डाला। उस समय श्रीकृष्णकी आयु केवल ग्यारह वर्षकी थी। कंसने औरङ्गजेबकी तरह अपने पिता उग्रसेनको क़ैद करके जेलखानेमें डाल रखा था। श्रीकृष्णने उग्रसेनको मुक्त किया, और पुनः उन्हें राज-गद्दीपर बैठाया।

श्रीकृष्ण और बलरामने सान्दीपनि ऋषिके यहाँ रहकर विद्योपार्जन किया। उन्होंने वेद, उपवेद, न्याय, दर्शन, तत्वज्ञान, धनुर्विद्या, नीति-शास्त्र आदिका अध्ययन किया। इसके बाद श्रीकृष्ण जब फिर गोकुल आये, तब उन्हें हस्तिनापुरका ध्यान हुआ। श्रीकृष्ण पाण्डवोंको प्रेम करते थे, इसलिये अक्रूरको पाण्डवोंका पता लगाने भेजा। कौरवोंका अन्याय तथा पाण्डवोंके कष्ट सुन कर श्रीकृष्णने विचारा, कि जिस तरह हो, इस अन्यायका अन्त ही होना चाहिये। इधर मगधके राजा जरासन्धने जब अपने दामाद कंस की मृत्युका हाल सुना, तब वह श्रीकृष्णपर बड़ा क्रुद्ध हुआ। उसने बड़ी विकराल सेनाके साथ मथुरापर चढ़ाई करदी। उग्रसेनकी आज्ञा पाकर श्रीकृष्ण और बलरामने उस सेनासे युद्ध किया, और उसका अच्छी तरह संहार किया। बलरामने जरासन्धको पकड़ लिया, और बलराम तो उसे मारही डालते; पर श्रीकृष्णने उसे छुड़ा दिया।

पर इसके बाद जरासन्धने १७ बार मथुरापर चढ़ाई की, और हर बार पराजित हुआ। अन्तमें जरासन्धने एक विदेशी कालयवनकी मदद चाही। श्रीकृष्णने देखा, कि मेरेही कारण जरासन्ध मथुरापर हमला करता है, इस लिये उन्होंने मथुरा छोड़ देनेका निश्चय किया। उन्होंने पश्चिममें द्वारिका पुरी बसायी और वहीं शासन करने लगे। जरासन्ध कालयवनको उनपर आक्रमण करनेके लिये भेजा; पर वहाँ वह मुचकुन्दकी क्रोधाग्निसे भस्म हो गया। इसके बाद श्रीकृष्णने रुक्म, शिशुपाल और जरासन्धको परास्त करके रुक्मिणीसे विवाह किया। कृष्णकी एक बहन सुभद्रा थी, जिसका ब्याह उन्होंने अर्जुनसे कराया। इसके बाद पाण्डवोंने जब राजसूय-यज्ञ करनेकी इच्छा प्रकट की; तब श्री कृष्णने उसका समर्थन किया। कृष्णने पाण्डवोंको समझाकर भीमसे जरासंधका युद्ध कराया, जिसमें जरासन्ध मारा गया। जरासन्धने जितने राजाओंको क़ैद किया था, उन सबने पाण्डवोंकी अधीनता स्वीकार की। राजसूय यज्ञमें भीष्म प्रभृति श्रेष्ठ जनोंने श्रीकृष्णको ही सर्वश्रेष्ठ मानकर अर्घ देना चाहा; पर शिशुपालने इसका विरोध किया। वह श्री कृष्णको गालियाँ देने लगा। अन्तमें उन्होंने शिशुपालका बध किया। इसके बाद श्रीकृष्ण फिर द्वारिका पहुँचे और अपने अनेक शत्रुओंको मारकर निश्चिन्त हुए।

कौरवोंके अत्याचारसे पाण्डव बहुतही पीड़ित थे। श्रीकृष्णने दुर्योधनको बहुत समझाया; पर वह किसी तरह पाण्डवोंपर कोई भी कृपा दिखाना नहीं चाहता था। महाभारत युद्धका अपवाद कितने ही अज्ञानी लोग श्रीकृष्णपर लगाते हैं। पर महाभारत ग्रन्थका अच्छी तरह अध्ययन करनेवाले विद्वानोंसे यह बात छिपी नहीं है, कि श्रीकृष्णने शान्तिके लिये बहुत उद्योग किया; हर तरह दुर्योधनको समझाया, पर वह मतिमन्द किसी तरह न मानता था। अन्तमें कौरव पाण्डवोंका युद्ध ठन गया। इस युद्धमें श्रीकृष्णने शस्त्र न उठानेकी प्रतिज्ञा की थी; इसलिये वे अर्जुनके सारथी होकर योग देने लगे। किन्तु जिस समय श्रीकृष्णने अर्जुनका रथ दोनों सेनाओंके मध्यमें लाकर खड़ा किया, उस समय विरुद्ध पक्षमें अपने भाई-बन्धुओंको देखकर अर्जुनको बड़ा विषाद हुआ। उन्होंने श्रीकृष्णसे कहा,—"हे जनार्दन! चाहे जो हो, पर मैं राज्यके लोभसे अपने भाइयोंको न मारूँगा।"

उसी समय श्रीकृष्णने मोहाच्छन्न अर्जुनको जो अमर उपदेश दिये, वेही श्रीमद्भगवद्गीतामें अङ्कित हैं। श्रीकृष्णने अर्जुनको बताया, कि 'यह आत्मा अनादि है; अविनाशी है; निष्काम कर्मके फलकी तू चिन्ता

क्यों करता है ?' गीताके उपदेश सुनकर अर्जुनका मोह जाता रहा और वे फिर युद्धमें प्रवृत्त हुए। अन्तमें पाण्डव विजयी हुए और हस्तिनापुरका राज्य उन्हें मिला, जिसके लिये वे श्रीकृष्णके आभारी रहे ! इसके बाद श्रीकृष्णने दीर्घकाल पर्यन्त ऐश्वर्यका भोग किया। अन्तमें यादवलोगोंने एक बड़ी भारी दावत की, जिसमें सब यादव मद्य पी-पी कर एक दूसरेको मारने-काटने लगे। सब यादव वहीं लड़ मरे। श्रीकृष्ण एक पीपलके पेड़के नीचे बैठे थे; इतनेमें जरा नामक व्याधने उन्हें हिरण समझ कर दूरसे तीर मारा। पर जब व्याधने आकर श्रीकृष्णको देखा, तब वह बड़ा पश्चात्ताप करने लगा। श्रीकृष्णने उसे समझा-बुझा कर हटाया। श्रीकृष्णने अपने सारथि दारुकको बुलाकर कहा,—"जाओ, यादवोंके सर्वनाशका समाचार द्वारिका पहुँचाओ। बलदेव अपने प्राण त्याग चुके हैं, और मैं भी थोड़ी देरमें यह नश्वर शरीर त्याग दूँगा। मेरे आश्रितोंसे कह देना, कि वे हस्तिनापुर जाकर अर्जुनके साथ रहें, वहाँ वे सुरक्षित रहेंगे।"

इसके बाद श्रीकृष्णने भी शरीर त्याग दिया !

पक्षिराज जटायु।

[लेखक—श्रीयुत 'दण्डक-वासी']

भगवान श्रीरामचन्द्रके समयमें अथवा रामायण-कालमें भारतवर्षकी सभ्यता कितनी उन्नत थी, जटायुकी छोटी सी कथासे ही इसका बहुत-कुछ पता चल जाता है। आजके भारतवासियोंकी अपेक्षा उस समयके भारतवासी कितने उन्नतमना, तेजस्वी और सभ्यताभिमानी होते होंगे, इसका भी बहुत कुछ अन्दाज़ा लगाया जा सकता है। आज हम लोग अत्याचारीके अत्यचारोंको अपनी आँखों देखते हैं, हृदयमें उसके अन्यायाचरणको भली-भाँति अनुभव भी करते हैं, कानोंसे उसके अत्याचारोंकी कथा सुनते हैं; पर उसके विरुद्ध कुछ करना तो दूर रहा, शब्दोंद्वारा भी उसका विरोध करनेसे डरते हैं। ओह ! कितनी भयङ्कर दुर्बलताने हमारे ऊपर अधिकार कर रखा है ! कैसा शोचनीय हमारा पतन है !

प्रायः नित्य-प्रति आजकल इस देशमें भयङ्कर-से-भयङ्कर नारी-निर्यातन होते हैं; लोगोंके घरोंमें घुसकर बहू-बेटियाँ उड़ायी जाती हैं; बँहकायी जाती हैं और उनपर ऐसे-ऐसे पाशविक अत्याचार किये जाते हैं, कि जिन्हें सुनकर भी रोंगटे खड़े हो जाते हैं। नित्य-प्रति समाचार-पत्रोंमें इस प्रकारकी कितनीही घटनाएँ छपा करती हैं। समाचार-पत्रोंके पाठक उन्हें पढ़ते हैं, लेखक उन्हें लिखते हैं, संवाददाता उनका संवाद भेजते हैं, सम्पादक उनपर टीका-टिप्पनी करते हैं, प्रकाशक उन्हें छापते हैं और सरकारी अधिकारिवर्ग उन्हें देखते हैं; पर कहींसे प्रतिकारकी वैसी ध्वनि नहीं सुन पड़ती, जैसीकी जटायुके आत्मविसर्जनकी उस हजारों वर्षकी पुरानी कथासे आज भी प्रतिध्वनित होती है।

रामायणकी कथामें हम पढ़ते हैं, कि जटायुका जन्म अरुणके औरस और श्येणीके गर्भसे हुआ था। उसका एक बड़ा भाई और था, जिसका नाम सम्पाती था। ये दोनोंही बड़े विशालकाय और महाबलवान् पक्षी थे। जटायुके विषयमें लिखा है, कि एक बार भ्रमवश या ईर्ष्यावश वह सूर्यको निगलनेके लिये उनकी दिशामें उड़ा था; पर सूर्यकी प्रखर किरणोंको सहन करनेमें असमर्थ होकर पुनः पृथ्वीपर लौट आया था। इसीसे जटायुके अमित बल-विक्रमका कुछ-कुछ आभास मिलता है। कहीं-कहीं पौराणिक कथाओंमें यह भी देखनेमें आता है, कि जटायु महाराज दशरथके मित्रोंमें था। जो कुछ भी हो, जटायु बन-जङ्गलों, और आकाशमें विचरनेवाला पक्षी ही था। परन्तु पक्षी होकर भी उसने निःस्वार्थ भावसे प्रभूत शक्ति-सम्पन्न राक्षस-राज रावणके अनाचारके विरुद्ध जैसा प्रबल संग्राम किया, यदि कहें, तो कह सकते हैं, कि सारी रामायणमें वैसा निःस्वार्थ योद्धा कठिनाईसे मिलेगा।

(२)

विमाता कैकेयी और मन्थराके षड़यन्त्रसे पितृ आज्ञा पाकर श्रीराम, भाई लक्ष्मण और पत्नी सीताके साथ वन-वनकी धूल छान रहे हैं। एक दिन सहसा एक भयङ्कर दुर्घटना हो गयी। जङ्गलमें चरते हुए एक सुनहले मृगको देख, सीताने स्वामीसे उसे पकड़ लानेका आग्रह किया। श्रीरामने लक्ष्मणको कुटियाकी रक्षाके लिये छोड़, मृगका पीछा किया। ज्योंही श्रीराम सीता और लक्ष्मणकी आँखोंकी ओट हुए, त्योंही एक करुण आर्त्तनाद सुनाई दिया,—"हा लक्ष्मण ! हा सीता !!" कण्ठस्वर बिल्कुल श्रीरामका सा था। चारों ओर घना जङ्गल था और राक्षसोंका ख़ास अखाड़ा। सीता और लक्ष्मण उस आर्त्त स्वरको सुन काँप उठे। सीताके कहनेसे लक्ष्मण भी भाईकी खोजमें निकले। सीता अकेली रह गयीं। इसी बीचमें सीताके पास भिखारी या संन्यासीका वेश धारण कर रावण आया और उन्हें उठा ले गया।

राम और लक्ष्मण लौटकर देखते हैं, तो कुटिया ख़ाली पड़ी है। सीताका कहीं पता नहीं है। राम व्याकुल हो गये। लक्ष्मण भी घबरा उठे। अब वे समझ गये, कि यह सब काण्ड राक्षसोंके षड़यन्त्रसे हुआ है। व्यग्र भावसे दोनों भाई सारे जङ्गलमें जहाँ-तहाँ सीताकी खोज करने लगे।

(३)

सीताको हरण कर रावण बड़े तीव्र वेगसे लङ्काकी ओर भागा। सीता ज़ोर-ज़ोरसे विलाप करने लगीं। साथ-ही-साथ वे अपने अङ्गके आभूषणोंको भी मार्गमें फेंकने लगीं, कि शायद रामको इनके सूत्रसे मेरा पता चल जाये। उनकी वह करुण क्रन्दन-ध्वनि पक्षिराज जटायुके कानोंमें पड़ी। जटायु जानता था, कि राक्षस-राज रावण घोर अधर्मी हो रहा है। उसे फ़ौरन सन्देह हुआ, कि हो-न-हो, वही किसी आर्य-नारीको हरण किये ले जा रहा है। जटायु पवन-वेगसे उड़ा और रावणके पास पहुँचा। उसने उसे बहुतेरा समझाया, हर तरहसे रोकना चाहा, आरज़ू मिन्नतें कीं, पर रावण—कालका प्रेरित रावण—भला हितकी बातें क्यों सुनता? वह जटायुसे उलटी-पुलटी हाँकने लगा। जटायुसे उसका यह अन्याय देखा नहीं गया। उसने कहा,—"रावण ! यदि अपना भला चाहते हो; तो मेरी बात मान लो; नहीं तो अन्तमें श्रीरामके हाथों तुम बुरी मौत मारे जाओगे।"

इसपर रावण बहुतही क्रुद्ध हो उठा। उसने जटायुपर आक्रमण किया। जटायु भी उसके वारको सम्हालने और उसके तीव्र वेगको रोकनेकी भर-पूर चेष्टा करने लगा। पर अकेला निःशस्त्र जटायु उसका क्या कर सकता था? उधर रावण समस्त अस्त्र शस्त्रोंसे भली भाँति सुसज्जित था। उसने अन्याय पूर्वक जटायुके पंख काट डाले। वह विशाल पक्षी धड़ामसे पृथ्वीपर आ गिरा, जिससे उसे भयङ्कर चोट लगी। एक तो पङ्ख कट गये थे; दूसरे गिरनेकी गहरी चोट लगी थी; तीसरे रावणके अन्याय कृत्यसे उसका मन अत्यन्त दुखी हो रहा था। यन्त्रणासे पीड़ित और व्याकुल होकर वह अपने जीवनकी अन्तिम घड़ियाँ गिनने लगा।

(४)

संयोगवश श्रीराम और लक्ष्मण सीताकी खोजमें भटकते-भटकते वहींपर आ उपस्थित हुए, जहाँ जटायु अपनी अन्तिम साँसें खींच रहा था। श्रीरामको देखते ही जटायुने उन्हें अपने पास बुलाया और अपना परिचय देकर राक्षस-राज रावणके सीता-हरणका समाचार सुना दिया। उसके साथ युद्ध करके ही उसकी यह अवस्था हुई है, यह भी बताया। श्रीरामकी आँखोंमें पानी भर आया। समस्त बातें बता और सीताके अन्वेषणके लिये उचित परामर्श देकर उसने प्राण त्याग दिये। श्रीरामने उसकी यथाविधि अन्त्येष्ठि-क्रिया समाप्त की।

❀ ❀ ❀ ❀

भीष्म-प्रतिज्ञा

[लेखक—"श्रीयुत 'सत्यसन्ध्य']

महाराज शान्तनुके पुत्र देवदत्त (भीष्म) गंगासे उत्पन्न हुए थे। उन्हें आठ वसुओंमेंसे एकका अवतार माना गया है। गंगाने किसी शापसे शापित हो मर्त्य-लोकमें जन्म लिया था। शापकी अवधि पूरी हो जाने-पर गंगा फिर स्वर्ग चली गयी और शान्तनुकी अनु-मतिसे देवदत्तको भी साथ लेती गयी। उन्होंने जब कुछ होश संभाला, तो गङ्गाने विद्योपार्जनके लिये उन्हें वृहस्पतिके पास भेजा। इसके बाद इन्द्र आदि देव-ताओंने उन्हें अनेक प्रकारके अस्त्र-शस्त्र दिये। फिर उन्होंने शुक्राचार्य और परशुरामके पास रहकर भी धनु-र्विद्याका विशेष रूपसे ज्ञान प्राप्त किया। वे जब चौबीस वर्षके हुए, तो गंगाने उन्हें फिर महाराज शान्तनुको सौंप दिया। गङ्गाके पुत्र होनेके कारण उन्हें गांगेय भी कहते थे!

प्रिया गङ्गाके वियोगमें महाराज शान्तनु विरह-व्यथासे बहुतही व्यथित रहा करते थे। यों ही कुछ समय बीता, और प्रियाकी यादमें महाराजका सन्ताप भी बढ़ने लगा। किन्तु एक दिन संयोगवश वे यमुना के किनारे टहल रहे थे, कि उनकी दृष्टि एक अद्वितीय सुन्दरी युवतीपर पड़ी। महाराज उसपर मोहित हो गये। उन्होंने उसका नाम-धाम पूछा, और उन्हें मालूम हुआ, कि वह एक मल्लाहकी कन्या है, और उसका नाम सत्यवती है। महाराज उससे ब्याह करनेके लिये अकुला उठे। बादमें उन्होंने सत्यवतीके पितासे भेंट की, और व्याहकी इच्छा प्रकट की। वह धीवर अपनी कन्याका विवाह महाराजसे कर देनेके लिये राज़ी था; पर वह चाहता था, कि सत्यवतीका पुत्रही राज्यका उत्तराधिकारी हो। इस शर्तपर महाराज शान्तनु कुछ चिन्तित हुए; क्योंकि देवदत्तके रहते वे कैसे वैसी प्रतिज्ञा कर सकते थे।

महाराज दु:खी होकर अपनी राजधानीको लौट गये; पर उनके चित्तपर वह धीवर-कन्या हर समय चढ़ी रहती थी। उसीकी यादमें वे बेकल और सन्तप्त रहते थे। अन्तमें किसी तरह देवदत्तको अपने पिताकी व्यथा मालूम हो गयी, और वे उस धीवरके पास जाकर बोले,—"आप अपनी कन्याका विवाह मेरे पितासे कर दीजिये। मैं प्रतिज्ञा करता हूँ, कि मैं राज-सिंहासनपर न बैठूँगा; वरन् आपकी कन्याकाही पुत्र राज्य पायेगा।"

इसपर धीवरने उत्तर दिया,—"यह ठीक है, आप राज्य न लेंगे; पर आपके पुत्र तो राज्यके अधिकारी बनना चाहेंगे?"

देवदत्तने गम्भीरतापूर्वक उत्तर दिया,—"यदि आप-को ऐसी शङ्का है, तो मैं प्रतिज्ञा करता हूँ, कि मैं विवाह ही न करूँगा—आजन्म ब्रह्मचर्यव्रत पालन करूँगा।"

उनकी इस भीषण प्रतिज्ञासे देवतागण भी चकित हुए, और उन्होंने मुक्त-कण्ठसे प्रशंसा करते हुए कहा, 'यह भीष्मकी प्रतिज्ञा है।' उसी दिनसे उनका नाम भीष्म पड़ गया। पिताके सुखके लिये पुत्रका यह असाधारण त्याग सभीको आश्चर्यान्वित और स्तम्भित कर देता था। महाराज शान्तनु अपने पुत्रका ऐसा अभूतपूर्व त्याग देखकर बड़े प्रसन्न हुए, और उन्होंने भीष्मको इच्छामृत्युका आशीर्वाद दिया, यानी जब उनकी इच्छा होगी, तभी उनकी मृत्यु हो सकेगी।

यही है पक्षिराज जटायुकी सत्साहस पूर्ण कारुणिक कथा। पक्षी होकर भी जटायुने अन्याय और अना-चारके विरुद्ध घोरतर संग्राम कर अपने प्राण तक दे दिये। आह! कहाँ गये भारतके वे दिन जब यहाँके वनचर, मरुचर और व्योमचर पशु-पक्षियोंमें भी सभ्यताके इतने उच्च विचार फैले हुए थे? परस्त्री-हरणको यहाँके पशु-पक्षी भी पाप समझते थे; परन्तु आज? आज विजातीय और विदेशीय प्रभावसे यहाँके मनुष्य तक उन पशु-पक्षियोंसे गये-बीते हो रहे हैं!

इसके बाद महाराज शान्तनुने धीवर-कन्या सत्यवतीसे व्याह किया। कुछ कालके बाद उससे चित्रांगद तथा विचित्रवीर्य्य नामके दो पुत्र हुए। शान्तनुकी मृत्युके बाद भीष्मने अपनी प्रतिज्ञाके अनुसार चित्रांगदको राज सिंहासनपर बैठाया। कुछ दिनोंके बाद गन्धर्वोंसे युद्ध करते हुए चित्रांगदकी मृत्यु हो गयी। तब भीष्मने विचित्र वीर्य्यको सिंहासनपर बैठाया। भीष्मको उसके विवाहकी भी चिन्ता हुई। इस बीचमें भीष्मने सुना, कि काशीनरेशकी तीन पुत्रियोंका स्वयंवर होनेवाला है।

भीष्म काशी पहुँचे, और वहाँ आये हुए अनेक राजाओंको परास्त कर तीनों कन्याएँ हरण कर लाये। कन्याओंके नाम थे अम्बा, अम्बिका, और अम्बालिका। अम्बाने भीष्मसे कहा, कि मैं राजा शाल्वको पहलेसेही वरण कर चुकी हूँ; इसलिये मैं उन्हींसे विवाह करूँगी। मुझे शाल्वके पास भेज दीजियें।

भीष्मने आदरके साथ अम्बाको शाल्वके पास भेज दिया पर चूँकि भीष्म उसे हरण कर चुके थे, इस लिये; शाल्वने अभिमान-वश अम्बाको स्वीकार न किया। अम्बाको फिर वापस लौटना पड़ा, और अब उसने भीष्मसे कहा, कि "शाल्व मेरे साथ विवाह नहीं करता; इस लिये तुम्हीं मुझसे शादी करो।"

पर आजन्म ब्रह्मचर्यकी प्रतिज्ञा करनेवाले भीष्म कैसे उससे ब्याह करते? भीष्मने जब इनकार किया, तो अम्बा क्रुद्ध होकर तपस्या करके परशुरामको सन्तुष्ट करने लगी। परशुरामने जब उससे पूछा, तो उसने भीष्मकी शियायत करते हुए कहा, कि "ऐसा कीजिये, जिसमें भीष्म मुझसे ब्याह करें।" परशुराम थे भीष्मके गुरु और इस समय उन्हें अम्बाकी दुर्दशा देख कर उसपर बहुत दया आयी। वे अम्बाको अपने साथ लिये हस्तिनापुरमें भीष्मके पास पहुँचे।

भीष्मने गुरुदेवका हृदयसे स्वागत किया। परशुरामने उन्हें अम्बासे विवाह करनेके लिये बहुत तरह से समझाया; पर भीष्मने नहीं माना और जब वे अपने व्रतपर अटल बने रहे; तब परशुरामको भीष्मपर बड़ा क्रोध चढ़ा, और उन्होंने भीष्मको डाँटकर कहा, कि "मैं तेरा गुरु हूँ और तू मेरी आज्ञा नहीं मानता?"

भीष्मने करबद्ध होकर कहा,—"गुरुदेव! आप और चाहे जो आज्ञा दें, मैं अपने प्राण देकर भी उसे पूर्ण करूँगा; किन्तु अपनी प्रतिज्ञा-भंग करके विवाह न करूँगा।"

परशुरामने बिगड़कर कहा,—"अरे दुष्ट! तेरा इतना साहस! मेरी आज्ञा न मानेगा, तो आ मुझसे युद्ध कर!"

भीष्मने कहा,—"जो आज्ञा भगवान्! मैं युद्धके लिये तैयार हूँ।"

इसके बाद परशुराम और भीष्मका तुमुल युद्ध आरम्भ हुआ। सत्ताइस दिनतक भीषण संग्राम होता रहा; पर कोई किसीको परास्त न कर सका। अन्तमें गङ्गाके बीचमें आजानेसे युद्ध शान्त हुआ और परशुराम पराजितसे होकर चले गये। अम्बा अब भी निष्फल रही।

अम्बाका क्रोध भीष्मपर बहुत बढ़ा था। उसने फिर तपस्या की और इस बार उसने राजा द्रुपदके यहाँ पुत्र रूपमें जन्म लिया और अब इस जन्ममें उसका नाम शिखण्डी पड़ा।

इधर विचित्रवीर्य भीष्मके निरीक्षणमें राज्य-भोग करता रहा; किन्तु दैव-दुर्विपाकसे उसे क्षय-रोग हो गया और उसी रोगमें वह निःसन्तान दशामें ही मर गया। अब राज्यका उत्तराधिकारी कौन हो? राजमाता सत्यवतीने भीष्मको विवाह करनेको अनुमति दी; पर विलक्षण ब्रह्मचर्य-व्रती भीष्म अपनी प्रतिज्ञा भंग न कर सकते थे। तब उसने ब्रह्मवेत्ता कृष्ण द्वैपायन व्यासको बुला भेजा; व्यासजीकी कृपासे विचित्रवीर्यकी दोनों विधवा स्त्रियोंके एक-एक सन्तान प्राप्त हुईं। एक विधवासे धृतराष्ट्र और दूसरीसे पाण्डु उत्पन्न हुए। तीसरी दासीसे विदुर पैदा हुए। धृतराष्ट्र जन्मसे ही अन्धे थे।

धृतराष्ट्रके दुर्योधनादि सौ पुत्र हुए और दुःशला नामकी एक कन्या भी हुई। पाण्डुके पाँच पुत्र हुए, जिनके नाम थे—युधिष्ठिर, अर्जुन, भीम, नकुल और सहदेव। पाण्डुके शासन-कार्यमें भीष्म उनकी बराबर सहायता करते थे; पर रोगग्रस्त रहनेके कारण पाण्डुकी शीघ्रही मृत्यु हो गयी। तब भीष्मने धृतराष्ट्रको राज-सिंहासनपर बैठाया। सब राजकुमारोंकी शिक्षाका प्रबन्ध कराया; कृपाचार्यके द्वारा उन्हें सब तरहकी शिक्षा मिलती रही, किन्तु बादमें द्रोणाचार्य सब राजकुमारोंके गुरु हुए। धृतराष्ट्रके सभी पुत्र दुष्ट और दुर्गुणी थे।

अन्तमें जब दुर्योधन बिना युद्धके सुईके नोकके बराबर भी भूमि पाण्डवोंको देनेके लिये तैयार नहीं हुआ, तो महायुद्ध ठन गया। जिसमें श्रीकृष्णने पाण्डवोंका साथ दिया। भीष्म इन सब भाइयोंकी लड़ाईको बिल्कुल पसन्द न करते थे—उनका समझाना-बुझाना जब कौरवोंने न माना, तो भीष्म उनके कार्यों को उपेक्षा की दृष्टिसे देखने लगे! महाभारत-युद्ध आरम्भ होनेपर सम्राट दुर्योधनने भीष्म पितामहको अपनी सेनाका प्रधान सेनापति नियुक्त किया।

दस दिन तक भीष्मने अद्भुत पराक्रमसे पाण्डवोंकी सेनाका संहार किया। प्रति दिन वे प्रायः दस सहस्र रथियोंको मारते थे। दसवें दिन भीष्मकेही बताये हुए उपायसे अर्जुनने शिखण्डीको अपने रथ पर खड़ा कर लिया। शिखण्डी नपुंसक था, और भीष्म उसपर शस्त्र प्रहार न कर सकते थे। शिखण्डीकी आड़से अर्जुन उनपर भयङ्कर बाण-वृष्टि करने लगे, और उनका सारा शरीर बाणोंसे बिंध गिया। बाणोंकी ही शैयापर भीष्म पड़े थे।

पाण्डवों सहित श्रीकृष्ण उन्हें देखने गये। उस समय भीष्मने तकिया माँगा। कौरव उन्हें मुलायम तकिये देने लगे; पर उन्होंने कहा,—"अर्जुनको बुलाओ। वह मुझे तकिया देगा।" अर्जुनने आतेही तीन बाण उनके मस्तकपर मारे, और इस तरह भीष्मके सिरने तकिया लगाया। भीष्मको जब प्यास लगी, तो अर्जुनने पृथ्वीमें एक बाण मारा, इस तरह पाताल गङ्गाकी धारा उनके मुखमें आयी।

शान्तनुके आशीर्वादसे भीष्मको इच्छा-मृत्यु प्राप्त थी; इसलिये उसी समय न मरकर दो महीने बाद, जब सूर्य उत्तरायण हुए, उन्होंने अपने प्राण परित्याग किये। उनकी मृत्युसे दुर्योधनका प्रथम प्रधान सेनापति गत हो गया। भीष्मके बाद द्रोणाचार्यको दुर्योधनने सेनाका सञ्चालन भार दिया।

महाराज हरिश्चन्द्र।

[ले०—श्रीयुत हरीकृष्ण शुक्ल।]

सत्ययुगके अन्तिम कालमें सूर्यवंशी इक्ष्वाकु वंशमें सत्यवादी महाराज हरिश्चन्द्र अयोध्यामें राज्य करते थे। वे बड़े सत्वगुणी महापुरुष थे और सदैव पुण्य और तप करनेमें ही उनका समय व्यतीत होता था। वे बड़ेही विद्वान, सत्यवादी, पराक्रमी, दाता, धर्मवान और दयावान थे। उनके राज्यमें सत्यकाही शासन था—सत्यही न्याय था, और सत्यके सिवा कहीं लेश-मात्र भी मिथ्या व्यवहार न था। राजा और प्रजामें खूब प्रेम था। मनुष्य-मनुष्यमें पूर्ण समानता थी और उस धर्मराज्यमें कोई मनुष्य किसीसे बढ़ कर सुख-सुभीते नहीं चाहता था। सत्यवादी राजा हरिश्चन्द्रके राज्यमें न्यायका तराजू सबके लिये बराबर था। उनकी सती-साध्वी महाराणी शैव्या भी धर्म, सत्य, और न्यायके प्रति वैसा ही अनुराग रखती थीं।

राजा, रानी सब तरह सुखी थे; पर उन्हें कोइ सन्तान न होनेसे उनका सुख सन्तापमें परिणत हो जाता था। महर्षि वसिष्ठ उनके कुल-गुरु थे, और उन्होंने राजासे वरुण देवकी उपासना करनेके लिये

कहा। राजाने वैसा ही किया; वरुणकी कृपासे महाराणी शैव्याको रोहित नामका एक पुत्र उत्पन्न हुआ; पर इसमें शर्त यह थी, कि वरुण देवकी तुष्टिके लिये राजा उस पुत्रकी बलि चढ़ायें। पुत्र-मोहसे राजा वैसा न कर सके; इस लिये वरुणके कोपसे राजाको जलोदर रोग हो गया। राजकुमार रोहित अपने पिताका कष्ट दूर करनेके लिये, अपनी बलि देनेको तैयार हो गया।

पर वसिष्ठने अपनी युक्तिसे रोहितको बचाया; वह इस तरह कि एक ब्राह्मणको सौ गायें देकर उसका लड़का खरीद लिया। उस ब्राह्मण-पुत्रका नाम था शुनःशेफ। फिर यह निश्चय हुआ, कि रोहितके बदले इसी लड़केकी बलि चढ़ायी जाये। किन्तु विश्वामित्रको उस लड़केपर दया आयी। उसका प्राण बचानेके लिये उन्होंने उससे वरुणदेवकी आराधना करनेके लिये कहा। लड़केकी आराधनासे वरुण प्रसन्न हुए। उन्होंने उसका बलिदान लिये बिनाही हरिश्चन्द्रका रोग दूर कर दिया।

महाराज हरिश्चन्द्र चक्रवर्ती नरेश थे, अतः उन्हें राजसूय यज्ञ करनेकी सूझी। यज्ञ निर्विघ्न समाप्त होनेपर एक दिन विश्वामित्र आये। गुरु वसिष्ठने विश्वामित्रसे राजाकी सत्य-प्रियता, उदारता और दान-शीलताकी बड़ी प्रशंसा की। लेकिन विश्वामित्रने ये सब बातें पहले नहीं मानीं; वसिष्ठके बहुत आग्रह करनेपर विश्वामित्रने राजाकी परीक्षा लेनेका निश्चय किया।

एक दिन राजा हरिश्चन्द्र जङ्गलमें शिकार खेलते हुए मार्ग भूल गये। उसी समय विश्वामित्र एक ब्राह्मणके रूपमें पहुँचे, और राजासे कुछ याचना करने लगे। राजाने उन्हें अपनी राजधानीमें बुलाया अचानक एक दिन विश्वामित्र दरबारमें उपस्थित हुए और बोले,—"राजन्! यदि आप मुझे अभिलषित वस्तु दे सकते हैं, तो अपना राज्य और सर्वस्व अर्पण कर दीजिये।"

राजा अत्यन्त दानी और उदार थे। ज्ञानी ऋषियों और ब्राह्मणोंको सन्तुष्ट करनेमें वे कभी किसी भी त्यागसे नहीं हिचकते थे। उन्होंने तुरन्त अपना राज्य और सर्वस्व विश्वामित्रको अर्पण कर दिया। इसके बाद विश्वामित्रने उनसे उचित दक्षिणा भी माँगी। अब राजा दक्षिणा कहाँसे दें? क्योंकि राज-पाट और सब खज़ाने तो वे पहलेही दान कर चुके थे। स्त्री और पुत्रके अतिरिक्त उनके पास कुछ भी न बचा था। प्रजा उस समय रो रही थी। राज्यमें सर्वत्र शोक छा गया था।

राजा जब अपने पुत्र और स्त्री सहित बिदा होने लगे, तब विश्वामित्रने सामने पहुँचकर उन्हें दक्षिणा देनेकी प्रतिज्ञाकी याद दिलायी। राजाने छाती ठोंककर कहा,—"हाँ, भगवन् अवश्य दूँगा, पर मुझे थोड़ा समय दीजिये।" विश्वामित्रने कितनी ही बाधाएं उपस्थित कीं; पर हरिश्चन्द्र उन सबको पार करके काशी पहुँचे। काशीमें भी विश्वामित्रने ब्राह्मणका वेश बनाकर उनकी कितनी ही कठिन परीक्षाएं लीं; पर सत्यावादी हरिश्चन्द्र सभीमें उत्तीर्ण होते गये। विश्वामित्रको दक्षिणा देनेके लिये अन्तमें हरिश्चन्द्रने अपनी रानी शैव्या और पुत्र रोहितको एक ब्राह्मणके हाथ बेच दिया।

विश्वामित्रके आनेपर हरिश्चन्द्रने उन्हें वह धन दे दिया और कहा,—"भगवन्! अपनी स्त्री और पुत्रको बेचकर यह धन पाया है; इसे लीजिये और मुझे ऋण-से मुक्त कीजिये।" पर विश्वामित्र इससे सन्तुष्ट न हुए। उन्होंने कहा, कि—"मुझे एक महान् यज्ञ करना है, जिसके लिये यह धन तो बहुत ही कम है।" अन्तमें विश्वामित्रके बहुत आग्रह करनेपर हरिश्चन्द्रको स्वयं एक डोमके हाथ बिकना पड़ा और जो धन मिला, वह उन्होंने प्रसन्न चित्तसे विश्वामित्रको दे दिया। देवताओंने राजाकी बड़ी प्रशंसा की।

राजा हरिश्चन्द्र अब चाण्डालकी दासता करने लगे वे श्मशानमें रहकर, दाह-कर्म करनेवालोंसे कर लेते

और उनके मुर्दे जलाते। उधर उनकी रानी शैव्या पुत्र सहित उस ब्राह्मणके यहाँ दासता करती। एक दिन राजकुमार रोहित ब्राह्मणके लिये फूल चुननेको गया और जब फूल लेकर लौटा, तो विश्वामित्र द्वारा प्रेरित एक सर्पने रोहितको डस लिया। रोहितकी उसी समय मृत्यु हो गयी। रानीने जब पुत्रकी मृत्यु सुनी, तो वह बेचारी बड़ी दुःखी हुई। रोती हुई रानी अपने पुत्रका दाह-कर्म करनेके लिये श्मशान पहुँची। डोमका काम करनेवाले राजा हरिश्चन्द्रने रानीको न पहिचाना और वे उससे श्मशानका कर माँगने लगे। शैव्याने रोकर कहा, कि—"मैं एक अनाथिनी अबला हूँ; मेरे पास देनेके लिये कुछ भी नहीं है।" रानी जब अपना राज-सुख याद करके बहुत विलाप करके रोने लगी, तब हरिश्चन्द्रने उसे और रोहितको पहिचाना। वे बहुत विलाप करने लगे। फिर वे शैव्याका कर माफ करानेके लिये अपने चाण्डाल स्वामीके पास गये।

इधर विश्वामित्रकी मायाने शैव्याको लड़केके रक्तसे रङ्ग दिया और उसे बालघातिनी प्रसिद्ध किया। इस बीचमें चाण्डाल सहित हरिश्चन्द्र भी वहाँ आ पहुँचे। चाण्डालने हरिश्चन्द्रको आज्ञा दी, कि इस बालघातिनो स्त्रीको मार डालो। लाचार होकर हरश्चिन्द्र ज्योंही खड्ग लेकर उसे मारनेके लिये खड़े हुए, उसी समय विश्वामित्र सहित देवताओंने पहुँच कर हरिश्चन्द्रका हाथ पकड़ लिया। उन्होंने राजाके सत्य-व्रतकी बड़ी प्रशंसा को। राजकुमार पुनः जीवित कर दिया गया! विश्वामित्रने प्रसन्न होकर अपने कितने ही तपका फल राजाको दिया। हरिश्चन्द्रको राज-पाट सब मिल गया, और वे फिर अयोध्यामें सत्य-धर्मका राज्य दीर्घ काल-तक करते रहे। अन्तमें रोहितको राज्य देकर वे सुर-पुर सिधार गये।

अनन्त विपत्तियोंमें भी मनुष्यको धैर्य तथा सत्यको नहीं खोना चाहिये, यही शिक्षा सत्यवादी हरिश्चन्द्रसे मिलती है।

—

दाता कर्ण।

—:*:—

[लेखक—आचार्य श्रीयुत एन० पी० शर्मा]

(१)

महाभारत-कालमें तृतीय पाण्डव अर्जुन अद्वितीय वीर माने गये हैं। यों तो सभी एक-से-एक वीर थे; पर अर्जुन उन सबमें श्रेष्ठ योद्धा समझे जाते थे, क्योंकि बाण-विद्यामें वे सबसे आगे बढ़े हुए थे। ऐसे अर्जुनके साथ यदि किसीमें मुकाबिला करनेकी हिम्मत थी, तो वह कर्णमें ही थी। परन्तु कर्णकी जन्म-कथा बड़ी विचित्र है। महाभारतमें लिखा है, कि इनका जन्म सूर्यके औरस और कुन्तीके गर्भसे हुआ था। कुमारी अवस्थामें जन्म होनेके कारण कुन्तीने धात्रीकी सहायतासे बच्चेको एक मंजूषामें बन्द कर नदीमें बहा दिया था। अधिरथ नामक सूत और उसकी स्त्री राधाको वह मंजूषा पानीमें बहती हुई दिखाई दी। अधिरथ नदीसे उसे निकाल लाया और खोलकर उसने देखा, तो उसके भीतर एक नवजात शिशु मिला। उस शिशुकी भुजापर कवच और कानोंमें कुण्डल भी थे। सूत-दम्पतीने उस बालकका अपने बच्चेकी तरह लालन-पालन करना शुरू किया। जब बच्चा कुछ बड़ा हुआ, तब शिक्षा-दीक्षाके लिये हस्तिनापुर भेज दिया गया।

हस्तिनापुरमें धृतराष्ट्र और पाण्डुके पुत्रगण आचार्य द्रोणसे सामरिक शिक्षा प्राप्त करते थे। धनुर्विद्याका अध्ययन और अभ्यास करनेकी प्रवृत्ति कर्ण-में आरम्भसे ही थी। कुछ ही समयमें कर्ण अर्जुन-की समानता करने लगे। जब पाँचों पाण्डव, धृतराष्ट्रके दुर्योधन आदि पुत्रगण और कर्णकी धनुर्विद्याकी शिक्षा समाप्त हुई, तब सबकी परीक्षा की तैयारी हुई। विशाल मण्डप बनाया गया। दर्शकोंकी बड़ी भारी भीड़ उपस्थित हुई। पाण्डवोंमें अर्जुन धनुर्विद्यामें सबसे प्रवीण प्रमाणित हुए। अर्जुनके हस्त-

कौशलको देख, जनताके आनन्द और उत्साहकी सीमा न रही। परन्तु सबके बाद जब कर्णने भी अपनी अपूर्व योग्यता दिखायी, तब सब लोगोंने यही कहा, कि 'यदि अर्जुनकी समानता कोई कर सकता है, तो वह कर्णही कर सकता है।'

धृतराष्ट्रके पुत्र दुर्योधनादि पहलेसेही पाण्डवोंसे ईर्षा करते थे। वे पाण्डवोंकी योग्यता और वीरताकी समानता तो कर ही नहीं सकते थे; इसलिये वे हर बातमें मन-ही-मन डरते और उनसे जले-भुने रहते थे। कर्ण की योग्यता देख, दुर्योधनने उससे मैत्री कर ली और उसे भी अपने षड्यन्त्रमें मिला लिया। दुर्योधनने इस मैत्रीको पुष्ट करनेके लिये मौका पाकर कर्णको अङ्ग देशका राजा बना दिया। अब वह भी पाण्डवोंसे ईर्षा करने लगा।

उसके व्यवहारमें इस प्रकारका अन्तर पड़ते तथा उसे दुर्योधनादिके नीच कार्योंका समर्थक बनते देख, गुरु द्रोणाचार्यने उसे ब्रह्मास्त्रोंकी शिक्षा नहीं दी। परन्तु ब्रह्मास्त्रोंके बिना किसीकी बाण-विद्या पूरी नहीं हो सकती। इसीलिये कर्ण महेन्द्र-पर्वतपर गया और वहाँ समस्त विद्याओंके पारंगत पण्डित प्रवर परशुरामका शिष्यत्व ग्रहण कर लिया। परशुराम बहुत दिनोंसे क्षत्रिय-विरोधी थे। उनकी प्रतिज्ञा थी, कि क्षत्रियोंको कभी शस्त्रास्त्रकी शिक्षा नहीं दूँगा। कर्णको यह बात मालूम थी। अतः वह अपनेको ब्राह्मण बता कर उनका शिष्य बन गया।

उसकी अपूर्व योग्यता देख, परशुराम हर एक विषय बड़े प्रेमसे सिखाने लगे और कर्ण भी बड़े ध्यान और परिश्रमके साथ उन्हें सीखने लगा। कुछ दिन व्यतीत हो जानेपर एक बार परशुराम अपनी शिष्य-मण्डली सहित समुद्र-किनारे पहुँचे। शर क्रीड़ा करनेके बाद परशुराम जब बहुत थक गये, तो वहीं एक पहाड़ी टीलेपर लेट गये। कर्ण भी पासही बैठा था। परशुराम बहुतही वृद्ध थे। उन्होंने कर्णको और भी निकट बुलाया और उसकी जङ्घापर सिर रख कर सो गये। ठण्डी हवा लगनेके कारण थोड़ी ही देरमें उन्हें प्रगाढ़ निद्रा आ गयी।

इसी समय कोई भयंकर कीड़ा पथरीली दरारोंसे निकल कर कर्णकी जङ्घाको छेदने लगा। कर्णको भीषण पीड़ा होने लगी; पर चूँकि गुरुदेव जाँघपर सिर रख कर सो रहे थे, वह न तो हट सका और न जाँघही उठा सका। कीड़ा जाँघ छेदता हुआ शरीरमें घुसने लगा। ऊष्ण शोणितकी धारा बह चली। जब वह गर्म खून परशुरामके शरीरमें लगा, तब उनकी निद्रा भङ्ग हुई।

उन्होंने उठकर सब हाल पूछा और बहुत दुःख प्रकट किया। पर कर्णकी इस धीरतासे और उसके रक्तकी परीक्षासे परशुराम अब समझ गये, कि यह ब्राह्मण नहीं, बल्कि क्षत्रिय-कुमार है। उन्होंने उसको बहुत डाँटा और तिरस्कार किया; क्योंकि उसने उन्हें धोका दिया था। अन्तमें उन्होंने उसे यह शाप दे दिया, कि "यद्यपि तूने धोकेसे मेरे शिष्यत्वमें रहकर सब कुछ सीख लिया, है; पर याद रख, कि जब तेरे सिरपर मौत मँडराने लगेगी, तब तेरी एक भी विद्या काम न आयेगी।"

(२)

गुरुके साथ धोकेबाज़ी करनेके कारण कर्ण वहाँसे हटा दिये गये। अब वे दुर्योधनके ख़ास सलाहकार बने। दुर्योधन कोई भी काम करता, उनसे राय लेकर करता था। अब ये आनन्द-पूर्वक अपना राज-कार्य देखने और दुर्योधनका मन्त्रित्व करने लगे।

इन्होंने पद्मावती नामक कन्याका पाणिग्रहण किया। वृषसेन, शूरसेन, चित्रसेन और वृषकेतु आदि इनके पुत्र हुए। इनकी राजधानी चम्पानगरमें थी। (कुछ लोग कहते हैं, कि बर्तमान भागलपुर ही उक्त चम्पानगर है)

एक बार दुर्योधन आदि चित्रांगद राज-कन्याकी स्वयंवर-सभामें पहुँचे थे। उस समय उस कन्याको हरण करनेके काममें कर्णने दुर्योधनकी बड़ी सहायता की थी। इसी समय मगध-राज जरासन्धके साथ

इनका घोरतर युद्ध हुआ। इस युद्धमें कर्णने जरासन्ध-को नीचा दिखाया। जरासन्धने इनकी वीरतापर मुग्ध होकर इन्हें मालिनी नामकी नगरी दे दी।

(३)

यह तो हुई कर्णकी वीरताकी बात। वीरगण स्वभावतः दानी भी होते हैं। कर्णकी दानशीलता जगद्विख्यात थी। अर्जुनके कहनेसे एक बार देवराज इन्द्र इनके यहाँ ब्राह्मण-रूपमें पहुँचे। दाता कर्ण प्रत्येक भिक्षार्थीको मुँह-माँगी वस्तु दान करते थे! इन्द्रने उनसे वह कवच और कुण्डल माँगे, जो कर्णको अपने पिता सूर्यसे प्राप्त हुए थे। कर्ण जानते थे, कि ये दोनों वस्तुएँ जबतक उनके पास रहेंगी, तबतक कोई उन्हें मार नहीं सकेगा। वे कवच और कुण्डल उनके लिये कितने मूल्यवान थे, यह इसीसे मालूम हो जाता है। कवच-कुण्डल क्या थे, कर्णके प्राण थे। पर कर्ण दाता थे और कभी किसी याचकको निराश लौटाना तो वे जानते ही नहीं थे। उन्होंने वैसे मूल्यवान कवच-कुण्डल भी प्रसन्नताके साथ प्रदान कर दिये।

कहा जाता है, इनकी दातव्यताकी परीक्षाके लिये एक बार भगवान स्वयं ऋषि बनकर आये थे और इनके सबसे छोटे पुत्र-रत्न वृषकेतुका मांस खानेकी इच्छा प्रकट की थी। कर्णने इससे भी मुँह नहीं मोड़ा। कहना व्यर्थ है, कि ऋषि-वेशी भगवान् कर्णकी उदा-रतासे परम सन्तुष्ट हुए; वृषकेतु पुनः जीवित हो उठा और कर्णकी दानशीलता सारे संसारमें घोषित हो गयी।

वेदोंकी रक्षाके लिये बलिदान।

कुमारिल भट्टका अग्नि-प्रवेश।

[लेखक—श्रीयुत विष्णुकुमार भट्टाचार्य।]

बौद्ध-युगमें समग्र वैदिक भारत बौद्ध-धर्मावल-म्बियोंसे आच्छादित था। पर गौतम बुद्धके उच्चा-दर्श और आदेश बौद्धोंने भुला दिये थे और उनमें अनेक तरहकी बुराइयाँ तथा कुरीतियाँ घुस पड़ी थीं। बौद्ध लोग आम तौरसे वेदोंका विरोध करते और वेदोंकी निन्दा करते थे। उन कट्टर बौद्धोंके आन्दोलन तथा उद्योगोंसे आर्य्य जनताकी बुद्धि भ्रष्ट हो गयी थी; यज्ञादिक कर्म बन्द होगये थे और वेदोंकी भूमिपर वेद अपमानित हो रहे थे। उस समय वेद माननेवाली सनातन धर्मावलम्बी आर्य्य जनताका अस्तित्व लुप्त-प्राय हो गया था।

ऐसे सङ्कट-कालमें कुमारिल भट्टका जन्म जय-मङ्गल नामक ग्राममें हुआ। उनके पिताका नाम यज्ञे-श्वर भट्ट और माताका नाम चन्द्रकणा था। वे यजु-र्वेदी ब्राह्मण थे। कुमारिलने योग्य गुरुके पास रहकर वेद वेदाङ्ग और शास्त्रोंका अध्ययन किया। उनकी विद्वत्ता और धर्म प्रवृत्तिके कारण उन्हें भट्ट-पाद तथा सुब्रह्मण्य भी कहते थे। कुमारिलके पास कितने ही शिष्य विद्याध्ययन करने आते थे, जिनमेंसे उनके मुख्य चार शिष्य थे—विश्वरूप, प्रभाकर, पार्थसारथि और मुरारि मिश्र।

कुमारिल भट्ट वैदिक धर्मके अनन्य भक्त थे, बौद्ध-युगमें वेदोंकी गिरी हुई दशा देखकर उन्हें बड़ाही दुःख होता था, और जिस तरह हो, वे वेदोंका फिर एक बार उद्धार करना चाहते थे। उन्होंने बौद्ध मतका खण्डन करना निश्चय किया; पर बौद्ध धर्मके ग्रन्थों-की उन्हें अच्छी जानकारी न थी। इसलिये वे एक बौद्ध धर्माचार्य श्रीनिकेतनके पास विद्यार्थीके रूपमें गये और बौद्ध-धर्मका अध्ययन करने लगे। इसी तरह कुछ दिन व्यतीत हुए। एक दिन श्रीनिकेतनने वेदोंको दूषित

बताया और वैदिक-मार्गको बड़ी निन्दा की। कुमारिल से वेदोंकी निन्दा न सुनी गयी। वे गुरुके सामने तो कुछ न बोले; पर उनके नेत्रोंमें आँसू भर आये। उनका यह भाव देखकर अन्य बौद्ध विद्यार्थी समझ गये, कि यह मनुष्य वेदोंका माननेवाला है। उस दिनसे उनपर बौद्धोंकी बड़ी हा कड़ी दृष्टि रहने लगी।

कुमारिलके बौद्ध सहपाठी उनसे चिढ़ने लगे और उन्हें पाठशालासे निकालनेकी युक्ति सोचने लगे। एक दिन कुमारिल एक मन्दिरकी ऊँची दीवारपर बैठे विचारोंमें निमग्न थे। उसी समय कुछ बौद्ध विद्यार्थियोंने पहुँचकर उन्हें धक्का देकर गिरा दिया, जिसमें वे मर जायें। पर कुमारिलने गिरते समय कहा,—"यदि वेद सत्य होंगे, तो मेरी रक्षा होगी।" सचमुच उनकी रक्षा हुई और उनके प्राण बच गये; पर चोट लगनेके कारण उनकी एक आँख फूट गयी। कुमारिल इसे अपना कर्म फल बताते हुए कहते, कि—"मैंने यदि वेद सत्य होंगे' इस प्रकारका संशयात्मक वाक्य कहा, इसीलिये मुझे यह दण्ड मिला है।"

किन्तु इस दुर्घटनाके बाद कुमारिलको बौद्ध धर्मकी सत्यतामें भारी सन्देह होने लगे। वे सोचते, कि "बुद्ध भगवान् भूत-दया और अहिंसा-धर्मके प्रचारक थे। पर इन बौद्धोंने मुझे धक्का देकर क्यों गिराया? इसलिये, जिसमें मैं मर जाऊँ और उनके मतवादका विरोध नहीं करूँ। क्या दया और अहिंसाका भाव अन्य धर्मावलम्बियोंके साथ नहीं दिखाना चाहिये? क्या शत्रु भी दयाके पात्र नहीं हैं? परन्तु, यह सब कुछ नहीं; बौद्ध लोग वेदोंके विरोधी हैं। इसलिये बड़े धूर्त्त और पाखण्डी हैं। वे अन्य धर्मावलम्बियोंको ठुकराकर ही रखना चाहते हैं। वे अपने पाखण्डमें सारे संसारको डुबाना चाहते हैं। पर मैं यथाशक्ति शीघ्र ही इन पाखण्डियोंके भ्रम-जालसे संसारको सावधान करूँगा।"

यही सब सोचकर और मनमें दृढ़ संकल्प करके वे वैदिक कर्मवादका प्रचार करने लगे। इसी प्रचार-कार्यके सिलसिलेमें वे चम्पा-नगरीमें जा पहुँचे। वहाँ सुधन्वा नामका एक बौद्ध राजा था; पर उसकी रानी वैदिक सिद्धान्तोंको मानती थी। अपनी धुनके पक्के कुमारिल चम्पानगरीमें घूम-घूम कर बौद्धोंकी परिस्थिति देखने लगे। इसके बाद किसी तरह राजा सुधन्वाके मालीसे उनकी भेंट हो गयी। उससे कुमारिलको राज-वंशकी दशा ज्ञात हुई और यह भी मालूम हुआ, कि रानी वैदिक धर्मावलम्बी है। वह विष्णुका पूजन करती है और उसीके लिये माली तुलसी-पत्र और पुष्प चुन रहा है। यह सब जान कर कुमारिलको बड़ा आनन्द हुआ। उन्होंने उसी मालीके द्वारा अपने आगमनका समाचार रानीको कहलाया। रानीको यह जानकर बड़ी प्रसन्नता हुई, कि वेद मतावलम्बी कोई महात्मा आये हैं। पर वह उनसे उस समय न मिल सकी।

एक दिन कुमारिल राज-भवनके नीचेसे जा रहे थे। इतनेमेंही उनके कानोंको चौंका देनेवाले शब्द सुनाई दिये। उन्होंने ऊपर देखा, तो उन्हें झरोखेमें रानी बैठी हुई दिखाई दी। वह बड़ो हो उदास और चिन्ताग्रस्त मालूम होती थी। वह मुखसे बारम्बार वही चौंका देनेवाला वाक्य उच्चारण कर रही थी—

"किं करोमि कगच्छामि को वेदानुद्धरिष्यति।"

अर्थात्—"क्या करूँ? कहाँ जाऊँ? वेदोंका उद्धार कौन करेगा?" रानीके ये शब्द सुनकर कुमारिलके हृदयमें भरा हुआ वेदाभिमान जाग उठा। वे गम्भीरताके साथ बोले,—

"मा विषाद वरारोहे! भट्टाचार्योस्मि भूतले।"

अर्थात—"हे रानी! खेद न कर! मैं कुमारिल भट्टाचार्य्य अभी इस पृथ्वीपर मौजूद हूँ।" कुमारिलके ये शब्द सुनकर रानी एकाएक चौंक उठी। उसने कुमारिलको श्रद्धा-भक्तिसे देखा, और दासी भेजकर उन्हें ऊपर महलमें बुलवाया। रानीने उनसे अपना सारा दुखड़ा वर्णन करते हुए कहा,—"महाराज! मुझे बौद्ध धर्ममें दीक्षित करनेके लिये बड़ा आग्रह करते हैं। अबतक तो मैं किसी तरह बची रही; पर राजाके दुराग्रहसे किसी-न-किसी दिन मुझे वैदिक धर्म त्याग-

कर बौद्ध धर्म ग्रहण करना ही होगा। मेरे ऊपर इस समय धर्म-संकटका पहाड़ टूटा है।"

रानीके ये शब्द सुनकर कुमारिलको हर्ष और सन्तोष हुआ। उन्होंने उसे बड़ी सान्त्वना दी, और साथ ही बौद्ध धर्मकी अनेक कमज़ोरियाँ तथा बुराइयाँ बतायीं। बौद्ध धर्मको खण्डन करनेकी अनेक उत्तम युक्तियाँ भी उन्होंने रानीको सिखा दीं। कुमारिलने उससे कहा, कि "ये सब बातें और युक्तियाँ तुम प्रसङ्ग-वश कभी-कभी राजाको सुनाया करना, जिससे उनका चित्त बौद्ध धर्मसे बदल कर वैदिक धर्मकी ओर आये।" रानी स्वयं पण्डिता थी। उसने कुमारिलकी बतायी युक्तियाँ हृदयङ्गम करलीं।

अब रानी जब अवसर पाती, तभी राजा सुधन्वाको बौद्ध-धर्मके विरुद्ध बातें सुनाने लगी। पहले तो राजा पर कोई प्रभाव न पड़ा; पर धीरे-धीरे कुछ दिनोंके बाद राजाके मनमें वैदिक धर्मका प्रभाव पड़ने लगा। बौद्ध धर्मके सारहीन सिद्धान्तोंसे उसकी श्रद्धा घटने लगी। रानीकी युक्तियोंने अच्छा असर किया, और वेद-विरोधी राजाने फिर वेदोंका सम्मान किया। इतने दिनोंमें कुमारिल भट्टने बौद्ध धर्मके खण्डनमें सात ग्रन्थ तैयार कर लिये थे। उन्होंने अपने बहुतेरे शिष्योंको भी बौद्धोंका सामना करनेके लिये तैयार कर लिया था। अब कुमारिलने दृढ़तापूर्वक वैदिक धर्मका मण्डन और बौद्ध धर्मका खण्डन करना आरम्भ किया। वे घूम-घूम कर विभिन्न-स्थानोंमें बौद्ध आचार्योंसे शास्त्रार्थ करते और उन्हें परास्त करते थे। बौद्ध लोग उनकी अपूर्व तर्क-प्रणाली तथा खण्डन-कला देखकर घबराने और भयभीत होने लगे।

फिर एक दिन अनुकूल अवसरमें कुमारिल भट्टने महाराज सुधन्वासे भेंट की। सुधन्वा भी उनका शास्त्रार्थ सुननेके लिये पहलेसेही उत्सुक था। राजाकी आज्ञासे शास्त्रार्थके लिये विराट सभाका आयोजन हुआ। बड़े-बड़े बौद्ध विद्वान् एवं धर्माचार्य निमन्त्रण देकर बुलाये गये। एक ओर बौद्ध धर्माचार्योंका दल बैठा था, और दूसरी ओर तपस्वी आचार्य कुमारिल सदल विराजमान थे। राज-सभा उत्सुक सदस्यों और दर्शकोंसे भरी थी। इसी समय निकटके ही एक आमके पेड़से कोयल कूकने लगी। उसकी मनोहर कूकसे सभा-मण्डप गूँज उठा।

उस समय आचार्य कुमारिल भट्टने एक श्लोक कहा, जिसका भावार्थ है,—"अरे कोयल! मलिन, नीच और श्रुति-दूषक काक-कुलसे यदि तेरा सम्बन्ध न हो, तो तू वास्तवमें प्रशंसाके योग्य है।"

कुमारिलके इस श्लोकमें जो व्यङ्ग छिपा था, वह राजा और बौद्धोंपर लागू होता था। राजाके लिये तो इस तरह, कि "हे राजन्! मलिन, नीच और श्रुति-दूषक (वेद-निन्दक) लोगोंसे यदि तेरा सम्बन्ध न हो, तो तू अवश्य ही प्रशंसाके योग्य है।"

किन्तु, इस श्लोकके व्यङ्गका गहरा हमला बौद्धों-पर था, जो मन-ही-मन कुमारिलपर बहुतही चिढ़े। इसके बाद शास्त्रार्थ आरम्भ हुआ। दोनों ओरसे खण्डन-मण्डन होने लगा। बौद्ध आचार्योंने वेद-विरुद्ध जितने तर्क सुनाये, जितनी बातें और युक्तियाँ कहीं, कुमारिलने उन सभीका खण्डन कर दिया। वेदोंके विरुद्ध बौद्धोंकी एक भी युक्ति न टिकने पायी। कुमारिलने अपना महान् पाण्डित्य दर्शाते हुए वेदोंकी सभ्यता, सत्यता, न्याय-प्रियता, सद्गुण, कर्मवाद, कर्मफल, उपासना मुक्ति और व्यक्तिवाद आदि ऐसा सिद्ध किया, कि हर तरफ़के हर मनुष्यको वैदिक ज्ञान की विमल मूर्तिके दर्शन होने लगे। राजा और दर्शक सभी कुमारिलकी सत्यता तथा प्रखर प्रतिभापर मोहित हो गये, और सबको यह अनुभूत हुआ, कि वेदही वास्तवमें मानवताका सर्वोच्च दिव्य ज्ञान है। उन्होंने सिद्ध कर दिया, कि बौद्धोंके सिद्धान्त सर्वथा भ्रामक, भ्रान्ति-मूलक और इसलिये अनिष्टकारी हैं। अतः इनका प्रचार वैदिक आर्यावर्त्तमें कदापि न होना चाहिये।

इस महासभामें बौद्ध आचार्योंकी समस्त युक्तियाँ

थाथो और व्यर्थ सिद्ध हुई। वे अपने बौद्ध धर्मका जब बखान करते, तो कुमारिल उनकी ऐसी पोलें खोलते, कि बौद्ध धर्म, वेदोंके सामने निर्जीव और मिथ्या प्रमाणित होता था। उन्होंने हर तरह वैदिक धर्मकोही सिद्ध किया और बताया, कि सार्वदेशिक एवं सावकालिक पूर्ण ज्ञान वेदोंमें ही है। सभामें हर तरफ़से आचार्य कुमारिल-के लिये साधुवाद हुआ! कुमारिलने यह भी सिद्ध किया, कि बौद्धोंका आचारण पाप-पूर्ण है और उन्होंने इस पवित्र वैदिक भूमिमें केवल पापाचारका प्रचार किया है। राजा उनके ज्ञानोपदेशसे बहुत ही सन्तुष्ट हुआ। कुमारिलसे शास्त्रार्थमें हारे हुए बौद्ध आचार्य लोग अपना-अपना मुँह लटकाये सभासे अपमानित रूपमें चले गये और बौद्धोंपर बड़ी-बड़ी लानतें और धिक्कारें पड़ीं।

इसके बाद महाराज सुधन्वा भक्ति-पूर्वक कुमारिल भट्टके शिष्य हो गये। बौद्धोंको परास्त करनेके लिये उन्होंने विभिन्न प्रान्तोंमें दौरे किये, और बौद्धोंको परास्त किया। भारतीय जनतामें फिर वैदिक धर्मका प्रचार किया गया। लोग आम तौरसे बौद्ध धर्मको त्यागने और वैदिक धर्मको ग्रहण करने लगे।

वेदोंका फिर प्रचार और मान हुआ। पुनः यज्ञादि कर्म होने और पुनः वेद-मन्त्रोंकी सुललित ज्ञान-ध्वनिसे देश गूँजने लगा। यही आचार्य कुमारिलके जीवनका ध्येय था, जो उन्होंने बौद्धोंको परास्त करके प्राप्त किया। उनका जीवन धन्य था! वैसे पवित्र प्राणी केवल धर्मका ही उद्धार करने आते हैं!

बौद्धोंको जबतक पूर्णतया परास्त न कर लिया, तबतक कुमारिलने शान्ति न ली। वे अपने ६३ वर्षकी आयुतक इसी ध्येयके लिये अविराम परिश्रम करते रहे। उनका जीवन परम पवित्र था। वेदोंकी सर्ववादि-सम्मत सत्यताका पालन और उसका अनुभव ही उनका व्यवहार था। वेदों और शास्त्रोंकी सचाईमें उनका पूर्ण विश्वास था और उनका प्रत्येक कार्य्य उसी महान् विश्वासके वशीभूत रहता था। शास्त्रोंके मतानुसार कुमारिलने अपने जीवनमें एक बड़ा भारी पाप किया, जिसे गुरु-द्रोह कहना चाहिये। कुमारिलने बौद्ध आचार्यसे जो शिक्षा पायी थी, उसीके सहारे उन्होंने बौद्धोंको परास्त किया। कुमारिलने सोचा, कि मैंने धोका देकर उस बौद्ध-गुरुसे शिक्षा प्राप्त की थी; इसलिये यह गुरु-द्रोह है! इस पापके लिये कुमारिलने प्रायश्चित्त करनेका निश्चय किया। गुरुद्रोहके लिये शास्त्रानुसार तुषानल (भूसीकी आग) में जल जाना चाहिये। अन्यथा उसकी मुक्ति नहीं है।

कुमारिल प्रायश्चित्त करनेके लिये तैयार हुए। इसके लिये वे प्रयाग गये। त्रिवेणीके तीरपर उन्होंने तुषाग्निमें प्रवेश किया। धधकती हुई भूसीकी प्रचण्ड चितामें आचार्य कुमारिल अविचल शान्ति तथा दृढ़ताके साथ शान्त रूपमें बैठे थे। उनके मुख-मुण्डलसे शान्ति, कान्ति और तेजकी चिनगारियाँ प्रस्फुट हो रही थीं। जिस समय कुमारिल भट्ट अग्निमें जल रहे थे, उसी समय वहाँ शङ्कराचार्यका प्रवेश हुआ।

शङ्कराचार्य भी दक्षिण भारतमें बौद्धको परास्त करनेका उद्योग कर रहे थे। उन्होंने कुमारिल भट्टकी बड़ी प्रशंसा सुनी थी, और वे कुमारिलसे मिलकर विचार-विनिमय करना चाहते थे। शङ्कर उस समय प्रयाग पहुँच गये थे। किन्तु उन्होंने जब सुना, कि कुमारिल तुषाग्निमें भस्म हो रहे हैं, तब वे दौड़े हुए त्रिवेणी तीरकी ओर गये। उन्होंने देखा, कि धधकती हुई चितामें आचार्य कुमारिल शान्त मुद्रामें बैठे हैं। यह दृश्य देखकर शङ्कराचार्य चकित रह गये।

उन्होंने कहा,—"धन्य है कुमारिल भट्ट! वेदोंका उद्धार करना तुम्हारा ही काम था। शास्त्रोंके प्रति ऐसी अविचल श्रद्धा, अपूर्व कर्त्तव्य-निष्ठा और अगाध धर्म-परायणता इस पृथ्वी-तलपर तुम्हारी ही देखी गयी। तुम धन्य हो। तुम्हारी जितनी भी प्रशंसा की जाये, कम है।"

विलम्ब करनेका अधिक समय न था; क्योंकि चिता धधक रही थी। श्रीशङ्कराचार्यने तत्काल शीघ्रता-

पूर्वक अपना परिचय दिया और कुमारिलसे कहा,—"मैं आपसे शास्त्रार्थ करना चाहता था।" शङ्करने उन्हें स्वरचित भाष्य आदि भी दिखाये।

शङ्कराचार्यको देखकर कुमारिल बहुत ही प्रसन्न हुए। उन्होंने अपने प्रायश्चित्त करनेका कारण शङ्कराचार्यको बताया, और कहा,—"मैं तो शास्त्रार्थ करनेमें असमर्थ हूँ। आपका उद्देश्य निश्चयही बड़ा उत्तम और पवित्र है। मैं अपना काम कर चुका हूँ। अब आप अपने उद्देश्यकी पूर्तिके निमित्त मेरे प्रधान शिष्य मण्डन मिश्रसे मिलिये।" कुमारिलने शङ्कराचार्यसे यह भी कहा,—"जबतक मेरा शरीर भस्म न हो जाये, तबतक आप मेरे सामने ही खड़े रहिये। मुझे आपसे बड़ा प्रेम है; क्योंकि आपने वेदोंके उद्धारका झण्डा उठाया है।"

इसके बाद कुमारिल मौन हो गये। तुषाग्नि ज़ोरोंसे धधक रही थी, और पुण्यात्मा कुमारिलका शरीर भस्म हो रहा था। कुमारिलके भस्म हो जानेपर शङ्कराचार्यको बड़ा दुःख हुआ। कुमारिलकी श्रद्धा कर्मकाण्डपर अधिक थी, इसीलिये वे भस्म हुए। इसके बाद शङ्कराचार्यने सोचा; कि जिस कर्मकाण्डके प्रति इतनी श्रद्धा रखते हुए कुमारिल सरीखे नर-रत्न भस्म हो गये, उसका अवश्य खण्डन करना चाहिये। केवल कर्मकाण्डके वशीभूत होकर मनुष्य अपने आपको जला डाले, यह बात शङ्कराचार्यको रुचिकर न मालूम हुई, इसीलिये बादमें उन्होंने कर्म-काण्डका खण्डन और ज्ञानकाण्डका मण्डन किया।

कुमारिलको हुए प्रायः ११०० वर्ष हो गये; पर उनके कार्यका फल आज भी विद्यमान है। वे अपने समयके अद्वितीय विद्वान तथा वैदिक और बौद्ध धर्मके पूर्ण ज्ञाता थे। बौद्ध-कालमें वेदोंकी शिक्षा रसातलको पहुँच गयी थी; पर धन्य हैं, कुमारिल जिन्होंने अपने अपूर्व पाण्डित्यसे वेदोंका पुनः उद्धार किया। वेद भगवानके साथ कुमारिलका नाम भी सदा अमर रहेगा।

वीर बालक अभिमन्यु

[लेखक—श्रीयुत कामताप्रसाद 'विद्यार्थी']

(१)

वीरवर अभिमन्युकाका जन्म तृतीय पाण्डव अर्जुनके औरस और श्रीकृष्णकी बहन सुभद्राके गर्भसे हुआ था। इनकी पत्नीका नाम उत्तरा था। अभिमन्यु अभी बिलकुल नौजवान थे, जब कि उनके ऊपर एक दिन सहसा सेनापतित्वका भार दे दिया गया। वह सेनापतित्व भी किसी ऐसे-वैसे खण्ड-युद्ध या मामूली लड़ाई-भिड़ाईका नहीं; प्रकाण्ड महाभारत-संग्रामके सेनापतित्वका भार था। इसे ग्रहण कर उसने उस दिनके युद्धमें जो वीरता दिखायी थी, उसे याद कर आज हजारों वर्ष बाद भी कमज़ोर-से-कमज़ोर मनुष्यके हृदयका शीतल शोणित ऊष्ण हो आता है; परन्तु पुनः जब हम भ्रातृद्रोह-रूपी महाभारत-संग्रामकी बात सोचने लगते हैं और सोचते हैं, कि एक-मात्र वीरका किस क्रूरता, नृशंसता और अन्यान्यके साथ सात-सात महारथियोंने घेरकर खून बहाया होगा, तो घृणा लज्जा, क्रोध और क्षोभसे मस्तक झुक आता है।

भ्रातृ-द्रोह और स्वजाति-द्वेषकी जो अग्नि महाभारतके समर-क्षेत्रमें प्रज्ज्वलित हुई, इस वीरकी उसीमें आहुति दी गयी थी। महाभारतका संग्राम होते १२ दिन व्यतीत हो गये थे। तेरहवाँ दिन आ पहुँचा था। आज आचार्य द्रोणने "चक्र-व्यूह" नामक भयङ्कर व्यूहकी रचना की थी। इस व्यूहको भेद करना या उसकी सेनाको पराजित करना बड़ाही कठिन काम था। पाण्डवोंकी तरफ एक-मात्र अर्जुन और कौरवोंकी तरफ एक-मात्र आचार्य द्रोणही इस व्यूहको रचनाके पारंगत थे। चक्र-व्यूहकी रचना हुई देख, पाण्डव शिविरमें बड़ी खलबली मच गयी। सर्वत्र यही चर्चा होने लगी, कि अर्जुन तो अभीतक त्रिगर्त्तोंके युद्धसे लौटे नहीं; फिर यहाँ आज कौन सेना

पति बनेगा ? कौन इस व्यूहका भेद कर सकेगा ? युधिष्ठिर आदि सब लोग चिन्तामें पड़ गये। अर्जुनके नौजवान पुत्र अभिमन्युने उनकी चिन्ता दूर कर दी। उसने कहा,—"मैं जानता हूँ चाचाजी ! मैं उसका भेदन करूँगा। आप क्यों चिन्ता कर रहे हैं ? पर एक बात मैं अवश्य कहूँगा और वह यही, कि मैं चक्रव्यूहको भेद करता हुआ उसके भीतर तो चला जा सकता हूँ; पर पुनः निकल नहीं सकता।"

लोगोंके उत्साहकी सीमा न रही।

निश्चित हो गया, कि आज अभिमन्युही सेनापति बनेंगे। महाराज युधिष्ठिरने उसको तिलक लगाया, आशीर्वाद दिया और उसके साहसकी प्रशंसा की। अभिमन्युकी माता सुभद्राने अपने हाथों पुत्रको समस्त युद्धोपयोगी शस्त्रास्त्रोंसे सुसज्जित किया। इसके बाद क्षत्रियका कर्त्तव्य समझाया—युद्धमें प्राण दे देना; पर शत्रुको पीठ न दिखाना।"

अभिमन्युने सेनापतित्व ग्रहण किया। युद्ध-क्षेत्रका निरीक्षण कर उसने अन्यान्य सेना-नायकोंसे कहा,—"मैं व्यूह भेद करता हुआ जब आगे बढ़ूँ, तब आप लाग भी मेरे पीछे-पीछे अन्दर चले आइयेगा।"

यथानियम युद्धकी भेरियाँ बज उठीं। अभिमन्यु अमित वेगसे कौरव-सेनाके प्रधान सेनापतियोंके साथ युद्ध करता और व्यूहका भेद करता हुआ भीतर घुस गया। किसी सेनापतिके रोके उसकी गति रुद्ध नहीं हुई। वह व्यूहकी छाती चीरता हुआ अन्दर जाने लगा। पर यह क्या ? उसका साथ कोई भी न दे सका। परन्तु अभिमन्युने इसकी कोई परवाह नहीं की। वह घोरतर संग्राममें प्रवृत्त हुआ। उसके भीषण संहार और प्रहारसे सारी कौरव सेनामें हाहाकार मच गया। वीर-योद्धागण भी उसके रण-कौशलसे घबरा कर 'त्राहि-त्राहि' करने लगे। अपनी सेनाकी यह दुरवस्था देख, दुर्योधनने आचाय द्रोण आदिके पास जाकर उन्हें बहुत ललकारा—धिक्कारा।

अन्तमें सारी कौरव-सेनाके सात महारथियोंने उसे चारों ओरसे घेर लिया और अन्याय-पूर्वक सातों एक साथही उसपर बाण-वर्षा करने लगे। एक ओर अकेला बालक अभिमन्यु और दूसरी ओर सात-सात एक-से-एक महारथी ! फिर भी वह अकेलाही बड़ी देरतक जूझता रहा। अन्तमें उसका तूणीर शरोंसे शून्य हो गया; धनुष टूकड़े-टुकड़े हो गया और रथ भी टूट गया। परन्तु इतनेपर भी वह शान्त न रहा। वह रथका पहिया उठाकरही आत्मरक्षाकी चेष्टा करने लगा। उसको निःशस्त्र देखकर भी उसपर बाण चलाना घोर अन्याय था। फिर एक नहीं, सात-सात महारथी उसपर एक साथही आक्रमण करते रहे। यह और भी बड़ा अन्याय था ! और इस प्रकार अन्याय-युद्ध करके कौरवोंने उस वीर बालकका बध कर डाला, जिसका फल भी पीछेसे उन्हें भलीभाँति भोगना पड़ा।

* * * *

धन्य है अभिमन्यु जैसा पुत्र ! और धन्य है उसकी माता सुभद्रा, जिसने अपने एकमात्र पुत्रको वीरोचित वेश-भूषासे सुसज्जित कर युद्धमें भेजा; निश्चित मृत्युकी विभीषिकाको देखकर भी कर्त्तव्य-पथसे विमुख होने नहीं दिया और स्वेच्छासे सत्य, धर्म एवं न्यायके नामपर हँसते-हँसते बलिदान कर दिया। क्या आज भारतकी माताएँ भी सुभद्राकी तरह अपने प्राण-प्यारे पुत्रोंको स्वदेश, स्वजाति और स्वराष्ट्रके लिये नहीं त्याग सकतीं? क्या वे अपने बच्चोंका क्षणिक मोह नहीं हटा सकतीं ? क्या वे भी सुभद्राकी तरह अपनी आँखोंके तारे प्यारे बच्चोंमें उनके कर्त्तव्य कर्मका भाव जागृत नहीं कर सकतीं ? आज देश, जाति और राष्ट्र उनसे बलिदान माँग रहे हैं। क्या वे इनका बलिदान नहीं करेंगी ? क्यों नहीं करेंगी ? जिस भारतकी माताओंने इस प्रकारका त्याग किया है, जिस भारतके राष्ट्रीय इतिहासमें इस प्रकारके उदाहरणोंका अभाव नहीं है, उस भारतकी माताएँ और बहनें अवश्यही हँसते-हँसते आज भी अपने पुत्रोंको बलिदान कर सकती हैं।

मध्यकालीन भारत

के

बलिदान !

महाराणा प्रताप सिंह।

[लेखक—श्रीयुत कृष्णनारायण कौल]

शिशोदीय-कुलकी अपार मान-मर्यादा तथा राजपदवी प्राप्त कर महाराणा प्रताप मेवाड़के विशाल राज्य-सिंहासनपर आरूढ़ हुए। वे राजा तो बना दिये गये; पर उनके पास न राज्य था, न सहाय-सम्पद्! परन्तु वीर-हृदय राणाकी आशाओं और आकांक्षाओं-को कौन तोड़ सकता था? वे निराश नहीं हुए। चित्तौड़के विनष्ट गौरवका पुनरुद्धार करनेके लिये उन्होंने सुदृढ़ संकल्प किया। आशैशव वे अपने पूर्व-पुरुषोंकी वीरता-पूर्ण कीर्त्ति-गाथा पढ़ते और सुनते आते थे। उसका प्रभाव उनके कोमल हृदयपर पड़े बिना नहीं रह सकता था। सिंहासनारूढ़ होतेही उनके हृदयमें संचित समस्त पूर्वस्मृतियाँ जाग उठीं। प्रताप कभी ऐसी आशंका भी नहीं कर सकते थे, कि चित्तौड़की स्वाधीनता विलुप्त होगी। मुग़ल सम्राट् अकबर शाहके प्रभावमें आकर प्रतापके आत्मीय-स्वजन भी प्रतापके विरोधी बन गये। मारवाड़, अम्बर, बीकानेर और बूँदीके राजाओंने भी मुगल-सम्राट्के प्रलोभनमें पड़कर अपनी स्वाधीनता और जातीयताको दिल्लीश्वरके सिंहासनपर उत्सर्ग कर दिया था। राजपूत राजागण अबोध बनकर अपनी जन्म-भूमिके आपही मानों रक्त-पिपासु बन रहे थे। राणा प्रतापके सहोदर भाई सागरजी भी उनके दुश्मन बननेसे बाज़ नहीं आये थे। वे मुग़ल-सम्राट्के ग़ुलाम बन गये थे!

परन्तु प्रताप? प्रताप अपनी प्रतिज्ञासे तनिक भी विचलित नहीं हुए। उन्हें माताके दूधकी लाज रखनी थी। यही उनकी प्रतिज्ञा थी। इसीसे घोर विपत्ति-कालमें भी वे कभी धैर्यसे च्युत नहीं हुए और अपने इस धैर्य्य एवं साहसके बलपरही प्रभूत शक्ति एवं ऐश्वर्यसे सम्पन्न मुग़ल-सम्राटके समस्त आक्रमणों और चेष्टाओंको विफल करनेमें समर्थ हुए थे। लगातार पचीस वर्षोंतक दुर्द्धर्ष मुग़ल सेनाके वे छक्के छुड़ाते रहे हैं। कभी तो वे अपने स्त्री-पुत्रादि परिवारवर्ग और थोड़ेसे स्वतन्त्रता-प्रेमी स्वामिभक्त जाँ-बाज़ सरदारोंके साथ जङ्गलों और पहाड़ी कन्दराओंमें छिप जाते हैं; कभी एकाएक प्रबल पराक्रमके साथ प्रकट होकर शत्रु-सेनाको गाजर-मूलीकी तरह काट कर ढेर कर देते हैं और फिर न जाने कहाँ किस गुफ़ामें जा छिपते हैं! उनके साथ-साथ रहनेवालोंके—स्त्री, पुत्र, कन्या आदि-के—कष्टोंकी सीमा नहीं है। राजकुमार और राज-कुमारियाँ जङ्गलके फल-मूल खाकर तथा झरनोंका पानी पीकर किसी-किसी तरह जीवन धारण कर रही हैं। कितनेही दिन बिना कुछ खाये-पीये ही बीत जाते हैं। राणा प्रताप यह सब अपनी आँखों देखते हैं; पर उनका हृदय कभी क्षण-भरके लिये भी विचलित नहीं होता। कभी सपनेमें भी मुग़लोंकी कृपाके भिखारी होनेकी बात उन्होंने नहीं सोची।

"बप्पा रावलका वंशधर विधर्मीके चरणोंमें आश्रय लेगा?"—इस बातकी कल्पना भी प्रतापके हृदयमें एक साथ सैकड़ों बिच्छुओंके डंकके समान चोट पहुँचाती थी। पराधीनताका अर्थ वे गुलामी समझते थे। फिर उनके वीर-भावापन्न हृदयमें यह पापपूर्ण चिन्ता क्यों कर प्रवेश कर सकती थी? प्रतापके आत्मीय या सजातीय लोगोंमेंसे जिस किसीने यवनोंके साथ सम्बन्ध जोड़ा था, उससे भी प्रतापने कोई सरोकार नहीं रखा। उसे घृणाकी दृष्टिसे देखा।

परन्तु जो लोग स्वाधीनताके प्रेमी थे, वे प्रतापके परम भक्त थे। वे ही प्रतापके सच्चे साथी थे। गाढ़े-से गाढ़े दिनोंमें भी वे प्रतापके साथ मौजूद थे। यवन-सम्राटके लाख-लाख प्रलोभन भी उन्हें भुला नहीं सके थे। वे सब तरहसे प्रतापके थे और प्रताप उनके। जब कभी ज़रूरत पड़ी है, तभी उन्होंने प्रतापके सामने प्रसन्नताके साथ अपना हृत्पिण्ड निकाल कर रख दिया है। प्रतापपर शत्रु-पक्षका वार होते देखकर

उनके स्वामि-भक्त सरदारोंने हमेशा उसे अपनी छाती पर रोक लिया है। वास्तवमें प्रताप ऐसी ही श्रद्धा और भक्तिके पात्र थे। उनकी असीम वीरता, स्वातन्त्र्यप्रियता और साहसिकता आज भी मेवाड़में, पहाड़ोंकी चोटियोंपर, कन्दराओंमें और तराइयोंमें गूँज रही है।

(२)

जननी-जन्मभूमिके शोकसे प्रतापने समस्त सुख-ऐश्वर्यपर लात मार दी। सोने और चाँदीके पात्रोंको छोड़कर वे पेड़के पत्तोंमें खाने और घास-फूँसके बिछौनेपर सोने लगे। इस प्रकारका संन्यासव्रत केवल उन्होंने स्वयं ही नहीं ग्रहण किया; बल्कि अपने समस्त परिवारवर्गके लिये भी उन्होंने ऐसी ही कठोर साधना के नियम बनाये। इसका मतलब यही था, कि जबतक मेवाड़का विनष्ट गौरव पुनः प्राप्त नहीं होता, तबतक किसी प्रकारकी विलास-सामग्री उपयोगमें नहीं लायी जाये।

नीतिज्ञ और विद्वान् सामन्तोंकी सहायतासे प्रताप ने अपने राज्यके लिये कुछ नये कानून-कायदे बनवाये। सैनिकों और सेनापतियोंको नयी जागीरें दीं। कमलमोरमें नयी राजधानी बनवायी। राज्यमें जहाँ-जहाँ पहाड़ी क़िले थे, उनकी मरम्मत करायी। प्रजाजनोंको पहाड़ी क़िलोंमें रहनेका उपदेश दिया। इसके लिये उन्हें राज्यकी ओरसे विशेष सुभीते भी दिये गये। राज्यके हितके लिये ही उन्होंने ये काम किये।

राज्यकी तमाम समतल-भूमि एकदम खाली कर दी गयी। जबतक भयङ्कर युद्धोंका अन्त नहीं हो गया, तबतक सारी समतल-भूमि एकदम वीरान पड़ी रही कहीं कोई आदमी नहीं रहा।

(३)

सम्राट अकबर अजमेरमें शिविर स्थापित कर राजपूत राजाओंको पराजित करनेके लिये आ पहुँचे हैं। एक-एक कर सभी अकबरके चरणोंपर झुक गये। कोई बलसे, कोई छलसे और कोई लोभसे अकबरके अधीन हो गया। सबने अकबरकी वश्यता और अधीनता स्वीकार कर ली; पर एक राजा उनके फन्देमें किसी प्रकार नहीं आये और वह थे हिन्दुओंके अन्तिम गौरव सूर्य स्वयं महाराणा प्रताप।

महाराणा प्रतापकी प्रतिज्ञा थी, कि जिन-जिन लोगोंने यवनोंके साथ सम्बन्ध स्थापित कर या उनकी अधीनता स्वीकार कर अपनेको पतित बना लिया है, उनके साथ मैं कोई सरोकार नहीं रखूँगा। इस प्रतिज्ञाकी पूर्त्तिके लिये उन्हें समय-समयपर बड़ी-बड़ी विपत्तियोंमें रहना पड़ा था। पर वे कभी अपनी प्रतिज्ञासे डिगे नहीं थे।

शोलापुरके युद्धमें विजयी होकर लौटते समय रास्तेमें अम्बराधिपति महाराज मानसिंह कमलमारमें महाराणा प्रतापके यहाँ ठहरे। प्रतापने उनके आतिथ्य-सत्कारका पूरा प्रबन्ध करा दिया। खिलाने-पिलानेका सारा भार महाराणा प्रतापके पुत्र कुमार अमर सिंहपर था। जब थालियाँ परोसी गयीं, तब मानसिंहने कुमार अमर सिंहसे पूछा,—"महाराणा प्रताप कहाँ हैं? क्या वे भोजन करने नहीं आयेंगे?"

कु० अमरसिंहने कहा,—"राणाके सिरमें दर्द है; तबीयत ठीक नहीं है। वे आज भोजन नहीं करेंगे।"

परन्तु मानसिंह कब मानने वाले थे? उन्होंने बारम्बार अमरसिंहसे राणाको बुला भेजनेके लिये कहा। उनके बारम्बार आग्रह करने और अन्तमें यह कहनेपर कि 'वे अगर नहीं आते, तो मैं खाना नहीं खाऊँगा' महाराणा प्रतापसिंह आये। उन्होंने आकर बड़े गर्वसे मानसिंहके सामने कहा,—"राजपूत-वंशमें जन्म लेकर जो आदमी तुर्कोंके साथ बैठकर खाता-पीता है; जिसने तुर्कके हाथमें अपनी बहिनको सौंपा है, उसके साथ एक पंक्तिमें बैठकर सूर्य-वंशीय राणा खान-पान नहीं कर सकते।"

अम्बराधिपति मानसिंहके मुँहसे एक भी शब्द उनकी बातोंके उत्तरमें नहीं निकला। मारे क्रोध और क्षोभके खूनका घूँट पीते हुए वे परोसी हुई थाली

छोड़ कर उठ खड़े हुए। और फ़ौरन जानेकी तैयारी कर घोड़ेपर सवार हो गये! जाते समय मानसिंहने कहा,—"यदि आपका यह गर्व चूर्ण नहीं किया, तो मेरा नाम मान नहीं।"

प्रतापने कहा,—"आपकी बातसे मुझे बड़ी प्रसन्नता हुई। अब अगर आप युद्ध-क्षेत्रमें मिलेंगे, तो और भी अधिक सन्तोष होगा।"

इसी समय किसीने कहा,—"और अपने फूफा अकबरको भी लेते आना। भूल न जाना।"

मानसिंहका क्रोध सीमा पार कर गया। पर वे उस समय वहाँ करही क्या सकते थे? वे सीधे दिल्ली पहुँचे। सम्राट् अकबरसे उन्होंने सब बातें सविस्तार बतायीं। नमक-मिर्च लगानेसे भी बाज़ नहीं आये। अकबरके ऐश्वर्य-विभव और सामरिक बलकी कोई तुलना नहीं थी। उसने शाहज़ादा सलीमके अधीनत्वमें विशाल मुग़ल-वाहिनी भैजी। सलाहकारकी हैसियतसे मानसिंह और मुहब्बत खाँ भी भेजे गये। हल्दी-घाटीपर मुग़लोंकी सेना आ पहुँची।

इधर महाराणा प्रतापके पास केवल बाईस हज़ार सैनिक और कई एक हज़ार भील लड़ाके थे। फिर भी संवत १६३२के श्रावण मासकी शुक्ला सप्तमी तिथिको हल्दीघाटीमें मुग़लोंकी विशाल वाहिनीके साथ घोर संग्राम हुआ। मुट्ठी-भर राजपूत वीरोंकी सेनाके पराक्रमको देख, मुग़ल सेना बुरी तरह परास्त होने लगी। मुग़ल सेनाके पैर उखड़ गये। महाराणा प्रताप अद्भुत वीरताके साथ लड़ने लगे। मुग़ल सेना तितर-बितर हो गयी।

यह देख, रणोन्मत्त महाराणा प्रताप मानसिंहको खोजने लगे। पर मानसिंहका कहीं पता भी नहीं लगा। खोजते-खोजते राणा सलीमके पास पहुँचे। उन्होंने अपनी तलवारका वह हाथ झाड़ा, कि सलीमके दोनों शरीर-रक्षक एक साथ ही साफ़ हो गये। सलीम हाथीपर हौदेमें बैठा हुआ था। महाराणा अपने प्यारे घोड़े चेतकपर सवार थे। उन्होंने अपना विशाल भाला तानकर सलीमकी ओर फेंका। हौदेसे टकरा कर फीलवानके लगा, जिससे वह भी साफ़ हो गया। भागनेके सिवा अब सलीमके लिये दूसरा कोई उपाय न रह गया। वह भागा। उसकी सेना भी भागी। राणा प्रतापने उसका पीछा किया। वे कुछ दूर तक पीछा करते गये। इसी समय मुहब्बत खाँ वगैरहकी चेष्टासे फिर मुग़ल सेना आगे बढ़ी। महाराणा प्रताप यद्यपि चारों ओरसे शत्रुओं द्वारा घिर गये; अङ्ग-रक्षक और साथकी सेना भी अलग रह गयी; तथापि वे न तो घबराये और न चिन्तित ही हुए। बहुतेरे राजपूत वीर मारे गये। झालापति वीरवर मन्नाने भी इसी समय महाराणाकी रक्षा करने जाकर अपने प्राण गवाँये। महाराणा जब चारों ओरसे घिर गये थे, तब भी उनके अङ्गपर केवल सात घाव लग सके थे। इसीसे समझमें आ सकता है, कि वे किस वीरता और कुशलताके साथ लड़े होंगे। शत्रु-सेनाको काटते-फेंकते और रौंदते हुए महाराणा प्रताप उनके बीचसे निकल आये। सन्ध्या हो गयी और पहले दिनका युद्ध समाप्त हुआ।

इस युद्धमें एक-से-एक-बढ़कर चौदह हज़ार वीर खेत आये। इस प्रकार महाराणा हार गये; पर पकड़े नहीं गये। संवत् १६३३ ई० में फिर मुग़लोंकी सेनाने माघके महीनेमें उदयपुरपर चढ़ाई की। इस बार भी महाराणा प्रतापको बहुत हानि उठानी पड़ी। वे उदयपुर छोड़कर कमलमीरमें जाकर रहने लगे। पर वहाँ भी वे चैनसे नहीं रह सके। तमाम राज्य-भरमें मुग़लोंकी सेनाएँ जहाँ-तहाँ पड़ाव डालकर अड़ गयीं। कमलमीरपर भी मुसलमानोंने अधिकार कर लिया। चारों तरफ़से ऐसी नाकेबन्दी कर रखी गयी, कि प्रतापके लिये गहन जङ्गलों और पहाड़ी गुफ़ाओंके सिवा और कहीं रहना असम्भव हो गया।

(४)

वे जङ्गलों, गिरि-गुहाओं और कन्दराओंमे सरिवार जीवन व्यतीत करने लगे; पर पराधीनता स्वीकार नहीं की। वे अब भीलोंके साथ रहने लगे। रानी और बच्चोंके कष्टोंकी सीमा न रही। किसी

दिन जङ्गली फल-मूल खानेको मिल जाता, तो किसी दिन वह भी नहीं मिलता।

इसी समय एक दिन एक बड़ीही करुणापूर्ण घटना घटित हुई। कई दिन बाद एक भील घासोंके बीजका बना हुआ आटा दे गया। उसकी रोटी बनी। राणाके भूखे लड़कोंके आगे रोटी दी गयी। और-और लड़के तो रोटी खा गये; पर उनकी लड़की ज्योंही खाने गयी, त्योंही एक बन-बिलाव आया और उसे उठाकर भाग गया। लड़की ज़ोर-ज़ोरसे चिल्लाकर रोने लगी। राणा कुछही दूरपर लेटे हुए थे। उसकी चिल्लाहट सुन, उन्होंने उस ओर देखा।

यह दृश्य देखकर राणा प्रतापका अविचल हृदय भी विचलित हो गया। कभी अधीर न होने वाला हृदय भी आज अधीर हो उठा। विशाल राज्यके अधिकारी राणाके लड़कोंकी यह दुर्गति!—यह उनके लिये असह्य हो उठी।

उन्होंने उसी समय एक पत्र सम्राट् अकबरके पास भेजा। वे जानते थे, कि अकबरकी वश्यता स्वीकार करते ही वे पुनः अपना राज-पाट सब कुछ पा सकते हैं। पुत्र-कलत्र सभी सुखी रह सकते हैं।

(५)

अकबरके दरबारमें वह पत्र पहुँचा। अकबरके आनन्द-उत्साहकी सीमा न रही। दिल्लीमें सर्वत्र बड़ी धूम-धामसे आनन्द मनाया जाने लगा। अकबरने वह पत्र कविवर पृथ्वीराजको दिखाया। पृथ्वीराजने उसे बहुत ध्यानसे देखा और कहा,—"कि जहाँपनाह! मुझे तो इसे देखकर भी यह विश्वास नहीं होता, कि यह पत्र महाराणाका लिखा हुआ होगा।" पृथ्वीराज बड़े मार्मिक कवि थे। इधर तो उन्होंने अकबरके मनमें ऐसा सन्देह उत्पन्न कर दिया। उधर महाराणा प्रतापके पास कवितामें एक पत्र लिख भेजा। कविवर बाबू मैथिलीशरण गुप्तने उस ओजपूर्ण पत्रको इस प्रकार खड़ी बोलीमें अनूदित किया है। कविता इतनी मर्म-स्पर्शी है, कि हम उसे यहाँ दिये बिना नहीं रह सके:—

"स्वस्ति श्री स्वाभिमानी कुल कमल तथा हिन्दुआसूर्य सिद्ध।
शूरोंमें सिंह सुश्री शुचि रुचि सुकृती श्री प्रताप प्रसिद्ध॥
लज्जा-धारी हमारे कुशल-युत रहें, आप सद्धर्म-धाम।
श्री पृथ्वीराजका हो विदित विनयसे प्रेम-पूर्ण प्रणाम॥ १॥

मैं कैसा हो रहा हूँ, इस अवसरमें, घोर आश्चर्य-लीन।
देखा है, आज मैंने अचल चल हुआ, सिन्धु संस्था-विहीन॥
देखा है, क्या कहूँ मैं, निपतित नभसे इन्द्रका आज छत्र।
देखा है, और भी हाँ, अकबर-करमें आपका सन्धि-पत्र॥ २॥

आशाको दृष्टिसे वे पितर-गण किसे स्वर्गसे देखते हैं?
सच्ची वंश-प्रतिष्ठा क्षितिपर अपनी वे कहाँ लेखते हैं?
मर्यादा पूर्वजोंकी अब तक हममें दृष्टि आती कहाँ है?
होती है व्योम-वाणी वह गुण-गरिमा आपहीमें यहाँ है॥ ३॥
खोके स्वाधीनताको अब हम सब हैं नामहीके नरेश।
ऊँचा है आपहीसे इस समय अहो! देशका शीर्ष-देश!
जाते हैं क्या झुकाने अब उस सिरको आप भी हो हताश?
सारी राष्ट्रीयताका शिव! शिव! फिर तो हो चुका सर्वनाश॥४॥

हाँ, निस्सन्देह देगा अकबर हमसे आपको मान-दान।
खोते हैं आप कैसे उसपर अपना उच्च धर्माभिमान?
छोड़े स्वाधीनताको मृगपति! वनमें दु:ख होता बड़ा है।
लोहेके पींजड़ेमें तुम मत रहना स्वर्णका पींजड़ा है?॥५॥

ये मेरे नेत्र हैं क्या कुछ विकृत, कि हैं ठीक ये पत्र-वर्ण?
देखूँ है क्या सुनाता विधि अब मुझको, व्यग्र हैं हाय! कर्ण॥
रोगी हों नेत्र मेरे, वह लिपि न रहे, आपके लेख जैसी।
हो जाऊँ देव! चाहे बधिर पर, सुनूँ बात कोई न वैसी॥६॥

बाधाएँ आपको हैं, बहु विध वनमें, मैं इसे मानता हूँ।
शाही सेना सदा ही अनुपद रहती, सो सभी जानता हूँ॥
तो भी स्वाधीनता ही विदित कर रही, आपको कीर्तिशाली।
हो चाहे वित्तवाली; पर उचित नहीं, दीनता चित्तवाली॥७॥

आये थे, याद है क्या, जिस समय वहाँ मान-सम्मान पाके।
खानेको थे न बैठे मिस कर उनके साथमें आप आके॥
वेही ऐसी दशामें हँस कर कहिये, आपसे क्या कहेंगे?
अच्छी हैं ये व्यथाएँ, पर वह हँसना आप कैसे सहेंगे?॥८॥

है जो आपत्ति आगे वह अटल नहीं, शीघ्रही नष्ट होगी।
कीर्त्ति श्री आपकी यों प्रलय तक सदा और सुस्पष्ट होगी॥
घेरे क्या व्योममें है अविरल रहती सोमको मेघ-माला?
होता है अन्तमें क्या वह प्रकट नहीं और भी कान्ति वाला?॥९॥

है सच्चा धीरताका समय बस यही, हे महा धैर्यशाली!
क्या विद्युद्वह्निका भी कुछ कर सकती वृष्टि-धारा प्रणाली?
हों भी तो आपदाएँ अधिक अशुभ हैं क्या पराधीनतासे?
वृक्षों जैसा झुकेगा अनिल-निकट क्या शैल भी दीनतासे?॥१०॥

ऊँघे हैं और हिन्दू, अकबर-तमकी है महाराजधानी।
देखी है आपहीमें सहज सजगता हे स्वधर्माभिमानी॥
सोता है देश सारा यवन-नृपतिका ओढ़के एक वस्त्र।
ऐसेमें दे रहे हैं जगकर पहरा आपही सिद्ध-शस्त्र॥११॥

डूबे हैं वीर सारे अकबर-बलका सिन्धु ऐसा गभीर।
रक्खें हैं नीर-नीचे कमल-सम वहाँ आपही एक धीर॥
फूलों सा चूस डाला अकबर-अलिने देश है ठौर-ठौर।
चम्पासी लाज रक्खो, अविकृत अपनी धन्य मेवाड़ मौर!॥१२॥

सारे राजा झुके हैं, जब अकबरके तेज आगे समीत।
ऊँची ग्रीवा किये हैं सतत तब वहाँ आपही हे विनीत॥
आर्योंका मान रक्खा, दुख सहकर भी है प्रतिज्ञा न टाली।
पाया है आपनेही विदित भुवनमें नाम आर्यांशुमाली॥१३॥

गाते हैं आपकाही सुयश कवि कृती छोड़के और गाना।
वीरोंकी वीरताको सुवर मिल गया चेतकारूढ़ राना॥
माँ! है जैसा प्रताप प्रियसुत जन तू तो तुझे धन्य मानें।
सोता भी चौंकता है अकबर जिससे साँप हो ज्यों सिराने॥१४॥

"राना ऐसा लिखेंगे, यह अघटित है—की किसीने हँसी है।
मानी हैं एकही वे, बस नस-नसमें धीरताही धँसी है॥"
यों ही मैंने सभामें कुछ अकबरकी वृत्ति है आज फेरी।
रक्खो, चाहे न रक्खो, अब सब विधि है आपको लाज मेरी॥१५॥

हो लक्ष्य-भ्रष्ट चाहे कुछ, पर अब भी तीर है हाथहीमें।
होगा हे वीर! पीछे विफल संभलना, सोचिये आप जीमें॥
आत्मासे पूछ लीजे, कि इस विषयमें आपका धर्म क्या है?
होनेसे मर्म-पीड़ा, समझ न पड़ता, कर्म दुष्कम क्या है॥१६॥

क्या पश्चात्ताप पीछे न इस विषयमें आप-आप होगा?
मेरी तो धारणा है, कि इस समय भी आपको ताप होगा॥
क्या मेरी धारणाको कह मुखसे आप सच्चा करेंगे?
या पक्के स्वर्णको भी सचमुच अबसे ताप कच्चा करेंगे?॥१७॥

जो हो, ऐसा न हो, जो हँसकर मनमें मान आनन्द पावें।
जीना है क्या सदाको, फिर अपयशकी ओर क्यों आप जावें ?
पृथ्वीमें हो रहा है सिरपर सबके मृत्युका नृत्य नित्य।
क्या जानें, ताल टूटे किसपर उसकी कीजिये कीर्त्ति-कृत्य ॥१८॥

हे राजन् ! आपको क्या यह विदित नहीं आप हैं कौन व्यक्ति ?
होने दीजे न हा ! हा ! शुचितर अपने चित्तमें यों विरक्ति ॥
आर्योंको प्राप्त होगी, स्मरण कर सदा आपका आत्मशक्ति।
रक्खेंगे आपमें वे सतत हृदयसे देवकी भाँति भक्ति ॥१९॥

शूरोंके आप स्वामी यदि अकबरको वश्यता मान लेंगे।
तो दाता दान देना तज कर उलटा आप ही दान लेंगे॥
सोवेंगे आप भी क्या इस अशुभमयी घोर काली निशामें।
होगा क्या अंशुमाली समुदित अबसे अस्तवाली दिशामें ॥२०॥

दो बातें पूछता हूँ, अब अधिक नहीं, हे प्रतापी प्रताप !
आज्ञा हो, क्या कहेंगे अब अकबरको तुर्क या शाह आप ?
आज्ञा दीजे मुझे जो उचित समझिये, प्रार्थना है प्रकाश।
मूँछें ऊँची करूँ या सिरपर पटकूँ हाथ होके हताश ॥२१॥"

पृथ्वीराजकी कविता बेकार नहीं गयी। अकबरके पास सन्धि-पत्र भेजनेके लिये उन्हें बड़ा पश्चात्ताप हुआ। उनकी नस-नसमें इस कविताके एक-एक शब्दका असर पड़ा। उनका हृदय पुनः उत्तेजित हो उठा। एकाएक वे एक दिन मुग़लों पर चढ़ाई कर बैठे। बहुतेरी यवन-सेना मारी गयी; पर प्रतापका अभीष्ट पूरा नहीं हुआ। उन्हें पुनः गिरि-कन्दराओंमें छिपना पड़ा। फिर कष्टोंने आ घेरा। अब प्रतापकी सारी आशाएँ जाती रहीं। उन्होंने जन्मभूमिको त्यागकर अन्यत्र जाना निश्चय कर लिया।

वे आँखोंमें आँसू भरकर अपनी मातृ-भूमिको—अपनी जन्मभूमिको अन्तिम प्रणाम कर विदा होनेको तैयार हो चुके हैं ! इसी समय उनके परम विश्वासी कोषाध्यक्ष एवं मन्त्री भामाशाह उन्हें खोजते हुए आ पहुँचे। भामाशाहने स्वामीके चरणोंपर अनन्त धन-राशि उड़ेल दी !

प्रताप—विशाल राज्यके स्वामी महाराणा प्रताप—धनके बिना कुछ नहीं कर पाते थे। आज प्रभूत धन-राशि प्राप्त होते ही उनके साहस, धैर्य सब कुछ लौट आये। इसी धनके सहारे उन्होंने फ़ौरन सेना एकत्र कर ली और मुग़ल सेनापति शाहबाज़ खाँके पास युद्धकी घोषणा भेज दी। बात-की-बातमें महाराणा प्रतापकी सेना आँधीकी तरह चारों ओर दौड़ पड़ी। देखते-देखते चित्तौड़, मङ्गल गढ़ आदि दो-तीन स्थानोंके अतिरिक्त सारा मेवाड़-राज्य पुनः महाराणाके अधिकारमें आ गया।

औरोंके लिये तो नहीं, मगर अपनी जन्म-भूमि चित्तौड़ अधिकारमें नहीं आनेके कारण जीवनकी अन्तिम घड़ी तक वे सुखी नहीं हो सके थे। पर अन्तमें जब उनके सरदार-सामन्तोंने दृढ़ताके साथ प्रतिज्ञा की, कि जबतक हम चित्तौड़पर अधिकार नहीं कर लेंगे, तबतक किसी प्रकारके सुखकी हम आशा नहीं करेंगे। सरदारोंकी इस प्रतिज्ञासे राणा प्रतापके हृदयको परम सन्तोष हुआ। उनके चेहरेपर एक दिव्य ज्योति दिखाई दी और फिर उन्होंने नश्वर शरीर त्याग दिया।

महाराष्ट्र-केसरी शिवाजी।

[लेखक—श्रीयुत देवकृष्ण त्रिपाठी]

जिस समय हिन्दुओंका भाग्य-नभमण्डल दोर्दण्ड, विधर्मी-शासनकी अत्याचार-घनघटासे आच्छादित हो रहा था, हिन्दुओंके गौरव-रवि अस्ताचलमें विलीन हो रहे थे, हिन्दू-द्रोही यवन सम्राट औरङ्गजेब दिल्लीके राज्य-सिंहासनपर आरुढ़ होकर समग्र भारतवर्षपर अपना अधिपत्य विस्तार कर रहा था, सारे देशमें मुग़ल आधिपत्यकी तूती बोल रही थी, वीर-प्रसूता राजपूत-भूमिकी राजपूती-शक्तियाँ प्राय: छिन्न-भिन्न हो चुकी थीं, हिन्दुओंके धार्मिक भावोंपर कुठाराघात हो रहा था, देवमन्दिरोंको विध्वंस कर उन स्थानोंपर मसजिदोंका निर्माण हो रहा था, मन्दिरोंमें प्रतिष्ठित देवमूर्त्तियाँ चूर्ण-विचूर्ण कर धूलमें मिलायी जा रही थीं ; जजिया ऐसा महा अन्यायी कर हिन्दुओंपर लगाया गया था ; हिन्दू इस अत्याचारसे प्रपीड़ित होकर इस्लाम-धर्मको स्वीकार कर रहे थे ; आर्यकुमारियाँ तथा सुन्दरी कुल-ललनाएँ बलपूवक बादशाह तथा उनके कर्मचारियोंके हरममें लाकर उनकी आनन्द-सामग्री बनायी जारही थीं और अत्याचार प्रपीड़ता आर्य्य महिलाएँ ठण्डी साँसें भर-भर सिसक रही थीं—क्या उस समय भारत आर्य्य वीरोंसे शून्य हो गया था ? जहाँ देवी सीताको दुष्ट रावणके हाथोंसे उद्धार करनेके लिये कितनी बड़ी तैयारियाँ हुई थीं, जहाँ द्रौपदीके अपमानका प्रतिशोध लेनेके लिये महाभारतका युद्ध हुआ, था वहीं उन्हीं आर्य्य-सन्तानोंके सम्मुख—सहस्र-सहस्र रमणियोंके ऊपर भीषण अत्याचार हो ! और उनका प्रतिशोध लेनेवाला कोई न हो ? क्या भारतमाताकी गोदमें ऐसा कोई लाल नहीं था, जो अबलाओंकी उन विधर्मियोंके हाथोंसे रक्षा करता ? धर्मपराण हिन्दूलोग अपने शिखा-सूत्र परित्याग करनेके लिये वाध्य किये जा रहे थे; बहुतसी जातियाँ तथा सम्प्रदाय भीषण अत्याचारको सहन करनेमें असमर्थ होकर धर्म-भ्रष्ट हो रहे थे; गोभक्त हिन्दुओंके सम्मुख गौओंकी हत्या कर उनके हृदयको व्यथित किया जा रहा था; हिन्दुओंके धर्म-ग्रन्थोंका अग्निसंस्कार हो रहा था; हिन्दू-जाति अन्याय और अत्याचारकी चक्कीमें पिस रही थी ; वह सर्वथा नि:सहाय और निरुपाय होकर घृणित जीवन व्यतीत कर रही थी। उसी समय महाराष्ट्र-कुल केसरी प्रबल प्रतापी, पराक्रमशाली, महावीर शिवाजीका उदय महाराष्ट्रमें हुआ। इस उदयसे यवनोंका अत्याचार-तिमिर धीरे-धीरे विलीन होने लगा। अत्याचारकी प्रचण्ड गति शिथिल हो गयी। दुर्दमनीय सम्राट औरङ्गज़ेबकी आशाओंपर पानी फिर गया; बारम्बार पराजित होकर शान्तिके स्थानपर अशान्तिका साम्राज्य भोगने लगा; अर्द्ध मृत, हताश हिन्दू-जातिमें पुन: जीवनका संचार हुआ। यदि शिवाजीका उदय नहीं हुआ होता; तो आज आशा नहीं थी, कि यह भारत हिन्दुओंका भारत कहलाता। यहाँ एक सम्पूर्ण इस्लामी-राज्य स्थापित हो गया होता।

शिवाजीका जन्म बम्बई प्रान्तमें, शिवेनेरी नामक किलेमें सन् १६२७में हुआ। आपके पिताका नाम शाहजी तथा माताका जीजी बाई था। जब शिवाजी ३ वर्षके हुए, तो इनके पिताने इन्हें एक विश्वासी ब्राह्मण दादाजी कोनदेवको संरक्षतामें छोड़, आप तंजोर चले गये।

दादाजी कोनदेव पक्के धर्मात्मा, राजनीतिज्ञ तथा शिष्टाचारी ब्राह्मण थे। अस्त्र-शस्त्र चलाने तथा घोड़ेकी सवारी करनेमें भी आप बड़े निपुण थे। इसलिये शिवाजी इन विद्याओंमें खूब प्रवीण निकले। इसके अतिरिक्त समर्थ गुरु रामदास तथा तुकारामके ग्रन्थोंका असर इनके आचार विचारपर बहुत पड़ा। शिवाजी एक कट्टर हिन्दू हो गये और गौ, ब्राह्मणों तथा धर्मके लिये प्राण तक समर्पण करनेको तैयार हो गये। इनकी माताका प्रभाव भी इनपर कम नहीं पड़ा। जीजीबाई उच्च कुलकी एक कट्टर क्षत्राणी थीं, और सच्ची क्षत्रा-

णियोंके समान ही उनमें धैर्य्य, साहस यथा सच्चरित्रता कूट-कूट कर भरी थो। पूजा-पाठ तथा धार्मिक कृत्योंमें भी वे यथेष्ट समय लगाती थीं। शिवाजीपर इसका विशेष प्रभाव पड़ा। जीजी बाईने उनकी शिक्षा-दीक्षाके ऊपर भी कड़ी दृष्टि रखी। वे उन्हें पूर्वजोंकी शूरता और पूर्वकालके वैभवकी कहानियाँ सुनाया करती थीं, जिससे बालकपनमेंही शिवाजीके हृदयमें साहस, वीरता और महदाकांक्षाएँ उत्पन्न हो गयी थीं। वे सदैव रामायण और महाभारतकी वीरतापूर्ण कथाएँ, धार्मिक चरित्र और राजनीतिक बातोंकी चर्चा किया करती थीं। अतएव मातासे आदर्श धर्म-शिक्षा पाकर शिवाजी एक धर्मनिष्ठ बालक हो गये। किसी विद्वानका कथन है, कि 'हज़ार शिक्षक बालकको वह शिक्षा नहीं दे सकते हैं, जो अकेली माता दे सकती है।' इस प्रकार सर्वगुण सम्पन्न हो, शिवाजी यवनोंका उपद्रव तथा हिन्दुओंकी निर्बलता देख कर बहुत विचलित हुए और उन्होंने हिन्दुओंको सुसंगठित कर आर्य-धर्मकी रक्षा करनेकी दृढ़ प्रतिज्ञा की।

सन् १६४० में याने चौदह वर्षकी अवस्थामें शिवाजी का विवाह निम्बालकर घरानेकी कन्या सईबाईके साथ बड़ी धूम-धामसे हुआ। इसके बाद इनका पहला कार्य तोरणके क़िलेको चातुरीसे दख़ल करना हुआ। परमात्माकी कृपासे इस गढ़की मरम्मत करते समय इनको गड़ा हुआ धन भी मिल गया। उस द्रव्यसे उन्होंने गोला, बारूद आदि लड़ाईका सामान ख़रीद लिया और साथके लोगोंको किलेकी रक्षाके लिये नियत किया! बस, यहींसे जगत-प्रसिद्ध शिवाजीका राजनीतिक जीवन आरम्भ होता है। इसके बाद तोरण किलेसे छः मीलकी दूरीपर उन्होंने एक और नया क़िला बनवाया, जिसका नाम 'राजगढ़' रखा। इसी किलेमेंअन्त तक इनके राज्यकी राजधानी रही।

कुछ काल पश्चात् जब दादाजी कोनदेवकी मृत्यु होने लगी, तो उन्होंने इन्हें बुला भेजा और ये शब्द बहुत धीमे स्वरमें कहा,—"हे पुत्र! मेरी यह अन्तिम इच्छा है, कि तुम स्वतन्त्रताके हेतु अपने इन कार्योंको जारी रखो। ब्राह्मण, कृषक तथा गौकी सदा रक्षा करना और हिन्दुओं तथा मन्दिरोंको कभी पद दलित न होने देना।"

संरक्षककी मृत्यु हो जाने तथा पिताके दूर देशमें युद्ध करने चले जानेके कारण वे स्वतन्त्रता पूर्वक कार्य्य करने लगे। वे अब जंगली लोगोंको एकत्र करने लगे और अल्प कालमें ही उन्होंने उन लोगोंका एक बलवान दल बना लिया जिसकी सहायतासे जहाँ-तहाँ मुसलमान शासकोंपर अक्रमण करना और धन-संग्रह करना शुरू कर दिया।

जब इसकी ख़बर बीजापुर पहुँची, तो बादशाहने शिवाजीको ऐसा करनेसे रोका। उनके पिता शाहजीको एक पत्र लिख कर पुत्रको समझा देनेको कहा। शाहजीने शिवाजीको वैसाही एक पत्र लिखा। शिवाजी अब बड़े असमंजसमें पड़ गये। एक ओर पिताकी आज्ञा, दूसरी ओर स्वतन्त्र हिन्दू राज्य स्थापित करनेकी प्रबल इच्छा। वे बड़ी चिन्तामें पड़ गये। ऐसे समयमें उनकी विदुषी स्त्रीने इनकी सहायता की। उन्होंने गौ ब्राह्मणोंको दुष्टोंसे बचाने; एव धर्म तथा देशकी रक्षा करनेको, पिताकी आज्ञा उल्लङ्घन करनेसे श्रेष्ठ बताया। यह बात शिवाजीको भी जँच गयी। इसपर बीजापुर गढ़की रक्षाके लिये विपुल धन तथा एक बड़ी सेना भेजी गयी। शिवाजीने उनपर चढ़ाई कर सब धन लूट लिया। बादशाह इसपर बहुत क्षुब्ध हुआ और उसने शाहजीको छलसे पकड़वा कर क़ैद कर लिया। शिवाजीको इसकी बड़ी ग्लानि हुई। वे झट मुग़लोंसे मिल गये और आदिल शाहको शाहजीको छोड़ना पड़ा। पिताके छूटतेही शिवाजीने बीजापुरपर हमले करने शुरू कर दिये। जिससे उसकी बड़ी हानि हुई। उन्होंने तोरणके बाद सात क़िले और जीते तथा कल्याणपर अचानक आक्रमण कर उसे भी ले लिया। बीजापुरका बादशाह यह न

देख सका और शिवाजीकी बढ़ती हुई शक्तिको रोकनेके लिये ६० हज़ार योद्धाओंकी एक बड़ी सेना तोपोंके साथ अफ़ज़ल खाँके अधिनायकत्वमें भेजी।

शिवाजीको जब यह समाचार मिला, तो वे बहुत चिन्तित हुए। वे भवानीके मन्दिरमें गये और प्रार्थना की,—"हे माँ! मेरी इन दुर्बल भुजाओंमें बल दो, कि मैं पर-नारी, पर-धर्म और पर हत्या करने-वालोंका सर्वनाश कर सकूँ। हे दुर्गे! मुझे शक्ति दो, कि मैं हिन्दू भाइयोंको दिखा दूँ, कि जीना है, तो मनुष्यकी तरह जीओ; कायरोंकी तरह नहीं—मुर्दों की तरह नहीं! माँ! संसारकी रक्षाके लिये धर्म-की रक्षाके लिये, गो-माताके प्राणोंके लिये दुष्टोंका संहार करना आवश्यक है। यही धर्म्म है, यही परम पुण्य है, यही मेरा आदर्श है। इसलिये आशीर्वाद दो, कि मैं यवनोंके रक्तसे आपके श्रीचरणों को रँग दूँ।"

अफ़ज़ल खाँ एक बड़ी सेना लेकर आया और उसने धोखा देकर शिवाजीको पकड़ना चाहा; पर शिवाजी भी कम चतुर नहीं थे। वह अफ़ज़ल खाँसे मिलनेके लिये निश्चित स्थानपर सुरक्षित होकर गये। अभी बात हो ही रही थी, कि अफ़ज़ल खाँने शिवाजीपर एकाएक आक्रमण कर दिया। शिवाजी वारको बचाते हुए अपने आस्तीनमें छिपाये हुए व्यग्र-नखसे उसकी छाती फाड़ डाली। यह देख कर उसका एक साथी आगे बढ़ा; पर शिवाजीने एक ही वारमें उसको भी यमलोक पहुँचा दिया। पासके जँगलमें शिवाजीकी जो सेना छिपी थी, वह अफ़ज़लकी पलटनपर टूट पड़ी। इस आकस्मिक आक्रमणसे अफ़ज़लकी सेना घबराकर भाग चली, बहुत लोग मारे गये और बहुतोंने हथियार रख दिये। इस युद्धमें चार हज़ार घोड़े तथा विपुल धन हाथ लगा। पश्चात् शिवाजीने और कई किले जीते। जब यह समाचार बीजापुर पहुँचा, तो बीजा पुरके शासक स्वयं आकर दो वर्ष तक शिवाजीसे लड़ते रहे।

तेरह वर्ष पश्चात् शिवाजीने अपने पिताको गिर-फ्तार करनेवाले घुड़ चढ़े सरदारोंको उनके वंश सहित नाश कर डाला। शाहजी यह सुनकर बहुत प्रसन्न हुए और पुत्रसे मिलने आये। शिवाजीने पिताका बड़ा आदर सत्कार किया। शाहजीने १६६२ में बीजा पुरसे सन्धि कर ली।

बीजापुरसे सन्धि हो जानेपर शिवाजीने मुग़ल राज्यमें जहाँ-तहाँ चढ़ाई करनी शुरू की। औरङ्गज़ेबने १६६२ में अपने चचा शाइस्ता ख़ाँको उनके ऊपर चढ़ाई करनेको भेजा। शाइस्ताख़ाँ वर्षा ऋतुका आरम्भ हो जानेके कारण पूनामें आकर ठहर गया। एक रातको जब उसके यहाँ नाच-गान हो रहा था, तब शिवाजी एक बनावटी बरातके साथ वेश बदल कर शाइस्ताख़ाँके घरमें घुस गये और उसपर हमला कर दिया। शाइस्ताख़ाँका पुत्र मारा गया और शाइस्ताख़ाँकी तीन उँगलियाँ कट गयीं। दूसरे दिन प्रातःकाल मुग़ल रिसालेने शिवाजीके क़िलेपर चढ़ाई की; पर उस वीर केसरी शिवाजीने सबको मार भगाया। जब यह ख़बर औरङ्गज़ेबको मिली, तो वह बहुत क्रुद्ध हुआ और एक बड़ी सेना शाहज़ादा मुअज़्ज़म तथा राजा जयसिंहके अधीन भेजा। पर इन लोगोंसे भी कुछ नहीं बन पड़ा।

जब शिवाजीके पिताकी मृत्यु हो गयी, तब इनको इस समाचारसे बहुत दुःख हुआ। इसलिये कुछ-काल तक राज्य-कार्यकी देख-भालमें ही लगे रहे।

सन् १६६५ में राजा जयसिंहके बहुत कहनेपर शिवाजी अपने बालपुत्रके साथ दिल्लीमें मुग़ल सम्राटसे मिलने गये। उसने छलसे शिवाजी तथा उनके पुत्रको बन्दी कर लिया। पर नीति-कुशल शिवाजी भला कबतक बन्द रखे जा सकते थे? एक दिन मिठाईकी टोकरीमें बैठकर शिवाजी पुत्रके साथ निकल भागे। रास्तेकी सभी तकलीफ़ोंको झेलते हुए वीर शिवाजी दक्षिण पहुँचे। जब यह समाचार उनकी प्रजाको मिला, तो वह बड़ी प्रसन्न हुई।

अब शिवाजीने फिर उन किलोंको जीतना आरम्भ

कर दिया जिन्हें मुग़लोंने अपने अधीन कर रखा था। मुग़ल सम्राट औरङ्गज़ेब फिर एक बड़ी सेना मुअज़्ज़म तथा जोधपुर-नरेश जसवन्तसिंहकी अधीनतामें भेजी। नीति-कुशल शिवाजीने द्रव्यका लोभ दिखाकर उन लोगोंको बस कर लिया और अपना काम पूर्ववत् जारी रखा। १६६७ में शिवाजीने राजाकी तथा १६७४ में महाराजको उपाधि ग्रहण की और अपने नामसे रुपये चलाने लगे।

औरङ्गज़ेबको उत्तरीय भारतके बिभिन्न स्वाधीनता-भिमानी आन्दोलनकारियोंको दमन करनेमें व्यस्त देख, शिवाजीने दक्षिणके अनेक दुग जीते, बीजा-पुरसे सन्धि की और सिंहगढ़पर चढ़ाई कर दी। यद्यपि सिंहगढ़ जीतना खेल नहीं था, क्योंकि वह गढ़ इस खूबीसे बना था, कि उसपर चढ़ना बहुत ही कठिन था, साथ-ही वीर राजपूत सैनिक तथा सेना-पतिगण उसमें यथेष्ठ रखे गये थे; तथापि इनको माताकी हार्दिक अभिलाषा थी, कि वह किलाअवश्य लिया जावे, इसीलिये उन्होंने लड़ाई की। शिवाजीने अपने वीर सेनापति तानाजीको बुलवाकर माताजीका सन्देश सुनाया। तानाजीने युद्धकी तैयारियाँ आरम्भ कर दीं। सेनाके कई भाग कर दिये। प्रत्येक भागको भिन्न-भिन्न मार्गोंसे भेजा तथा एक नियत समयपर दुर्गके पास पहुँचनेकी आज्ञा दी। सेना नियत समयपर गढ़के समीप पहुँच गयी। तानाजी आधी रातको गढ़पर चढ़ गये। लेकिन अभी पूरा चढ़े भी नहीं थे, कि शत्रुओं-ने उन्हें देख लिया। दोनों ओरसे घनघोर युद्ध होने लगा। तानाजी मारे गये; लेकिन जिस समय तानाजी मर रहे थे, उसी समय उनके भाई और सेना लेकर आ गये और वीर मरहठे सैनिक हर-हर महादेव कह, शत्रु-ओंपर टूट पड़े। शत्रुओंके पैर उखड़ गये और शिवाजीकी पूर्ण विजय हुई।

सिंहगढ़की पराजयका समाचार जब औरङ्गजेबको मिला, तो उसने जसवन्त सिंहको दक्षिणसे बुला लिया तथा ४० हज़ार सेनाके साथ महावत खाँको इनके विरुद्ध युद्ध करनेके लिये भेजा। पर महावत खाँ भी कुछ न कर सका और वह भी वापस बुला लिया गया। अन्तमें औरङ्गज़ेब स्वयं दक्षिण चलनेकी तैयारी करने लगा।

पर शोक! महाशोक! ५ अप्रेल १६८० को भार-तका भाग्य फूट गया। उसका सौभाग्य-सिन्दूर धुल गया। इस अशुभ घड़ीमेंही हिन्दू शिरमौर महाराष्ट्र वीर शिवाजी सर्वदाके लिये इस असार संसारसे विदा हो गये। भारतका वह दे दीप्यमान सूर्य्य अस्त हो गया। हिन्दू-धर्मका वह स्तम्भ सर्वदाके लिये टूट कर गिर गया। हा विधाता! तू बड़ा निष्ठुर है। हिन्दू-जातिको अनाथ बना दिया। गौ-ब्राह्मण तथा स्त्रियोंके एक मात्र आश्रयदाताको उठा लिया।

छत्रपति शिवाजीकी मृत्युके समय उनका राज्य उत्तरमें चार सौ मील लम्बा तथा १२० मील चौड़ा था। और दक्षिणमें आधा करनाटक उनके अधीन था।

शिवाजी केवल वीर, साहसी योद्धा ही नहीं थे; बल्कि सच्चे धर्मात्मा भी थे। उनकी धार्मिक नीति बड़ी ही उदार थी। हिन्दू, मुसलमान या कोई भी हो, उनके पूज्य स्थानोंके लिये उनके हृदयमें आदर तथा श्रद्धा थी। उन्होंने नियम बना दिया था, कि जहाँ भी उनके सैनिक लूट मार करें, वहाँ मसजिदें न तोड़ी जायें, कुरान न नष्ट किये जायें तथा स्त्रियोंको कोई कष्ट न पहुँचाया जाये। १६६४ ई० में जब कल्याण लूटा गया, तब आवाजी सोनदेवने वहाँके गर्वनर, मौलाना अहमदकी सालीको जो एक परमा सुन्दरी रमणी थी, शिवाजीके सम्मुख उपस्थित किया। उस युवतीको देखकर वीर हृदय शिवाजीने कहा,—"यदि मेरी माता भी इतनी सुन्दरी होती, तो सम्भव था; मैं इतना कुरूप न होता।" और उसको सम्मान-पूर्वक उसके सम्बन्धियोंके पास भेज दिया।

शिवाजीको विद्यासे भी बड़ा प्रेम था। वे कविता भी करते थे और विद्वानोंकी बड़ी इज्ज़त करते थे। मुसलमान फ़कीरोंका भी वे उचित सत्कार करते थे।

शिवाजीमें अलौकिक प्रतिमा थी। राज-काजमें प्रजापालनमें, सैन्य-संचालन तथा संगठनमें, महा मदान्ध शत्रुओंका दमन करनेमें उन्होंने अपनी जो प्रतिभा दिखायी है, उसकी तुलना नहीं की जा सकती; परन्तु मुसलमान इतिहासकारोंने शिवाजीके साथ जो अन्याय किया है, वह सम्भवत: दूसरे किसीके साथ नहीं किया गया होगा। एक स्वतन्त्र हिन्दू-राज्यका महाराष्ट्रमें स्थापित होना किसी यवन इतिहास लेखकको कितना खल सकता है, इसका अनुमान एक साधारण मनुष्य भी कर सकता है। भारतमें इतने बड़े विशाल साम्राज्यके रहते हुए भी एक साधारण जागीरदार जिसकी मुराद उसके सामने कुछ भी नहीं हो, एक स्वतन्त्र राज्य जननी-जन्मभूमि तथा धर्मकी रक्षाके लिये स्थापित करे, क्या यह उनके लिये दु:खकी बात नहीं है? यदि यवन इतिहासकारोंने वीर केसरीको एक पहाड़ी चूहा कहा, तो इसमें आश्चर्यही क्या है? यदि शिवाजी नीतिसे काम नहीं लेते, तो क्या सम्भव था, कि एक साधारण मनुष्य इतने बड़े मुग़ल साम्राज्यके समक्ष उस समय खड़ा हो सकता, जिस समय भारतके बड़े-बड़े आर्य्य वीर केवल अपने बल-पराक्रमके भरोसे लड़ते-लड़ते इस लोकसे परलोक सिधार गये थे? इसलिये उन्होंने जिस नीतिका अवलम्बन उस समय किया था, वह सर्वथा न्याय-संगत थी।

———

"अत्याचार-परायण राज-सत्ता जब अपनी शक्ति बढ़ाती हुई अत्याचारकी मात्रा बढ़ाती जाती है, तब उसकी गतिको रोकना अनिवार्य हो जाता है। ऐसी अवस्थामें छल-बल और कौशलसे काम लिये बिना काम नहीं चलता। अत्याचारीके-न्याय विवेकपर भरोसा करना राजनीतिके विरुद्ध है। इतिहास इसका ज्वलन्त प्रमाण है। इसीलिये राजनीतिमें कहा है, कि शठके प्रति शठता करनेके सिवा दूसरा उपाय नहीं है।

—राजनीतिज्ञ।

———

चण्डका राज्य-त्याग!

[लेखक—श्रीयुत तेगबहादुर सिंह]

राजकुमार चण्डका राज्य-त्याग श्रीरामचन्द्र और भीष्मपितामहके त्यागोंकी ही तरह महत्वपूर्ण है। एक दिन मेवाड़ाधिपति महाराणा लाक्ष अपने मन्त्रियों और दरबारियों सहित राज-सभामें बैठे थे, कि उसी समय मारवाड़ नरेश रणमल्लका एक दूत वहाँ आ उपस्थित हुआ। उसदूतके हाथमें नारियल था, जिसे उसने राणा लक्षके समीप पेश करते हुए कहा,—"महाराज रणमल्ल अपनी पुत्रीका विवाह महाराणाके ज्येष्ठ पुत्र राजकुमार चण्डसे करना चाहते हैं, इसलिये महाराज रणमल्लने यह नारियल सेवामें भेजा है!"

युवराज चण्ड उस समय राज-सभामें उपस्थित न थे, इसलिये राणा लाक्षने दूतसे ठहरनेके लिये कहा। फिर राणा लाक्ष ज़रा दिल्लगीसे बोले,—"मैं अब बूढ़ा हो गया हूँ; इसलिये मेरे जैसे सफ़ेद केशोंवाले बुड्ढेके लिये ऐसी खेलनेकी चीज़ कौन भेजता?"

राणाके इस कौतुक-पूर्ण वाक्यपर सभासदगण हँस पड़े।

जिस समय इस बातपर सभामें आनन्दहास्य हो रहा था, उसी समय युवराज चण्ड स्थिर और गम्भीर भावसे वहाँ उपस्थित हुए। उन्होंने सभामें उठी हुई सब बातें सुन लीं। सब कुछ सुनकर उनके हृदयमें एक गहरी चिन्ता उथल-पुथल मचाने लगी। वे सोचने लगे, कि जिस रमणीको पिताने एक क्षणके लिये भी अपना मान लिया, मैं उस रमणीसे किस तरह विवाह करूँगा? अन्तमें उन्होंने स्थिर किया, कि मैं किसी तरह इस विवाहके लिये सम्मति न दूँगा।

चण्डकी यह प्रतिज्ञा राणाने भी सुनी। उन्होंने चण्डको बहुत समझाया; किन्तु वे किसी तरह अपने दृढ़ सङ्कल्पसे न टले। राणाने पुत्रको तरह-तरहसे

समझाया; बहुत तरहसे अनुरोध किया, डराया, धमकाया; किन्तु वे किसी तरह रणमल्लकी कन्यासे विवाह करनेपर राज़ी न हुए। राणा बड़े सङ्कटमें पड़े; क्योंकि नारियल-फल भेजनेके बाद यदि विवाह न हो, तो कन्या पक्षके राजपूत उसे बड़ा भारी अपमान समझते हैं। यह सोचकर मेवाड़ाधिपतिने वृद्ध होने पर भी अपने विवाहका वचन दे दिया ; क्योंकि यदि वे नारियल वापस करते, तो मारवाड़-राजा रणमल्लका बड़ा अपमान होता । उन्होंने क्रोध-पूर्व्वक गम्भीर कण्ठसे चण्डको सम्बोधन कर कहा :—

"तुम यह शपथ करो, कि यदि मैं उस रमणीसे ब्याह करूँ और उससे कोई पुत्र उत्पन्न हो, तो तुम राज्याधिकारसे वञ्चित रहोगे। यदि तुम ऐसा कर सको, तो मैं विवाह करनेके लिये प्रस्तुत हूँ।" इस कठोर वाक्यसे तेजस्वी चण्डका हृदय तनिक भी विचलित न हुआ। उन्होंने अचल, और स्थिर भावसे उत्तर दिया,—"पूज्य पिताजी! मैं भगवान् एकलिङ्गका नाम लेकर शपथ करता हूँ, कि यदि आपके औरससे और मेरी इन भावी माताके गर्भसे कोई बालक जन्म लेगा, तो मैं अपना उत्तराधिकार स्वयंही त्याग दूँगा।"

भवितव्यका लेख अमिट है। एक अल्प व्यसका बालिकाका व्याह पचास वर्षके बूढ़े राणा लाक्षसे ह गया। इस अपूर्व्व सम्मिलनसे एक पुत्र भी उत्पन्न हुआ। उसका नाम मुकुल रखा गया।

जब मुकुलने पाँचवें वर्षमें पैर रखा, तब राणाने सुना, कि यवनोंने पुण्यतीर्थ गयापर चढ़ाई की है; इसलिये वे यवनोंके हाथसे पवित्र तीर्थके उद्धारके लिये युद्ध-यात्राका उद्योग करने लगे। उन्हें विश्वास नहीं था, कि इस युद्धसे वे फिर लौटेंगे; इसलिये उन्होंने राज्य-शासनका ऐसा प्रबन्ध करनेका विचार किया, कि जिससे उनके पीछे राज्यमें किसी तरहका झगड़ा खड़ा न हो। वे सोचने लगे, कि उनकी अनुपस्थितिमें कौन राज्याधिकारी होगा? कौन राजा होगा? उन्होंने इस विषयमें चण्डसे और कुछ न कहा, केवल यही कहा,—"मैं जिस कठिन कामके लिये जा रहा हूँ ; उसे पूराकर फिर लौटनेकी मुझे आशा नहीं; यदि मैं न लौट सका, तो मुकुलकी उपजीविकाका क्या उपाय होगा? ऐसी दशामें मुकुलके लिये कोई सम्पत्ति स्थिर करनी चाहिये।" दृढ़ प्रतिज्ञ तेजस्वी चण्डने स्थिर भावसे खड़े हो, धीर और गम्भीर स्वरसे उत्तर दिया,—"चित्तौड़का राजसिंहासन भाई मुकुलकाही है।" इस अत्यन्त उदारता-भरे उत्तरसे कहीं पिताके मनमें सन्देह न हो; इसीलिये चण्डने पिताकी गया-यात्राके पहलेही मुकुलका राज्याभिषेक करा दिया।

पिताकी अनुपस्थितिमें चण्ड, मुकुल तथा मेवाड़-राज्यके मङ्गल और उन्नति-साधनके लिये, बड़ी दक्षताके साथ शासन-सम्बन्धी विषयोंका सुधार करने लगे ; किन्तु उनकी विमाता यह सब सह न सकीं ; वे गुण-गरिमाकी सब बातें भूल गयीं। वीरवर चण्ड अपना राजमुकुट सौतेले भाईके सिरपर पहनाकर उसकी हित-कामनामें लगे; किन्तु इस स्वार्थत्याग और उदारताके बदले रानीको सन्देह होने लगा।

अकृतज्ञ राजमाता चण्डके प्रत्येक कार्यको सन्देह और विद्वेषकी दृष्टिसे देखने लगीं ; किन्तु सन्देहकी कोई बात न पा, उनपर यह दोषारोपण करने लगीं, "चण्ड राज-कार्यके बहाने असलमें राजा बने जा रहे हैं। वे राणा बनकर अपना परिचय नहीं देते, यह ठीक हैं; किन्तु इस उपाधिको वे केवल नाममात्रकी बना डालनेकी चेष्टा कर रहे हैं।" यह बात क्रमसे चण्डके कानोंतक पहुँची। उन्नत-हृदय चण्डके मनमें बड़ी व्यथा हुई। वे यह अपयश सह न सके। इस अनुचित दोषारोपके लिये उन्होंने विमाताको मीठे शब्दोंमें तिरस्कार करते हुए धीरतापूर्वक कहा,—"यदि चित्तौड़का राज-सिंहासन लेनेकी इच्छा मेरे हृदयमें होती, तो आज कौन आपको राजमाता कहकर सम्बोधित करता? अच्छा, अब मैं चला, राज्य-शासनका कुल भार आपपर रहा; किन्तु देखिये, शिशोदीय-कुलकी

मान-मर्यादा मिट्टीमें न मिलने पाये।" उदार-हृदय चएड यह कहकर मातृभूमि चित्तौड़को छोड़कर मान्दू-राज्य चले गये ; किन्तु क्रूर-हृदया विमाताने एक बार भी उन्हें चित्तौड़ छोड़ जानेसे मना न किया।

मान्दूराजने उनका यथार्थ परिचय पाकर उनको बड़े सम्मानसे रखा तथा "हल्लार" नामक नगर उन्हें वृत्ति-स्वरूप प्रदान किया। वीर चएडके सुप्रबन्धसे मान्दू राज्यकी आशातीत उन्नति हुई।

चएड मेवाड़ छोड़कर चले गये। अब मुकुलके नाना और मामा राज्यके रक्षक नियुक्त हुए ; किन्तु शीघ्रही ये लोग भक्षक बन बैठे। मुकुलकी माताको इसकी कुछ खबर नहीं थी।

अन्तमें शिशोदीय-कुलकी एक दासीकी बातसे उनकी मोह-निद्रा टूटी। अब अकृतज्ञ राजमाता बड़े सङ्कटमें पड़ीं। वे अपने बचावका उपाय सोचने लगीं। उन्होंने इस समय अच्छी तरह समझा, कि उन्होंने अपने हाथों अपने पैरोंमें कुल्हाड़ी मारी है। आज यदि चएड उपस्थित होते, तो उनपर यह विपत्ति न आती। अन्तमें क्षमाकी प्रार्थना कर उन्होंने चएडको सब बातें लिखीं और विश्वास-घातकोंसे राज्यका उद्धार करनेकी प्रार्थना की।

उधर चएड इस बातकी सदा खबर रखते थे, कि मेवाड़में कहाँ क्या हो रहा है ? उन्हें इस बातकी खबर पहलेही लग चुकी थी, कि मेवाड़के भाग्याकाशमें शीघ्रही काला मेघ दिखाई देनेवाला है। अतएव इस समय अपनी माताकी प्रार्थनासे उन्होंने अपने मनका सब अभिमान भुला दिया तथा बड़े कौशलसे देशको राठौरोंके पञ्जे से बचाया। वे जबतक जीते रहे, तबतक उन्होंने कभी राज्यके अनिष्टका कोई कार्य्य नहीं किया तथा कनिष्ठ भ्राताकी अधीनता स्वीकार कर इस बातपर विशेष ध्यान रखा, कि प्रजा सुख पूर्व्वक रहे।

राणा चएडके वीरत्व, स्वार्थत्याग, सहिष्णुता और उदारताकी जितनी प्रशंसा की जाये, थोड़ी है।

राणा संग्रामसिंह

[लेखक—श्रीयुत नारायण राव लाठे।]

राणा संग्रामसिंह राणा रायमल्लके ज्येष्ठ पुत्र थे। संग्रामसिंहके दो और छोटे भाई थे—एकका नाम पृथ्वीराज और दूसरेका जयमल्ल था। संग्रामसिंहके असीम साहस, अतुलनीय अध्यवसाय, धीरता, दूर-दर्शिता और महानुभावताने उनके गौरवको बहुत ऊँचा कर दिया था। उनका रङ्ग गोरा और मुख-मण्डल प्रतिभा पूर्ण था। उनके दुर्दमनीय पराक्रमका परिचय उनके वीर-शरीरको देखतेही मिल जाता था। पठान सम्राट् इब्राहीम लोदी दो बार उनसे युद्धमें हारा था। उन युद्धोंमें संग्रामसिंहका एक हाथ कट गया था, गोलेकी चोटसे एक पैर टूट गया था तथा भ्रातृ-विरोधसे उनकी एक आँख भी नष्ट हो गयी थी। उनकी प्रतिभामयी राज-शक्तिके सामने राज-स्थानके अन्यान्य सब नृपति सिर झुकाते तथा बहु-संख्यक सामन्त राजा, नियमित कर प्रदानकर उनकी अधीनता स्वीकार करनेके लिये वाध्य हुए थे।

यवन-वीर बाबरने बड़े आडम्बरसे युद्धका आयो-जन किया। बहुसंख्यक रण निपुण तातार-सिपाहियोंके साथ बड़ी आन बानसे फ़तेहपुर-सीकरी नामक स्थानमें पहुँचकर उसने छावनी डाली। इधर वीर-केसरी संग्रामसिंह बाबरके आगमनका समाचार सुन, बहुसंख्यक राजपूत योद्धाओंके साथ युद्ध क्षेत्रकी ओर अग्रसर हुए। सीकरीके निकटस्थ कनुआ नामक स्थानमें यवन सेनाके आगे रहनेवाली डेढ़ सौ तातारी सेना राज-पूतोंने काट डाली। यह शोचनीय संवाद सुन, बाबरके अन्यान्य सिपाही भीत और हताश हो गये। वे लोग अपनी छावनीके चारों ओर खाई खोदकर, भीत चित्तसे रहने लगे। इस शङ्कित सेनाकी सहायताके लिये जो फ़ौज आयी, वह भी संग्रामसिंह द्वारा पराजित हुई। उसके कितने ही सिपाही बन्दी हुए। इस तरह

विजयी संग्रामसिंह भी वहीं छावनी डाले पड़े रहे। यदि वे उसी समय बाबरकी हताश सेनापर आक्रमण कर देते, वो तातारी फ़ौज जड़-मूलसे विनष्ट हो जाती। यह सुस्ती बाबरके लिये शुभ और संग्राम-सिंहके लिये अशुभ हुई; किन्तु भारतका साम्राज्य-भोग बाबर और उसके उत्तराधिकारियोंके भाग्यमें बदा हुआ था। बाबरने फिर अपनी सेनाको नये उत्साहसे उत्तेजित कर वहाँकी छावनी तोड़, राजपूतोंपर चढ़ाई की। वे एक कोसभी आगे न बढ़े होंगे, कि राजपूत सेनाने उनका सामना किया। बाबर एक ऐसे सङ्कीर्ण पथमें रोका गया, जहाँ वह सुश्रृङ्खलासे सेना सन्निवेश भी न कर सकता था। ऐसे सङ्कटमें पड़, बाबर बड़ा उद्विग्न हुआ। महानुभाव संग्रामसिंहने ऐसे सङ्कटके समय उसपर आक्रमण करना पवित्र क्षत्रिय-धर्म्मके विरुद्ध समझा। किन्तु क्षत्रिय-धर्मकी इसी पवित्रताने राणाका अन्तमें सर्वनाश किया। यवन-राजने अवसर पाकर अपनी फ़ौजको सुश्रृङ्खल रूपसे सन्निविष्ट कर लिया तथा कौशल-जाल फैला, एक स्वदेश-द्रोही राजपूतको अपनी ओर मिला लिया।

संग्रामसिंह अपने विक्रम और बड़ी सेनाके भरोसे निश्चिन्त थे। उनके मनमें दृढ़ विश्वास था, कि शत्रु चाहे कितनाही सावधान और सुरक्षित क्यों न हो, वह राजपूतोंके हाथसे बच नहीं सकता। किन्तु वे स्वयं इस तरह स्वदेशके हित-व्रतमें दीक्षित तथा स्वजातिके गौरव-रक्षणमें लगे हुए थे, कि उन्हें स्वप्नमें भी यह ख़याल न हुआ, कि उनकी सेनामें विश्वास-घाती भी हो सकते हैं।

अबसे पहले बाबरने अपनेको विपद्में पड़ा हुआ समझ, बड़े आग्रहसे राजपूत-शिविरमें सन्धिके लिये दूत भेजा था। दूतकी प्रस्तावित सन्धिपर राणा राज़ी भी हो गये थे। सन्धिका रूप यों था,—"दिल्ली और उसके अधीनस्थ कुल प्रदेश बाबरके होंगे, पीली नदी दोनों राज्यकी सीमा होगी। बाबर राणाको नियमित वार्षिक कर देते रहेंगे।" इस तरह सन्धिके नियमादि प्रस्तुत और स्वीकृत हो गये थे; किन्तु शिलादित्यकी साज़िशसे वह सब विफल हो गये तथा दोनों पक्षोंमें घोर युद्ध छिड़ गया।

सन् १५२८ ई० की १६ वीं मार्चको युद्धारम्भ हुआ। यह युद्ध सीकरीके पास कनुआ नामक स्थानमें हुआ था; किन्तु सवसाधारणमें यह "फ़तेहपुर सीकरीका युद्ध" के नामसे प्रसिद्ध है। युद्धमें राजपूत-सेनाने बड़े विक्रमसे तातारियोंपर आक्रमण किया। पर यवनोंकी तोपोंसे कई सौ राजपूत एक बारगीही शून्यमें अदृश्य हो गये; किन्तु इससे भी राजपूतोंका अदम्य विक्रम दमित न हुआ। उछलती हुई समुद्रकी तरङ्गोंकी भाँति राजपूत घुड़सवार तातारियोंकी ओर झपटे। तातारियोंका दुर्दम विक्रम और उनकी तोपोंके गोले किसी तरह राजपूतोंको रोक न सके। असंख्य यवन सिपाहियोंका बध करते हुए राजपूत आगे बढ़ने लगे। विजय लक्ष्मी राजपूतोंका पक्षावलम्बन करनेके लिये उद्यत हुई। किन्तु हाय! सहसा वह दृश्य बदल गया! राजपूत-सेनाके, यवन-सेनाके पास पहुँचते ही पहलेकी साज़िशके अनुसार राजपूत-कुलाङ्गार शिलादित्य अपने दलके सिपाहियों सहित तातारियोंसे जा मिला। राणाने जिसपर बहुत विश्वासकर अपनी सेनाका अगला भाग सौंपा था, उसीके द्वारा यह कुकर्म्म हुआ! राज-पूत-राजने विस्मित नेत्रोंसे अपने विश्वासपात्रका यह विश्वासघात देखा तथा मर्म्मव्यथित हो, वे क्षोभ और अभिमानसे रणस्थल त्याग कर चले गये। फिर वे राजधानीको न लौटे। यवनोंको प्रतिफल देनेकी प्रतिज्ञा कर उन्होंने बनवास ले लिया। जब-जब वे उस अस-म्भव पराजयकी बात विचारते, तब-तब उनकी प्रति-हिंसा बलवती हो उठती। हारके एक वर्षके भीतरही संग्रामसिंहने प्राण त्याग किया। बहुत लोग कहते हैं, कि उनके दुराचारी मन्त्रियोंने उन्हें विष देकर मार डाला था।

महारानी लक्ष्मी बाई ।

[लेखक—श्रीयुत देवनारायण वर्मा]

प्रातःस्मरणीया महारानी लक्ष्मी बाईका बलिदान इस अँगरेजी राज्यमें अभूतपूर्व है। केवल २२॥ वर्षकी छोटी अवस्थामें शक्तिशाली ब्रिटिश सरकारके साथ युद्ध करके रणभूमिमें प्राण त्याग करनेवाली झाँसीकी महारानी लक्ष्मी बाई ही थी।

महारानी लक्ष्मीबाईके पिताका नाम मोरोपन्त ताम्बे तथा माताका भागीरथी बाई था। द्वितीय बाजीराव पेशवाके भाई चिमणाजी आप्पाके यहाँ, जो ईस्ट इण्डिया कम्पनीसे सन्धि करके आठ लाख रुपये वार्षिक वृत्ति ग्रहण कर काशीमें रहते थे, मोरो पन्त ताम्बे ५०) रु० मासिक वेतनपर काम करते थे। कौन जानता था, कि ५०) रु० मासिक पानेवालेकी पुत्री एक दिन प्रसिद्ध महारानी होकर मदोन्मत्त अंगरेजोंसे युद्ध कर संसारमें अपनी अटल कीर्त्ति स्थापित कर जायेगी ?

कार्त्तिक बदी चतुर्दशी संवत् १८९१ विक्रमी तदनुसार ता० १९ नवम्बर सन् १८३५ ईसवीको महारानी लक्ष्मीबाईका जन्म काशीपुरीमें हुआ था। उस समय ज्योतिषियोंने जन्म-कुण्डलीके ग्रह-चक्र देख कर कहा था, कि यह बालिका भविष्यमें प्रसिद्ध राज्याधिकारिणी तथा अपूर्व शौर्य्यशालिनी होगी। मोरोपन्त ताम्बेने बलिकाका नाम मनुबाई रखा। कुछ समय बाद चिमणाजी आप्पाका देहान्त हो गया। मोरोपन्त ताम्बे निराश्रय हो गये। परन्तु चिमणाजी आप्पाके भाई द्वितीय बाजीराव पेशवाने, जो चिमणाजी आप्पाकी ही भाँति आठ लाख रुपये वार्षिक वृत्ति लेकर बिठूरमें रहते थे, अपने भाईके आश्रितोंको काशीसे बिठूर बुला लिया। मोरोपन्त ताम्बे भी पेशवाके यहाँ रहने लगे।

मनुबाई देखनेमें अत्यन्त सुन्दरी तथा तेजस्विनी दिखाई पड़ती थीं ; इसलिये बाजीरावने प्रेमसे उनका नाम 'छबीली' रखा था। मनुबाई जब तीन वर्षकी थीं, तभी उनकी माता भागीरथी बाईका देहान्त हो गया। मोरोपन्त ताम्बे इस घटनासे अत्यन्त दुःखित हुए।

मनुबाईके पालन-पोषणका समस्त भार अब इन्हीं पर पड़ा। घरपर किसके पास छोड़ें ? यह सोचकर वे मनुबाईको सदा अपने साथ ही रखते थे। इस प्रकार बचपनसे ही पुरुषोंके साथ रहनेके कारण मनुबाईमें अत्यधिक पुरुषोचित गुण आ गये थे। बाजीराव मनुबाईसे बहुत स्नेह करते थे तथा मनुबाईके भावी जीवनकी प्रतिभाका उन्हें कुछ-कुछ आभास भी मिल चुका था। इस लिये उन्होंने अपने दत्तक पुत्र नानाजी धुन्धूपन्त तथा राव साहिबके साथ-ही साथ इनके लालन-पालन एवं शिक्षाका भी प्रबन्ध कर दिया। इस प्रकार मनुबाई राजकुमारोंके साथ-ही घोड़ेपर चढ़ने, शस्त्र चलाने तथा युद्ध-विद्याके अन्यान्य विषयोंमें शीघ्रही निपुण हो गयीं।

झाँसीके महाराज गङ्गाधर रावने प्रथम पत्नीके स्वर्गवासी हो जानेपर बाजीरावकी आज्ञासे मनुबाईसे विवाह किया। उस समय मनुबाईका नाम लक्ष्मी बाई रखा गया, जो इनके लिये सर्वथा उपयुक्त था। महारानी लक्ष्मीबाईके झाँसीमें आनेसे झाँसीकी उत्तरोत्तर उन्नति होने लगी। सब प्रजाजन आनन्दसे जीवन व्यतीत करने लगे। समय पाकर महारानी लक्ष्मीबाईके एक पुत्र उत्पन्न हुआ, जिसके जन्मोत्सवमें बड़ा आनन्द मनाया गया। परन्तु वह आनन्द दुःखमें परिणत हो गया। तीन महीनेकी ही अवस्थामें राजकुमारका देहान्त हो गया, जिसके शोकने महाराज गङ्गाधर रावको बिल्कुल रोग-ग्रसित कर दिया। जब महाराज अपने जीवनसे निराश हो गये, तब उन्हें अपने वंश-नाशकी दुश्चिन्ता सताने लगी। इस लिये उन्होंने अपने कुटुम्बके आनन्द राव नामक पाँच वर्षके एक बालकको शास्त्र-विधानानुकूल दत्तक पुत्र बनाया।

दत्तक-विधानके समय बुन्देलखण्डके असिस्टेण्ट पोलिटिकल एजेण्ट मेजर एलिस, कमाण्डिङ्ग आफि-

सर कप्तान मार्टिन, मन्त्री नरसिंहराव आदि, नगर-सेठ लाहौरीमल खत्री तथा मोरोपन्त ताम्बे आदि सम्बन्धी उपस्थित थे। आनन्दरावका नाम दामोदर राव रखा गया। महाराजने अपने दीवानसे ब्रिटिश गवर्नमेण्टको इस आशयका प्रार्थना-पत्र लिखाया, कि "मैं इस समय अत्यन्त रोगग्रसित हूँ। ब्रिटिश गवर्नमेण्टकी कृपा होते हुए भी मेरा वंश नष्ट हो रहा था। इससे मैं बहुत चिन्तित था। इसलिये सरकारसे मेरी जो सन्धि हुई है, उसकी दूसरी धाराके अनुसार मैंने दामोदरराव नामक बालकको अपना दत्तक पुत्र बनाया है। यदि मैं भगवानकी कृपा तथा गवर्नमेण्ट के अनुग्रहसे आरोग्य हो गया और मेरे पुत्र उत्पन्न हुआ, तो मैं उस समय समयानुकूल उचित काय करूँगा; अन्यथा मैं विश्वासके साथ अनुरोध करता हूँ, कि ब्रिटिश सरकार मेरे पुत्र तथा मेरी स्त्रीपर विशेष कृपा रखेगी एवं सब कार्योंमें स्वतन्त्र रहने देगी। उनके साथ कोई अनुचित व्यवहार न किया जायेगा।"

उक्त प्रार्थनापत्र महाराजने मेजर एलिसको दिया। उन्होंने महाराजको इच्छा पूर्ण होनेका विश्वास दिलाया। इसके दो दिन बाद ही यानी २१ नवम्बर सन् १८५३ को महाराज गङ्गाधर राव स्वर्गवासी हुए।

यह समय भारतके राजाओंके लिये बड़ेही सङ्कटका था; क्योंकि लाड डलहौज़ीकी साम्राज्य-लोलुप-नीतिके कारण बहुतसे देशी राज्योंकी स्वाधीनता नष्ट हो चुकी थी तथा बचे हुओंपर भी गृद्धदृष्टि पड़ी हुई थी। पुरानी प्रतिज्ञा तथा सन्धि-पत्रोंपर कुछ भी ध्यान न देकर ता० ७ मार्च सन् १८५४ ई० को झाँसीके राज्यको ब्रिटिश-राज्यमें मिला लिया गया।

महारानी लक्ष्मीबाईने पुरानी सन्धि तथा मित्रताका स्मरण कराके ब्रिटिश गवर्नमेण्टसे झाँसीको स्वतन्त्र कर देनेकी प्रार्थना की; किन्तु क्या लूटने या हड़पनेकी इच्छा रखनेवाला किसीकी प्रार्थनापर लूटका माल वापस करता है?

महारानी लक्ष्मीबाईको झाँसी छिन जानेका बहुत ही दुःख हुआ; परन्तु वे फिर भी अँगरेज़ गवर्नमेण्टकी हितैषिणी बनी रहीं। उनको ५०००) रु० मासिक मिलने लगे और वे एक साधारण गृहस्थकी भाँति जीवन व्यतीत करने लगीं। राज्य-त्यागके पश्चात् वे देव-पूजन, अश्वारोहण तथा कथा-पुराण-श्रवणमें अपना अधिक समय व्यतीत करती थीं।

इसी समय सन् १८५७ ई० में अचानक सिपाही-युद्ध आरम्भ हो गया, जो सारे भारतवर्षमें फैलता हुआ झाँसीमें भी पहुँचा। उस समय झाँसीमें ७०-८० अंगरेज़ सपरिवार रहते थे और भारतीय सिपाही लगभग एक हज़ारके थे, जिन्होंने अँगरेजोंको मारना-काटना आरम्भ कर दिया। अंगरेजोंके मारे जानेके पश्चात् जब झाँसीमें कोई भी राज्य-प्रबन्ध-कर्त्ता न रहा, तब महारानी लक्ष्मीबाई ब्रिटिश कम्पनीके नामसे राज्य-प्रबन्ध करने लगीं। इस युद्ध तथा अँगरेज़ोंके हत्याकाण्डसे महारानीका लेश-मात्र भी सम्बन्ध न था; बल्कि उन्होंने अँगरेज़ोंको हर तरहसे उस समय भी भोजन इत्यादिकी सहायता दी थी, जिस समय अँगरेज़ किलेके अन्दर घिर गये थे। पर अँगरेज़ उनकी इच्छा न समझ सके और उन्होंने उन्हें ख़ाहमख़ाह अपना शत्रु मान लिया। यदि अँगरेज़ ज़रा भी बुद्धिसे काम लेते, और वृथा भ्रममें न पड़कर सत्य बातोंका पता लगाते, तो महारानीको अँगरेज़ोंके विरुद्ध युद्ध न करना पड़ता; किन्तु महारानीको तो अपना नाम अमर करना था। यदि वे भारतीयोंका—अपने देश-वासियोंका—साथ न देकर अँगरेजोंकी सहायता करतीं, तो आज उन्हें कोई आदरसे स्मरण न करता।

अँगरेज़ोंको भ्रम होनेका कारण भी था। वह यह, कि महारानीके दरबारमें उस समय ऐसा कोई भी चतुर मनुष्य न था, जो उनके विचारोंको अँगरेज़ों तक पहुँचाता; क्योंकि अँगरेज़ोंने झाँसीपर अधिकार करते समय सब पुराने तथा अनुभवी आदमियोंको नौकरीसे हटा दिया था। इसलिये सब नये तथा अनभिज्ञ मनुष्य ही भरे पड़े थे। फिर भी कुछ विश्वासी मनुष्यों

द्वारा महारानीने सेगट्रल इण्डियाके पोलिटिकल एजेण्ट, जबलपुरके कमिश्नर तथा आगरेके कमिश्नर आदि-के पास समय-समयपर ख़रीते भेजे थे। परन्तु अँग-रेज़ोंके विपक्षी भारतीय सिपाहियोंने उन मनुष्योंकी हत्या रास्तेमेंही कर दी थी; इसलिये भी अँगरेज़ोंको महारानीके भाव अवगत न हो सके थे। और उन्होंने महारानीको विजय करनेके लिये सर ह्यू रोज़के सेना-पतित्वमें एक विशाल सेना भेजी, जो ता० २० मार्च सन् १८५८ ई० को झाँसीके समीप पहुँच गयी। यह समाचार जब झाँसीवालोंको मालूम हुआ, तब उन्हें बहुत घबराहट हुई। ऐसे विकट समयमें महारानीको उचित परामर्श तथा सत्य समाचार देने वाला कोई भी व्यक्ति न था। कोई-कोई कहते हैं, कि अँगरेज़ोंने उन्हें शस्त्र-रहित होकर अपने प्रधान-प्रधान सरदारों सहित अपने पास बुलाया था, जिसमें कि उन्हें धोखा देकर गिरफ्तार कर लें। किन्तु यह बात स्वाभिमानिनी महारानीको स्वीकार नहीं हुई और "मान सहित मरना अच्छा" समझ कर वे युद्धके लिये प्रस्तुत हो गयीं।

उन्होंने अपने क़िलेपर तोपें चढ़वा दीं, तथा समस्त युद्ध-सामग्रियोंका बहुत ही सुन्दर प्रबन्ध किया। २३ मार्च सन् १८५८ ई० को युद्ध आरम्भ हुआ। दोनों ओरसे लगातार गोले छूटने लगे। दोनों पक्षके सहस्रों मनुष्य मारे गये। इस युद्धमें स्वयं महारानी मर्दानी पोशाक पहने घोड़ेपर सवार होकर सेना-संचालन करती रहीं। कई दिनों तक लगातार संग्राम होनेके पश्चात् अँगरेज़ विजयी होने लगे। उस समय महारानी को बहुत दुःख हुआ। अँगरेज़ी सेनाने शहरमें घुसकर हत्याकाण्ड आरम्भ कर दिया। बूढ़े-बच्चोंकी भी हत्या की गयी। जो इनके सामने पड़ा, वही तलवार अथवा गोलियोंका शिकार हुआ। इस प्रकार केवल झाँसीमें कई हज़ार निरपराध मनुष्योंकी अँगरेज़ सैनिकोंने निर्द-यता-पूर्वक हत्या की। उस समय कालपीमें पेशवा राव साहबकी सेना पड़ी हुई थी। इसलिये महारानीने झाँसी त्याग कर कालपी जानेका निश्चय किया। उन्होंने अपने प्रिय दत्तक पुत्र दामोदर रावको पीठपर कसकर बाँधा तथा शस्त्रोंसे सुसज्जित हो, कुछ विश्वासी सरदार एवं सखियों सहित झाँसीको अन्तिम नमस्कार कर कालपी-की यात्रा की। रास्तेमें लेफ्टिनेण्ट बौकर महारानीको पकड़नेके लिये आ पहुँचा। उस समय महारानीने बौकर साहबके दाँत खट्टे कर दिये और वह रण-भूमि-से भागता हुआ दिखाई पड़ा। २४ घण्टेमें १०२ मील-की यात्रा पीठपर लड़केको बाँधे हुए पूर्ण कर महारानी कालपी पहुँचीं।

पेशवाने इनका स्वागत किया तथा महारानीने युद्धमें पेशवाकी सहायता करनेकी प्रतिज्ञा की। ह्यू रोज़ को जब यह समाचार मिला, तब वह अत्यन्त चिन्तित हुआ। फिर भी उसने अपने अधीनस्थ अफ़सरोंकी अधीनतामें महारानीसे युद्ध करनेके लिये सेना भेजी और बादमें स्वयं भी चल पड़ा। कालपीमें भी खूब घमासान युद्ध हुआ। महारानीके युद्ध-कौशलको देख-कर शत्रु-मित्र सभी आश्चर्य-चकित हो गये। परन्तु देशके दुर्भाग्यसे यहाँ भी अँगरेज़ोंकी ही विजय हुई। अब महारानी, पेशवा तथा ताँतिया टोपी बड़ी विकट समस्यामें पड़े। फिर भी धैर्यवती महारानीने पेशवा तथा ताँतिया टोपीको समझाया, कि बिना किसी किले-पर अधिकार किये, विजय असम्भव है। इसलिये पहले ग्वालियरके क़िलेपर अधिकार करना चाहिये। उस समय ग्वालियरपर जयाजीराव सेंधिया राज्य करता था, जो पहले पेशवाके अधीन था। राव साहब पेशवा-को यह प्रस्ताव उचित मालूम हुआ और वे ग्वालियरकी तरफ़ चल पड़े। पेशवाको विश्वास था, कि सेंधिया पुराने सम्बन्धका ध्यान कर हमारा स्वागत तथा हर प्रकार सहायता करेगा। परन्तु वह देश-द्रोही तो अँगरेज़ोंका मित्र हो चुका था। उसने सहायताके बदले इनसे ही युद्ध ठान दिया। पेशवाने भी युद्धकी आज्ञा दे दी। महारानीने बड़ी वीरता तथा साहससे ग्वालियर विजय किया और सेंधिया आगरेकी तरफ़ अँगरेज़ोंके पास भाग गया। ग्वालियर विजय करके पेशवाने बड़ा

आनन्द मनाया। महारानीने उन्हें समझाया, कि यह समय आनन्द मनानेका नहीं; बल्कि सैन्य-संगठन तथा युद्ध-प्रबन्ध करनेका है। किन्तु अभिमानी पेशवा ग्वालियर विजयकोही विश्व-विजय समझ कर गर्वित हो गये और कहने लगे, कि अब अँगरेज़ हमारा कुछ नहीं कर सकते। पर बुद्धिमती महारानी अँगरेज़ोंकी क्रूर नीति तथा चालाकियोंसे अच्छी तरह परिचित थीं।

अब ह्यू रोज़ कालपी-विजयके बाद निश्चिन्त होकर कुछ दिन विश्राम करनेके लिये बम्बई जानेवाला था। पर ग्वालियरमें पेशवाका अधिकार हुआ सुन फिर युद्धमें प्रवृत्त हुआ। अँगरेजोंकी सेनाने ग्वालियर पर भीषण आक्रमण किया। सेंधिया भी आगरेसे बुला लिया गया था और धूर्त्त अँगरेज़ोंने ग्वालियर स्थित सेंधियाको सेनाको सेंधियाके पक्षमें होकर युद्ध करनेके लिये बहकाया। धूर्त्तोंकी धूर्त्तता काम कर गयी। सेंधियाकी समस्त सेना पेशवाका साथ छोड़ सेंधियाका पक्ष लेकर अंगरेज़ोंकी सहायता करने लगी। महारानीने इसीलिये पेशवाको पहलेसे ही सावधान कर दिया था। "पर विनाशकाले विपरीत बुद्धिः" हुआ ही करती है। फिर भी ग्वालियरके युद्धमें महारानीने जो वीरता दिखायी, उससे शत्रुओंके छक्के छूट गये। १९ जून सन् १८५८ को बड़ा भीषण युद्ध हुआ। एक तरफ़से स्वयं ह्यू रोजने तथा दूसरी तरफ़से जनरल स्मिथने बड़े वेगसे ग्वालियरपर आक्रमण किया। महारानी-पक्षके सैनिक युद्ध-विद्यामें अंगरज़ोंके समान निपुण नहीं थे। अतः वे पीछे हटने लगे। अपनी पराजय अवश्यम्भावी समझ, महारानीने युद्धमें ही मरना निश्चित किया। परन्तु अंगरेज़ोंकी इच्छा उस वीर तथा अलौकिक शौर्य्यशालिनी महारानीको जीवित पकड़नेकी थी। महारानी बड़ी धर्मपरायणा तथा स्वाभिमानिनी थीं। इसलिये उन्होंने निश्चय किया था, कि जीवित तो क्या मृत्यु होनेपर भी विधर्मियोंके स्पर्शसे अपने पवित्र शरीरको कलुषित न होने दूँगी। इसलिये उन्होंने अपनी पुरुष-वेश-धारिणी सखियों तथा स्वामिभक्त सेवकोंसे कह दिया था, कि "मेरी मृत्यु होने पर ये म्लेच्छ मेरा शरीर स्पर्श न कर सकें—ऐसा प्रबन्ध करना। जब तुम मेरी यह इच्छा पूर्ण करोगे, तभी सच्चे स्वामिभक्त कहलाओगे।" महारानीके ये शब्द उनके हृदयमें अंकित हो गये थे; इसलिये वे युद्धमें सदा छायाकी भाँति उनके पीछे-पीछे रहा करते थे। इस समय भी वे सब साथही थे। महारानीके इस छोटेसे दलका पीछा कुछ अँगरेज़ सवार कर रहे थे। एक अँगरेज़ने महारानीपर आक्रमण किया। महारानीने उसके आक्रमणको रोक कर अपनी तीक्ष्ण तलवार-से उसे चिर-निद्रामें सुला दिया। इसी समय एक अँगरेज़ने महारानीकी सखीपर हमला किया। महारानीने उसे भी यमपुर भेज दिया। इस समय महारानी और आगे निकल जातीं; पर सामने एक नाला आ गया, जिसको देख कर महारानीका घोड़ा अड़ गया। यह घोड़ा उनका अपना पुराना स्वामिभक्त घोड़ा नहीं था; बल्कि सेंधियाके अस्तबलका था। उनका अपना घोड़ा युद्धमें गोली लगनेके कारण उनके साथ न रह गया था। महारानीने घोड़ेको आगे बढ़ानेके लिये बहुत यत्न किये; पर दुर्भाग्यसे वह ज़रा भी नहीं बढ़ा। इसी समय और भी अँगरेज़ सवार आ पहुँचे। महारानीके साथ इस समय केवल चार-पाँच साथी थे। अँगरेज़ोंके आक्रमणका उत्तर इन्होंने भी पूरा दिया। इसी समय एक सभ्य (!) अँगरेज़ने महारानीके मस्तकपर पीछेसे तलवार मारी, जिससे उनके सिरका सारा दाहिना भाग विच्छिन्न हो गया और एक नेत्र बाहर निकल पड़ा। इतनेमेंही दूसरे वीर (!) अंगरेज़ने महारानीकी छातीमें किरच भोंक दी, जिससे महारानी मरण तुल्य हो गयीं। ऐसी आहत दशामें कोई भी युद्ध करनेकी शक्ति नहीं रखता। परन्तु उस स्वतन्त्रताकी साक्षात् मूर्त्ति देवी लक्ष्मी बाईने इस असमर्थतामें भी अपने आक्रमणकारियोंको मृत्युके द्वार पर भेजकर अपनी तलवारकी प्यास बुझायी। अपने साथियोंको मरते तथा महारानीके

अमानुषिक पराक्रमको देखकर बाक़ी अँगरेज सवार युद्धसे भाग गये। महारानीके इस पराक्रम तथा चोटके कारण उनकी अपनी शक्ति एकदम कम होगयी और अन्तिम काल समीप आ गया। जब उन्हें अपनी मृत्यु होनेपर म्लेच्छोंके स्पर्शका ध्यान हुआ, तब उन्होंने अपने विश्वास-पात्र सरदार रामचन्द्र रावको अपनी अन्तिम इच्छा बतायी। वे महरानोकी ऐसी दशा देख, अत्यन्त दुःखी हो, आँसू बहाने लगे। भयङ्कर आघातोंके कारण महारानीको बहुत व्याकुल देखकर वे उन्हें पासमें बाबा गङ्गादासको कुंटियामें उठा लाये। उस समय महारानीको बहुत प्यास लगी। उन्हें गङ्गाजल पिलाया गया। उनका समस्त शरीर रक्त-रञ्जित तथा मुख स्वर्गीय तेजसे दीप्तिमान हो रहा था। महारानीने अपने पुत्र दामोदर रावको देखकर अपने नेत्र शीतल किये और उसे ईश्वरके भरोसे छोड़ दिया।

ज्येष्ठ शुक्ल ७ संवत १९१४ विक्रमीय तदनुसार २९ जून सन् १८५८ ई० को भारतकी स्वतन्त्रताभिलाषिणी अद्भुत शौर्य्यशालिनी वीराङ्गना महारानी लक्ष्मीबाई इस असार संसारको छोड़ स्वर्गवासिनी हुईं। महरानीका देहान्त होनेके बाद रामचन्द्र रावने उनके आदेशानुसार अतिशीघ्र चिता तैयार करके उनके प्राण-रहित पवित्र शरीरका अग्नि-संस्कार किया। क्षणभरमें अग्निने उनके शरीरको भस्म करके उनके यशःसौरभको समस्त विश्वमें फैला दिया। उनका यह बलिदान हमलोगोंकी दुर्बल नसोंमें वीरताका सञ्चार करे। उनका यह बलिदान हम कायरोंके हृदयमें स्वतन्त्र होनेका भाव भरे। जिस राक्षसी प्रवृत्तिके कारण उनका इस प्रकार अन्त हुआ, उसका अन्त कर अपने भारतको स्वतन्त्र करनेमें उनका यह बलिदान हमारो सहायता करे और हमलोग स्वतन्त्र होकर उनके प्रति आदरसे मस्तक ऊँचा करें। जब तक हम भारतको स्वतन्त्र नहीं करते, तबतक संसार यही कहेगा, कि महारानीके बलिदानका हमने उचित मूल्य नहीं दिया है!

महारानी पद्मिनी।

[लेखक—श्रीयुत मोहनलाल चौधरी]

यदि हमारी माताएँ तथा बहिनें सतीत्वका मूल्य जानना चाहें, तो महारानो पद्मिनीकी पवित्र जीवनीका अध्ययन करें। जिस समय अलाउद्दीनने महारानीके अनुपम रूप-सौन्दर्यसे उन्मादित होकर सेना सहित चित्तौड़को आ घेरा और इस आक्रमणका उद्देश्य परमा सुन्दरी पद्मिनीको प्राप्त करनेके लियेही प्रकट किया, उस समय महारानी चाहतीं, तो अलाउद्दीनकी इच्छाको पूर्ण कर दिल्लीश्वरी हो सकती थीं। परन्तु वीर-पत्नी महारानी पद्मिनीने दिल्लीश्वरी होनेके प्रलोभनको लात मार कर सतीत्व-रक्षा करनेमें ही जीवन विसर्जन करना अपना गौरव समझा। महारानीके जीवनका आदर्श कितना उच्च है, यह उनके अटल, अविचल तथा निर्मल भावसे ही स्पष्ट है। इस लावण्यमयी ललनाके समान सुन्दरी उस समय दूसरी नहीं थी और यही कारण था, कि सौन्दर्योपासक अलाउद्दीनने उन्मत्त होकर उनको प्राप्त करनेके लिये अपनी सारी शक्तिका प्रयोग किया। किन्तु चित्तौड़-ध्वंसके साथ पद्मिनी भी अग्नि-चितामें प्रवेश कर स्वर्गलोग सिधारीं और यवन अलाउद्दीनको अपना पवित्र अङ्गस्पर्श करने नहीं दिया।

महारानी पद्मिनी सिंहलद्वीपके चौहान राजा हमीरसिंहकी पुत्री थीं। इस परमा सुन्दरी पद्मिनीका विवाह चित्तौड़के महाराणा भीमसिंहके साथ हुआ था। हम पहिलेही कह चुके हैं, कि महारानी पद्मिनीके समान रूपवती स्त्री उस समय दूसरी कोई नहीं थी। अतः उसके रूप-लावण्यकी प्रशंसा दिग्दिगन्त तक फैल चुकी थी। महारानीकी इस सुन्दरताका समाचार हवाके समान उड़ता हुआ अलाउद्दीनके कान तक पहुँचा। कामासक्त अलाउद्दीन यह खबर पातेही महारानी पद्मिनीको प्राप्त करनेके लिये व्याकुल हो उठा। दूसरा कोई

साधन न देखकर उसने मेवाड़को ही जीतनेका विचार स्थिर किया। वीर राजपूतोंके रहते हुए चितौड़ विजय करना खेल नहीं था, यह उसे अनेक बार युद्ध करनेसे भली भाँति ज्ञात हो चुका था। इसलिये उसने कुटिल नीतिसे काम लेकर उन्हें परास्त करना निश्चित किया। यद्यपि मेवाड़-विजय करनेकी उसकी आन्तरिक इच्छा नहीं थी, तथापि अपनी काम लोलुपताको चरितार्थ करनेके लिये बिना युद्ध किये पद्मिनीका मिलना कठिन ही नहीं, वरन् असम्भव था। इसलिये उसने मेवाड़पर चढ़ाई कर दी और चित्तौड़को चारों ओरसे घेर लिया और महाराणाके पास दूत द्वारा यह समाचार भेजा, कि "बिना पद्मिनीको लिये दिल्ली न जाऊँगा।"

महाराणा भीमसिंह दूत द्वारा यह वचन सुन आग-बबूला हो गये। उनकी आँखोंसे अग्निकी चिनगारियाँ निकलने लगीं और उसी समय युद्ध घोषणा कर दी गयी। भयङ्कर युद्ध होने लगा। अन्तमें पठान-सेनादलके पैर उखड़ गये और वे युद्धस्थल छोड़कर भाग निकले। अलाउद्दीनको हताश होकर लौटना पड़ा।

कुछ काल पश्चात् अलाउद्दीन फिर एक बड़ी सेना लेकर चित्तौड़पर आ धमका और दूत द्वारा केवल पद्मिनीको देखकर लौट जानेका सन्देश भेजा। उस समयकी परिस्थितिको देखकर राणाने भावी विपदाओं-को टालनेके लिये इस शर्तको मंजूर कर लिया। अला-उद्दीन आया और दर्पण द्वारा उस लावण्यमयी सुन्दरी का दर्शन कर राज प्रासादके बाहर चला गया। पर अतिथि-सत्कारके विचारसे महाराणा बात-चीत करते हुए बादशाहके शिविर तक चले गये।

अलाउद्दीनका विचार तो कलुषित था ही, वह मौक़ा देखकर महाराणा भीमसिंहको बन्दी कर एक नौकरसे कहा—"जाओ, चित्तौड़में कह दो; कि जब तक महारानी पद्मिनी मेरे पास न आ जायेगी, तब तक भीमसिंह न छोड़े जायेंगे।" यह समाचार सुनकर मेवाड़-दरबारमें हलचलसी मच गयी। परन्तु महाराणाके स्वामिभक्त अमात्यों एवं दरबारियोंने सोचा, कि इस समय नीतिसेही काम लेना उचित है। इसलिये उसी समय सूचना दी गयी, कि स्वामि-हितके लिये आर्य्य-ललनाएँ सब कुछ कर सकती हैं। यदि वे चाहें, तो महारानी सेवामें जा सकती हैं। यह समाचार सुनतेही, कामान्ध अलाउद्दीनके आनन्दका पारावार न रहा। उसने चित्तौड़के घेरेको उठा लिया तथा महारानीके स्वागतके लिये समस्त सेनामें आनन्द मनाया जाने लगा।

नियत समयपर सात सौ डोलियाँ चित्तौड़-गढ़से निकल कर अलाउद्दीनके खेमेमें जा पहुँचीं। उन पालकियोंके उठाने वाले तथा उनमें बैठने वाले सभी वीर राजपूत योद्धा थे। वहाँ पहुँचकर बादलने अलाउद्दीनसे प्रार्थना की, कि पद्मिनी पहले एक बार अपने प्राणनाथ-का दर्शन करना चाहती हैं; इसलिये उन्हें आध घण्टे-का अवकाश दिया जाये।

महाराणा बन्धन-मुक्त कर दिये गये। वे वहाँसे चित्तौड़को चल पड़े। इधर दोनों सेनाओंमें घमासान युद्ध होने लगा। वीर गोरा और बादलने बड़ी वीरता दिखायी और शाही सेना हारकर रणक्षेत्रसे भाग चली।

पराजित अलाउद्दीन विवश होकर दिल्लीको लौट गया; किन्तु पद्मिनीको प्राप्त करनेकी लालसा अबतक उसके हृदयसे नहीं मिटी। उसने पुनः दूने उत्साहसे सन् १२९० में चित्तौड़पर चढ़ायी कर दी। पूर्व-युद्धमें राजपूत लोगोंकी जो क्षति हुई थी, वह अभी पूर्ण होने भी न पायी थी, कि पुनः युद्धका डङ्का बज उठा। पर वीर क्षत्रिय भी चुप रहनेवाले नहीं थे। दोनों सेनाओं-में भयंकर युद्ध होने लगा। पर फल कुछ नहीं निकला। इस बार दुष्ट अलाउद्दीन बड़ी तैयारीसे आया था। छः मास तक राजपूत लोग बड़ी वीरतासे लड़ते रहे। किन्तु गढ़में घिरे हुए राजपूत वीरोंकी संख्या इतनी घट गयी, कि उनको विवश होकर केश-रिया बाना धारण करना पड़ा! गढ़की १५०० क्षत्रा-णियाँ चिता लगाकर उसपर बैठ गयीं। पद्मिनी मध्यमें बैठीं और चिताके चारों ओर आग लगादी गयी। जब राजपूतोंने देखा, कि महारानी पद्मिनी तथा सभी

स्त्रियाँ प्रसन्नतासे अग्निदेवको समर्पित हो चुकी हैं, तब वे लोग सिंहके समान गर्जते हुए कालके समान यवनों-पर टूट पड़े। भीषण संग्राम आरम्भ हो गया। अलौ-किक वीरता दिखाता हुआ प्रत्येक राजपूत-वीर वीर-गतिको प्राप्त हुआ।

अलाउद्दीन पद्मिनीकी लालसासे आनन्द मनाता हुआ किलेमें घुसा। उसने देखा, कि सारा नगर अग्निसे धधक रहा है। वह शीघ्र राज-प्रासादमें पहुँचा। राज-प्रासादके पासही अग्नि-ज्वालाको देख कर वह समझ गया, कि पद्मिनी इसीमें जलकर भस्म हो गयी होगी। अब उसकी राखतकका पता नहीं चल सकता उफ़! कैसा भयंकर दृश्य था!

यह देखकर अलाउद्दीनके शोक और निराशाका पारावार न रहा। परन्तु अब वह कर ही क्या सकता था? सती शिरोमणि पद्मिनी पहलेही चितामें जलकर भस्म हो चुकी थी। आखिर उसने क्रोध-वश चित्तौड़के राजप्रासाद तथा देव-मन्दिरोंको भंग करवा कर ही सन्तोष किया।

यह चित्तौड़का महा अवसर था, जिसमें सती-शिरो-मणि महारानी पद्मिनी अपनी अतुल कीर्तिको दिग्दि-गन्तोंमें विस्तृत कर भारतवर्षको आर्यमहिलाओंके सतीत्वका आदर्श दिखा, परलोक सिधारीं! महारानी पद्मिनी तू धन्य थी! तेरी यह वीरता तबतक जीवित रहेगी, जबतक इतिहास संसारमें विद्यमान रहेगा।

वीरांगना रानी दुर्गावती।

[लेखक—श्रीयुत मुरली मनोहर सहाय।]

जितने यवन-शासक इस भारतवर्षपर शासन कर चुके हैं, उनमें सबसे अधिक न्यायी सम्राट् अकबरही समझा जाता है। पर आज उसीके जीवनकी एक घटना पाठकोंके सामने उपस्थित की जाती है, जिससे वे समझ सकेंगे, कि सर्वश्रेष्ठ न्यायी अकबर भी कितना बड़ा अन्यायी था। सभी धर्म अबलाओंकी रक्षा करने-का उपदेश देते हैं। उनपर अस्त्र उठाना अन्याय तथा अत्याचार समझा जाता है। इसीलिये कोई भी न्यायी शासक कभी अबला-जातिपर अत्याचार नहीं करता। पर अकबरने विपद्ग्रस्त अबला रानी दुर्गा-वतीपर चढ़ाईकर जो अन्याय किया है, वह अकबरकी सारी महत्ताको धूलमें मिला देता है।

रानी दुर्गावती महोबाके राजा चन्देलसिंहकी लड़की तथा मण्डला-नरेश दलपतिसिंहकी धर्मपत्नी थीं। राजा दलपतिसिंह एक वीर योद्धा तथा चतुर राजनीतिज्ञ थे। इसलिये जबतक वे जीवित रहे, तबतक किसी राजा महाराजाका साहस इनसे युद्ध छेड़नेका नहीं हुआ। पर ज्योंही राजा दलपति सिंहका स्वर्गवास हुआ, त्योंही अकबरने एक बड़ी सेना आसफखांकी अधीनतामें मण्डलाधीश्वरीपर चढ़ाई करनेके लिये भेजा। आसफने दल-बलके साथ मण्डलाको आ घेरा। इस आकस्मिक आक्रमणसे यद्यपि सारी प्रजा घबरा उठी, तथापि वीर दुर्गावती तनिक भी विचलित न हुईं। उन्होंने एक बड़ी सेना एकत्र कर अपने पुत्र वीर वल्लभ को अधीनतामें आसफखाँका मुकाबला करनेको भेजा। किन्तु दुर्गावती केवल सेना एकत्र करकेही शान्त न हुईं; बल्कि स्वयं भी रण-वेशसे सुसज्जित हो, शत्रुओंके समक्ष आ डटीं। दोनों ओरसे भीषण युद्ध होने लगा। परस्वापहारी, क्रूर मुग़ल योद्धाओंका विश्वास था, कि दुर्गावती एक अबला है। वह हमारी वीरताके सामने रणक्षेत्रमें कभी नहीं डट सकेगी; पर फल उलटा ही ही हुआ। रानी दुर्गावतीकी सेनाका असीम साहस

देखकर यवन-सेनाका हृदय काँप उठा! उनके पाँव रणक्षेत्रसे उखड़ गये। इस प्रकार एक अबला रानीसे हार खानेपर भी दुष्ट आसफखाँ हताश नहीं हुआ। उसने बारह वर्षके अन्दर अनेक बार मण्डलापर चढ़ाई की; पर किसी बार भी उसे सफलता प्राप्त नहीं हुई।

१५६४ में मुग़ल सम्राट अकबरने पुनः अपनी विशाल सेनाके साथ आसफ़ खाँको युद्ध करनेके लिये भेजा। दोनों ओरसे घमासान युद्ध हुआ! राजकुमार वीरवल्लभ बड़ी वीरतासे शत्रुओंका संहार करने लगे। उनके अद्भुत पराक्रमको देखकर मुगल दङ्ग रह गये। वीरवल्लभने दो बार शत्रु-सेनाको पराजित किया; पर तीसरी बार मुगल-सेनाने बड़े विक्रमसे शत्रुओंपर धावा किया। इस बार किसी तरह राजकुमार उसे रोक न सका। चारों ओरसे उनपर शत्रु-दल टूट पड़ा; वे घायल होकर घोड़ेसे पृथ्वीपर गिर पड़े।

दुर्गावती अपने पुत्रको आहत होते देख, अधीर हो उठीं। 'शिविरमें ले जाओ' कहती हुई वे क्षुधित सिंहनीकी भाँति फिर भीषण पराक्रमसे शत्रुओंपर टूट पड़ीं। दोनों ओरसे फिर एक बार भीषण युद्ध होने लगा। वीर-रमणी दुर्गावती केवल तीन सौ पैदल सिपाहियोंके साथ समुद्रकी भाँति प्रचण्ड वेगसे आती हुई मुग़ल सेनाको रोकने लगीं। इतनेमें एकाएक उनके गले तथा आँखोंमें कई तीर आकर बिँध गये, जिससे उनका शरीर जर्जर हो गया; अङ्ग-अङ्गसे खूनकी धारा बह चली। दुर्गावती बहुत अधीर हो गयीं। यह देखकर वीर-योद्धा अधरसिंहने उनके पास आकर पराजय स्वीकार कर लेनेकी प्रार्थना की। किन्तु वीर क्षत्राणीके लिये हार मान लेना कब सम्भव था?

यद्यपि रानी अत्यन्त निर्बल हो चुकी थीं, तथापि उन्होंने डपटकर कहा,—"नहीं, कभी नहीं! ऐसा नहीं हो सकता। जब एक दिन मरनाही है, तो इस प्रकार शत्रुके सम्मुख शिर झुकाकर अथवा रण-क्षेत्रसे पीठ दिखाकर मैं अपयश और निन्दाकी मौत नहीं मर सकती। इसलिये यदि तुम मेरा कुछ उपकार करना चाहते हो, तो अपने हाथसे मेरा काम तमाम कर दो। यवनके हाथसे मरनेकी अपेक्षा, तुम्हारे हाथसे मरना अच्छा है। पर सरदारके आनाकानी करनेपर उस वीर रमणीने बड़े साहसके साथ स्वयंही अपनी गर्दनपर तलवार मार ली और स्वर्गलोकको सिधार गयी।

वीर-धात्री पन्ना।

[लेखक—श्रीयुत कृष्णकुमार भट्ट।]

यों तो भारतके इतिहासमें देश, धर्म्म, कर्तव्य और स्वतन्त्रताके लिये अपने जीवनकी उत्सर्ग करनेवाले महान व्यक्तियोंकी कमी नहीं है; परन्तु स्वामि-पुत्रकी रक्षाके लिये अपने प्राणप्रिय पुत्रको बलिवेदीपर चढ़ाकर जो आदर्श धात्री पन्नाने इस संसारमें उपस्थित किया है, वह अतुलनीय, अनुपम तथा दुर्लभ है। भारतके इतिहासमें इस प्रकारकी स्वामिभक्तिका दृष्टान्त विरल है। कौन ऐसी माता होगी, जो स्वामि-पुत्रकी रक्षाके लिये गोदके खेलते हुए अपने एकमात्र लालको करालकालके गालमें फेंक देगी? धन्य वह मातृ-हृदय! धन्य वह स्वामि-भक्ति! जो अपनी आँखोंके सामने अपने पुत्रकी बलि होते देख ज़रा भी विचलित न होती हो।

मेवाड़का गौरव-सूर्य्य विन्ध्याचलके वक्षःस्थलमें विलीन हो रहा है। उसका भविष्य अमावस्याके घोर निशामें निक्षिप्त है। विधर्म्मी यवन-शत्रुके आक्रमणोंसे इसके अङ्ग-भङ्ग हो रहे हैं। वीर योद्धागण सुरलोकको सिधार चुके हैं। राणा संग्राम सिंह भी इस समय मृतलोकके क्रीड़ास्थलपर नहीं हैं। मेवाड़के राजसिंहासनपर दासीपुत्र वनवीर राज्य कर रहा है। ऐसे समय राजवंशका एकमात्र उत्तराधिकारी संग्राम सिंहके सुपुत्र उदयसिंह धात्री पन्नाकी संरक्षकतामें आनन्द पूर्वक अपनी शैशवावस्थाको खेल-कूदमें व्यतीत कर

रहे हैं। उस अबोध बालकको क्या पता, कि उसे बध करनेके लिये ही बनवीर षड़यन्त्र रच रहे हैं ? भला छः वर्षके अबोध बालकको इसकी क्या खबर हो सकती है ? मेवाड़के सिंहासनको सुशोभित करने वाले 'दासी-पुत्र बनवीर' रात-दिन इसी चिन्तामें पड़ा सोच रहा है, कि जबतक मेवाड़-राजसिंहासनके एक मात्र कण्टक उदयसिंहकी हत्या न की जायेगी, तबतक मेरा यह अधिकार सुरक्षित नहीं है। बनवीर आज-की रात उसी पापवासनाको पूर्ण करनेके लिये व्यग्र है।

देखते-देखते निशादेवी अपने रङ्गोंमें रङ्ग गयी। चारों ओर घोर अन्धकार छा गया। प्रकृति पूर्ण शान्त रूप धारण कर चुकी। न तो अब वह चिड़ियोंकी चहचहाहट है और न पत्तोंकी खड़खड़ाहट। राज-प्रासादमें भी बिलकुल सन्नाटा छा रहा है। बालक उदयसिंह सुखकी नींद सो रहा है। उसकी धात्री पलङ्गपर बैठी पंखा झल रही है। इतनेमेंही राजमहलोंके भीतरसे एकाएक एक भयङ्कर कोलाहल सुनाई पड़ा। अबलाओंके आर्त्त नादसे राज-महल गूँज उठा। पन्ना चौंक कर उठ बैठी। उसी समय घबराता हुआ एक बारी वहाँ आया और काँपते हुए कण्ठसे बोला,—'निर्दयी बनवीर राणा विक्रमको हत्या कर कुमार उदयसिंहको बध करने आ रहा है।' बारीकी बातोंसे धात्री बेतरह घबरा उठी। सोचने लगी,—"क्या कुमार उदयसिंहकी हत्या बनवीरके हाथ होगी ? मेरे सामने राणा-वंशका नाश होगा ? और मैं आँखें फाड़-फाड़ कर इस दृश्यको देखूँगी ?—नहीं; कदापि नहीं ! मैं ऐसा कभी नहीं होने दूँगी। कुमार उदयसिंहकी रक्षा जिस प्रकार होगी, अवश्य करूँगी। कुमारकी रक्षासे देश, धर्म्म तथा वंशकी रक्षा होगी। पर मेरे पुत्रसे सिवा दासताके और क्या हो सकेगा ? अच्छा हो, कि अपने पुत्रका जीवन लुटाकर कुमारके जीवनकी रक्षा की जाये।"

उस कमरेके कोनेमें फलकी एक टोकरी रखी थी। पन्नाने अपने एक-मात्र पुत्रको कुमारके पलङ्ग पर सुलाकर निद्रित राजकुमारको उसपरसे उठा कर, टोकरीमें सुला दिया और यत्न-पूर्वक फलों तथा पत्तोंसे छिपा उस बारीसे उस टोकरीको उठाकर शीघ्राति शीघ्र दुर्गके बाहर निकल जानेको कहा। उसने वैसाही किया। इतनेमें हत्यारा बनवीर नङ्गी तलवार लिये कोठरीमें आ धमका और उदय सिंहको ढूँढ़ने लगा। उसे देखकर दासीके होश उड़ गये। वह कुछ भी न बोल सकी। उसने केवल आँखके इशारे-से अपने प्यारे पुत्रको दिखा दिया। हृदयहीन बनवीर खूँखार जानवरकी तरह उस बालकपर टूट पड़ा और क्षण-भरमें उसका काम तमाम कर दिया। यद्यपि धात्री-ने अपने प्रिय पुत्रको तड़प-तड़प कर मरते अपनी आँखों देखा, तथापि उसने उफ़ न की। धैर्य्य धारण कर चुपचाप देखती रही। जब नर-पिशाच बनवीर अपनी इच्छा पूर्ण कर लौट गया, तब पन्ना दुर्गके बाहर कुमार उदयसिंहकी खोजमें चली।

इधर राज-प्रासादके किसी व्यक्तिको यह खबर न लग सकी, कि हितकारिणी धात्रीने अपने पुत्र-रत्नका बलिदान करके राणा सांगाके टिमटिमाते हुए प्रदीपको सदाके लिये बुझनेसे बचा लिया है। अतः रनिवासकी स्त्रियाँ फूट-फूट कर रोने लगीं।

चित्तौड़के पश्चिम ओर वेरीस नदीके किनारे वह बारी इसकी बाट जोह रहा था। टोकरी भी उसके पासही रखी थी, जिसमें सौभाग्यशाली कुमार उदय सिंह अबतक सो रहे थे ! वीर धात्री पन्ना उस बारीको साथ लेकर वहाँसे देवल नगरमें सिंहरावजीके पास गयी और उस शिशु-कुमारकी रक्षा करनेकी प्रार्थना की। पर बनवीरके भयसे उसने उसे आश्रय देना अस्वीकार किया। वहाँसे वह डूँगापुर गयी, पर वहाँ भी ऐशवर्णने अपने पास रखनेमें असमर्थता दिखायी। वीर दासी इससे भी हताश नहीं हुई। वह कुछ वीर और विश्वासी योद्धाओंको साथ लेकर दुर्गम अरावली पर्वत-मार्गसे ईडर कमलमीर पहुँची। आशा शाह अपनी माताकी प्रेरणा तथा बुद्धिमती पन्नाकी चतुराईसे

विद्युल्लताका बलिदान।

[लेखक—श्री० लक्ष्मीप्रसाद चौधरी, विशारद]

जननी-जन्मभूमिकी स्वतन्त्रता तथा गौरव-पताकाको समुन्नत रखनेके लिये मनुष्यको किस प्रकार स्वार्थ-त्याग और आत्म-त्याग करना चाहिये तथा कहाँतक कर्त्तव्य निष्ठ होना चाहिये, इसका ज्वलन्त दृष्टान्त प्रेम-पाशमें बँधी हुई एक सौन्दर्यमयी अनूढ़ा बालिकाके जीवनसे जाज्वल्यमान हो रहा है। प्रेमका मधुर-रसास्वादन करनेकी अवस्थामें उपस्थित होकर कर्त्तव्यके लिये अनायास ही उस माधुर्यको परित्याग करना कितना बड़ा आदर्श है, यह लेखनी व्यक्त नहीं कर सकती। रूपोन्माद-ग्रस्त युवक समर सिंह जिस समय यवन-सम्राट अलाउद्दीनकी विराट वाहिनीमें सम्मिलित होकर जन्मभूमि चित्तौड़को विध्वंस करनेके लिये प्रस्तुत हो, अपनी प्रेमाकांक्षाको प्रेमिकाके सम्मुख प्रकट करता है, उस समय वह प्रेम-लतिका विद्युल्लता प्रेम-सुख तथा संसार-सुखके प्रलोभनमें न पड़, देशकी स्वतन्त्रताकी रक्षा करना अपना परम कर्त्तव्य समझ, उसका देश-द्रोही, विश्वास-घातक, मोहन्मत्त आदि शब्दोंसे तिरस्कार करती हुई अपनी रूप-राशि तथा सौन्दर्यको धिक्कारती हुई और देशके सर्वनाशका कारण समझती हुई, अपनी जीवनलीला समाप्त कर देती है। ऐसा आदर्श संसारमें विरलाही मिलेगा। क्या ही उत्तम हो, कि आज भारतके नवयुवक इस अबला-रत्नसे देश-भक्तिकी शिक्षा ग्रहण कर देशके लिये मर मिटना अपना कर्त्तव्य समझें!

विद्युल्लताका जन्म चित्तौड़के एक वीर सरदारके यहाँ हुआ था। वह अपने माता-पिताकी बहुत दुलारी थी। वह बड़ी सुन्दरी थी। उसके रूप-सौन्दर्यकी प्रशंसा चारों ओर फैल गयी थी। जो कोई उसे एक बार भी देख लेता, वह उसके सौन्दयकी हज़ार बार प्रशंसा करता। वह केवल रूपवती ही नहीं, बल्कि गुणवती भी थी। तीर चलाने, तलवार भांजने और घोड़ेपर चढ़नेमें बड़ी निपुण थी। पिताने इसे लिखना-पढ़ना भी सिखाया था। उस समय सामरिक शिक्षा स्त्री-पुरुष सबको इसीलिये दी जाती थी, कि वह वक्त बड़ा नाजुक था। सबको अपने बाहु-बलपर निर्भर रहना पड़ता था। कोई नहीं जानता था, कि किस समय और कहाँ यवनोंका आक्रमण हो जायेगा और यही कारण है, कि उस समयके इतिहासमें एक-से-एक वीर, कर्त्तव्य-परायण तथा त्यागी आदर्शोंके दर्शन होते हैं।

उस समय राजपूताना और विशेषकर चित्तौड़पर यवनोंके बार-बार आक्रमण हो रहे थे। इसलिये राजपूतोंमें देश-भक्तिकी लहर प्रचण्ड वेगसे उठ रही थी। वे जन्मभूमिके लिये अपना प्राण उत्सर्ग करनेको सदा तत्पर रहते थे। देश तथा मानकी रक्षाके लिये वे अपनी तलवारें सदा म्यानसे बाहर खींचे ही रहा करते थे। भाट लोग भी वीर-रसकी कविता सुना-सुनाकर उन लोगोंको बराबर उत्साहित किया करते थे। फल यह हुआ, कि सब-के-सब सच्चे देशभक्त हो गये। वे अपनी जान कुरबान करनेको सदा तैयार रहने लगे। यही कारण है, कि इस भारतवर्षमें अबतक

प्रसन्न होकर कुमारको अपने यहाँ आश्रय देना स्वीकार कर लिया। इस प्रकार सभी कठिनाइयोंका सामना करती हुई वीर धात्री पन्नाने राणा-वंशके एकमात्र उत्तराधिकारी उदय सिंहकी रक्षा कर अपना नाम इस असार संसारमें अमर कर दिया।

वीर धात्री पन्ना! तू धन्य है! आज इस संसारमें तेरी तुलना कोई माता नहीं कर सकती। तू एक साधारण दासी थी; पर तेरे हृदयमें जो उच्च भाव कूट-कूट कर भरे थे, वे अनुपम थे। यद्यपि तेरा पञ्चभौतिक शरीर पञ्चभूतोंमें मिल गया है, तथापि तू अब तक जीवित है। तेरा नाम आज भी इतिहासके पन्नोंमें स्वर्णाक्षरोंमें देदीप्यमान हो रहा है।

अनेक राज्य क़ायम हुए और फिर नष्ट हो गये; पर वीरोंके अमर आदर्श अबतक क़ायम हैं।

विद्युल्लताके गृहके निकट ही चित्तौड़-राज्यके एक सैनिकका गृह था। उस सैनिकके पुत्रका नाम था समरसिंह।

समरसिंह तथा विद्युल्लता बालपनसे ही एक साथ खेला करते थे। दोनोंका आपसमें बड़ा प्रेम हो गया था। जब दोनों यौवनावस्थाको प्राप्त हुए, तब प्रेमने भी यौवन-रूप धारण किया। अब दोनों एक जान दो क़ालिब हो गये। दोनों आपसमें ऐसे घुल-मिल गये जैसे दूध और पानी। विद्युल्लताके गृहके पासही एक उद्यान-वाटिका थी। दोनों नित्य उसी वाटिकामें मिल, अपनेको परम सुखी समझते थे। समरसिंह पूछता,—विद्युल्लते! प्रिये विद्युल्लते! क्या यह प्रेम चिरस्थायी होगा? क्या हम लोग सदा प्रेम-पाशमें बँधे रहेंगे?" "विद्युल्लता कहती,—"समर! संसारमें तुमसे अधिक प्रिय मेरा कोई नहीं। तुम्हारे प्रेमके सामने संसारमें मेरे लिये कोई भी वस्तु मूल्य-वान नहीं। मैं अवश्य तुम्हारी बनूँगी और तुम अवश्य मेरे बनोगे।"

कुछ काल पश्चात् समरसिंहके पिताका देहान्त हो गया और वह रिक्त स्थान समरसिंहको मिला। समरसिंह इस लिये अब महीनेमें एक बार ही विद्युल्लता तथा अपनी पूज्य माताका दर्शन कर सन्तोष करते थे। पर पीछे जब अलाउद्दीनने चित्तौड़पर चढ़ाई की, तब युद्धकी तैयारियोंके कारण वे कई महीने तक घर न आ सके। इस वियोगसे विद्युल्लता और समरसिंहको बड़ाही दुःख हुआ। विद्युल्लता दिन-रात उसीकी चिन्तामें डूबी रहती। संसारकी कोई वस्तु उसे अब अच्छी नहीं लगती। वह वाटिका, जो एक दिन आनन्दका क्रीड़ा-स्थल थी, अब दुखदाई हो रही है। वह दिन-रात अश्रु-विमोचन कर अपनी वियोग-ज्वाला शान्त कर लिया करती थी।

इसी प्रकार विद्युल्लताका सत्रहवाँ वर्ष व्यतीत हो गया। एक दिन सन्ध्याके समय जब वह वाटिकामें टहल-टहल कर अपनी आन्तरिक वेदनाको शान्त करनेका प्रयत्न कर रही थी, उसी समय किसीने पीछेसे पुकारा,—"विद्युल्लते!"

विद्युल्लताने चौंक कर पीछे देखा। समरसिंह पासही खड़े थे। उसने उनको बुला कर पास बैठाया और समाचार पूछा। समरसिंहने कहा,—"आज मैं एक बड़े कामके लिये तुम्हारे पास आया हूँ। आज तुम्हारे प्रेमकी परीक्षा है।" विद्युल्लता इसे समझ न सकी; इस लिये उसने समरसिंहसे स्पष्ट करके कहनेकी प्रार्थना की। समरसिंहने कहा,—"प्रिये! यह तो तुम्हें ज्ञात ही है, कि अलाउद्दीनने चित्तौड़पर चढ़ाई की है। उसकी सेना पर्वत पार कर, विजय प्राप्त करती हुई चित्तौड़की ओर आ रही है। अब शीघ्रही उसकी सेनासे राजपूत-सेनाकी मुठभेड़ होगी। यह समाचार सुनकर विद्युल्लताको रोमाञ्च हो आया। वह डरसे काँप उठी। पर शीघ्रही सम्हल कर बोली,—"प्रियतम! तब तो आपको अवश्यही युद्धमें जाना पड़ेगा; किन्तु आपके दर्शन फिर कब होंगे?"

समरसिंहने कहा—"प्रिये! अलाउद्दीनकी सेना बहुत बड़ी है। उसके समक्ष चित्तौड़की सेना तो दालमें नमकके समान भी नहीं होगी। इस लिये यह निश्चित है, कि मैं इस युद्धसे फिर लौट कर नहीं आ सकूँगा। और यदि कहीं ऐसा हुआ, तो इस जीवनकी मेरी सभी आशाएँ और इच्छाएँ मेरे साथही चली जायेंगी। इस लिये मैं समझता हूँ, कि इस पवित्र प्रेमके दृढ़-बन्धनके लिये यह भयङ्कर संग्राम एक अच्छा अवसर है। ऐसा सुयोग फिर कभी न मिलेगा। इसी लिये मैं शिविरसे चुपचाप चला आया हूँ। चलो, हम दोनों यहाँसे निकल चलें, तब हमारे प्रेममें कोई भी बाधक न रहेगा। लो, यह वस्त्र तुम्हारे लिये लाया हूँ। इसे पहन लो और दोनों यहाँसे चुपकेसे निकल चलें।"

समरके ये वचन विद्युल्लताके हृदयमें वज्र-समान

लगे। वह बहुत क्षुब्ध हुई; पर अपना मनोभाव छिपाते हुए गम्भीरतापूर्वक उसने कहा,—"प्रिय समरसिंह! आप चित्तौड़के वीर क्षत्रिय हैं। सेनाके एक सेनापति हैं। आपके मुखसे ऐसे बचन अच्छे नहीं लगते। आप का तो धर्म हँसते-हँसते मर मिटना है। यह बड़े खेद-की बात है, कि आप इस प्रेम-जालमें फँसकर अपना कर्त्तव्य भूल रहे हैं। कर्त्तव्यके सामने प्रेम कोई चीज़ नहीं। प्राणेश! आप निश्चय जानिये—मैं आपकी हूँ और आपकी ही होकर रहूँगी। पर इस समय मातृभूमिपर भीषण संकट आ पड़ा है। इसलिये आप जाइये और प्राण-पणसे मातृभूमिकी सेवा कीजिये। यदि ईश्वरकी कृपा होगी, तो फिर हम लोग एक दूसरेसे अवश्य मिलेंगे, आप इसकी चिन्ता न करें।"

समरसिंहने कहा,—"प्राणप्रिये! मैं जानता हूँ, कि मैं युद्धसे जीता लौट कर नहीं आ सकूँगा; और यदि आ भी गया, तो क्या समाजके लोग मेरे और तुम्हारे इस सम्बन्धको पसन्द करेंगे? कभी नहीं, इसीलिये मैं अपने मनकी लालसाको मिटा लेना ही अच्छा समझता हूँ।"

यह सुनकर विद्युल्लतासे अब नहीं रहा गया। वह क्रोधित होकर बोली,—"समर सिंह! यह तुम क्या कहते हो? इससे क्या एक क्षत्राणीको कलङ्क नहीं लगेगा? क्या लोग तुम्हारी निन्दा नहीं करेंगे? मैं ऐसा नहीं कर सकती? विद्युल्लता अपने प्राणेशको कायर, देश-द्रोही आदि नामोंसे कलंकित करना नहीं चाहती! प्राणेश! आप एक पतङ्गकी तरह मेरी रूप-शिखामें जल मरना चाहते हैं? मैं ऐसा न होने दूँगी। आप जाइये और एक वीर योद्धाकी नाईं विजय पताका लेकर आइये और मुझे अपनी दासी बनाइये। पर यदि दुर्भाग्यवश आप लौटकर रण-भूमिसे नहीं आ सके, तो आप निश्चय जानिये, कि मैं भी आपकी अनुगामिनी होऊँगी। यदि हमारा मिलन यहाँ न होगा, तो स्वर्गमें अवश्य होगा। अतः आप शुद्ध हृदयसे युद्ध-क्षेत्रमें जाइये। मातृ-भूमिकी रक्षाके लिये युद्ध कीजिये। यदि आप मुझसे प्रेम करते हैं, तो आप अवश्य ही युद्धमें जाइये।"

कायर समर सिंहको विद्युल्लताके ये वचन बहुत ही बुरे लगे। वह उदास हो गया। उसके चारों ओर निराशा-ही-निराशा दिखने लगी। विद्युल्लताको प्राप्त करनेकी आशापर सर्वदाके लिये पानी फिर गया। समर सिंह कुछ दूर जाकर बैठ गया और सोचने लगा,—"हाय! विद्युल्लते! तूने मुझे धोका दिया। मुझे कभी यह आशंका नहीं थी, कि तू मेरा इस प्रकार तिरस्कार करेगी। अब मैं किस मुँहसे फिर शिविरमें लौट कर जाऊँगा। सेनाध्यक्षके दिये हुए दण्डके अपमानको किस तरह सहन कर सकूँगा? नहीं, अब मैं वहाँ भी लौटकर न जाऊँगा। मैं विद्युल्लताको किसी प्रकार त्याग नहीं सकता। जिस प्रकार भी हो, इसको वशमें करना ही होगा। अच्छा हो, कि शत्रु-सेनासे जा मिलूँ। दिल्लीश्वरकी विजय होनेपर यह अवश्य मेरी हो जायेगी। यदि अप्रसन्न भी रहेगी, तो किसी प्रकार उसे मना लूँगा।"

समर सिंह यवन-सेनामें जा मिला। उसने यथा-समय शत्रुओंको चित्तौड़के सारे भेद और गुप्त मार्ग बता दिये। राजपूतोंकी वह शानदार कुर्बानी, राजपूत-ललनाओंका वह आत्म-बलिदान सब कुछ मिट्टीमें मिल गया। चित्तौड़का सर्वनाश हो गया। थोड़े दिन पहले जहाँ वीर राजपूत तथा सती ललनाएँ निवास करती थीं, वहाँ श्मशानसे भी भयंकर दृश्य उपस्थित हो गया।

चित्तौड़की दुर्दशा देख, विद्युल्लता बड़ी दुखी हुई। उसे रह-रह कर समरसिंहकी भी मृत्युकी आशङ्का होने लगी। अतः उसकी व्याकुलता बढ़ने लगी। वह प्रत्येक क्षण अपने प्यारेकी कुशलताके लिये ईश्वरसे प्रार्थना करने लगी। बहुत दिनोंके बाद आज समरसिंहको सकुशल आते देख, विद्युल्लता बहुत प्रसन्न हुई। वह ईश्वरको अनेकानेक धन्यवाद देने लगी। खुशीसे उसका मुख-कमल खिल उठा। परन्तु जब उसने समरसिंहके साथ मुग़ल-सेनाको आ [illegible] देखा, तब उसकी

सारी खुशी काफूर हो गयी। वह इस रहस्यको समझ गयी। क्रोधसे उसका चेहरा लाल हो गया, और शरीर काँपने लगा। उसने वेदना-भरे स्वरमें कहा,—"समरसिंह!"

समरने प्रेम-पुलकित होकर कहा,—"प्राणप्रिये!" यह शब्द विद्युल्लताके हृदयमें बाणसा लगा और वह क्रोधित होकर बोली,—"समरसिंह! मैं अब तुम्हारे मुखसे यह शब्द सुनना नहीं चाहती। तुम देश-द्रोही हो, धर्म-द्रोही हो; नीच, कायर और विश्वासघातक हो। अब मुझे 'प्रिये' कहनेका तुम्हें कोई अधिकार नहीं है।" रे नीच! कुल कलङ्की, कामान्ध! तूने सामान्य रूप-जालमें फँसकर जननी-जन्मभूमिको सत्यानाशमें मिला दिया? जिस जन्मभूमिके जल-वायुसे तुम्हारा शरीर पल कर इतना बड़ा बना, उसी जन्मभूमिके साथ तुमने विश्वासघात किया, उसी मातृभूसिको तुमने क्षणिक सुखके लिये शत्रुओंके हाथ बेच डाला! आज तेरेही कारण यह सुन्दर चित्तौड़ श्मशानमें परिणत हो रहा है। तेरेही कारण आज राजपूत-ललनाओंके आर्त्तनादसे चित्तौड़ गूँज रहा है। तेरेही कारण आज अनेक पुत्र पिता-हीन, अनेक स्त्रियाँ पति-हीन तथा अनेक परिवार अनाथ हो रहे हैं। चित्तौड़की यह दशा देखकर तेरा यह पत्थर-हृदय क्यों नहीं फट जाता? हाय! तेरेही कारण आज मेरा प्यारा चित्तौड़ अनाथ और श्रीहीन हो रहा है। तुझे देखनेमें भी पाप है! तू अभी मेरे सामनेसे दूर हो जा।"

प्रेमोन्मत्त समर ये वचन सुनकर कुछ देर पत्थरकी तरह खड़ा रहा। फिर चित्तको स्थिर कर उसने कहा,—"विद्युल्लते! मैंने जो कुछ किया, तेरेही लिये किया। तेरे लिये यदि मुझे संसारका भी नाश करना पड़े, तो मैं वह भी करनेको तैयार हूँ। ख़ैर! मुझसे अपराध हो गया है, मैं प्रायश्चित्त करनेको तैयार हूँ।"

विद्युल्लता बिलखती हुई बोली,—"हाय! क्या इसी रूपके लिये तूने यह घोर अधर्म किया है? क्या मेरी यही सुन्दरता जन्म-भूमिके नाशका कारण हुई है? धिक्कार है, मेरे इस सौन्दर्यको! माता जन्म-भूमि! मेरा अपराध क्षमा करना। मुझे पहले मालूम नहीं था, कि मैं ही तुम्हारे नाशका कारण होऊँगी। मैं तुम्हींसे उत्पन्न हुई हूँ, आज फिर तुम्हींमें मिल जाती हूँ, मुझे अपनी गोदमें स्थान दो।"

इस प्रकार कहकर विद्युल्लताने अपने हृदयमें कटार मार ली और वह सर्वदाके लिये अपनी प्यारी मातृ-भूमिकी गोदमें सो गयी।

यद्यपि इस भारतवर्षमें बड़े-बड़े वीर तथा वीराङ्गनाएँ जन्म लेकर अपनी जन्मभूमिके लिये वीरगतिको प्राप्त हुई हैं, तथापि इस प्रकारका उदाहरण बहुत कम मिलेगा, जो देश-भक्तिके कारण अपने प्रेमीको इस प्रकार दुतकारती हो और उस देश-द्रोहीके साथ वैवाहिक-सम्बन्ध करना अपने गौरवके विरुद्ध समझती हो। लोगोंका यह विचार भ्रमात्मक है, कि जो काम पुरुष कर सकते हैं, वह एक स्त्री नहीं कर सकती। देशका उत्थान और पतन बहुत कुछ स्त्रियोंपर भी निर्भर है। यदि वे चाहें, तो ऐसे-ऐसे अनेक वीर तथा वीराङ्गनाएँ तैयार कर सकती हैं, जो देशके लिये अपना जीवन हँसते-हँसते उत्सर्ग कर सकते हैं।

यदि आज हमारी स्त्री-जाति इस प्रकारके त्यागके रंगमें रँगी हुई होतीं, तो भारत इस प्रकार पराधीनताकी जञ्जीरमें जकड़ा नहीं रहता। स्त्री-शिक्षाके द्रोहियो! स्त्रियोंको अशिक्षित और पराधीन बनाये रखनेके पक्षपातियो! सामाजिक सुधारोंके विरोधियो! इस त्यागसे शिक्षा लो और भारतको ऐसी-ऐसी वीर माताएँ प्रसव करनेका अवसर दो। देखो, भारत किस प्रकार स्वतन्त्रताको प्राप्त कर लेता है!

"किसी जाति या राष्ट्रके निर्माण-कार्यमें जितनी सहायता पुरुष कर सकते हैं, स्त्रियाँ उनकी अपेक्षा किसी तरह कम सहायता नहीं कर सकतीं।"

—बर्नरलैण्ड।

महारानी ज़िन्दांके साथ भारी विश्वासघात।

[लेखक—श्रीयुत शमशेर सिंह।]

भारतीय पराधीनताके रक्त-रंजित इतिहासमें वीर नारियोंकी कमी नहीं है। अमानुषिक अत्याचारोंके कारण मुसलमानी शासन-कालमें अगणित हिन्दू-ललनाओंको जिस तरह आत्म-बलिदान करने पड़े, उसी तरह ब्रिटिश शासनके प्रारम्भिक कालमें भी भारतीय नारियोंको कुछ कम बलिदान नहीं करने पड़े। भारतीय स्त्रियाँ जैसी रूपवती, शीलवती और तेजस्विनी होती थीं, वैसेही अवसर पड़नेपर वे अपने शासनकी क्षमता भी दिखाती थीं। पञ्जाब-केसरी स्वर्गीय महाराज रणजीत सिंहकी रानी ज़िन्दाँ भी एक वैसीही वीराङ्गना थीं, जो शासनकी पूर्ण योग्यता और क्षमता रखती थीं; पर क्रूर अँगरेज़ अधिकारियोंकी स्वेच्छाचारिताके कारण महारानी ज़िन्दाँको जो-जो कष्ट सहन करने पड़े, वे वर्णनातीत हैं।

सन् १८५६ ई० में अँगरेज़ोंका राज्य-विस्तार समग्र भारतमें हो गया था—बचा था, तो केवल एक पञ्जाब, और अब इस समृद्धिशाली प्रान्तको भी हड़पनेका षड़यन्त्र अँगरेज़ लोग कर रहे थे। भारतमें रेल और तारका विस्तार हो चुका था—रेल और तारोंके जाल सर्वत्र बिछा दिये गये और एक प्रान्त दूसरे प्रान्तसे जोड़े गये। दूसरी ओर ईस्ट इण्डिया कम्पनीके अत्यन्त चतुर और दक्ष कर्मचारी एक-एक देशी राज्यको किसी-न-किसी बहानेसे हड़प कर रहे थे। लार्ड डलहौज़ीके शासन-कालमें पञ्जाब, अयोध्या आदि स्वाधीन राज्योंपर भी अँगरेज़ी झण्डा फहरा गया। लार्ड डलहौज़ी जिस समय इस देशमें लाट होकर आये, उस समय पञ्जाब स्वाधीन था; पर जब विलायत लौटे, तब पञ्जाब ब्रिटिश भारतमें मिला लिया जा चुका था।

अँगरेज़ अफसरोंकी चतुराई तथा सिख सेना-पतियोंके नीच विश्वासघातसे सोब्राहनकी पहली लड़ाईमें सिख हार चुके थे। इस लड़ाईके बाद भी सिख राज्योंकी स्वाधीनताका नाश नहीं हुआ था। पर महाराज रणजीत सिंहके देहान्तके पश्चात् उनके विश्वासघाती मंत्री अँगरेज़ोंसे मिल गये। अँगरेज़ोंने सतलज और रावीके बीचका प्रदेश दख़ल कर लिया था, और लड़ाईके तावानमें डेढ़ करोड़ रुपये और माँगते थे। महाराज रणजीतसिंहकी मृत्युके समय ख़ज़ानेमें बारह करोड़ रुपये थे, लेकिन सिख सरदारोंकी नीचता और फ़ज़ूलखर्चीके कारण ख़ज़ानेमें केवल आधा करोड़ रह गया था। उस समयके अँगरेज विजेता लार्ड हार्डिंजने यह आधा करोड़ ले लिया, और एक करोड़के बदले कश्मीर लेना चाहा। किन्तु महाराज रणजीतसिंहके प्रिय पात्र, जम्बूके शासन-कर्ता राजा गोपालसिंहने हार्डिञ्जको एक करोड़ रुपये देकर कश्मीर ख़रीद लिया। इस तरह महाराज रणजीतसिंहके बड़े भारी राज्यका पतन आरम्भ हो गया।

जब कश्मीर बेचा गया, उस समय महाराज रणजीतसिंहके पुत्र दलीपसिंह नाबालिग़ थे। महाराज रणजीतसिंह सरीखा फिर कोई ऐसा वीरात्मा न हुआ, जो अँगरेज़ोंसे निपटता। दलीपसिंहकी महारानी ज़िन्दाँके हाथमें शासनकी बागडोर थी। (कई इतिहास लेखकोंने रानी ज़िन्दाँका नाम चन्द्रा भी लिखा है) महारानी ज़िन्दाँ यद्यपि अबला थीं, तथापि शासन-कलामें निपुण थीं। किन्तु उनका प्रधान मन्त्री राजा गुलाबसिंह बड़ाही लोभी और विश्वासघाती था। भीतरी षड़यन्त्रोंके फलसे कश्मीरका पूरा राज्य राजा गुलाबसिंहको मिल गया। अँगरेज़ोंका प्रभाव बढ़ते देख, महारानी ज़िन्दाँ मनमें बड़ी शङ्कित हो रही थीं। वे स्पष्ट देख रही थीं, कि वीर-केसरी रणजीत-

सिंहका राज्य अँगरेज़ोंके कदमोंपर लोट रहा है। महारानी यह क्यों न समझतीं, जब कि वे हर तरफ़ अँगरेज़ोंको फैलते हुए देख रही थीं, और सबसे अधिक यह, कि उन्हींका बेटा दलीपसिंह अँगरेज़ोंकी हाथमें कठपुतली हो रहा था। नारी-हृदय अपमानकी इस ज्वालासे जला जा रहा था।

अङ्गरेज़ोंने महारानी जिन्दाँकी तेजस्विता नष्ट करनेका निश्चय किया। अन्तमें वह अशुभ दिन भी आया, जब अङ्गरेज़ रेज़िडेण्टने बिना किसी न्याय या विचारके केवल सन्देहके आधारपर महारानीको क़ैद किया। उसीका भाई उसकी क़ैदका आज्ञापत्र लेकर महलमें गया। महारानीने इस अपमान-सूचक दण्ड-आज्ञाको शिरोधार्य किया। महाराज रणजीत सिंहकी वीर पत्नी १९ अगस्तको मामूली क़ैदीकी तरह शेखपुर ग्राममें क़ैद की गयीं, महारानी जिन्दाँ जैसी अपूर्व रूपवती थीं, वैसी ही धीर-गम्भीर भी थीं। नीच विदेशी लेखकोंने महरानीको कलङ्कित करनेमें कोई कसर नहीं उठा रखी। सर हेनरी लारेन्स बड़े सच्चे और न्याय प्रिय प्रसिद्ध थे; पर उसी सर हेनरीने महारानीको इस तरह क़ैद करके अपमानित किया। अङ्गरेज़ोंने अपने इस कार्य्यको उचित ठहरानेके लिये लिखा है, कि रानी जिन्दाँ गवर्नमेण्टके विरुद्ध षड्यन्त्र रच रही थीं, साथ ही सर हेनरीकी हत्या करवानेका भी प्रबन्ध कर रही थीं। पर अङ्गरेज़ रेजिडेण्टने ज़िन्दाँके मामलेका किसी कमीशनके द्वारा विचार क्यों नहीं कराया? जब केवल सन्देहपर ही क़ैद करना था, तो महारानीको बदनाम करनेसे क्या लाभ?

सच तो यह है, कि अङ्गरेज़ोंकी गिद्ध-दृष्टि पंजाबपर लग चुकी थी; पर अपने इस कार्य्य-साधनके मार्गमें अङ्गरेज़ लोग रानी जिन्दाँको काँटा समझते थे। इसलिये महारानीके नाबालिग़ लड़के दलीपसिंहको अँगरेज़ोंने पहलेही अपने हाथमें कर लिया था। अँगरेज़ रानी जिन्दाँको पञ्जाबमें रखना नहीं चाहते थे; इसलिये एक दिन रानीके देश-निकालेपर अङ्गरेज़ोंने दलीपसिंहकी मुहर लगा दी। वह आज्ञा-पत्र जब शेखपुरमें महारानीके पास पहुँचा, तब पहले उन्होंने अपने लड़केके हस्ताक्षर पहचाने, फिर उस पत्रको अपने सिर-आँखोंसे लगाया। वह पंजाब छोड़नेके लिये तैयार हो गयीं। पञ्जाब-केसरीकी वीरनारीको अपनी प्यारी जन्मभूमि सदाके लिये त्याग देनी पड़ी। पहले वे शेखपुरसे फ़ीरोज़पुर लायी गयीं, तत्पश्चात् काशीमें एक अँगरेज़ अफ़सरके पहरेमें रखी गयीं। खूँखार शेरकी तरह पञ्जाबने अपनी महारानीकी दुर्दशा देखी; पर उससे किया कुछ भी न गया। बालक दलीपसिंह अपने बचपनके खेलोंमें लगे थे। माताके दुःख निवारणके लिये वे कुछ भी न कर सके। अङ्गरेज़ राजनीतिज्ञोंने रानीको कारावरुद्ध करनेमें ऐसे कूट चक्रोंसे काम लिया, जिनकी ओर ध्यान देनेसे घृणा मालूम होती है।

अदम्य तेज और अलौकिक सभ्यताके सामने संसार सिर झुका सकता है; पर नीचता, धूर्त्तता और चालबाज़ियोंको विवेकी पुरुष सदा धिक्कारेंगे। विजय और पराजय तो काल-चक्रकी क्रीड़ा मात्र हैं; पर इस विजय और पराजयमें भी जो नीचता या सज्जनताका व्यवहार करते हैं, इतिहास उन्हींका सम्मान करता है। महारानी ज़िन्दाँके साथ जो अनुचित व्यवहार किया गया, उससे पञ्जाबकी आत्मा बहुतही व्याकुल हुई। सिख खालसा सेनाएँ महारानीका माताकी तरह मानती थीं; महारानीके देश-निकालेसे उन सेनाओंको बड़ाही मार्मिक आघात पहुँचा। इतनाही नहीं, पञ्जाबका एक-एक बच्चा अपनेको अपमानित समझने लगा। उस समय सिख सेनापति शेरसिंहने साफ़ शब्दोंमें यही कहा,—"समस्त सिख और पञ्जाब ही नहीं; बल्कि समस्त भारतवासी भी समझ गये, कि अँगरेज़ोंने स्वर्गीय महाराज रणजीतसिंहकी विधवा रानी राजमाता ज़िन्दाँके साथ कैसी बेईमानी और कृतघ्नताका व्यवहार किया। संधिकी शर्तोंमें रानी जिन्दाँको क़ैद करनेकी कोई बात नहीं है—अँगरेज़ोंने यहाँ अप-

मान और अत्याचार किया, सिखोंका धर्म-नाश किया, और रानीके क़ैदके साथ पञ्जाबका जितना वैभव था, वह सब जाता रहा।"

उस समय काबुलके अमीर दोस्त मुहम्मद खाँको भी अँगरेज़ोंके द्वारा महारानी जिन्दाँका क़ैद किया जाना बहुत बुरा मालूम हुआ। उन्होंने कहा था, कि 'इससे सिखोंकी आग भड़क उठेगी।' अमीरने अँगरेज़ कप्तान एबटको जो पत्र भेजा, उसमें यह साफ़ लिखा था—"महाराज दलीपसिंहकी माता ज़िन्दाँकी क़ैद और देश-निकालेसे सिखोंकी मनोवृत्तियाँ दिनोदिन बदलती जा रही हैं।" खैर, जो हो, अँगरेज़ोंने किसीकी टीका-टिप्पणीकी ज़रा भी परवाह न की। नाबालिग़ बच्चे दलीपसिंहका ट्रस्टी बनकर अङ्गरेज़ोंने पञ्जाब दख़ल कर लिया। जब पञ्जाबमें दूसरी बार लड़ाई छिड़ी, तो बड़े लाट लार्ड डलहौज़ीने बेरकपुरमें भाषण करते हुए कहा था,—"मैं शान्ति चाहता हूँ! मैं शान्तिका उपासक हूँ! पर भारतके शत्रु यदि संग्राम चाहते हैं, तो उन्हें वही मिलेगा, और भयानक बदलेके साथ मिलेगा।"

देखा, अङ्गरेज़ोंकी शान्ति-उपासनाका ढंग! लार्ड डलहौज़ीके समयसे अबतक वे शान्तिके लिये ही चिल्लाते हैं, और शान्तिके पर्देमें अनेकों युद्ध करते हुए उन्होंने इतना बड़ा ब्रिटिश साम्राज्य बना लिया। अंगरेज़ोंकी इस शान्ति (!) से जिसने धोखा खाया, उसीका सर्वनाश हुआ। पञ्जाबके ब्रिटिश-शासनमें आतेही महाराज दलीपसिंह भी अपने राज्यसे बाहर निकाल दिये गये। फ़तहगढ़में उनके रहनेका प्रबन्ध किया गया। उनकी निजी सम्पत्ति याने गहने कपड़े, जो बीसों लाखके थे, ले लिये और दलीपसिंह तथा उनके रिश्तेदारोंके लिये ४ से ५ लाख रुपये तक वार्षिक पेन्शन नियत कर दी। पर बादमें यह पेन्शन भी कम होते-होते केवल ८० हज़ार रुपये प्रति वर्ष मिला करती थी। जिस समय महाराज दलीपसिंह गद्दीसे उतारे गये, उस समय उनकी आयु केवल ग्यारह वर्षकी थी। गद्दीसे उतारनेके बाद वे सर जान लाज़िन नामक मास्टरके सपुर्द किये गये। सन् १८५३ में एक ईसाई पादरीने महाराज दलीपसिंहको ईसाई बना लिया। सोलह वषका बालक दलीप अपने लम्बे केश कटा कर ईसाई हो गया। हाय! महाराज रणजीत सिंहके पुत्रकी यह दुर्दशा! एक वर्ष बादही अङ्गरेजोंने ज़बदस्ती दलीपसिंहको विलायत भिजवाया, यद्यपि उनकी इच्छा जानेकी न थी। वे सन् १८५७ में भारत लौटना चाहते थे; पर सरकारने उन्हें लौटने न दिया। इङ्गलैण्डसे महाराज दलीपसिंहने अपने देशवासियोंके नाम एक पत्र भेजा, जिससे व्याकुल आत्माका आर्त्त नाद टपका पड़ता है। उस पत्रमें लिखा था;—

'प्यारे पंजाबवासियो!

मैं फिर किस मुँहसे पंजाब वापस आकर रहूँ? इच्छा थी, कि मुँह न दिखाता; पर 'वाह गुरु' सबके मालिक हैं। गुरु भगवानकी प्रेरणा है, कि मैं फिर अपनी जननी-जन्मभूमि पंजाबमें एक साधारण दरिद्रकी तरह आकर रहूँ। मैं आता हूँ—'वाह गुरु' की जो इच्छा होगी, होगा। खालसा भाइयो! मैं नालायक़ हूँ—अपने बाप-दादोंका पवित्र धर्म त्याग कर मैं ईसाई बना, मुझे क्षमा करो! जिस समय मुझे ईसाई बनाया गया, उस समय मैं बच्चा था—कुछ जानता भी नहीं था और न कुछ करही सकता था। मैंने अब फिर अपना सिख-धर्म ग्रहण कर लिया है। मैं अब बाबा नानकके अनुशासन और गुरु गोविन्द सिंहके आज्ञानुसार चलूँगा। प्यारे पंजाब और खालसा भाइयोंको देखनेके लिये मेरा दिल बेचैन हो रहा है। पर मुझ पापीको स्वदेशके दर्शन कदाचित् न हो सके; क्योंकि अँगरेज़ मुझे शायदही वापस आने देंगे। मैंने अङ्गरेज़ी शासनपर पूरा विश्वास किया था और अब उसका पूर्ण फल पा लिया। 'वाह गुरुका खालसा! वाह गुरुकी फ़तह!'

मैं, आपके रक्त-मांससे बना—

दलीपसिंह।"

महाराज दलीपसिंहने ईसाई-धर्म त्याग कर पुनः सिख धर्म ग्रहण कर लिया था और भारत लौट रहे थे; पर अङ्गरेज़ोंकी आज्ञासे वे अदनमें रोके गये और गिरफ्तार करके फिर इङ्गलैण्ड भेज दिये गये। पंजाबमें ब्रिटिश शासनका दबदबा आरम्भ हो गया था। पञ्जाबके समस्त माल-खज़ानोंके साथ महाराज रणजीतसिंहका कोहेनूर हीरा भी अङ्गरेज़ोंके हाथ लगा, जो अब इङ्गलैण्ड-नरेशके मुकुटमें लगा है। महारानी ज़िन्दाका क्या हुआ? जिनके लिये प्रभु-भक्त खालसा सेनाने संग्राम किया, जिनके लिये हज़ारों लाखोंका खून बहा, उनका परिणाम क्या हुआ?

अन्तमें अनेक परिवर्त्तनोंके बाद महारानी ज़िन्दाँ बुढ़ापेमें अन्धी होकर बेटेको हृदयसे लगानेके लिये सात समुद्र पार इङ्गलैण्डमें गयीं। सन् १८६३ में पञ्जाबकी राजमाता इङ्गलैण्डमें एक साधारण स्त्रीकी तरह अपने प्राणप्रिय पुत्र दलीपके घूटनोंपर सिर रखकर मरी। आह! पञ्जाबकेसरी महाराज रणजीतसिंहके परिवार-की ऐसी दुर्दशा? हा दैव! तेरी गति अगम्य है!

"पशु-बलसे डरनेकी कोई ज़रूरत नहीं। बेतकी चोटकी परवाह मत करो। यदि तुम हँसते हँसते जेल चले जाओगे, सूलीपर चढ़ जाओगे, मौतको गले लगा लोगे, तो तुम मरोगे नहीं; वरन् अमर हो जाओगे और संसारके शहीदोंमें तुम्हारी गिनती अनन्त कालतक होती रहेगी।" —सुरेन्द्रनाथ बनर्जी।

"विचारको (जूरियों) ने यद्यपि मुझे अपराधी करार दिया है, तथापि मैं अपनेको सर्वथा निरपराध समझता हूँ। जिस शक्तिके द्वारा विश्व-ब्रह्माण्ड नियन्त्रित होता है, मानवो विचार-क्षमतासे वह बहुत ही ऊँचेपर स्थित है। जिस पवित्र कार्य्यकी सिद्धिके लिये मैंने चेष्टा की है, सम्भव है, मेरे कष्ट सहनेसे उसकी सिद्धिके लिये मेरे देशवासी आगे बढ़े और शायद यही परमात्माको मंजूर हो!"

—लोकमान्य।

वीरवर हमीर।

[लेखक—श्रीयुत रामप्रसाद त्रिपाठी]

अलाउद्दीन खिलजीके आक्रमणोंसे चित्तौड़ ग्रसित रहता था। सन् १३०३ में जब अलाउद्दीनने चित्तौड़-पर आक्रमण किया, उस समय सहस्रों वीर राजपूतोंने युद्धमें मृत्युका आह्वान कर प्राण बलि चढ़ाये थे। उसी समय अरिसिंह नामक एक महापराक्रमशाली, शौर्य्य-सम्पन्न राणाने स्वाधीन-चेताओंके लिये आत्म-त्यागका जाज्वल्यमान दृष्टान्त प्रदर्शन किया था। यही वीर अरिसिंह हमीरके पिता थे।

अरिसिंहने चन्दनवंशीय एक सामान्य राजपूत कन्याका पाणिग्रहण किया था। उन्होंने शिकारके लिये जा, उसके रूप-लावण्य और वीरत्वपर मोहित और विस्मित हो, उसके पाणि-ग्रहणकी इच्छा प्रकट की और पीछे उससे विवाह किया था।

इस रमणीके किस गुणपर वीर-श्रेष्ठ अरिसिंह मोहित हुए थे? पाठक! क्या आप सुनेंगे? अच्छा, सुनिये,—इस रमणीने एक छोटेसे काँटेसे एक अत्यन्त बलशाली सुअरका बध किया था तथा एक ढेलेसे अरिसिंहके घोड़ेकी टाँग तोड़ दी थी। जब अरिसिंहके एक मित्र एक घोड़ा लेकर उस रमणीके पास पहुँचे, तब उसने बड़े विचित्र कौशलसे उन्हें घोड़ेसे गिरा दिया। अरिसिंहने बड़े आश्चर्य्यसे उस रमणीको धन्यवाद दिया।

इसी दम्पतीसे सन् १२९१ ई० में वीरवर हमीर उत्पन्न हुए! पद्मिनीको पानेके लिये अलाउद्दीनके चित्तौड़पर आक्रमण करनेपर राजपूतगण आत्मोत्सर्ग-का ज्वलन्त दृष्टान्त दिखा कर, समर-क्षेत्रमें सो गये। केवल वंश-रक्षाके लिये पिण्डदानार्थ अजयसिंहने मेवाड़के पश्चिम पार्श्वस्थित कैलबारा नामक स्थानमें आश्रय लिया।

अजयसिंह क्रमशः ज्वरग्रस्त होने लगे, तथापि

चित्तौड़के उद्धारकी आशा उनके हृदयसे बिलकुल गयी न थी। वे कभी-कभी चित्तौड़की बात सोच, शोकमें डूब जाते और फिर आशाके मनोमुग्धकर मन्त्रसे मुग्ध होकर स्वस्थ हो जाते थे।

कुछ दिन बीतने पर अजयसिंह बहुत ढूँढ़-खोज कर हमीरको उनके ननिहालसे अपने घर लाये तथा अपने शत्रु भील-सरदार मुञ्जरके विरुद्ध हमीरको भेजा। हमीरने प्रतिज्ञा की, कि—"यदि मुञ्जरका सिर काट कर ला सका, तो देश लौटूँगा, नहीं तो यही अन्तिम भेंट है।" वीरवर हमीर, कवच आदि पहन कर, अस्त्र-शस्त्रोंसे सुसज्जित होकर भील-शत्रुका दमन करनेके लिये रवाना हुए तथा थोड़ेही दिनोंमें वीरत्वसे मुञ्जरका सिर काटकर प्रसन्न-चित्तसे कैलबारेमें लौट आये। उन्होंने अजयसिंहसे विनम्र शब्दोंमें कहा,—"आर्य्य! अपने शत्रुका सिर पहचान लीजिये।" वीर-बालक हमीरका वीरत्व देखकर अजयसिंह अत्यन्त आनन्दित हुए तथा उनका मुख चुम्बन कर उन्होंने मुञ्जरके सिरके रक्त द्वारा उन्हें राज-तिलक दिया। इससे अजयसिंहके पुत्रोंकी राज्य-प्राप्तिकी आशा सदाके लिये दूर हो गयी। उनके एक पुत्रने राज्य न पानेके शोकमें प्राण त्याग कर दिया। दूसरा पुत्र दक्षिणमें जा कर रहने लगा। इसी दूसरे पुत्रके वंशमें वीर-श्रेष्ठ शिवाजीने जन्म लिया था।

हमीर सन् १३०५ ईस्वीमें मेवाड़के राणा हुए। हमीर राणा थे सही; किन्तु उनके राज्य नहीं, धन नहीं सहायक नहीं, कोई भी नहीं, केवल वेही अकेले हैं। जो लोग सहायक थे, उनमें किसीने गत युद्धमें प्राण त्याग किया है, तो किसीने यवनोंकी अधीनता स्वीकार कर ली है। राजपूतोंमें राजदण्ड ग्रहण करनेपर 'टीका डोरा' नामक एक वीरत्वपूर्ण अनुष्ठान करनेका नियम था। उसी नियमके अनुसार वीर-चूड़ामणि हमीरने पितृव्य-वैरीके बलैचार नामक राज्यपर आक्रमण कर उसके 'पसेलियाँ' नामक दुर्गपर अधिकार कर लिया। उनका वीरत्व देख, सब लोग चकित तथा विस्मित हुए और सबके मनमें चित्तौड़-उद्धारकी आशा जागृत हो उठी।

कुछ दिन बाद, महाराज अजयसिंह परलोक सिधारे। यथासमय उनका श्राद्धादि कर्म हुआ। वीरवर हमीर उस समयसे अपने जीवन भर—प्रायः साठ वर्षतक—युद्धही करते रहे।

हमीर राजा होतेही चित्तौड़-उद्धारकी चिन्तामें लगे। उनका हृदय, चित्तौड़को पराधीन देख, दुःखसे फटने लगा। लेकिन उन्होंने दृढ़ संकल्प कर लिया, कि "जीवन रहते हुए, हाथ-पैर रहते हुए, हाथमें तलवार रहते हुए, शरीरमें प्राण रहते हुए हम चित्तौड़को पराधीन नहीं देख सकते; हम उसका उद्धार अवश्य करेंगे।"

वे समझ गये थे, कि वे अपनी मुट्ठी-भर सेनाकी सहायतासे यवनोंको किसी तरह हरा न सकेंगे; इसीलिये उन्होंने प्राणसे भी प्रियतम चित्तौड़-भूमिका उद्धार करनेकी इच्छासे एक नयी रीतिका अवलम्बन किया। इससे उनकी अभीष्ट-सिद्धिका रास्ता साफ़ हो गया।

वे बैरियोंके लिये परिघा-वेष्ठित नगरादि छोड़, वहाँके सुन्दर घर और विशाल अट्टालिकाएँ उजाड़ने लगे। उन्होंने चारों ओर प्रचार किया, कि "जो लोग महाराज हमीरकी अधीनतामें रहते तथा उन्हें राजा मानते हैं, उन्हें सपरिवार मेवाड़के पूर्वीय और पश्चिमीय पहाड़ोंमें जाकर वास-स्थान बनाना चाहिये; यदि वे लोग ऐसा न करेंगे, तो वे देशके शत्रु समझे जायेंगे और दण्ड पायेंगे।" यह घोषणा निकलतेही मेवाड़ वासियोंके दल-के-दल मेवाड़-भूमि परित्याग कर पहाड़ी प्रदेशमें जाकर वहीं नये घर बनाने लगे। थोड़ेही दिनोंमें मेवाड़ उजाड़ हो गया और राज-पथ जंगल बन गये। राजपूत उनमें छिपे रहकर बीच-बीचमें यवनोंपर आक्रमण कर उनका बध करने लगे। मुसलमान बड़ी चेष्टा करके भी उनका पता न पाते। हमीर कलबारेमें रहने लगे। पार्वत्य कैलबारा धन-जन-पूर्ण हुआ। हमीरने वहाँ एक 'हमीर तालाब'

खुदवा, उसके घाटपर मेवाड़ाधिष्ठात्री देवीका मन्दिर प्रतिष्ठित किया।

जिस समय मेवाड़-भूमिकी ऐसी दशा थी, उसी समय तत्कालीन चित्तौड़-रक्षक मालदेवने अपने प्रचण्ड शत्रु हमीरके पास उनके हाथ अपनी कन्या सौंपनेका सन्देशा भेजा। उस समय इसका कारण बहुत विचारनेपर भी कोई समझ न सका। मन्त्रियोंके हृदयमें तरह-तरहकी आशङ्काएँ उत्पन्न हुई; किन्तु हमीर निर्भय और निःशङ्क चित्तसे किसीकी बात न सुन, विवाह करनेपर राज़ी हो गये।

तरुण वीर हमीर पाँच सौ घुड़सवारों सहित पितृ-राज्यकी ओर चले। दूरसेही चित्तौड़का उन्नत दुर्ग शिखर दिखाई देने लगा। उसे देखकर हमीर चित्तौड़का उद्धार करनेकी बात सोचने लगे तथा दृढ़-प्रतिज्ञ हो कर बोले,—"या तो चित्तौड़का उद्धार करूँगा, या मैं इस पवित्र पितृराज्यके चरणोंमें अनन्त शय्यापर शयन कर आनन्दसे स्वर्ग जाकर और पितृपुरुषोंसे मिलकर अनन्त सुखसे दिन बिताऊँगा।" इस तरह सोचते-सोचते वे चित्तौड़ नगरके पास पहुँच गये। चौहानके पाँचों पुत्रोंने आगे बढ़कर उनका स्वागत किया; किन्तु नगर-के सिंहद्वारपर तोरण या अन्यान्य विवाह-सूचक कोई चिह्न न देखकर हमीरके मनमें सन्देह हुआ तथा उन्होंने सोचा, कि शायद मित्रोंकी चेतावनी सच होगी; किन्तु इससे भी वे हतोत्साह न हुए।

वे कुछ देर बाद चित्तौड़-दुर्गके प्रशस्त आँगनमें आ पहुँचे तथा वीराग्रगण्य पूर्वपुरुषोंका कीर्त्ति स्तम्भ देख, उनके मनमें सुख और दुःख दोनों उत्पन्न हुए। देखते-देखते उन्होंने प्रशस्त सौधश्रेणीमें प्रवेश किया। वहाँ मालदेव, उनके पुत्र बनवीर तथा अन्यान्य सर-दारोंने बड़े आदर-सत्कारसे उनका स्वागत किया; तदनन्तर हमीर बिवाह-मण्डपमें पहुँचे; किन्तु उन्होंने वहाँ भी विवाहका कोई उद्योग न देखा। मालदेवने तुरन्त अपनी कन्याको लाकर उनके हाथोंमें अर्पण किया; किन्तु इस बार भी परिणय-सूचक कोई कार्य्य सम्पादित न हुआ; केवल वर-कन्याका गठ-बन्धन हुआ और हाथमें हाथ पकड़ा दिया गया। मालदेवके कुल-पुरोहितसे हमीरने इसका कारण पूछा। पुरोहितने कहा,—"ठहरिये; समय आनेपर सब बातें आप ही-आप जान जायेंगे।" हमीर इन बातोंका अर्थ न समझ, अत्यन्त दुःखित और चिन्तित हुए। क्रमशः उन्होंने अन्तःपुरमें अपनी नवपरिणीता पत्नीके कमरेमें प्रवेश किया। वहाँ भी चिन्ताने उनका पीछा न छोड़ा। नव-वधू हमीरका भाव देखकर उनके चरणोंमें गिर कर बोली,—"नाथ! हृदयेश!! इस दासीका अपराध क्षमा करें। मैं समझती हूँ, कि पिताने किस लिये यह कार्य चुपचाप किया है। यदि आज्ञा दें, तो मैं वह सब आपकी सेवामें निवेदन करूँ?" हमीरने उस बालिकाका मुँह बड़े ध्यानसे देखा। देखा—बालिकाका मुख-मण्डल सरलताका आधार तथा ज्योत्स्नाविमण्डित है। यह देखकर हमीरने उसे सादर और सस्नेह पैरोंपरसे उठा, अपने हृदयसे लगा लिया। साथही उसे अभय दान देते हुए वह गूढ़ वृत्तान्त प्रकट करनेकी आज्ञा दी। वह रमणी कहने लगी,—"प्राणेश! प्राणवल्लभ! यह दासी विधवा है; किन्तु विधवा समझकर मुझसे घृणा न कीजियेगा। अति शैशव कालमें भट्ट वंशीय किसी राजकुमारसे मेरा परिणय हुआ था; किन्तु किसी युद्धमें वे मारे गये। इतनी कम अवस्थामें मेरा विवाह हुआ था, कि मुझे व्याहका स्मरण तक नहीं। उसी समयसे मैं अनाथिनी विधवा हूँ; आज आपको पाकर पुनः सनाथ हुई और मेरे मनका सब दुःख दूर हो गया।" बालिका के मुँहसे प्रसन्नताके मारे और बचन न निकले। वह अपने प्राणेश्वरसे लिपटकर रोने लगी। हमीरने बालिकाकी सरलता, सत्य-प्रियता और प्रगाढ़ अनुरक्ति देख, उसके आँसू पोछकर उसे अभय प्रदान किया तथा स्वयं भी कुछ शान्त हुए। राजपूतोंमें विधवा-विवाह प्रचलित न था। विधवा-विवाहको उस समय-के राजपूत घृणा और नीच दृष्टिसे देखते थे। आज मालदेवने उनका जो अपमान किया, उसे उन्होंने

प्रियतमाका मुँह देखकर भुला दिया। पतिप्राणा,सरला अबला इस अपमानका बदला लेनेके लिये पतिको परामर्श देने लगी। उसने कहा,—"आप दहेज़में जलधर नामक सरदारको माँगियेगा।" हमीरने उसके कथनानुसार जलधरको माँगा। मालदेवने उसे प्रदान किया। इसके एक पक्ष बाद वे जलधर और अपनी स्त्रीको साथ लेकर कैलबारा लौटे तथा चित्तौड़के उद्धारका सुयोग ढूँढ़ने लगे।

कुछ दिन बीतनेपर मालदेवकी कन्याके गर्भ और हमीरके औरससे क्षेत्रपालसिंह नामक अत्यन्त सुन्दर नवकुमार उत्पन्न हुआ। इस आनन्दोत्सवके उपलक्ष्यमें मालदेवने हमीरको अपना कुल पार्वत्य-प्रदेश प्रदान किया। इसी बीच एक ज्योतिषीने गणना कर कहा,—"चित्तौड़के देवता तुम्हारे पुत्र क्षेत्रपालपर कुपित हैं; इसलिये तुमलोग शीघ्र चित्तौड़में जा बसो।"हमीर-पत्नी इस दुःखजनक बातको भी सुनकर सुखी हुई। स्वामीकी अभीष्ट-सिद्धिमें सहायता पहुँचानेका सुअवसर देख, दैवके क्रोधका सब हाल उसने अपने पिता मालदेवको लिख भेजा। मालदेव कुछ आदमियों सहित पालकी भेजकर अपनी कन्याको अपने घर बुला लाये। उसने पिताके भवनमें उपस्थित होकर देखा, कि उसके पिता अपने प्रधान-प्रधान वीरों सहित मीरोंको दमन करनेके लिये उनके देश जा रहे हैं। इसी समय हमीरकी भाग्य-लक्ष्मी सुप्रसन्न हुई। उनके चित्तौड़पर दख़ल जमानेका पथ प्रशस्त हुआ। हमीर-पत्नीने जलधरसे सलाह कर वहाँकी बची हुई सेनाको अपनी मुट्ठीमें कर लिया। हमीर दल-बल सहित चित्तौड़के पास आ पहुँचे। वे बागोर नामक स्थानमें सब प्रबन्ध कर तुरन्त चित्तौड़में पहुँचे तथा अपने रणकौशल और वीरत्वसे कुल बाधा-विघ्न लाँघ कर उन्होंने चित्तौड़पर अधिकार कर लिया। चित्तौड़ अधिकृत होनेके बाद चित्तौड़के आबाल-वृद्ध वनिता—सबने हमीरकी अधीनता प्रसन्नता-पूर्वक स्वीकार की!

यथासमय शत्रुओंका दमन कर मालदेव चित्तौड़ लौटे। किन्तु उनका विजय-जनित आनन्द शीघ्रही मरुभूमिमें गिरकर सूख गया। उनके दुर्ग-द्वारपर उपस्थित होते ही उनकी सेनाने बन्दूकोंकी खाली बाढ़ें दागीं। यह सब तमाशा देख, वे विस्मित हुए तथा नगरमें प्रवेश कर, सब बातें जान, निराशासे इधर उधर चक्कर लगाने लगे। उन्होंने देखा, कि उनके प्रधान-प्रधान सरदारोंने हमीरका पक्ष अवलम्बन कर लिया है। इसीसे दूसरा उपाय न देखकर उन्होंने अल्लाउद्दीनके वंशधर मुबारक ख़िलजीसे अपनी मनोवेदना और अवमाननाकी बातें निवेदन कीं। हमीर पितृ-पुरुषोंके चरणाङ्कित सिंहासनपर बैठकर बड़े आनन्दसे चित्तौड़के अधिपति हुए। हमीरके राजा होनेसे सारी प्रजा प्रसन्न हुई। पर्व्वतवासी सब लोग चित्तौड़में आ-आकर बसने लगे। साधारण लोग शिशोदीय कुल-गौरवके उद्धारक हमीरको धन्यवाद देते हुए आनन्द पूर्व्वक अपना जीवन व्यतीत करने लगे।

हमीरकी ओरसे, मालदेवसे युद्ध करनेके लिये, अनेक लोग हमीरकी पताकाके नीचे आ एकत्र होने लगे। हमीर इन्हें सादर अपने पास रखकर युद्ध-शिक्षा देने लगे। इधर मुबारकने मालदेवकी सलाहसे बड़ी धूम-धामसे चित्तौड़पर धावा किया।

मुबारककी सेना पार्व्वत्य प्रदेशमें चलते-चलते बहुतही थक गयी। कितनेही सिपाही पार्व्वत्य-पथके कष्ट न सह सकनेके कारण कालके ग्रास हुए। कुछ दिन बाद अनेक व्यय तथा अपार कष्ट भोगकर सिङ्गली नामक स्थानमें पहुँचकर उन्होंने छावनी डाली। हमीरने यह ख़बर पातेही ससैन्य वहाँ पहुँचकर मुबारकपर चढ़ाई की। दोनों पक्षोंमें घोर युद्ध हुआ। वृद्धगण मानों विह्वल चित्तसे युद्धका परिणाम देखनेके लिये उत्सुक होकर चुप-चाप अविचल खड़े रहे। घोड़ोंके हिनहिनाने और हाथियोंके चिग्घाड़नेसे समर भूमि काँपने लगी। देखते-देखते राजपूत शिशोदीय कुल-गौरव वीरवर हमीरके अलौकिक साहस, वीरत्व और अद्भुत बल-कौशलसे यवनगण पराजित हुए। सौभाग्य-लक्ष्मी

हमीरकी अङ्कशायिनी हुई। हतभाग्य मुबारक क़ैद कर चित्तौड़के क़िलेमें लाया गया। तीन महीनेतक असह्य कारागार-क्लेश भोग कर अजमेर, रितम्बर और शिवपुर तथा पचास लाख रुपये नक़द और एक सौ हाथी नज़र कर मुबारक छूट आया। मुबारकके बिदा होते समय हमीरने दर्प-पूर्ण वचनोंमें कहा,—"आप दिल्लीके सम्राट समझ कर डरसे नहीं छोड़े जा रहे हैं। अपना राज्य समझ कर परम पूज्या चित्तौड़ नगरीको छीनने आकर आपने उसका फल पाया। यदि इच्छा हो, तो फिर चित्तौड़पर आक्रमण कीजियेगा। आपके लिये यह तलवार सदा उत्सुक रहेगी।"

मालदेवकी सब आशाएँ आकाश-कुसुम हो गयीं। उनके ज्येष्ठ पुत्र बनवीरसिंहने हमीरकी अधीनता स्वीकार की। हमीरने उन्हें सादर ग्रहण कर मर्य्यादाके साथ दिन बितानेके लिये नीमच, जीयन, रतनपुर और कैरा प्रभृति स्थान प्रदान किये।

चारों ओर हमीरके वीरत्वकी चर्चा होने लगी। मेवाड़के राजाओंने उन्हें बड़े आनन्दसे स्वेच्छापूर्वक नज़रें भेजीं तथा ज़रूरत पड़नेपर वे सेना और अस्त्र-शस्त्र आदिसे उनकी सहायता करने लगे। हमीर क्रमशः सार्व्वभौम राजा हुए। चारों ओरके राजा उनकी आज्ञाका पालन करने लगे।

हमीरने चित्तौड़को फिरसे बनवाया और उसका उजड़ा हुआ रूप सुधार दिया। हमीर द्वारा प्रतिष्ठित यह राज्य मुग़ल सम्राट बाबरके समयतक वैसाही स्मृद्धिशाली रहा। बीरवर हमीर बहुत दिनोंतक बड़ी योग्यता और प्रबल प्रतापसे मेवाड़का शासन करते हुए सन १३६५ ई० में इस लोकसे परलोक सिधारे।

हमीर बड़े वीर, तेजस्वी और बलवान् पुरुष थे। आज भी मेवाड़के अन्यान्य चिरस्मरणीय महावीरोंके नामके साथ उनका नाम लिया जाता है।

गोरा और बादल!

[लेखक—श्रीयुत रामानन्द द्विवेदी]

जिस समय बारहवीं शताब्दी, मृदुगतिसे, बाधा विघ्न न मानकर बालकके क्रन्दन और रोगीके आर्त्तनादपर दृष्टिपात किये बिना चली गयी और तेरहवीं शताब्दीके आरम्भमें चित्तौड़के अधिपति, लक्ष्मणसिंहके चाचा भीमसिंह, बालक भतीजेकी राज्य-रक्षामें लगे हुए थे, उसी समय प्रबल पराक्रमी शत्रु अलाउद्दीनने भीमसिंहकी स्त्री पद्मिनीको अपनानेकी इच्छासे चित्तौड़को घेर लिया। सम्पूर्ण चित्तौड़वासी अपने वंशका गौरव स्थिर रखनेके लिये व्यस्त हो गये। अलाउद्दीन पद्मिनीके असामान्य रूप लावण्यपर मुग्ध था। इसीसे वह राजपूत-वंशमें कलङ्क लगानेको तैयार हुआ था; पर दुराकांक्षी कपटी सम्राटकी आशा पूरी हुई। अन्तमें उसने पद्मिनीको एक बार देखनेकी इच्छा प्रकट की। राजपूत वीरोंने दर्पणमें प्रति-फलित प्रतिबिम्ब दिखानेका प्रस्ताव किया। अलाउद्दीन इसपर राज़ी हो गया। मित्र-रूपमें कुछ साथियों सहित चित्तौड़के राज-प्रासादमें आकर उसने पद्मिनीकी लावण्यमयी कान्ति देखी। पद्मिनीके रूप-लावण्यमें अलाउद्दीनका हृदय डूब गया। कपटी सम्राट तरह तरहकी मीठी बातोंमें फँसाकर सरल हृदय भीमसिंहको चित्तौड़के राज-प्रासादसे बाहर लिवा ले गया। भीमसिंह उस दग़ाबाज़ यवनका चातुर्य्य तनिक भी न समझे। वे निःशङ्क चित्तसे अलाउद्दीनके साथ राजपुरीसे बाहर चल पड़े। एकाएक एक गुप्त स्थानसे कितनेही यवन सिपाही निकल, भीमसिंहको क़ैद कर यवन-शिविरमें ले गये। अन्तमें सम्राटने प्रचार किया, कि—"जबतक पद्मिनीको न पाऊँगा, तबतक भीमसिंहको न छोड़ूँगा।"

भीमसिंहके गिरफ्तार हो जानेकी खबरसे आज चित्तौड़वासियोंके मुखपर विषादकी छाया पड़ गयी है। प्राण रहते यह कौन राजपूत सह सकता है, कि पवित्र आर्य्य-कुसुम-कलिका म्लेच्छके अधीन हो ? इस विपत्तिके समय बारह वर्षका वीर बालक बादल अपनी सम्मान रक्षाके लिये आगे बढ़ा। वंशका गौरव स्थिर रखनेके लिये उसने प्राणदान किया। भीमसिंहका उद्धार करनेकी उसने प्रतिज्ञा की। उसके चाचा गोरा आनन्दपूर्वक बादलको सहायता देनेके लिये प्रस्तुत हुए।

राजपूतोंने एक कूटनीतिका सहारा लिया। अलाउद्दीनके पास समाचार भेजा, कि महारानी पद्मिनी देवी बहुसंख्यक दासियों और सखियों सहित उनसे मिलनेके लिये तैयार हैं।

इस प्रस्तावको सुन, पिशाच अलाउद्दीन आनन्दसे मतवाला हो उठा। जैसे-तैसे पद्मिनीके आनेका दिन आ पहुँचा।

देखते-देखते सात सौ पालकियाँ सम्राटके शिविरके पास आ लगीं। शिविकाओंमें क्या सचमुचही पद्मिनी की दासियाँ और सखियाँ थीं ? नहीं; उनमें चित्तौड़के सात सौ साहसी योद्धा बैठे थे। उन्होंने बिना बाधा-विघ्नके शत्रु-शिविरमें प्रवेशकर भीमसिंहका उद्धार किया। पासही मुसलमानी फ़ौज पड़ी हुई थी। दोनोंमें युद्ध छिड़ गया। बादल,राजपूत सिपाहियोंका नायक बनकर युद्धमें अपूर्व वीरत्व दिखाने लगा। बारह वर्षके बालकके अद्भुत पराक्रमसे यवन सेना नष्ट होने लगी। गोरा भी अनुपम पराक्रमके साथ युद्ध कर अन्तमें मारे गये; वीर बालक बादल इससे अधीर न हुआ। वह दूने उत्साहके साथ यवन-सेनाका संहार करने लगा।

जो बालक माताकी गोदीमें पलने योग्य है, वह आज 'प्राणादपि गरीयसी' जन्म-भूमिके लिये, वंशकी मर्य्यादा-रक्षाके लिये,दुर्भेद्य कवचसे आवृत होकर आततायियोंके विनाशमें उन्मत्त है। बालकके अद्भुत पराक्रमसे अलाउद्दीनका उद्यम व्यर्थ हुआ। उसे निराश होकर जाना पड़ा।

बालक बादल युद्ध समाप्त होनेपर खूनसे तरबतर होकर घर लौटा। बादलकी माता अस्रोंसे घायल बालकको गोदमें लेकर अनुपम आनन्द उपभोग करने लगी। गोराकी सहधर्म्मिणी बादलके मुँहसे पतिका वीरत्व सुन कर सती हो गयी।

बालक बादल धन्य है, जिसने राजपूती आन न छोड़ी और राजपूत रमणीकी रक्षाके लिये अपूर्व साहस और शौर्य्य दिखाया।

हाय ! एक समय भारत ऐसे वीरत्वका आवासस्थल था ! कालके प्रभावसे वे सब बातें आज स्वप्न हो गयी हैं। स्वप्नमें भी वे दृश्य देखनेको नसीब नहीं होते। वीर बालककी इस वीर-कीर्तिपर नव्य भारत क्या चकित होगा ? हाय ! वीर बालक ! पुनीत भारतमें इस समय तुम्हारी बहुत आवश्यकता है। क्यों नहीं फिर जन्म लेकर इसका उद्धार करते ?

महावीर बन्दा वैरागी।

[लेखक—श्रीयुत लक्ष्मीनारायण वाजपेयी]

संसारमें ऐसे महापुरुष बराबर जन्म लेते रहते हैं जो अपने देश, जाति और धर्मके लिये काम करते हुए अपने प्राण न्यौछावर कर देते हैं। जाति और धर्मके लिये प्राण बलि चढ़ानेवालोंमें बन्दा वैरागीका नाम सदा श्रद्धा और भक्तिसे स्मरण किया जायेगा। इस वीर वरागीका नाम पहले लक्ष्मण देव था। बादमें यही बन्दा वैरागीके नामसे प्रसिद्ध हुआ।

कातिक शुक्ल पक्ष सं० १७२७ के एक शुभ दिन का वह मुहूर्त अत्यन्त पवित्र था, जब पुञ्छकी पहाड़ी रियासतके राजोर गाँवमें एक राजपूत माताने एक बच्चेको जन्म दिया, जिसका नाम लक्ष्मणदेव रखा गया। इसके पिताका नाम रामदेव था। उस समय दिल्लीके सिंहासनपर हिन्दुओंका द्वेषी सम्राट

औरंगजेब विराजमान था, जिसके अत्याचारोंसे हिन्दू-प्रजामें त्राहि-त्राहि मची हुई थी।

बालक लक्ष्मण देवको घुड़सवारी और शिकार खेलनेका बहुत शौक था। वे ऐसे निपुण तीरन्दाज़ थे, कि उनका निशाना कभी खाली नहीं जाता था। एक दिन लक्ष्मण देवने एक भागती हुई हरिणीपर तीर चलाया। तीर लगतेही हरिणी गिर पड़ी। लक्ष्मणने छुरीसे उसका पेट चीर डाला। वह गर्भिणी थी। पेट चीरतेही तीन बच्चे निकल पड़े। इसके बाद माता-ने तड़पकर प्राण दे दिये।

किन्तु इस घटनासे लक्ष्मणपर मार्मिक प्रभाव पड़ा। उसने बहुतही शोकाकुल होकर सोचा, कि "हाय! मैं ही इस गर्भिणी माता और उसके बच्चों-की मृत्युका कारण हूँ!" लक्ष्मणदेवको उसी समय से वैराग्य सूझा। वे घर-बार छोड़ना चाहते थे। इसी बीचमें उनकी भेंट जानकीदास नामक वैरागी साधुसे हुई, जो उन्हें कसूर (लाहौर) ले गया। यहाँ लक्ष्मण देवने साधु-वेश धारण किया, और अपना नाम माधवदास रखा। उन्होंने अबसे वैराग्य या संन्यास ग्रहण किया।

इसके बाद वे भ्रमण करने निकले और घूमते हुए पञ्चवटीमें पहुँचे, जहाँ त्रेता युगमें श्रीरामचन्द्र-जीने निवास किया था। इस बनमें रह कर माधव-दास वैरागीने तप करना आरम्भ कर दिया। यहीं उनकी भेंट अन्य साधु-सन्तोंसे भी हुई, जिनमें एक महात्मा ऐसे थे, कि माधवदास उनकी सदा सेवा सुश्रूषा करते, और उनसे ज्ञानोपार्जन करते। यहांसे माधव वैरागी गोदावरी-तटके नावेर नगरके समीप पहुँचे, जहाँ उन्होंने अपना आसन जमा दिया। उस समय उनकी आयु केवल २२ वर्षकी थी।

वहाँ माधव वैरागीकी बड़ी ख्याति हुई। लोगोंके समूह उनके दर्शन करने आते, और उन्हें गुरुकी तरह मानते थे। लोग समझने लगे, कि उनके अन्दर कोई असाधारण ईश्वरीय शक्ति है, और जिन्न, भूत, प्रेत आदि उनके वशमें हैं! उस समय दक्षिणमें औरङ्गजेब-की सेनाओंसे मरहठे वीरोंकी लड़ाइयाँ होतीं, जिनका समाचार माधव वैरागी भी सुनते; पर उधर वे ध्यान न देते थे; क्योंकि वे संसार छोड़ चुके थे।

इस बीचमें गुरु गोविन्दसिंह भी भ्रमण करते-करते उधर जा निकले। उज्जैनमें उनकी भेंट दाऊद-पन्थी गुरु नारायणदाससे हुई। नारायणदास रामेश्वरकी यात्रा करके लौटे थे। गुरु गोविन्दने उनसे पूछा,—"कि उधर आपने क्या देखा?" नारायणदासने कहा, "और तो सब मिट्टी-पत्थर थे; किन्तु नावेरमें एक विचित्र वैरागी महन्त हैं; जिन्न और भूत उनके वशमें हैं। बस, यही महापुरुष दर्शन करनेके योग्य हैं।" इसके बाद गुरु गोविन्द सिंह उस वैरागीको खोजते हुए उधर जा निकले और बैरागीसे जा मिले। दोनों एक दूसरेको जानते न थे; पर आत्मज्ञानी आत्माएँ एक दूसरेको पहिचान गयीं। गुरु गोविन्द सिंहने वैरागीको देशकी दुरवस्था सुनायी, जिसका असर उनके दिलपर बहुत पड़ा।

वैरागीको फिर एक बार ज्ञान हुआ, और उन्होंने कर्म-योगके पथपर चलना निश्चय किया। गुरु गोविन्दने वैरागीकी कीर्त्ति, योग्यता और क्षमताकी बड़ी प्रशंसा की! वैरागीका हृदय गुरुकी भक्तिसे भर गया था। उन्होंने विनीत भावसे कहा,—"मैं तो आप का बन्दा हूँ।" गुरुने कहा,—"आप बन्दा हैं, तो अपनी माताकी बन्दगी करें।" वैरागीने आज्ञा मान ली। सिखोंमें उनका नाम "बाबा बन्दा" पड़ गया। सिख इतिहासमें उन्हें "बन्दा बहादुर" भी लिखा गया है। उस समय उनकी आयु ३६ वर्षकी थी।

वैरागीकी नस-नसमें मातृभूमिका प्रेम बिजलीकी तरह व्याप्त हो गया, और वही मातृभूमिका प्रेम उन्हें पंजाब खींचकर ले आया। राहमें कितनेही सिख उनके शिष्य हो गये। भरतपुर, खण्डा, नगरोटा होते हुए टोहाना पहुँचे। भिवानीमें सरकारी ख़ज़ाना लूटकर वैरागीने सब धन अपने साथियोंमें बाँट दिया। इस

समाचारके फैलनेसे बहुतेरे सिख धनके लालचसे आकर मिल गये।

अब बन्दा वैरागीने यवनोंसे लड़नेके लिये पूर्ण रूपसे सैनिक तैयारियाँ शुरू कर दीं। उसने वैराग-धर्म याने निवृत्ति मार्ग त्याग दिया। उसने सेना-नायकके रूपमें कई युद्ध लड़े, जिनमें सफलता हुई। कभी-कभी वह शत्रुओंसे बचनेके लिये पहाड़ियोंमें छिप जाया करता था। उसके युद्धका तरीक़ा "गरेला वारफ़ेयर" याने छिप-छिपकर लड़नेका था। वह अपने मुट्ठी-भर सैनिकोंके साथ एकाएक शत्रु-सैन्यपर छापा मारता और उन्हें लूट-मार कर चल देता। बन्दाने अब पूर्ण रूपसे क्षात्र-धर्म अपना लिया था।

क्षत्रियके लिये गुरुगोविन्द सिंहकी राय थी, कि— "तलवार उसका प्राण है और स्त्री उसका ईमान।" तदनुसार बन्दाको विवाह भी करना पड़ा। बन्दाने उस समय वैसा करना अपना कर्त्तव्य समझा। गुरु-गोविन्दसिंह किसी कार्यवश दक्षिण चले गये थे। इधर सरहिन्दके नवाबने उनकी और बन्दाकी दिल्लगी उड़ानी शुरू की; किन्तु बन्दा दिल्लगीका उत्तर देना जानता था। उसके पास जब यथेष्ट सैन्य संग्रह हो गया, तो एक दिन उसने एकाएक सामनाके नगरपर चढ़ाई कर दी। नगरमें ख़ूब लूट-मार हुई। तीन दिन तक सिख सैनिक लूटते रहे। सरकारी ख़ज़ाना भी लूट लिया। यह समाचर सुनते ही हज़ारों डाकू और लुटेरे भी आकर बन्दाके दलमें मिल गये।

अब बन्दाकी सेना बहुत बड़ी हो गयी। इस बड़ी सेनाने अम्बाला, सीफ़ाबाद, संवारा, दामल, कैथल आदि मुसल्मानी नगर लूटने आरम्भ कर दिये। इसके बाद कञ्जपुरमें पहुँचे। यहींके मुसल्मान काजियोंने गुरु गोविन्दके बच्चोंको मारनेकी व्यवस्था दी थी। पठानी गाँव ख़ूब लूटे गये। इतनेमें ही नवाबकी भारी सेना भी पहुँच गयी। किन्तु बन्दाने भागनेके बदले इस सेनाका डटकर मुकाबला किया। सिखोंके अचूक कराल तीरोंके निशानोंसे यवन सेना व्यथित हुई और वह मैदान छोड़कर भाग निकली। मुसल्मानोंकी बहुत युद्ध-सामग्री बन्दाके हाथ लगी।

सिख सेना आगे बढ़ी। रास्तेमें एक गाँव हटिया पड़ा, जहाँ मुसल्मान लोग गोवध करने जा रहे थे। बन्दाके कुछ सिपाहियोंने यह देख लिया। फिर क्या था? वे उन नीच मुसल्मानोंपर टूट पड़े; उन्हें मार-डाला और इसके बाद आम तौरसे मुसल्मानोंका कतलेआम शुरू हो गया। गाँवमें केवल वही मनुष्य जीवत बचा, जिसने सिरपर चोटी या गलेमें जनेऊ दिखाया। हिन्दुओंके अतिरिक्त समस्त मुसल्मान मार डाले गये।

सढोरा नामका एक नगर था, जहाँका मुसल्मान मुखिया उस्मानखाँ हिन्दुओंको बहुत ही कष्ट देता था। हिन्दुओंकी बहू-बेटियाँ उस पापीकी कुदृष्टिसे बचने नहीं पाती थीं। उसने मन्दिर और शिवालय गिराकर मसजिदें बनवायी थीं। वीर बन्दा बैरागीने जब मुसल्मानोंके अत्याचार सुने, तो क्रोधसे उसके नेत्र लाल हो गये। उसने तुरन्त उस नगरपर आक्रमण कर दिया। सिखोंके विषधर तीरोंसे मुसल्मान जरा भी न ठहर सके। यहाँ भी मुसल्मानोंका क़तले आम किया गया। उस्मानखाँ ने बन्दाको मारनेकी प्रतिज्ञा की थी; पर इस लड़ाईमें उस्मान पकड़ा गया और एक वृक्षसे बाँधकर मार डाला गया। इसके बाद बन्दाने मुख़लिस गढ़के किलेपर कवज़ा किया और इसका नाम लोहगढ़ रखा। इस गढ़में बन्दाने बहुतेरे अस्त्र-शस्त्र तथा गोले-बारूद भी जमा किये।

बन्दा वैरागीका दबदबा सारे इलाकेमें फैल गया। हिन्दुओंने तो समझा, कि उनकी रक्षाके लिये साक्षात् ईश्वरने बन्दाका रूप लिया है। बहुतेरे हिन्दू युवक बन्दाकी सेनामें आ मिले। मुसलमान लोग जो सदा हिन्दुओंको डराया करते थे, अब स्वयं डरने लगे। बहुतेरे मुसल्मान भी बन्दाके दलमें आमिले। पर इनके दिल साफ़ न थे और वे विश्वासघात करने आये थे। यह भेद मुसल्मानोंकी ही एक चिट्ठीसे प्रकट हुआ, जो

उन्होंने सरहिन्दके नवाबके पास भेजनेकी कोशिश की थी। जब यह चिट्ठी बन्दाके हाथ लगी, तब उसने मुसलमानोंसे पूछा। मुसल्मान बहुत घबराये और क्षमा-प्रार्थना करने लगे। पर अब वैरागी उन्हें क्षमा करनेवाला नहीं था। उसने उन सबको क़तल करवा दिया। फिर वैरागीने निश्चय कर लिया, कि अब मुसल्मानोंका कभी विश्वास न किया जाये; क्योंकि वे सदा कपट करते हैं।

एक गाँवके कुछ हिन्दू और कुछ ब्राह्मण वैरागीके पास आकर रोने लगे। उन्होंने कहा,—"महाराजकी जय हो! मुसल्मानोंके अत्याचारोंसे नाकमें दम है। वे हमारी बहू-बेटियाँ उड़ा ले जाते हैं। गौएँ मारकर उनका रुधिर कुओंमें डाल देते हैं। अब आप ही हमारी रक्षा कीजिये।" वैरागीने एक हुङ्कारके साथ कहा,—"ब्राह्मण देवता! घबराइये नहीं; अत्याचारियोंसे बदला लिया जायेगा।" इसके बाद वैरागीकी सेनाने मुसलमानोंपर धावा बोल दिया। प्राय: सभी मुसलमान और बड़े-बड़े खान मार डाले गये।

सरहिन्दके सूबेदारने अपनी पाँच हज़ार सेना और दो तोपें भेजीं। रोपड़में उनका पराजय हुआ और उनका सब गोला-बारूद सिख सेनाके हाथ लगा। किन्तु पीछेसे मुसलमानोंकी एक और भारी सेना पहुँच गयी। अब एक बहुत बड़े प्रान्तके नवाबकी सेनाका मुकाबिला था। किन्तु वीर बन्दा बैरागी ज़रा भी विचलित न हुआ। उसके पास आठ हज़ार पैदल और चार हज़ार घुड़सवार थे। सरहिन्द वही स्थान था, जहाँ गुरु गोविन्दसिंहके दो लड़के दीवारोंमें चुन दिये गये थे। यह याद करके वैरागीका खून खौल उठा। उसने गुरुके दो शहीद पुत्रोंके नामपर सिख सेनाको युद्ध करनेके लिये उत्साहित किया।

अन्तमें ज्येष्ठ संवत १७६५ में दोनों ओरकी सेनाएँ डट गयीं। मुसल्मानोंकी तोपोंकी गगन-भेदी ध्वनिसे सब दिशाएं गुञ्जायमान होने लगीं। तुमुल युद्ध आरम्भ हुआ। खूनकी नदियाँ बहने लगीं। उस समय वैरागी तीन कोसकी दूरीपर खड़ा हुआ युद्धका भीषण दृश्य देख रहा था। इतनेमें सिख सेना पीछे हटी; पर इसी समय वीर वैरागी घोड़ेपर सवार होकर बाण-वर्षा करता हुआ आया। उसके ठीक लक्ष्यसे मुसलमान गोलन्दाज़ गिरने लगे। वैरागीका असीम साहस देख कर सिख सेना फिर पलटी, और इस बार मुसलमानोंपर ऐसा प्रबल आक्रमण किया, कि उसके पैर उखड़ गये। वैरागीके नामसे मुसलमान सैनिक काँपते थे। उनका घोर पराजय हुआ, और मुसल्मान सूबेदार वज़ीरखाँ भी गिरफ़्तार किया गया।

इसके बाद सिख सेना मुसल्मानी नगरमें घुसकर कतलेआम करने लगी। गलियों और मुहल्लोंमें खूनकी नदियाँ बहने लगीं। वैरागीने क़िलेके अन्दर विजयीके रूपमें प्रवेश किया। वज़ीरखाँका सपरिवार बध किया गया। सात दिन तक वैरागीके सैनिक नगरमें मकान गिराते रहे; समस्त मसजिदें और मक़बरे नष्ट कर दिये गये। चौदह ज्येष्ठ संवत् १७६५ को वैरागीने एक बड़ा दरबार किया। सारे इलाकेसे मुसलमान अधिकारी हटाकर उनकी जगह हिन्दू नियत किये गये।

इसके बाद वीर वैरागीने दुआबेकी ओर मुख किया, और मुसलमानोंसे अनेक नगर जीते! सूरसिंह पट्टी, झापाल, अलगाँव, खेमकर्ण और चूड़िया सब उसके अधीन हो गये। व्यास और रावीके बीचका प्रदेश बिना युद्ध किये ही वैरागीके हाथमें आ गया। बैरागीने ढिंढोरा पिटवा दिया, कि हिन्दू राज्य स्थापित हो गया है; अब कोई मनुष्य दिल्लीके बादशाहको कर न दे। इसके बाद वैरागीने सतलज और यमुना नदियोंके बीचका प्रदेश भी दखल कर लिया। वहाँके मुसलमान नवाब वैरागीकी हुंकारसे ही भाग गये। करनालसे तलबंडी, हिसार, झाँसी, तरावड़ी, कैथल, झींद, सरसा, फिरोजपुर, चूनिया, कसूर, जालन्धर, दोआबा, माझा, पठानकोट और काँगड़ा

तक समस्त प्रदेश वैरागीके अधीन हो गये। दिल्ली और लाहौरके रास्ते बन्द कर दिये गये। इस प्रकार बावन लाखके इलाकेपर हिन्दुओंका अधिकार हो गया। वीर वैरागीका सम्मान इतना बढ़ा, कि लोग इसे गुरु गोविन्दके बाद ग्यारहवाँ गुरु मानने लगे। मुसलमान उसे साक्षात् यमराज समझते थे।

बन्दा वैरागी यद्यपि साधु-प्रकृतिका मनुष्य था, पर हिन्दुओंपर मुसलमानोंके अत्याचार सुनकर उसका खून उबल उठता था। साधुके रूपमें ऐसा अपूर्व जंगी नेता भारतमें पहले कभी नहीं हुआ था। दो वर्षके भीतरही इस साधुके बाहु-बलसे बहुत बड़ा प्रान्त उसके अधीन हो गया, जिसकी सीमा एक ओर यमुना और दूसरी ओर रावी थी। इतनी बड़ी विजय करने पर भी बन्दाने अपना साधु वेश न छोड़ा था। युद्धमें वह उसी समय जाता, जब ज़रूरत होती, नहीं तो उधर युद्ध हो रहा है और इधर बन्दा बैठा हुआ ध्यान और भक्तिमें लवलीन रहता है।

सम्राट् औरंगजेबकी मृत्युहो चुकी थी और उसका बेटा बहादुर शाह राज-सिंहासनपर बैठा था। उसने भी वैरागीके दमनका उद्योग किया; पर सफलता न मिली। वैरागीने अपने जीवनमें एक भारी भूल की, जिसके कारण अन्तमें पञ्जाबको ही कष्ट भोगना पड़ा। वैरागी जब विजय करता, तब राजशक्ति अपने हाथमें न रख कर सिख सरदारोंको दे दिया करता था और स्वयं जंगलोंमें जाकर तपस्या करता था। किन्तु जब वह जङ्गल जाता, तब इधर मुसल्मानोंके दल फिर उपद्रव करते; वैरागीको फिर आना पड़ता और मुसल्मानोंको परास्त करके फिर वह चला जाता। यदि ऐसा न करके वैरागी स्वयंही पञ्जाबका शासक या राजा बन जाता, तो निश्चय ही शिवाजीकी तरह वह पञ्जाबमें सिखोंका शक्तिशाली राज्य स्थापित कर देता; पर ऐसा न करके वैरागीने स्वयं अपना और हिन्दुओंका भी नाश किया।

बहादुरशाहकी मृत्युके बाद शाह फरुखसीयर राज सिंहासनपर बैठा। उसने बन्दाको नाश करनेके उपाय सोचे। उस समय गुरु गोविन्दसिंहकी दो स्त्रियाँ दिल्लीमें रहती थीं, जिनमेंसे एकका नाम था माता सुन्दरी और दूसरीका साहब देवी। बादशाहने अपने एक हिन्दू मन्त्री रामदयालको सिखा कर इन दोनों स्त्रियोंके पास भेजा। रामदयालने इन भोली-भाली स्त्रियों काधनकी भेंट देकर फँसा लिया। इन स्त्रियोंने बादमें वैरागी बन्दाको एक चिट्ठी भेजी, जिसमें लिखा था, कि "तुम गुरुके सच्चे शिष्य हो! तुमने पन्थको डूबनेसे बचाया है। पर अब बादशाह जागीर देनेके लिये राजी है। यह जागीर तुम स्वीकार कर लो और लूट-मार बन्द कर दो।"

इसपर बन्दा बहुत असन्तुष्ट हुआ। उत्तरमें उसने लिखा,—"आपका इस तरह मुझे पत्र लिखना व्यर्थ है। मुझपर आपका क्या अधिकार है? मैं वैरागी साधु हूँ। मैं कभी गुरुका सिष्य नहीं रहा। न मैं किसीकी जागीर लेना चाहता हूँ, और न किसी का उपकार मानता हूँ। आप मुझे मुसलमानोंके अधीन कराना चाहती हैं? आप भलेही भूल जायें, पर मेरे हृदयमें जबतक गुरु-पुत्रोंकी स्मृति रहेगी, तबतक मैं अपना निश्चय न बदलूँगा, याने मुसलमानोंसे लड़ना न छोड़ूँगा।"

देशका दुर्भाग्य, कि दिल्लीमें गुरुकी स्त्रियोंका वासस्थान हुआ। बादशाहके हिन्दू मन्त्री रामदयालने अब भेद-नीतिसे काम लिया। इस बार रानियोंको जो कुछ सिखाया गया, उसके अनुसार उन्होंने सिख सरदारों और पन्थको एक चिट्ठी लिखी, कि "आपमें से जो कोई भी गुरु गोविन्द सिंहका शिष्य हो, वह बन्दा वैरागीका साथ न दे; क्योंकि वह दुष्ट अपने आपको सिख नहीं मानता।

इस आदेश-पत्रसे सिखोंमें खलबली मच गयी, और सचमुच सिखोंने वैरागीका साथ छोड़ना शुरू किया। सिख-दलोंमें फूटका बीज बो दिया गया था। यही फूट सदा इस देशके नाशका कारण हुआ है।

वैरागी अकेला हो गया; केवल कुछ भक्त सिखोंके अतिरिक्त शेष सबने उसका साथ छोड़ दिया। पर हिन्दू उसके साथ थे। इन्हीं हिन्दुओंकी सेना बना कर बन्दा अब भी मुसल्मानोंके सामने उठा था। अवसर देखकर दिल्लीसे शाही फ़ौज आयी। नैना-कोटके निकट हिन्दू सेना और शाही सेनामें घमासान युद्ध हुआ। अन्तमें शाही सेना भाग खड़ी हुई। अब बादशाहको बड़ी घबराहट हुई।

बादशाहकी ओरसे एक चिट्ठी पञ्जाबके सिख खालसाको लिखी गयी, जिसमें सिखोंको बहुत तरहसे प्रलोभन दिये गये। सीधे-साधे सिख उन प्रलोभनोंमें फँस गये। बादशाहने सिखोंको माफ़ी ज़मीनें दीं। बहुसंख्यक सिख वैरागीके विरुद्ध लाहोर की सेनामें मिलकर काम करने लगे। लाहौरके सूबेदार इस्लामखाँके पास दस हज़ार सेना थी, और अब पाँच हजारके लगभग सिख सेना भी आ मिली।

अन्तमें वैरागीकी हिन्दू सेनासे सूबेदारकी मुसल्मानी सेनाका युद्ध हुआ, जिसमें मुसल्मानी सेना परास्त हो गयी। यह देख कर सूबेदारने खालसा सेनाको आज्ञा दी। सिखोंको आगे बढ़ते देख, वैरागीका दिल टूट गया। बैरागीने अपनी सेनाको मुँह मोड़नेकी आज्ञा दी; यह सेना युद्धक्षेत्रसे हटकर गुरुदासपुरकी ओर चली गयी।

इसके बाद वैरागी हताश हो गया, तो भी उसने एक चेतावनीका पत्र खालसाके पास भेजा, जिसमें लिखा,—"आपलोग धोखेमें आ गये हैं। गुरु गोविन्द सिंहके उपदेशोंको आपने मिट्टीमें मिला दिया है। हमारे शत्रु फूट फैलाकर हमें नष्ट करनेके उद्योगमें लगे हैं। सोचो! यह समय फिर नहीं लौटेगा। मैं तो साधु हूँ, मेरा क्या? तुर्क तुम्हें और तुम्हारे धर्मको नष्ट कर डालेंगे। अब भी सँभल जाओ और शत्रुका साथ छोड़ दो। आओ, हम सब आपसमें एकता करके पहले तुर्क शत्रुसे निपट लें; फिर आपसको लड़ाईका फैसला कर लेंगे।"

इस चिट्ठीसे सिखोंमें खलबली मच गयी। पर जो मूर्ख थे, उन्होंने नहीं समझा और फिर सिखोंने वैरागीका साथ त्याग देनाही निश्चय किया। उनका यह रुख देखकर वैरागीने कहा,—"अच्छा! मैंने तो क्षत्राणीके पेटसे जन्म लिया है। मैं अकेले ही अपनी तलवार अब सँभालूँगा।" इसके बाद वीर वैरागीने कलनौरपर चढ़ाई की और वहाँके नवाबको परास्त किया।

वैरागीकी विजयसे दिल्लीके बादशाहको चैन नहीं थी। उसने अब ३० हज़ार सैनिकोंकी सेना भेजी; और इसके अतिरिक्त लाहोर तथा जालन्धरसे भी सेनाएँ आ गयी थीं। वैरागी उस समय गुरुदासपुरमें था। शाही सेनाने गुरुदासपुर घेर लिया। घेरेमें पड़े-पड़े वैरागीकी सेना भूखों मरने लगी। उन दिनोंमें वैरागी भी कुछ नहीं खाता था। बाहरसे शाही सेनाने आज्ञा दी, कि—"हथियार डाल दो।" अन्तमें कोई उपाय न देखकर किलेके फाटक खोल दिये गये। वैरागी अनशनके कारण बहुत दुबले हो गये थे। मुसलमान सैनिकोंने पहुँचकर उस सूखे सिंहको गिरफ्तार किया। वैरागीको मोटी लोहेकी जंज़ीरोंसे बाँध लिया। यह समाचार सुनतेही मुसलमानोंके घरोंमें खुशियाँ मनायी जाने लगीं। पर हिन्दू लोग रोने लगे। हिन्दू स्त्रियाँ फूट-फूटकर रोतीं और कहती थीं, कि "आज हमारा एक मात्र सहायक चला गया।"

दिल्लीमें अपूर्व बलिदानका दृश्य उपस्थित था। एक सच्चा त्यागी, एक योद्धा तपस्वी साधु लोहेकी जंज़ीरोंमें जकड़कर दिल्ली लाया गया। वीर बन्दा वैरागी जंजीरोंमें बिलकुल शान्त था। उसके सात सौ चालीस साथी भी लाये गये थे। इन सबको काली भेड़ोंकी खालें पहनायी गयीं, और गधोंपर सवार कराया गया। वैरागीका मुँह काला करके उसे सब गली-कूचोंमें फिराया गया।

क़ाज़ियोंके सामने साथियों सहित बन्दा वैरागी पेश किया गया। क़ाज़ियोंने उससे कहा,—"यदि तुम

दीन इस्लाम स्वीकार करो, तो निश्चय जानो, कि तुम्हारे प्राण नहीं लिये जायेंगे।"

बन्दाने इसपर घृणा प्रकट करते हुए कहा,—"अरे, प्राण-हरण करना या प्राण देना क्या तेरे अधिकारमें है ?" इसपर क़ाज़ियोंने निर्दयता-पूर्वक उन सबको क़त्ल करनेकी आज्ञा दे दी। दण्ड-आज्ञा सुनकर बन्दा प्रसन्नतासे फूल उठा था। जिस कठोर आज्ञाको साधारण बुद्धिके लोग दण्ड समझते हैं, उसे शहीद पुरस्कार समझता है।

इन वीरोंके आनन्दका अनुमान एक सोलह वर्षके बालकके दृष्टान्तसे लगाया जा सकता है। यह बालक भी बन्दाके सैनिकोंके साथ क़ैद करके लाया गया था। बालककी वृद्धा माता रोती-पीटती जल्लादोंके पास पहुँची, और पुत्रकी ओरसे क्षमा प्रार्थना करने लगी। पर बालकने माताको हट जानेके लिये कहा, और प्रसन्न चित्तसे बोला,—"मेरे लिये क्यों विलम्ब किया जाता है ? मैं शीघ्र ही स्वर्ग जाना चाहता हूँ। अरी माता ! तू बड़ी हत्यारी है, जो मुझे स्वर्गसे निकालकर नरकमें ढकेलना चाहती है!"

माता रोती हुई चली गयी।

सौ-सौ आदमियोंके सिर नित्य कटते थे। अन्तमें आठवें दिन बन्दा वैरागीकी बारी आयी। बन्दा वैरागीके चहुँ ओर भालोंकी पंक्तियाँ खड़ी थीं, जिनपर बन्दा वैरागीके साथियोंके सिर टँगे थे। पहले वैरागीका एक छोटा बालक वहाँ काटा गया, और उसका कलेजा निकालकर वैरागीकी छातीपर फेंका गया। इसके बाद लोहेकी गर्म सलाखोंसे वैरागीको जल्लादोंने मारना शुरू किया। तपे हुए लाल चिमटोंसे उसके शरीरके मांसके लोथड़े खींच-खींच कर निकाले गये; यहाँतक कि उसके शरीरकी हड्डियाँ भी दिखने लगीं। पर वीर वैरागीके मुखसे आह तक न निकली। जब वैरागीकी बोटियाँ उतर रही थीं, वह जनककी तरह विदेह बैठा था। निजामुद्दौलाने उससे पूछा,—"इतने कष्ट मिलनेपर भी तुम प्रसन्न क्यों हो ?" वैरागीने शान्तिसे उत्तर दिया,—"जिसे आत्माका ज्ञान है, वह जानता है, कि आत्मा सुख-दुःखसे रहित है।" लोकोक्ति है, कि इतने कष्ट देनेके बाद भी वैरागी हाथीके पाँव तले कुचलवा कर मार डाला गया।

इस देशके अन्दर एक वीर उत्पन्न हुआ, जिसके जीवनका कार्य्य और जिसका बलिदान अद्वितीय है। क्या हम उस वीर बन्दा वैरागीको भूल सकते हैं, जिसने हिन्दुओंकी रक्षाके लिये वैराग्य छोड़कर तलवार हाथमें पकड़ी थी ? भारतीय आकाशका वह एक उज्ज्वल नक्षत्र था, जिसने चौदह वर्षतक अपूर्व तेजके साथ चमककर देशको आलोकित किया था। उस वीर तपस्वी वैरागीकी पुण्य-स्मृति आज भी हमारे हृदयोंको उत्साहित करती है।

वीरमती।

[लेखिका—श्रीमती सरस्वती देवी]

"जननी-जन्मभूमिश्च स्वर्गादपि गरीयसी" का भाव जिसके हृदयमें कूट-कूट कर भरा हो, वह जन्म-भूमिके लिये अपना सर्वस्व त्यागनेमें ज़रा भी संकोच नहीं कर सकता। चाहे वह स्त्री हो या पुरुष; उसका त्याग देशके लिये आदर्श त्याग होगा। वीरमतीका भी त्याग उसी प्रकारका है। वह इसी लिये मरकर भी अमर है। उसकी कीर्त्ति इस भूमण्डलपर तब-तक चिरस्थायी रहेगी, जबतक सूर्य और चन्द्र प्रकाशमान रहेंगे।

वीरमती देवगिरि-नरेशके प्रधान सेनापतिकी कन्या थी। इसके पिता एक वीर तेजस्वी सेनापति थे। इनके हृदयमें देश-प्रेम तथा स्वामिभक्तिका भाव कूट-कूट कर भरा था। इसलिये जब-जब यवनोंने देवगिरिपर आक्रमण किया, तब-तब उन्हें मुँहकी खानी पड़ी। इनका लोहा हर कोई मानता था। पर यम-

राजके सामने वे क्या थे ? उन्होंने इन्हें भी एक दिन सुरलोक बुला लिया।

वीरमती अनाथिनी हो गयी। माता पहलेही मर चुकी थी। अब पिता भी चल बसे। उसके चारों ओर अब अन्धेरा-ही अन्धेरा दिखाई देने लगा। परन्तु देवगिरि-नरेश रामदेव बड़े उदार, दयालु स्वामी थे। वे भला इस अबलाको अनाथिनी क्योंकर होने देते ? वे इसे अपने यहाँ ले गये और अपनी पुत्रीके समान मानने लगे। रामदेवके भी गौरी देवी नामकी एक कन्या थी। अतः दोनों बालिकाएँ एक साथ खाती, खेलती तथा आनन्दसे रहती थीं। धीरे-धीरे दोनोंमें प्रगाढ़ प्रेम हो गया। कुछ दिनों बाद गौरी तथा वीरमती दोनों व्याहके योग्य हो गयीं। गौरीदेवीका विवाह एक योग्य वरके साथ कर दिया गया। वीरमतीका भी विवाह सम्बन्ध एक वीर मराठा सरदार कृष्ण रावके साथ, जो उसी दरबारका एक सुन्दर युवक था, ठीक हो गया। वीरमती जैसा वीर, रूपवान तथा गुणवान वर चाहती थी, उसे स्वामी भी वैसाही मिला। वह इस सम्बन्धसे बहुत प्रसन्न हुई।

कुछ काल बाद, अलाउद्दीनने देवगिरिपर चढ़ाई की। दोनों ओरसे घमासान युद्ध हुआ। पर फल कुछ न निकला। न तो दिल्लीश्वर ही देवगिरिका दुर्ग दखल कर सके और न देवगिरि-नरेश ही अलाउद्दीनको पराजित कर सके। अलाउद्दीनको इसका बड़ा दुःख हुआ। उन्होंने अब कूटनीतिका ही अवलम्बन करना उचित समझा। उन्होंने कृष्णरावको अपनी ओर मिलाया और सेनाको लौटनेकी आज्ञा दी।

देवगिरि-नरेश अलाउद्दीनको लौटते देख, बहुत प्रसन्न हुए। सभी जगह प्रसन्नता मनायी जाने लगी। जब हिन्दू-सेना उत्सव आदि मनानेमें संलग्न थी, तब अलाउद्दीन बड़ी तैयारीसे देवगिरिके चारों ओर मोर्चाबन्दी कर रहा था। अलाउद्दीनकी इस चढ़ाईको सुन कर रामदेव बड़े चिन्तित हुए। उन्होंने एक दरबार किया, जिसमें राज्यके सभी प्रधान कर्म्मचारीगण सम्मिलित हुए। रामदेवने सभीसे अलाउद्दीनकी कपट-नीतिका बदला लेनेका उपाय पूछा। कृष्णरावके हृदयमें बहुत दिनोंसे देवगिरिके राज्य-सिंहासनपर बैठनेकी प्रबल इच्छा थी। इसलिये वह अपनी मनोकामनाको पूर्ण करनेकी ताकमें लगा था। सबने अपनी-अपनी सम्मतियाँ दी; पर कृष्णरावने सर्वप्रथम किसी गुप्तचरको भेज कर शत्रुका भेद लेनेका ही परामर्श दिया। यह विचार सबने स्वीकार किया और कृष्णरावपर ही यह भार सौंपा गया। कृष्णराव अपनी मनोकामनाकी सिद्धिका अच्छा अवसर देख, मन-ही-मन प्रसन्न होता हुआ शत्रु-सेनामें जा मिलनेकी तैयारी करने लगा।

वीरमती कृष्णरावके मनोगत भावको पहलेसे ही ताड़ गयी थी। इसलिये इतनी प्रसन्नतासे उसे तैयार होते देख, वीरमतीके हृदयमें सन्देह उत्पन्न हो गया। उसने भावी पतिको रोकनेका भरसक प्रयत्न किया, पर सब निष्फल गया। वीरमतीका सन्देह बढ़ गया और जब कृष्णराव तैयार होकर घरसे निकल गये; तब वीरमतीने भी पुरुष-वेश धारण कर तलवार कमरमें बाँध, घोड़ेपर सवार हो, अपने भावी पतिका अनुसरण किया। जब कृष्णराव एक घने जङ्गलमें प्रविष्ट हो, घोड़ेसे उतर कर किसीसे वार्त्तालाप करने लगे, तब वीरमती भी खड़ी होकर उनकी बातचीत चुपचाप सुनने लगी। उसने जो कुछ सुना, उससे वह अवाक् रह गयी। उस अपरिचितने कहा,—

"बेशक, जब आप हमारे शाहन्शाहकी इस तरह मदद करेंगे, तब आपकी मुराद ज़रूर ही पूरी होगी। आप ज़रूर ही देवगिरिके सूबेदार मुक़र्रर किये जायेंगे।"

वीरमतीका अविश्वास यह सुनकर दृढ़ हो गया। वह अब अपने कर्त्तव्याकर्त्तव्यपर विचार करने लगी। यदि वह कृष्णरावको पथभ्रष्ट होनेसे नहीं रोकती, तो देश ध्वंस होता और यदि उसे रोकती है, तो भावी-पतिके सर्वनाशका वही कारण होती है! अतः अब

वह छः-पाँचमें पड़ गयी; पर उसने एक क्षणमें अपने कर्त्तव्यका निबटारा कर लिया।

क्रोधके मारे उसका शरीर काँपने लगा। आँखें लाल हो गयीं। वीरमतीने अपने हाथमें तलवारको मज़बूतीसे पकड़ा और एक ही झपट्टेमें कृष्णरावका काम तमाम कर दिया। कृष्णराव मरते-मरते क्षीण स्वरमें बोले,—"प्रिये! मैं निस्सन्देह पापी हूँ। मैंने ठीक अपने स्वामी तथा देशके साथ द्रोह किया है। मैं इसका प्रतिफल भी पा रहा हूँ। प्रिये! अब मुझे क्षमा करो।" यह भीषण घटना देखकर वह पठान सैनिक उसी समय नौ-दो-ग्यारह हो गया।

वीरमती कृष्णरावको तड़पते देख, दुःखित होकर बोली,—"प्राणनाथ! मुझे खेद है, कि आपकी हत्या मेरे हाथसे ही लिखी थी। मैं जानती हूँ, कि मैंने अपने धर्मका पालन-मात्र किया है; आपको नर्कमें जानेसे रोका है और आपको देश-द्रोही होनेसे बचाया है, मैंने जो कुछ किया है, वह अपनी समझसे ठीकही किया है, पर आपके बिना अब मेरा इस संसारमें जीना निरर्थक है। आप मेरे पूज्य हैं। मैंने आपपर यह हृदय निछावर कर दिया है; इसलिये अब मैं भी आपकी संगिनी होती हूँ।"

यह कहती हुई वीरमतीने उसी खूनसे भरी तलवार-को अपने हृदयमें घुसेड़ लिया।

अहा! वीरता, देशभक्ति, पति-भक्ति और सबसे बढ़ कर कर्त्तव्यपरायणताका कैसा अपूर्व आदर्श है। संसारमें आज ऐसे कितने आदर्श मिलेंगे? आज हमारे पराधीन भारतको वीरमती जैसी अनेक नवयुवतियोंकी आवश्यकता है, जो अपनी मातृभूमिके लिये अपने पति, पुत्र, पिता-माता, धन-सम्पत्ति तथा अपने प्राणोंकी ममताको छोड़कर, कार्य-क्षेत्रमें कूद पड़नेको सर्वदा प्रस्तुत हों और दूसरोंको प्रोत्साहन दें। जबतक ऐसा नहीं होगा, तब तक देशका उद्धार होना कठिन है।

कृष्णाकुमारीका बलिदान।

[लेखिका—श्रीमती राधिकादेवी]

जिस चित्तौड़-भूमिमें प्रताप जैसे प्रणवीर, राजसिंह जैसे राजनीतिज्ञ तथा पद्मावती जैसी पतिव्रता स्त्रियाँ हो गयी हैं, उसी वीर-प्रधान भूमिमें कृष्णकुमारीने भी जन्म-ग्रहण किया था। इसका जन्म १७९२ ई०में हुआ था। इसके पिताका नाम राणा भीमसिंह था। कन्या रूप-लावण्यकी खान थी। उसकी मन-मोहिनी मूर्त्ति देख कर किसका चित्त प्रसन्न नहीं होता था? उसकी मधुर वाणी किसे प्रिय नहीं लगती थी? उसकी मराल-गति किसे नहीं भाती थी? तात्पर्य यह, कि अलौकिक सौन्दर्यके कारण वह सबको प्रियभाजन हो रही थी। धीरे-धीरे उसकी सुन्दरताकी प्रशंसा चारों ओर होने लगी।

कृष्णकुमारी जब व्याहने योग्य हो गयी, तब मेवाड़के अधीश्वर राणा भीमसिंहने इनका विवाह जोधपुर-नरेशसे करना निश्चित किया। परन्तु विवाह होनेके पूर्व ही उनकी (जोधपुर नरेशकी) मृत्यु हो गयी। इस घटनासे वे बहुत दुःखी हुए। कृष्णकुमारी-के विवाहकी चिन्ता फिर इनके मस्तिष्कको व्यग्र करने लगी। इसलिये बहुत छानबीन करनेके पश्चात् उन्होंने अपनी पुत्रीको जयपुर-नरेश जगतसिंहके हाथ सौंपना स्थिर किया। पर राजा मानसिंह ज्योंही जोध-पुरकी राजगद्दीपर बैठे, त्योंही उन्होंने इस विवाह-सम्ब-न्धको रोक दिया। उन्होंने कृष्णकुमारीका विवाह स्वयं अपने साथ करनेकी इच्छा प्रकट की। विकट समस्या उपस्थित हो गयी। यद्यपि राणा भीमसिंहने कृष्णकुमारी-का विवाह सम्बन्ध जगतसिंहके साथ स्थिर किया था, तथापि राजा मानसिंह स्वयं अपने साथ करना चाहते थे। अतः भीमसिंह कुछ स्थिर नहीं कर सके। फल यह हुआ, कि दोनों नरेशोंकी ओरसे इन पर

दबाव डाला जाने लगा। ये अभी हीला-हवाला ही कर रहे थे, कि इतनेमें कृष्णकुमारीके लिये जयपुर तथा जोधपुरकी सेनाओंने मेवाड़पर आक्रमण कर उसको अस्त-व्यस्त कर डाला। पर यह प्रश्न केवल भीमसिंहके साथही हल होनेवाला नहीं था। राजा जगतसिंह तथा राजा मानसिंहके साथ भी इसका फैसला होना आवश्यक था। इस लिये पर्वत शिखरपर राजा जगतसिंह तथा राजा मानसिंहका भीषण संग्राम हुआ, जिसमें राजा मानसिंहका पराजय हुआ। राजा जगतसिंहने उनका पीछा किया और जोधपुरको छः महीने तक घेर रखा। परन्तु ज्योंही जगतसिंह अपनी सेना लेकर जयपुर लौटने लगे, त्योंही राजा मानसिंहने उनपर एक बड़ी सेना लेकर चढ़ाई कर दी। जगतसिंह इस बार हार गये और उनकी सेना छिन्न-भिन्न हो गयी। तत्पश्चात् राजा मानसिंह कृष्णकुमारीका विवाह अपने साथ करनेके लिये अमीर खाँ पिण्डारकी सहायतासे मेवाड़-भूमिपर नाना प्रकारके उपद्रव करने लगे। पर भीमसिंह अपनी कन्याका विवाह उनके साथ करना नहीं चाहते थे। इसलिये यह झगड़ा बहुत दिनों तक चलता रहा।

राणा भीमसिंह बड़ी चिन्तामें पड़ गये। इस झगड़ेके कारण न तो कृष्णकुमारीका विवाह ही कहीं हो सकता था और न भीमसिंह राजकार्य्य ही देख सकते थे। प्रजा भी बार बारके इन उपद्रवोंसे तङ्ग आ गयी थी। इसलिये इस झगड़ेका शीघ्र ही अन्त हो जाना मेवाड़के लिये बहुत आवश्यक था। राणाके सम्बन्धी जीवनदास उस अभागिनी कृष्णकुमारीके जीवनका अन्त कर इस कठिन प्रश्नको हल करना चाहते थे; पर वे इस वीभत्स-कर्मको करनेका साहस नहीं कर सके। अतः वीराङ्गना कृष्णकुमारी पिताकी प्रतिष्ठा तथा देशकी शान्ति-रक्षा करनेके लिये स्वयं आत्महत्या करनेको तैयार हो गयी। ऐसा निश्चय कर, माता तथा बहिनोंसे आशीर्वाद ले; परम पिता परमात्मासे प्रार्थना करती हुई बोली,—"भगवन्! मुझे आशीर्वाद दो, कि मैं फिर मेवाड़में जन्म लेकर मातृभूमिकी सेवा कर सकूँ। इसके लिये फिर भी जीवनोत्सर्ग कर सकूँ।"

ऐसा कहकर वीरबाला कृष्णकुमारी विषका प्याला उठा कर पी गयी। जिसके सौन्दर्यपर विमोहित होकर नरेशोंने इतना उपद्रव मचाया था, वह शान्तिपूर्वक सुरलोकको सिधार गयी।

राजकुमारी! तूने गरल नहीं, सुधा-पान किया था, जिसके प्रतापसे तू आज भी अमर है। तेरा यश आज सारे ससारमें फैल रहा है। तेरा स्थान इतिहासके पन्नोंमें आज भी ऊँचा है। देश तथा पितृभक्तिकी शिक्षा तूने जो इस मर्त्य-लोकको अबलाओंको दी है, वह स्वर्णाक्षरोंमें लिखी जाने योग्य है। वीरबाला! तू धन्य है! तेरी जैसी देवियाँ जिस भूमिमें जन्म ग्रहण करें वह भूमि भी धन्य है। देवी! आशीर्वाद दे, कि तेरी बहिनें तेरा यश-गान कर देश और धर्मपर वलिदान होनेमें अपना गौरव समझें!

हाड़ा रानी।

—:०❀०:—

[लेखक—श्रीयुत एस० एन० अम्बस्ट]

देश, धर्म तथा स्वाधीनतासे विपद्ग्रस्त होनेपर भारतकी वीर ललनाएँ किस प्रकार अपने पतियोंको उत्साहित कर उन्हें कर्त्तव्यपर स्थिर रखनेके लिये आत्म-वलिदान करती थीं, इसका ज्वलन्त दृष्टान्त आत्म-त्यागिनी हाड़ारानीकी जीवनीसे स्पष्ट हो रहा है। जिस समय चन्दावत नवयौवना स्त्रीके मोहमें पड़ कर कर्त्तव्यसे विचलित हो रहा था, उस समय उसकी स्त्रीने उनको कर्त्तव्यपर स्थिर रखनेके लिये अपनी जो वलि चढ़ायी है, वह अतुलनीय है। उसकी तुलना संसारके किसी वलिदानसे नहीं की जा सकती।

रूप नगरकी राजकुमारी प्रभावतीका विवाह उनके पिता विक्रम सिंह बरबस औरङ्गजेबके साथ करना चाहते थे। लेकिन आत्माभिमानिनी प्रभावती किसी दीन क्षत्रियसे विवाह करना पसन्द करती थी; पर एक विधर्मी यवन सम्राटसे नहीं। इसलिये उसने विधर्मीके अत्याचारसे पीड़ित हो, महाराणा राजसिंहकी शरण ली। वीर राजसिंहने प्रभावतीका उद्धार करना अपना धर्म तो माना; पर मुग़ल-सम्राट औरङ्ग-जेबकी बड़ी सेनाका मुक़ाबला करना खेल नहीं था। इसलिये उन्होंने कूट-नीतिका ही अवलम्बन करना उचित समझा। राजसिंहने अपनी सेनाको दो भागोंमें विभक्त किया। थोड़ीसी सेना लेकर वह स्वयं रूप-नगर जाना चाहते थे। पर मुग़ल सम्राट की सेनाको राहमें ही रोक रखनेके लिये एक बड़ी सेनाकी आवश्यकता थी। इस लिये उन्होंने अपनी बड़ी सेनाको इस कार्यके लिये भेजना चाहा। अब प्रश्न यह उठा, कि इस सेनाका प्रधान नायक कौन होगा? प्रायः सभी वीर सरदारोंसे पूछा गया; पर किसीकी हिम्मत इतनी थोड़ी सेना लेकर मुग़लोंको बिराट-सेनाका मुक़ाबला करनेकी न हुई। यह देख कर वीर सरदार चन्दावतसे नहीं रहा गया। वे यद्यपि अभी २० वर्षके नवयुवक थे, तथापि उनका हृदय देश तथा धर्मकी रक्षाके लिये सदा आतुर रहा करता था। इस लिये वे उसी क्षण तैयार हो गये।

वीर चन्दावतका विवाह हाड़ारानीके साथ अभी हालमें ही हुआ था। हड़ारानीको ससुराल आये अभी तीन दिन भी पूरे नहीं हुए थे। उसको अवस्था इस समय केवल सोलह वर्षकी थी। वह जैसी रूपवती थी, गुणवती भी वैसी ही थी। पढ़ना-लिखना, सीना-पिरोना, अस्त्र-शस्त्र चलाना, आखेट करना आदि सभी गुणोंमें वह निपुण थी।

जब उसे वीर सरदार चन्दावतके युद्धमें जानेकी ख़बर मिली, तब उसके आनन्दकी सीमा न रही। उसे इस बातका गर्व था, कि चन्दावतके युद्धसे विजय प्राप्त कर आनेसे वह एक वीर सरदारकी रमणी कह-लायेगी।

वीर चन्दावत अन्तःपुरमें आये। हाड़ारानीने स्वयं अपने हाथसे उन्हें रणक्षेत्रके लिये सुसज्जित किया। जब वे तैयार हो गये, तब बड़ी प्रसन्नतासे रानी उनको विदा कर स्वयं परमात्मासे उनके विजय-लाभ कर सकुशल लौट आनेकी प्रार्थना कर रही थी, कि इतनेमें अपने पतिदेवको लौटते देख, बड़ी आश्चर्य्या-न्विता हुई और उनसे लौटनेका कारण पूछा। चन्दावत ने कहा,—"प्राणवल्लभे! मेरी इस युद्धसे लौट आनेकी कोई आशा नहीं है। तुम अभी नवयौवना हो, संसार के अनुभवसे शून्य हो। ऐसा न हो, कि यौवनके मदमें मतवाली होकर अर्थका अनर्थ कर डालो। देखना! कुलकी लाज रखना।"

पातिव्रत-धर्मसे पगी हुई रानीके हृदयपर चन्दावतके सन्देह-युक्त वचनोंसे वड़ा भारी आघात पहुँचा; पर उसे सहन करती हुई वीरबालाने कहा,—"स्वामिन्! जिस प्रकार आपलोग धर्म, देश, तथा जातिके लिये अपनी जान कुर्बान करना अपना कर्त्तव्य समझते हैं, उसी प्रकार हमस्त्रियाँ भी अपने स्वामी, धर्म,

देश, जाति तथा पातिव्रतके लिये प्राण देना जानती हैं। सन्तोष रखिये और सहर्ष युद्धमें जाइये। यदि आप विजयी होकर आयेंगे, तो मैं आपको विजय-माल पहनाऊँगी और आजीवन दाम्पत्य-सुखका भोग करूँगी, और यदि आप वीर-गतिको प्राप्त हुए, तो निश्चय जानिये, कि मैं भी सती होना जानती हूँ। इसलिये आप निःसंकोच होकर युद्धमें जाइये। अपने कर्त्तव्य पथसे न हटिये।"

प्राणप्यारीके ये वचन सुनकर चन्दावतका उत्साह द्विगुणित हो गया, और वे सेना लेकर मुगलोंका मुकाबिला करनेको चल पड़े। लेकिन उनका चित्त फिर विचलित हो गया और अपनी स्त्रीके चरित्र सम्बन्धमें नाना प्रकारकी भली-बुरी भावनाएँ उठने लगीं। अन्तमें उनसे न रहा गया और उन्होंने पुरोहितजीको बुलाकर रानीके पास जाने तथा उसे अपने धर्मकी रक्षा करनेके लिये उपदेश देनेको भेजा।

हाड़ा रानी यहाँ आशा लगा कर बैठी, कि विजयकी खबर शीघ्र ही आयेगी और वह अपने पतिदेवको विजय-माल पहनायेगी। प्रभावतीके सतीत्वकी रक्षा होगी। राणावंशकी लाज रह जायेगी। पर ज्योंही पुरोहितजीने आकर सतीत्व-रक्षाकी बात कही, त्योंही हाड़ा रानीके हृदयमें ये शब्द बाणसे लगे और वह फूट-फूट कर रोने लगी। वह अपने सौन्दर्य तथा पतिके अविश्वासको हज़ार बार धिक्कारने लगी। फिर धीरज बाँध कर वह सोचने लगी, कि यदि मैं अपने स्वामीको अपने सतीत्वका सन्तोषजनक उत्तर न दूँगी, तो वे अपने कर्त्तव्यसे च्युत हो जायेंगे और राणा वंशपर भारी कलङ्कका टीका लग जायेगा। धर्मकी नाव डूब जायेगी। ऐसा विचार कर हाड़ा रानी भीतर कमरेमें गयी और एक पत्र लिख कर दासीको दिया और कहा,—"इस पत्रको तथा मेरे कटे हुए मुण्डको पुरोहितजीके हवाले कर दो।" यह कह उसने तलवारके ही वारसे अपना सर धड़से अलग कर दिया। जब वह पत्र तथा अपनी पत्नीका कटा हुआ मस्तक चन्दावतको मिला, तब उसे हर्ष और खेद दोनों हुए; पर उत्साह दूना हो गया। वीर चन्दावतने उस मस्तकको अपने वक्षःस्थलसे लगाकर रख दिया और अपने कर्त्तव्यका पूर्णतयः पालन कर युद्धमें वीर-गतिको प्राप्त हुआ।!

हाड़ा रानीके इस बलिदानने उसे संसारके सतियोंमें एक उच्च स्थान दिया। रानी इस लोकसे तो चली गयीं पर अमर हो गयीं। इसकी तुलना संसारके किसी बलिदानसे नहीं दी जा सकती। धन्य है वह देवी, जिसने अपने स्वामीको कर्त्तव्यपर स्थिर रखनेके लिये अपने जीवनकी भी बलि चढ़ा दी।

भारतकी ललनाओ! हाड़ा रानीके इस बलिदानसे शिक्षा ग्रहण कर देश, जाति, तथा धर्मकी रक्षा करो। इसीमें सबका कल्याण है।

वीर मुरली मनोहर

[लेखक—श्रीयुत राजनारायण चतुर्वेदी "आज़ाद"]

वीर हक़ीक़तरायकी शहादतको हालाँकि एक ज़माना गुज़र चुका था; लेकिन हिन्दुओंका चोट खाया हुआ दिल अभी करवट बदलने न पाया था—ज़ख्म ताज़ा था। पञ्जाबके रहनेवालोंकी आँखोंसे बहताहुआ ख़ूनी आँसुओंका दरिया अपनी तेज़ रफ्तारके साथ हिन्दुस्थानकी सरसब्ज़ ज़मीनको पूरे तौरपर सुर्ख़ रङ्गमें रँगने भी न पाया था, कि कन्दहारसे ख़बर आयी "बहादुर मुरली मनोहर गोलियोंका निशाना बना दिया गया!" लोगोंने सुना और कलेजेपर पत्थर रखकर सुना, कि वीर मुरली मनोहर; भगवान् कृष्णका सबसे प्यारा भक्त मुरली मनोहर, गीताका सच्चा उपासक मुरली मनोहर, मुरलीकी तानमें तल्लीन हो जाने वाला मुरली मनोहर, हिन्दू-धर्मकी बलिवेदीपर हँसते-हँसते क़ुर्बान हो गया। कन्दहारके ख़ूँख़्वार पठानोंने—दीन-इस्लामके अन्धे उपासकोंने उस वीरात्माको तीन गोलियोंसे क़ज़ाके घाट उतार दिया!

आह ! मुरली मनोहर ! आलमे शबाबमें हलाक़ हो जानेवाले मनोहर !! तेरा पवित्र नाम तवारीख़ हिन्दके पहले वर्क़ में स्वर्णाक्षरोंमें लिखा होगा । अहले हिन्दुस्थानके दिलोंपर ताक़यामत नक्श रहेगा । लोग तुझे याद करेंगे; लेकिन तेरा वह कन्दहारी अनार-सा सुर्ख़ चेहरा अब कहाँ दिखलाई देगा ? हमारे बालक-बच्चे तेरा पवित्र नाम ले-लेकर धर्मका सच्चा सबक़ सीखेंगे । माताएँ बच्चोंको तेरी शहादतकी कहानी सुनाकर उनके कोमल हृदयोंमें धर्मके प्रति नया अनुराग पैदा करेंगी । वीर हक़ीक़त रायकी हक़ीक़त और तेरी जाँफ़रोशी हिन्दुस्थानके लिये क़ाबिले सहित होगी। लेकिन तू कहाँ ? तू तो इस दुनियाये नापायदार से दूर और बहुत दूर आरामकी नींद सोता होगा !!

बच्चे माँसे पूछेंगे,—"माँ ! मुरली मनोहर कौन था ?"

माताएँ तेरी यादमें आब दीदा होकर कहेंगी,— "बेटा ! मुरली मनोहर मादरे हिन्दका नौनिहाल, क़न्दहारके हिन्दुओंकी शान, माँका दुलारा बूढ़े बापका सहारा और विधर्मियोंकी आँखोंमें खटकता हुआ काँटा था । उसकी नसोंमें आर्य-जातिका गर्म लहू बहता था—हृदयमें भगवान् कृष्णकी अटूट भक्ति थी !!!"

(२)

बहादुर मुरली मनोहर क़न्दहारका रहनेवाला था । उसके बाप-दादे हिन्दुस्थानसे जाकर तिजारतके लिये वहाँ बस गये थे । उसका जन्म कपूर खत्रियोंके कुलमें हुआ था । उसकी नसोंमें आर्य-जातिका ख़ून बह रहा था । वह कृष्णका सच्चा भक्त था । उसने बाल्यकालमें ही गीताके सारे श्लोक कण्ठ कर लिये थे । प्रात:काल उठकर नित्य-कर्मसे फ़ारिग़ होकर उसका सबसे पहला काम होता था—गीता-पाठ ! उसकी आत्मामें, रग-रगमें कृष्णका उपदेश भर गया था । वह जिस तरह बाहरसे क़न्दहारी अनार जैसा सुर्ख़ और ख़ूबसूरत था, वैसा ही अन्दरसे भी सुन्दर और भक्तिके रँगमें रंगा हुआ था । धीरे-धीरे बचपनका ज़माना गुज़र गया । माँ, बापने देखा, कि मुरली मनोहर अब उनका हाथ बँटानेके क़ाबिल हो गया है । शहरमें ही एक छोटी-सी बज़ाजेकी दूकान खुलवा दी और वह धर्मवीर भक्तिके साथ-साथ साँसारिक कर्म-क्षेत्रमें कर्म-वीरकी तरह उतर पड़ा ।

मुरली मनोहर अपनी उम्रमें तेईस गरमियाँ और सर्दियाँ देख चुका था । बलाका हसीन, शुद्ध आचरण, बारोज़गार और तन्दुरुस्त था । माँ-बापको शादीकी फ़िक्र हुई; लेकिन अफ़ग़ानिस्तानमें एक तो हिन्दुओंकी आबादी ही बहुत कम थी; दूसरे ढाई और चार घरका झगड़ा । फिर भी ऐसे होनहार नौनिहालको कौन न चाहेगा ? हर एककी यही ख़्वाहिश थी, कि यह मेरा जमाई बने—इसे अपनी लड़की देनेका फ़ख़्र हासिल हो । ग़रज़ यह, कि चारों तरफ़से निस्बतके पैग़ाम आने लगे । माँ-बाप अभी तय कर ही रहे थे, कि कहाँ और किसके यहाँ निस्बत ठहरायी जाये, कि इतनेमें ही एक ऐसी घटना घटी जिसने सारे मन्सूबे ख़ाकमें मिला दिये !!

(३)

मुरलीमनोहर रोज़की तरह आज भी सुबह उठकर चश्मेके किनारे नहाने गया । सवेरा हो चुका था । सूर्य भगवानकी सुर्ख़ किरणें पानीके साथ रँगरेलियाँ करने लगी थीं । कुछ मुसलमान पठान भी वहाँ नहा रहे थे । मुरलीमनोहरने आसनी और धोती किनारेपर रखी और कमर तक पानीमें जा, इष्टदेवका स्मरण कर तीन ग़ोते लगाये । वह भगवान् सूर्यकी ओर मुँह करके जप करने लगा । बदमाश पठानोंने छेड़नेकी ग़रज़से पानी उछालना आरम्भ किया । पहले तो वह बेचारा सहन करता रहा । यहाँतक, कि जप पूरा करना भी उसके लिये मुश्किल हो गया । आख़िर न रहा गया, तो उसने एतराज़ किया । वहाँ तो ग़रज़ ही छेड़नेकी थी । बातों-ही-बातोंमें तकरार शुरू हो गयी । बढ़ते-बढ़ते गाली-गलौज तककी नौबत आपहुँची । पठानोंने मुरली मनोहरके रिश्तेदारोंको गालियाँ देनी शुरू कीं । वह भी शुम्बदकी सदा साबित हुआ । इसपर शैतानोंने

उसके मुँहपर थूक दिया और लगे उसके देवी-देवताओंको गालियाँ देने। मुरलीमनोहर सब कुछ बरदाश्त कर सकता था; लेकिन यह आखिरी कलाम उसकी सहन-शक्तिके बाहर था। आखिर वह भी इन्सानही था, उसके भी सीनेमें दिल था—उसके भी बाजुओंमें ताक़त थी—रगोंमें जोश था और सबसे बढ़कर तो यह, कि हृदय भक्ति-रससे पूर्ण था। वह भला कब म्लेच्छोंकी गालियाँ—वह भी अपने देवी-देवताओंके प्रति—सहन करता? उसने मुसलमानोंके हुजूमकी परवाह न की; क्योंकि वह भी तो क़न्दहारकी आबो-हवामें पला था। उसने उनके साथ वही सलूक किया, जो उन्होंने किया था। मुसलमानोंने देखा, कि यह काफ़िर यों न मानेगा। उस वक्त तो वे वहाँसे खिसक गये; लेकिन दूसरे दिन उन्होंने एक भारी आफ़त सामने खड़ी कर दी।

(४)

बेचारे मुरलीमनोहरने यह ख़्याल किया था, कि क़िस्सा पाक हो गया। और उन शरारत-पसन्दोंको मुँहतोड़ जवाब दे दिया गया। अब कभी वे इस क़िस्मकी शरारत करनेकी जुरत न करेंगे। लेकिन आह! उसे क्या मालूम था, कि अभी दिन निकलते-न-निकलते उसके सिरपर मुसीबतोंका पहाड़ टूट पड़ेगा! हसरतोंका पौदा दम-के-दममें कुचल दिया जायेगा! और बाग़े आरज़ूके खुशनुमा फूल बिना खिले शाख़पर ही मुरझा जायेंगे!

आह मुरली मनोहर! तूने उस ज़हरीले नागका फन अपने सख़्त अलफ़ाज़ोंकी लाठीसे ऐसा कुचल दिया है, जिसके डसनेका इलाज करना कम-से-कम तेरे या तेरे हिमायतियोंकी ताक़तके बाहर था।

अभी मुरली मनोहर घाटसे आकर कपड़े भी बदलने न पाया था, कि मकानके चारों तरफ़ अफ़ग़ानी सिपाहियोंने घेरा डाल दिया। मुरली मनोहरको बाहर निकलनेके लिये मजबूर होना पड़ा; क्योंकि अगर वह मकानके बाहर न निकलता, तो ताज्जुब क्या था, कि सिपाही घरके अन्दर घुस पड़ते और ज़नानख़ानेमें पहुँचकर औरतों तकको अपमानित करते। बाहर आते ही मुरलीमनोहर गिरफ्तार कर लिया गया और सैकड़ों अफ़ग़ानियोंकी तलवारके ज़ेरसाये शहरके हाकिमके रूबरू पेश किया गया। इस घटनाको हुए आज क़रीब १९-२० वर्ष गुज़र चुके हैं। उस वक्त शायद काबुलकी गद्दीपर अमीर अमानुल्लाके पिता अमीर हबीबुल्लाख़ाँ साहब राज्य करते थे। मगर वह ज़माना कुछ और था। इस्लाम धर्मकी कट्टरता और मज़हबी जोश ख़रोशका ज़ोर इस क़दर बढ़ा-चढ़ा था, कि खुद अमीर भी उसके ख़िलाफ़ ज़रा भी चूँ न कर सकते थे। कहनेके लिये तो वह थे, बादशाह-मुल्क; लेकिन सच तो यह, कि वह मौलवी और मुल्लाओंका ज़माना था। अफ़ग़ानिस्तानमें पूरबसे पश्चिमतक और उत्तरसे दक्षिणतक मुल्लाओंकी तूती बोलती थी। अमीर उनके हाथकी कठपुतली थे। शहरके हाकिम मुल्लाओंके मातहत थे। सारे मुक़द्दमातका फ़ैसला मुल्लाओंके फ़तवोंसे होता था। अस्तु, जब मुरलीमनोहरको कन्दहारके गवर्नरके सामने लाया गया, तब कचहरीके बाहर हज़ारों पठान खड़े शोरोगुल मचा रहे थे और चाहते थे, कि मुरली मनोहर फ़ौरन क़त्ल कर दिया जाये। पठानोंकी आंखोंसे आगकी चिनगारियाँ निकल रही थीं और वे उस नौजवान रश्के-क़मरके ख़ूनके प्यासे हो रहे थे। हाकिमने देखा, हालत बहुत नाजुक हो चुकी है। अगर इस वक्त काज़ीके फ़तवोंके मुताबिक फ़ैसला न दिया गया, तो कोई तअज्जुब नहीं, कि बग़ावत हो जाये। पठानोंका जोश बग़ैर इस नामुरादका ख़ून बहाये ठण्डा न पड़ेगा। मुक़दमेकी जाँच शुरू हुई। मुरलीमनोहरपर इल्ज़ाम लगाया गया, कि उसने पीरको गालियाँ दी हैं। अब गवाहोंके बयानात शुरू हुए। सफ़ाईमें गवाहोंने बतलाया, कि गाली-गलौजका सिलसिला पहले मुसलमानोंकी तरफ़से आरम्भ हुआ और मुरलीमनोहरने सिर्फ उनकी बातोंको दुहराया भर था। मुसलमानोंकी तरफ़के गवाहोंने भी उपर्युक्त बातें

दुहरा दीं; लेकिन शरारत चाहे जिधरसे शुरू की गयी थी—झगड़ेकी इब्तिदा चाहे जिसकी तरफ़से हुई हो; वहाँ सवाल तो यह था, कि मुरलीमनोहरको यह हौसला क्योंकर हुआ, कि उसने पीरको गालियाँ दे डालीं ? यह जुर्म ऐसा नहीं, कि वह ज़िन्दा रखा जाये या उसकी रिहाई हो सके।

हाकिमने तमाम गवाहोंकी गवाहियाँ क़लम-बन्द कीं और एक बार मुरलीमनोहरके खूबसूरत, लाजबाब नूरानी चेहरेकी ओर देखा। उसके दिलमें तूफ़ान मच रहा था। इस्लामी क़ानून कहता था, कि उसे फ़ौरन फाँसीके तख्तेपर लटका दिया जाये। हालात कहते थे, कि इसका कोई क़सूर नहीं, उसकी नौजवानी अपनी मासूमियत ज़ाहिर करती थी और उसके चेहरेका जलाल उसे बेगुनाह साबित करनेकी कोशिश कर रहा था। हाकिमका दिल कहता था—"यह माहे-मुनीर, रश्के-क़मर चाँदका टुकड़ा क्या फाँसीके तख्तेपर लटकाये जानेके क़ाबिल है ?" लेकिन शरीयत, हाँ शरीयत कहती है—"क़त्ल कर दो !" उफ़ ! गवर्नरका दिल चीख़ उठा—"अरे-अरे ज़ालिमो ! तरस खाओ—खुदाके लिये तरस खाओ, इस वहशियाना हरकतसे बाज़ आओ !! लेकिन आह शरीयत ! तेरा बुरा हो, तू ख़राब और ख़स्ता होकर ख़ाकमें मिल जा ! गवर्नर परेशान था। वह सोच रहा था, कि क्योंकर इस नौजवानकी जान बख्शी जाये ? आख़िर बहुत ग़ौर करनेपर एक ही सूरत ध्यानमें आयी, जिससे उसका छुटकारा हो सकता था और वह सूरत थी, इस्लाम-धर्म इख़्तियार कर लेना। उसने मुरलीमनोहरके चेहरेकी जानिब देखा—मुरलीमनोहरके चेहरेपर शान्ति थी; जलाल था और थी हिन्दू-धर्मकी कट्टरता ! गवर्नरकी जुर्रत न हुई, कि वह अपना फ़ैसला ज़बानपर लाये। इधर तो यह हाल था, उधर मुरलीमनोहरके वालिद तथा और क़रीबी रिश्तेदार अदालतमें हाज़िर थे। सबके चेहरे उतरे हुए थे। बापका तो बुरा हाल था। उसे मालूम होता था, कि कोई उसके दिलका टुकड़ा उससे ज़बर्दस्ती छीने लिये जाता हो। कलेजा मुँहको आ रहा था—लब खुश्क थे, आँखोंसे बेइख़्तियार आँसू बह रहे थे। घरमें माँ भगवान्‌की मूर्त्तिके सम्मुख बैठी रो रो कर प्रार्थना कर रही थी, कि उसका बेटा सही-सलामत घर वापस आ जाये। वह दरवाज़ेकी ओर टकटकी लगाये थी और रह-रह कर यही आवाज़ उसके मुँहसे निकलती थी—"क्या अब तक मुरली मनोहर नहीं आया ?"

हाँ ! तो अदालतमें चारों तरफ़ सन्नाटा था, मानो किसीके मुँहमें ज़बान ही न थी। गवर्नरने सन्नाटेका आलम तोड़ते हुए आहिस्ता-आहिस्ता कहना आरम्भ किया—

"मुरलीमनोहर ! जो क़सूर तुमने किया है, वह काबिले रहम नहीं। खुदाकी शानमें जो अलफ़ाज़ तुमने इस्तेमाल किये हैं, वह किसी तरहभी मुआफ़ नहीं किये जा सकते। लेकिन तुम्हारी कमसिनी और जवानीपर तरस खाकर सिर्फ़ इतना ही किया जा सकता है, कि अगर तुम अल्लाहतालासे अपने गुनाहोंकी माफी माँगते हुए दीन इस्लाम कबूल कर लो, तो तुम्हें रिहाई मिल सकती है और साथही किसी ऊँचे ओहदेपर बिठाये भी जा सकते हो। बस ! अगर तुम ज़िन्दा रहना चाहते हो और अपनी बकाया ज़िन्दगीके दिन ऐशो-इशरतसे गुज़ारनेकी ख्वाहिश रखते हो, तो इस्लाम धर्मकी ख़िदमत करनेके लिये तैयार हो जाओ।"

फ़ैसला सुनतेही तमाम लोगोंकी आँखें मुरलीमनोहरकी तरफ़ उठ गयीं और सब उस मज़लूमका मुँह ताकने लगे; लेकिन मुरलीमनोहरकी पेशानीपर बल भी न आया। उसकी आँखें चमकने लगीं। चेहरा तमतमा उठा। उसने घृणा सूचक हँसी हँसकर मुँह फेर लिया !

उसको ख़ामोश देखकर गवर्नरने कहा,—"क्यों ! क्या इरादा है ?"

मुरलीमनोहरने हँस कर जवाब दिया,—"हुज़ूर !

मैं हिन्दू हूँ, भगवद्‌गीताका पाठ करता हूँ; श्रीकृष्ण-का परम भक्त वैष्णव हूँ। मैं भला मुसलमान कैसे हो सकता हूँ? जिस मोहिनी मूर्त्तिने मेरे दिलपर कब्ज़ा कर लिया है, उसे अब इस सिंहासनसे कैसे उतार सकता हूँ?"

गवर्नर,—"बेवक़ूफ़! किस वहममें पड़ा है? दीने-इस्लाम कबूलकर लेनेसे ज़िन्दगी रहती है और ज़िन्दगी रहनेसे इशरत और बहिश्त दोनों मिलते हैं।"

मुरलीमनोहर,—"मेरा धर्म तो यह कहता है, कि जो जैसा कर्म करता है, उसे वैसा फल मिलता है, दोज़ख़ या बहिश्त किसीके दियेसे नहीं मिलते।"

गवर्नर,—"मालूम होता है, कि कुफ़्रने तुम्हारे दिल पर पूरा सिक्का जमा लिया है। तुम्हारे आखों-पर कुफ़्रका काला परदा पड़ा हुआ है। इसलिये अब तुम्हारे लिये मौतके सिवाय और कोई दूसरी सज़ा नहीं दिखाई देती।"

मुरलीमनोहर,—"हुज़ूर! जो पैदा हुआ है, वह ज़रूर एक दिन मरेगा। फ़र्क़ सिर्फ़ इतना ही है, कि कोई आगे मरता है, कोई पीछे। इसलिये आगे-पीछे-का क्या भरोसा? अगर आप मुझे मौतकी सज़ा न दें, तो क्या मुझे मौत न आयेगी? या अगर मेरी ज़िन्दगी है, तो क्या आप मुझे मरवा सकते हैं? हाँ, यह ज़रूर है, कि इस तरह आज मरता हूँ और यों चन्दसाल बाद मरूँगा:—

जब फ़ना ठहरी तो फिर, क्या सौ बरस क्या एक दिन।
जो यहाँ आया है उसको, होगा जाना एक दिन॥
क्या हुए दारा सिकन्दर, क्या हुए शाहेजहाँ।
सबको होगा ख़ाकमें आख़िरको मिलना एक दिन।

यह तयशुदा बात है कि:—

"मौत आनेके लिये है, जान जानेके लिये।"

तो फिर आपही बतलाइये, कि मौतसे घबराना क्या नादानी नहीं, दानाई है? इस चार दिनकी ज़िन्दगीमें, अपना धर्म छोड़कर ग़ैर-मज़हब कबूल करूँ और इस लोकके साथ-साथ परलोक भी बिगाड़ूँ?"

वीरवर मुरली मनोहर।

गवनर,—"तुम ग़लती कर रहे हो! ख़ैर आजके

दिन तुम्हें मुहलत देता हूँ। इस दरम्यानमें खूब सोच लो, ग़ौर कर लो और कल फिर हाज़िर होकर जवाब देना। याद रखो, तुम्हारे उस जवाबपर तुम्हारी ज़िन्दगीका आख़िरी फ़ैसला होगा। आज रातकी रात ग़ौर कर लो!"

इतना कहकर हाकिम उठ गया और अदालत बरख़ास्त हो गयी। मुरली मनोहर बेड़ियोंकी झनकारके साथ आहिस्ता-आहिस्ता अदालतकी सीढ़ियोंसे नीचे उतरा—पत्थरकी सीढ़ियोंसे लगकर बेड़ियाँ पुकार उठीं:—

"पाय कोबाँ कोई ज़िन्दाँ में, नया है मजनूँ।
आतो आवाज़े सलासल, कभो ऐसी तो न थी॥

(५)

सिपाहियोंकी हिरासतमें जिस वक्त मुरली मनोहर जेलख़ानेकी बन्द गाड़ीमें सवार होने लगा, उस वक्त सारा आलम पैकरे तसवीर बन गया। पठानोंका दल चिल्ला उठा,—"क़त्लकर दो! फ़ौरन क़त्लकर दो!!" शाम होते-न-होते मुरली मनोहर जेलख़ाने पहुँचा। उस रातको उसने कुछ न खाया और सारी रात गीताका पाठ करता रहा। गीताके श्लोक निहायत मीठी और सुरीली आवाज़में गाते-गाते मुरली मनोहरको ऐसा मालूम होने लगा, गोया ख़ुद कृष्ण भगवान् उसे उपदेश दे रहे हों! उसने भगवानके चरणोंमें शीश नवाकर भक्ति-भावसे हाथ जोड़, प्रार्थना की—"प्रभो! बल दो, हृदयमें शक्ति दो। इस अन्यायके सम्मुख छाती तानकर खड़े होने तथा हिन्दू धर्मकी सम्मान-रक्षाके लिये हँसते-हँसते फाँसीके तख्तेपर चढ़ जानेकी शक्ति दो।

अस्तु; इसी आनन्दमें रात्रि व्यतीतहो गयी। सवेरा होतेही मुरली मनोहरने नित्य कर्मसे फ़ारिग़ होकर स्नान किया और एकाग्र मनसे भगवान श्रीकृष्णकी उपासनामें लीन हो गया। आज उसके हृदयमें नवीन स्फूर्त्ति थी—चेहरा जलालसे चमक रहा था। इतनेमें उसके माता-पिता तथा भाई-बहिन जेलके दरवाज़े पर पहुँच गये। उनके रोने-चिल्लानेकी आवाज़ सुनकर मुरली मनोहर जेलके दरवाज़े पर आगया। रोनेवालोंकी सदाओंसे सुननेवालोंके दिल पसीज गये। उफ़! कितनी दर्दनाक दिलसोज़ और दिलको हिला देनेवाली सदा थी—कैसा ग़मनाक नज़ारा था! उनकी सदाएँ पत्थरोंमें सूराख़ कर रही थीं। ऐसी कोई भी आँख न थी, जो आब-दीदा न हो। लेकिन मुरली मनोहर, ईश्वरका भक्त मुरली मनोहर, कृष्णका प्यारा मुरली मनोहर, क्या मजाल कि ज़रा भी पेशानीपर बल आया हो! चेहरेका जलाल ज़रा भी कम हुआ हो!—बल्कि और दोचन्द हो गया था। लेकिन उसके सीनेमें एक छोटासा दिल था। माँका रोना, बापका तड़पना और बहिनकी आहोज़ारी देखकर आँखें नम हो ही गयीं। लड़केकी आँखोंमें आँसू देखकर माँने कहा,—"बेटा क्या हुआ, कि हम एकही घरमें एक साथ न रह सकेंगे; लेकिन तू ज़िन्दा तो रहेगा? कभी-कभी तुझे देख तो लिया करूँगी? कलेजा तो ठण्डा हो जाया करेगा? बेटा! क़ाजीकी बात मान ले।"

मुरली मनोहर,—"माँ! मोह और ममताने तुमको यह कहनेपर मजबूर किया है। अगर इस आख़िरी वक्तमें मुझे यह भी उपदेश देना था, तो फिर मुझे हिन्दू धर्मका यह अमृत क्यों पिलाया था? मेरे हृदयमें धर्मकी ज्योति क्यों जगायी थी? भगवान् श्रीकृष्णकी भक्ति क्यों उपजायी थी? मुझे सांसारिक भोगोंकी ओर क्यों न लगाया था? फिर तो मैं संसारके मिथ्या-भोगोंपर धर्म, ईमान, भक्ति और माता-पिता सब कुछ निछावर कर देता। परन्तु अब, अब तो मेरे दिलपर गीताके पवित्र प्रवचन नक्श हो चुके हैं। भगवान् कृष्णकी वह मोहिनी मूर्त्ति हृदय-मन्दिरमें विराजमान हो चुकी है। इन्सान कई बार मरता है और कई बार जीता है। लेकिन धर्महो एक ऐसी वस्तु है, जो साथ जाती है। संसारके धन-वैभव—ये सारे ऐशो-इशरतके साज़ो सामान सिर्फ़ यहींकी शोभाके लिये हैं—साथ जानेके लिये तो सिर्फ़ धर्म ही है। फिर अब तुम्हीं बतलाओ, कि नाश-

वान् वस्तुको ग्रहण कर धर्मको, जो परलोक तक साथ देगा, क्यों कर छोड़ दूँ ? अन्तिम समयमें मुझे गन्दी नालियोंमें मत फेंको—मुझे खुशीसे मरने दो। मुझे भगवान्‌के चरणोंमें अपनेको अर्पण करने दो। काज़ी मेरे जिस्मको काटेगा—तुम मेरी आत्माको न काटो।"

मुरलीमनोहरकी यह बातें माता-पिताने सुनीं—और आगे सुननेकी जुर्रत न कर सके। मुरली-मनोहरके चेहरेपर जलाल था—नूरका अब्र बरस रहा था। उसके ज्योति-पूर्ण चेहरेकी ओर ताकनेका किसीको साहस नहीं हुआ। सब ख़ामोश हो गये। अब किसीको आँखमें आँसू न थे।

(६)

जब जेलके अफ़सरोंको मालूम हुआ, कि मुरली मनोहर मुसलमान होनेके लिये तैयार नहीं है, तो उन्होंने उसी वक्त गवर्नरको ख़बर दी, कि हुज़ूर! काफ़िर मुरलीमनोहरसे जब पूछा गया, कि उसने कलकी रात ग़ौर करके अपनी जिन्दगीके मुताल्लिक़ क्या फ़ैसला किया, तो उसने बड़ी बेख़ौफ़ी और गुस्ताख़ाना तरीक़े से जवाब दिया, कि मेरी नसोंमें हिन्दू-जातिका रक्त प्रवाहित हो रहा है—मुझे मुसलमान बनानेका ख़याल अपने दिमाग़में लाना महज़ बेवक़ूफ़ी और अपनी बुज़दिलीका सबूत देना है। गवर्नरने तैशमें आकर फ़ौरन आख़िरी हुक्म सुनाया,—"आज ही दोपहरको उसे क़त्ल कर दो !!"

एक चौड़े मैदानमें इलाक़े भरके लोग जमा हो गये। दोपहर तक हज़ारोंकी तादादमें लोग जमा हुए। पठानोंको यही शौक़ था, कि आज अपनी आँखोंसे एक काफ़िरको मौतके घाट उतारे जाते हुए देखेंगे। मुरलीमनोहरको ऊँची जगहपर खड़ा कर दिया गया और गवर्नरके आनेका इन्तज़ार किया जाने लगा। वक्तपर गवर्नर आया और हुक्म दिया,—"सर ऊँचा करो!" मुरली मनोहरने हुक्मकी तामील की।

गवर्नरने पूछा,—"क्या तैयार हो ?"

मुरली मनोहरने उत्तर दिया,—

"तैयार हूँ मैं धर्मपर बाशौक़ मरनेके लिये।
तैयार हूँ मैं दबके दुनियामें उभरनेके लिये॥
तैयार हूँ मैं ख़ाकमेंही फिरसे मिलनेके लिये।
बीज बोता हूँ जहांमें फिरसे खिलनेके लिये॥

भगवन्! तुम्हारी शरणमें आता हूँ। इधर मुरली-मनोहरकी ज़बानसे यह शब्द निकले और उधर बन्दूक़की तीन गोलियाँ सीनेके पार हो गयीं !!

गवनरने लाशपर एक हसरत-भरी निगाह डाली और चल दिया।

ज़ालिम पठानोंने मुरली मनोहरकी लाशको पत्थर मार-मारकर टुकड़े टुकड़े कर दिया।

हिन्दू जनता बेबस थी—उसने देखा और सब कुछ देखा; लेकिन हाथ मलकर रह गयी। ज़बान ख़ामोश थी; लेकिन दिल रो रहा था—साथही फ़ख़्रसे छाती फूल उठी थी। उनकी आँखोंके सामने स्यालकोटके हक़ीक़तरायकी एक नयी ज्योति क़न्दहारके मुरली-मनोहरमें दिखलाई दी। लब बन्द थे—ज़बानें चुप थीं; लेकिन रह-रहकर हवामें एक गूंज सुनाई देती थी—

"मुरलीमनोहरकी जय !!"

जो लोग निःस्वार्थ भावसे जाति या धर्मके लिये अपने प्राणको बलि चढ़ा देते हैं, वे धन्य हैं; क्योंकि उन्होंने अपने लिये कुछ न करके दूसरोंके लिये अपने प्राण जोखिममें डाले हैं। जो लोभी मनुष्य अपने लिये सब कुछ चाहते हैं, उन्हें प्रायः कुछ नहीं मिलता; पर जो लोग अपने लिये कुछ भी इच्छा न करके दूसरोंके लिये प्राण देते हैं, उन्हें सारे संसारकी ख्याति मिलती है और यह ख्याति समस्त सम्पदासे सर्वोपरि है। धन्य है वह मनुष्य, जिसे जाति या धर्मकी रक्षाके लिये प्राण देनेका अवसर मिलता है। वही वीरात्मा ईश्वर-का सबसे प्यारा मनुष्य है। —अज्ञात।

गदरका पहला विद्रोही सिपाही स्व० मंगल पाण्डेय

[लेखक—श्री० तेजनारायण गुप्त]

तू था वह चिनगारी जिससे भड़क उठी थी आग।
"तू था वह वैराग्य मिटा जिससे सारा अनुराग॥"
—'मधुर।'

सन् १८५७ के भीषण गदरने इस देशमें ब्रिटिश-शासनको एक बार डाँवाडोल कर दिया था। आरम्भमें अङ्गरेज़ व्यापारी इस देशमें बड़ी शान्तिके साथ आये और अपना व्यापार बढ़ाने लगे; पर धीरे-धीरे उन्होंने देखा, कि इस देशके विभिन्न राज्यों और सम्प्रदायोंमें बड़ा मनोमालिन्य, फूट और मतभेद है, इस कारण उन्हें इस देशपर अधिकार करनेमें बड़ा सुभीता हुआ। सन् १७५७ के पलासी-संग्रामके बाद अँगरेज़ोंका फौलादी पञ्जा बंगालपर अच्छी तरह जम गया और सन् १८५६ तक वह फौलादी पञ्जा समग्र भारतमें फैल गया। लार्ड डलहौज़ीकी क्रूर भेद-नीतिके कारण बड़े-बड़े देशी राज्य ज़बर्दस्ती ब्रिटिश-भारतमें मिला लिये गये।

अङ्गरेज़ोंके इस राज्य-विस्तारसे अनेक देशी नरेश और अन्य लोग शङ्कित और भयभीत होने लगे। अङ्गरेज़-सरकारके कार्योंने जिन हिन्दुस्थानियोंके हृदयोंमें आशङ्का पैदा कर दी थी, सरकारकी कुटिल राजनीतिसे जो नरेश राज्यभ्रष्ट हो चुके थे, जो पदभ्रष्ट हुए थे, सरकारके नये शासन-प्रबन्धके कारण जो पीढ़ी दर-पीढ़ीकी ज़मीनोंसे वञ्चित हो गये थे, जिनका प्राचीन स्वत्व और प्राचीन पद लोप हो गया था, वे सब सरकारको घृणाकी दृष्टिसे देखने लगे, और अँगरेज़ोंसे बदला लेनेके लिये तिलमिलाने लगे। पर विद्रोहकी अग्नि अभीतक दबी हुई थी; क्योंकि अँगरेज़ोंके दिये सुभीतों और प्रलोभनोंमें हिन्दुस्थानी सेना फँसी हुई थी। अब सेनाके भी बिगड़नेकी बारी आयी।

सन् १८५७ के आरम्भमें हर तरफ़ शान्ति थी। पर धीरे-धीरे इस शान्त भावका भी अन्त आया। प्रायः एक शताब्दी तक हिन्दू और मुसल्मान सिपाही अँगरेज़ अफसरोंके अधीन रह कर भक्ति-पूर्वक काम करते आ रहे थे। अँगरेज़ोंके विरुद्ध कभी उनमें कोई भाव नहीं आया था। पर एकाएक हिन्दुस्थानी सेनामें यह भयानक ख़बर फैल गयी, कि "सरकारने हिन्दुस्थानी सिपाहियोंके लिये चर्बीवाले कारतूस तैयार किये हैं।" उन कारतूसोंमें चाहे चर्बी मिली हो या न मिली हो; पर यह बात सत्य थी, कि नयी बन्दूक़ोंके लिये सरकारने नये तरहके कारतूस तैयार कराये थे। सिपाहियोंने सुना, कि कारतूसोंमें लगा हुआ फ़ीता गौ और सूअरकी चर्बीसे बनाया गया है। इसपर हिन्दू और मुसल्मान सिपाही दोनों सरकारको बुरी दृष्टिसे देखने लगे। सबसे पहले दमदम और बारकपुरकी हिन्दुस्थानी सेनाओंमें सरकारके विरुद्ध असन्तोषकी लहर दौड़ने लगी।

दम-दममें चर्बीवाले कारतूसोंकी बात प्रकट होनेके कुछ दिन बाद ही बारकपुरमें तारका स्टेशन जला दिया गया। इसके बाद प्रति रात्रिको अँगरेज़ोंके बङ्गलोंपर आग बरसायी जाने लगी और तीर भी छोड़ जाने लगे। बारकपुरसे बहुत दूर रानीगंजमें भी इसी प्रकारके अग्नि काण्ड होने लगे। यहाँ दूसरी रेजिमेण्टकी एक शाखा यह काम करती थी।

इसके बाद प्रति रात्रिको देशी सिपाहियोंकी सभाएं होने लगीं। वक्ता लोग उद्दण्ड होकर उत्तेजक भाषामें अङ्गरेज़ोंको अत्याचारी और नापाक सिद्ध करने लगे, और यह कहने लगे, कि "अङ्गरेज़

सरकार सबका धर्म नाश करने, सबको जाति-भ्रष्ट करने और ईसाई बनानेके लिये जाल रच रहो है। केवल सभाओं तक हो यह मामला न रहा। उनके हस्ताक्षरोंकी चिट्ठियाँ कलकत्ते और बारकपुरके डाकखानोंसे भिन्न-भिन्न फ़ौजी छावनियोंको जाने लगीं। इस प्रकार हर एक छावनी और सेनामें चर्बी मिले कारतूसोंकी बात पहुँच गयी। हर एक सेनाके सिपाही इससे शङ्कित, त्रस्त और उत्तेजित हुए। सर्व-प्रथम ३४ नं० की सेना और फिर १९ नं० की सेनामें उत्तेजना फैलने लगी।

इधर जब अङ्गरेज़ सेनापतियोंके कानोंमें देशी सिपाहियोंके असन्तोषकी भनक पड़ी, तो वे सिपाहियोंको समझाने लगे, और कहने लगे, कि सरकार तुम्हारे धर्ममें कभी हस्तक्षेप न करेगी। तुम लोग अपने बाप-दादोंका धर्म खुशीसे पालन करते रहो। वास्तवमें देशी सिपाहियोंके बाप-दादोंके धर्मसे अँगरेज़ सरकारका कुछ भी सम्बन्ध न था। अङ्गरेज़ इस धनाढ्य देशमें मालामाल बननेके लिये आये थे; और उन्होंने यहाँके सभी नरेशों और नवाबोंके अगाध-धन-धान्यके ख़ज़ाने तः लूटही लिये थे, दूसरे जनतापर कर लगाकर और व्यापार बढ़ाकर भी अङ्गरेज़ लोग ख़ूब धनवान बन रहे थे। देशी सिपाहियोंकी सहायतासे वे केवल अपने स्वार्थों और राज्यकी रक्षा करना चाहते थे; पर चर्बीवाले कारतूसोंने अब उन सिपाहियोंको भी भड़काया, इसलिये सरकार उन्हें शान्त करने लगी। पर शान्ति न हो सकी। अशान्तिकी भीषण अग्नि बङ्गाल छोड़ कर पश्चिमोत्तर प्रदेश, आगरा व अवध की देशी सेनामें भी सुलगने लगी। चपातियोंके द्वारा एक गाँवसे दूसरे गाँवमें सिपाही लोग विद्रोह करनेका समाचार पहुँचाने लगे। आन्दोलन धीरे-धीरे शक्तिशाली हो रहा था।

२९ मार्च (सन् १८५७) को बारकपुरके सिपाहियोंमें बड़ी सनसनी फैली थी। तीसरे पहर यह ख़बर फैली, कि कलकत्तेमें कई गोरी फ़ौजें जहाजसे उतरी हैं, और वे शीघ्रही बारकपुर आयेंगी। यह दिन रविवारका था। अङ्गरेज अफ़सर छुट्टीमें अपना समय आनन्दसे बिता रहे थे। देशी सिपाहियोंके इसी दलमें मङ्गल पांडेय नामक एक नौजवान था, जो परम धार्मिक और सात्विक महापुरुष था।

यह हट्टा-कट्टा बलिष्ट ब्राह्मण मङ्गल पांडेय धर्मनाशकी आशङ्कासे बहुतही दुःखी रहने लगा! सात वर्षसे वह अत्यन्त वीरता और राजभक्ति-पूर्वक काम करता था। २९ मार्चको जब गोरी फौजके आनेकी ख़बर छावनीमें पहुँची, तो उस समय सब सिपाही बड़े ही चिन्तित और उत्तेजित हुए। उस समय भङ्गके नशेमें चूर मङ्गल पांडेयसे स्थिर न रहा गया। उसने सोचा, कि अँगरेज़ोंके द्वारा अब जाति और धर्मके नाश होनेका समय आ गया है। उत्तेजना और नशेकी झोंकमें मङ्गल हथियारोंसे सुसज्जित होकर अपनी बेरकसे बाहर निकला। वह अन्य सिपाहियोंसे कहने लगा, कि अपवित्र कारतूसोंमें कोई हाथ न लगाये। एक बिगुल बजानेवाला पासही खड़ा था। मङ्गल पाण्डेयने उससे कहा, कि बिगुल बजाकर सब सेनाको एकत्र करो। पर उसने बिगुल न बजाया। फिर भी मङ्गल पाण्डेय हाथमें बन्दूक लिये चारों ओर घूमने लगा। कुछ दूरपर एक अङ्गरेज़ अफ़सर खड़ा था। मङ्गलने पिस्तौलसे उसपर गोली चलायी; पर निशाना न लगा। इस समय ३४ नं० सेनाके सिपाही पास ही खड़े थे, पर उन्होंने मङ्गलका साथ न दिया।

इसी समय एक हवलदारने मङ्गलके विद्रोहकी ख़बर एडजुटेण्टको दी। लेफ़्टिनेण्ट बक नामक एक अङ्गरेज़ ३४ नं० सेनाका एडजुटेण्ट था। समाचार मिलते ही वह फ़ौजी पौशाक और हथियारोंसे सुसज्जित होकर हाथमें भरी पिस्तौल लिये घोड़ेपर बैठकर आया। मैदानमें आते ही उसने कहा,—"वह कहाँ है? वह कहाँ है?" पास ही एक तोप थी; इसी तोपकी आड़से मङ्गल पाण्डेयने सवारपर निशाना लगाकर बन्दूक छोड़ी। गोली बकको नहीं लगी; पर उसके घोड़ेको

गोली लगी। घोड़ेके गिरते ही बक भी गिरा; पर झट खड़ा होकर उसने मङ्गलपर पिस्तौलसे फ़ायर किया। निशाना ख़ाली गया।

इसके बाद क्रोधमें भरा हुआ बक तलवार लिये मङ्गलपर दौड़ा। एक गोरा अफ़सर भी उसी समय तलवार लिये उसकी सहायताके लिये लपका! दोनों गोरे मङ्गलपाण्डे पर टूट पड़े। मङ्गलपाण्डे भी वीरता पूर्वक तलवारोंका जवाब तलवारसे देनेके लिये तैयार था। तीनोंकी तलवारें हवामें घूमने लगीं। चारों ओर प्रायः चार सौ सिपाही खड़े तमाशा देख रहे थे, पर किसीने किसीका पक्ष न लिया। मङ्गलने बड़ी वीरता और फुर्तीसे दोनोंके वार बचाते हुए अपने विपक्षी एक अङ्गरेज़को घायल करके गिरा दिया। दो वीर अङ्गरेज़ इस देशी सिपाहोको काबूमें न ला सके।

जब मंगल एक अङ्गरेज़को गिरा चुका, तब दूसरे अङ्गरेज़के प्राण बचानेके लिये शेख़ पल्टू नामका एक मुसल्मान आगे आया। जैसे ही मङ्गलने अङ्गरेज़ अफ़सरको ताककर तलवार चलायी, वैसे ही पल्टूने पीछेसे आकर मँगलकी बाँह पकड़ ली। पल्टूका बाँया हाथ कटकर लहूलोहान होगया, पर उसने मङ्गलको न छोड़ा। इस प्रकार इस अङ्गरेज़ अफ़सरके प्राण बचे; पर उसे भी कई घाव लगे थे, जिनसे रक्त बह रहा था। जो अङ्गरेज़ गिरा था, वह भी केवल घायल हुआ था। दोनों अँगरेज़ अफ़सर लहूसे तर-बतर थे। वे वहाँसे चले गये।

शेख पल्टू अबतक मँगल पाण्डेयको पकड़े था। अन्य देशी सिपाहियोंने उससे जाकर कहा, कि तुम मँगलको छोड़ दो। नहीं तो हमलोग तुम्हें मार डालेंगे। मँगल छूट गया और मस्तीके साथ वहीं गश्त लगाने लगा। सेनाकी गड़बड़का समाचार जनरल हेयर्सके पास पहुँचा। इस सेनापतिके दो पुत्र भी सेनामें अफ़सर थे। समाचार सुनते ही सेनापति हेयर्स अपने दोनों नौजवान पुत्रों सहित शस्त्रोंसे सजकर घोड़ोंपर आये। परेडके मैदानमें पहुँचकर सेनापतिने सुना, कि मँगल पाण्डेय पागलोंकी तरह सेनामें घूमता हुआ, जाति-रक्षा और धर्मरक्षाका उपदेश दे रहा है। उस समय समस्त सिपाहियोंमें जाति-रक्षा करनेकी उच्च भावना केवल मङ्गल पाण्डेयमें ही थी, जो अकेलाही बन्दूक लिये सारे संसारकी अवहेलना कर रहा था।

सेनापति हेयर्स और उसके दो पुत्र उधर गये। उनके साथ अन्य सिपाही भी थे। सेनापति सिपाहियोंपर बहुत बिगड़ चुका था, कि "तुमलोगोंने मङ्गल पांडेयको गिरफ़्तार क्यों न किया?" इसी डरसे कुछ डरपोक सिपाही साथ हो लिये। मङ्गल उस समय बन्दूक लिये अधीरतासे टहल रहा था। सेनापतिको देखते ही उसने अपनी बन्दूक संभाली। सेनापतिके पुत्रने कहा,—"पिता! विद्रोही सिपाही आपकी ओर बन्दूक उठा रहा है।" सेनापतिने पुत्रोंसे कहा,—"अगर मैं मारा जाऊँ, तो मेरे बाद तुम जाकर इस विद्रोहीकी जान लेना।"

पर मङ्गलने उसपर गोली न चलायी। उसने देखा, कि जिन सिपाहियोंके लिये उसने विद्रोह किया, वे ही सेनापतिका साथ दे रहे हैं। इससे मङ्गल हताश हो गया। फिर उसने बन्दूककी नली अपने शरीरमें लगा कर पैरके अँगूठेसे घोड़ा दबा दिया। पर मङ्गल मरा नहीं—वहीं अपनी बन्दूकसे घायल होकर गिर गया।

सेनापतिने आगे बढ़कर देखा, कि मङ्गल घायल होकर गिर गया है। उन्होंने उसे अस्पताल भिजवाया, जिसमें वह अच्छा हो जाये और उसे बाक़ायदा प्राण-दण्ड दिया जाये। कहना व्यर्थ है, कि उस समय देशी सेनाने विद्रोह न किया।

६ अप्रैलको मङ्गल पाण्डेयका मुक़दमा हुआ। जजने उसे दोषी पाया और इसलिये फाँसीकी सज़ा सुना दी। मङ्गल पाण्डेयका घाव गहरा था और अब उसे आराम करनेकी चिन्ता किसे थी? पर इस दशामें भी धीर-वीर मङ्गल पाण्डेयने अपनी सहन-शक्तिका पूर्ण परिचय दिया। उसने कोई उफ़ या आह न की और न किसी तरहका खेद ही प्रकट किया। ८ अप्रैलको सारी सेनाके सामने मंगल पाण्डेयको फाँसी दी गयी।

टण्ड्रा या ताँतिया भील

[लेखक—श्रीयुत श्रीकान्त तिवारी]

ताँतिया भीलके डाकोंका हाल बहुतेरे मनुष्योंने सुना; है पर यह पुरुष-सिंह किस तरह डाकू बननेके लिये मजबूर हुआ, यह कथा मनोरञ्जक होनेके साथही ज़रा दुखदायी भी है। उसका असली नाम था टण्ड्रा, पर यह नाम बिगड़ते-बिगड़ते ताँतिया होगया। बादमें इसी नामने प्रसिद्धि पायी। इसलिये हम भी इस नर-पुंगवको ताँतियाके नामसे ही याद करेंगे।

उसका जन्म सन् १८४२ ई० में नीमाड़के निकट विरदा ग्राममें भाऊसिंह नामक भीलके यहाँ हुआ था। विरदा ग्रामसे कुछ दूर पोखरमें भाऊसिंह काश्तकारी करता था। उसकी वहाँ पुश्तैनी ज़मीन थी। उसका पुत्र टण्ड्रा या ताँतिया बचपनेसे ही बड़ा बलवान, निडर और उद्योगी था। जब वह तीस वर्षका हुआ, तब भाऊसिंहका देहान्त हो गया। उसकी माताका देहान्त पहले ही हो चुका था। भाऊसिंह जब मरे, तब फ़सलकी दशा बहुत ही ख़राब हो गयी थी, इसलिये ताँतिया लगान न दे सका। मालगुज़ार शिवा पटेलने बक़ाया लगानकी नालिश करके ताँतियाको पैतृक जायदादसे सदाके लिये बेदख़ल कर दिया।

किन्तु बेदख़लीका हुक्म हो जानेपर भी ताँतियाने अपनी ज़मीन जोतनी न छोड़ी। विरोध करनेवालोंको वह डराने-धमकाने लगा। मालगुज़ार शिवा पटेल तथा उसके साथी अन्य पोखर निवासी ताँतियाको फँसानेके मन्सूबे बाँधने लगे। अन्तमें दण्ड विधानकी धारा १०७ के अनुसार बदमाशीमें ताँतियाका चालान किया गया। उसे प्रथम बार एक वर्ष सपरिश्रम कारावासका दण्ड मिला। क़ैदसे छूटनेपर ताँतिया जब फिर पोखर पहुँचा, तब पोखर-निवासी उसे हर तरह दिक़ करने लगे। ताँतिया लाचार होकर एक दूसरे गाँवमें जाकर प्रायः साढ़े सात वर्षतक मजूरी करके जीवन निर्वाह करता रहा।

किन्तु पोखर गाँवके दुष्ट निवासियोंने ताँतियाको सताना न छोड़ा। उसे एक चोरीके अपराधमें सन्देह-पर पकड़ा दिया। अपनेको निर्दोष गिरफ्तार होते देख, ताँतिया बड़ा क्रुद्ध हुआ और पुलिसवालोंसे उसकी खूब हाथापाई और लड़ाई हुई। अदालतसे वह चोरीके अपराधमें निर्दोष छूट गया; पर पुलिससे झगड़नेके कारण उसे तीन मासकी कड़ी क़ैद हुई; किन्तु इस बार छूटनेपर पोखर निवासियोंने उसे फिर चोरीके इलाक़ा-ममें पकड़वाना चाहा। ताँतिया इस बार भी बिलकुल निर्दोष था; पर जब उसने पुलिसके आगमनकी ख़बर सुनी, तो उसने भागनेकी फ़िक्र की। उसे पोखर-निवासियोंपर बड़ा क्रोध चढ़ा और अब वह उनसे बदला लेनेके लिये पागल सा हो गया।

ताँतिया उस समय अकेला था; पर पुलिसके भूतोंसे बचनेके लिये उसे कुछ साथियोंकी फ़िक्र हुई। नीमाड़ ज़िलेके खजुरी ग्राममें बिजनिया नामक एक भील रहा करता था। यह भील स्वभावसे ही बड़ा भीमकाय, क्रूर हिंसक और देखनेमें बड़ा भयानक

वीरात्मा धमकी वेदीपर बलि चढ़ा दिया गया।

१० अप्रैलको एक जमादारका भी मुक़दमा हुआ। इस जमादारका यह अपराध था, कि इसने अँगरेज़ अफ़सरोंको घायल होते देखकर भी मङ्गलको गिरफ़्तार करनेका हुक्म नहीं दिया। २१ तारीख़को जमादारको भी फाँसी दी गयी। पर मङ्गलको पकड़नेवाले शेख़ पल्टूको सिपाहीसे हवलदार बना दिया गया।

मंगल पांडेयके बलिदानसे सिपाहियोंमें बड़ी सनसनी फैल गयी थी। कायरोंके दिल दहल गये थे। पर वीरोंकी आत्माएँ आन्दोलित होने लगीं। मंगल-पांडेयके गिरे हुए ख़ूनने सारे देशमें ख़ूनी क्रान्तिका बीज बो दिया, और फिर उस क्रान्तिने ऐसा विशाल रूप धारण किया, कि एक बार अँगरेज़ोंके पैर यहाँसे खिसकते हुए दिखाई दिये थे।

था। तॉंतिया इस भीलसे मिला। दोनोंकी राय पक्की हो गयी और ये दोनों मिलकर अपने साथियोंका दल बढ़ाने लगे। धीरे-धीरे यह दल बढ़ गया और तॉंतिया तथा बिजनियाके नेतृत्वमें दलके सब साथी घने जंगल-पहाड़ोंमें रहने लगे। लूट-मार करना और डाके डालना ही उनका मुख्य काम था। उन्होंने पोखर निवासियोंका धन चुराया और बहुत तरह उन्हें परेशान किया। एक दिन पोखरके एक पटेलने तॉंतिया और उसके साथियोंको मिथ्या सहानुभूति और मीठे प्रलोभन देकर अपने गॉंवमें बुलाया। तॉंतिया, बिजनिया और इनका एक तीसरा बहादुर साथी दोपिया जब गॉंवमें पहुँचे, तब उस विश्वासघाती पटेलने उन तीनोंको चोरीके अपराधमें पकड़वा दिया। सन् १८८९ ई० में इन तीनोंपर मामला चला, जिसमें पोखरके प्रमुख व्यक्तियोंने गवाहियॉं दी थीं। तीनोंको कठोर कारावास-दण्ड मिला और वे खण्डवाके जेलखानेमें रखे गये।

जेलमें कुछ दिन रहनेके बाद तॉंतियाने वहॉंसे निकल भागनेकी एक युक्ति सोची। जेलमें अन्य दस भील भी सज़ा भुगत रहे थे। तांतियाने अपने साथी दोपियाकी मददसे अपनी कोठरीके ऊपरकी दीवारमें एक छेद किया। वह छेद बढ़ाकर मोखा बना लिया गया और उसी मोखेमेंसे अर्धरात्रिमें एक-एक भील बाहर कूद आया; कम्बल भी वे साथ ही बॉंध लाये थे। अन्तमें तांतिया भी बाहर निकल आया, और जेलकी बुर्जपरसे गम्भीर गर्जना करता हुआ और अपने भागनेकी सूचना अधिकारियोंको देता हुआ निकल भागा। इसके बाद जेलके अधिकारियोंमें बड़ी खलबली मची; कई सिपाही उन्हें पकड़नेके लिये पीछे दौड़े; पर तॉंतियाकी गर्द भी कोई न पा सका। अङ्गरेज़ सरकारके मज़बूत जेल-खानेसे निकल भागनेपर अधिकारी लोग बहुत घब-राये और तॉंतियाको एक बड़ा ख़तरनाक डाकू समझने लगे।

इसके बाद तांतिया सचमुच ही एक भयानक डाकू हो गया। उसने सैकड़ों धनियोंको लूटा; पर वह उदार इतना था, कि ग़रीबोंको वह सदा आर्थिक सहा-यता दिया करता था। अब उसका दल भी बहुत बड़ा हो गया था, जो बाक़ायदा सब काम करता और तांतिया-के नेतृत्वमें डाके डालता था। उसने अपने शत्रुओंसे बदला भी खूब लिया। पोखर-निवासियोंकी करतूतोंको वह भूला न था। एक दिन वहाँ उसने अचानक आक्रमण करके सारा गॉंव भस्म कर दिया और उस दुष्ट पटेलको पकड़ कर निर्दयता-पूर्वक मार डाला; पर उसके स्त्री, बच्चोंको कोई कष्ट न दिया।

तांतियाने सन् १८७८ से १८८६ तक नीमाड़ तथा अँगरेज़ी और होल्करी इलाकेमें प्रायः चार सौ डाके डाले; पर वह कभी पकड़ा न गया। पुलिस हैरान थी। एक-से-एक दक्ष कर्मचारियोंको निष्फलता हुई। तांति-याके डाके डालनेका मुख्य उद्देश्य अमीरोंको लूटना और ग़रीबोंको धन देना था। वह अपने शत्रुओंके प्रति बड़ा ही निर्दय था; पर गरीबोंको आश्रय देता तथा गौ-ब्राह्मणका प्रतिपालक था। गॉंवके लड़के जब उसे मामा टंड्या या मामा तांतिया कहते, तो वह प्रसन्न होकर उन्हें धन देता था। सन् १८७९ के बाद तांति-याके भयानक डाकोंसे शक्तिशाली अँगरेज़-सरकार और होलकर-सरकार शङ्कित हो उठी। उसे पकड़नेके लिये पुलिसका एक बहुत बड़ा दल नियुक्त किया गया। इस दलका नाम ही टंड्या-पुलिस था। सन् १८८० के बाद तांतियाके दो मुख्य सरदार दोपिया और बिजनिया पकड़े गये, जिनमेंसे एकको आजन्म कारावास और दूसरेको प्राणदण्ड दिया गया।

सन् १८८१ के बाद तांतियाने अनेक स्थानोंमें डाके डाले। एक मौकेपर तांतिया-दलका सामना पुलिस दलसे हो गया। दोनों ओरसे गोलियाँ चलीं। इसके बाद शस्त्रधारी एक राजपूत-पलटनका दल भी पहुँच गया; पर तांतिया-दलके रण-कौशलसे वे सब परास्त होकर भागे। राजपूतोंका प्रधान सरदार मारा गया। इस विजयके बाद तांतियाने सारा गॉंव भस्म कर दिया और चला गया। वह इतने दूर-दूर डाके डालता था,

कि पुलिस हैरान होकर सोचती, कि उसे कहाँ पकड़ें ? ताँतिया कितने ही पुलिस अफ़सरोंसे स्वयं अकेले भेंट करता और किसी-न-किसी तरह उन्हें धोखा देकर भटकाता और फिर निकल भागता था। एक बार वह हज्जामके रूपमें एक थानेदारकी हजामत बनाने आया, और उसकी नाक काटकर चलता हुआ।

इस तरह ताँतिया वर्षों पुलिसको छकाता रहा। अब उसकी आयु ४५ वर्षकी हो चुकी थी और लड़ते-लड़ते वह भी थक गया था। अन्तमें सन् १८८८ के बाद गणपति नामके एक मनुष्यने उसे धोखेसे पकड़वा दिया। ताँतिया उसे अपना मित्र समझता था; पर मित्रने उसके साथ विश्वासघात किया और रक्षाबन्धनके दिन उसे गिरफ्तार कराया। ताँतियाके छः साथियोंने बहुसंख्यक पुलिससे खूब लड़ाई की; पर ताँतिया गिरफ्तार होनेसे न बच सका। सन् १८८८ की २६ सितम्बरको जबलपुरके डिप्टी कमिश्नरके सामने वह पेश किया गया। उसके सारे अङ्ग-प्रत्यङ्ग लोहेकी जंजीरोंसे जकड़े हुए थे, जैसे शेर बँधा हुआ हो। उसे प्राणदण्डकी आज्ञा हुई और अक्टूबर या नवम्बरमें वह फाँसीपर लटका दिया गया। जनताने उसे क्षमा करनेके लिये सरकारसे प्रार्थना भी की थी; पर ऐसा भयानक वीरात्मा कैसे छोड़ा जाता ? ताँतियाको आज भी लोग मध्यप्रदेशमें "ताँतिया मामा" के नामसे याद किया करते हैं।

गुरु अर्जुनदेवका अपूर्व बलिदान।

[लेखक—श्रीयुत सरदार बुटा सिंह]

(१)

गुरु अर्जुनदेवके पहले चार गुरु हो चुके थे। आप पाँचवें गुरु थे। जिस समय इस आर्यभूमिमें यवनोंका प्राबल्य हो रहा था ; छल,बल और कौशलसे यहाँकी आर्य-जनता मुसलमान धर्मावलम्बी होती जा रही थी; उन्हीं दिनों भारतीय सभ्यता, भारतीय ज्ञान और भारतीय उदारता आदिकी रक्षा करनेके विचारसे दूरदर्शी गुरु नानक देवने एक सम्प्रदाय स्थापित किया था। यह सम्प्रदाय सब धर्मोंका समन्वय कर संसारमें शान्ति स्थापित करनेका पक्षपाती था। एकेश्वरवादही इसकी मूल भित्ती थी। सामाजिक रूढ़ियोंका दूरीकरण और नवीन प्रणालीसे समाज-संगठन करना तथा मरणोन्मुख आर्य-जातिको जीवित रखना ही इसका लक्ष्य था। साथ ही किसी धर्म या मतवादका खण्डन न कर उसका समन्वय करनेपर ही गुरु नानकने अपनी दृष्टि स्थिर रखी थी। गुरु नानक देवके बाद गुरु अंगद, गुरु अमरदास और गुरु रामदास हुए थे। क्रमशः इन गुरुओंके समयमें सिख (शिष्य) सम्प्रदाय उन्नति और वृद्धि करता आया था। इन चार गुरुओंके बाद पाँचवें गुरु श्री अर्जुन देव हुए। इनके समयमें सिक्ख-सम्प्रदायमें कई विशेष परिवर्तन हुए और अब तक जो प्रतिष्ठान केवल धर्म और समाजनीतिके क्षेत्रमें ही अपने कार्योंको सीमाबद्ध रखता आया था, उसे अब अपने कार्योंका क्षेत्र और भी बढ़ाना पड़ा।

(२)

गुरु श्री अर्जुनदेवका जन्म १५६३ ई० में हुआ था। बाल्यकालसेही इनकी भावी योग्यताका परिचय मिलने लगा था। इनके पिता गुरु रामदासने कठोर परीक्षा लेकर इन्हेंही अपने बाद गुरुका पद प्रदान किया था। गुरु अर्जुनदेवके एक भाई और थे, जिनका नाम पृथ्वीचन्द था। वे बड़े ही चालाक थे; पर ईर्ष्याकी मात्रा उनमें बहुत अधिक थी। वे लड़कपनसे ही

अर्जुनदेवके विरोधी थे बराबर और उनसे खार खाये रहते थे।

सन् १५८१ ई० में गुरु रामदासकी मृत्युके बाद गुरुकी गद्दीपर श्रीअर्जुनदेव बैठाये गये। इससे उनके भाईका क्रोध और भी बढ़ गया। गुरु अर्जुनदेव उनके मनोभावको समझते थे। उनको सन्तुष्ट करनेके विचारसे गुरु अर्जुनदेवने सारी पैत्रिक सम्पत्ति अपने भाइयोंमें बाँट दी। पर पृथ्वीचन्दको इससे भी सन्तोष नहीं हुआ। वे सिखों (शिष्योंसे) से गुरु-दक्षिणा वसूल करने लगे। गुरु अर्जुनने उनकी इस काररवाई को रोकनेके लिये विश्वासी आदमी नियुक्त किया और यह आदेश दिया, कि प्रत्येक सिक्ख अपनी आमदनी का एक तिहाई हिस्सा गुरुके अर्पण करे।

गुरुकी गद्दीपर बैठते ही श्री अर्जुनदेव अमृतसर नगरकी शोभा बढ़ानेके उद्योगमें लगे। इन्हींके प्रयत्नसे इनके समयमें मन्दिर और सरोवरका काम समाप्त हुआ, जो आपके पूर्वजोंने आरम्भ किया था। अब आप यहीं अपने शिष्यों सहित रहने लगे। मन्दिर और तालाबके आस-पास समृद्ध नगर बसने लगा। क्रमशः यह नगर सिखोंका एक पवित्र तीर्थस्थान हो गया। कुछ ही समयमें बहुतेरे आदमी आ-आकर इस नगरमें बस गये और देखते देखते यह नगर व्यवसाय-वाणिज्यके एक प्रधान केन्द्रके रूपमें परिवर्त्तित हो गया।

सिख-समाजके कल्याणके विचारसे आपने पंजाबी भाषामें "ग्रन्थ साहब" की रचना की। इस ग्रन्थमें गुरु नानकसे लेकर गुरु अर्जुनदेवके समयतककी समस्त रचनाओंका समावेश किया गया। इन रचनाओंके अतिरिक्त कबीर, नामदेव, रामानन्द, जयदेव, मीराबाई, फरीद, त्रिलोचन आदि उन्नीस प्रसिद्ध-प्रसिद्ध भगवद्भक्तोंके उपदेशोंका भी संकलन किया गया।

गुरु अर्जुनदेवके समयसे ही अमृतसरके मन्दिरमें नित्य विधि-पूर्वक पूजन और 'ग्रन्थ साहब' के पठन पाठनकी पद्धति प्रचलित हुई। यह प्रथा अतबक मौजूद है।

(३)

इधर अपने सद्‌गुणों, सत्कार्यों और अपूर्व योग्यताओंसे गुरु अर्जुनदेव जितनाही अधिक मान-सम्मान पाने लगे, उधर ईर्ष्यापरायण उनके भाई उतनाही अधिक जलने लगे। वे तरह-तरहकी चेष्टाओंसे गुरुको विपन्न करनेका षड़यन्त्र और उद्योग करने लगे। उनके उपद्रवों और अत्याचारोंसे गुरु व्याकुल हो उठे और अन्तमें आरी आकर 'बादली' नामक गाँवमें जाकर रहने लगे। यहींपर गुरु अर्जुनदेवके पुत्र-रत्न श्री हरगोविन्दका जन्म हुआ।

जबतक गुरु अर्जुन देवके कोई पुत्र नहीं हुआ था, तबतक तो तक उनके भाईको कुछ सन्तोष भी था; पर अब जब, कि उनको सन्तान-प्राप्ति हुई, तब उनकी सारी आशाओंपर पानी फिर गया। अब पृथ्वीचन्द मारे ईर्ष्या और क्रोधके पागल से हो गये। वे इस ईर्ष्याकी अग्निको शान्त करनेके लिये सरकारी कर्मचारियोंसे किलकर उनके भावोंको गुरुके प्रति विषाक्त करने लगे। कुछ लोभी कर्मचारी उनकी बातोंमें आ गये और उनके साथ मिलकर षड़यन्त्र करने लगे; पर मुग़ल-सम्राट् अकबर गुरुके मनोभाव, उनके ज्ञान विज्ञान और भक्ति-परायणताको अच्छी तरह जानते थे। वे स्वयं गुरुके प्रति आदर एवं श्रद्धाका भाव रखते थे। फलतः षड़यन्त्रकारियों और उनके भाईकी कोई कला काम नहीं आयी। उनके किये गुरुका बाल भी बाँका नहीं हुआ।

परन्तु पृथ्वीचन्दको भला चैन कहाँ? वे अब भी अपने नीच उद्योगसे विरत नहीं हुए। उन्होंने सम्राट्के पास ख़बर भेजी, कि 'ग्रन्थ साहब' में हिन्दू और मुसलमान दोनोंही धर्म-मतोंके विरुद्ध बातें लिखी गयी हैं। अतएव इनके आन्दोलनके दमनकी आवश्यकता है। इसपर सम्राट्ने वह ग्रन्थ लानेका हुक्म जारी किया। 'ग्रन्थसाहब' का पाठ कराकर सम्राट्ने स्वयं सुना और उसकी बारम्बार प्रशंसा की। सम्राट् अकबरकी श्रद्धा गुरु एवं गुरु-ग्रन्थसाहबके प्रति और भी

बढ़ गयी। वे स्वयं अमृतसरमें आये और गुरुसे मिले। इस मुलाक़ातसे वे बहुत सन्तुष्ट हुए। उसी वर्ष अमृतसरमें अकाल पड़ा था। सम्राट् अकबरने गुरुके कहनेसे प्रजाजनोंका कर माफ़ कर दिया।

कुछ समय बाद जब सम्राट् अकबरका देहान्त हो गया और उनके विशाल साम्राज्यके अधिकारी जहाँगीर हुए, तब गुरुके द्रोहियोंको मानों स्वर्ण-सुयोग मिल गया। जिस कुचेष्टामें वे अबतक सफल नहीं हो सके थे, अब उन्हें उसकी सफलताकी बहुत कुछ आशा होने लगी। गुरुके द्रोहियों और षड़यन्त्रकारी सरकारी कर्मचारियोंने सम्राट् जहाँगीरके पास शिकायत भेजी, कि गुरुने खुशरूको आश्रय दिया था और उसको हर तरहसे सहायता की थी। जहाँगीर हिन्दू या मुसलमान किसी भी धर्ममें कोई सुधार करनेके विरोधी थे। इसके अतिरिक्त उन्हें यह भी समझाया गया, कि यदि सिक्ख लोगोंका बल इसी प्रकार बढ़ता जायेगा, जिस प्रकार इस समय बढ़ रहा है, तो सम्भव है, किसी दिन ये साम्राज्यके लिये भयङ्कर शत्रु बन खड़े हों। जहाँगीरको गुरु द्रोहियोंकी यह मन्त्रणा पसन्द आ गयी। उसके सङ्कीर्ण मनमें यह बात ख़ूब जँच गयी। उन्होंने सिक्खोंका दमन करनेका निश्चय कर लिया। खुशरूको पनाह देने और उसकी मदद करनेका अभियोग गुरुपर लगाया गया। उनपर इस अपराधके लिये दो लाख रुपया जुर्माना किया गया। गुरु अर्जुनदेवने यह जुर्माना देनेसे अस्वीकार कर दिया। इसपर सम्राट्ने गुरुको गिरफ़्तार कराया और उन्हें अपने चण्डू शाह नामक एक अत्यन्त क्रूर एवं नीच कर्मचारीके हवाले कर दिया। वह गुरुपर तरह-तरहके पाशविक अत्याचार करने लगा। उन्हें जेलमें ठूँस दिया। बड़े-बड़े कठोर कर्म कराये। गुरु सब कष्टोंको हँसते हुए गले लगाते गये। जो अपनी आत्मापर विजय प्राप्त कर लेते हैं; बाह्य यन्त्रणाएँ, शारीरिक क्लेश या पार्थिव पीड़ाएँ उनका कुछ भी बिगाड़ नहीं सकतीं। उनके मन एवं आत्माके ऊपर बाहरी कष्ट-क्लेशोंका कुछ भी प्रभाव नहीं पड़ता। अत्याचारीके अत्याचारोंका दीवाला बोल जाता है; पर आत्मविजयी वीरका एक बाल भी बाँका नहीं होता।

अन्तमें गुरुके लिये प्राण-दण्डकी आज्ञा हुई। नृशंस चण्डूशाहने उनकी मृत्यु-लिये एक नयी तरकीब सोची। उसने एक विशाल पक्का चूल्हा बनवाया। उसके योग्य एक विशाल कड़ाह भी तैयार कराया। गुरुको उसी कड़ाहमें बैठाया गया। नीचेसे प्रचण्ड अग्नि धधकने लगी। ऊपरसे जल्लाद तेल छिड़कने लगे। इस प्रकार निर्दयताके साथ गुरुके प्राण लिये गये।

आह! कितनी भयङ्कर यन्त्रणा देकर गुरुको जिन्दा भूना गया!! पर विदेह गुरुने उस अवस्थामें भी 'उफ़' नहीं की। उस समय भी उनके चेहरेपर वही शान्ति, वही धैर्य और वही आनन्द झलक रहा था, जो सदा झलका करता था!

मृत्युके समय उन्होंने कहा था,—"दुर्बलोंके बल भगवान हैं। वे अनादि और अनन्त हैं। जन्म-मृत्युसे रहित हैं। वे अविनाशी हैं।"

× × × ×

गुरु अर्जुनदेवपर होनेवाले इन पाशविक अत्याचारों और उनकी मृत्युने समग्र सिख-सम्प्रदायको उत्तेजित कर दिया। सबके हृदयका खून खौल उठा। इसी समयसे सिक्ख लोगोंके मनमें अस्त्र-शस्त्रोंके सहारे धर्मकी रक्षा करनेका विचार उत्पन्न हुआ।

"सुख-दुःख, शीत-ऊष्ण, हर्ष-शोक, आनन्द और विषाद—ये सब उन्हींके लिये हैं, जो जड़ प्रकृतिके परे पहुँचे हैं। जो आत्मज्ञानी हैं, जिन्होंने जीवन और मृत्युके रहस्यको समझ लिया है, जो पार्थिव विषयोंसे बहिर्भूत हो चुके हैं, उनपर कोई सुख-दुःख आदिका प्रभाव नहीं पड़ता। वे जानते ही नहीं; वरन् इसको प्रत्यक्ष रूपसे अनुभव भी करते हैं, और अपने कार्यों द्वारा संसारको दिखा देते हैं, कि आत्मा अमर है।"

—वेदान्त-सर्वस्व।

गुरु तेग बहादुरका बलिदान।

[लेखक—श्रीयुत सरदार बसन्त सिंह]

(१)

गुरु तेग बहादुर ९ वें गुरु थे। ये छठे गुरु श्री हरगोविन्दके सबसे छोटे पुत्र थे। गुरु हरगोविन्दके पाँच पुत्र-रत्न थे, जिनमें तीन तो गुरु हरगोविन्द-की जीवितावस्थामें ही प्राण त्याग कर चुके थे। शेष दा में सूरजमल बहुत विलासी और विषयी थे और तेग बहादुर एकदम विरागी थे। अतएव उन्होंने अपने किसी भी पुत्रको गुरुकी गद्दीके योग्य नहीं समझा। इसलिये उन्होंने अपने बड़े पुत्र बाबा गुरांदित्ताके छोटे पुत्र हर राय को गुरुका पद प्रदान किया था। श्रीहर रायके एक भाई और थे, जिनका नाम धीर-मल था, पर वे गुरु-द्रोहियोंसे जा मिले थे। हर रायने अपने द्वितीय पुत्र हर किनको गुरुपद पर बैठाया था; परन्तु असमयमें ही शीतलासे आक्रान्त होकर उन्होंने शरीर त्याग दिया था। उनके बाद गुरुके भक्तोंने श्री तेगबहादुरसे गुरु-पद ग्रहण करनेके लिये अनुरोध किया। बहुत आनाकानी करनेके बाद श्री तेग बहादुरने इस गुरु-भारको लेना स्वीकार किया था।

(२)

गुरु तेग बहादुरका जन्म सन् १६२१ ई० में अमृतसरमें हुआ था। विषय-सम्पत्ति और सांसा-रिक बखेड़ोंसे सदा अलग रहनेके कारण इनके पिताने इन्हें गुरुकी गद्दी नहीं दी थी। पर जब आठवें गुरु हरकिषनने मृत्युके समय उन्हें ही गुरु बनानेका संकेत किया, तब सिख लोगोंने इनके पास पहुँच कर 'गुरु'का पद स्वीकार करनेके लिये बाध्य किया। श्री तेग बहादुरने कहा,—"यद्यपि मेरा नाम तेग बहा-दुर है; पर वास्तवमें मैं अपने पूर्वजोंकी तलवार पक-ड़नेमें असमर्थ हूँ! मैं 'त्याग-बहादुर' हो सकता हूँ। दीन-दुखियों और आर्त्तजनोंका सेवक हो सकता हूँ। आप लोग किसी औरको गुरुके पद-पर बैठाइये। परन्तु बहुतेरे सिक्खों और अन्तमें अपनी माताके कहने उन्होंने गुरुका पद ग्रहण करना स्वीकार किया।

उधर गुरु हर रायके बड़े भाई धीरमल, जो पहले-से ही गुरुकी गद्दी पानेके लिये लालायित थे और इसके लिये तरह-तरहकी कोशिशें भी करते आते थे, बाबा तेग बहादुरके गुरु होनेसे और भी कुपित हो गये। अब धीरमल गुरुके अनिष्टके लिये तरह-तरहके भयङ्कर षड़यन्त्र करने लगे। उन्होंने गुरुको गोली मार देनेके लिये एक शिष्यको तैयार किया। वह धनके लोभमें आ गया। उसने मौक़ा देख कर गुरुपर वार किया। उनके यहाँसे सब मूल्यवान् चीज़ें उड़ा ली गयीं। गुरु तेग बहादुरके भयङ्कर चोट आयी। वे अचेत होकर गिर पड़े। पर सिक्ख लोगोंमें इस घटनासे बड़ी हल-चल मच गयी। उन्होंने फ़ौरन धीरमलके मकानपर धावा किया और जितना सामान लाया गया था, सब छीन लिया गया। जिस विश्वास घाती शिष्यने गुरुके गोली मारी थी, वह भी पकड़ा गया। वह गुरुके सामने बाँध कर हाज़िर किया गया। गुरुने उसे माफ़ कर दिया और फ़ौरन छोड़ देनेका हुक्म दिया।

धीरमलके उपद्रव-उत्पातोंसे दूर रहनेके लिये गुरु तेगबहादुर पहाड़ी इलाकेमें जाकर रहने लगे और वहीं ही 'आनन्दपुर' के नामसे एक नगर बसा लिया। पर वहाँ भी गुरुके द्रोहियोंने उन्हें चैन लेने नहीं दिया। अन्तमें वे देशाटनको निकले। गुरु तेग बहादुर अपने पूर्वजोंकी तरह मालवा, बांगड़ आदि विभिन्न स्थानोंमें घूम-घूम कर सिक्ख-धर्मका प्रचार करने और सबको

अहिंसात्मक बननेके लिये उपदेश देने लगे। आपने बहुतेरे स्थानोंपर सर्वसाधारणके आरामके लिये कुएँ और तालाब खुदवाये। देशाटन करते-करते गुरु तेगबहादुर आगरा, इलाहाबाद, गयासे होते हुए पटने पहुँचे। पटनेमें औरङ्गज़ेबके सेनापति राजा रामसिंहसे उनकी मुलाक़ात हुई। राजा रामसिंह मिर्जा जयसिंहके लड़के थे। ये सिक्ख हो गये थे। राजा रामसिंह उन्हीं दिनों आसाम जा रहे थे। उन्होंने गुरुको अपने साथ ले चलनेकी इच्छा प्रकट की। आसाम और ढाकेमें बहुतेरे सिक्ख मतावलम्बी थे। गुरु तेगबहादुरने उन शिष्योंसे मिलने-मिलानेका यह अच्छा संयोग देखा और इसीलिये वे उनके साथ चलनेको तैयार हो गये।

सम्राट् औरंगजेबकी विशाल सेना अभी आसामकी सीमापर ही पहुँची थी, कि आसामवालोंके साथ उनकी मुठभेड़ हुई। वहाँकी 'अहमी' सेनाने आगे बढ़कर उनका मोहरा रोका। इस युद्धमें भयंकर रक्तपात होता; दोनों ओरके असंख्य सैनिक मारे जाते; न मालूम कितने बालक, बच्चे अनाथ हो जाते और कितनी ही सुहागिन स्त्रियोंकी माँगके सिन्दूर धुल जाते। पर गुरु तेगबहादुरने बीचमें पड़कर दोनों सेनाओंके सरदारोंको शान्त कर उन्हें युद्धसे विरत होनेका उपदेश दिया। कहते हैं, गुरुके सदुपदेशोंका उनपर इतना प्रभाव पड़ा, कि समस्त सेनाकी ढालें धुबड़ीके पास एक स्थानपर इकट्ठी की गयीं और उनपर मिट्टीका एक टीला बनाया गया। इस टीलेपर शान्ति-स्थापक गुरु नानकके नामसे एक मठकी स्थापना की गयी।

इन्हीं दिनों गुरु तेग बहादुरको खबर मिली, कि पटनेमें उनकी स्त्रीके एक पुत्र-रत्न उत्पन्न हुआ है। यह समाचार पाकर वे पटने लौटे और पुत्रको देख-भाल कर उसका नाम गोविन्द राय रखा।

आप अभी कुछ ही दिन पटनेमें ठहर पाये थे, कि आपके पास पंजाबसे खबर आयी, कि औरंगज़ेबके अत्याचारी शासन-कर्त्ताओंके मारे प्रजा त्राहि-त्राहि कर रही है। हिन्दू-मुसलमान दोनों ही सन्त्रस्त हो रहे हैं। यह समाचार पाकर गुरु तेग बहादुर स्त्री-पुत्रादिको पटनेमें ही छोड़कर पंजाबके लिये रवाना हो गये। वहाँ जाकर उन्होंने देखा, कि हिन्दू-मुसलमान किसीमें भी इतनी हिम्मत नहीं है, कि सरकार द्वारा होनेवाले अन्धेरों और अत्याचारोंके विरुद्ध चूँ तक करे। वे उपाय सोचने लगे, कि आखिर इन अन्धेरोंका अन्त कैसे हो सकता है? कुछ दिन बाद उन्होंने अपने पुत्रको पटनेसे लानेके लिये खबर भेज दी।

(३)

एक दिन काश्मीरसे ब्राह्मणों और पण्डितोंकी एक टोली गुरुके पास आयी और उसने कहा,—"यदि आप कोई तदबीर नहीं करेंगे, तो काश्मीरकी सारी प्रजा मुसलमान हो जायेगी।"

एक तो गुरु आपही चिन्तित हो रहे थे; दूसरे ब्राह्मणोंकी टोलीकी इस बातसे उनकी चिन्ता और भी बढ़ गयी। वे सोचने लगे, कि इन अत्याचारोंको बन्द करनेके लिये कौन सा उपाय किया जाये? गुरु अभी इसी चिन्तामें थे, कि उनका पुत्र गोविन्द वहाँ आ पहुँचा। गोविन्दकी उम्र अभी कुल ९ वर्षकी थी। पिताको चिन्ता-ग्रस्त एवं विषाद-मग्न देखकर उसने पूछा,—"पिताजी! आप आज इतने उदास क्यों हैं? ऐसी कौनसी चिन्ता है, जिसने आपको इस प्रकार व्याकुल कर रखा है?"

गुरु पहले तो नौ वर्षके बालकको ऐसा प्रश्न करते देख चौंके; पर उसके बारम्बार आग्रहके साथ प्रश्न करनेपर उन्होंने समस्त परिस्थिति बतलायी और अपनी चिन्ताका कारण भी बताया। अन्तमें उन्होंने कहा,—"इन अत्याचारोंको रोकनेके लिये एक-मात्र उपाय दिखाई देता है और वह यही, कि हम लोगोंमें जो सबसे अधिक पवित्र और पूज्य है, उसीके बलिदानकी आवश्यकता है।"

बालक गोविन्दने कहा,—"पिताजी! हममें आपसे बढ़कर पवित्र और पूज्य दूसरा कौन हो सकता है?"

बालकके इस उत्तरको सुनकर गुरु तेग बहादुरको

बड़ी प्रसन्नता हुई। उन्होंने उसी समय पण्डितोंसे कहा,—"आप लोग सम्राटसे कहिये, कि पहले गुरुको मुसलमान बनाइये। उनके मुसलमान होनेपर सब लोग आपही मुसलमान हो जायेंगे।"

ब्राह्मणों और पण्डितोंने वैसाही किया। सम्राट्के पास जब यह ख़बर पहुँची, तब उन्होंने गुरुको दिल्लीमें हाज़िर होनेके लिये कहा। सन् १६७५ ई० में गुरु दिल्लीको रवाना हुए। वहाँ पहुँचनेपर उनसे मुसलमान होनेको कहा गया। उन्होंने स्पष्ट शब्दोंमें वैसा करनेसे इनकार कर दिया।

सम्राट्की आज्ञासे उन्हें प्राण-दण्डकी सज़ा दी गयी। उस सज़ाको उन्होंने सहर्ष स्वीकार कर लिया। जब जल्लादकी तलवारने उनका सर धड़से जुदा कर दिया, तब सबने देखा, कि उनके गलेमें काग़ज़का एक टुकड़ा बँधा हुआ है। उसपर लिखा है—"शिर दिया शरह ना दिया।"

पीर अलीको फाँसी

[लेखक—डाक्टर के० सी० मिश्र, एम० बी० एच०]

मुग़ल-साम्राज्यके अन्त होनेके पश्चात् भारतवर्षपर अँगरेज़ कम्पनीका आधिपत्य हुआ। इसको सुसंगठित तथा बलशाली बनानेके लिये कम्पनीके कर्म्मचारियों ने उचित-अनुचितका विचार छोड़, दमन-नीतिका अवलम्बन करना आरम्भ कर दिया। भारतवासियोंके मनके विरुद्ध कई नये कार्य किये गये। फल यह हुआ, कि प्रजामें कम्पनीके विरुद्ध अविश्वास फैल गया। देशी सिपाहियोंपर इसका प्रभाव बहुत अधिक पड़ा। इसलिये उत्तर भारतके सभी प्रसिद्ध-प्रसिद्ध स्थानोंमें विप्लव फैल गया। बिहारमें भी इसकी आग भड़क उठी। जब पटनेके मुसलमानोंने सुना, कि विप्लवी सिपाहियोंने दिल्लीमें अँगरेज़ी फौजको परास्त कर, दिल्लीके सिंहासनपर फिर बूढ़े बहादुर शाहको बैठा दिया है, तब उन्होंने खुल्लम-खुल्ला बग़ावतका झण्डा उड़ा दिया। मौलानाओं और उल्माओंने इस कार्य्यमें बहुत सहारा दिया। पटनेके कमिश्नर मिस्टर टेलर इससे बहुत घबरा गये और भीषण रूपसे दमन करना आरम्भ कर दिया। पटनेके शाहमुहम्मद हुसेन, अहमदुल्ला और वाजुलहक नामक तीन बड़े प्रसिद्ध मौलवियोंको निमन्त्रित कर वहाँके कमिश्नरने नज़रबन्द कर दिया। इससे पटनेके सारे मुसलमान और भी अधिक क्रुद्ध तथा हो उन्मत्त हो उठे। फल यह हुआ, कि कई जगहोंपर अँगरेज़ी कमचारियों तथा मुसलमानोंमें मुठभेड़ हो गयी। इसपर कमिश्नर साहबने हिन्दू-मुसलमान सबके अस्त्र-शस्त्र छीन लिये। इससे दोनों जातियाँ और भी क्रोधित हो उठीं। फलतः २री जुलाई १८५७ ई० को सरकारी नौकरों तथा मुसलमानोंके बीच भारी मुठभेड़ हो गयी। अनेकों की हत्याके साथ डाक्टर लायल भी मारे गये। इस हत्यासे मि० हेलरके क्रोधकी सीमा न रही। लोग दनादन फाँसीपर लटकाये जाने लगे। मार्शल-ला जारी हो गया और देखते-देखते पटना एक श्मशानके रूपमें परिणत हो गया।

पटनेमें पीर अली नामका एक साधारण मुसलमान था। पहले उसका मकान लखनऊमें था; लेकिन जब लखनऊके नवाबका सर्वनाश हो गया, तब इसके परिवारके लोग पटनेमें आकर बस गये थे। ये लोग यहाँ पुस्तकें बेचकर अपना कालक्षेप करते थे। सरकारकी ओरसे डाक्टर लायलकी हत्या करनेका अभियोग इसीपर लगाया गया और अन्तमें इसे फाँसीकी सज़ा मिली। सरकारकी ओरसे बहुत प्रयत्न किया गया, कि पीर अली विप्लवियोंके सम्बन्धमें

हरिकिशन सिंह

——:❀०❀:——

[लेखिका—श्रीमती सुशीलादेवी]

हरिकिशन सिंह जगदीशपुरके बाबू कुँवरसिंहके मुनीम थे। जगदीशपुर-राज्यके प्रबन्धमें इनका बहुत बड़ा हाथ था। ये बड़े दिलेर और साहसी थे। देश-भक्ति तथा स्वामि-भक्ति इनमें कूट-कूटकर भरी थी। सन् १८५७ के विप्लवके समय ये ही ऐसे साहसी थे, जो दानापुरकी देशी पलटनोंसे मिलकर उन्हें आरे लाये थे। जब बाबू कुँवरसिंह देशी पल्टनोंसे मिल गये थे, तब पलटनके कप्तानका भार एक प्रकारसे आपही पर था। आपने बाबू कुँवरसिंहको आरम्भसे अन्त तक दुःख सुखके साथी होकर यथाशक्ति सब प्रकारकी सहायता पहुँचायी थी। बाबू कुँवर सिंहके स्वर्गवासके बाद भी बाबू अमरसिंहका साथ देकर हरिकिशन सिंहने विप्लवी झण्डेको उठाये रखा। लेकिन जब बाबू अमरसिंह ससरामके जङ्गलोंसे नेपालकी ओर चले गये, तब हरिकिशन सिंह हताश होकर बनारसकी ओर चले गये। वहाँ बाबू साहबके दरबारमें रहने वाला राम कवि बनारसकी पुलिसका जमादार था। वह हरिकिशन सिंहको अच्छी तरह पहचानता था। इसलिये हरिकिशन सिंह जब वहाँ छिपे हुए दिन बिता रहे थे, तब रामकविने उन्हें गिरफ्तार कर वहाँके कलेक्टर के सिपुर्द कर दिया। पश्चात् वे वहाँसे जगदीशपुर लाये गये। वहाँकी जनता तथा परिवारके लोगोंके समक्ष हरिकिशन सिंह फाँसीपर लटका दिये गये। जब ये फांसीके तख्तपर खड़े किये गये, तब इनके परिवारके लोग इन्हें देख कर फूट-फूट कर रोने लगे। इसपर उन्हें धीरज देते हुए वीर हरिकिशन सिंह अपने चाचासे हँसकर बोले,—"चाचाजी! आप क्यों रो रहे हैं? आप भी मेरी ही तरह हँसें। क्या आपको इस बातके लिये कुछ भी गौरव नहीं है, कि हरिकिशनने आपके कुलको पवित्र कर सदाके लिये आप लोगोंका मस्तक ऊँचा कर दिया है?"

वीर हरिकिशनसिंह यद्यपि इस संसारसे उठ गये, तथापि इतिहासके पन्ने से उनका नाम नहीं उठ सकता। अपनी बहादुरीके कारण हरिकिशनसिंह अब भी अमर है।

❀ ❀ ❀ ❀

देश और राष्ट्रके लिये हँसते-हँसते बलिदान होनेका कैसा उत्तम उदाहरण है! स्वार्थ-त्यागकी कैसी अपूर्व झलक है! ऐसे ही व्यक्ति अपने वीरतापूर्ण कारनामे छोड़ कर संसारमें अपने जीवनकी कहानी अमर कर जाते हैं और देशवासी उसे अभिमान-पूर्वक वर्णन करनेमें तथा नित्य प्रति स्मरण करने में अपना गौरव समझते हैं।

वास्तवमें ऐसेही वीर पुरुषोंके उच्चादर्श अनुकरण करके देशके उन्नतिशील युवकगण देश और राष्ट्रके लिये कुछ कर सकते हैं और देशको उन्नतिके शिखरपर पहुँचाकर गर्वसे अपना मस्तक संसारके सामने उठा सकते हैं।

कुछ बताये;पर उसने कुछ भी पता नहीं; दिया। बल्कि बड़ी दृढ़तासे कहा,—"दुनियामें बहुतसे काम ऐसे हैं, जिनके लिये अपनी जान बचा लेना बहुत ज़रूरी है। पर बहुतसे काम ऐसे भी होते हैं, जिनके लिये जान दे देना ही लाज़िम है। आप मुझे ही क्या, सैकड़ों और लोगोंको भी फाँसी दे दें; पर इससे आपका मतलब पूरा नहीं होगा। एक-एक शहीदके बदले सौ-सौ दूसरे शहीद उठ खड़े होंगे।"

वीर पीर अली अब इस दुनियासे चले गये; लेकिन उन्होंने जो सबक़ हिन्दुस्थानियोंको सिखाया है, वह स्वर्णाक्षरोंमें लिखा रहेगा। वे मर कर भी अमर हो गये हैं।

नानासाहब

[लेखक—श्रीयुत रामकृष्ण मेहरोत्रा]

सन् १८५७में महाराष्ट्रके अन्तिम पेशवा बाजीरावके उत्तराधिकारी धुन्धूपन्थ नानासाहब अङ्गरेज़ोंसे निराश होकर कानपुरके निकट बिठूरमें रहते थे। बाजीराव अपने पूनाके राजसिंहासनसे हटाये गये और फिर उन्हें बिठूरमें रहनेका स्थान अङ्गरेज़ोंने दिया; उनका गोद लिया हुआ पुत्र नानासाहब अपनी पैतृक पेन्शनसे वञ्चित किया गया। अन्तमें इस दत्तक नानासाहबने ईस्ट इण्डिया कम्पनीके डायरेक्टरोंके न्यायमें विश्वास करके अपने एक मुसलमान दूत अजीम उल्लाख़ांको विलायत भेजा। अजीम उल्लाख़ां एक सुन्दर और शौकीन मुसलमान था, जो अङ्गरेज़ी भाषा खूब अच्छी तरह जानता था। इसके अतिरिक्त फ्रेञ्च और जर्मन भाषाओंमें भी उसका अच्छा अभ्यास था। यही मुसलमान अजीम उल्लाख़ां नानासाहबका मन्त्री और मुख्य सलाहकार था। उसे जब लण्डनके डायरेक्टरोंके सामने नानासाहबका पक्ष समर्थन करनेमें सफलता न मिली,तब वह अपने शारीरिक सौन्दर्यसे युरोपके विलास सागरमें आनन्दके गोते लगाने लगा। फिर वह तुर्कीकी राजधानीमें पहुँचा। उस समय क्रिमिया-युद्धसे सारा युरोप दहल रहा था।

नानासाहबका मन्त्री अजीमउल्ला उस रण-भूमिके निकट गया। उसने वहाँ रूसी तोपोंकी मारसे अङ्गरेज़ी सेनाको अस्त-व्यस्त होते देखा और मन-ही-मन सन्तुष्ट हुआ। उसने सोचा, कि भारत लौटनेपर वह अङ्गरेज़ोंको परास्त करनेका उद्योग करेगा। वह भारत लौटा और नानासाहबसे मिलकर उसने अङ्गरेज़ोंकी कमज़ोरी तथा अपने युरोपीय अनुभवकी बातें कहीं। पेन्शन बन्द होनेके कारण नानासाहब बहुतही चिन्तित थे। उनका दूत अजीमउल्ला भी जब निष्फल लौटा, तो उन्हें और भी निराशा हुई। वे अङ्गरेज़ोंसे असन्तुष्ट हुए। लार्ड डलहौसीके कामोंका फल अब उनके सामने आया और वे हाथ मल-मलकर पछताने लगे। नाना साहबके राजमहलमें उनके और भी भाई-बन्धु थे। उनके भाई बालाराव और बाबा भट्ट भी वहीं रहते थे। अजीमउल्लाकी तरह तांतिया टोपी भी नाना साहबका एक मुख्य सलाहकार था। कानपुरके गदरके समय येही दोनों नाना साहबके मन्त्री थे।

गदरकी आशङ्कासे कानपुरके अङ्गरेज़ भयभीत और चिन्तित हुए। अपनी स्त्रियों और बच्चोंकी रक्षाके साथ ही उन्हें अँगरेज़ी खजानेकी रक्षाकी भी चिन्ता थी। खज़ानेमें उस समय दस-बारह लाख रुपये थे। मैजिस्ट्रेट और कलेक्टर हिलसडनने नानासाहबकी मददसे खजानेकी रक्षाका उपाय सोचा, क्योंकि उस समय अँगरेज़ोंसे उनकी खूब मित्रता थी। अँगरेज़ लोग बराबर नानासाहबके महलमें आते और खूब खाते-पीते थे। इसलिये कलेक्टरने सोचा, कि नानासाहबकी सहायतासे वे अपने खजाने और स्त्रियों तथा बच्चोंकी रक्षा कर सकेंगे। पर जब वे लखनऊसे एकाएक कानपुर चले आये, तो सेनापति सर जान लारेन्सको उनपर सन्देह हुआ और उसने कानपुरके प्रधान अँगरेज़ सेनापतिको सावधान किया। जो हो, कानपुरके कलेक्टर नानाका विश्वास करते थे; क्योंकि बाजीरावके स्वर्गवासी होनेके बाद नाना साहबने किसी तरह भी अविश्वासका परिचय नहीं दिया था और नानासाहब भी अँगरेज़ोंकी मदद करनेके लिये तैयार थे। २२ मईको नानासाहबने सरकारी खज़ानेकी रक्षाका भार ले लिया।

पर दूसरे ही दिन लखनऊसे सरजान लारेन्सने गोरी सेनाका एक सहायक दस्ता कानपुर भेजा। सेनापतिकी आज्ञासे अँगरेज़ों, मेमों और उनके बच्चोंकी रक्षाके लिये एक सुरक्षित स्थान दीवारसे घेरा गया। इस समय छावनीमें बड़ा गड़बड़ मचा। सेनामें २ नम्बरका रिसाला सबसे पहले विद्रोही बनने लगा और हिन्दू-मुसलमान सभी सिपाही धर्म बिगड़नेकी

आशंकासे उत्तेजित हो रहे थे। अँगरेज़ोंके प्रति उनका सन्देह बढ़ने लगा और वे सोचने लगे, कि चर्बी मिले कारतूस और हड्डी मिला आटा उनका धर्म भ्रष्ट करनेके लिये लाया गया है। वे सोचने लगे, कि अँगरेज़ोंके राज्यमें उनका धर्मनाश हुआ, जाति नाश हुई और अन्तमें प्राण भी लिये जायेंगे। सिपाही लोग आपसमें बड़ी गर्म सलाहें करने लगे।

हर तरफ़ षड़यन्त्रोंकी भरमार थी। कुछ षड़यन्त्रकारी नवाबगंजमें नानासाहबसे मिले। यहाँ खज़ाना, जेलखाना और तोपखाना भी था। यह सब देखकर विद्रोही प्रसन्न हुए। कहा जाता है, कि विद्रोही सेनाका सूबेदार टीकासिंह नानासाहबसे मिला। उसने नानासे कहा,—"आप अँगरेज़ोंका खजाना और तोपखाना बचानेके लिये यहाँ आये हैं। हम हिन्दू और मुसल्मान अपने धर्मको रक्षा करनेके लिये एक हो गये हैं और बंगालके सिपाही भी इसी उद्देश्यसे खड़े हो गये हैं। अब आप क्या कहते हैं?" नाना साहबने कहा, "मैं भी सैनिकोंके साथ हूँ।" चौथी जून तक गुप्त परामर्श होते रहे, और इसमें नाना साहब भी शरीक थे। इस बीचमें कई घटनाएँ ऐसी हुईं, जिनके कारण नाना साहबको विवश होकर विद्रोहियोंका साथ देना पड़ा। विद्रोही सिपाही खज़ाने और तोपखानेपर अधिकार करनेमें सफल हो चुके थे।

उस समय मिट्टीकी दीवारसे घिरे सुरक्षित स्थानमें अंगरेज़ स्त्रियां और बच्चे सहित पड़े थे। सेनापति ह्वीलर की आज्ञासे समस्त समर्थ अंगरेज़ आत्मरक्षाके लिये खड़े थे। उद्धत विद्रोही सिपाहियोंका तुमुलनाद हर तरफ़ सुनाई पड़ने लगा। उन्हें जहाँ कहीं अंगरेज़ मिलते, मारे जाते। जोश यहाँतक बढ़ा था, कि अंगरेज़ोंका खून करना लोग पुण्य समझते थे। दीवारमें घिरे हुए अंगरेज़ और उनकी बहुतेरी स्त्रियाँ, जिनमेंसे कुछ गर्भिणी भी थीं, बड़ी विपत्तिमें पड़ीं। विद्रोहियोंके गोलोंसे उनके मोर्चे भंग होने लगे और भीतरके कितने ही अंगरेज़ भी मरने लगे। सेनापति ह्वीलरको पंजाब, लखनऊ और इलाहाबादसे कुछ भी सैनिक सहायता न मिल सकी। दाने-पानी बिना अंगरेज़ भीतर-ही-भीतर मरने लगे। जब अंगरेज़ कष्ट भोगते-भोगते तंग आ गये, तब २६ जूनको क़िलेके अन्दरके सब अंगरेज़ोंने अपनेको नाना साहबके सपुर्द कर दिया।

नाना साहबकी ओरसे प्रतिज्ञा की गयी, कि समस्त अंगरेज़ोंको किश्तियोंपर बैठाकर इलाहाबाद भेज दिया जायेगा। उसी रातको चालीस नौकाओंका प्रबन्ध किया गया। २७ ता० को अंगरेज़ी झण्डा किलेसे उतारा गया, और उसकी जगह दिल्लीके सम्राट बहादुर शाहका झण्डा फहराने लगा। समस्त अंगरेज़ोंको हाथियों और पालकियोंपर बैठाकर क़िलेसे डेढ़ मील दूर सत्ती-चौरा घाटपर पहुंचा दिया गया। किन्तु इस बीचमें इलाहाबाद और उसके आस-पासके असंख्य मनुष्य, जिनके घर-द्वार सम्बन्धियों और बालबच्चोंको अंगरेज़ जनरल नीलके सैनिकोंने जलाकर खाक कर दिया था, कानपुरमें आ-आकर एकत्र होने लगे। इन लोगोंने कानपुरवालोंको और भी भड़काया।

२७ जूनको सवेरे १० बजे अंगरेज़ोंकी नौकाएं सत्ती-चौराघाटसे रवाना होनेवाली थीं। नाना साहब उस समय अपने महलमें थे। कहा जाता है, कि क्रोधसे उन्मत्त सिपाहियोंमेंसे किसीने कर्नल इवटसपर हमला किया। तुरन्त मारकाट शुरू हो गयी। उस समय नाना साहबने आज्ञा दी, कि "अंगरेज़ पुरुषोंको मार डालो; पर उनकी स्त्री-बच्चोंको नहीं।" नानाकी आज्ञा मिलते ही १२५ मेमें और उनके बच्चे कैद करके एक कोठरीमें पहुँचा दिये गये। अंगरेज़ पुरुषोंको एक क़तारमें सत्तीचौरा घाटपर खड़ा किया गया, जिनकी संख्या लगभग १०० थी। २७ जूनको उनमेंसे केवल चार बच कर किसी तरह भाग निकले, बाकी सब मार डाले गये। १५ जुलाईको बीबीगढ़ (कानपुर) में १२५ क़ैदी मेमें और उनके बच्चे कत्ल कर दिये गये, जिनकी लाशें एक कुएँमें डाल दी गयीं। जो अँगरेज़ और मेमें तथा उनके बच्चे नावोंपर बैठ कर गंगामें जा

हकीकत रायका बलिदान

[लेखक—श्री० मानिकलाल 'शहीद']

यों तो सभी लोग इस नश्वर जगतमें पैदा होते हैं, जीते हैं, और अन्तमें मर जाते हैं; पर उन्हींका जीना और मरना सार्थक मालूम होता है, जो देश, जाति और धर्मके लिये जीते और मरते हैं। वास्तवमें ऐसे ही मनुष्य सच्चे वीर हैं और वेही अमृत पीकर इस संसारमें आते हैं; क्योंकि उनका अन्त हो जानेपर भी उनकी अमर कीर्ति, उनकी शहादत, जाति कभी नहीं भुलाती। वे अपना खून देकर जातीय वृक्षकी जड़ ऐसी सींच जाते हैं, कि उसका कभी विनाश नहीं होता। वे स्वयं मरकर जातिको अमर कर जाते हैं।

ऐसे ही वीरात्मा शहीदोंमें बालक हकीकतरायका भी नाम स्वर्णाक्षरोंमें अङ्कित है। इस वीर बालकने अपनी जान धर्मके लिये कुर्बान कर दी; पर धर्म हाथसे न जाने दिया। यह क्षत्रिय कुल भूषण सम्बत् विक्रमी १७९० में बागमल वंशमें माता कौरालसे जन्मा था। इस वीर बालकने बाल्यकालसे ही धार्मिक शिक्षा खूब पायी थी। ग्यारह वर्षकी आयुमें वह फारसी पढ़नेके लिये मुसल्मान मौलवीके यहाँ गया।

जब जिस जातिका राज्य होता है, तब वह जाति अपने धार्मिक सिद्धान्तोंको ही सर्वोत्तम समझती है। उस समय इस अभागे देश भारतमें गोभक्षी मुसल्मानों का शासन था, जो अपने इस्लाम धर्मको ही सबसे अच्छा और मुक्तिदाता समझते थे। निरीह शान्तिप्रिय हिन्दू लोग जबर्दस्ती तलवारके बलसे मुसल्मान बनाये जाते थे और जो मुसल्मान नहीं बनते थे, वे बड़ी ही निर्दयताके साथ मार डाले जाते थे। मुसल्मान बननेवालोंके लिये बड़े-बड़े प्रलोभन थे, कि मरनेके बाद बिहिश्तमें हूर और गुलाम लोग आनन्द-भोगके लिये मिलेंगे, इसके अतिरिक्त यह भी, कि मुसलमान होनेपर अच्छी-अच्छी सरकारी नौकरियाँ मिलेंगी। इन प्रलोभनोंमें भी जो हिन्दू नहीं फँसते, वे फिर मार डाले जाते थे।

वीर बालक हकीकतरायके सामने भी यही समस्या उपस्थित थी। एक दिन मुसलमान बालकोंसे कुछ ऐसा ही धार्मिक विवाद छिड़ गया, जिसमें उसे श्रीरामचन्द्रजी और श्रीकृष्णजीका अपवाद सुनना पड़ा। श्रीराम और श्रीकृष्णके परम भक्त वीरवर हकीकतरायसे वह निन्दा न सुनी गयी और उसने भी साहस-पूर्वक मुसल्मानोंको वैसा ही उत्तर दिया। उसी समय कई क्रूर मुल्ला लोग भी वहाँ आगये। हकीकतरायके मुखसे इस्लामकी निन्दा सुनकर वे बड़े क्रुद्ध हुए; यहाँतक कि उसकी जान लेनेके लिये उतारू हो गये।

उस समयके न्यायाधीश क़ाज़ीके सामने हकीकतरायका मामला पेश हुआ, क़ाज़ीने मौलवियोंसे परामर्श करके कहा, कि "इस लड़के (हकीकतराय) ने रसूल और कुरानकी तौहीनी की है, इसलिये अगर यह अपनी भूलके लिये पश्चात्ताप करके दीन इसलाम कबूल कर ले, तो इसे माफ़ी दी जा सकती है; नहीं तो शरीअतके मुताबिक इसके प्राण लिये जायेंगे।" यह मामला सियालकोटमें हुआ था; पर जिन क़ाज़ी और मुल्लाओंने उस अबोध सुकुमार बालकको प्राणदण्डकी आज्ञा सुनायी, वे सब ऐसे नीच और पतित थे, कि पवित्र इतिहासमें उनके कलङ्कित नाम भी नहीं आने चाहिये।

रहे थे, उनपर विद्रोहियोंने किनारेपरसे गोलियाँ चलायीं और उन सबका संहार हुआ।

अन्तमें १७ जुलाईको जनरल हेविलोककी सेनाने कानपुरमें पहुँचकर हिन्दुस्थानियोंका क़त्लआम किया। नानासाहबने उनसे लड़नेकी चेष्टा की; पर अपना पक्ष निर्बल होते देख, वे नौकापर सवार हो, भाग निकले। फिर किसीको पता नहीं, कि नानासाहब कहाँ लुप्त होगये!

हक़ीकतरायने अविचलित धैर्यसे वह दण्ड-आज्ञा सुनी; पर उसके माथेपर शिकनतक नहीं पड़ी। उस समय उस वीर बालककी माता वहाँ रोती हुई पहुँची और उसे बहुत समझाया, कि—"हाय बेटा! क्या तुझे इसी दिनके लिये पैदा किया था, कि तू क़त्ल किया जाये? अरे बेटा! तू माफ़ी माँग ले और मुसल्मान होकर ही जीवित रह जिसमें मैं कभी-कभी तुझे देखकर अपनी आँखें तो ठण्डी कर लूँगी।"

पर वह वीर बालक अमरत्वका बीज अपनी आत्मामें धारण किये हुए मृत्युका प्याला पीनेको तैयार था। उसने निर्भीकता-पूर्वक कहा,—"अरी माता! मैं धर्मक्षेत्रमें खड़ा हुआ धर्मकी उपासना ही सदा करता रहा हूँ। तूनेही मुझे प्राचीन पवित्र ऋषि-मुनियोंकी गाथाएँ सुनाकर धर्मके लिये तैयार किया था? अब मैं उस पवित्र धर्मके मार्गसे कदापि विचिलत न होऊँगा। मैं इस्लाम कदापि स्वीकार न करूँगा; धर्मके लिये एक प्राण क्या यदि ऐसे हज़ारों प्राण भी मुझे बलि चढ़ाने पड़ें, तो भी मैं खुशीसे उसके लिये तैयार रहूँगा।"

इसके बाद मामला लाहोरके नवाबके सामने आया। नवाबने भी हक़ीकतरायको बड़े-बड़े प्रलोभन दिये। हूर और गिलमाका दृश्य दिखाया, फिर तलवारका भय भी दिखाया, पर उस धीर-वीर-गम्भीर बालकने अपना व्रत न बदला। नवाब, क़ाज़ी और मुल्ला सबने ही इस्लाम और कुरानके बड़े गुण-गान किये, पर वह बालक घृणाके साथ उनका उपहास करता रहा। माताने भी बालकको बहुत समझाया; पर उस हठीले बालकने एक न सुनी। वह मुसल्मानों और मुल्लाओंको अपना गला दिखाता और कहता, कि—"जल्दी इसे काट लो, जिसमें तुम्हारा दीन इस्लाम अधूरा न रह जाये।"

माताके साथ बालकके सम्बन्धी और हिन्दू लोग सभी रो रहे थे; पर वीर हकीक़तराय प्रसन्न चित्तसे खड़ा होकर जल्लादके वारकी प्रतीक्षा कर रहा था। अन्तमें वह दुःखदायी घड़ी भी आयी, जब साक्षात् राक्षसकी तरह भयानक जल्लाद अपनी तलवार उस बालककी कोमल गर्दनपर तौलने लगा। एकही वारमें उसका सिर कटकर गिर गया। सब तरफ़ त्राहि-त्राहि मच गयी! उस निरपराध, अबोध बालक हक़ीकतरायको मारकर मुसलमानोंने अपने शासनका जनाज़ा तैयार करनेमें एक और कील ठोंकी।

'वाह गुरुको फ़तह' कहता हुआ, बालक हकीकत राय अपने धर्मपर कुर्बान हो गया। मुसलमानोंका अत्याचारी शासन भी अब न रहा, और न उनकी इस्लामी शरअ अब किसी अदालतमें मानी जाती है, पर धर्मके लिये बलिदान होनेवाले हकीकत रायका नाम अब तक विद्यमान है, और जब तक इस पृथ्वी-तलपर हिन्दू जाति जीवित है, तबतक उस राम-कृष्णके प्यारे भक्त हकीकत रायका भी नाम अमर रहेगा।

बलिदान होनेवाली वीरात्माएं जितनी संयमी और दृढ़-निश्चयी होती हैं, उतनी ही वे शुद्ध और पवित्र भी होती हैं। संयम और दृढ़ निश्चयके बिना आत्मिक शुद्धता और निर्मल पवित्र नहीं आ सकता। सच्ची साधना भी तभी हो सकती है, इसीलिये विवेकी और ज्ञानी पुरुष आत्माकी शुद्धताके लिये सदा आग्रह करते हैं। वही शुद्ध आत्मावाला पुरुष सफल बलिदान कर सकता है, जिसने कभी संयम किया हो। देश, जाति और धर्मकी पूर्ण सफलता तभी सिद्ध होगी, जब सहस्त्रों लक्ष संयमी आत्माएं हँसते-हँसते बलिदानके लिये तैयार हों! शहादतका प्याला पीना सभीके भाग्यमें बदा है, यदि सब संयमी और दृढ़ विचारवाले हों।

—श्रीराम तीर्थ।

नाना साहबकी पुत्री

देवी मैनाको भस्म कर दिया गया !

[लेखिका—श्रीमती चपला देवी]

सन् १८५७ ई० के विद्रोही नेता धुन्धूपन्त नाना साहब कानपुरमें असफल होनेपर जब भागने लगे, तो वे जल्दीमें अपनी पुत्री मैनाको साथ न ले जा सके। देवी मैना बिठूरमें पिताके महलमें रहती थी;पर विद्रोह दमन करनेके बाद अङ्गरेज़ोंने बड़ी ही क्रूरतासे उस निरीह और निरपराध देवीको अग्निमें भस्म कर दिया। उसका रोमाञ्चकारी वर्णन पाषाण हृदयको भी एक बार द्रवीभूत कर देता है।

कानपुरमें भीषण हत्याकाण्ड करनेके बाद अंगरेज़ोंका सैनिक दल बिठूरकी ओर गया। बिठूरमें नाना साहबका राजमहल लूट लिया गया; पर उसमें बहुत थोड़ी सम्पत्ति अँगरेज़ोंके हाथ लगी। इसके बाद अङ्गरेज़ोंने तोपके गोलोंसे नाना साहबका महल भस्म कर देनेका निश्चय किया। सैनिक दलने जब वहाँ तोपें लगायीं, उस समय महलके बरामदेमें एक अत्यन्त सुन्दरी बालिका आकर खड़ी हो गयी। उसे देख कर अंगरेज़ सेनापतिको बड़ा आश्चर्य हुआ; क्योंकि महल लूटनेके समय वह बालिका वहाँ कहीं दिखाई न दी थी।

उस बालिकाने बरामदेमें खड़ी होकर अंगरेज़ सेनापतिको गोले बरसानेसे मना किया। उसका करुणापूर्ण मुख और अल्पवयस देखकर सेनापतिको भी उसपर कुछ दया आयी। सेनापतिने उससे पूछा, कि "क्या चाहती है ?"

बालिकाने शुद्ध अंगरेज़ी भाषामें उत्तर दिया,—"क्या आप कृपा कर इस महलकी रक्षा करेंगे ?"

सेनापति,—"क्यों,तुम्हारा इसमें क्या उद्देश्य है ?"

बालिका,—"आप ही बताइये, कि यह मकान गिरानेमें आपका क्या उद्देश्य है ?"

सेना०—"यह मकान विद्रोहियोंके नेता नाना-साहबका वासस्थान था। सरकारने इसे विध्वंस कर देनेकी आज्ञा दी है।"

बालिका,—आपके विरुद्ध जिन्होंने शस्त्र उठाये थे, वे दोषी हैं; पर इस जड़ पदार्थ मकानने आपका क्या अपराध किया है ? मेरा उद्देश्य इतना ही है, कि यह स्थान मुझे बहुत प्रिय है, इसीसे मैं प्रार्थना करती हूँ, कि इस मकानकी रक्षा कीजिये।

सेनापतिने दुःख प्रकट करते हुए कहा, कि कर्तव्य-के अनुरोधसे मुझे यह मकान गिराना ही होगा। इसपर उस बालिकाने अपना परिचय बताते हुए कहा, कि—"मैं जानती हूँ, कि आप जनरल 'हे' हैं। आपकी प्यारी कन्या मेरीसे और मुझसे बहुत प्रेम-सम्बन्ध था। कई वर्ष पूर्व मेरी मेरे पास बराबर आती थी और मुझे हृदयसे चाहती थी। उस समय आप भी हमारे यहाँ आते थे और मुझे अपनी पुत्रीकेही समान प्यार करते थे। मालूम होता है, कि आप वे सब बातें भूल गये हैं। मेरीकी मृत्युसे मैं बहुत दुःखी हुई थी;उसकी एक चिट्ठी मेरे पास अबतक है।"

यह सुनकर सेनापतिके होश उड़ गये। उसे बड़ा आश्चर्य हुआ, और फिर उसने उस बालिकाको भी पहिचाना, और कहा,—"अरे यह तो नाना साहब की कन्या मैना है !"

सेनापति 'हे' कुछ क्षण ठहरकर बोले,—"हाँ, मैंने तुम्हें पहिचाना, कि तुम मेरी पुत्री मेरीकी सहचरी हो ! किन्तु मैं जिस सरकारका नौकर हूँ, उसकी आज्ञा नहीं टाल सकता। तो भी मैं तुम्हारी रक्षाका प्रयत्न करूँगा।"

इसी समय प्रधान सेनापति जनरल आउटरम वहाँ आ पहुँचे, और उन्होंने बिगड़ कर सेनापति हेसे कहा,—"नानाका महल अभी तक तोपसे क्यों नहीं उड़ाया गया ?"

सेनापति 'हे' ने विनय-पूर्वक कहा,—"मैं इसी

फिक्रमें हूँ; किन्तु आपसे एक निवेदन है। क्या किसी तरह नानाका महल बच सकता है?"

अउटरम,—"गवर्नर जनरलकी आज्ञाके बिना यह सम्भव नहीं। नाना साहबपर अंगरेज़ोंका क्रोध बहुत अधिक है। नानाके वंश या महलपर दया दिखाना असम्भव है।"

सेनापति 'हे',—"तो लार्ड केनिंग (गवर्नर जनरल) को इस विषयका एक तार देना चाहिये।"

अउटरम,—"आखिर आप ऐसा क्यों चाहते हैं? हम यह महल विध्वंस किये बिना, और नानाकी लड़कीको गिरफ़्तार किये बिना नहीं छोड़ सकते।"

सेनापति 'हे' मनमें दुःखी होकर वहाँसे चला गया। इसके बाद जनरल अउटरमने नानाका महल फिर घेर लिया। महलका फाटक तोड़कर अंगरेज़ सिपाही भीतर घुस गये, और मैनाको खोजने लगे, किन्तु आश्चर्य है, कि सारे महलका कोना-कोना खोज डाला; पर मैनाका पता नहीं लगा।

उसी दिन सन्ध्या समय लार्ड केनिंगका एक तार आया, जिसका आशय इस प्रकार था,—

"लण्डनके मन्त्रिमण्डलका यह मत है, कि नानाका स्मृति-चिह्न तक मिटा दिया जाये। इसलिये वहाँकी आज्ञाकेविरुद्ध कुछ नहीं हो सकता।"

उसी क्षण क्रूर जनरल अउटरमकी आज्ञासे नाना साहबके सुविशाल राजमन्दिरपर तोपके गोले बरसने लगे। घण्टे भरमें वह महल मिट्टीमें मिला दिया गया।

उस समय लण्डनके सुप्रसिद्ध "टाइम्स" पत्रमें छठी सितम्बरको यह एक लेखमें लिखा गया,—"बड़े दुःखका विषय है, कि भारत-सरकार आजतक उस दुर्दान्त नाना साहबको नहीं पकड़ सकी, जिस पर समस्त अंगरेज़ जातिका भीषण क्रोध है। जबतक हम लोगोंके शरीरमें रक्त रहेगा, तबतक कानपुरमें अंगरेजोंके हत्याकाण्डका बदला लेना हम लोग न भूलेंगे। उस दिन पाल मेण्टकी 'हाउस आफ़ लार्ड्स' सभामें सर टामस 'हे'की एक रिपोर्टपर बड़ी हँसी हुई, जिसमें सर हे ने नानाकी कन्यापर दया दिखानेकी बात लिखी थी। 'हे' के लिये निश्चय ही यह कलङ्ककी बात है—जिस नानाने अङ्गरेज़ नर-नारियोंका संहार किया, उसकी कन्याके लिये क्षमा! अपना सारा जीवन युद्धमें बिता कर अन्तमें वृद्धावस्थामें सर टामस हे एक मामूली महाराष्ट्र बालिकाके सौन्दर्यपर मोहित होकर अपना कर्त्तव्यही भूल गये! हमारे मतसे नानाके पुत्र, कन्या, तथा अन्य कोई भी सम्बन्धी जहाँ कहीं मिला, मार डाला जाये। नानाकी जिस कन्यासे 'हे' का प्रेमालाप हुआ है, उसको उन्हींके सामने फाँसीपर लटका देना चाहिये।"

❁ ❁ ❁ ❁

सन् ५७ के सितम्बर मासमें अर्द्ध रात्रिके समय चाँदनीमें एक बालिका स्वच्छ उज्ज्वल वस्त्र पहने हुए नानासाहबके भग्नावशिष्ट प्रासादके ढेरपर बैठी रो रही थी। पास ही जनरल अउटरमकी सेना भी ठहरी थी। कुछ सैनिक रात्रिके समय रोनेकी आवाज़ सुनकर वहाँ गये। बालिका केवल रो रही थी। सैनिकोंके प्रश्नका कोई उत्तर नहीं देती थी।

इसके बाद कराल रूपधारी जनरल अउटरम भी वहाँ पहुँच गया। वह उसे तुरन्त पहिचानकर बोला,—"ओह! यह नानाकी लड़की मैना है!" पर वह बालिका किसी ओर न देखती थी और न अपने चारों ओर सैनिकोंको देखकर ज़रा भी डरी।

जनरल अउटरमने आगे बढ़कर कहा,—"अंगरेज़-सरकारकी आज्ञासे मैंने तुम्हें गिरफ़्तार किया।"

मैना उसके मुंहकी ओर देखकर आर्त्त स्वरमें बोली,—"मुझे कुछ समय दीजये, जिसमें आज मैं यहाँ जी भरकर रो लूँ।"

पर पाषाण-हृदयवाले जनरलने उसकी अन्तिम इच्छा भी पूरी होने न दी। उसी समय मैनाके हाथमें

मनिपुरका हत्याकाण्ड।

[लेखक—श्रीयुत 'मनिपुरी']

(क)

मनिपुरका राज्य अङ्गरेज़ोंके अधिकारमें कैसे गया?

इसके पूर्व यह भी जानना कम आश्चर्यजनक नहीं, कि जिस राजाने ईस्ट इण्डिया कम्पनीकी हर तरह सहायता और सेवा की और जो राजा सदा ही अङ्गरेज़ोंका प्रशंसक तथा हिमायती बना रहा, उसे अन्तमें किस तरह अङ्गरेज़ोंका बन्दी होकर फाँसीपर लटकना पड़ा और अङ्गरेज़ोंने कैसे कौशल तथा साहससे मनिपुरका विस्तृत राज्य हस्तगत कर लिया? भारतमें जैसे समस्त देशी राज्योंके पतनका इतिहास हृदय-विदारक है, वैसे ही मनिपुरका भी समझिये। इस देशमें ब्रिटिश राजसत्ताकी जड़ जमानेमें जैसे अन्य भारतीय नरेशोंके दुःखान्त अन्त और बलिदान हुए, वैसे ही वीर बलिदान मनिपुराधिपति महाराज टिकेन्द्रजित सिंहजी तथा अन्य मनिपुरियोंके भी हुए थे।

पूर्वी बङ्गालके उत्तर-पूर्व स्वाधीन पार्वत्य राज्य 'त्रिपुरा' (टिपरा) के पूर्वोत्तर कोनेमें मनिपुर अवस्थित है। मनिपुरकी उत्तरी सीमापर 'नागा' नामकी पहाड़ियाँ हैं—यहाँके निवासी भी नागा जातिके नामसे प्रसिद्ध हैं। नागा प्रान्त सम्पूर्णतया पार्वत्य है और चारों ओर घने दुर्गम जङ्गलोंसे घिरा है। इस तरफ अङ्गरेज़ सरकारका अभीतक प्रवेश नहीं हो पाया था, पर अब अङ्गरेज़ उधरसे सुगम मार्ग बनानेकी फ़िक्रमें हैं, क्योंकि उन्हें चीनी या रूसी हमलेके भयसे आसामकी उत्तर-पूर्वीय सीमापर ब्रिटिश सेनाओंके लिये जङ्गी अड्डा बनाना परमावश्यक है; इस जङ्गी अड्डेके लिये कार्य द्रुत वेगसे आरम्भ होगया है। नागा-जातिकी सीमा निकट होनेसे मनिपुरवालों और नागाओंमें पहले बराबर युद्ध हुआ करते थे, जिनमें कभी मनिपुर और कभी नागा विजयी होते थे।

अङ्गरेज़ोंका सम्बन्ध मनिपुरसे अट्ठारहवीं शताब्दीके मध्यसे आरम्भ हुआ था। उस समय भारतीय नरेशोंमें कलहका बाज़ार ख़ूब गर्म था। हर एक राजा किसी विदेशी शक्तिकी सहायतासे अपने पड़ोसी राज्यको दबाना चाहता था। भारतीयोंका यह निन्दनीय आदर्श या सिद्धान्त महाराज जयचन्दके समयसे चला आता है, जब कि उस पतित मतिमन्द नरेशने पृथ्वीराजको नीचा दिखानेके लिये शहाबुद्दीन ग़ोरीकी सहायता ली थी और अन्तमें विजयी ग़ोरीने उसे भी मारकर समृद्धिशाली भारतीय राज्य दबा लिया था। उसी तरह उस समय बङ्गालके मुसल्मान शासकोंके अत्याचारोंसे उत्पीड़ित होकर कुचबिहार, गौहाटी आदि हिन्दू राज्योंने अङ्गरेज़ोंकी सहायता लेनी आरम्भ कर दी थी। ऐसी अवस्था देखकर मनिपुरके महाराजने अङ्गरेज़ोंके साथ मेल-जोल बढ़ाये रखना आवश्यक समझा। पर यही विदेशी मेल अन्तमें मनिपुरके लिये घातक सिद्ध हुआ।

पूर्वीय बङ्गालमें मुसल्मानोंका शासन छः सात सौ

हथकड़ी पड़ी और वह कानपुरके क़िलेमें लाकर क़ैद कर दी गयी।

उस समय महाराष्ट्रीय इतिहासवेत्ता महादेव चिटनवीसके "बाखर" पत्रमें छपा था,—

"कल कानपुरके क़िलेमें एक भीषण हत्याकाण्ड हो गया। नाना साहबकी एकमात्र कन्या मैना धधकती हुई आगमें जलाकर भस्म कर दी गयी। भीषण अग्निमें शान्त और सरल मूर्त्ति उस अनुपमा बालिकाको जलती देख, सबने उसे देवी समझ कर प्रणाम किया।"

वर्ष रहा, पर वे मेवाड़की तरह मनिपुर सरीखे साहसी स्वतन्त्र राज्यपर कभी पूर्णतया अधिकार न कर सके। मनिपुर निवासी और नरेश स्वतन्त्रताके ऐसे कट्टर उपासक थे, कि उन्होंने बारम्बार यवनोंको पराङ्मुख किया। उस समय मुसल्मानोंका शासन नष्ट सा हो रहा था और उसकी जगह अङ्गरेज़ोंकी ईस्ट इण्डिया कम्पनी अपने प्रभुत्वका विस्तार कर रही थी। नागा जातिसे मनिपुरवालोंका बैमनस्य कभी दूर न हुआ। एक समय नागाओंका इतना प्राबल्य हो गया था, कि उन्होंने मनिपुरपर कुछ समयके लिये अधिकार भी कर लिया था। बादमें उन्हीं नागाओंने बर्मापर भी चढ़ाई करदी और वे जब अग्रसर होकर बर्मियोंसे लड़ रहे थे, उस समय सुअवसर देख मनिपुरके मूल अधिकारियोंने पुनः अपना राजसिंहासन अपने अधीन कर लिया था।

सन् १७६० ई० में महाराज जयसिंह मनिपुरके राज-सिंहासनपर विराजमान थे। पर बर्मावाले अपना पुराना बैर न भूले थे और वे मनिपुरपर आक्रमण करनेकी तैयारियाँ करने लगे। इस समय महाराज जयसिंह बड़े चिन्तित हुए, और उन्हें किसी सहायककी आवश्यकता हुई। उनका ध्यान अङ्गरेज़ोंकी ओर गया; क्योंकि उस समय ईस्ट इण्डिया कम्पनी भी अपने स्वार्थके वश बर्मासे नाराज़ थी। पर कम्पनीकी नीति बर्मासे एकदम युद्ध करनेकी नहीं थी। तो भी महाराज जयसिंहकी प्रार्थनापर अँगरेज़ोंने चटगाँवसे सन् १७६२ में छः पल्टनें मनिपुरके लिये भेजीं; पर इन पल्टनोंके प्रधान सेनापतिको यह आज्ञा थी, कि "तुम ब्रह्म देश (बर्मा) में जाना; वहाँके लोगोंका रङ्ग-ढंग देखना; उनके उद्देश्यका पता लगाना और उनकी सैनिक शक्तिका सब हाल जान लेना, किन्तु उनके साथ लड़ाई मत मोल लेना।"

हुआ भी वैसाही। ईस्ट इण्डिया कम्पनीके छः सेना-दल मनिपुरमें गये तो जरूर; पर उन्होंने वहाँके राजाकी कोई सहायता न की। वे केवल अपना ठाटबाट और आडम्बर दिखा कर, मनिपुरकी अवस्था जान कर, और जहाँतक हो सका, अपने जासूसोंके द्वारा बर्माकी सामरिक शक्तिका पता लगाकर लौट आये। इसके बाद अंगरेजोंके आदमी व्यापार आदिके बहाने मनिपुर बराबर जाते रहे; पर आगामी ६०-६२ बर्षतक मनिपुराधिपतिके साथ कोई राजनीतिक सम्बन्ध नहीं हुआ था।

महारानी विक्टोरियाके राजत्वकालके प्रारम्भमें मनिपुरके राजसिंहासन पर महाराज गम्भीर सिंह प्रतिष्ठित थे। उनकी अंगरेज़ोंसे खूब मित्रता हो गयी थी। सन् १८२४ ई० में अंगरेज़ोंकी लड़ाई बर्माधिपतिसे ठन गयी। कारण यह था, कि सन् १७५० ई० से बर्मा राज्यान्तर्गत 'नेग्रीज' नामक एक द्वीपमें अंगरेजोंने व्यापार करना शुरू किया था। चतुर घातक अंगरेज व्यापारियोंने तरह-तरहके प्रलोभनों और उपायोंसे बर्माके नासमझ राजाको प्रसन्न कर सन् १७५७ ई० में 'नेग्रीज' द्वीपमें बिना किसी कर या लगानके व्यापार करनेकी सनद प्राप्त करली थी। अंगरेज लोग वहाँ स्वच्छन्द होकर व्यापार-वृद्धि करने लगे, पर उनकी चालों और षड़यन्त्रोंसे नेग्रीज द्वीपमें रहनेवाले बर्मी लोग उनपर बिगड़ उठे। वे एकाएक अंगरेज़ व्यापारियोंकी कोठीपर टूट पड़े, और वहाँके प्रमुख अंगरेज कर्मचारियोंको मार डाला। कुछको घायल किया। इस कांडमें दोष चाहे जिसका हो, पर उसी समयसे अंगरेजोंने यह ख़याल किया, कि यह काण्ड बिना बर्मी राजाके इशारेपर नहीं हो सकता था। इस लिये वे बर्मा वालोंसे बदला लेनेपर उतारू हो गये।

इस बार आग कुछ अधिक भड़क उठी। इधर बर्मावाले भी अंगरेज़ोंपर खार खाये बैठे थे; उन्होंने तुरन्त अंगरेजोंके अधिकृत आसाम और कछारके हिस्सोंपर आक्रमण किया। मनिपुर वालोंका मेल-जोल अंगरेज़ोंसे अधिक था। इस लिये बर्मी लोग मनिपुरसे भी बिगड़े। बर्मी सेना, जो कछारपर

आक्रमण करनेके लिये भेजी गयी थी, उसने मार्गमें मनिपुरपर हाथ भी साफ करना चाहा। मनिपुराधिपति महाराज गम्भीर सिंहने अङ्गरेज़ोंसे सहायता माँगी। ऐसा सुअवसर देख, भला अंगरेज़ भी कब चूकनेवाले थे ? अंगरेज़ोंने अपने दक्ष सेना-दल मनिपुर भेजे और कई दल तोपों सहित कछारकी ओर भेजे। इन सब दलोंने मिल कर बर्मियोंको बुरी तरह परास्त किया। मनिपुरके विजयी राजा गम्भीरसिंह बड़े प्रसन्न हुए और उनके राज्यकी सीमा बढ़ा कर 'क़ुबो घाटी' तक स्थिर कर दी गयी। सन् १८३२ के बाद बर्माकी पहली लड़ाई खतम हुई और उस समय अंगरेज़ोंने बर्माको दबा कर जो संधि की, उसमें यह शर्त्त भी थी, कि भविष्यमें बर्मावाले मनिपुरको एक स्वतन्त्र राज्य मानते हुए उसपर कभी चढ़ाई न करेंगे। इसके बाद अंगरेज़ोंने सन् १८३३ में मनिपुरसे भी एक सन्धि की, जिसके अनुसार अँगरेज़ व्यापारियोंको वहाँ सुभीते आदि मिले। दूसरे समझौतेके अनुसार अँगरेज़ोंने 'कुबो घाटी' फिर बर्माको दिला दी और इसके बदलेमें अँगरेज़ स्वयं ६५००) रु० मनिपुरको क्षतिपूर्त्ति स्वरूप देने लगे। इस तरह कूटनीतिसे अँगरेज़ सरकार बर्मा और मनिपुर दोनोंकी विश्वास-भाजन बन गयी।

सन् १८३४ ई० में जब महाराज गम्भीरसिंहका देहान्त होने लगा, तब उन्होंने अपने छोटे भाई सेनापति राजा नरसिंहसे कहा, कि "मेरे शिशु पुत्र चन्द्रकीर्त्तिको राजसिंहासनपर बैठाना।" महाराजकी मृत्युके बाद सेनापति नरसिंहने नाबालिग़ चन्द्रकीर्त्तिका 'वली' (संरक्षक) बन कर राज-भार योग्यापूर्वक सम्भाला। पर घड़ियालकी तरह ताक लगाये हुए अँगरेज़ोंने यह अच्छा अवसर देख कर मनिपुर राज्यमें अपना एक रेज़िडेण्ट क़ायम किया। बस, उस रेतनेवाली 'रेज़िडेन्सी' के स्थापित होते ही अँगरेज़ोंके फ़ौलादी पञ्जे मनिपुरमें जमने लगे। इसके बाद मनिपुरमें गृह-कलह भी आरम्भ हो गया। राजा नरसिंहका सगा छोटा भाई देवेन्द्रसिंह राजगद्दीपर बैठनेका स्वप्न देखने लगा। उसने षड़यन्त्र करके महाराज गम्भीर सिंहको विधवा महारानी तथा तेरह वर्षके नाबालिग़ लड़के चन्द्रकीर्त्तिसिंहको मनिपुरसे भगा दिया, जो कछार चले गये; और बादमें राजा नरसिंहको भी मरवा डाला। इसके बाद कपटी भाई देवेन्द्र सिंह राजगद्दीपर बैठा। उसके अत्याचारोंसे प्रजा पीड़ित रहने लगी।

किन्तु चन्द्रकीर्त्ति सिंहकी आयु जब उन्नीस वर्षकी हुई, तो उन्हें मनिपुर-राज्यका ध्यान हुआ। वे वीर और साहसी थे। वे अकेले मनिपुर चले आये; प्रजाने उन्हींका साथ दिया। अन्तमें युद्ध हुआ, जिसमें देवेन्द्र सिंह हारकर भाग गया; और चन्द्रकीर्त्ति गद्दीपर बैठे। इसके बाद अंगरेज़ सरकारने चन्द्रकीर्त्तिसे सन्धि की। महाराज चन्द्रकीर्त्तिने प्रजाका सुख बढ़ानेमें बहुत उत्साह दिखाया। उस समय मनिपुरमें डाकख़ाना; अस्पताल, तार-घर आदि भी बन गये थे। इसके बाद अंगरेज़ोंकी लड़ाई उधरके नागा जातिवालोंसे हुई; जिसमें नागाओंका दमन करनेमें महाराजने अंगरेज़ोंकी बड़ी सहायता की थी।

महाराज चन्द्रकीर्ति सिंहने आठ विवाह किये थे। पहली रानीसे चार पुत्र हुए—शूरचन्द्र सिंह, केशरजीत सिंह, भैरवजीत सिंह और पद्मलोचन सिंह, दूसरीसे दो पुत्र और तीसरी रानीसे टिकेन्द्रजित सिंह हुए। इसी तरह अन्य रानियोंसे भी कई लड़के हुए। तीसरी रानीके पुत्र टिकेन्द्रजित सिंह इस इतिहासके मुख्य नायक हैं। देहान्तके पूर्व महाराज चन्द्रकीर्त्ति सिंहने अपने ज्येष्ठ पुत्र शूरचन्द्रको राज-पदपर अभिषिक्त कर दिया था तथा अन्य पुत्रोंको भी सम्मानके पद दिये थे।

(ख)

कुँवर टिकेन्द्रजित सिंह बाल्यावस्थासे ही बड़े शूर वीर थे। घुड़सवारी और रणविद्यामें आप निपुण बनाये गये थे। शिकारका आपको बहुत शौक़ था। आपने कितने ही शेरोंको अकेले ढाल-तलवार या

मालेकी सहायतासे मारा था। उनका पढ़ने लिखनेमें मन नहीं लगता था। उनका एक मात्र ध्येय था—सच्चा वीर होना तथा स्वदेशकी स्वतंत्रताकी रक्षा करना। वे इस ध्येयसे कभी विचलित न हुए।

यहाँपर यह भी जान लेना चाहिये, कि कुँवर टिकेन्द्रजितने सन् १८७८ ई० में अंगरेज़ोंकी अमूल्य सहायता नागा युद्धमें की थी। उन्हींके अपूर्व रण-कौशलसे अंगरेज़ सैनिकों और उनके बालबच्चोंकी रक्षा हुई थी। डेढ़ महीने तक नागाओंसे घोर संग्राम करके टिकेन्द्रजितने नागाओंकी शक्ति छिन्न-भिन्न कर दी थी। इसपर अंगरेज़ भी उनपर बहुत प्रसन्न हुए थे। मनिपुरके सब सैनिकोंको इनाम देते हुए अंगरेज़ोंने कुमार टिकेन्द्रजित सिंहको एक बहमूल्य स्वर्णपदक प्रदान किया था। इसके बाद सन् १८८५ ई० में जब बर्माधिपति 'थिबो' के साथ अंगरेज़ोंकी लड़ाई हुई, तब उस समय भी टिकेन्द्रजितके ही पराक्रम और रण-कौशलने अंगरेज़ोंकी जानें बचायी थीं। इसी तरह अनेक अवसरोंपर कुमार टिकेन्द्रजितने अंगरेज़ोंकी अमूल्य सहायता की थी और यदि उस समय कुमार न होते, तो सचमुच उधर अंगरेज़ोंका अस्तित्व ही लोप हो गया होता।

उनकी वीरता देखकर महाराज शूरचन्द्रने उन्हें प्रधान सेनापतिका पद प्रदान किया। पर सन् १८८६ में जब मनिपुरपर आक्रमण करनेवाले शत्रुओंसे लड़नेके लिये कुमार टिकेन्द्रजित सिंहने अंगरेज़ोंसे सहायता माँगी, तो अंगरेज़ोंने साफ इनकार कर दिया। वीर टिकेन्द्रजितने अपने ही बलसे शत्रुओंको परास्त किया था। इसके बाद और भी कई लड़ाइयों में कुमारने विजय-लाभ किया।

किन्तु राज-परिवारमें गृह-कलह आरम्भ हुआ। सौतेले भाई राज लिप्साके कारण आपसमें लड़ने झगड़ने लगे। एक दिन अर्धरात्रिमें एकाएक दो सौतेले भाई महाराज शूरचन्द्रके महलपर चढ़ आये और उस समय महाराजको भी विवश होकर खिड़कीकी राहसे भागना पड़ा। उस आन्तरिक क्रान्तिके समय कुमार टिकेन्द्रजितने बड़े ही कौशलसे क्रान्तिकारियोंको अपने वशमें किया तथा शस्त्रागार, बारूदख़ाने, खजाने आदिपर उनका अधिकार हो गया।

इधर महाराज शूरचन्द्र भागकर अंगरेज़ोंकी 'रेज़िडेन्सी' में शरण लेनेके लिये गये। वहाँके अङ्गरेज़ एजेण्ट मिस्टर ग्रिमउडने महाराजको सान्त्वना दी और सब फ़सादकी जड़ कुमार टिकेन्द्रजित सिंहको बताया। मि० ग्रिमउडके षड़यन्त्रोंसे महाराज शूरचन्द्र कुछ हताश होगये और फिर वे आसामके चीफ़ कमिश्नर मि० क्विण्टनसे मिलने चले गये; पर उससे मुलाक़ात नहीं हुई। अन्तमें महाराज कलकत्ते आये। इधर युवराज कुलचन्द्र, जो उस विप्लवकी रातसे चार कोसकी दूरी पर चले गये थे, बुलाये गये और उन्हें राजसिंहासनपर बैठाया गया। टिकेन्द्रजित और अन्य भाइयोंने उनकी अधीनता स्वीकार की। उसी समय टिकेन्द्रजितसिंहको युवराज-पद मिला। पर रेज़िडेण्ट मि० ग्रिमउडको आसामके चीफ़ कमिश्नर मि० क्विण्टनने लिखा—"कुलचन्द्रको मनिपुरका महाराज माननेमें सरकारकी मंजूरी लेनी आवश्यक है।"

इसके बाद अंगरेज़ोंने भी अपने असली दाँत दिखाने शुरू किये। भारत-सरकारकी पलटी हुई धारणाके अनुसार यह निश्चय हुआ, कि शूरचन्द्रको छोड़ दिया जाये और कुलचन्द्रको ही मनिपुरका महाराज मान लिया जाये; पर कुलचन्द्रको अपने इच्छानुसार संधिकी शर्तोंमें जकड़ लिया जाये। अंगरेज़ोंकी भेजी शर्तें इस प्रकार थीं:—

(१) महाराज कुलचन्द्र मनिपुरकी रेज़िडेन्सीमें ३०० रक्षक सैनिक रखनेमें कोई आपत्ति न करें।

(२) पोलिटिकल एजेण्टकी सलाहसे महाराज कुलचन्द्र शासन करें।

(३) महाराज कुलचन्द्र सेनापति टिकेन्द्रजितसिंह-

को निर्वासित करें और इस काममें वे अंगरेज़-सरकार की पूरी मदद करें।

उस समय लार्ड लेन्सडाउन भारतके वायसराय थे। वे समझते थे, कि दुर्बल हृदयवाले महाराजसे इन अपमानजनक शर्त्तोंको स्वीकार करा लेंगे। २१ वीं मार्च १८९१ को महाराज शूरचन्द्रको लिखा गया, कि अब आपको राज्य नहीं मिल सकता; पर अँगरेज़-सरकार आपको पेन्शन देगी और जिन लोगोंने आपके विरुद्ध बग़ावत की, उन्हें दण्ड देगी।

सरकारने आसामके चीफ कमिश्नर मि० क्विण्टन को आज्ञा दी, कि टिकेन्द्रजितसिंहको धोखेसे पकड़ना, जिसमें कोई उपद्रव न हो। मि० क्विण्टनने सरकारकी सलाहसे एक दरबार करनेका निश्चय किया, जिसमें टिकेन्द्रजितसिंहको आसानीसे गिरफ्तार किया जा सके। दरबार हुआ; पर अस्वस्थ रहनेके कारण टिकेन्द्रजित उसमें न आये। तब मि० ग्रिमउड कुछ सैनिकों के साथ उनके महलके निकट गये, तब भी वे नहीं आये। इसके बाद महाराजके पास निमन्त्रण भेजा गया, कि "आज रेजिडेन्सीमें नाच-गान होगा, आप सबान्धव अवश्य पधारें" पर महाराज नहीं गये।

इसके बाद मि० क्विण्टनने अपनी निकाब उलट दी और महाराजको साफ़ लिखा, कि "टिकेन्द्रजितसिंहने बहुत उपद्रव और बलवा फैलाया है, इसलिये उन्हें हमारे सुपुर्द कीजिये।" पर उन्हें उत्तरमें यही लिखा गया, कि युवराज टिकेन्द्रजितसिंहकी तबियत अच्छी नहीं है। किन्तु बड़े बापका बेटा मि० ग्रिमउड सहजमें ही टलनेवाला न था। वह युवराजसे मिलनेके लिये अड़ गया। ख़ैर, तीसरे पहर युवराज टिकेन्द्रजितसिंह एक डोलीपर सवार होकर बाहर आये।

मि० ग्रिमउडने युवराजसे कहा,—"आपको मनिपुर छोड़ देना होगा। भारतवर्षमें कहीं दूसरी जगह जाकर रहना होगा। और भारत-सरकार आपको पेन्शन दिया करेगी।"

युवराजने कहा,—"आपको इसकी फ़िक्र क्यों है? हमारे इस छोटेसे स्वाधीन राज्यकी घराऊ बातोंके लिये आप इतनी माथापच्ची क्यों करते हैं? मैंने यदि इस राज्यमें कोई अपराध किया है, तो महाराज मुझे दण्ड दे सकते हैं! वे जो दण्ड देंगे, मैं उसे सहर्ष स्वीकार करूँगा। पर क्या आप यह बतायेंगे, कि भारत-सरकार यहाँके मामलोंमें हस्तक्षेप करनेके लिये इतनी व्याकुलता क्यों दिखा रही है?"

मि० ग्रिमउड—"भारत-सरकारने आपको यहाँसे अन्यत्र भेज देनेमें ही मनिपुरका कल्याण समझा है और महाराज शूरचन्द्र सरकारके पास अपना राज्य पुनः दिलानेके लिये बराबर लिख रहे हैं।"

युवराज,—"भारत-सरकार इतनी परेशानी क्यों उठा रही है? यदि मुझे देश निकालेकी सज़ा देनी ही हो, तो सरकार पहले यह भी तो देख ले, कि वास्तवमें मैं दोषी हूँ या नहीं।"

मि० ग्रिमउड,—"युवराज! आपके साथ मेरी पुरानी दोस्ती है। आपका हृदय कितना उन्नत है, आप कैसे दानी और उदार पुरुष हैं तथा मनिपुरके लोग आपपर कितनी श्रद्धा और भक्ति रखते हैं, यह सब मुझे भलीभाँति मालूम है; लेकिन..."

युवराजने बात काटकर और कुछ हँसकर कहा,—"तो क्या मेरे इन्हीं अपराधोंके लिये मुझे निर्वासन-दण्ड दिया जाता है?"

ग्रिम०—"नहीं-नहीं, सरकार इन सब बातोंपर भी ज़रूर विचार करेगी।"

युवराज,—"जी हाँ, मैं ख़ूब जानता हूँ। कहिये, आप और क्या कहना चाहते हैं?"

ग्रिम०,—"मैं आपको अपना प्रिय मित्र समझकर सलाह देता हूं, कि आप एक बार मेरे साथ रेज़िडेन्सी-तक चले चलिये और चीफ कमिश्नर साहबसे मिल लीजिये।"

युवराज,—"नहीं; इस समय मेरी तबियत बहुत अस्वस्थ है—अभी मैं किसी तरह वहाँ नहीं जा सकता। तबीयत अच्छी होनेपर मिलूँगा।"

इसके बाद मि० ग्रिमउड हताश होकर लौट गये। इधर युवराजने भावी आशङ्काओंका ध्यान करके आत्म-रक्षाके लिये सैनिकोंसे अपने महल और अन्य स्थानोंकी यथेष्ट रक्षा कर ली। किन्तु उधर अंगरेज़ अधिकारियोंने यह निश्चय किया, कि "महाराज चाहे खुश हो या नाराज़; पर युवराजको आजही रातमें गिरफ्तार करना चाहिये।"

(ग)

रातके पिछले पहर मि० क्विएटनने युवराजके महल-पर एकाएक हमला करना निश्चय किया; क्योंकि उन्होंने सोचा, कि पिछले पहर सैनिक लोग प्रायः सो जाते हैं। मि० क्विएटन बड़ी होशियारीसे थोड़ेसे अंगरेज़ और गोर्खे सैनिक लेकर बढ़े। दूसरा अफ़सर कुछ सैनिकोंके साथ उत्तर वाले फाटकपर पहुँचा। उनकी मददके लिये अन्य सैनिक भी अलग आ रहे थे। कैप्टन बूचर सत्तर दक्ष अंगरेज़ सैनिकोंके साथ फाटक लाँघ कर भीतर घुसे।

मनिपुरी सेना जबतक बाहरवालोंसे उलझ रही थी, तबतक केप्टन बूचर सीढ़ियाँ लगा कर, महलकी चहारदीवारी लाँघ कर भीतर दाखिल हो गये। बाहर गोले-गोलियोंकी बौछार हो रही थी। कप्तान बूचर महलके एक-एक कमरेमें युवराजको खोजने लगा; पर युवराजका कहीं पता न लगा।

युवराज टिकेन्द्रजित भी एक बहुत ही होशियार सेनापति थे। उन्होंने अपने विश्वस्त गुप्तचरों और जासूसोंसे मि० क्विएटनके सब मन्सूबे पहलेही जान लिये थे। इसीलिये वे महलसे पहलेही किसी अन्य सुरक्षित स्थानमें सकुटुम्ब चले गये थे। इधर अंग-रेज़ सैनिकों और मनिपुरी सैनिकोंमें घोर युद्ध होने लगा। चारों ओरसे मनिपुरी सैनिकोंने निकल कर मारना-काटना आरम्भ कर दिया, कई अङ्गरेज़ोंकी लाशें गिरीं। जो लोग युवराजको गिरफ्तार करने आये थे, उन्हींकी जानोंके लाले पड़ गये।

इसके बाद रेज़िडेन्सीमें भी भीषण आतङ्क छा गया। अङ्गरेज़ोंके होश उड़ गये। कुछ देर बाद रेज़ीडेन्सीपर भी गोलियाँ बरसने लगीं। टेलिग्राफ़के सब तार काट डाले गये। रेज़िडेन्सीके अङ्गरेज़ सोचने लगे, कि सारा बखेड़ा तो हमीं लोगोंने खड़ा किया है, इसलिये अब संधि कर ली जाये। यह देखनेके लिये कि मनिपुर वाले संधिके लिये राज़ी हैं या नहीं, रेज़िडेन्सीकी चहारदीवारीके ऊपरसे लड़ाईकी बन्दीकी सूचना स्वरूप बिगुल बजवाया। युवराज टिकेन्द्र-जित सिंहके कानोंमें भी आवाज़ पहुंची। उन्होंने क़िलेके अन्दरसे अपनी सेनाको लड़ाई बन्द करनेकी आज्ञा दी। तुरन्त ही लड़ाई रुक गयी।

लड़ाई बन्द होनेसे अङ्गरेज़ोंकी जानमें जान आयी। अङ्गरेज़ और गोर्खे सिपाही मनिपुर वालोंके इस सद्व्यवहारकी प्रशंसा करने लगे। चीफ़ कमिश्नर मि० क्विएटनने महाराज कुलचन्द्रको लिखाः—"आप किस शर्तपर हमारे ऊपर गोले बरसाने बन्द कर सकते हैं? क्या आप हमें कटे हुए तारोंको ठीक करने और बड़े लाट साहबको तार भेजनेका अवसर प्रदान करेंगे?"

यह पत्र महाराजके पास भेजा गया और इधर रेज़िडेन्सीमें मि० क्विएटन, पोलिटिकल एजेण्ट मि० ग्रिमउड और सेनाध्यक्ष कर्नल स्कीनमें परामर्श होने लगा, कि इस विरामका लाभ उठाते हुए हम लोग यहांसे किसी सुरक्षित स्थानमें भाग चलें, नहीं तो सम्भव है, कोई नयी आफ़त खड़ी हो जाये।

ये लोग बातचीत करही रहे थे, कि इतनेमें महा-राजका एक सिपाही उत्तर लिये आया, जो बङ्गलामें था, और जिसे मि० ग्रिमउडने इस प्रकार सुनाया "आप लोगोंके साथ झगड़ा-लड़ाई करनेकी हमारी तनिकभी इच्छा नहीं थी; परन्तु आपके पक्षसेही पहले आक्रमण किया गया। यदि आप शस्त्र त्याग दें, तो हम सन्धि करनेके लिये तैयार हैं।"

उन लोगोंने पत्र-वाहकसे पूछा,—"क्या इस समय युवराजसे भेंट हो सकती है ?"

पत्रवाहक,—"हाँ, जरूर हो सकती है।"

मि० ग्रिमउडके उत्साहित करनेपर रातके साढ़े आठ बजे मि० क्विंटन, कर्नल स्कीन, ग्रिमउड, सिमसन, कासिन्स और एक बिगुलची रवाना हुए। राजपुरीमें पहुँचनेपर युवराजसे उनकी भेट हुई। प्रायः आध घण्टे तक बातें हो चुकनेपर युवराज टिकेन्द्रजितने कहा,—"आप लोगोंके व्यवहारसे हम लोग बहुतही डर गये हैं। जबतक आप लोग अपने अस्त्र-शस्त्र बिल्कुल ही न त्याग देंगे, तबतक आपके सिर्फ ज़बानी जमा-खर्चसे हमारा विश्वास आपपर कदापि नहीं हो सकता।"

यह शर्त्त अँगरेज़ोंको अपमान-जनक मालूम हुई। वे लोग उठ कर जानेके लिये तैयार हुए। मि० क्विंटनने कहा,—"कल सवेरेफिर एक दरबार होगा।" इसके बाद वे सब जाने लगे। पर इस समय मनिपुरकी जनता और सेना अँगरेज़ोंपर बेतरह बिगड़ी थी। युवराजने सेनापतिको उनके साथ कर दिया, कि "उन्हें पहुँचा आओ; कोई गाल-माल न होने पाये।"

पर जब वे बाहर निकल रहे थे, तब किसी उद्धत सिपाहीने लेफ्टिनेण्ट सिमसनको तलवार खींच कर मारी। एक सिपाहीने मि० ग्रिमउडको ऐसा भाला मारा, कि वे वहीं गिर कर ढेर हो गये। चारों ओरसे "मारो-मारो" की आवाज़ों आने लगीं। उद्धत जनताने बड़ा ही उग्र रूप धारण किया था। अभ्यागत अङ्गरेज़ोंकी रक्षाका कोई उपाय न देख कर एक जमादारने उन्हें एक कमरेमें ले जा कर बन्द कर दिया। लोगोंका हल्ला-गुल्ला सुनकर युवराज टिकेन्द्रजितसिंह स्वयं वहाँ पहुँच गये। उन्होंने अंगरेज़ोंको रक्षाका भार एक विश्वस्त सेनापति अङ्गय मिंगतोको दिया। यह सब प्रबन्ध करके युवराज सोने चले गये।

किन्तु इसके बाद मनिपुरके पुराने वृद्ध सेनापति जेनरल थेंगाल भी वहाँ पहुँच गये। वे अँगरेज़ोंके दुर्व्यवहारसे बड़े ही असन्तुष्ट थे। उन्होंने उन पाँचों अङ्गरेज़ोंको मार डालनेकी आज्ञा दे दी, जो एक कमरेमें बन्द कर दिये गये थे। जेनरल थंगालके आज्ञानुसार सन्तरियोंने उन पाँचों अङ्गरेज़ोंको बाहर निकाला। जल्लादने पहुँच कर चीफ़ कमिश्नर मि० क्विण्टन और अन्य चार अङ्गरेज़ोंकी गर्दनें काट डालीं। उनकी लाशें गड्ढे में गाड़ दी गयीं और सबने बड़ी खुशी मनायी।

रातके जब एक बज गये और मि० क्विटन आदि न आये, तो इधर 'रेज़िडेन्सी' में बचे हुए अङ्गरेज़ घबराने लगे। उन्होंने समझा, कि वे शायद क़ैद कर लिये गये। उन्मत्त जनताका शोर-गुल सुनकर इन अङ्गरेज़ोंने देखा, कि अब खैरियत नहीं है। वे भयभीत होकर काँपने लगे। फिर उन्होंने वहांसे भागनेका निश्चय किया, और वे कुछ गोर्खे सैनिकोंके साथ भागे। उनके साथ ग्रिमउडकी स्त्री भी थी, जो उधरके बहुतेरे मार्ग जानती थी। इसी स्त्रीके नेतृत्वमें सब अङ्गरेज़ दुर्गम-मार्गसे भागने लगे। कई दिनोंतक राह चलते रहे; पर दुर्गम पहाड़ी जंगलोंका कहीं अन्त न होता था। कितने गोर्खे और अँगरेज़ तो भूख प्याससे तड़प-तड़प कर मर गये। आगे चलकर उन्हें एक अङ्गरेज़ी सेना आती हुई दिखाई दी। इससे उनकी रक्षा हुई।

इसके बाद भारत सरकारको यह सब कांड जब मालूम हुआ, तो तीन तरफ़से बड़ी-बड़ी सेनाएं तोपों सहित मनिपुरपर आक्रमण करनेके लिये भेजी गयीं, मनिपुरियोंसे उनकी दो लड़ाइयाँ भी हुई। जिनमें मनिपुरी हारे। महाराज कुलचन्द्र और युवराज टिकेन्द्रजित सिंहका हाथ न अङ्गरेज़ोंकी हत्या करानेमें था, और न अब वे अङ्गरेज़ोंकी दुर्दान्त सेनाका मुकाबला

करनेमें समर्थ थे। उन्होंने भागना ही उचित समझा, पर बूढ़ा थंगाल जेनरल अङ्गरेज़ोंसे युद्ध करनेके लिये तैयार था। मनिपुरकी प्रजा भी युद्ध करनेके लिये महाराजसे आग्रह करने लगी। परन्तु महाराज या युवराज किसी तरह भी अङ्गरेज़ोंसे लड़ना नहीं चाहते थे। अन्तमें महाराज,युवराज और उनके समस्त भक्तगण कूकियोंके एक गाँवमें चले गये।

इधर जब प्रचण्ड अङ्गरेज़ी सेना राजधानीमें पहुँची, तो राजमहल सूने पड़े थे। राजधानीमें १०-१५ मनुष्योंसे अधिक कोई नहीं था। सारी राजधानी सूनसान पड़ी थी। अङ्गरेज़ अफ़सर महलोंमें रहने लगे और माहराज आदिका पता लगाने लगे। अङ्गरेज़ रिश्वत देकर ग़ैर आदमियोंको मिलाना तो खूब जानते ही हैं, उन्होंने धनके लोभसे बहुतेरे मनिपुरनिवासियोंको बुलाया। इनमेंसे एक आदमीने वह गड्ढा दिखा दिया, जिसमें मि० क्विण्टन और मि० ग्रिमउड आदिकी सड़ी हुई लाशें पड़ी थीं। लाशोंसे दुर्गन्ध आ रही थी। अपने स्वजातीय भाइयोंकी सड़ी हुई लाशें देखकर अङ्गरेज़ सेनापतियोंको बड़ा क्रोध चढ़ा। उन्होंने घोषणा कर दी,कि—"महाराज कुलचन्द्र अब मनिपुरके राजा नहीं हैं। जो कोई महाराज, युवराज और थंगाल जेनरल आदिको पकड़वा देगा, उसे हज़ारों रुपये इनाम दिये जायेंगे।"

विश्वासघातियोंकी कमी इस देशमें नहीं है। कई आदमियोंने महाराज और युवराजका गुप्त स्थान बता दिया। फिर क्या था? महाराज,युवराज,थंगाल जेनरल आदि सब गिरफ्तार किये गये। सन् १८९१ ई० में टिकेन्द्रजित सिंह युवराज और बूढ़े जेनरलका विचार आरम्भ हुआ। १०वीं तारीखको अङ्गरेज़ी अदालतने उन्हें फाँसीकी आज्ञा सुनादी। बड़े लाटके पास अपील भी की गयी। अपीलोंके साथ सुप्रसिद्ध बैरिस्टर स्वर्गीय मनमोहन घोषने भी अपनी दलीलोंका मन्तव्य-पत्र लिख भेजा; पर फल कुछ न हुआ। युवराज टिकेन्द्रजितसिंह और बूढ़े थंगाल जेनरल फाँसी दे दी गयी। महाराज कुलचन्द्र और उनके छोटे भाई अङ्गरेज़-सेनाका आजन्म निर्वासन किया गया। इसके साथ ही मनिपुरकी स्वतन्त्रता भी जाती रही।

जिस दिन युवराज टिकेन्द्रजित सिंहको फाँसी दी गयी, उसी दिन बड़े लाट लार्ड लेन्सडाउनने मनिपुरकी भावी भाग्य-लिपिका मसबिदा लण्डनके भारत-मंत्रीकी अनुमतिसे तैयार कर डाला। मनिपुरके राज-सिंहासनपर राजवंशका एक दूरका सम्बन्धी बालक चूड़ाचन्द्र बैठाया गया।

❁ ❁ ❁ ❁

पाठकोंको यह जान कर दुःखदायी आश्चर्य होगा, कि स्वर्गीय टिकेन्द्रजित सिंहकी विधवा रानी अबतक मथुरा-वृन्दावनमें रहती हैं। वे अब वृद्धावस्थामें आँखोंसे अन्धी भी हो गयी हैं और आर्थिक कष्टोंमें कालक्षेप कर रही हैं। उदार भारतीय जनताको चाहिये, कि वे वृद्धा महारानीकी आर्थिक सहायता करके पुण्यके भागी बनें। हा दैव! तेरी लीला कैसी विचित्र है! जो कल राजा था, वही आज दर-दरका भिखारी है। हे जगदीश्वर! इस दुखिया अनाथ भारतकी कब सुधि लोगे?

हमारी प्राचीन इतिहास कितना भी गौरव-पूर्ण हो, उपनिषद चाहे संसारकी पुस्तकोंमें श्रेष्ठ समझे जायें, हमारे ऋषि-मुनियोंकी समता संसारका कोई भी व्यक्ति न कर सके,पर इससे हमारी आधुनिक श्रेष्ठता नहीं झलकती। हम बहुत कमज़ोर हैं। हमारी कमजोरी शारीरिक है। सबसे पहले हमारे युवकोंको मज़बूत होना चाहिये। धर्म तो फिर बादमें आता है।"

—स्वामी विवेकानन्द।

जितनी बार हमारा पतन हो उतनी बार उठनेमें ही गौरव है।

महात्मा गान्धी।

गुरु गोविन्द सिंह।

[लेखक—श्रीयुत सरदार पदमसिंह]

सन १६६६ ई० में गुरु गोविन्द सिंहका जन्म विहार प्रदेशके पटना नगरमें हुआ था। अत्याचारी मुग़ल शासकों द्वारा जब इनके पिता श्री गुरु तेग-बहादुर सिंहका क्रूरता, निष्ठुरता और निर्दयताके साथ बध किया गया था, तब इनकी आयु कुल नौ वर्षकी थी। पिताकी हत्या होनेकी चोट बालक गोविन्द सिंहके कोमल हृदयपर बड़ी ही गहरी बैठी थी। परन्तु उस कोमल हृदयने केवल यही सोचकर मौनावलम्बन कर लिया था, कि समय आनेपर इसका बदला अवश्य लिया जायेगा।

जब श्री तेगबहादुरको मुसलमान बनानेके लिये मुग़ल-सम्राटने दिल्ली बुलाया, तभी वे भली भाँति समझ गये, कि अब उनके प्राण अवश्य लिये जायेंगे। इसलिये मृत्युको सहर्ष गले लगानेको तैयार होकर ही वे दिल्लीके लिये रवाना हुए। उस समय उन्होंने वीर पुत्र श्री गोविन्द सिंहके हाथोंमें गुरु हरगोविन्दकी तलवार देते और गुरुकी गद्दीपर बैठाते हुए कहा था—"प्राणोंकी बाज़ी लगाकर इसकी सम्मान-रक्षा करनी होगी। मेरे लिये मौतका बुलावा आया है। दिल्लीमें मेरी मृत्यु निश्चित है।"

बालकके कलेजेपर इन वाक्योंका कैसा असर पड़ा होगा, यह अनुमान करते ही बनता है। इसके बाद जब पिताका कटा हुआ मुण्ड दिल्लीसे आया, और गुरु गोविन्दने उसे देखा, तो उनका ख़ून उबल उठा। उन्होंने सिक्खोंको उसी समय ललकारना चाहा; परन्तु सिक्ख-साम्प्रदायकी अवस्था उस समय बड़ी विकट हो रही थी। कोई सिक्ख अपनेको सिक्ख कहनेमें भी डरता था। गुरु गोविन्द सिक्खोंकी इस कमज़ोरीका अनुभव कर पुनः मौन हो रहे।

अब उन्होंने प्रायः बीस वर्ष तक कठोर साधना और तपस्या की। फिर सिक्ख-सम्प्रदायको एक क्षत्रिय-शक्ति सामरिक शक्तिके या रूपमें परिवर्त्तित करनेकी कल्पना उनके मनमें जाग उठी। इस कल्पनाको उन्होंने कार्यमें परिणत करके ही छोड़ा। उन्होंने कहा,—"स्वतंत्रताकी देवी भूखी है। हमें बलिदान होनेकी आवश्यकता है। आओ, देखें, कौन-कौन सिक्ख अपना मुण्ड बलिदान चढ़ानेको तैयार है?"

इसपर पाँच सिक्ख तैयार हुए। फिर तो कुछही समयमें ८० हज़ार सिक्ख गुरुकी शरणमें आ उपस्थित हुए। गुरुने समस्त सिक्खोंका बड़ा ही प्रबल संगठन किया। सिक्ख-समाज एक विशाल योद्धा-जातिके रूपमें परिणत हुई।

परन्तु उनके विभव-प्रभावको बढ़ते देख, आस-पासके हिन्दू राजाओंको भय होने लगा। गुरुकी शक्ति बढ़ाते हुए उनकी शरणमें आनेके बदले वे गुरुके द्रोही बन गये। यवन-सम्राटके पास आवेदन-निवेदन किये गये, कि गुरुका बल तोड़ा जाये। सम्राट औरङ्गजेब उन दिनों दक्षिण भारतमें थे। उन्होंने सरहिन्द और लाहौरके गवर्नरको गुरुकी शक्ति नष्ट करनेके लिये उनपर आक्रमण करनेका आदेश दिया। सन् १७०१में गुरुका 'आनन्दपुर' घेर लिया गया। सिक्खोंने उनका सामना बड़ी वीरताके साथ किया। पर बहुत दिनोंतक घेरेमें रहनेके कारण खाद्य-पदार्थोंकी कमी हो गयी। कष्ट असह्य हो उठे। अन्तमें नगरसे निकलनेका निश्चय हुआ और गुरु सिर्फ़ थोड़ेसे सिक्खोंको साथ ले, मरने-मारनेको तैयार होकर नगर-द्वारसे निकल पड़े। इस अवसरपर केवल ४० सिक्खोंने हज़ारों मुसलमानोंका सामना किया। घोर संग्राम करते और युद्धमें कटते-काटते हुए केवल पाँच सिक्ख जीवित बच निकले। गुरुके दो पुत्र भी इस युद्धमें मारे गये थे। पर दो छोटे पुत्रोंको, जो गंगू नामक नौकरके हवाले किये गये थे, मुसलमानोंने पकड़ लिया। उनसे मुसलमान होनेको कहा गया। पर वे राज़ी न हुए। उनपर धर्म त्यागनेके लिये बड़े-बड़े

अत्याचार किये गये। अन्तमें जीवित दशामें ही वे दीवारमें चुन दिये गये; पर धर्म त्याग करना स्वीकार नहीं किया।

गुरु इसी समय छद्म-वेशमें निकल गये थे और फ़ीरोज़पुर जा पहुँचे थे। वहाँ उन्होंने बड़ी शीघ्रतासे काफ़ी सेना संग्रह कर ली। नयी सेनाके साथ उन्होंने पुनः मुग़ल-वाहिनीपर आक्रमण किया। इस बार मुग़लोंको जान लेकर भागना पड़ा।

सम्राट् औरङ्गज़ेबने इनके असाधारण पराक्रमकी बात सुनी। अब उन्होंने गुरुसे मेल करना चाहा। गुरु गोविन्दसिंहने उनके पास एक बड़ी ही कड़ी चिट्ठी भेजी और यह भी लिखा, कि यदि आप इस चिट्ठीको पढ़कर भी मुझसे मिलना चाहेंगे, तो मैं मिलूँगा। औरङ्गजेबने उसे पढ़ा; पर क्रोध नहीं किया। उसने पुनः गुरुको बुलाया। सन् १७०१ में गुरु औरङ्गज़ेबसे मिलनेके लिये दक्षिण भारतकी ओर रवाना हुए। पर राहमें ही उन्हें यह ख़बर मिली, कि सम्राट् औरङ्गजेबकी मृत्यु हो गयी है। औरङ्गज़ेबके बाद बहादुर-शाहने उनसे मेल किया। उसने उन्हें उपहार स्वरूप बहुतेरे मूल्यवान् पदार्थ प्रदान किये और उन्हें गोदावरी प्रान्तका गवर्नर नियुक्त किया।

गुरु गोविन्दसिंहने गुरुकी प्रथाका अन्त कर दिया और गुरु-मठ या संगतके द्वारा सिक्खोंके नियन्त्रणका आदेश दिया। सन् १७०८ में धर्मकी आलोचना करते समय एक गुप्त मुसलमान घातकने गुरुके छूरा भोंक दिया, जिससे उनका शरीरान्त हो गया।

बिहार-केसरी बाबू कुँवर सिंह।

[लेखक—श्री० ध्यानदास चौबे]

सन् १८५७के सिपाही-युद्धमें बाबू कुँवरसिंहने अँगरेज़ी सेनाओंसे लोहा लिया था; पर सरकार-को विजयी सेनाओंके सामने उनके पैर न टिक सके। बिहार केसरी बा० कुँवर सिंहका जन्म बिहार प्रदेशा-न्तर्गत शाहाबाद ज़िलेके जगदीशपुर ग्रामके क्षत्रिय-वंशमें सन् १७८२ ई० में हुआ था। इनके पिताका नाम वीरवर बाबू साहबज़ादा सिंह था। बाबू दयालु सिंह, राजपति सिंह तथा अमर सिंह इनके और तीन छोटे भाई थे। इनको पढ़ने-लिखनेका शौक़ यद्यपि कम था, तथापि हिन्दी, उर्दू लिखना-पढ़ना जानते थे। इन्हें बाल्यावस्थासे ही आखेटसे अत्यन्त प्रेम था। वे बदमाश-से-बदमाश घोड़ोंपर चढ़ने, बन्दूक चलाने, तीर तथा गुलेल छोड़ने और भाला चलानेमें पूर्ण सिद्धहस्त थे। बाबू कुँवर सिंह आरम्भसे ही स्वतन्त्रता तथा स्वाभिमानके बहुत बड़े उपासक थे।

कुँवरसिंहका विवाह देवमूँगा (गया) के अधीश्वर राजा फतहनारायण सिंहकी कन्यासे सन् १८०० में हुआ। पाँच साल पश्चात् इनके एक पुत्ररत्न भी हुआ, जिसका नाम दलभंजन सिंह रखा गया।

सन् ५७ के जून महीनेमें उत्तर भारतके प्रायः सभी प्रमुख स्थानोंमें विप्लवकी आग भड़क उठी थी। इससे बिहार भी वंचित न रहा। वहाँके कमिश्नर मि० टेलरने अदूरदर्शितासे काम लिया, इसलिये विद्रोहको आग और भी ज़ोरोंमें भड़क उठी। मि० टेलर बाबू कुँवरसिंहको पकड़ कर फाँसी देना चाहते थे, और इधर विद्रोही सिपाही उनसे कहते—अगर आप हमारा साथ न देंगे, तो हम आपको सपरिवार मार डालेंगे। अन्तमें बाबू कुँवरसिंहको मजबूर होकर विद्रोहियोंका ही साथ देना पड़ा।

बाबू कुँवर सिंहके नेतृत्वमें विद्रोही सेनाओं और अँगरेज़ी सेनाओंमें कई लड़ाइयाँ हुईं, पर सफलता न प्राप्त हुई। विद्रोह निष्फल होनेपर कुँवर सिंह भागते

राजा नन्दकुमारको फांसी ।

[लेखक—श्री० मुरलीधर प्रसाद]

राजा नन्दकुमारका जन्म भद्रपुर ग्राममें सन् १७०५ ई० में हुआ था। उनके पिता पद्मनाभ एक प्रतिष्ठित और प्रभावशाली पुरुष थे। वे बङ्गालके नवाबोंके यहाँ एक उच्च पदाधिकारी थे। बाल्यावस्थासे ही नन्दकुमार बड़े तेजस्वी, बुद्धिमान और साहसी थे। फ़ारसी भाषा उस समयकी राजभाषा थी, इसलिये उन्होंने बङ्गला और फारसी भाषाओंका अच्छा अभ्यास कर लिया था।

उस समय बङ्गालकी बड़ीही विचित्र दशा थी। अलीवर्दी ख़ाँ अपने स्वामिपुत्रका बध करके राजगद्दीपर बैठ गया था। अँगरेज़ोंका प्रभाव बंगालमें बढ़ता जाता था। राजा नन्दकुमार नवाब अलीवर्दी ख़ाँके यहाँ राज्य-कर संग्रह करनेके लिये नियुक्त किये गये थे। नन्दकुमार उदार चित्तके पुरुष थे; इसलिये अधिक कड़ाईसे कर वसूल नहीं करते थे। अन्तमें नवाबने उन्हें निकाल दिया।

अलीवर्दीखाँकी मृत्युके बाद उनके दौहित्र सिराजुद्दौला गद्दीपर बैठे और वे कलकत्तेके अँगरेज़ व्यापारियोंपर कड़ी नज़र रखने लगे। सिराजुद्दौलाने कलकत्तेमें अँगरेज़ोंपर दमन किया था। इसके बाद नन्दकुमार हुगलीके दीवान बनाये गये। इसी समय नन्दकुमारने अँगरेज़ोंको एक लड़ाईमें परास्त किया था। पलासी-युद्धके बाद जब अङ्गरेज़ोंका प्रभाव बङ्गालमें और भी बढ़ा, तो फिर उनकी मित्रता नन्दकुमारसे हो गयी थी। इसलिये उन्होंने उन्हें कई ज़िलोंका कर वसूल करनेका काम दिया। इससे नवाब मीरज़ाफ़र नन्दकुमारको अङ्गरेज़ोंका मित्र समझ कर उनपर अविश्वास करने लगा।

अङ्गरेज़ोंने मीर ज़ाफ़रको गद्दीसे उतार कर जब मीर कासिमको बैठाया; किन्तु बादमें अङ्गरेज़ोंने फिर कासिमको राज्य-च्युत करके मीरजाफ़रको पुनः नवाब बनाया; तब नन्दकुमारको अपना मददगार समझकर मीर जाफ़र उन्हें मुर्शिदाबाद ले गये और नन्दकुमारको अपना मन्त्री बनाया। उस समय कई घटनाएं ऐसी हुईं, जिनके कारण नन्दकुमारने अङ्गरेज़ोंके अत्याचारोंका घोर विरोध किया। इससे अङ्गरेज़ उनपर बहुत कुपित हुए। अङ्गरेज़ोंने देखा, कि नन्दकुमार जबतक नवाबके मन्त्री रहेंगे, तबतक नवाबसे रुपये नहीं ऐंठे जा सकेंगे। इसलिये उन्हें हटानेके लिये अङ्गरेज़ उनकी झूठी शिकायत करने लगे।

क्लाइवके भारतसे चले जानेपर वारेन हेस्टिंग्स यहाँका गवर्नर जनरल हुआ। उसके क्रूर शासनसे सब तरफ़ त्राहि-त्राहि मची थी; पर हेस्टिंग्स ठीक ब्रिटिश-नीतिके अनुसार प्रभाव बढ़ाता जाता था। नन्दकुमारपर एक मुक़दमा चलाया गया, पर वे बेदाग़ छूट गये। इसके बाद जाली दस्तावेज़ोंके लिये उन पर ५ मई सन् १७७५ को फिर मुकदमा चलाया गया। वे दोषी प्रमाणित किये गये और १६ जूनको उन्हें फाँसीकी सज़ा सुना दी गयी। निरपराध राजा नन्दकुमारको अन्यायपूर्वक ५ अगस्तको फाँसी दे दी गयी। बङ्गालका एक अपूर्व नर-रत्न अँगरेज़ोंके अन्यायका बुरी तरहसे शिकार हुआ।

रहे और भागकर नेपालतक पहुँच गये थे; पर नेपालके राजा जंगबहादुरने उन्हें शरण न दी। फिर वे लौटकर जगदीशपुर आये और यहाँ उनके भाई बाबू अमर सिंहने उनका बड़ा स्वागत किया। अब उनकी आयु भी ७० वर्षकी हो चुकी थी और शरीरसे बहुत अस्वस्थ थे। एकाएक उन्हीं दिनोंमें उनका स्वर्गवास हो गया। बाबू अमर सिंह भी कुछ दिनोंतक अँगरेज़ोंसे वीरता-पूर्वक लड़ते रहे; पर अन्तमें गिरफ्तार हो गये। उन्हें जेलमें डाला गया और जेलमें ही उनकी मृत्यु हो गयी।

वर्त्तमान भारत

के

बलिदान !

राष्ट्र और बलिदान

[लेखक—श्री० जनार्दन राय नागर 'अकिञ्चन']

"A Nation is a spiritual entity that can not be annihilated merely by physicial means; it survives a soul without a body, till it makes a body again."

—C. Jinarjadasa.

राष्ट्र क्या है? राष्ट्रकी शक्ति क्या है? राष्ट्रका संघटन कैसे हो सकता है अथवा राष्ट्रका निर्माण कैसे हो सकता है? इन प्रश्नोंमें वर्तमान दग्ध भारतकी भवनाएँ कूट-कूट कर भरी हैं। राष्ट्र एक अनन्त शक्ति है, जिसके हृदय-मन्दिरमें स्वतन्त्रताकी देवी शोभायमान हैं। जिसने इस देवीका प्रसाद पाया, जिसने इस महामायाका आवाहन कर लिया, उसने राष्ट्र क्या है—यह जान लिया है। राष्ट्र भयङ्कर होते हुए भी उसमें अभिनव आनन्द है, राष्ट्र महान होते हुए भी पतनका छोटा ग्रास है, राष्ट्र अग्निका भयानक कुण्ड है, जिसको लोल लपटोंमें बलिदानके श्रीफलकी आहुति दी जाती है! इस प्रचण्ड मानव-संघटनके सामने संसारकी साम्राज्यवादसे सनी हुई शक्तियाँ हार मान जानती हैं। राष्ट्रके सामने उन्नति हाथ जोड़ती है, समृद्धि आ खड़ी होती है और विश्वका विजय-डंका आज जिनके घरोंमें गूँज रहा है, उससे भी बढ़ी-चढ़ी हुई ध्वनि राष्ट्रके पवित्र मन्दिरमें गूँजती है। राष्ट्र वह दाहिक शक्ति है, जो प्रतिद्वन्द्वियोंके भस्मीभूत करती है। राष्ट्र प्रचण्ड हुंकार है, जिसे हृदयोंको सुनकर मायावी मृगोंके हृदयोंमें हाहाकार मच उठता है। राष्ट्र अमर है। चाहे उसका पतन होता हो, परन्तु वह स्वयं परमात्माके सदृश ज्योतिर्मान होकर स्वतन्त्रता की वरमालसे शोभायमान होता है!

राष्ट्रकी शक्ति क्या है? राष्ट्र नादिरशाहीको जड़ मूलसे हिला सकता है, राष्ट्र साम्राज्यवादके सलोने भुवनको बिजलीकी तरह भस्मीभूत कर सकता है। ईश्वरीय अधिकारके बिना पायेके सिद्धान्तको वह हवामें उड़ा सकता है! राष्ट्र प्रजाकी आहोंसे उद्वेलित हो, अत्याचारकी अग्निमें तड़फड़ाते मानवोंको शान्त कर स्वतन्त्रताके वारिको एक पलमें ला सकता है। आज जो ऊँचा देख रहे हैं; आज जिनकी पूँछोंपर नींबू ठहर रहा है; आज जो अपनी असीम शक्तिके बलपर मनमाना ताण्डव करते हैं; आज जो अभिमानसे मदान्ध नशेमें चूर हो, दिन दहाड़े मानव-समाजका ख़ून पीते हैं; आज जो कूटनीतिका सहारा ले अमानुषिक अत्याचार-अनाचार कर रहे हैं—राष्ट्र एक पलमें उन्हें धूलमें मिला सकता है—मार थप्पड़ उस निरंकुशताके नशेको चकनाचूर कर सकता है—न्यायके नामसे अन्यायके ताण्डवको रोक सकता है। इस भव्य प्रासादको, जिसकी एक-एक ईंट ग़रीब प्रजाके रक्तसे रञ्जित है—जिसके रेशमी पर्दे दीन-हीन प्रजाके दीर्घ निःश्वासोंसे लहराते हैं—अधिक क्या कहें—जिसकी नींवमें मानव-जातिकी संस्कृति-विद्या-सभ्यता और अधिकारकी आहुति दी गयी है; एक पलमें भस्मावशेषके रूपमें परिवर्तित कर सकता है। राष्ट्र गुले चमनको छिन्न-भिन्न कर सकता है, राष्ट्र प्रकृतिकी कृपासे सजी हुई जमीनमें ख़ूनके पनारे चला सकता है—राष्ट्रकी आत्मा शक्ति है—राष्ट्रकी भुजाएँ परमात्माका भुजाएँ हैं—राष्ट्रकी चरण-ध्वनि भाराक्रान्त वसुन्धराके लिये कल्याणकारी आह्वान है—राष्ट्रकी दृष्टि समुद्रकी बड़वाग्नि है—राष्ट्रका हुङ्कार प्रलयका प्रचण्ड हुङ्कार है!! मानवी-अधिकारोंका प्रदान करना राष्ट्रका काम है—ये मानवी-अधिकार कैसे हैं, ज़रा 'हैमलिएटन

के शब्दोंमें देखिये—"The sacred rights of mankind are not to be rummaged for among old parchments on musty records. They are written as with a sunbeam in the whole volume of human nature by the hand of Divinity itself and can never be erased or obscured by mortal power" अर्थात्—"मानव-जातिके पवित्र अधिकार पुरातन लेखोंमेंसे या तत्त्वविहीन संग्रहोंमेंसे नहीं लिये गये हैं; परन्तु वे पुनीत सिद्धान्त स्वयं परमात्माने सूर्यकी किरणोंके समान चमकीले अक्षरोंमें मानव-स्वभावके पोथेमें लिखे हैं। उन्हें कदापि मिटाया या हटाया नहीं जा सकता!" राष्ट्र मनुष्य-जातिके अधिकारोंकी रक्षा करनेवाला एक राजनीतिक संघटन है। राष्ट्र अपने पैरोंपर खड़ा रहकर मानव-जातिके जन्मसिद्ध अधिकारोंकी सदैव रक्षा करता है; क्योंकि परमात्माके प्राणोंको नैसर्गिक भेंट स्वाधीनताका अपहरण उनके जीवनकी विभूतियोंका हरण करना है। ईश्वर-प्रदत्त मानवी शक्तियोंका विकास अनन्त व्योमकी भाँति नहीं होने पाता और इस प्रकार जीवनको लघु कर देना एक महापाप नहीं तो क्या है? इस पापाचारसे राष्ट्र समाजको बचाये रखता है—राष्ट्रकी शक्ति एक शब्दमें "महान्" है! राष्ट्रमें शक्तिमान परमात्माका वास है और श्री० विपिनचन्द्र पालके शब्दोंमें—"God is eternally free, self-realised so is every man eternally free and self-realised. Freedom is man's birthright" अर्थात्—"परमात्मा अनादिसे स्वतन्त्र और स्वयंदर्शी है। अतः मानव-मात्र स्वतन्त्र और स्वयंद्रष्टा है और इसीलिये स्वतन्त्र मनुष्यका जन्मसिद्ध अधिकार है! इसी स्वातन्त्र्यकी रक्षा राष्ट्रकी रग-रगमें होती है—इसी लिये राष्ट्र स्वतः शक्तिमान विभूति है।

राष्ट्रका निर्माण कैसे हो सकता है? यह प्रश्न अत्यन्त गम्भीर और महान् है। इस विषयपर प्रकाश डालना मुझ जैसे व्यक्तिका कार्य नहीं—परन्तु हाँ; भारतके एक नवयुवककी हैसियतसे और चूँकि पराधीन भारतकी उन्नति-अवनतिके लिये प्रत्येक युवक बहुत अंशोंमें उत्तरदायी है; राष्ट्रके निर्माणके ऊपर सोचनेका मुझे अधिकार है। महान् रोमन साम्राज्यका निर्माण कैसे हुआ? यह बतलानेकी आवश्यकता नहीं; क्योंकि अब उस संसार व्यापी साम्राज्यके भग्नावशेष दृष्टिगोचर होते हैं—अब तो वह कवियों, इतिहास-लेखकों, वक्ताओं और चित्रकारोंकी विभूति है। वर्त्तमान चीन या नवीन चीनका निर्माण राष्ट्रके रूपमें कैसे हुआ, यह कहनेकी आवश्यकता नहीं। अभी यह घटना कलकी ही है। रशियन-राष्ट्रका निर्माण विप्लवी नेताओंके मुखसे सुनिये, वे क्या लिखते हैं—

"The blood of martyrs shed on the scaffold in the dungeon and in exile sprang up to-day as the harvest of liberty." अर्थात् "शहीदोंका लहू, जो कारागारम, निर्वासनमें और फाँसीके तख्तोंपर पड़ा है, वह आज स्वतन्त्रताकी फसलके रूपमें अंकुरित हो गया है।" और वर्त्तमान स्वतन्त्रताभिमानी, सभ्य राष्ट्रोंका आडम्बर-पूर्ण शिरोमणि व्यापारिक राष्ट्र इंगलैण्डका अँगरेज़ी राष्ट्रके रूपमें कैसे निर्माण हुआ? क्या यह भी बताना पड़ेगा? आज यह साम्राज्य भारतकी स्वाधीनताको हड़प किये हुए है। आज भारतकी समस्त समृद्धियोंको जो अपने उपयोगमें ला रहा है, जो स्वतन्त्रताका अनन्य भक्त बननेका दावा रखता हुआ भी स्वातन्त्र्य-पिपासाका मूल्य नहीं समझता, जो अपनी आत्माके विरुद्ध भारतीय सिंहको दमन नीति, कूट-नीति आदि राजनीतिक निकृष्ट आयुधोंसे पराधीनताके पिञ्जरेमें अधिकाधिक जकड़ रहा है; उसे यह भी पता है, कि जब वह पराधीन था, जब साम्राज्यवादकी नग्न तलवार उसकी प्रजाके रक्तमें सनती थी, निरंकुश शासन देशमें महामारी और अवनति बुलाकर मानवी नैसर्गिक स्वत्वोंको अपने अनियन्त्रित राज्य-दण्डसे कुचल

रहा था, तब उसका सर्वोच्च अभीष्ट और ध्येय-क्या था ? उसके कुचले हुए हृदयमें विद्रोही ज्वाला धधककर किस शान्ति-वारिकी प्रतीक्षामें थी और उसने अपनी पिपासा, अपने अभीष्ट और अपने एक-मात्र-ध्येय स्वतन्त्रताको पानेके लिये क्या-क्या किया था ? किस प्रकार उसके वीर युवक हँसते-हँसते वलिदानके आदर्श व्रतको ग्रहण कर देशके लिये फना होते थे ? और ओ इंगलैण्ड ! तूने क्या-क्या नहीं किया था ? तूने अपने राजाको—जुल्मी, निरंकुश राजाको किस प्रकार अट्टहास्य करते हुए फाँसीपर लटका दिया था। यह सब कुछ इतिहासके पृष्ठोंमें अङ्कित है और वह अमर है:—

"English history has taught us those principles of Freedom which we cherish with our life-blood. We have been fed upon the strong food of English Constitutional freedom. —Surendranath Banerji.

अथात्—"आंग्ल इतिहासने हमें स्वतन्त्रताके वे सिद्धान्त सिखाये, जो हमारे जीवन-शोणितके साथ-साथ हमारी रग-रगमें सन गये हैं। हमें उस इतिहासने ब्रिटिश-स्वतन्त्र राज्य-संघटनके बलिष्ठ भोजनसे तृप्त कर दिया है।" यह स्वर्गीय श्रीसुरेन्द्रनाथ बनर्जीका विचार है और कहाँतक सत्य है, यह कहनेकी आवश्यकता नहीं। राष्ट्रके निर्माणार्थ इङ्गलैण्डने "राजहन्ता" बनना स्वीकार किया और अन्तमें साइमन-कमीशनके भोग अमर स्व० लाला लाजपतरायके शब्दोंमें देखिये, इसी इग्लैण्डने संसारको क्या पाठ पढ़ाया:— "The English had taught them how to resist when they had a grievance and the English expected them to show more manliness in theirstruggles for liberty. They must show that they were no longer beggars and that we are subjects of an Empire where people are strugling to achieve that position which is their right."

अर्थात्- "अङ्गरेज़ोंने यह सिखाया कि किस प्रकार दुःखके लिये आवाज़ उठाकर अन्ततक सामना करना चाहिये और अंगरेज़ोंको यह भरोसा था, कि वे स्वातन्त्र्य-संग्राममें अधिक वीरता दिखायेंगे और यह सिद्ध कर देंगे, कि वे अब भिखमंगे नहीं हैं; परन्तु उस साम्राज्यके प्रजाजन हैं, जो अपनी जगहके लिये—स्वातन्त्र्य-प्रदीप्त स्थानके लिये—संग्राम किया करते हैं।" वास्तवमें क्या आज इङ्गलैण्ड इस बातका अनुभव कर रहा है ? परन्तु विज्ञ-पाठक ! इन राष्ट्रोंका निर्माण क्या अकेले विप्लवसे, खूनके नाले बहानेसे और लोमहर्षण अभिनय करनेसे ही हुआ है ? क्या भारत—तपोधनी, अवधूत, योगीन्द्र भारत—त्याग-भूमि, वीर-भूमि भारत, स्वतन्त्र भारत, शिरोमणि भारत, संसारको प्रेम, शान्ति और परमात्माका सन्देश देनेवाला भारत, शिवाजी और प्रतापका प्यारा भारत, तुलसीदास और सूरदासका भारत, राम और कृष्णका भारत, अर्जुन और भीष्मका भव्य भारत, म० गान्धी और लो० तिलकका पराधीन भारत—विप्लवकी आगको एक कोनेसे दूसरे कोनेतक नहीं प्रज्ज्वलित कर सकता ? क्या क्रान्तिका भीषण सन्देश देशको रग-रगमें नहीं गुंज़ा सकता ? वह सब कुछ कर सकता है ; परन्तु नहीं; भारत रक्तका प्यासा, हिंस्र वनराज नहीं—भारत अहिंसाका विराट् भारत है ! भारत उद्दण्ड और अमानुषिक भारत नहीं,वह शान्ति और त्यागसे, बलिदानकी अग्निको प्रज्ज्वलित कर अपने अभीष्टकी पूर्ति करनेको महदाकांक्षा रखनेवाला आदर्श भारत है ! परन्तु राष्ट्रके निर्माणके लिये अब भी बहुत कुछ आवश्यक है। उपर्युक्त राष्ट्रोंमें मुट्ठी-भर एकदेशीय, एक संस्कृतिमय, एक भाषा-भाषी, एक प्रजातन्त्रवादी, एक आदर्शवादी और अपने देशके लिये न्यौछावर करनेको स्वप्नमें भी तैयार मानवोंका निवास है और राष्ट्रके लिये ऐसा मानव-सङ्गठन, अत्यन्त और अनिवार्य वाञ्छनीय है ! दुर्भाग्यसे, भारतमें इस सङ्गठन

का होना कितना कठिन है—यह लिखनेकी आवश्यकता नहीं। किसी भी राष्ट्रको बनानेमें भौगोलिक स्वातन्त्र्यकी सर्व-प्रथम आवश्यकता होती है। फिर राजनीतिक स्वाधीनताका होना परम आवश्यक है; क्योंकि स्वतन्त्र-राज्य-प्रजा-प्रतिपादित सङ्गठन होनेसे देशकी उन्नति-अवनतिका पूरा ख़याल रहता है—घरकी विभूतिके नाशका ध्यान घरके मनुष्योंको ही विशेषतया रह सकता है। तभी मनुष्योंके अधिकारोंकी रक्षा हो सकती है। मानव-जीवनका वास्तविक विकास स्वराज्य-परही निर्भर है। परन्तु यह तभी सम्भव है, जब कि देशमें एक राष्ट्र-भाषा हो; जब कि देश एकही आदर्श और सभ्यताका प्रतिपालक हो; जब कि देशका बच्चा-बच्चा देशके लिये त्याग और बलिदान करनेको तत्पर हो और जब सब देश-वासियोंको यह प्रतीत हो, कि जिस भूमिमें वे रहते हैं, वह भूमि उनकी है और वे उसकी उन्नति वा अवनतिके उत्तरदाता हैं। जबतक इन बातोंका प्रचार कर देश इस महान् पथका पथिक नहीं बनता—तबतक "राष्ट्र" का निर्माण असम्भव-सा है। यही कारण है, कि अङ्ग्रेज़ोंकी पोशाक तक एकसी है; दिनचर्याके मुख्य स्तम्भ तक समान हैं, जिससे उन्हें सर्वदा अपने देशके उत्तरदायित्वका ध्यान बना रहता है! "राष्ट्र" का निर्माण हँसी-खेल नहीं; क्योंकि जिन आयुधोंसे आधुनिक राष्ट्र बने हैं—वे आयुध उपर्युक्त संस्कृत मानव-समाजकी भावनाओंके हैं—विप्लव या क्रान्ति उपर्युक्त मानव-समाज और सङ्गठनके होनेसे ही सम्भव है। और राष्ट्रकी सम्भावना इसी क्रान्तिसे है—चाहे वह हिंसात्मक हो या अहिंसात्मक। परन्तु इस विप्लवके शान्त या उग्र होनेका मूल एक महान व्रत है औवह है,—"बलिदान!"

किसी भी राष्ट्रका होना महान् व्रतके बिना संभव नहीं। राष्ट्र और बलिदानका सम्बन्ध बहुत ही घनिष्ठ है; क्योंकि राष्ट्र स्वतन्त्रताका प्रसाद है और यह प्रसाद कैसा है, इसे श्रीयुत सुरेन्द्रनाथ बनर्जीके शब्दोंमें सुनियेः—"The triumphs of liberty are not won in a day. Liberty is a jealous Goddess, exacting in her worship and claiming from her Votaries prolonged and assiduous devotion."

अर्थात्—"स्वतन्त्रताके विजयनाद एक दिनमें नहीं प्राप्त किये जाते; क्योंकि स्वतन्त्रताकी देवी बड़ी कठिनाईसे सन्तुष्ट और तृप्त होती हैं। वे अपने भक्तोंकी कठोर एवं दीर्घकालव्यापी तपस्या चाहती है और परीक्षा लेती हैं।" ऐसी देवीको प्रसन्न करनेमें किसी जाग्रत देशको क्या नहीं देना पड़ता? इस महा-यज्ञमें किस वस्तुकी आहुति नहीं देनी पड़ती? इसपर जितना लिखो, थोड़ा है। आजतक संसारका कोई ऐसा राष्ट्र नहीं हुआ, जिसने राष्ट्रनिर्माणके पहले अपने पुत्र-पुत्रियों और नौनिहालोंको तलवारके घाट न उतरवाया हो। ऐसा कोई भी राष्ट्र नहीं, जिसकी भूमिमें अपने जिगरके टुकड़ोंका ऊष्ण शोणित न बहा हो। जो देश बलिदानके व्रतको नहीं धारण करता, उसके विराट् व्योममें स्वतन्त्रताका आह्वान, रण-रंगकी रौद्रमयी चिल्लाहटोंसे नहीं गूँज सकता! बलिदान राष्ट्रकी महिमामयी विभूति है—मानव-जीवनके ईश्वर-प्रदत्त अधिकारोंको अमानुषिक, निरङ्कुश, हृदय-हीन शासकसे प्राप्त करनेका अमोघ औषध और विजयी शस्त्र है। यह व्रत रोते-रोते नहीं, फीके उतरे हुए, झुके हुए—विचारोंके गौरवमें डूबे हुए मानवसे नहीं हो सकता। इसके लिये बहुत विषम तपस्याकी आवश्यकता है। संसारकी मनोरम विभूतिमयी मायावी प्रकृति और परब्रह्मके लीलामय प्रसाद उसके लिये विषमके विषके समान हैं। जिस समय यह लीलामय सलोनी सृष्टि वर्षाके धवल जल-कणोंसे सजी हुई होती है, उस व्रतधारीको जेलकी अन्धेरी कोठरीमें मृत्युका भयङ्कर सामना करना पड़ता है। संसारके लावण्य, संसारके नाता, संसारके वैभव और संसारके सुनहरे जीवनको इस कठिन कठोर बलिदानके व्रतधारीको एक ठोकरमें महामना बुद्धसे भी भीषण, महर्षि दधीचिसे भी दृढ़

और भीष्मकी भयङ्कर प्रतिज्ञासे भी अचल बनकर ठुकरा देना पड़ता है ! जिसने इस व्रतको ठीक-ठीक निभा लिया, उसके लिये अमरता हाथ बाँधे खड़ी है। उसने मानव-जीवनका सर्वोच्च सार अपना लिया और कुछ न करते हुए भी उसने सब कुछ कर लिया। संसारमें आज कुछ भी अनुभव नहीं करते हुए उसने सब कुछका अनुभव कर लिया है। अमरतासे बढ़कर मानव-जीवनका और क्या ध्येय हो सकता है ? यह ध्येय केवल बलिदानके द्वारा ही प्राप्त किया जा सकता है; क्योंकि बलिदान 'त्याग'का ज्योतिर्मय प्रकाश है और स्वा०रामकृष्णके शब्दोंमें वही अमर है:-"That man is the true hero, who while living in the midst of all temptations of the world attains perfection." अर्थात्—"वही सच्चा वीर है, जो संसारकी मायाके बीचमें रहकर भी पूर्णताको प्राप्त करता है।" बलिदान कैसा व्रत है और उसका क्या महत्व है, यह लिखना एक कठिन व्यापार है। वह यदि शहीदेवतन यतीन्द्रनाथ दाससे पूछा जाता—यदि शहीद मेक्सिविनीसे पूछा जाता, तो शायद यही उत्तर मिलता, कि उसको कहना वाणीके बाहर है ! बलिदानके लिये एक कालान्तरसे जलती हुई जलन चाहिये—एक असीम संताप चाहिये—एक अमर आशा चाहिये—एक अटूट आदर्श, अनुकरणीय त्याग रोम-रोममें व्याप्त होना चाहिये—देश-भक्तिका उन्माद कट मरनेकी तीव्र पिपासा और ग़रीब भाइयोंको सितमकी चक्कीमें पिसनेसे बचानेकी महदाकांक्षा चाहिये—रग-रगमें भाराक्रान्त माता वसुन्धराकी स्वतंत्रताके लिये आह्वान और विप्लवकी सनसनी चाहिये। क्रान्तिका महामंत्र जिसके मुँहसे निरन्तर निकलता रहे, चाहे वह अशान्त अग्निमय हो वा शान्तिमय असहयोगी, वह बलिदानके खप्परमें अपना ऊष्ण रक्त छोड़ सकता है; क्योंकि देशका सुधार क्रान्तिमय बलिदानपर ही निर्भर है। बलिदानको प्रस्तुत, हुतात्मा वीरही सच्चा देश-सुधारक है। इस विषयमें श्री०सुरेन्द्रनाथ बनर्जी कहते हैं—"There is no intermediate step between Reform and Revolution, for you must enlist yourselves under the banner of Reform, or you must take your place behind the standard of Revolt and Revolution." अर्थात्—"सुधार और विप्लवके मध्यमें कोई माध्यमिक सीढ़ी नहीं है। चाहे तुम अपने आपको सुधारके झण्डेके नीचे खड़ा रखो या विद्रोह अथवा क्रान्तिकी ध्वजाके पीछे।" और इसी सुधार और क्रान्तिपर राष्ट्रका निर्माण हो सकता है !! क्रान्ति अहिंसात्मक और दोनों प्रकारकी हिंसात्मक हो सकती है; परन्तु उन्नत मानव-समाज, जिसकी मनोवृत्ति महान विकासको प्राप्त हो गयी है, वह कदापि ख़ूनसे रंगे हुए ताजको—शोणितसे रञ्जित अधिकारोंको नहीं अपनायेगा। हम सत्यके पथपर चलनेको उद्यत हैं। हमारा विद्रोह हिंसात्मक नहीं; परन्तु सत्यकी नींवपर स्थित अहिंसात्मक विप्लव है। संसारके किसी भी राष्ट्रने अभीतक इस महान युद्ध-प्रणालीसे विश्वमें अपनेको उन्नत और आदर्श नहीं बनाया हो। यह सौभाग्य बहुत कुछ सफल रूपमें, भारतको नवीन युगके प्रकाशसे जाज्वल्यमान भारतको—ही प्राप्त है। यदि राष्ट्र हमारे अधिकारोंका हृदय है, तो बलिदान असहयोगी अहिंसात्मक विद्रोह है।

आयर्लैण्डके मेक्सिविनीके बलिदानने उसे आज राष्ट्रके रूपमें परिणत कर दिया है। रशियाके सहस्रों युवकोंके ऊष्ण शोणितने उसे महान रशियामें बदल दिया है। चीन आज नवयुगके प्रोज्वल प्रकाशमें नवीन-राष्ट्रकी विजय-दुन्दभि गुञ्जायमान कर रहा है। जापानकी माताओंने अपने इकलौते पुत्रोंको बलि देकर जापानकी स्वतन्त्रताकी रक्षा की है। सारांश यह, कि युरोपके जितने राष्ट्र उत्पन्न हुए, वे सब बलिदानके प्रतापसे। एशियामें जितने राष्ट्रोंका निर्माण हुआ, वह भी बलिदानकी आगसे उद्वेलित होकरही हुआ है। देखो वसुन्धरापर

होनेवाली यातनाकी सीमा नहीं रहती; जब-जब मानव-समाजके जन्म-सिद्ध अधिकारोंको कुचल दिया जाता है, तब-तब अन्तरिक्षसे विप्लवी बलिदानकी भावना युवकोंके हृदयमें पुरजोशसे दहक उठती है।

अब दो शब्द भारतके भावी राष्ट्रपर यहाँ लिख देना अनुचित नहीं होगा। सदियोंसे भारत एक प्रकारसे वर्त्तमान राष्ट्रीयता और प्रजावादसे सर्वथा दूर रहा। परन्तु भारतमें माध्यमिक कालमें भी राष्ट्रीयताकी भावना बहुत अंशोंमें आदर्श साम्राज्यवाद-के सिद्धान्तोंपर टिकी हुई थी। महामना शिवाजी और महाराणा प्रताप इस राष्ट्रीयताके सजीव हृदय थे। मुग़ल-साम्राज्य-कालमें भारतमें आधुनिक राष्ट्रीयताके अंकुर मानव-हृदयोंमें उग गये थे; परन्तु तब भी भारतको राष्ट्र-निर्माणके लिये बहुत कुछ करना बाक़ी था। अंगरेजोंके आनेपर भाग्यवश उनकी कूटनीति द्वारा भारतमें राष्ट्रीयता सहसा उत्पन्न हो गयी है। नव-युगकी नौबत सुदूर अन्तरिक्षमें गूँजती हुई सुनाई दे रही है। भारतकी आत्मा सोते हुए वनराजकी तरह अब चौंककर सजीव हो उठा है। बलिदानकी प्रशान्त अग्नि भारतकी दिशाओंमें प्रकाशमान हो रही है। देशके बच्चे-बच्चेमें त्यागकी विभूति छायी हुई है और देश-सेवाका नशा बलिदानके महान व्रतको सफल बना रहा है! भारतकी सोती हुई शक्तियाँ जागृत हो उठी हैं। सारा देश समझ गया है, कि—

"English men! Who are English men? They are present rulers of this country. But how did they become our rulers? By throwing the noose of dependence round our necks, by making us forget our old learning, by leading us along the path of sin, by keeping us ignorant of the use of arms...? oh! alas! Has India's golden land lost all her heroes?

—"Swarajya Hindi."

अर्थात् "अंगरेज—अंगरेज़ कौन हैं? वे वर्तमान भारतके शासक हैं; परन्तु वे शासक कैसे बने? हमारी गरदनोंमें पराधीनताका फन्दा डाल, हमारी विद्याओंको नष्ट-भ्रष्ट कर, हमें पाप-पथका पथिक बनाकर और हमें युद्धसे बिलकुल अनभिज्ञ रख कर!! क्या सुवर्ण-मय भारतके वीर अदृश्य हो गये हैं?"

नवयुगका संगीत माता रुद्र-सुकुमार रागसे गा रही है। स्वराज्यकी झाँकी हो चुकी है। स्वतंत्रता-देवीका आह्वान बहुत कुछ सफल हुआ है। भारत परीक्षा द्वारा देवीको प्रसन्न कर रहा है—देशके होनहार युवकोंकी बलि देकर। और स्वतंत्रताको गले लगाने तक—भारतीय राष्ट्रके निश्चयात्मक निर्माण तक न मालूम कितने बलिदान—अत्याचार, दमन-नीति और हृदयहीन नौकरशाहीकी वेदीपर सत्य, न्याय, प्रतिष्ठा और भारतके जन्मसिद्ध अधिकारोंके लिये देने होंगे, यह कौन जानता है? परन्तु श्रीमती एनी बीसैण्टके शब्दोंमें "The cry of Russian martyrs has been answered by the fall of the Russian Aristocracy. The cry of Irish martyrs has shaken the mother of Parliaments. India too has her martyrs and her Aristocracy. But as yet no answer has come to their cry. Nevertheless it will come and not much longer it will tarey, Parliament will answer it or—God!"

अर्थात्—"रशियन शहीदोंके हुंकारोंका उत्तर रूसकी स्वेच्छाचारिताके अन्त मिला है! आइरिश शहीदोंने पार्लियामेण्टकी माताको हिला दिया है; भारत में भी उसके अपने शहीद हैं और स्वेच्छाचारी भी हैं, परन्तु अभीतक इनका कोई भी उत्तर नहीं मिला है! कोई बात नहीं, उत्तर अवश्य आयेगा। अब अधिक देर नहीं। पार्लियामेण्ट उत्तर देगी या परमात्मा!"

श्री० उपेन्द्रनाथ बन्द्योपाध्याय

[लेखक—श्रीयुत मथुरानन्द चौबे]

अलीपुर-षड़यन्त्र केसके प्रमुख षड़यन्त्रकारियोमें स्वनामधन्य श्री० उपेन्द्रनाथ बन्दोपाध्याय भी थे। आपका जन्म सन् १८७९ की ६ जूनको चन्दननगरमें (चन्दरनगर) हुआ था। (चन्दननगरमें फ्रान्सका राज्य है) उनके पिता स्वर्गीय रामनाथ बनर्जी वैष्णव थे और उनकी माता शाक्त थीं।

उपेन्द्र बाबूने चन्दननगरमें रहकर प्राथमिक शिक्षा समाप्त करनेके बाद डुपले कालेजसे एण्ट्रेन्स पास किया। फ्रेञ्च भाषामें सर्वश्रेष्ठ होनेके कारण उन्हें एक स्वर्ण-पदक इनाममें मिला था। छात्रावस्थामें वे क्लाइवकी तरह बड़े ही शरीर थे और मास्टरोंको खूब तङ्ग किया करते थे। सन् १८९८ से १९०३ तक वे कलकत्तेके मेडिकल कालेजमें डाक्टरी पढ़ते रहे। उन्होंने डफ़ कालेजमें भी पढ़ा; उस समय आप विद्यार्थियोंको केवल फ्रेञ्च भाषा पढ़ा कर धनोपार्जन कर लेते थे। डफ़ कालेजसे उन्हें बाइबिल (इञ्जील) की परीक्षामें छात्रवृत्ति भी मिली थी। बाइबिलके उत्तम विद्यार्थी होनेपर भी उन्हें ईसाई-धर्मसे बड़ी घृणा थी और वे हिन्दुओंके बीचमें ईसाई पादरियोंके विरुद्ध व्याख्यान आदि दिया करते थे।

इसी समय उन्हें स्वामी विवेकानन्दके ग्रन्थोंके अध्ययन करनेका शौक़ हो गया। वे एक बार स्वामी विवेकानन्दसे मिले भी थे और फिर उसके बाद स्वामीजीके मायावती (हिमालय) आश्रममें जाकर संन्यासी की तरह रहते थे। चार महीनेके बाद उनके पिता और भाई जाकर उन्हें वहाँसे ले आये।

इसके बाद उपेन्द्र बाबू चन्दननगर लौटे, और वहाँके एक विद्यालयमें अध्यापन काय करने लगे; साथ ही युवा विद्यार्थियोंमें राजद्रोह और क्रान्तिकारीविचारोंका प्रचार भी करने लगे। किन्तु नौ मासके बाद वे फिर घरसे विदा हुए। उनके मित्र पंडित हृषिकेश कांजीलाल साथ थे, जो बराबर उनके साथ रहे। वे पटना, बनारस, बरेली होते हुए फिर मायापुरी पहुंचे और वहाँ शास्त्रोंका अध्ययन करने लगे।

किन्तु फिर उपेन्द्र बाबूका ध्यान मायावादसे हटकर कर्मवादकी ओर आया। वे एक संन्यासीके रूपमें पंजाबका पर्यटन करने लगे। सन् १९०५ में वे लौटकर फिर अध्यापन-कार्य करने लगे, और विद्यार्थियोंके दिमागोंमें क्रान्तिकारी भाव भरने लगे। एक वर्षके बाद उन्होंने अध्यापन-कार्य छोड़ दिया, और श्री अरविन्दके "वन्देमातरम्" पत्रमें काम करने लगे। इसके बाद वे "युगान्तर" पत्रके सम्पादक हुए, और इस पत्रके द्वारा उन्होंने ज्वलन्त क्रान्तिकारी भावोंका प्रचार करना आरम्भ किया।

सन् १९०८ में वे वारीन्द्रकुमारके साथ कलकत्तेके मानिकतल्ला बगीचेमें पकड़े गये। स्वर्गीय देशबन्धु चित्तरञ्जन दासने उनकी जैसी अच्छी पैरवी की थी, वह सर्व-विदित है। श्री उपेन्द्र बाबूको आजन्म द्वीपान्तरवासका दण्ड मिला था। उन्होंने मजिस्ट्रेटके सामने जो महत्वपूर्ण वक्तव्य दिया था, उसमें कहा था,—"मैंने खयाल किया, कि हिन्दुस्थानके कुछ लोग बिना धार्मिक भावोंके कुछ न करेंगे; इसलिये मैंने साधुओंसे सहायता लेनी चाही; पर वे काम न आये। इसके बाद मैं स्कूली लड़कोंमें क्रान्तिकारी भावोंका प्रचार करने लगा। देशके भिन्न-भिन्न स्थानोंमें गुप्त समितियाँ, और शस्त्र आदि एकत्र करनेका ध्यान हुआ। इसके बाद मैंने श्री वारीन्द्र, श्री-उल्लासकर और श्री हेमसे भेंट की, और इनके साथ काम करने लगा। हमारा उद्देश्य उच्च अधिकारियोंको—जैसे छोटे लाट मि० किंग्सफोर्ड आदिको—मारनेके लिये था।"

श्रीहृषिकेश कांजीलालने ११ मई सन १९०८ को मैजिस्ट्रेटके सामने कहा था,—"मैं स्कूलमें अध्यापन करता हूँ। चन्दननगरमें श्री उपेन्द्रने मुझे "युगान्तर"

पत्रकी कई प्रतियाँ दिखायीं; जिन्हें पढ़कर मुझे मातृ-भूमिको स्वतन्त्र करनेका ध्यान हुआ। मैं स्कूलमें मास्टरी करते हुए नवयुवकोंको यह बताना चाहता था, कि अंगरेजोंने इस देशको धोखेबाज़ी और कूट-नीतिसे विजय किया है।

बारह वर्षतक कालेपानीका दण्ड भुगतनेके बाद श्री उपेन्द्रनाथ बन्दोपाध्याय सन् १९२० के फरवरी मासमें छूट कर आये। देशके लिये उन्होंने जो सेवाएँ और तपस्याएँ की हैं, वे वर्णनातीत हैं। इस बार वे "नारायण" और 'बिजली' पत्रोंमें काम करने लगे। आपने इधर राजनीतिक और दार्शनिक विषयोंकी कई पुस्तकें भी लिखी हैं। आपने अपनी 'द्वीपान्तरवासकी कहानी' बहुत ही रोचक और मनोरञ्जक ढङ्गसे लिखी है। आपने कलकत्तेके सुप्रसिद्ध इङ्गलिश दैनिक पत्र "अमृत बाज़ार पत्रिकाके" सम्पादकीय विभागमें भी कुछ दिनोंके लिये काम किया और फिर इसके बाद अपना "आत्मशक्ति" (बङ्गला) साप्ताहिक पत्र भी निकाला, जिसकी बङ्गाल-भरमें खूब ख्याति हुई!

सन् १८९७ में उपेन्द्र बाबूका विवाह हुआ था। सन् १९०६ में उनका ज्येष्ठ पुत्र श्रीनृपेन्द्र पैदा हुआ। उनकी सती-साध्वी स्त्री एक आदर्श हिन्दू-रमणी हैं, जो प्रियतम पतिके निर्वासन-कालमें एक संन्यासिनीकी तरह रहती थीं। हालमें उन्हें एक दूसरा पुत्र हुआ है।

यहाँपर उपेन्द्र बाबूकी कुछ उपयोगी पुस्तकोंकी चर्चा अप्रासङ्गिक न होगी। आपने सन् १९०५ में "भवानी-मन्दिर" नामकी पुस्तक लिखी थी, जिसमें देशकी स्वतन्त्रताके लिये आपने जनताको शक्तिकी देवी कालीकी उपासना करनेके लिये ज़ोर दिया था। आपने इसमें लिखा था, कि इस कार्य्यमें केवल ब्रह्मचारी युवकोंको आगे बढ़ना चाहिये, जो अविवाहित रह कर त्यागी संन्यासियोंकी तरह सेवा-कार्य्य करें और काम पूरा होनेपर, याने देश स्वतन्त्र होनेपर वे विवाह करें। क्रान्तिकारियोंके लिये लिखा गया था, कि वे सैनिक शिक्षा ग्रहण करें और वर्तमान रणनीतिको अच्छी तरह जानें। 'वर्तमान रणनीतिके लेखक श्री अविनाशचन्द्र भट्टाचार्य्यको सन् १९०७ में अलीपुर बम-केसमें सात वर्ष सपरिश्रम कारावासका दण्ड मिला था। इस पुस्तकमें देशको स्वतन्त्र करनेके लिये, अंगरेज़ोंसे युद्ध करना आवश्यक बताया गया है। इसीके साथ बम बनानेकी भी एक पुस्तिका थी, जिसका क्रान्तिकारी लोग अध्ययन किया करते थे। इस पुस्तककी प्रतियाँ नासिक (बम्बई) में देशभक्त श्री सावरकर और लाहौरमें भाई परमानन्दजीके यहाँ तलाशी लेनेपर मिली थीं।

उनका दूसरा शक्तिशाली पत्र "संध्या" था, जो बहुत ही लोकप्रिय था। इसके स्वतंत्रता सम्बन्धी लेख लोगोंमें उत्साह और साहसकी बिजली फूँक देते थे। एक बार उसमें लिखा गया,—"हम पूर्ण स्वतन्त्रता चाहते हैं। देशकी उन्नति उस समय तक नहीं होगी, जबतक फिरंगियोंका अन्तिम निशान यहाँसे न मिटा दिया जायेगा। स्वदेशी प्रचार, विदेशी बहिष्कार आदि उस समय तक व्यर्थ हैं, जबतक उनके द्वारा हम अपनी पूर्ण राष्ट्रीय स्वतंत्रता न प्राप्त कर सकें। फिरंगियोंने मेहरबानी करके हमें जो अधिकार दिये हैं, हम उनका तिरस्कार करते हैं और उनपर थूकते हैं। हम अपनी मुक्तिका ध्येय स्वयं प्राप्त करेंगे।"

"युगान्तर" और "स्वाधीन भारत" की हजारों प्रतियाँ गुप्त रूपसे बाँटी गयीं और उनका भीतर-ही-भीतर जनतामें खूब प्रचार हुआ। "मुक्ति कोन पथे" नामक पुस्तकमें "युगान्तर" के चुने हुए महत्वपूर्ण लेखोंका संग्रह है। इसमें सैनिक तैयारियों और दल बढ़ानेके लिये बड़े ही ज़ोरदार लेख हैं। एक बार पाठकोंको लिखा गया था,—"देशी सिपाहियोंकी सहायता प्राप्त करो।...यद्यपि ये सिपाही पेटके लिये शासक-शक्ति सरकारकी सेवा करते हैं; पर आख़िर वे भी तो ख़ून-मांसके मनुष्य हैं। वे भी सोचना-समझना जानते हैं; उन्हें जब देशकी दुर्दशा समझायी जायेगी, तो वे

वारीन्द्रकुमार घोष

——:※:——

[लेखक—श्रीयुत नलिनीभूषण बनर्जी]

योगिराज अरविन्द घोषके कनिष्ठ भ्राता श्री वारीन्द्रकुमार घोष अलीपुर बम केसमें पकड़े गये थे और उन्हें द्वीपान्तर-वासका दण्ड मिला था। वारीन्द्रका जन्म सन् १८८० में लण्डनके निकट क्रायडन नामक स्थानमें हुआ था। इस तरह उन्हें "british Born" कहा जा सकता है। वारीन्द्रके पिता डा० के० डी० घोष खुलनामें सिविल सर्जन थे और वे अँगरेजोंके तौर-तरीक़े बहुत पसन्द करते थे। डा० घोष डाक्टरी-की उच्च परीक्षाएँ पास करने तथा अपने तीन पुत्रोंको इङ्गलिश विद्यालयकी उत्तम शिक्षा दिलानेके लिये सपत्नीक इङ्गलैण्ड गये थे। उसी समय वारीन्द्रकुमारका जन्म हुआ था।

डा० घोषके बड़े लड़के श्रीविपिन विहारी कूच-बिहार-नरेशकी सेवामें थे। उनके मंझले लड़के श्री० मनमोहन घोष आक्सफोर्ड विद्यालयके ग्रेजुएट हैं; कविताएँ लिखते हैं, कलकत्तेके प्रेसिडेन्सी कालेजमें वे अंगरेज़ी भाषाके प्रोफ़ेसर हैं। तीसरे पुत्र श्री अरविन्द घोषने इंगलैण्डमें ही पूर्ण रूपसे विद्याध्ययन किया था। बादमें उन्होंने इण्डियन सिविल सर्विस-की भी परीक्षा दी, जिसमें वे सब विषयोंमें उत्तम रीतिसे पास हुए। पर घुड़सवारीकी परीक्षामें फेल कर दिये गये। इसके बाद अरविन्द बाबू हताश होकर भारत लौटे; किन्तु उनकी अपूर्व विद्वत्ता और योग्यता देखकर बड़ौदा-नरेशने उन्हें अपना प्राइवेट सेक्रेटरी बनाया और कई वर्ष तक वे बड़ौदा कालेजके वाइस-प्रेसिडेण्ट भी रहे। इसके बाद अरविन्द बाबू कलकत्तेके नेशनल कालेजके प्रिन्सपल रहे, और फिर "वन्दे मातरम्" पत्रका सम्पादन भी करते थे। उस समय "वन्दे मातरम्" के महत्व-पूर्ण लेखोंसे देश-भक्तिका बहुत प्रचार हुआ था।

उचित समयपर शस्त्रों सहित बहुसंख्यामें क्रान्तिकारी दलमें मिल जायेंगे...वेही शस्त्र, जो विदेशी शासकोंने उन्हें दिये हैं।...वर्तमान अँगरेज़ी राज्यमें चतुर बङ्गालियोंको सेनामें जगह नहीं दी जाती। विदेशी शासकोंसे भी शस्त्रोंकी सहायता ली जा सकती है।"

ऐसे ही ओजस्वी लेखोंके कारण पत्र बन्द हुए थे। उनके ये पत्र सरकार द्वारा बन्द कर दिये गये थे।

———

श्री० वारीन्द्र कुमारकी बड़ी बहन श्रीमती सरो-जिनी घोष इस समय कलकत्तेमें रहती हैं। अरविन्द बाबूकी पैदाइशके बाद वारीन्द्रकी माताको प्रमाद-रोग हो गया, जिससे वे कुछ पागल हो गयी थीं। छः वर्ष तक वारीन्द्र अपनी माताके साथ देवगढ़के निकट रोहिणीमें रहते थे। सन् १८९२ में वारीन्द्रके पिताका देहान्त हुआ। सात वर्षकी आयुसे वारीन्द्र प्रायः कल-कत्ते या खुलनामें रहा करते थे। स्कूलमें पढ़ते हुए वारीन्द्रने एक हस्त लिखित मासिक पत्र भी निकाला; ग़रीब विद्यार्थियोंके लिये चन्दा जमा किया और बहस करनेके लिये एक "डिबेटिंग क्लब" भी बनाया। वारी-न्द्रने लाठी आदि चलानेका ख़ूब अभ्यास कर लिया था। वे शिवाजीकी तरह कुछ लड़कोंको लेकर पहाड़ि-योंमें नक़ली लड़ाइयाँ भी लड़ा करते थे। उन्हें देश-भक्तिकी दीक्षा दो गुरुओंसे मिली थी, जिनमें एक थे 'देशेर कथा'के लेखक स्वर्गीय सखाराम गणेश देउस्कर और दूसरे उनके नाना स्व० राजनारायण वसु थे। वसु महोदयने अँगरेजोंकी खूब निन्दा करके वारीन्द्र-को अँगरेजोंसे घृणा करनी सिखायी थी।

बाल्यकालसे ही वारीन्द्र कवि थे। तेरह वर्षकी आयुसे वे कविताएँ लिखने लगे, और महाकवि रवीन्द्र नाथ ठाकुरकी तरह वेश-भूषा ग्रहण कर ली थी। वे दो वर्ष तक ढाका और पटना कालेजोंमें पढ़ते रहे; प्रेमकी कविताएँ लिखते, प्रेमिकाओंसे प्रेम करते और फिर निराश प्रेमियोंकी तरह रोचक कविताएँ

और गल्पें लिखते। वे प्राय: प्रकृतिकी शोभा देखनेमें तल्लीन रहा करते थे। कालेजमें पढ़ते समय उनकी इच्छा शिवाजीकी जीवनी कवितामें लिखनेकी हुई; पर फिर उन्हें खेती करके जीवन निर्वाह करना अच्छा मालूम हुआ। स्त्रियोंके सौन्दर्यपर तो वे प्राय: बढ़िया कविताएँ लिखा करते थे। उनके दूसरे भाई श्री मनमोहनने उनसे यह वादा किया था, कि वे कृषि-कार्य आरम्भ करनेके लिये धनसे उनकी सहायता भी करेंगे; पर जब वह धन नहीं मिला, तो वारीन्द्र घरसे निकल भागे और कलकत्ते आकर इधर-उधर भटकते रहे।

इसके बाद अपनी एक रिश्तेदार औरतका घर बेचनेसे उन्हें ९००) रु० मिले, जिससे उन्होंने पटनेमें एक चायकी दूकान खोली। पर यह दूकान नहीं चली और वे अपने भाई अरविन्दके पास बड़ौदा चले गये। वहाँ वे फिर सुखपूर्वक जीवन व्यतीत करने लगे। कविताएँ और उपन्यास लिखते, इसराज बजाना सीखते, चिड़ियोंका शिकार खेलते और घरमें फूल-पत्तियाँ लगाते थे।

इसी समय वारीन्द्रकी भेंट दो-तीन ऐसे मनुष्योंसे हुई, जो किसी गुप्त समितिके सदस्य थे। इस समितिका उद्देश्य था, कि भारतमें फिरसे हिन्दुओंका राज्य स्थापित किया जाये। कई महीनोंके बाद वारीन्द्रको मालूम हुआ, कि उस गुप्त समितिका नायक कोई देशी नरेश है। समितिका केन्द्र-स्थल पूना या कोई ऐसा ही स्थान था। वारीन्द्रने वहाँ जाकर एक हाथमें गीता और दूसरेमें तलवार लेकर देश-सेवाकी शपथ की। इसके बाद वारीन्द्र एक परिचय-पत्रके साथ बंगाल भेजे गये; यह पत्र एक बंगालीके नाम था, जो उस समितिका सदस्य था।

बङ्गालकी गुप्त समितिके सदस्योंकी संख्या यथेष्ट थी, जिनमें बहुतेरे वकील-बैरिस्टर भी थे। इसके पहले बङ्गालमें दो गुप्त समितियोंका और संगठन हुआ था, जो एक तो वारीन्द्रके नाना स्व० राजनारायण बसुने चलायी थी, और दूसरी गुप्त समिति काउण्ट ओकाकुरा नामक एक जापानीने आरम्भ की थी। वारीन्द्र जिस गुप्त समितिका सदस्य था, उसके अध्यक्ष एक बैरिस्टर थे, जो स्वयं लाठी, तलवार आदि खेलने में दक्ष थे। इस समितिके कई भिन्न-भिन्न विभाग थे, जैसे रंगरूटोंको भर्ती करनेका विभाग, ज़रूरी समाचारोंका पता लगानेवाला विभाग, अर्थ-विभाग, शस्त्र-विभाग इत्यादि। इसमें घुड़सवारी, व्यायाम, कुश्ती आदिका अभ्यास बढ़ाया जाता था। एक अँगरेज महिला भी इस समितिकी संरक्षिका थी। कुछ समयके बाद समिति भंग हो गयी; पर तो भी जीवित रही।

सन् १९०२ में वारीन्द्रने कलकत्ते आकर शिक्षित मनुष्योंको गुप्त समितिका सदस्य बनाना चाहा। पर अधिक सदस्य न मिले। उन्होंने क्रान्तिकारी विचारोंका खूब प्रचार किया; पर इससे सन्तुष्ट न होकर वे फिर सन् १९०३ में बड़ौदा अपने भाई अरविन्दके पास चले गये। वहाँ उन्होंने एक "सिद्ध योगी" की बात सुनी, जो नर्म्मदा-किनारे रहते थे। श्री उपेन्द्र नाथ बनर्जीके साथ वे उस साधुकी तलाशमें निकले। बहुत खोजने और भटकनेके बाद उपेन्द्र बाबू तो हताश होकर लौट गये; पर वारीन्द्र बराबर खोजतेही रहे। अन्तमें उन्हें विष्णुभास्कर लेले नामके एक महाराष्ट्र ब्राह्मण मिले, और इनकी सलाहसे वारीन्द्रने चन्दोत (बड़ौदा) के सखरिया स्वामीसे दीक्षा ली। इस स्वामीने स्वर्गीय झाँसीकी महारानीकी सेनामें रहकर अङ्गरेज़ोंसे युद्ध भी किया था।

इसके बाद वारीन्द्र कलकत्ते लौट आये और साधना करने लगे। उसी समय उन्होंने मानिकतल्लेके बगीचेमें बमके गोले बनाने शुरू किये। अरविन्द बाबूने भी लेलेकी प्रशंसा सुनी और उससे मिलनेकी इच्छा प्रकट की। सूरत कांग्रेसके अवसरपर वारीन्द्र सूरत गये; पर वहाँ नेताओंकी तू-तू मैं-मैं देखकर वारीन्द्र बहुत ही निराश हुए और उन्होंने सोचा, कि स्वतन्त्रताके लिये बँगालको अकेले ही काम करना

होगा। सूरत कांग्रेसके बाद श्री अरविन्दने लेलेसे भेंट की और जो कुछ उसने कहा, वह तीनही दिनमें पूरा होता दिखाई दिया।

सन् १९०८ के फ़रवरी मासमें गुप्त षड़यन्त्रकारियोंकी समितिका केन्द्र देवघरमें स्थापित किया गया। लेले स्वयंही कलकत्ते आये और उन्होंने कहा, कि निकट भविष्यमें शीघ्र ही भारतका उद्धार बिना रक्तपातके होने वाला है। लेले चाहते थे, कि वारीन्द्र कुछ दिनोंके लिये आध्यात्मिक साधना करते; पर वारीन्द्रने ऐसा करनेसे इनकार किया। यहींसे मामला बिगड़ा। फिर लेलेने चेतावनी दी, कि मृत्युसे बढ़कर सङ्कट तुम्हारे ऊपर आनेवाला है। इसके बादही मानिकतल्ले के बगीचेमें समस्त षड़यन्त्रकारी शस्त्रों और गोले-बारूद सहित पकड़े गये। गिरफ्तारीके कुछ मास पूर्व सरकारकी गुप्त पुलिस (सी० आई० डी०) को पता लगा और उसी बगीचेके निकट एक मकान किरायेपर लेकर गुप्त पुलिसके आदमी दिन रात उन्हें देखने लगे। षड़यन्त्रकारी नवयुवकोंके दल बेखबरीसे आते-जाते थे। रुपयेकी कमीसे कुछ कष्ट भी होने लगे। लड़के मृत्युका सामना करनेमें आगा-पीछा सोचने लगे।

इन लड़कोंमें एक सबसे बहादुर प्रफुल्ल चक्रवर्ती देवघरमें एक बम फटनेसे मर गया। समितिकी आज्ञासे दो लड़के खुदीराम बोस और प्रफुल्लचाकी बम सहित मुज़फ्फरपुरके जज मि० किंग्सफोर्डकी हत्या करनेके लिये भेजे गये थे। इस किंग्सफोर्डने कलकत्ते में चीफ़ प्रेसिडेन्सी मजिस्ट्रेटकी हैसियतसे "युगान्तर," "वन्देमातरम," "संध्या," और "नवशक्ति" आदि संवाद-पत्रोंपर मुकदमे चलाये थे और उनके सम्पादकोंको दण्ड दिया था। किन्तु खुदीराम बोस और प्रफुल्लचाकी चूक गये और उन्होंने ग़लतीसे दो इंग्लिश महिलाओंको बमसे मार डाला। गिरफ़्तार होनेके पूर्व प्रफुल्लचाकीने अपनेको वीरतापूर्वक गोली मारली और खुदीरामको प्राणदण्डकी आज्ञा दी गयी।

ये क्रान्तिकारी आरम्भमें बहुत होशियार रहते थे। उनकी प्रतिज्ञा थी, कि वे किसी सार्वजनिक सभामें भाग न लेंगे, जिसमें वे पहिचाने न जायें। वे केवल तलवारमें विश्वास करते थे और स्वदेशी आन्दोलनको घृणापूर्वक बनिया-आन्दोलन कहा करते थे। पुलिसकी दृष्टिसे बचनेके लिये वे विदेशी वस्त्र भी पहनते थे। पर उनकी होशियारी धीरे-धीरे शिथिल होने लगी। वे कुछ बेखबरीसे रहने लगे, इसलिये अन्तमें पकड़े गये। पर इतन दिन वे पकड़े नहीं गये; इससे उनकी कुछ होशियारी अवश्य प्रकट होती है।

ये गिरफ्तारियाँ २ मई सन् १९०८ को हुईं और भारतवर्षमें बम-षड़यन्त्रका यही पहला मामला था, जो "अलीपुर कान्सपिरेसी केस"के नामसे प्रसिद्ध है। मजिस्ट्रेटने ३८ अभियुक्तोंको सेशन्स अदालतके सपुर्द किया। इस समय एक अभियुक्त नरेन्द्र गोस्वामी सरकारी गवाह बनकर षड़यन्त्रका भण्डाफोड़ करने लगा, इसलिये जेलमेंही बम केसके क़ैदियोंने उसे मार डालनेकी सलाह पक्की की। स्व० सत्येन्द्र बोस और स्व० कन्हाईलाल दत्तने एक दिन नरेन्द्रकी हत्या कर डाली। इसके बाद ये दोनों भी निर्दयतापूर्वक फाँसी पर लटकाये गये।

षड़यन्त्रके कैदियोंमें विभिन्न जातिके लोग थे, जो प्रायः सभी शिक्षित थे। उनमें विद्यार्थी और शिक्षक भी थे। चीफ़ जस्टिसने लिखा था, कि यह पहला षड़यन्त्र क्रान्तिकारियोंने आरम्भ किया, और इसमें षड़यन्त्रकारियोंने खासा उद्योग, प्रयत्न, दृढ़ता, और साहस दिखाया।" वारीन्द्रने अपने विचार और उपाय बयान करते हुए २२ मई सन् १९०८ को मजिस्ट्रेटके सामने इस प्रकार कहा था,—"मैं बड़ौदेमें रह कर इतिहास और राजनीतिक साहित्यका अध्ययन करता रहा। इसके बाद मैं बंगालमें आकर जिले-जिलेमें घूमकर स्वतन्त्रताका प्रचार करने लगा; हर जगह अखाड़े खुलवाता था। मैंने कुछ नवयुवकोंको लेकर कार्य आरम्भ कर दिया। हम सब भविष्यकी एक महाक्रान्तिको सोचते थे। हमने

तमंचे, बन्दूक आदि संग्रह किये। उल्लासकर दत्त भी मेरेही दलमें मिलकर काम करने लगा। उसे बम आदि बनाने आते थे। उसके घरपर एक "लेबरटरी" (रसायनशाला) थी, जिसमें वह बम बनानेके अनुभव किया करता था। उसकी सहायतासे हमलोग बम आदि बनाने लगे। हमारा मित्र हेमचन्द्र दास अपनी (सम्पत्ति) जायदाद बेचकर बम बनाना सीखनेके लिये पेरिस चला गया। लौटनेपर वह उल्लासकर दत्तके साथ मिलकर काम करने लगा। हम कभी यह विश्वास नहीं करते, कि राजनीतिक हत्याओंसे देश स्वतन्त्र होगा; पर हमारा विश्वास था, कि जनता इसे पसन्द करती है।" (सेडिशन कमिटी-रिपोर्ट)

गिरफ्तार होनेवाले कुछ षड्यन्त्रकारियोंके नाम इस प्रकार हैं—

(१) श्री उल्लासकर दत्त, आयु बाईस वर्ष, जाति वद्य, निवासी शिवपुर हवड़ाका था, इसने स्वयं ही बम बनाना सीखा था।

(२) श्री विभूतिभूषण सरकार, आयु बीस वर्ष, कायस्थ, विद्यार्थी, शान्तिपुर (नदिया) का निवासी।

(३) श्री हृषिकेश काँजीलाल, आयु छब्बीस वर्ष, स्कूल मास्टर, छत्रा स्कूल (हुगली)। इसने बी० ए० तक शिक्षा पायी थी और विद्यार्थियोंके दिमागोंमें राजद्रोहका "विष" बोनेके लिये इसने मास्टरीका पेशा अख़्त्यार किया था।

(४) श्री सुधीरकुमार सरकार, जातिका ब्राह्मण, और फरीदपुरका निवासी था। इसने "युगान्तर" पत्र निकालनेमें बड़ी सहायता की थी।

(५) श्रीनरेन्द्रनाथ बख्शी, आयु अट्ठारह वर्ष, ब्राह्मण, विद्यार्थी, जिला राजशाही।

(६) श्री वारीन्द्रकुमार घोष, आयु सत्रह वर्ष, कायस्थ, विद्यार्थी। यह जसोरके एक जमींदारका लड़का था।

जेलमें, विचाराधीन क़ैदीकी हालतमें रहते हुए श्री वारीन्द्र कुमार घोषने जेलसे निकल भागनेका पूरा प्रबन्ध कर लिया था। उन्होंने छिपे तौरसे जेलमें शस्त्र, तमंचे आदि मंगवा लिये थे। किन्तु दृढ़-प्रतिज्ञ श्री कन्हाईलाल दत्त, श्री सत्येन्द्र तथा तीन अन्य षड्यन्त्रकारियोंने नरेन गोसाईं, सरकारी गवाह-को मारनेका निश्चय कर लिया था; पर उन्होंने श्री वारीन्द्र घोषको यह बात नहीं बतायी। सम्भव था, कि श्रीवारीन्द्र उनसे सहमत न होते; क्योंकि उन्होंने जो गुप्त रूपसे जेलमें तमंचे मँगवाये थे, वे भागनेके काममें आते और नरेन गोसाईंको मारनेसे उनके जेल-भङ्ग करनेमें बाधा उपस्थित होती। नरेन्द्र गोसाईंकी हत्या उन्हीं तमंचोंसे हुई, जो वारीन्द्रने मँगवाये थे।

श्री वारीन्द्र घोष और श्री उल्लासकर दत्तको प्राण-दण्डकी आज्ञा सुनायी गयी; पर बादमें हाईकोर्टमें अपील करनेपर वह आज्ञा आजन्म द्वीपान्तरवासमें बदल दी गयी थी। उपेन्द्र बाबूको भी आजन्म द्वीपान्तरवासका दण्ड मिला था।

बारह वर्ष निर्वासनका कराल दण्ड भोगनेके बाद श्री वारीन्द्र कुमार घोष और उनके अन्य साथी सरकारके द्वारा छोड़े गये। सन् १९२० के फरवरी मासमें वे कलकत्ते पहुँचे। इसके बाद देशबन्धु स्वर्गीय चित्तरञ्जन दासके "नारायण" पत्रका सम्पादन-भार उन्हें सौंपा गया। श्री वारीन्द्रने कलकत्तेमें "आर्य्य पबलिशिंग हाउस" प्रकाशन-बिभाग खोल लिया, जहाँसे श्री अरविन्द घोषके अमर विचार पुस्तकाकार प्रकाशित होते हैं। "बिजली" नामक एक साप्ताहिक पत्र भी निकाला गया, जिसके सम्पादक स्वयं श्री वारीन्द्र और श्री उपेन्द्र थे।

वारीन्द्र बाबूने स्वरचित एक उपन्यास और आध्यात्मिक करुण-प्रेमकी ओजस्विनी कविताएँ प्रकाशित की हैं। उन्होंने अपने द्वीपान्तरवासकी रामकहानी भी लिखी है, जो बड़ी ही मनोरंजक और घटनापूर्ण है। पर अब वे भी पाण्डुचेरीमें अपने भाई श्रीअरविन्दके पास चले गये हैं। वहीं आश्रममें रहते हैं और साधना करते हैं। वारीन्द्र बाबू अपने लेख आदि पाण्डुचेरीसे

रण-बाँकुरा स्व० यतीन्द्रनाथ मुकर्जी।

[लेखक—श्रीयुत "हफ़ीज़"]

सुशिक्षित माता-पिताका पुत्र यतीन्द्रनाथ मुकर्जी ऐसा वीर योद्धा था, कि एक अवसरपर उसने केवल अपने पाँच सहयोगियों सहित शस्त्रधारी सैनिक पुलिस-दलको दो दिन तक रोक रखा था। वह वीर युवक मृत्युका भय जानता ही न था। वह नदिया ज़िलेका निवासी था।

उसकी आयु जब केवल पाँच वर्षकी थी, तभी उसके पिता उमेशचन्द्र मुकर्जीका स्वर्गवास हो गया। उसकी माता बड़ीही सुशिक्षिता देवी थीं, जो स्वयं रोचक कविताएं लिखतीं, और शिशु यतीन्द्रके कानोंमें देशभक्ति और स्वतन्त्रताका मन्त्र फूँका करती थीं। माताने पुत्रको यही शिक्षा दी थी, कि देशही सब कुछ है—देशकी सेवा करनेवाले ही ईश्वरके प्यारे होते हैं। कुशाग्र बुद्धिवाले यतीन्द्रने माताके उपदेश भलीभाँति हृदयङ्गम कर लिये थे।

छात्रावस्थामें यतीन्द्रका दिमाग़ केवल धार्मिक बातोंमें लगता था। वह वैदिक धर्मका बड़ाही कट्टर अनुयायी था। एण्ट्रेन्स पास करनेके बाद उसने शार्टहैण्ड सीख लिया, और कई जगह अच्छी-अच्छी नौकरियाँ कीं। पर वह स्वतन्त्र विचारोंका वीर युवक नौकरी करनेके लिये नहीं पैदा हुआ था। कुछ दिनों-के बाद उसने नौकरी छोड़ दी, और स्वतन्त्रतापूर्वक लाठी, तलवार आदि चलाना सीखने लगा।

उसकी हद दर्जेकी वीरताका नमूना यह है, कि एक बार उसने अकेले केवल छूरेसे एक उन्मत्त चीतेको मार डाला। क्रुद्ध चीतेसे उसका घोर युद्ध हुआ और अन्तमें उसने उसे मारही डाला। इस वीरताके लिये यतीन्द्रको एक पदक इनाम मिला था। चीतेसे द्वन्द्व-युद्ध करनेके कारण यतीन्द्रके बलवान् शरीरमें कई घाव लगे और वह बुरी तरह घायल हो गया था; पर उसकी वीरतापर मुग्ध होकर डाक्टर एस० पी० सर्वाधिकारीने मुफ्तमेंही उसका इलाज किया। उस चीतेकी खाल यतीन्द्रने डाक्टर महोदयको उपहार-स्वरूप भेंट कर दी थी। उन दिनों वह केवल श्रीमद्भगवद्गीता पढ़ता और कविताएँ लिखा करता था।

वह लाठी तथा तलवार चलाने और कुश्ती लड़नेमें पूर्ण सिद्ध था। वह तेजीसे चलती हुई रेलगाड़ियोंसे कूद पड़ता था। सैकड़ों मील भूमि पैदल ही चलता था। वह घुड़सवारीमें भी बहुत निपुण था। उसका "सुन्दर" नामक एक घोड़ा था, जो महाराणा प्रतापके "चेतक" अश्वकी तरह उसके इशारोंपर काम करता था। वह गरीबों और दीन-दुखियोंकी सदा सहायता करता—राहमें चलते हुए प्रायः रुपये-पैसोंसे भरी उसकी जेबें इसीलिये खाली हो जाती थीं, कि वह सब गरीबोंको ही दे देता था। वह गीताका पाठ नित्य करता था और बिना पाठ समाप्त किये कोई काम नहीं करता था।

बराबर भेजते, जो "बिजली"में छपते, जिनमें उनके कार्य्यों और उनके जीवनपर प्रकाश रहता है।

श्री वारीन्द्रकी आयु ४३ वर्ष की है, और वे अभी पूर्ण रक्तप्लावित स्वस्थ शरीरके युवकसे लगते हैं। ईश्वर उन्हें चिरजीवी करे और वे अपने देशकी पूर्ण स्वतन्त्रता स्वयं अपने नेत्रोंसे देखें! उन्होंने परतन्त्र भारत माताकी स्वतन्त्रताके लिये बहुत कुछ कष्ट सहन किये हैं, अपने प्राण सङ्कटोंमें डाले हैं और उन्हें इसका हक़ है, कि वे देशमाताकी स्वतन्त्रता अपने प्राणोंसे चिपकाये रहें।

—

सन् १९०० ई० में उसका विवाह हुआ। एक लड़का पैदा होकर मर गया था। सन् १९१० में वह सन्देहपर गिरफ्तार किया गया और एक वर्ष बाद छोड़ा गया। सन् १९०५ में एक बार दार्जिलिङ्ग मेल ट्रेनमें यात्रा करते हुए उसने चार गोरे सिपाहियोंको खूब पीटा था। इसके लिये उसपर मुक़दमा भी चला था; पर बादमें उन गोरोंने अपने अपमानके ख़यालसे मामला उठा लिया। पुलिस उसपर बराबर निगाह रखती थी। पथरियाघट्टामें एक बार किसीकी हत्या हुई थी, तबसे वह बराबर लापता रहता था। उसपर सन्देह था, कि वह एक जर्मन-षड़यन्त्रमें शरीक है, जिसके सम्बन्धमें अमेरिकासे कुछ शस्त्र आदि किसी जहाज़के द्वारा आ रहे थे।

वह शस्त्रोंसे लदा जहाज़ बालेश्वरके निकट आनेवाला था, जिसके लिये यतीन्द्रनाथ अपनी तैयारियाँ कर रहा था; पर पुलिसको पता लग गया और वहाँ बालेश्वरके एक दुर्गम स्थानमें पुलिसके बहुसंख्यक शस्त्रधारी दलोंने उसे पाँच आदमियों सहित घेर लिया था। पर यतीन्द्रका युद्ध-कौशल भी अपूर्व था। उसने बड़ी योग्यतासे खाइयों द्वारा मोर्चाबन्दी करके शत्रु-दलोंको रोका और किसीको आगे न बढ़ने दिया, इसी तरह दो दिन तक वह रणबांकुरा पुलिस दलोंको रोके हुए घोर युद्ध करता रहा। अपने पाँच आदमियों सहित उसने पुलिसपर इतनी गोलियाँ बरसायीं, कि पुलिसके नाकोंदम हो गया। कितने ही पुलिसवाले मारे गये। किन्तु अन्तमें उसकी गोलियाँ ख़तम हो गयीं; फिर वह बुरी तरह घायल भी हो गया और बादमें उसकी मृत्यु हो गयी। उसके कई साथी गिरफ़्तार हुए।

मामला चलनेपर बैरिस्टर जे० एन० रायने सी० आई० डी० (जासूस-पुलिस) विभागके प्रधान मि० टैगर्टसे पूछा,—"क्या यतीन्द्र जीवित है?"

मि० टैगर्टने उत्तर दिया,—"दुर्भाग्यवश वह मर गया।"

बैरिस्टर रायने फिर पूछा,—"दुर्भाग्यवश क्यों?"

मि० टैगर्टने इसका जो उत्तर दिया, वह सचमुच वीरोंके लिये गौरवपूर्ण है। मि० टैगर्ट ने कहा,—

"Though I had to do my duties, I have a great admiration for him. He was the only Bengali who died in an open fight from a trench."

अर्थात्—"यद्यपि मुझे अपना कर्त्तव्य पालन करना था; पर मैं उसकी (यतीन्द्रकी) बहुत ही प्रशंसा करता हूँ। वही एक ऐसा बङ्गाली था, जो एक खुली लड़ाईमें खाईंसे लड़ता हुआ मारा गया।"

वास्तवमें उस वीर योद्धा यतीन्द्रकी प्रशंसा सभी वीरोंको करनी पड़ेगी। पुलिससे लड़ाई होनेके पूर्व यतीन्द्रके निरीक्षणमें कितने ही डाके पड़े थे। वह अमीरोंको लूट कर गोले-बारूद बनाने तथा गुप्त सङ्गठन करनेमें धन व्यय करता था। पथरियाघट्टामें एक बार पुलिसका कोई गुप्तचर उसके उस कमरेमें चला आया, जिसमें यतीन्द्र अन्य क्रान्तिकारियोंके साथ बैठा परामर्श कर रहा था। उस गुप्तचरने उसके कमरेमें एकाएक आकर यतीन्द्रको पहिचान लिया, और उसका नाम लेकर बुलाया। इसलिये वह गुप्तचर मार डाला गया।

चार दिनके बाद कलकत्तेकी कनवालिस स्ट्रीटमें पुलिस इन्सपेक्टर सुरेशचन्द्र मुकर्जी किसी क्रान्तिकारीके द्वारा मारा गया। बादमें मालूम हुआ, कि इन्सपेक्टरकी हत्या यतीन्द्रके ही इशारेसे हुई थी। सन् १९१५ ई० के मार्चमें सरकारको एक जर्मन षड़यन्त्रका पता लगा और यह मालूम हुआ, कि कोई जर्मन जहाज़ शस्त्रोंसे लदा आ रहा है। जासूस पुलिसने बालेश्वरमें "युनिवर्सल इम्पोरियम" नामकी एक दूकानकी तलाशी ली, और वहाँ एक गिरफ्तारी भी हुई। इस मनुष्यसे सरकारको जो कुछ पता लगा; उसके अनुसार मयूरभंज राज्यके जङ्गल-पहाड़ोंमें पुलिसने खूब छानबीन की; अन्तमें जंगलके एक भाग-

श्रीरामप्रसाद 'बिस्मिल'

——:※०※:——

[लेखक—श्रीयुत "अज्ञात"]

"आख़िरी शब दीदके काबिल थी 'बिसमिल'की तड़प ।
सुबह दम गर कोई बालाए बाम आया तो क्या ?"

इस कायरताके युगमें भी, जब कि प्रत्येक प्राणी निज स्वार्थ-साधनमें लवलीन रहता है, कतिपय ऐसे वीर तथा महान् आत्माओंका आविर्भाव हो जाता है, जिनका जीवनोद्देश्य स्वदेश-सेवा रहता है। चाहे इस प्रकारके गुण हमें विशेष व्यक्तियोंमें ही प्राप्त होते हों, किन्तु विप्लवकारियोंकी जीवनियोंपर एक दृष्टि डालनेसे स्पष्ट ज्ञात होता है, कि वे उच्च कोटिके देश-भक्त, आदर्श त्यागी तथा वीर योद्धा होते हैं। भलेही वे मार्ग-निर्द्धारण करनेमें त्रुटि करते हों; किन्तु उनकी ज्वलन्त देश-भक्ति तथा वीरताकी प्रशंसा उनके शत्रुओंको भी करनी पड़ती है।

भारतके अमर क्रान्तिकारी शहीदोंमें श्री रामप्रसाद 'बिस्मिल'का नाम विशेष उल्लेखयोग्य है। श्री रामप्रसाद संयुक्त प्रान्तके पहले निवासी हैं, जिनकी आहुति सन् १८५७ ई० के राज्य-विप्लवकी घटनाओंके पश्चात् क्रान्तिकारी आन्दोलनके सम्बन्धमें मातृ मन्दिर की बलि-वेदीपर हुई। वे विप्लव यज्ञके पुरोहितोंमें से एक थे। उनके हृदयमें देशके प्रति असीम श्रद्धा तथा अगाध भक्ति थी। स्वातन्त्र्य-लहरोंने स्वदेश-प्रेम-के भावोंसे प्रेरित उसके बहुमूल्य शीशको स्वतन्त्रता देवीकी भेंट कर दिया। वे असाधारण शारीरिक बलशाली, साहसी तथा बुद्धिमान थे। काकोरी-षड़-यन्त्रके वे ही नेता माने गये थे। साधारण शिक्षा थी, किन्तु उनकी कानून-सम्बन्धी युक्तियोंको सुन कर हाईकोर्टके न्यायाधीश भी आश्चर्यान्वित हो जाते थे। इसका यह परिणाम हुआ, कि उन्हें अवध चीफ कोर्ट से भयङ्कर षड़यन्त्रकारी तथा 'निर्दयी हत्यारे' की उपाधि मिली। अस्तु !

रामप्रसादजीका जन्म ज्येष्ठ शुक्ल-पक्ष ११ संवत १९५४ विक्रमीको शाहजहाँपुरके एक ब्राह्मण-परिवारमें हुआ। इनके पूज्य पिताका नाम पं० मुरलीधर है। इनकी माता बड़ी धर्मपरायणा महिला हैं, जिनके शिक्षा-से इनका जीवन एक आदर्श-जीवन हुआ। अपने पुत्रके फाँसी पानेके पश्चात् इस पूजनीया जननीने कहा था,—"मैं पुत्रकी इस प्रकारकी मृत्युसे दुःखी नहीं हूँ। तुमलोग सत्यको मत त्यागना ; वरन् इसके पीछे मर मिटना। मैं 'राम' सा ही पुत्र चाहती हूँ !" धन्य है ऐसी माता, जो अपने अभिन्न-हृदय पुत्रकी मृत्युपर इस प्रकारकी वीरतापूर्ण बातें अपने मुखसे उच्चारित करती हैं !

रामप्रसादजी बचपनमें बड़े उद्दण्ड थे। अपने पिताके पर्य्याप्त शासनमें रहनेपर भी अपनी उद्दण्डतासे वे बाज़ नहीं आते थे। फलतः खूब दण्ड भी पाते थे। इन्हें पहले हिन्दी और उर्दूके अक्षरोंका बोध कराया गया। तत्पश्चात् प्रारम्भिक शिक्षा प्राप्त करनेके लिये एक अपर प्राइमरी स्कूलमें भेजे गये। कुमारावस्थामें कुछ बुरी आदतें भी पड़ गयी थीं। पिताजीके सन्दूक़से रुपये-पैसे निकाल कर उर्दूके प्रेम-पूर्ण उपन्यासोंको पढ़ते थे। इसके कारण इनके स्वास्थ्यपर भी कुप्रभाव पड़ा; किन्तु एक पुजारी महोदयके ब्रह्म-चर्यादि शिक्षाओं तथा 'सत्यार्थ-प्रकाश' के अध्ययनसे उन्होंने अपनी सब बुरी आदतोंको त्याग दिया और ब्रह्मचर्य-व्रत पालन करने लगे।

में पाँच बंगाली दिखाई दिये। इन्हीं पाँचोंका नायक यतीन्द्रनाथ मुकर्जी था। पुलिस दलोंसे लड़ाई हुई, जिसमें यतीन्द्र मारा गया। इस घटनाके छः वर्ष पूर्व अलीपुर बम-केसके सिलसिलेमें डिप्टी सुपरिन्टेण्डेण्ट पुलिस शम्सुल आलम हाईकोर्टकी सीढ़ियोंपर तमञ्चेकी गोलीसे मारा गया था। उसे मारनेवाले वारीन्द्र दत्त गुप्तने फाँसी पानेके पूर्व कहा था, कि "यतीन्द्रके इशारेसे मैंने यह हत्या की थी।"

इन बुरी आदतोंके कारण वे दो बार उर्दू-मिडल-की परीक्षामें अनुत्तीर्ण रहे। अतः अङ्गरेज़ी शिक्षा प्राप्त करनेके अभिप्रायसे एक मिशन-स्कूलमें नाम लिखवाया गया। ९ वीं कक्षामें पहुँचनेपर कुछ स्वदेश-सम्बन्धी पुस्तकोंका अवलोकन करना प्रारम्भ किया। अतः वे दूसरे वर्ष एण्ट्रैन्सकी परीक्षामें अनुत्तीर्ण रहे। इस असफलताके पश्चात उन्होंने पढ़ना त्याग दिया।

१८ वर्षकी अवस्थासे इनका क्रान्तिकारी जीवन आरम्भ होता है। मैनपुरी-षड़यन्त्र केसमें फ़रार रहे। इनको गिरफ्तार करनेके लिये सरकारने एक बृहत पारितोषिक रखा था; किन्तु असफल रही। अन्तमें शाही घोषणा (Proclamation) के पश्चात् शाहजहाँपुरमें फिर आये। पलायनावस्थामें इन्हें बड़ी-बड़ी विपत्तियोंका सामना करना पड़ा था। कभी-कभी तो जँगलकी घास, फल-मूलादिपरही निर्वाह कर लेते थे।

इनके धार्मिक तथा राजनीतिक गुरु श्रीसोमदेवजी थे, जिनकी शिक्षाओंका इनपर बड़ा प्रभाव पड़ा था। उन्होंने इनको कुछ यौगिक क्रियाएँ भी सिखलायीं। गुरुदेव राजनीतिके तो इतने उद्भट विद्वान् थे, कि लाला हरदयाल जैसे उच्च कोटिके राजनीति-विशारद इनसे परामर्श लेते थे। सोमदेवजीके स्वर्गारोहणके पश्चात् इनसे पं० गेंदालाल दीक्षितसे भेंट हुई, जो मैनपुरी षड़यन्त्रके नेता थे।

शाही माफ़ीके पश्चात् शाहजहाँपुर आनेपर इन्होंने स्वतन्त्र व्यवसाय करना प्रारम्भ किया और एक रेशमका कारखाना खोला, जिससे इन्हें कुछ लाभ भी हुआ। इन्हीं दो-तीन वर्षोंके अन्तर्गत इन्होंने 'कैथराइन' 'मनकी लहर' 'बोलशेविकोंकी करतूत' 'यौगिक साधन' इत्यादि पुस्तकोंकी रचना की। अब एक प्रकारसे इनका विचार हो गया था, कि क्रान्तिकारी कार्योंमें हाथ नहीं बटाऊँगा। व्यर्थमें शक्तिका अपव्यय हो रहा था; किन्तु इनके दिलके अरमान नहीं बुझे थे। असहयोग आन्दोलनके शिथिल होनेके पश्चात् जब नवयुवकोंका गुप्त संगठन आरम्भ हुआ, तब इन्होंने सहायता देनेका वचन दिया।

इधर नवयुवकोंका सङ्गठन हो चुका था; किन्तु उसके कार्योंके लिये धन कहाँसे आये? बड़ी विकटावस्था थी। बेचारे कार्यकर्त्ताओंको तीन-तीन दिन भोजन भी प्राप्त नहीं होता था; अतः सरकारी ख़ज़ाना लूटनेका निश्चय किया गया। इस निश्चयको कार्यरूपमें परिणत करनेके लिये ९ अगस्त सन १९२५ ई० की अत्यन्त अँधेरी रातको लखनऊके आगे काकोरी स्टेशनके पास डाका पड़ा और विप्लव-कारी लगभग साढ़े चार हज़ार रुपया लेकर अदृश्य हो गये।

इस षड़यन्त्रके सम्बन्धमें बहुतेरे लोगोंकी गिर-फ्तारियाँ हुईं तथा उनपर सरकारके विरुद्ध षड्यन्त्र रचनेका अभियोग चलाया गया। प्रायः सभी शिक्षित जनता इसकी कार्यवाहियोंसे परिचित है। अतः इसके विषयमें लिखना व्यर्थ है।

श्रीरामप्रसादको सेशन-कोर्टसे प्राणदण्ड मिला। अवध चीफ़कोर्टसे भी सज़ा बहाल रही। प्राण-दण्डकी आज्ञाको रद्द करनेके लिये जितने उपाय थे, सब किये गये; किन्तु परिणाम व्यर्थ सिद्ध हुआ। सरकार टस-से-मस न हुई। वह अपने निश्चयपर अन्ततक दृढ़ रही।

श्री रामप्रसादजीको गोरखपुर-जेलमें १९ दिस-म्बर सन् १९२७ ई० को ६॥ बजे प्रातःकाल फाँसी देनेकी तिथि निश्चित की गयी। काकोरी-षड्यन्त्रके चार वीर अभियुक्तोंके फाँसी पानेपर देशमें बड़ी उत्ते-जना फैली थी। सब लोग एक स्वरसे नौकरशाहीकी स्वेच्छाचारितापर खरी-खरी टीका-टिप्पणियाँ कर रहे थे। अन्तमें १९ दिसम्बरके खूनी दिनने अपना मुख दिखलाया। 'बिस्मिल'जीने बड़ी वीरताके साथ अपनी इह-लोला संवरण की। वे इस लोकको अपने जीवनकी एक झलक दिखलाकर जहाँसे आये थे, वहीं चले गये। फाँसीके एक दिन पूर्वकी घटनाका

वर्णन कर देना आवश्यक है। १८ दिसम्बरको इनके माता-पिता तथा छोटे भाई सुशील अन्तिम दर्शनके लिये गोरखपुर जेलमें गये थे। मातासे भेंट होनेपर इनकी आँखोंसे आँसू निकल पड़े थे। उस पूजनीया जननीने अपने आन्तरिक कष्टोंको दबाते हुए बड़ाही वीरतापूर्ण उत्तर दिया था, जिसको सुनकर जेलके अधिकारीगण भी दङ्ग हो गये थे। उसने कहा,—"जोवन पर्य्यन्त तो देशके लिये रोते रहे, अब अन्तिम समय हमारे लिये रोने बैठ हो? इसपर उन्होंने उत्तर दिया,—"जननी! यदि तुम ऐसा समझती हो, तो तुमने इस शरीरको जन्म देकर भी मुझे नहीं समझा। मैं इसलिये नहीं रो रहा हूँ, कि कल मुझे फाँसी हो जायेगी; किन्तु बात यह है, कि जिस प्रकार घीका अग्निके निकट पिघलना स्वभाविक है। उसी प्रकार मेरी भी दशा हुई।" अन्तमें माताने कहा,—"बेटा! राम-नाम लेकर शरीर त्यागना।" संध्याको जब उन्हें दूध पीनेके लिये दिया गया, तो उन्होंने यह कह कर दूध पीना अस्वीकार कर दिया, कि अब कल मैं भारत-माताका दुग्ध-पान करूँगा। रात्रिभर गीता पढ़ते रहे। प्रातःकाल ३ बजे उठकर सन्ध्यादि कर्मोंसे निवृत्त होकर अपनी माताको एक अन्तिम पत्र लिखा, जिसमें उन्होंने नवयुवक समुदायको शान्त होनेका उपदेश देते हुए लिखा था,—"यदि किसीके हृदयमें जोश, उमंग तथा उत्तेजना उत्पन्न हुई हो, तो उन्हें उचित है, कि अति शीघ्र ही ग्रामोंमें जाकर कृषकोंकी दशा सुधारें, श्रमजीवियोंकी उन्नतिकी चेष्टा करें। जहाँतक हो सके, साधारण जनसमूहोंको शिक्षा दें, कांग्रेसके लिये कार्य करें और यथासमय दलितोद्धारके लिये प्रयत्न करें। मेरी यही प्रार्थना है, कि किसीको भी घृणा तथा उपेक्षाकी दृष्टिसे न देखा जाये; किन्तु सबके साथ करुणा सहित प्रेमभावका वर्ताव किया जाये।"

फाँसीको जाते समय 'वन्देमातरम्' तथा 'भारत-माताकी जय' का उच्च नाद किया। चलते समय उन्होंने कहा,—

मालिक तेरी रज़ा रहे, औ तू-ही-तू रहे।
बाक़ी न मैं रहूँ, न मेरी आरज़ू रहे॥
जबतक, कि तनमें जान, रगोंमें लहू रहे।
तेरा ही ज़िक्र यार, तेरी जुस्तजू रहे॥

फाँसीके दरवाज़ेपर सिंह-गर्जन करते हुए कहा,—"I wish the downfall of British Empire." फाँसीके तख्तेपर खड़े होकर कहा,—"अब न अगले वलवले हैं और न अरमानोंकी भीड़। एक मिट जानेकी हसरत, बस दिले 'बिस्मिल' में है।" तथा विश्वरूप परमात्माका ध्यान करते हुए वे फन्देमें झूल गये और उनकी आत्मा आकाशमें विलीन हो गयी।

फाँसीके पश्चात् उनके शवके साथ कई हज़ार आदमी उपस्थित थे। किसीने उनकी लाशपर फूल-बताशे फेंके, तो किसीने इत्र-गुलाब-जल तथा रुपये-पैसेकी वर्षा की। इस प्रकार गोरखपुरकी जनता माताके उस पागल पुजारीके प्रति अपनी श्रद्धाञ्जलि अर्पित की।

कोई उन्हें पथ-भ्रष्ट सैनिकोंके नामसे पुकारता है, तो कोई गुमराह, निर्दयी, हत्यारे तथा डाकू लुटेरे इत्यादि विशेषणोंसे विभूषित करता है। हम नहीं कह सकते, कि उन्हें किस नामसे सम्बोधित करें? जो इस प्रकार अपनी मृत्युके साथ आँखमिचौनी खेल सकता है, क्या वह डाकू, लुटेरा अथवा निर्दयी हत्यारा है? डाकू-लुटेरे अथवा हत्यारोंमें ऐसा आत्म-बल कहाँ?

यद्यपि उनका पार्थिव शरीर पञ्च-तत्वोंमें विलीन हो गया; तथापि उनकी अमर आत्मा कविके अनुभूत शब्दोंमें कह रही है:—

"मैं कुश्तगाने इश्कमें सरदारही रहा।
सर भी जुदा किया तो सरेदारही रहा॥"

अन्तमें इस लेखका लेखक भी अपने चरित्र-नायक, 'माता'के उस पागल पुजारीके प्रति अपनी श्रद्धाञ्जलि अर्पण करते हुए उनकी पुण्य-स्मृतिमें दो बूँद आँसू गिरा देता है।

उल्लासकर दत्त

—:※:०:※:—

[लेखक—श्रीयुत राधानाथ नागर]

अलीपुर बम-केसमें श्रीमान उल्लासकर दत्त भी गिरफ्तार हुए थे। उन्हें देश-भक्तिका चसका तो पहलेसेही था; पर एक बार उनकी लड़ाई पुलिसवालोंसे हो गयी। पुलिसने उन्हें मारा-पीटा और बादमें उनपर मामला भी चलाया गया; पर वे निर्दोष छूट गये थे। इसके बाद उन्हें पुलिसपर और पुलिसकी मालिक सरकारपर बड़ा क्रोध चढ़ा। इसके बाद बंग-भंगका आन्दोलन आरम्भ हुआ। स्वदेशी आन्दोलन हुआ। फिर "युगान्तर" पत्रके गर्म लेखोंका प्रभाव भी बढ़ रहा था।

उल्लासकर दत्त उस समय बम्बईके विक्टोरिया टेकनिकल इन्सटीट्यूटमें इनजीनियरिङ्ग सीखनेके लिये चले गये थे। इधर बंगालमें जब स्वदेशी आन्दोलनका वेग बढ़ा, तो उन्होंने इसकी ओर ध्यान दिया। वे गम्भीरतापूर्वक इसी विषयपर विचार करने लगे। देशभक्त वीरोंके आत्मचरित्रोंका अध्ययन करने लगे। बम्बईमें कई मास रहनेके बाद वे फिर कलकत्ते लौट आये। स्वदेशी आन्दोलनमें वे भाग लेने लगे। बाबू विपिनचन्द्रपाल तथा स्व० सुरेन्द्रनाथ बनर्जीके भाषणों तथा महाकवि रवीन्द्रनाथ ठाकुरकी कविताओंका उन पर बहुत असर पड़ता था। इस प्रकार उनकी देशभक्ति निरन्तर बढ़ती ही जाती थी। साथही संयम और निश्चय भी प्रबल होता जाता था।

फिर उन्हें बम आदि बनानेका भी ध्यान हुआ। उन्होंने इस कार्यको परमावश्यक समझा और उस विषयकी पुस्तकें आदि पढ़ने लगे। वे फिर बम्बई नहीं गये। कलकत्तेमें रहकर उन्होंने बम बनानेका अभ्यास किया और इसमें वे सफल भी हुए। इसके बाद वे वारीन्द्रकुमार घोष आदिकी गुप्त समितिमें काम करने लगे। उनके अदम्य उत्साहसे क्रान्तिकारियोंका काम सफलता-पूर्वक चलने लगा।

किन्तु अन्तमें अलीपुरके विख्यात बम केसमें श्री वारीन्द्र घोष आदिके साथ श्री उल्लासकर दत्त भी पकड़े गये। मामला चलनेपर अलीपुरकी सेशन्स अदालतसे श्रीवारीन्द्र और श्री उल्लासकरको पहले प्राणदण्ड मिला था; किन्तु बादमें यह दण्ड आजन्म द्वीपान्तर (कालेपानी) में बदल दिया गया था। श्री उल्लासकरसे पूछा गया, कि क्या तुम अपने लिये हाईकोर्टमें अपील करोगे ?"

उन्होंने बेपरवाहीसे उत्तर दिया, कि "जिस न्यायालयको ही हम नहीं मानते उसके सामने अपील करनेसे क्या लाभ है ?" इस समय एक और ऐसी घटना हुई, जो बड़ीही मनोरंजक और दिल्लगीकी है। एक दिन हाईकोर्टके वकील श्री शरच्चन्द्र सेन, और उल्लासकरके चाचा डा० महेन्द्र चन्द्र नन्दी जेलमें जाकर श्री उल्लासकरसे मिले और उनके सामने अपीलकी दर्खास्त रखकर हस्ताक्षर करनेके लिये समझाने लगे। उस समय परिस्थिति भी कुछ ऐसी हो गयी थी, कि हस्ताक्षर कर देना उचित मालूम हुआ। श्री उल्लासकरने अपने चाचा और वकीलको देखकर हस्ताक्षर कर दिया।

दूसरे दिन फिर वेही दोनों आदमी उनके पास अपीलकी दर्खास्त लेकर गये, और बोले, कि इसपर हस्ताक्षर कर दो।

श्री उल्लासकर दत्तने चकित होकर कहा,—"इसके क्या मतलब हैं ? अभी कलही तो मैंने अपीलकी दरखास्तपर हस्ताक्षर किया है। और आज आप लोग फिर वही करनेके लिये मुझे कहते हैं ?"

यह सुनकर वे दोनों बड़ाही आश्चर्य प्रकट करने लगे, और बोले,—"अरे ! तुम क्या कहते हो ? हम लोग हरगिज़ तुम्हारे पास कल नहीं आये थे। अरे ! तुमने किसके कहनेसे किस काग़ज़पर हस्ताक्षर किया है ?"

श्री उल्लासकर,—"आपही तो कल आये थे, और आपकेही कहनेसे मैंने अपीलके कागज़पर हस्ताक्षर किया था।"

वे दोनों बड़ा आश्चर्य करने लगे, और बोले,—"तुम गलती करते हो। हम हरगिज़ यहाँ नहीं आये थे।" ख़ैर, जो होना था, सो हो गया। यह सारी घटना बड़ीही रहस्यमयी मालूम हुई। जो हो, अब व्यर्थकी बातें करके समय नष्ट नहीं करना था। श्री उल्लासकरने फिर हस्ताक्षर कर दिये। इसके बाद १२ बरस कालेपानीकी कठिन यातनाएँ सहन करनेके पश्चात् श्री उल्लासकर दत्त सन् १९२० में छूट कर आये। अपने कारावासकी कारुणिक कहानीकी चर्चा आपने अपनी "जेलकी गाथा" में की है।

—

मास्टर अमीरचन्द

[ले०—श्रीयुत चुन्नीलाल शर्मा]

दिल्लीके बाज़ार चाँदनीचौकमें अपार जन-समुद्र उमड़ रहा था; क्योंकि आज लार्ड हार्डिञ्जकी सवारी निकलनेवाली है। इसीलिये तमाम साम्राज्यकी ताक़त दिल्लीमें जमा हो गयी है। क्या गली-कूचे, सड़कें और क्या मकान, एक-एक इञ्च ज़मीनपर सख्त पहरा है। यह सब क्यों? लार्ड हार्डिञ्जकी रक्षाके लियेही इतना आडम्बर है। हार्डिञ्जकी रक्षा और अपनी ताक़तका प्रदर्शन इससे दोनोंही बातें सिद्ध होती हैं। ताकतका प्रदर्शन इसलिये कि देखो, चाहे तुम हृदयसे मानो या न मानो; हम तुम्हारे शासक हैं। ताकत या बलसे मतलब है, उस पलटन और पुलिसके दिखावसे, जो वहाँ किया गया था।

सवारी निकल रही थी। लार्ड हार्डिञ्जके आगे और पीछे बड़ी भारी फौज चल रही थी अपनी धीमी-धीमी चालसे और धक्के खा रहे थे बेचारे दर्शक। ओह! कैसा नज़ारा था! बेचारे घरके मालिक तो ढकेले जा रहे थे और एक विदेशी जाति आज हमारे सामने शासक-रूपमें बड़ी शानमें अकड़के साथ चल रही थी। हम एकटक देख रहे थे। यही तो हमारी गुलामीका चित्र था; मगर नहीं, उस जन-समूहमें भी एक मस्ताना स्वाभिमानी देशभक्त था। जिसने बताया, कि नहीं-नहीं शरीरपर अधिकार और बात है और हृदयपर और। आजतक तुम बनियेके वेशमें थे, अब शासकके रूपमें आये हो; इसलिये सावधान!

ज्योंही लार्ड हार्डिञ्जकी सवारी दिखाई दी और कोतवालीके सामनेसे चल कर धूलियावाले कटरेके सामने आयी, (जहाँपर वर्तमान मारवाड़ी लायब्रेरी है) त्योंही एकाएक एक बड़े ज़ोरका धमाका हुआ। धमाकेका शब्द होतेही "क्या है? क्या है?" की आवाज़ गूँज उठी और सवारी रुक गयी। जब मालूम हुआ, कि हार्डिञ्जपर किसीने बम फेंका है और वे बाल-बाल बच गये, तब पुलिस और फ़ौजकी सङ्गीनें झनझना उठीं निरपराधोंका रक्त बहानेके लिये; मगर किसी ख़ास कारण-से रुक गयीं। उस दिनका दृश्य बड़ाही करुणापूर्ण था। कहते हैं, उस दिन हमारी माँ और बहिनोंको खूनीकी खोजके नामपर उन बातोंका सामना करना पड़ा था, कि उफ़! कहा नहीं जाता। दुधमुहें बालक, स्त्री और पुरुष एक-एक बूँद पानीके लिये तरसते थे; इसलिये, कि शायद कहीं इन्हींमें खूनी छिपा हो।

सी० आई० डी० पुलिस हैरान, परेशान और पागल बनी हुई थी; मगर खूनीका पता नहीं था।

"सच?"

"और नहीं तो क्या झूठ! दूकानपर बैठे हुए एक दूकानदारने दूसरेसे कहा।"

पहलेने कहा,—"नहीं भाई, मास्टर अमीरचन्द ऐसे आदमी नहीं हैं, जो उनको इस जुर्ममें गिरफ्तार किया जाये।"

"नहीं-नहीं; मैं अपनी आँखोंसे देख कर आया हूँ। उस समय मेरी आँखोंसे आँसुओंकी धारा प्रवाहित होने

लगी। बेचारे मास्टर साहब जंजीरोंसे कसे हुए चले जा रहे थे। उस हालतमें मैं उनको नहीं देख सका और इधर चला आया।"

दूसरे मनुष्यने आह भरकर कहा,—"इस वक्त तो शहरमें यही हाल हो रहा है; किसीकी जान सुरक्षित नहीं समझी जा सकती। कोई यह नहीं कह सकता, कि आज घरके अन्दर बैठा हूँ, तो कल भी यहीं रहूँगा। सारे शहरमें सी० आई० डी० का राज्य हो रहा है। ख़ैर, इनका भी भगवान एक ही है। भगवान् मास्टरजीकी रक्षा करें।"

तमाम शहर एक स्वरसे कह रहा था, मास्टरसाहब निरपराध हैं। हृदयसे, मुँहसे नहीं; मगर नहीं, वहाँ तो जो सी० आई० डी० की नज़रोंमें पड़ चुका है; वह अपराधी है चाहे वह निरपराध ही क्यों न हो! वह ज़माना आजका जमाना नहीं था। उस वक्त इन देश-भक्तोंके साथ सहानुभूति भी प्रकट करना एक बहुत भारी राजद्रोह था। क्यों? तब इन देवात्माओंको सब लोग हृदयसे निरपराध समझते थे; मगर जबान-से नहीं कह सकते थे। और अब आज दिन प्रत्येक व्यक्ति खुले आम कहता है, कि यह न्यायके नामपर अन्यायका नाटक है—ढोंग है। देशभक्तोंपर अत्याचार होनाहो देशको जागृतिका शुभ लक्षण है।

क्या मास्टर साहब जानते थे, कि जिस सुलतानको वे प्राणोंसे भी बढ़ कर प्यार करते हैं, वही एक दिन इनके प्राणोंका लेनेवाला सिद्ध होगा? नहीं-नहीं, हरगिज़ नहीं। मुकदमा चला, सुलतान सरकारी गवाह बना। उसने पुलिसके कहनेके मुताबिक वह-वह बयान दिये, जिन्हें मास्टरजी शायद स्वप्नमें भी नहीं जानते थे। बयान समाप्त होनेपर मास्टरजीने कोर्टमें सिंहकी तरह दहाड़ कर कहा,—"ओ सी० आई० डी०! तू धन्य है, तेरी लीला अपार है! मालूम होता है, तेरा जाल विस्तृत है......।" इतना कहते-कहते मास्टरजीने हथकड़ी पड़े हाथोंको माथेपर मार कर कहा,—"हा तकदीर!" और एक लम्बी साँस लेकर चुप हो गये।

फाँसीकी सज़ा सुनायी गयी, जो शायद पहलेसे ही तय हो चुकी थी।

प्रातःकाल छः बजे फाँसी होनेवाली थी, मास्टरजी चार बजेसे ही उसकी प्रतीक्षामें बैठे थे। सिर्फ बुलावे-की ज़रूरत थी। वह आया और चल दिये। उस दिन मास्टरजीके मुख-मण्डलपर एक आभा चमक रही थी और वे अमरत्वका पाठ पढ़ने जा रहे थे। अमरत्व इसलिये, कि फाँसी हमारे जीवनका नाश नहीं कर सकती; बलिक यह जीवन प्रदान करनेवाली है। आज हम इसको एक भयानक चीज़ समझते हैं; मगर नहीं, जिन पराधीन देशोंने इसको प्यार किया है, वे आज स्व-तन्त्रताकी वायुमें विचरण कर रहे हैं। और हम—हम? हाँ, हम हैं, जो गुलामीका जीवन व्यतीत कर रहे हैं। यह क्यों? इसलिये, कि हम इससे घृणा करते हैं। यह स्वतन्त्रता-देवीके मन्दिरमें पहुँचनेकी सीढ़ी है, जिसके द्वारपर लिखा है—"बलिदान!"

मास्टरजी फाँसीके तख़्तेपर जा पहुँचे। देखते-देखते जयमाल और स्थूल शरीर गढ़ेमें झूलने लगा। उस दिन पशु-पक्षी, ज़मीन-आसमान सब आँसू बहा रहे थे—उस हुतात्माके लिये जो संसारमें आते हैं और पराधीन जातियोंके लिये कुछ शिक्षा छोड़ जाते हैं। आओ, उनके बलिदानोंसे शिक्षा लें, वह शिक्षा है, देशपर मरना।

"अत्याचार जब निरंकुश होकर नग्न ताण्डव नृत्य करने लगता है, तब बलिवेदीपर चढ़नेको तैयार होनेके सिवा और कोई भी उपाय नहीं रह जाता।"

❀ ❀ ❀ ❀

"कीड़े-मकोड़ोंकी मौत न मर कर वीरोंकी तरह मरनेवालेका ही नाम इतिहासमें स्वर्णाक्षरोंमें लिखा जाता है।"

❀ ❀ ❀ ❀

"मृत्युसे भय खाना कायरता है।"

—क्रांतिका दूत।

श्री पुलिनविहारी दास

[लेखक—श्रीयुत वटुकप्रसाद]

श्री पुलिनविहारी दास एक बड़े ही निर्भीक क्रान्तिकारी थे। उनका जन्म सन् १८७७ की २८ जूनको फ़रीदपुर ज़िलेमें हुआ था। उनके पिता एक मैजिस्ट्रेटके हेड क्लर्क थे। उनके दादा चटगाँवमें डिप्टी मजिस्ट्रेट थे। उनका वंश अँगरेज़ सरकारका विशेषरूपसे राजभक्त था। सन् १८५७के सिपाही-विद्रोहमें उनके पिता सरकारकी 'वालण्टीयर'-सेनामें भरती हुए थे और विद्रोहका दमन करनेमें उन्होंने भाग लिया था। पुलिनकी माता बड़ी विदुषी थीं।

बालक पुलिनकी शिक्षा बरिसालमें हुई थी। इन्होंने प्रारम्भमें स्वर्गीय अश्विनीकुमार दत्तके स्कूलमें शिक्षा पायी थी। सन् १८९४ ई० में इन्होंने एण्ट्रेन्स पास किया। ये गणितमें बहुत तेज थे; पर अँगरेज़ीमें कमज़ोर थे। इन्होंने बी० ए० तक शिक्षा पायी थी; पर अँगरेज़ी भाषामें कमज़ोर होनेके कारण ये एफ० ए० और बी० ए० में कई बार फेल हुए थे। इन्होंने ढाकेमें रहकर सन् १९०३ में लाठी तलवार आदिका चलाना सीख लिया था।

बंग-भंगके समय मुसलमानोंके भाव हिन्दुओंके विरुद्ध थे। पुलिन उस समय कालेजमें लेबोरटरीके ऐसिसटेण्ट थे। पुलिन बचपनसे ही बड़े धार्मिक थे और उनका यह ज़बर्दस्त ख़याल था, कि हिन्दू-धर्म ही संसारमें सर्वश्रेष्ठ धर्म है। वैदिक धर्ममें उनकी अगाध श्रद्धा थी और उनका यह दृढ़ विश्वास था, कि ईसाइयों और मुसलमानोंके धर्मोंसे वैदिक धर्म बहुत ऊँचा है। उनका यह भी ख़याल था, कि हिन्दू-धर्म-शास्त्रोंके अनुसार अंगरेज़ोंका राज्य शीघ्र ही इस देशसे दूर होगा और यहाँ फिर हिन्दुओंका राज्य स्थापित हो जायेगा। पर इस विषयपर उनके पिताके विचार प्रतिकूल थे; इसलिये पितासे उनका बराबर मत-भेद रहता था।

मनिपुर राज्यसे जब अंगरेज़ोंका युद्ध हुआ, उस समय पुलिनकी सहानुभूति मनिपुरपर थी और वे अंगरेज़ोंको आक्रमणकारी नीतिसे बहुत ही असन्तुष्ट थे। पुलिनके विचार क्रान्तिकारी होने लगे, और अंगरेज़ोंसे लड़नेके लिये वे गोले-बारूद आदि बनाना सीखने लगे। वे युद्धकी कविताएँ लिखते थे। एक कविता उन्होंने मनिपुरके युद्धपर लिखी, जिसका भाव यह था, कि "समस्त हिन्दू—जिनमें सिख, मराठे, राजपूत और बंगाली हैं, मिलकर उभय-शत्रु (Common enemy) अंगरेजोंसे लड़े।

सन् १९०५ के स्वदेशी आन्दोलनमें बैरिस्टर पी० मित्र और श्री विपिनचन्द्र पाल आदिने नवयुवकोंका संगठन करनेके लिये "अनुशीलन-समिति" की स्थापना की, जिसमें पुलिन भी सम्मिलित थे। उस समय मुसलमान लोग हिन्दुओंके इस संगठनका बड़ा विरोध करते थे। इतनाही नहीं, ढाकेके मुसलमान लोग हिन्दुओंको धमकाने भी लगे थे। हिन्दुओंने अपनी रक्षाके लिये सङ्गठन जोरोंमें बढ़ाया। सन् १९०७ में मुसल्मानोंने भी हिन्दुओंको जवाब देनेके लिये अपनी अलग दलबन्दी की; इसमें ढाकेके नवाबने भी मुसलिम दलबन्दीकी बड़ी सहायता की, और नवाबकी सहायता अङ्गरेज करते थे। मुसलमान हमेशा हिन्दुओंपर हमला करनेका बहाना और अवसर ढूंढते थे। एक दिन प्रायः सात सौ मुसलमान उस मकानपर चढ़ आये, जहाँ हिन्दू युवक कसरत, कुश्ती, लाठी आदि खेलते थे। उस समय उस मकानमें केवल छः-सात बङ्गाली युवक थे। इन थोड़ेसे युवकोंने सात सौ उद्धत मुसलमानोंका सामना किया। ख़ूब लाठियाँ चलीं। केवल छः सिद्धहस्त बंगालियोंने मुसल्मानोंकी विराट सेनाको पीट कर रख दिया। प्रायः ४०-५० मुसल्मानोंकी लाशें गिरीं; पर उन छः वीरोंमेंसे एकके भी शरीरमें ज़रासा भी घाव न लगा।

इस लड़ाईके बाद श्री पुलिनविहारी दास गिरफ्तार किये गये। उनपर मुक़दमा चलाया गया और

तीन सप्ताहका कारावास तथा १५) रु० जुर्मानेका दण्ड उन्हें दिया गया। अपील करनेपर कारावास दण्ड हटा दिया गया; पर जुर्माना कायम रहा। सन् १९०८ में पुलिनपर यह मामला चलाया गया, कि वह लड़कों-को ग़ायब कर देता है। पर यह मामला टिक न सका। इस समय एक सरकारी भेदिया मार डाला गया था; पर हत्यारेका कोई पता नहीं लगा। पुलिन फिर एक बार लड़कोंको ग़ायब करनेके अपराधमें पकड़े गये; पर प्रमाणाभावसे यह मामला भी न चल सका।

इसके बाद सन् १८१८के रेगुलेशन ३ के अनुसार पुलिन बाबू बिना वारण्टके फिर पकड़े गये और उनका निर्वासन किया गया। वे कैदमें रखे गये। पञ्जाबके मौण्टगोमेरी जेलमें १४ महीनेतक रखे गये। सन् १९०९ के मार्चमें वे कलकत्ते आये और रिपन कालेज में कानून पढ़ने लगे; किन्तु पाँच महीनेके बादही पुलिन फिर गिरफ्तार किये गये। इस बार उन्हें कई तरहके प्रलोभन भी दिये गये; पर उन सरीखा कट्टर देश-भक्त क्या किसी प्रलोभनमें फँस सकता था? वे दो वर्ष तक विचाराधीन कैदीकी हालतमें रहे। इसके बाद उन्हें सात वर्ष द्वीपान्तरवासका दण्ड मिला। काले-पानी (एण्डमान्स) से वे मद्रास भेजे गये, और फिर कृष्ण नगरके कारावासमें रहे। बादमें वे छोड़े गये। जेलसे छूटते ही उनके लिये नज़रबन्दीकी आज्ञा हुई। सन् १९०९ ई० से १९२० तक वे नज़रबन्द रहे।

इसके बाद पुलिनके एक निकटवर्त्ती सम्बन्धीने जो सरकारी नौकर है, उन्हें कठिनाइयोंमें फँसाना चाहा, पर वे बेदाग बच गये। अब पुलिन अपनी स्त्री और बच्चों सहित कलकत्ते में रहते और शान्तिपूर्वक जीवन व्यतीत करते हैं। वे अब भारत-सेवक-संघके मन्त्री हैं।

अशफ़ाक़ उल्ला खाँ

[लेखक—श्रीयुत "राष्ट्रोपासक"]

अशफ़ाक़ उल्ला खाँ पहले मुसलमान हैं, जिन्हें षड्यन्त्रके मामलेमें फाँसी हुई है। उनका हृदय बड़ा विशाल और विचार बड़े उदार थे। अन्य मुसल-मानोंकी भाँति 'मैं मुसलमान, वह काफ़िर' आदिके संकीर्ण भाव उनके हृदयमें घुसने ही नहीं पाये थे। सब के साथ समव्यवहार करना उनका सहज स्वभाव था। निर्द्वन्द्वता, लगन, दृढ़ता, प्रसन्नता आदि उनके स्वभावके विशेष गुण थे। वे कविता भी करते थे। उन्होंने बहुत ही अच्छी-अच्छी कविताएँ, जो स्वदेशानुरागसे शराबोर हैं, बनायी हैं। कवितामें वे अपना कविनाम 'हसरत' लिखते थे। वे अपनी कविताओंको प्रकाशित करानेकी चेष्टा नहीं करते थे। आपकी बनायी हुई कविताएँ, अदालत आते-जाते समय अक्सर काकोरीके अभियुक्त गाया करते थे।

श्री अशफ़ाक़ उल्लाखाँ वारसी 'हसरत' शाहजहाँ पुरके रहनेवाले थे। इनके ख़ान्दानके सभी लोगोंका शुमार वहाँके रईसोंमें है। बचपनमें इनका मन पढ़ने-लिखनेमें न लगता था। 'खनौत' में तैरने, घोड़ेकी सवारी करने और भाईकी बन्दूक लेकर शिकार करने में इन्हें बड़ा आनन्द आता था! बड़े सुडौल, सुन्दर और स्वस्थ जवान थे। चेहरा हमेशा खिला हुआ और बोली प्रेममें सनी हुई बोलते थे। ऐसे हट्टे-कट्टे सुन्दर नौजवान बहुत कम देख पड़ते हैं। बच-पनसे ही उनमें स्वदेशानुराग था। देशकी भलाईके लिये किये जानेवाले आन्दोलनोंकी कथाएँ वे बड़ी रुचिसे पढ़ते थे। धीरे-धीरे उनमें क्रान्तिकारी भाव पैदा हुए। उनको बड़ी उत्सुकता हुई, कि किसी ऐसे आदमीसे भेंट हो जाये, जो क्रान्तिकारी दलका सदस्य हो। उस समय मैनपुरी-षड्यन्त्रका मामला चल रहा था। वे शाहजहाँपुरके स्कूलमें शिक्षा पाते थे। मैनपुरी षड्यन्त्रमें शाहजहाँपुरके रहनेवाले एक नव-

युवकके नाम भी वारन्ट निकला था। वह नवयुवक और कोई न था, श्रीरामप्रसाद 'बिस्मिल' थे। श्री अशफ़ाकको यह जानकर बड़ी प्रसन्नता हुई, कि उनके शहरमें ही एक आदमी ऐसा है, जैसा कि वे चाहते हैं। किन्तु मामलेसे बचनेके लिये श्री रामप्रसाद भगे हुए थे। जब शाही एलान द्वारा सब राजनीतिक क़ैदी छोड़ दिये गये, तब श्री रामप्रसाद शाहजहाँपुर आये। श्री अशफ़ाकको यह बात मालूम हुई। उन्होंने मिलनेकी कोशिश की। मिलकर षड्यन्त्रके सम्बन्धमें बातचीत करनी चाही। पहले तो श्रीरामप्रसादने टाल-मटूल कर दी। परन्तु फिर उनके (श्री अशफ़ाकके) व्यवहार और वर्तावसे वे इतने प्रसन्न हुए, कि उनको अपना बहुत ही घनिष्ठ मित्र बना लिया। इस प्रकार वे क्रान्तिकारी जीवनमें आये। क्रान्तिकारी जीवनमें पदार्पण करनेके बादसे वे सदा प्रयत्न करते रहे, कि उनकी भाँति और-और मुसलमान नवयुवक भी क्रान्तिकारी दल के सदस्य बनें। हिन्दू-मुसलिम एकताके वे बड़े कट्टर हामी थे। उनके इन आचरणोंसे उनके सम्बन्धी कहते थे, कि वे काफ़िर हो रहे हैं। किन्तु वे इन बातों की कभी परवाह न करते और सदैव एकाग्र चित्तसे अपने व्रतपर अटल रहते। जब काकोरीका मामला शुरू हुआ, तब उनपर भी वारण्ट निकला और उन्हें मालूम हुआ, तो वे पुलिसकी आँख बचा कर भाग निकले। बहुत दिनोंतक वे फ़रार रहे। कहते हैं, उनसे कहा गया, कि रूस या किसी और देशमें चले जाओ। किन्तु वे हमेशा यह कह कर टालते गये, कि मैं सज़ाके डरसे फ़रार नहीं हुआ हूँ। मुझे काम करने-का शौक़ है। इसीलिये मैं गिरफ्तार नहीं हुआ। रूसमें मेरा काम नहीं, मेरा काम यहीं है, और मैं यहीं रहूँगा। पर अन्तत: ८ सितम्बर १९२६ को वे दिल्लीमें पकड़ लिये गये। स्पेशल मैजिस्ट्रेटने अपने फैसलेमें लिखा था, कि वे उस समय अफ़ग़ान दूतसे मिल कर पास-पोर्ट लेकर बाहर निकल जानेकी कोशिश कर रहे थे। वे गिरफ्तार करके लखनऊ लाये गये और श्री शचीन्द्रनाथ बख्शीके साथ उनका अलगसे मामला चलाया गया। अदालतमें पहुँचनेपर पहले ही दिन स्पेशल मैजिस्ट्रेट सैयद अईनुद्दीनसे पूछा,—"आपने मुझे कभी देखा है? मैं तो आपको बहुत दिनोंसे देख रहा हूँ। जबसे काकोरीका मुक़दमा आपकी अदालतमें चल रहा है, तब से मैं कई बार यहाँ आकर देख गया हूँ।" जब पूछा गया, कि कहाँ बैठा करते थे? तो उन्होंने बतलाया, कि वे मामूली दर्शकोंके साथ एक राजपूतके वेशमें बैठा करते थ। लखनऊमें एक दिन पुलिस सुपरिण्टेण्डेण्ट खां बहादुर साहब इनसे मिले। खाँ बहादुरने इनसे कहा,—"देखो, अशफ़ाक! तुम मुसलमान हो, हम भी मुसलमान हैं। हमें तुम्हारी गिर-फ़्तारीसे बहुत रञ्ज है। रामप्रसाद वग़ैरह हिन्दू हैं। इनका उद्देश्य हिन्दू सल्तनत क़ायम करना है। तुम पढ़े-लिखे ख़ानदानी मुसलमान हो। तुम कैसे इन काफ़िरोंके चक्करमें आये?" यह सुनतेही श्री अश-फ़ाककी आँखें लाल हो गयीं और झल्ला कर उन्होंने कहा—"बहुत हुआ! ख़बरदार, ऐसी बात फिर कभी न कहियेगा। अव्वल तो पण्डित जी (श्री राम-प्रसाद) वग़ैरह सच्चे हिन्दुस्थानी हैं; उन्हें हिन्दू सल्तनत, सिक्ख राज्य या किसी भी फ़िर्क़ेकी सल्तनत से सख़्त नफ़रत है। और आप जसा कहते हैं, अगर वह सत्य भी हो, तो मैं अँगरेजोंके राज्यसे हिन्दू-राज्य ज्यादा पसन्द करूँगा। आपने जो उनको काफ़िर बतलाया, उसके लिये मैं आपको इस शर्त पर मुआफ़ी देता हूँ, कि आप इसी वक्त मेरे सामनेसे चले जायें।" बेचारे खाँ बहादुरको सट्टी-पट्टी गुम हो गयी और अपना-सा मुँह लिये वहाँसे खिसक गये। मामलेमें उनका व्यवहार बड़ा मस्ताना था। अदालतके दर्शक और कर्मचारी उनके निर्द्वन्द्वतापूर्ण व्यवहारको देख कर दङ्ग थे। फाँसीका तख्ता सरपर झूल रहा था, परन्तु उन्हें बिलकुल परवाह न थी। अन्तमें फसला सुनाया गया। उन पर पाँच अभियोग लगाये गये थे। जिनमेंसे तीनमें फाँसी और दोमें कालेपानीकी

सज़ाएँ हुई थीं। अदालतमें उन्हें श्री रामप्रसाद 'बिसमिल'का लेफ़्टीनेण्ट कहा गया था।

❀ ❀ ❀ ❀

इसके बाद अपीलें और दया-प्रार्थनाओं आदिके व्यर्थ जानेपर फाँसी देना तय पाया। उन्हें इस परिणामसे रञ्च मात्र भी क्लेश नहीं हुआ। जेलमें वे कुछ दुबले पड़ गये थे। उनके कुछ मित्रोंने उनसे इसका कारण पूछा, तो उन्होंने उत्तर दिया, कि तुम समझते होगे, कि काल कोठरियोंने मुझे दुबला कर दिया है, मगर बात वैसी नहीं है। मैं आजकल बहुत कम खाता हूँ और इबाबत (ईश्वर-भजन) में ज्यादा समय गुज़ारता हूँ। कम खानेसे इबादतमें मन खूब लगता है। वे बड़ो मस्त तबीयतके आदमी थे। फाँसीके एक दिन पहले कुछ मित्र उनसे मिलने गये। उस दिन उन्हें अपने पुराने कपड़े मिल गये थे, जिन्हें धो कर उन्होंने पहना था। पैरोंमें जूता भी था। उस दिन उबटन लगा कर उन्होंने स्नान किया और बालोंको, जिन्हें इस तरफ़ उन्होंने बढ़ा रखा था, साफ़ किया। काफ़ी ज़क-बर्क होकर मित्रोंसे मिले। बड़े खुश थे, फाँसीकी कोई चिन्ता ही न थी। मित्रोंसे बोले "आज मेरी शादी है!" उसके दूसरे ही दिन सुबह साढ़े छ: बजे उन्हें फाँसी हुई। मुक़दमा समाप्त हो जानेके बाद वे फ़ैज़ाबाद जेल भेज दिये गये थे। वहींपर उन्हें फाँसी हुई। वे बहुत हँसी-खुशीके साथ, कुरान शरीफ़का बस्ता कंधेसे टाँगे हाजियोंकी भाँति 'लबेक' कहते और कलमा पढ़ते, फाँसीके तख्तेके पास गये। तख्तेको उन्होंने बोसा (चुम्बन) दिया और उपस्थित जनता से कहा, कि—"मेरे हाथ इन्सानी खूनसे कभी नहीं रंगे। मेरे ऊपर जो इल्ज़ाम लगाया गया, वह ग़लत है। ख़ुदाके यहाँ मेरा इन्साफ़ होगा।" इसके बाद उनके गलेमें फन्दा पड़ा और ख़ुदाका नाम लेते हुए वे इस दुनियासे कूच कर गये। उनके रिश्तेदार उनकी लाश शाहजहाँपुर ले जाना चाहते थे। इसके लिये उनको अधिकारियोंसे बहुत आरज़ू-मिन्नत करनी पड़ी, तब कहीं इजाज़त मिली। शाहजहाँपुर ले जाते समय जब इनकी लाश लखनऊ स्टेशनपर उतारी गयी, तब कुछ लोगोंको देखनेका मौका मिला। चेहरेपर १० घण्टेके बाद भी बड़ी शान्ति और मधुरता थी। बस, केवल आँखोंके नीचे कुछ पीलापन था। बाक़ी चेहरा तो ऐसा सजीव था, कि मालूम होता था—अभी-अभी नींद आ गयी है। पर वह नींद अनन्त थी।

❀ ❀ ❀ ❀

वे मरते समय देशवासियोंके नाम एक सन्देश भी छोड़ गये हैं, जिसका सारांश यहाँ दिया जाता है,—"भारतमाताके रङ्ग-मञ्चका अपना पार्ट अब हम अदा कर चुके। हमने ग़लत या सही जो कुछ किया, वह स्वतन्त्रता-प्राप्तिकी भावनासे किया। हमारे इस कामको कोई प्रशंसा करेंगे और कोई निन्दा। किन्तु हमारे साहस और वीरताकी प्रशंसा हमारे दुश्मनों तकको करनी पड़ी है। क्रान्तिकारी बड़े वीर योद्धा और बड़े अच्छे वेदान्ती होते हैं। वे सदैव अपने देशकी भलाई सोचा करते हैं। लोग कहते हैं, कि हम देशको भय-त्रस्त करते हैं; किन्तु बात ऐसी नहीं है। इतनी लम्बी मियाद तक हमारा मुक़दमा चला, मगर हमने किसी एक गवाह तकको भयत्रस्त करनेकी चेष्टा नहीं की, न किसी मुख़बिरको गोली मारी। हम चाहते तो किसी गवाह, किसी खुफ़िया पुलिसके अधिकारी या किसी अन्य ऐसे ही आदमीको मार सकते थे। किन्तु यह हमारा उद्देश्य नहीं था। हम तो कन्हाईलाल दत्त, खुदीराम बोस, गोपीमोहन साहा आदिकी स्मृतिमें फाँसीपर चढ़ जाना चाहते थे।

"भारतवासी भाइयो! आप कोई हों, चाहे जिस धर्म या सम्प्रदायके अनुयायी हों; परन्तु आप देशहितके कामोंमें एक होकर योग दीजिये। आपलोग व्यर्थमें लड़-झगड़ रहे हैं। सब धर्म एक हैं, रास्ते चाहे भिन्न-भिन्न हों; परन्तु लक्ष्य सबका एक ही है॥ फिर यह झगड़ा-बखेड़ा क्यों? हम मरनेवाले काकोरीके अभियुक्तोंके

लिये आपलोग एक हो जाइये और सब मिलकर नौकरशाहीका मुकाबिला कीजिये। यह सोचकर, कि ७ करोड़ मुसलमान भारतवासियोंमें मैं सबसे पहला मुसलमान हूँ, जो भारतकी स्वतन्त्रताके लिये फाँसीपर चढ़ रहा हूँ, मन-ही-मन अभिमानका अनुभव कर रहा हूँ; किन्तु मैं यह विश्वास दिलाना चाहता हूँ, कि मैं हत्यारा नहीं था, जैसा कि मुझे साबित किया गया है।"

श्री राजेन्द्रनाथ लाहिड़ी

[लेखक—श्रीयुत रामकुमार मिश्र]

श्री राजेन्द्रनाथ लाहिड़ीका जन्म १९०१ ई०के जून महीनेमें अपने मामाके ग्राम मरेंगा ज़िला पबना (बङ्गाल) में हुआ था। इनका घर इसी ज़िलेके मोहनपुर ग्राममें था। इनके पिता श्री क्षितिमोहन लाहिड़ी बड़े ही उदार, सहृदय और लोकोपकारी व्यक्ति थे। इन्होंने जनताके उपकारार्थ अनेक काम किये। अपने यहाँ एक हाई-स्कूल भी खोला। बंग-भंगके समय स्वदेशी आन्दोलनमें भी इन्होंने बहुत भाग लिया था। श्री राजेन्द्रनाथ लाहिड़ी १९०९ में बनारस आये और हिन्दू-विश्वविद्यालयकी ऐडमीशन परीक्षा पासकर हिन्दू-विश्वविद्यालय (सेन्ट्रल हिन्दू कालेज) में पढ़ने लगे। इतिहास और अर्थ-शास्त्रसे इनका बड़ा प्रेम था और इसी कारण इन्होंने एफ़० ए० और बी० ए० इन दोनों विषयोंका लेकर ही पास किया था तथा एम० ए० में भी इतिहास ही पढ़ते थे। ये कहते थे, कि अर्थ-शास्त्र वर्तमान युगका शास्त्र है। जिसको अपने देशकी आर्थिक अवस्था और उसके सब अंगोंका तुलनात्मक ज्ञान नहीं है, उसके लिये 'देश-देश' रटना व्यर्थ है। देश-सेवकोंको अर्थ-शास्त्र और अन्तर-राष्ट्रीय राजनीतिका पर्याप्त ज्ञान होना बहुत ज़रूरी है। इस उद्देश्यको सामने रखते हुए उन्होंने अर्थ-शास्त्रका खूब अध्ययन किया था, साथ ही युरोपीय और भारतीय इतिहासमें भी इनका अच्छा प्रवेश था। पर इतिहास और अर्थशास्त्रके समक्ष इन्होंने साहित्यकी महत्ताको भुला दिया हो, सो बात भी नहीं थी।

पठन-पाठनको अत्यधिक रुचि और अपने बँगला-साहित्यके प्रति प्राकृतिक प्रेमके कारण इन्होंने अपने भाइयोंके साथ मिलकर अपनी माताकी यादगारमें 'बसन्तकुमारी' नामका एक अच्छा सा पारिवारिक पुस्तकालय भी स्थापित कर लिया था। गिरफ्तारीके समय ये हिन्दू-विश्व-विद्यालयकी बँगला साहित्य परि-षद्के मंत्री थे। इनके लेख बँगलाके 'बंगवाणी', 'शंख' आदि पत्रोंमें छपा करते थे। बनारसके क्रान्तिकारियोंके हस्तलिखित पत्र 'अग्रदूत' के प्रवर्तक ये ही थे। ये बराबर कोशिश करते थे, कि क्रान्ति-कारी दलका प्रत्येक सदस्य अपने विचार लेखोंके रूपमें ज़रूर लिखें। यहाँतक कि छोटे-छोटे लड़कोंसे भी 'अग्रदूत'के लिये कुछ-न-कुछ लिखवाया ही करते थे।

ये सदा बिलकुल सोध-सादे रहा करते और शृङ्गार-बनावके पास भी नहीं फटकते थे। अपने माता-पिता तथा बड़े भाइयोंके बड़े श्रद्धालु रहे और सदा उनकी आज्ञाका पालन करते थे। सत्यवादी तो ये ऐसे थे, कि कहते हैं, कि इनको किसीने कभी झूठ बोलते नहीं पाया। यहाँतक कि खेल और मज़ाक-में भी असत्य नहीं बोलते। पढ़ने-लिखनेमें इनकी जैसी अधिक प्रवृत्ति थी, खेल-कूद और दौड़-धूपमें भी ये वैसे ही चुस्त और चालाक थे। तैरने, कूदने, हाकी खेलने आदिमें ये बड़े निपुण थे। शुरूसे ही बनारस-के सेन्ट्रल हेल्थ यूनियनके सदस्य तथा कुछ दिनोंतक मन्त्री भी रहे। कभी-कभी अपने मित्रों और छोटे लड़कोंको ले, पैदल ही सारनाथ, मुगलसराय आदि जगहोंमें जाकर घूमा करते थे। खेलना, हँसना और लतीफे सुना-सुनाकर दूसरोंको हँसाना इनका स्वाभा-विक गुण था। लापरवाह और मस्त तो ऐसे थे, कि किसी बातको कभी कोई चिन्ता नहीं करते। भय-

ङ्कर-से-भयङ्कर आपत्ति सरपर मँडरा रही हो; पर इनके चेहरेपर उस समय भी मन्द-मन्द मुसकान नज़र आती। लखनऊ-जेलमें इनके इन मस्ताने स्वभावको देखकर बैरिस्टर चौधरीने एक बार इनसे पूछा, "क्यों जी, क्या तुम्हें पता है, कि तुम्हारे विरुद्ध कितने गवाह गुज़र चुके?" जवाबमें उन्होंने इस निश्चिन्तता और सरलतासे 'नहीं' कहा, कि सभी इनकी ऐसी बेफ़िकरीपर खिल-खिलाकर हँस पड़े। पर इसके साथ ही तारीफ़की बात यह थी, कि ऐसा स्वभाव होते हुए भी इनके किसी काममें कभी कोई त्रुटि नहीं होने पाती थी। इनके विचार बड़े ही क्रान्तिकारी थे और राजनीतिक क्रान्तिके साथ ही सामाजिक तथा धार्मिक क्रान्तिके भी ये ज़बर्दस्त पोषक थे। पोषक भी सिर्फ़ बातोंसे ही नहीं; बल्कि अपने आचरण द्वारा क्रान्तिका उत्कृष्ट आदर्श समाजके सामने पेश करते रहे। किसान और मज़दूरोंके संगठन और उनके लिये आन्दोलन करनेके ये पूरे समर्थक थे और इस सम्बन्धमें इन्होंने एक स्कीम भी बनायी थी। सेवाका भाव इनमें इतना अधिक था, कि काशीमें निराश्रित मरी हुई बूढ़ी स्त्रियोंको, ये अपने कन्धेपर उठा ले जाते और उनका दाह-संस्कार कर आते थे। स्त्रियोंकी वर्त्तमान पतितावस्थासे इनके हृदयको बड़ी चोट लगती थी तथा उनके सुधार और समानाधिकारकी प्राप्तिका बराबर समर्थन करते थे।

श्री राजेन्द्रनाथ लाहिड़ी देशके इने-गिने होनहार नवयुवकोंमें थे। देशोद्धारके कामोंसे उनकी बहुत रुचि थी। अपने विद्यार्थिजीवनमें ही उन्होंने वे काम किये, जो कोई स्वतन्त्र रह कर भी शायद ही कर पाता। उनकी सबसे अधिक उल्लेखयोग्य विशेषता यह थी, कि वे बड़े नीरव कार्यकर्त्ता (Silent worker) थे। बरसों तक वे काम करते रहे; किन्तु किसीको पता तक नहीं हुआ। स्वभावसे वे बड़े साधु और निर्भीक थे। मृत्युका तो वे मजाक़ उड़ाया करते थे। काकोरी-केसमें गिरफ़्तार होनेके समय वे हिन्दू-विश्वविद्यालय काशीमें एम० ए० क्लास में शिक्षा पा रहे थे। काकोरीका डाका पड़नेके बाद इस प्रान्तकी खुफ़िया पुलिसने श्री लाहिड़ीके नाम वारण्ट कटाया। लाहिड़ी महाशय इसके पहले ही कलकत्तेके दक्षिणेश्वर बम-केसके सम्बन्धमें गिरफ्तार हो चुके थे और उस मामलेमें उन्हें १० वर्षके लिये कालेपानीकी सज़ा हो चुकी थी। वह सज़ा हुई ही थी, कि वे काकोरी-केसके सम्बन्धमें भी तलब किये गये। कलकत्तेसे वे लखनऊ लाये गये और उनपर काकोरी-षड्यन्त्रका मामला चला। पुलिसका उनपर गहरा दाँत था। मामलेमें एक दिन एक हवलदारसे और उनसे कुछ तक़रार भी हो गयी थी। हवलदारने श्री राजेन्द्रनाथको हथकड़ियां पहनानी चाही थीं। उन्होंने इसका विरोध किया। इसीपर कुछ तकरार हो गयी थी। इसके बाद अदालतमें उन्होंने अपने वकीलकी मारफ़त इसकी शिकायत करवायी, तो यह मालूम हुआ, कि अदालतने हथकड़ियाँ पहनानेका कोई हुक्म नहीं दिया था। फिर भी हवलदार साहबने यह क्यों किया, इसका कोई उत्तर अदालतसे नहीं मिला। उलटा एक दिन स्पेशल मैजिस्ट्रेटकी अदालतमें डिस्ट्रिक्ट मैजिस्ट्रेटके पाससे यह चिट्ठी आयी, कि उन्होंने (श्री राजेन्द्र नाथ लाहिड़ीने) पुलिसके काममें बाधा डाली है। इससे उनपर मामला चलाया गया है, उन्हें मौक़ा दीजिये, कि वे हमारी अदालतमें उस मामलेके सम्बन्धमें हाज़िर हों। पर बादको शायद मामला कमज़ोर समझ कर दाख़िल दफ्तर कर दिया गया।

श्री राजेन्द्रनाथ लाहिड़ीने तमाम मुक़दमेमें बड़ी शान्तिसे काम लिया। सब अभियुक्तोंकी भाँति इन पर भी तीन धाराएँ लगायी गयी थीं। सेशन्स जजने इन धाराओंमें धारा १२१ अ और १२० ब के अनुसार आजन्म कालेपानीकी और धारा ३९६ के अनुसार फाँसीकी सज़ा दी। सज़ाके इस हुक्मके बाद वे लखनऊसे बाराबङ्की-जेलमें भेज दिये गये।

जेलोंमें वे सदा प्रसन्न,चित्त और निर्विकार भावसे समय व्यतीत करते थे। अधिकांश समय वे गाने गाया करते थे। इसी बीचमें चीफ़ कोर्टमें उनकी अपील और गवर्नर आदिसे माफ़ी की प्रार्थनाएँ हुईं; किन्तु सबके निष्फल हो जानेपर फाँसीपर टाँग देना निश्चय किया गया। ११ अक्टूबरको फाँसीकी तारीख़ निश्चित हुई। इस तारीख़के लगभग १ सप्ताह पूर्व ६ अक्टूबरको आपने अपने सम्बन्धियोंको एक पत्र लिखा; जिसमें आपने लिखा:—

"पूरे छः मासतक बाराबङ्की और गोंडा जेलकी काल कोठरियोंमें बन्द रहनेके बाद कल मुझे सूचना मिली है, कि एक सप्ताहके भीतरही फाँसी हो जायेगी। अब मैं यह अपना कर्तव्य समझता हूँ, कि उन सब मित्रोंके प्रति अपनी हार्दिक कृतज्ञता प्रकट करूँ, जिन्होंने हम लोगोंके लिये हर प्रकारकी कोशिशें कीं। आप लोग मेरा अन्तिम नमस्कार स्वीकार कीजिये। हमारे लिये मृत्यु शरीरका परिवर्तन-मात्र है—पुराने कपड़ोंको फेंककर नये कपड़े पहन लेना है। मृत्यु आ रही है। मैं प्रसन्न-चित्त और प्रसन्न-वदनसे उसका आलिङ्गन करूँगा। जेलके नियमोंके कारण अधिक नहीं लिख सकता। आपको नमस्कार! देश-हितैषियोंको नमस्कार!! सबको नमस्कार!!! वन्दे मातरम्!

आपका—राजेन्द्रनाथ लाहिड़ी।"

किन्तु इस पत्रके बाद वाली फाँसीकी तारीख़ टल गयी। इसी बीचमें प्रीवी कौंसिलमें अपील दायर करनेका निश्चय हुआ। इसलिये फाँसीकी मियाद बढ़ा दी गयी थी। फिर जब प्रीवी कौंसिलने भी अपील नहीं सुनी और फाँसीही देना निश्चय कर लिया गया, तब मृत्युके तीन दिन पहले १४ दिसम्बर १९२७ को उन्होंने एक और पत्र अपने एक मित्रके नाम लिखा। इसका आशय इस प्रकार था:—

"कल मैंने सुना, कि प्रीवी कौंसिलने मेरी अपील ख़ारिज कर दी। आपने हम लोगोंकी प्राण-रक्षाके लिये बहुत किया; किन्तु यह मालूम पड़ता है, कि देशकी बलि-वेदीपर हमारे प्राणोंके चढ़नेकी ही आवश्यकता है। मृत्यु क्या है? जीवनकी दूसरी दिशाके अतिरिक्त और कुछ नहीं! जीवन क्या है? मृत्युकी दूसरी दिशाके अतिरिक्त और कुछ नहीं! इसलिये मनुष्य मृत्युसे दुःख और भय क्यों माने? वह तो नितान्त स्वाभाविक अवस्था है—उतनी ही स्वाभाविक जितनी, कि प्रातःकालीन सूर्यका उदय होना। यदि यह सच है, कि इतिहास पलटा खाया करता है, तो मैं समझता हूँ, कि मेरी मौत व्यर्थ न जायेगी। सबको मेरा नमस्कार,—अन्तिम नमस्कार!

आपका—राजेन्द्र।"

श्री राजेन्द्रनाथ लाहिड़ी अपने साथियोंसे दो दिन पहिले ही १७ दिसम्बरको प्रातःकाल गोंडेमें फाँसीपर चढ़ा दिये गये। फाँसीके समय उनके भाई बनारससे गोंडे आये थे। १६ वीं की रातको वे बहुत प्रसन्न थे और रात-भर गीता तथा उपनिषद्के पाठ करते रहे। सुबह वे बड़ी प्रसन्नताके साथ हँसते हुए फाँसीपर चढ़ गये। फाँसी एक ऐसी भयानक वस्तु है, कि उसका नाम सुनते ही बड़े बड़ोंके भी होश बिगड़ जाते हैं और चेहरा उतर जाता है; परन्तु श्री राजेन्द्रनाथके चेहरेपर, फाँसीपर झूल जानेके बाद भी शिकनतक न आयी थी।

निर्वैर रहना, सत्य बोलना, चोरी न करना, वीर्य-रक्षा और विषय-भोगसे घृणा—ये पाँच यम हैं, तथा शौच, सन्तोष, तप, स्वाध्याय (वेदका पढ़ना) और सर्वस्व ईश्वरापण—ये पाँच नियम हैं।

—एक विद्वान्।

धनात्मक और ऋणात्मक सन्तानोत्पादनका परिणाम वास्तवमें एक ही है। क्योंकि उत्तम प्रजाकी जितनी ही वृद्धि होगी, अधम प्रजाकी उतनी ही कमी होगी।

—थौमस।

श्री रोशन सिंह

——❀:०:❀——

[लेखक—श्रीयुत बलदेवप्रसाद अवस्थी]

श्री रोशन सिंह शाहजहाँपुर ज़िलेके नवादा नामक ग्रामके रहने वाले थे। इस ग्राममें मुख्यतः क्षत्रिय लोगोंका ही निवास है, और यह गाँव अपने ज़िलेमें साहस तथा वीरताके लिये प्रसिद्ध है। ठा० रोशन सिंह इस वीर-ग्रामके एक बाँके लड़ाके थे, जिन्होंने अपने साहस और धैर्यसे सबको चकित कर दिया। चूँकि यहाँ पढ़ने-लिखनेका रिवाज बहुत कम था,इसलिये ठाकुर साहबने बचपनसे ही तलवार, बन्दूक, गदका-फ़री आदिका अभ्यास किया था। बन्दूक चलानेमें तो ये इतने प्रवीण थे, कि उड़ती हुई चिड़ियाको भी आसानीसे मार गिराते थे। कुश्ती भी ये ख़ूब लड़ते थे। यही कारण था, कि काकोरीके अभियुक्तोंमें श्री मुकुन्दीलालके सिवा इनसे अधिक बलवान और कोई न था। बचपनमें यद्यपि इन्हें शिक्षा नहीं दी गयी, तथापि इन्होंने अपने उद्योगसे आगे चलकर उर्दू और हिन्दी पढ़ ली थी। अँगरेज़ी भी जानते थे और जेलमें आकर उन्होंने बँगला भी सीख ली थी। ये आय-समाजी थे। पर आर्य समाजियोंमें प्रायः जो धार्मिक कट्टरता पायी जाती है, वह इनमें न थी। ये बड़ी निष्ठाके साथ रहते तथा नियमानुसार पूजा-पाठ किया करते थे। व्यायाममें भी कभी व्यतिक्रम नहीं होने पाता था। इनके धैर्य और कष्ट-सहिष्णुताका इसीसे अनुमान किया जा सकता है,कि जिस समय हवालातमें थे, उसी समय इनके पिताका स्वर्गवास हो गया। पर पिताके निधनका अत्यन्त दुःखप्रद समाचार सुनकर भी ये ज़रा विचलित न हुए। आँखोंमें आँसू भी न आये। केवल दो-तीन बार ज़ोर-ज़ोरसे 'ॐ तत्सत्' कहा और फिर अपना काम नियमित रूपसे करने लगे!

असहयोग-आन्दोलनके आरम्भसे ही इन्होंने उसमें काम करना शुरू कर दिया था और शाहजहाँपुर तथा बरेली जिलेके गाँवोंमें घूम-घूम कर ये ग्रामीणों तक स्वराज्य-सन्देश सुनाते रहे। इन्हीं दिनों बरेलीमें गोली चली और इस सम्बन्धमें इन्हें दो वर्षकी सख्त क़ैदकी सज़ा मिली। यह सज़ा भुगतकर निकलनेके बाद ये श्री रामप्रसादसे मिले और क्रान्तिकारी दलमें शामिल हो गये। फाँसीके समय इनकी उम्र लगभग ३७ साल की थी। ये एक बड़े ही निस्पृह कार्यकर्ता थे। अपनी समस्त योग्यता, शक्ति, तत्परता और एकाग्रताके साथ ये आजन्म देश सेवाके काममें लगे रहे और अन्तमें देश-सेवा ही करते (चाहे वह कितने ही 'ग़लत रास्ते' की क्यों न हो) इन्होंने अपना प्राण त्यागा। काकोरी षड्यन्त्रके मामलेमें गिरफ्तार होनेके बाद फाँसीके समय तक उनका व्यवहार एक विचित्र उदासीनता और बेपरवाहीका था। उन्होंने शायद कभी यह चिन्ता नहीं की, कि मामलेमें क्या होगा और प्राण-दण्डसे क्या होगा ? मामला पेश हुआ, समाप्त हुआ, फाँसीकी सज़ा भी हो गयी; परन्तु उनके मनमें विकार उत्पन्न न हुआ। जब जैसा समय आया, तब वैसा ही व्यवहार किया। जिस बातको पकड़ा, अन्ततक उसपर हिमालयकी भाँति अटल रहे। बड़े दृढ़ संकल्पके मनुष्य थे। लखनऊ जेलमें जब विशेष व्यवहारकी प्राप्तिके लिये अभियुक्तोंने अनशन किया, तब उन्होंने बड़ी ही वीरताका परिचय दिया। कुछ लोगोंकी हालत डावाँडोल थी। सरकारी कर्मचारी नली आदिके द्वारा थोड़ा बहुत दूध ज़बरदस्ती पिला दिया करते थे; किन्तु उन्होंने सिवा पानीके और कोई पदार्थ नहीं ग्रहण किया। अनशन करते थे, फिर भी कोई नैमित्तिक कार्य बन्द न था। दिनचर्याका पालन सदाकी भाँति ही होता रहा! कहते हैं, पन्द्रह दिनके अनशनके बाद भी इनमें शिथिलता न आयी थी। यह उन्हीं जैसे वीर, संयमी और मनके दृढ़ व्यक्तिका काम था।

मामलेकी तमाम कार्यवाहीमें उनके खिलाफ़ कोई

खास सबूत न था। फिर भी सेशन्स जज महोदयने उन्हें सज़ा दे ही दी। सज़ा भी मामूली नहीं; फाँसीकी। तीन अभियोगोंमें धारा १२१ अ और धारा १२० ब के अभियोगोंपर पाँच-पाँच वर्षकी सख्त क़ैद और धारा ३९६ के अनुसार फाँसीकी सज़ाएँ दी गयीं। इन्हें फाँसी होनेका अन्देशा किसीको न था; इसलिये जब जजने इन्हें फाँसीकी सज़ा दी, तब इनका हिचकिचाना स्वाभाविक होता; परन्तु फाँसीकी सज़ा सुनकर भी उन्होंने ऐसे धैय, साहस और शौयका प्रदर्शन किया, कि उसे देखकर सभी दङ्ग रह गये। लोगोंको आश्चय हुआ, कि जिसके ख़िलाफ़ कोई ख़ास सबूत नहीं, उसको इतनी सख्त सज़ा कैसे दी गयी? इसलिये जब इस मामलेकी अपील चीफ़-कोर्टमें की गयी, तब सबको आशा थी, कि रोशनसिंह अवश्य छूट जायेंगे। परन्तु यह आशा मृग-तृष्णा सिद्ध हुई। चीफ़ कोर्टने भी सज़ा बहालरखी। फिर कौंसिलके प्रस्तावों, क्षमा प्रार्थनाओं और प्रीवी कौंसिलकी अपीलोंके अवसर आये और सब व्यथ सिद्ध हुए और फाँसी देना ही निश्चित हुआ। फाँसीके लगभग १ सप्ताह पूर्व १३ दिसम्बरको उन्होंने अपने एक मित्रके नाम यह पत्र लिखा था:—

"इस सप्ताहके भीतर ही फाँसी होगी। ईश्वरसे प्रार्थना है, कि वह आपको मुहब्बतका बदला दे। आप मेरे लिये हरगिज़ रञ्ज न करें। मेरी मौत खुशी का बायस होगी। दुनियामें पैदा होकर मरना ज़रूर है। दुनियामें बद फ़ेल करके मनुष्य अपनेको बदनाम न करे और मरते वक़्त ईश्वरको याद करे—यही दो बातें होनी चाहिये और ईश्वरकी कृपासे मेरे साथ ये दोनों बातें हैं। इसलिये मेरी मौत किसी प्रकार अफ़सोसके लायक़ नहीं है। दो सालसे मैं बाल-बच्चोंसे अलग हूँ। इस बीच ईश्वरके भजनका ख़ूब मौक़ा मिला। इससे मेरा मोह छुट गया और कोई वासना बाक़ी न रही। मेरा पूर्ण विश्वास है, कि दुनियाकी कष्ट-भरी यात्रा समाप्त करके मैं अब आरामकी ज़िन्दगीके लिये जा रहा हूँ। हमारे शास्त्रोंमें लिखा है, कि जो आदमी धम-युद्धमें प्राण देता है, उसकी वही गति होती है, जो जङ्गलमें रहकर तपस्या करनेवालोंकी होती है।

"ज़िन्दगी ज़िन्दा दिलीको जान ऐ रोशन!
वरना कितने मरे और पैदा होते जाते हैं॥

आख़िरी नमस्ते। आपका—रोशन।"

फाँसीके दिन श्री रोशनसिंह पहलेसे ही तैयार बैठे थे। ज्यों ही बुलावा आया, आप गीता हाथमें लिये मुसकराते हुए चल पड़े। फाँसीपर चढ़ते हुए उन्होंने "वन्दे मातरम्"का नाद किया और 'ओ३म्'का स्मरण करते हुए लटक गये। जेलके बाहर उनका शव लेनेके लिये आदमियोंकी बहुत बड़ी भीड़ एकत्र थी। दाह-संस्कार करनेके लिये भीड़के लोगोंने श्री रोशन सिंहका शव ले लिया। वे जुलूसके साथ उस शवको ले जाना चाहते थे। किन्तु अधिकारियोंने जुलूसकी इजाज़त नहीं दी। निराश हो, लाश वैसे ही श्मशानमें लायी गयी और वैदिक विधिसे श्मशान-भूमिमें उसका दाह-संस्कार हुआ।

शैलेन्द्रनाथ घोष

[लेखक—श्रीयुत अमरेन्द्र नाग]

सन् १८९२ ई० के नवम्बर मासमें श्री शैलेन्द्रनाथ घोषका जन्म खुलना (बंगाल) में हुआ था। उनके पिता श्री यदुनाथ घोष जेल विभागके अधिकारी थे। उनकी माता कुसुमकुमारी एक बड़ी ही विदुषी महिला थीं। शैलेन्द्रने कलकत्तेके प्रेसिडेंन्सी कालेजसे बी० एस० सी० की परीक्षा ससम्मान पास की, जिसके लिये उन्हें ३२ रु० मासिक छात्र-वृत्ति मिलने लगी। उसी कालेजसे उन्होंने एम० एस० सी० भी ससम्मान पास किया और इस बार उन्हें १५०) रु० मासिक छात्रवृत्ति मिलने लगी। कलकत्ता युनिवर्सिटीके सेरिड-

केटने फिर उन्हें २५०) रु० मासिक छात्रवृत्ति देनी आरम्भ की, जिसमें वे अमेरिकाकी हारवर्ड युनिवर्सिटी में ऊँचो विज्ञानका अध्ययन कर सके ।

पुलिसकी बहुत जाँच-पड़तालके बाद उन्हें अमेरिका जानेका 'पास पोर्ट' मिला, पर यह 'पासपोर्ट' अन्तिम समयमें इस सन्देहपर रद्द कर दिया गया, कि उन्होंने कुछ राजनीतिक डाकुओंको अपने घरमें ठहरा लिया था। डिफ़ेन्स आफ़ इण्डिया ऐक्टके अनुसार उन्हें घरमें नज़रबन्द रहनेको आज्ञा हुई ; किन्तु सन् १९१६ में शैलेन्द्र घरसे निकल भागे। कलकत्ते और अन्यत्र वे छिप-छिप कर रहने लगे।

सन् १९१६ के दिसम्बर मासमें वे एक मल्लाहके रूपमें निकल भागे और सकुशल अमेरिका पहुँच गये। सन् १९१७ के मार्चमें अमेरिकन सरकारने उन्हें न्यूयार्कमें गिरफ्तार किया। शैलेन्द्र और अन्य १४ हिन्दुस्थानी इस अपराधमें गिरफ्तार किये गये, कि ये अङ्गरेज़ सरकारके विरुद्ध षड़यन्त्र करते हैं । इससे न केवल प्रजातन्त्रवादी अमेरिकन सरकारकी नीचता प्रकट होती; बल्कि यह भी मालूम होता है, कि अमेरिकन सरकार अङ्गरेज़ सरकारकी कैसी घनिष्ट मित्र है। शैलेन्द्र और अन्य १४ हिन्दुस्थानी २५००० डालरकी ज़मानतपर छोड़े गये थे।

शैलेन्द्र जिस समय कलकत्तेके कालेजमें पढ़ते थे, उस समय उनके माता-पिताने उनका व्याह करनेके लिये बड़ा आग्रह किया; पर शैलेन्द्रने कहा,—"नहीं, मैं विवाह न करूँगा। देशमाता जबतक परतन्त्र है, तबतक मैं विवाह कदापि न करूँगा।" आजकल शैलेन्द्र अमेरिकामें रहते हैं और वहाँ उन्होंने भारतीय स्वतन्त्रताके उपासक मित्रोंकी एक समिति संगठित की है। इस समितिकी शाखाएँ बोस्टन फ़िलाडेलफ़िया वाशिङ्गटन, चिकागो, पिट्सबर्ग और न्युयार्कमें खोली गयी हैं। अमेरिकाके बड़े-बड़े लोग, जज, मेयर, और अमेरिकन पार्लमेण्टके सदस्य भी समितिके सदस्य हैं।

श्री रासबिहारी बोस

[लेखक—श्रीयुत मनोहरलाल वर्मा]

कितनोंही को सन्देह है, कि दिल्लीमें भूतपूर्व वायसराय लार्ड हार्डिञ्जपर बम फेंकनेवाले श्री रासबिहारी बोस थे। उनकी गिरफ्तारीके लिये सरकारकी ओरसे बड़े-बड़े इनाम छपवाये गये थे ; पर वीरमाताका वह वीर पुत्र सदाही सुरक्षित रहा और पुलिसका कोई चतुरसे चतुर भेदिया भी उसे पकड़ न सका।

उसके पिता विनोद बिहारी गवर्नमेण्ट प्रेसमें एक क्लर्क थे। रासबिहारी अपने पिताके साथ रहते थे। उन्होंने सन् १९०२ में एण्ट्रेन्स पास किया था ; पर इसके बाद उनका चित्त पढ़नेमें न लगता था। उनके हृदयमें देश-माताके प्रेमकी लहरें उठने लगीं। गदरका इतिहास पढ़नेसे उन्हें हिन्दुस्थानियोंकी बेबसीपर बड़ा ही दुःख होता था। वे सेनामें नौकरी करना चाहते थे; पर अँगरेज सरकार या पांडिचेरीकी फ्रेंच सरकारने उन्हें ऐसा कोई अवसर न दिया। वे सेनाके सिपाहियोंमें घुसकर देशभक्ति और राजद्रोहका प्रचार करना चाहते थे। उन्होंने इसका उद्योग देहरादून और कसौलीकी गोर्खा सेनामें भी किया था। वे देहरादूनमें कुछ दिनोंके लिये क्लर्कीकी नौकरी करके ठहर गये थे। दिल्ली-षड़यन्त्रका अभियोग आरम्भ होनेपर वे वहाँसे भाग गये। इसके बाद लाहौर और बनारस षड़यन्त्रोंमें भी उनका विशेष रूपसे हाथ था। यहाँपर हम सेडिशन कमिटीकी रिपोर्टसे कुछ अंश उद्धृत करते हैं,—

"देहरादूनके 'फ़ारेस्ट रिसर्च इन्स्टीच्यूट' में रासबिहारी बोस हेडक्लर्क था। उसने अमेरिकाके सुप्रसिद्ध हिन्दुस्थानी विद्रोही लाला हरदयाल, एम० ए० के एक शिष्य दीनानाथ और अवधबिहारी तथा बालमुकुन्दको राजद्रोही पर्चोंके बाँटने तथा बमके गोले इत्यादि फेंकनेके लिये ठीक किया। उसका एक बङ्गाली नौकर बसन्तकुमार विश्वास भी इस काममें शरीक

था। दिल्ली-षड़यन्त्र केसके सामने जैसी गवाहियाँ हुईं, उनसे यह प्रबल सन्देह होता है, कि उसके दलने सन् १९१२ में लार्ड हार्डिंगपर बम फेंकनेका आयोजन किया था। इस कामको पूरा करनेके लिये उसने विद्यार्थियों तथा अन्य लोगोंमें राजद्रोही परचे बाँटे थे। इसी मामलेके सम्बन्धमें अमीरचन्द (जो दिल्लीके केम्ब्रिज मिशन हाई स्कूलमें एक मास्टर थे) अवधबिहारी, बालमुकुन्द और बसन्तको फाँसी मिली थी। पर रासबिहारी बोस बचकर भाग गया।"

उस समय "इंग्लिशनमेन" पत्रने अपनी एक सम्पादकीय टिप्पणीमें लिखा था, कि "रास बिहारी बोस एक अत्यन्त भीमकाय और बलवान पुरुष था। उसका लम्बा-चौड़ा शरीर किसी भी वेशमें छिपना कठिन था, तो भी आश्चर्य है, कि वह कैसे बचकर निकल भागा?"

सन् १९१४ में रासबिहारी बोस बनारस पहुँचे और वहाँ देशकी स्वतन्त्रताके लिये गुप्त षड़यन्त्रकारियोंका सङ्गठन करने लगे। इस काममें शचीन्द्रनाथ सन्यालने बहुत भाग लिया था, जो सन् १९०८ में स्कूलमें पढ़ते हुए ही इस काममें लगा था। बादमें उसे आजन्म कालेपानीका दण्ड मिला और रासबिहारीको गिरफ्तारीके लिये ७५००) रु० इनामकी घोषणा की गयी; उनके फ़ोटो-चित्र तमाम अख़बारोंमें छापे गये; पर उनको पकड़ना पुलिसके लिये हँसी खेल नहीं था।

वे बनारसमें बंगालीटोले मुहल्लेमें गुप्त रूपसे रहते थे। शचीन्द्रके दलवाले उनसे रात्रि समय मिलते थे। एक बार उन्होंने उन लोगोंको तमञ्चे और बम चलाना भी सिखाया था। बनारसमें ही रासबिहारीकी भेंट एक महाराष्ट्र वीर श्रीविष्णु गणेश पिंगलेसे हुई, जो अमेरिकासे लौटे थे। अमेरिकामें देशभक्त लाला हरदयालने "ग़दर" दलका संगठन किया था। पिंगलेने रासबिहारीसे कहा, कि भारतमें विद्रोह करनेके लिये अमेरिकासे चार हज़ार क्रान्तिकारी आये हैं, और विद्रोह जब आरम्भ होगा, तब बीस हज़ार और आयेंगे। रासबिहारीने तुरन्त शचीन्द्र सन्यालको यह पता लगानेके लिये पञ्जाब भेजा, कि वहाँ क्या हो सकता है? शचीन्द्रने पञ्जाबमें कुछ क्रान्तिकारियोंसे भेंट की, और सन् १९१५ के जनवरी मासमें वह फिर लौट आया।

इसके बाद रासबिहारीने बनारसमें शचीन्द्र, पिंगले और अन्य क्रान्तिकारियोंके साथ एक सभा की। रासबिहारीने सूचना दी, कि एक सार्वत्रिक विद्रोह होनेही वाला है। एक स्कूल मास्टर श्री दामोदर स्वरूप इलाहाबादमें क्रान्तिका संचालक होने वाला था। लाहोरमें क्रान्तिका विराट रूपसे संचालन करनेके लिये स्वयं रासबिहारी, शचीन्द्र और पिंगलेको साथ लेकर रवाना हुए। बङ्गालसे बम और शस्त्रास्त्र लानेके लिये दो क्रान्तिकारी रवाना किये गये। पंजाबमें बम भेजनेके लिये विनायक राव कपिले नियुक्त किया गया। विभूति और प्रियनाथ बनारसकी सेनाओंको भड़कानेके लिये नलिनी नामका बङ्गाली भेजा गया; पर बनारसकी क्रान्तिका सञ्चालन करनेके लिये शचीन्द्र फिर बनारस लौट आया।

किन्तु इसके बाद दो एक आदमी फूट गये और उन्होंने पुलिसको भेद बता दिया। रासबिहारी और पिंगले फिर बनारस लौटे। उनके दलके दो-एक आदमी पकड़े गये, जिन्हें फाँसियाँ हुईं। बनारसमें अपने कई शिष्योंसे मुलाक़ात करनेके बाद रास बिहारी कलकत्ते चले गये। जासूस पुलिस (सी० आई० डी०) के अनगिन्ती आदमी उन्हें गिरफ्तार करनेके लिये नियुक्त किये गये थे। वे अगर पकड़े जाते, तो निश्चयही उन्हें भी फाँसी होती, पर—

"जाको राखे साइयाँ, मार सके ना कोय।
बाल न बाँका कर सके, जो जग बैरी होय॥"

यही दशा वीर-श्रेष्ठ रासबिहारी बोसकी थी। लाहौरसे दिल्ली, बनारस और समस्त स्टेशनों, गाँवों तथा नाकोंपर रासबिहारीकी गिरफ्तारीके लिये भेदिये तैनात थे; क्योंकि अब उनकी गिरफ्तारीके लिये

योगेशचन्द्र चटर्जी

[लेखक—श्रीयुत निरञ्जन देव शर्मा]

श्रीयोगेशचन्द्र चटर्जी पूर्व-बङ्गालके ढाका ज़िलेके रहने वाले हैं। इनके जीवनका प्रायः सभी हिस्सा बङ्गालमें बीता था। इस समय इनकी उम्र लगभग ३२ सालकी है। जिस समय इनकी उम्र सिर्फ १५ वर्षकी थी, तभीसे ये क्रान्तिकारी दलके सदस्य हैं। इन्होंने अपने देशकी सेवा और सिद्धान्तोंकी रक्षाके लिये जो कष्ट सहे, जो त्याग किये, वे अनोखे हैं। इन्होंने अपने व्यक्तिगत सुख-सौभाग्य आदिका कुछ भी ख़याल न करके अपना तन-मन-धन, सर्वस्व देशके लिये न्यौछावर कर दिया। अपनी छोटी सी अवस्थामें ही इन्होंने प्रशंसनीय मर्दानगी और साहसके साथ जो-जो यन्त्रणाएँ सहीं, उन्हें सुनकर रोंगटे खड़े हो जाते हैं और इनके प्रति अनायास ही श्रद्धा उमड़ आती है। १९१६ ई० में पहलेपहल ये पुलिसके पञ्जेमें पड़े। उन दिनों बङ्गालकी अवस्था बड़ी ख़तरनाक थी। सरकारके छक्के छूट गये थे। आज यहाँ बम गिरता है, तो कल वहाँ पुलिसकी पिस्तौलसे सामना किया जाता है। ऐसी भयङ्कर स्थिति थी। पुलिसको यह विश्वास हो गया था, कि योगेश बाबू भी इस प्रकारके कामोंमें लिप्त हैं। इसलिये उसने इनसे इस सम्बन्धमें कुछ बातें जाननेकी चेष्टा की। शुरूमें मीठी-मीठी बातोंसे, फिर लालच देकर और फिर धमकीसे काम लिया गया। पर इन्होंने साफ़-साफ़ इनकार कर दिया, कि "मैं कुछ नहीं जानता।" पुलिसवालोंने इन्हें मारना तथा हर प्रकारसे तङ्ग करना शुरू किया। चाँटे मारे; घूँसे और लातें मारीं, लिटाकर लकड़ीके एक मोटे रूलसे पीठपर मार-मारके लहू-लुहान कर दिया; खानेको एक-दो पूरी तथा नाम-मात्रको तरकारी देकर कई दिनोंतक उपवास करनेको मजबूर किया और स्नान करनेतककी मनाही कर दी गयी। पुलिस नैतिक शक्तिको पशु-शक्तिके सामने विजित करना चाहती थी। परन्तु योगेश बाबू टस से-मस न हुए। अन्तमें उसने, इस वीर नौजवानको गिरानेके लिये एक अत्यन्त वीभत्स और अमानुषिक तरीक़ा अख्तियार किया। दो आदमियोंसे श्री योगेशचन्द्र जीके दोनों हाथ पकड़वाकर तीसरे आदमीके हाथसे कई बार अप्राकृतिक ढँगसे उनका वीर्य स्खलन करवाया गया और इसके बाद, उसी अवस्थामें, उनके सिरपर मैले (विष्ठा) से भरा हुआ एक बड़ा गमला एक मेहतरके द्वारा उलटवा दिया गया। सिरसे लेकर पैरतक उनके बदनका सब हिस्सा मैलेसे भर गया। शायद उनके ओठोंके बीचमें भी कुछ पहुँच गया। बदबूसे हवालक ख़राब हो गयी। पर इसी अवस्थामें, उन्हें देरतक रखा गया! बदन धोनेके लिये पानीका एक बूँदतक नहीं दिया गया। पुलिस इस प्रकार उनको कमज़ोर और पतित बनाना चाहती थी; परन्तु

१२५००) रुपये इनामकी घोषणा सरकारने की थी। इतना रुपया पानेके लिये सी० आई० डी० के गुप्तचर तिलमिला रहे थे; पर कोई वीरवर रासबिहारीकी हवा भी छू न सका। वे सबसे बचते हुए कलकत्ते पहुँचे और कलकत्तेसे फ़र्स्ट क्लासका जहाज़ी टिकट लेकर वे जापानके लिये रवाना हो गये। आजकल वे जापानमें रहते हैं। काउएट तोयामा नामका जापानी समस्त देशोंके सच्चे देशभक्त क्रान्तिकारियोंको आश्रय देते हैं, उन्हीं काउएटके पास रासबिहारी भी रहते हैं।

जापानमें रहते हुए अब रासबिहारीने एक जापानी महिलासे शादी भी कर ली है। वे अब भी अपनी देश-माताकी स्वतन्त्रताके लिये चिन्ता किया करते हैं। उनकी सहायतासे "एशियाटिक रिव्यु" नामका एक मासिक पत्र भी निकलता है, जिसमें उनके ओजस्वी लेख रहते हैं।

योगेश उस वक्त सचमुच योगेश हो गये—पत्थरसे अटल रहे।

इसके बाद सरकारने इन्हें १८१८ ई० के तीसरे रेगूलेशनके मुताबिक़ राज्य-क़ैदी (State prisoner) बनाके रखा। महायुद्धकी समाप्तिके बाद ये छोड़ दिये गये। इसके बाद भी पुलिसको बराबर यह सन्देह बना रहा, कि ये बराबर क्रान्तिकारी कार्योंमें भाग लेते हैं; पर वे गिरफ्तार नहीं किये जा सके। इन्हीं दिनों असहयोग आन्दोलन चला और इन्होंने अपनेको उसमें डाल दिया और गाँव-गाँवमें रचनात्मक कार्यके लिये काफ़ी दौड़-धूप की। बादको असहयोग आन्दोलनकी शिथिलताके कारण उस आन्दोलनपरसे इनका विश्वास उठ गया। दिल्लीकी स्पेशल कॉंग्रेसके समय ये वहीं थे। पुलिसका ख़याल है, कि दिल्लीमें उस मौक़ेपर विभिन्न प्रान्तोंके क्रान्तिकारी नेता पधारे थ और उन्होंने एक सभा करके यह तय किया, कि क्रान्तिकारी आन्दोलन फिर ज़ोरोंके साथ चलाया जाये। योगेश बाबू संयुक्त प्रान्तमें क्रान्तिकारी केन्द्रोंकी स्थापनाके लिये बङ्गालको तरफ़से नियुक्त किये गये थे और उन्होंने इस प्रान्तमें यह आन्दोलन आरम्भ करवाया। १९२४ ई० में युक्त प्रान्तके प्रायः सभी शहरोंमें 'राय महाशयके' नामसे इन्होंने भ्रमण किया। इधरके लोगोंसे अपरिचित होनेके कारण इस कार्यमें इन्हें अनेक कठिनाइयाँ भी पड़ीं, पर सबका सामना करते हुए ये अपने कार्यमें लगे रहे। शुरूमें इन्होंने बनारस और शाहजहाँपुरमें काम किया। बनारसमें उनको कुछ तो पुराने क्रान्तिकारियोंसे मदद मिला और कुछ शाहजहाँपुरमें श्रीराम प्रसाद 'बिसमिल' से। श्री रामप्रसादजी सदा इनकी बड़ी तारीफ़ करते थे। कुछ दिनोंके बाद ये सब भार श्रीरामप्रसादजीपर छोड़ बङ्गाल चले गये। वहाँ बङ्गालकी पुलिस बहुत दिनोंसे इनकी तलाशमें हैरान थी। एकाएक एक दिन हबड़ा-पुलपर पुलिसके कई उच्च अधिकारियों द्वारा घेर कर ये गिरफ़्तार कर लिये गये। कहते हैं, कि उनकी जेबमें पाये गये एक पत्रके द्वारा पुलिसको यह पता लगा, कि बङ्गालसे बाहर—उत्तर भारतके पचास बड़े-बड़े शहरोंमें क्रान्तिकारी दल काम कर रहे हैं। सरकार उस काग़ज़के मिलतेही सम्भवतः घबरा गयी; और इस घटनाके कुछही दिनों बाद बङ्गालमें काला क़ानून जारी हो गया, जिसके अनुसार बङ्गालके पचासों निर्दोष व्यक्ति जेलोंमें ठूँस दिये गये। श्रीयोगेशचन्द्र चटर्जीभी आर्डिनेन्सके ही अनुसार नज़रबन्द कर लिये गये। बिहारके वर्त्तमान गवर्नर और बङ्गालके तत्कालोन होम मेम्बरने उक्त पत्रका हवाला बङ्गाल कौंसिलमें दिया था।

शुरूमें योगेश बाबू बङ्गालके ब्रह्मपुर जेलमें रखे गये थे। यहाँके काले क़ानूनके क़ैदियोंपर, इनका बड़ा प्रभाव देख, सरकारने इन्हें इनके एक साथी श्री सन्तोष कुमारके साथ हज़ारीबाग़ भेज दिया। परिवर्तनके वक्त इनपर जो जुल्म हुए, उसकी निन्दाके लिये बंगाल-कौन्सिलमें बड़ी आँधी उठी और यहाँतक, कि कौन्सिलकी कार्रवाई स्थगित करने तकका प्रस्ताव पास हुआ। हज़ारीबाग़से वे नज़रबन्दोकी हालतमें 'काकोरी-षड्यन्त्रके मुक़द्दमेमें लाये गये। सरकारो वकीलने इन्हें इस 'षड्यन्त्रका जनक' बतलाया था। पुलिस इनसे बहुत अधिक इसलिये जलती थी, कि इतनो दूरसे आकर वह यहाँके सीधे-सादे आदमियोंको क्यों राजद्रोही बनाता है! सेशन्स जजने इन्हें दस सालकी सज़ा दी थी; परन्तु पुलिसने अपील की और चीफ़ कोर्टसे इन्हें आजन्म काले पानीकी सज़ा दिलवाके ही छोड़ा।

ये बड़े ही गम्भीर प्रकृतिके आदमी हैं। बोलते बहुत कम हैं और प्रायः 'हाँ' या 'नहीं' कहकर ही अपनी राय बतला देते हैं। ज़ोरसे हँसनेके बजाय मन्द-मन्द मुस्कराहटसे ही अपना काम चला लेते हैं। शरीरसे दुबले-पतले, आँखें बड़ी-बड़ी और चेहरेसे बुद्धिमत्ता टपकती है। कोई दोषी व्यक्ति इनकी आँखोंसे शायद ही अपना दोष छिपा सकता है! बराबर

मुसीबतोंका सामना करते रहनेके कारण इनके चेहरे-पर त्यागकी एक छाप सी पड़ गयी है। ब्रह्मपुर जेल-में आर्डिनेन्सके सभी क़ैदी इनकी बड़ी इज्जत करते थे। इनका उज्ज्वल व्यक्तित्व और त्यागही इसका मुख्य कारण था। इनमें संगठन-शक्ति बहुत ज़बर-दस्त है और अपने सहकारियोंको प्रेमसे वशमें करना खूब जानते हैं। विपत्तिमें कभी नहीं घबराते। सब काम नियम-पूर्वक करते और ज़रा भी समय बर्बाद नहीं होने पाता। युक्त प्रान्तके विभिन्न नगरोंका इन्होंने कई बार दौरा किया था। कार्य करनेकी इनकी क्षमता और दक्षताका एक बड़ा सुन्दर उदाहरण 'कुमिल्ला लेबर यूनियन' नामक संस्था है। इस कम्पनीमें इस समय लोहे आदिका काम होता है। मशीनोंके पुर्ज़े भी क़ाफ़ी तादादमें बनाये जाते हैं। २००) से भी कम पूँजीसे इन्हींकी देख-रेखमें एक टीनके छप्परके नीचे इसका काम शुरू हुआ था। आज-कल इस कम्पनीके व्यवसायकी पूँजी लगभग डेढ़ लाखसे भी ऊपर तक पहुँच गयी है। इस व्यव-सायमें जो लाभ होता है, उसीमें लगा दिया जाता है। सरकारी वकीलने कहा था, कि इस कम्पनीका गुप्त उद्देश्य क्रान्तिके समय राइफ़ल और पिस्तौल बनाना है! योगेश बाबूने कभी इस कम्पनीसे एक पैसा भी नहीं लिया! ये आजन्म ब्रह्मचारी हैं और आजीवन विवाह नहीं करना चाहते।

आपने हवालातमें १५ रोज़ और सज़ाके बाद फ़तेहगढ़ जेलमें ४५ दिनों तक अनशन किया था। शरीरसे कमज़ोर होनेके कारण ४५ दिनोंतक लगातार अनशन करके वे मृतप्राय हो गये थे। जेलके क़ैदी इनकी बड़ी इज्ज़त करते और इनके लिये हर-एक तकलीफ़ सहनेको तैयार रहते थे। अधिकारियों को यह बहुत खटका और उन्होंने फ़तेहगढ़से इन्हें आगरा सेण्ट्रल जेलमें भेज दिया। बड़े अच्छे तैराक होनेके साथही नाव चलाना भी ये खूब जानते हैं। जेलमें हमेशा कबड्डी आदि खेलोंमें बराबर भाग लेते थे। गाना गानेमें ये बड़े निपुण हैं और जिस समय मस्त होकर गाना गाने लगते,उस समय सुननेवाले विह्वल हो जाते हैं।

देशभक्त लाला हरदयालका "ग़दर" दल।

बंङ्गालमें जर्मन-षड्यन्त्रका सूत्रपात।

[लेखक—श्री० भाई ज्ञानसिंह]

सन् १९१५ के अगस्त मासमें फ्रेंच पुलिसने अंग-रेज़ सरकारको खबर दी, कि युरोपमें रहनेवाले हिन्दु-स्थानी क्रान्तिकारियोंका यह विश्वास है, कि भारतमें शीघ्रही भीषण क्रान्ति होनेवाली है और इस क्रान्तिको भड़कानेमें जर्मनी अपनी पूरी शक्तिसे सहायता देगा। फ्रेञ्च पुलिससे यह सूचना मिलतेही अंगरेज़ सरकार-के कान खड़े हो गये; क्योंकि उस समय तक अंगरेज सरकार बिल्कुल बेख़बर थी। निम्न-लिखित घटनाओंसे उस षड्यन्त्रका रहस्य मालूम होगा।

सन् १९१४ के नवम्बर मासमें अमेरिकासे दो क्रान्तिकारी पिंगले (मरहठा) और सत्येन्द्र सेन कलकत्ते आये। पिंगले उत्तर भारतमें विद्रोहका संगठन करने चला गया और सत्येन्द्रसेन कलकत्ते में ठहर गया। सन् १९१४ ई० के दिसम्बर मासमें पुलिसको खबर मिली, कि एक स्वदेशी वस्त्रकी दूकान-में रामचन्द्र मजुमदार और अमरेन्द्र चटर्जी कई अन्य बंगालियोंके साथ (यतीन्द्र नाथ मुकर्जी, अतुल घोष और नरेन्द्र भट्टाचार्यके साथ) बहुत अधिक संख्यामें अस्त्र-शस्त्र जमा कर रहे हैं।

सन् १९१५ के आरम्भमें बंगालके क्रान्तिकारियोंने

सलाह करके भारतमें ठीक संगठित रूपसे क्रान्ति करनेका निश्चय किया। इसमें जर्मनोंकी भी पूरी सहायता रहेगी। इस क्रान्तिमें श्याम-देश तथा बंगाल-के विभिन्न स्थानोंके क्रान्तिकारी भी सम्मिलित रहेंगे। तबतक क्रान्तिकारी लोग डाके डालकर धन संग्रह करेंगे। इसके बाद बेलियाघाटा और गार्डन रीचमें डाके डाले गये, और क्रान्तिकारियोंको ४०,०००) रुपये मिले। बेंगकाक (श्याम) के क्रान्तिकारियोंसे सम्बन्ध रखनेके लिये भोलानाथ चटर्जी रवाना हुआ।

उन्हीं दिनोंमें यतीन्द्रनाथ लाहिड़ी युरोपसे बम्बई आया और उसने बंगालके क्रान्तिकारियोंको यह समाचार दिया, कि जर्मन सहायता करनेके लिये तैयार हैं; पर उनसे मिलनेके लिये एक दूत बटेविया (जावाका बन्दर) भेजो। इसके बाद नरेन्द्रनाथ भट्टाचार्य बटेविया भेजा गया। नरेन्द्रने अपना एक फ़र्ज़ी नाम सी० मार्टिन रख लिया था। उसी समय अवनीन्द्र मुकर्जी जापानमें क्रान्तिकारियोंसे भेंट करनेके लिये रवाना हुआ, और उनका नेता यतीन्द्र नाथ मुकर्जी बालेश्वरमें छिप कर रहने लगा; क्योंकि गार्डन रीच और बलिया-घाटाके डाकोंके सम्बन्धमें पुलिस उसे खोज रही थी, उसी महीनेमें "मेवरिक" नामक जहाज़ केलिफ़ोरनियाके सेन-पेड्रो बन्दरसे रवाना हुआ।

"मार्टिन" (नरेन्द्र भट्टाचार्य) जब बटेवियामें पहुँचा, तो वहाँ रहनेवाले जर्मन राजदूतने उसकी भेंट एक अन्य जर्मन थिओडर-हेल्फ़रिशसे करायी। इस जर्मनने "मार्टिन" से कहा, कि भारतीय क्रान्तिकारियोंकी सहायताके लिये एक जहाज़ शस्त्रोंसे लदा हुआ कराची रवाना हुआ है। "मार्टिन" ने कहा, कि उस जहाज़को कृपया बङ्गाल भेजिये। शङ्घाईमें रहनेवाले जर्मन राजदूतसे परामर्श कर लेनेके बाद यह निश्चय हुआ, कि उक्त जहाज़ बङ्गाल ही भेजा जाये। इसके बाद 'मार्टिन' उस जहाजसे शस्त्र उतारनेके लिये लौट आया। "मेवरिक" जहाज़ सुन्दरबनके रायमङ्गल बन्दरमें उतरनेवाला था। इस जहाज़में प्रायः ३०,००० बन्दूकें, ४०००० गोलियाँ और दो लाख रुपये थे। इस बीचमें मार्टिनने कलकत्तेकी एक नकली दूकान हेरी एण्ड सन्सका तार दिया, कि—"व्यापार अच्छा चल रहा है।" जूनमें हेरी एण्ड सन्सने मार्टिनको रुपयोंके लिये लिखा और फिर बटेवियासे जर्मन हेल्फ़रिशने प्रायः ४३०००) रु० हेरी एण्ड सन्सके नाम भेजे, जिनमेंसे ३३,०००) रु० उसे मिले; पर अब अङ्गरेज़ अधिकारियोंको भी इसका पता लग गया।

इसके बाद मध्य जूनमें "मार्टिन" कलकत्ते लौट आया और फिर यतीन्द्र मुकर्जी, नरेन्द्र भट्टाचार्य (मार्टिन) भोलानाथ चेटर्जी और अतुल घोष उस जहाज़से शस्त्र उतारनेका इन्तज़ाम करने लगे। उन्होंने शस्त्रोंको हटिया, कलकत्ता और बालेश्वर भेजनेका प्रबन्ध किया। वे समझते थे, कि बङ्गालकी सेनाका मुक़ाबिला करनेके लिये वे समर्थ हैं, पर कहीं अन्य प्रदेशोंसे सेनाएँ न पहुँच जायें। इसलिये उन्होंने तीन मुख्य रेलोंके पुल उड़ा देनेका विचार किया। यतीन्द्र मद्राससे बालेश्वर आनेवाली ट्रेनका पुल उड़ानेवाला था; भोलानाथ चटर्जी बङ्गाल नागपुर रेल्वेका पुल चक्रधरपुरमें और सतीश चक्रवर्ती ईस्ट इण्डियन रेलवेका पुल अजय स्थानमें उड़ानेवाला था। नरेन्द्र चौधरी और फणीन्द्र चक्रवर्ती हटियासे सैनिक दलोंके साथ पूर्वी बंगालके ज़िलोंको विजय करते हुए कलकत्ते आनेवाले थे, और कलकत्तेमें नरेन्द्र भट्टाचार्य तथा विपिन गाँगुली फोर्ट विलियमपर अधिकार करनेवाले थे। 'मेवरिक' जहाज़से जो जर्मन सैनिक अफ़सर आते वे पूर्वी बङ्गालमें ठहरकर सेनाएं तैयार करते।

'मेवरिक' जहाजसे बन्दूकें आदि उतरवानेका काम यदुगोपाल मुकर्जी करता, और इस कार्य्यके लिये उसने राय मंगलके एक बड़े ज़मीन्दारको ठीक कर लिया था। यह ज़मीन्दार बन्दूक उतरवानेके लिये आदमी इत्यादि देता। 'मेवरिक' रात्रि समय आता। अतुल घोषके कुछ आदमी रायमंगलमें गये; पर दस

दिन बीत जानेपर 'मेवरिक' नहीं आया, और न बटेवियासे कोई सूचना ही मिली, कि यह देर क्यों हो रही है। ३ जुलाईको बेङ्ककाकसे एक बंगाली, आत्माराम पंजाबीका यह सन्देश लेकर आया, कि श्यामका जर्मन राजदूत ५००० बन्दूकें और एक लाख रुपये राय मंगल भेज रहा है।

षड्यन्त्रकारियोंने समझा, कि 'मेवरिक' के बदले ये ५००० बन्दूकें आ रही हैं; इसलिये उन्होंने उस बङ्गालीसे कहा, कि बटेवियामें जाकर जर्मन हेल्फ़रिशसे कहो, कि वह पहलेका कार्यक्रम न बदले और दूसरे जहाज़से जो बन्दूकें आ रही हैं, उन्हें भी वह हटिया और बालेश्वर भेज दें। जुलाई महीनेमें अङ्गरेज़-सरकारको रायमंगलमें जर्मन-जहाज़के आनेका हाल मालूम हुआ और सरकार होशियार हो गयी।

७ अगस्तको कोई सूचना मिलनेपर पुलिसने हेरी एण्ड सन्सकी दुकानमें तलाशी ली और वहाँ कई मनुष्योंको गिरफ्तार किया। १३ अगस्तको बम्बईसे एक क्रान्तिकारीने जावामें हेल्फ़रिशको सावधान कर दिया और १५ अगस्तको नरेन्द्र भट्टाचार्य (मार्टिन) और एक अन्य क्रान्तिकारी हेल्फरिशसे मिलनेके लिये बटेविया रवाना हो गये।

४ सितम्बरको हेरी एण्ड सन्सकी एक शाखा "युनिवर्सल इम्पोरियम" की तलाशी ली गयी। इसके बाद पाँच बङ्गालियोंकी खोज हुई; पुलिससे उन बङ्गालियोंकी लड़ाई हुई, जिसमें यतीन्द्र मुकर्जी और चित्तप्रिय राय चौधरी मारे गये। इसके बाद "मार्टिन" की कोई खबर नहीं मिली। दो क्रान्तिकारियोंने गोआ पहुँच कर "मार्टिन" के नाम निम्नलिखित तार बटेविया भेजा,—"क्या कर रहे हो? कोई खबर न मिली; हमलोग बड़ी चिन्तामें हैं।" इस तारसे गोआमें पुलिस जाँच करने लगी और अन्तमें दो बङ्गाली पकड़े गये, जिनमेंसे एक भोलानाथ चटरजी था। २७ जनवरी, सन १९१६ को इस बङ्गालीने पूना-जेलमें आत्महत्या कर ली थी।

यहाँपर 'मेवरिक' जहाज़का भी कुछ वृत्तान्त संक्षेपमें दिया जाता है। यह जहाज़ २२ अप्रैल, १९१५ को केलिफ़ोर्नियासे चला था। उसपर २५ अफ़सर और अन्य यात्री सवार थे। सेन-फ्रान्सिसकोमें रहनेवाले जर्मन राजदूत वान ब्रिंकन तथा लाला हरदयालके प्रतिनिधि श्री रामचन्द्रने उन्हें सवार कराया था। उनमेंसे एक आदमी श्री हरिसिंहके पास "ग़दर" पत्रकी बहुत सी प्रतियाँ बाँटनेके लिये थीं। 'मेवरिक' जहाज़ मेक्सिकोसे ६०० मीलकी दूरीपर सोकोरो द्वीपमें गया, और वहाँ एक अन्य जर्मन जहाज़ने उसपर बारूद, बन्दूकें और गोलियाँ लादीं। कई सप्ताहके बाद 'मेवरिक' होनोलूलू होता हुआ जावा आया। जावामें डच अधिकारियोंने उसकी तलाशी ली; पर जहाज़ खाली दिखाई दिया।

जावामें रहनेवाले जर्मन दूत हेल्फ़रिशने 'मेवरिक' के यात्रियोंको फिर अमेरिका भेज दिया, और इस बार "मार्टिन" (नरेन्द्र भट्टाचार्य) ने अपना नाम हरिसिंह रखा, और उस जहाज़पर सवार होकर चला गया। इस तरह "मार्टिन" बचकर अमेरिका पहुँच गया। वहाँ पहुँचनेपर अमेरिकन सरकारने उसे अंगरेज़ोंका विद्रोही समझकर गिरफ़्तार कर लिया।

इसके बाद और भी कई जर्मन जहाज़ हथियारोंसे लदे हुए बङ्गालकी खाड़ीमें आनेवाले थे; पर वे सभी अपने कार्यमें निष्फल हुए। एक जहाज़ जापान होता हुआ भी आया था और इसमें हथियार लदवानेमें रासबिहारी बोसका भी हाथ था। पर यह जहाज़ भी सफल न हुआ। इस तरह जर्मनोंके षड्यन्त्र इधर निष्फल ही रहे। इसी सम्बन्धमें अमर सिंह नामके एक क्रान्तिकारीको मंडालेमें फाँसी हुई थी।

यहाँपर देशभक्त लाला हरदयाल एम० ए० का भी कुछ परिचय देना अप्रासंगिक न होगा। ये नर-पुंगव पंजाबके निवासी थे। बाल्यावस्थामें वे एक अत्यन्त गम्भीर मस्तिष्कके बालक थे और पढ़ने-लिखने में सभी विद्यार्थियोंसे तेज थे। प्राय: सभी

परीक्षाओंमें वे प्रथम होते थे। उनके दिमाग़की यह विशेषता थी, कि एक बार वे जिस पुस्तकको पढ़ लेते थे, वह उन्हें शब्दशः कण्ठस्थ हो जाती थी। एम० ए० में भी जब वे प्रथम हुए, तो सरकारने उन्हें अधिक धनकी छात्र-वृत्ति देकर इङ्गलैण्ड पढ़ने भेजा था। सरकार समझती थी, कि सरकारी छात्र-वृत्तिसे पढ़ा हुआ युवक अन्तमें सरकारकी ही गुलामी करेगा। और वास्तवमें उन सरीखा धुरन्धर विद्वान् पुरुष जिस क्षेत्रमें कार्य्य करता, खूब सफल होता। वे जज, कलेक्टर, मन्त्री, सेनापति या गवर्नर तक होनेकी योग्यता रखते थे।

पर देश-प्रेमके नशेसे मतवाले ला० हरदयाल किसी सरकारकी गुलामी क्यों करते? उन्हें रात्रि-दिवस भारत माताकी स्वतन्त्रताकी ही चिन्ता लगी रहती थी। वे जब सरकारी छात्रवृत्ति लेकर इंगलैण्ड पढ़ने गये, तो उनका दिमाग़ पलट गया। सरकारी छात्र-वृत्ति लेनेपर उन्होंने अपनेको धिक्कारा, फिर उन्होंने भारत-मन्त्रीको एक पत्रके द्वारा सूचना दी, कि "जिस जातिने मेरे देशवासियोंको संगीनके बलसे परतन्त्र कर रखा है, उससे किसी तरहकी वृत्ति लेना मैं पाप समझता हूँ।" यह लिख कर उन्होंने सरकारी छात्र-वृत्ति ठुकरा दी। देशके लिये इतनी ममता कितने विद्यार्थियोंको होगी? इसके बाद वे अपनी धुनमें मस्त रहने लगे। लन्दन, पेरिस और बर्लिनके क्रान्तिकारियोंसे उन्होंने काफ़ी मेल-जोल बढ़ा लिया।

सन् १९१४ ई० में जब जर्मन महासमर आरम्भ हुआ, तब लाला हरदयाल अमेरिकामें पहलेसे "ग़दर" दल संगठित कर रहे थे। इसी नामका उन्होंने वहाँसे एक अख़बार भी निकाला था, जो प्रायः समस्त भारतीय भाषाओंमें लिखा जाता और भारतमें गुप्त रूपसे बाँटा जाता था। उस समय अमेरिकन सरकारने भारतीय क्रान्तिकारियोंको बड़ी क्रूरतासे दबाया। उनपर वहाँ एक मुक़दमा भी चला था, जिसमें कई क्रांतिकारियोंको फाँसी तथा निर्वासन-दण्ड मिला था।

पर साहसी वीर ला० हरदयाल वहाँसे किसी तरह बचकर भागे और जर्मनी पहुँचे। भूतपूर्व जर्मन सम्राट कैसरसे भी उनकी भेंट हुई थी। प्रायः सभी जर्मन मन्त्री और अधिकारी ला० हरदयालका बहुत सम्मान करते थे। वे कई भाषाओंके एम० ए० हैं और प्रायः समस्त युरोपीय, एशियाटिक और अमेरिकन भाषाओंको मातृभाषाकी तरह धारावाहिक रूपसे बोलते हैं। जर्मन-युद्धके समय वे वहाँ उप-परराष्ट्र मन्त्री भी थे और जर्मन-परराष्ट्र मन्त्री वान ज़ीमरमैनके सहायक थे। उस समय जर्मनीमें "बर्लिन सोसायटी" नामकी एक संस्था थी, जो मिश्र, ईरान, भारत और अन्य पूर्वी देशोंमें अङ्गरेज़ोंके विरुद्ध क्रान्ति भड़काती थी। लाला हरदयाल इस "बर्लिन सोसायटी" के प्रधान सञ्चालक थे। एक समय वे जर्मनीके दूत बनकर तुर्कीके सुलतानसे भी मिले थे।

किन्तु जर्मन-युद्धकी समाप्तिके बाद परिस्थिति फिर बदल गयी। इङ्गलैण्ड, फ्रान्स, अमेरिका आदि मित्र राष्ट्रोंकी संयुक्त सेनाओंने जब जर्मनीको परास्त कर दिया, तब सन् १९१९ के नवम्बर मासमें लाला हरदयालकी परिस्थिति बड़ी विकट हो गयी। वे क्या करें? कहाँ जायें? उन्होंने निज मातृभूमिकी स्वतन्त्रताके लिये मातृभूमि त्यागी; अङ्गरेज़ सरकारसे दुश्मनी मोल ली—ऐसी दशामें जर्मन सरकारने भी उन्हें प्रायः बन्दीसा बना लिया। बर्लिनके जिस महलमें लालाजी रहते थे; उसी महलमें वे क़ैद किये गये। लालाजीका स्वास्थ्य भी उस समय ठीक न था; उन्होंने जर्मन मन्त्रीको विनयपूर्वक लिखा, कि "मैं अपना स्वास्थ्य सुधारनेके लिये स्वीज़रलैण्ड जाना चाहता हूँ, इसलिये मुझे आज्ञापत्र दिया जाये।" परन्तु उस क्रूर जर्मन मन्त्रीने उन्हें उत्तर दिया,—"On no account you will be allowed to leave Berlin." अर्थात् तुम किसी भी दशामें

बर्लिनसे नहीं जाने पाओगे। तब लाला हरदयालजीने समझ लिया, कि—"मैं अब जर्मनीमें क़ैद हो गया हूँ।"

लाला हरदयालका हृदय टूट गया। बहुत परिश्रम करनेके बाद जैसे कोई मनुष्य निष्फल होकर पस्त हो जाता है, वैसे ही लालाजी भी थककर हताश होगये। पर अब उन्हें जर्मनीकी क़ैदसे बचकर भागना था। उन सरीखा दक्ष राजनीतिज्ञ और पूर्ण षड्यन्त्रकारी जर्मनोंकी क़ैदमें नहीं रह सकता था। फिर एक दिन उन्होंने क्रूर जर्मनोंको भी धोखा दिया और किसी तरह जर्मन वेशमें वहाँसे भाग निकले। जहाज़पर सवार होकर सीधे स्टाकहोम (स्वीडन) पहुंचे और वहाँसे उन्होंने जर्मन-मन्त्रीको तार दिया, कि—"आपको धन्यवाद है—मैं कुशलपूर्वक यहाँ पहुँच गया।"

इसके बाद देशहीन, गृह-हीन, बन्धु-हीन मनुष्यकी तरह लालाजी घूमने लगे। अब वे कहाँ जायें? कौन देश उन्हें शरण देगा? इङ्गलैण्ड, फ्रान्स, जर्मनी, अमेरिका आदि सभी उनके शत्रु थे—जो उन्हें पाता, गोली मार देता। किन्तु कर्मण्य मनुष्य कभी हताश होकर नहीं बैठता। लालाजीका हृदय भारत-माताकी स्वतन्त्रताके लिये चिरन्तन पीड़ित रहा करता था। वही स्वतन्त्रताका लक्ष्य उनके सामने था और उस उच्च लक्ष्यसे वे बिल्कुल विचलित न हुए थे।

अब उनके विषयमें सुना जाता है, कि वे सोविएट रूसमें निवास करते हैं। बीचमें एक ऐसा भी समाचार मिला था, कि वे शायद लण्डन आ गये हैं। पर यह ग़लत है—वे सोविएट रूसमें सोविएट-सरकारके मेहमान हैं और क्रान्तिका लक्ष्य सामने रखे हुए तदनुसार कार्य करते हैं। लाला हरदयालजी उन विरले देश-भक्तोंमें हैं, जिन्होंने देश-माताकी स्वतन्त्रताके लिये अपना सर्वस्व न्योछावर कर दिया है। वह वीरात्मा धन्य है, जो इतनी कठिनाइयोंमें रहकर भी अबतक भारतका भक्त बना हुआ है।

श्री शचीन्द्रनाथ सान्याल।

[लेखक—श्रीयुत बालकृष्ण पन्त]

श्री शचीन्द्रनाथ सान्यालका जन्म सन् १८९३ ई० में कलकत्तेमें हुआ था। इनके पिता श्रीयुत हरिनाथ सान्याल यद्यपि एक सरकारी नौकर थे, फिर भी इनमें राष्ट्रीयताका भाव बहुत अधिक था। १९०८ ई० में जब, कि श्री शचीन्द्रनाथकी उम्र सिर्फ १५ वर्षकी थी, उनका देहान्त हो गया। पर देहान्तके पूर्वही अपने पुत्रोंको इन्होंने कलकत्तेको 'अनुशीलन-समिति' में भर्ती करा दिया था। पिताकी मृत्युके बाद श्री शचीन्द्रनाथ बनारस आये और यहाँपर नवयुवकोंका संगठन आरम्भ कर दिया। १७ वर्षकी अवस्थामेंही इन्होंने तीन शाखाओं सहित एक बढ़िया संस्था सङ्गठित कर ली। कुछ दिनों तक इसके मूल केन्द्रके ३०० तथा शाखा-केन्द्रोंके १०० से १५० तक सदस्य थे। १९१५ ई० में इस संस्थाको पुलिसने विनष्ट कर डाला।

श्री शचीन्द्रनाथ सान्यालने १९१२ ई०में ही बंगालके क्रान्तिकारी दलसे अपना सम्बन्ध स्थापित कर लिया था। इसके बादसे वे बराबर युक्त प्रान्तमें क्रान्तिकारी-आन्दोलनके बढ़ानेके प्रयत्नमें लगे रहे। बनारसमें इनके तथा इनके साथियोंके पीछे सदा खुफ़िया पुलिस लगी रहती थी। फिर भी यह तारीफ़की बात है, कि उस अवस्थामें भी ये श्रीयुत रासबिहारी बोस, श्री यतीन मुकर्जी आदि जैसे फ़रार क्रान्तिकारियोंको छिपा सके थे। १९१४ ई० में श्रीयुत रासबिहारी बोसको गिरफ्तार करानेवालेके लिये ७५००) के इनामकी घोषणा सरकार द्वारा हो चुकी थी। पर उसी अवस्थामें श्री बोसने बनारस पहुँचकर उसे ही अपने कार्यका मुख्य केन्द्र बनाया। श्री रासबिहारी बोसका शचीन्द्रनाथ पर बहुत विश्वास था और वे इनके ज़िम्मे बहुत बड़ी-बड़ी ज़िम्मेदारीके

कार्य सौंपते थे। उन्होंने श्री शचीन्द्र तथा उनके दो और साथियोंको नये प्रकारका बम बनाना सिखाया। एक बार उसके प्रयोगका अनुभव करते समय वह फूट पड़ा और श्री शचीन्द्रनाथ बुरी तरहसे घायल हुए। पुलिस-चौकी उस स्थानसे सिर्फ ५ मिनटके रास्तेकी दूरी पर थी; पर पुलिसवालोंको इस बातका कुछ भी पता न लगा। लाहौर-षड़यन्त्रके मुक़दमेके समय ही पहले पहल श्री शचीन्द्रनाथ सान्यालका नाम षड़यन्त्रकारीके रूपमें प्रकट हुआ। इसके बाद ८ महीनेतक—जब तक, कि १९१६ में बनारस षड़यन्त्रके सम्बन्धमें वे गिरफ्तार न हो गये—वे फ़रार रहे। इसके पहले कलकत्तेमें क्रान्तिकारियोंकी एक मीटिंग हुई थी। इसमें श्री रासबिहारी, श्रीनरेन भट्टाचार्य,श्रीयतीन मुकर्जी,गिरजा बाबू, श्रीशचीन्द्रनाथ आदि उपस्थित थे। इस मीटिंगमें श्री रासबिहारी बोसको विदेश जाकर वहाँसे अस्त्र-शस्त्र भेजने तथा धन-संग्रहका काम, श्री नरेनको विदेशी हथियारोंको लेने तथा रक्षा करनेका काम, श्री यतीन और श्री गिरजाको देशमें धन-संग्रहका काम और श्री शचीन्द्रनाथ सान्यालको पञ्जाब तथा युक्तप्रान्तके किसानों तथा सैनिकोंमें क्रान्तिकारी भाव फैलानेका काम दिया गया था। श्री शचीन्द्रनाथकी गिरफ्तारी इनके दलके ही एक आदमीके विश्वासघातके कारण हुई थी। मुक़द्दमा होते समय जब इनसे सफ़ाई माँगी गयी, तब इन्होंने बड़ी निर्भीकता और बहादुरीके साथ निम्नलिखित वक्तव्य पेश किया:—"मैं हिन्दुस्थानके लिये पूरी आज़ादी चाहता हूँ और मैंने अपना जीवन उसीकी प्राप्तिके लिये निसार कर दिया है। मैं ब्रिटिश सरकारके जजोंकी अपेक्षा किसी और उन्नत शक्तिमें विश्वास करता हूँ, जो मनुष्यों और राष्ट्रोंकी भाग्य-निर्णायक है।" उन्हें आजन्म कालेपानीकी सज़ा हुई और बड़ी खुशीसे उन्होंने उसका आलिंगन किया। अण्डमानमें पहुँच कर इनकी सिक्खोंसे बड़ी मित्रता हो गयी। वहींपर देशभक्त श्री सावरकर से भी इनका परिचय हुआ। सभी क़ैदी इन्हें बड़े आदरकी निगाहसे देखते थे। वहाँपर इन्होंने अर्थशास्त्र, इतिहास आदिका अध्ययन किया। १९२१ ई० की राज-घोषणा में वे रिहा हो गये। इसके बाद कुछ अन्य कामोंमें लगे रहे। पर फिर ज्योंही बनारस पहुँचे, अपने उसी उत्साह, लगन और मुस्तैदीके साथ पुराने साथियोंकी खोज-ढूँढ़ कर, उसी कार्यमें लग गये। इसके बाद बंगालके काले क़ानूनके अनुसार कलकत्तेमें दूसरी बार भी इनकी जो गिरफ्तारी हुई, वह इनके एक अपने ही आदमीके विश्वासघातके कारण। उसने सिर्फ़ १०००) के लोभमें आकर पुलिसको इनके निवास-स्थानका पता बतला दिया था। इन दो मौक़ोंके और अपने ही कहे जाने वाले आदमियोंके विश्वासघातसे इनके हृदयको बड़ा गहरा सदमा पहुँचा और तबसे एक प्रकारसे नौजवानों परसे इनका विश्वास उठ-सा गया। इस नज़रबन्दीकी अवस्थामें ही उनपर बाँकुड़ा-राजद्रोह केस चलाया गया। इस मुक़द्दमेका आधार उनके पासमें एक ऐसे लिफ़ाफ़ेका पाया जाना था, जिसके भीतर 'क्रान्तिकारी' नामक पर्चा था और जिसपर श्री रासबिहारी बोसका जापानका पता लिखा हुआ था। इस मुक़द्दमेमें इन्हें दो वर्षकी सख्त क़ैदकी सज़ा मिली। इस प्रकार नज़रबन्दी और उक्त सज़ाकी मियाद भुगत ही रहे थे, कि काकोरी-षड़यन्त्र केसमें पकड़ लिये गये और आजन्म कालेपानीकी सज़ा दे दी गयी।

श्री शचीन्द्रनाथके जीवनको बनानेमें उनकी माताका बहुत अधिक हाथ रहा है। इनके सबके सब पुत्र बड़े बहादुर, देशभक्त, वीर और त्यागी निकले। जो भी व्यक्ति इस पवित्रात्मा महिलाके संसर्गमें आया, वही इनके गुणोंपर मुग्ध हो गया। ये समस्त बंगालमें प्रसिद्ध क्रान्तिकारी माताके नामसे उसी तरह विख्यात हैं, जिस तरह पारसी महिला मैडम कामा, युरोपमें भारतीय क्रान्तिकारियोंकी माँ करके प्रसिद्ध हैं।

श्री मन्मथनाथ गुप्त।

[लेखक—श्रीयुत अवधविहारी मिश्र]

श्री मन्मथनाथ गुप्तका जन्म बनारसमें १९०७ ई० में एक प्रतिष्ठित वैद्य-वंशमें हुआ था। इनके पितामह श्री आद्यानाथ गुप्त १८८० ई० में हुगली (बंगाल) से बनारस जा बसे थे। इनके पिताका नाम श्री वीरेश्वर गुप्त है। बचपनसे ही मन्मथ बड़े तेज़ और प्रतिभावान व्यक्ति रहे। ५ वर्षकी अवस्थामें ही गणितके कठिन-कठिन प्रश्न बड़ी आसानीसे हल कर देते थे। इनके पिताने इन्हें किसी स्कूलमें न भेज कर अपनी ही देख-रेखमें प्रारम्भिक शिक्षा दी। उसके बाद इन्हें एक संन्यासी बनानेके उद्देश्यसे एक संन्यासी गुरुके पास संस्कृत पढ़नेके लिये भेज दिया। दो बर्ष तक ये अपने पिताके साथ वीराटनगर (नेपाल) में रहे। वहाँसे आनेके कुछ ही दिनों बाद असहयोग आन्दोलन चला और इनके पिताने इन्हें काशीके गान्धी राष्ट्रीय विद्यालयमें भर्ती करा दिया, जहाँ वे स्वयं भी शिक्षक थे। इन्हीं दिनों (१९२१ ई० में) युवराज भारतमें आये थे और उनके बहिष्कारके लिये हर जगह हड़ताल आदि की गयी थी। इसी सम्बन्धमें बनारसमें वहाँके नेताओंके साथ बहिष्कार और हड़तालका नोटिस बाँटते हुए ये भी गिरफ्तार हुए और तीन महीनेकी जेलकी सज़ा काट आये। उस दिन नोटिस बाँटते वक्त इनके पिताने जब इनसे कहा, कि "तुम नोटिस तो बाँट रहे हो; पर इसके कारण तुम्हें जेल जाना पड़ेगा। तुम्हारी उम्र अभी सिर्फ १४ सालकी है। तुम क्या जेलकी यन्त्रणाओंको बरदाश्त कर सकोगे?" उत्तर देते हुए श्री मन्मथने बड़ी बहादुरीसे कहा,—"बाबूजी! मैं अपनी मातृ-भूमिके लिये सब कुछ सहनेको तैयार हूँ।"

इस मुक़द्दमेमें फँसनेके पहलेसे ही ये सार्वजनिक कामोंमें भाग लेने लगे थे तीन महीनेकी सज़ा काट कर जेलसे निकलनेके बाद वे महात्मा गान्धी द्वारा स्थापित सुप्रसिद्ध राष्ट्रीय संस्था काशी विद्यापीठमें भर्ती हो गये और वहाँकी 'विशारद'-परीक्षा (मैट्रिक) पास कर विद्यापीठके कालेजमें पढ़ने लगे। इन्हीं दिनों (१९२३ ई०) इनकी भेंट बङ्गालके एक सुप्रसिद्ध क्रान्तिकारीसे हुई और बहुत बहस तथा सोच-विचारके बाद, जब इन्हें यह विश्वास हो गया, कि इसी रास्तेसे भारतका अधिक कल्याण होगा, तब ये क्रान्तिकारी दलमें सम्मिलित हो गये। काकोरीके डाकेके बहुत पहलेसे ही पुलिसकी नेक-नज़र इनपर गड़ गयी थी और बराबर इनका पीछा किया जाता था। काकोरी-षड्यन्त्रकी गिरफ्तारीकी नियत तारीख (२६ सितम्बर १९२५ ई०) को ही ये गिरफ्तार कर लिये गये। षड्यन्त्रके मुक़द्दमोंकी सब बातोंकी इन्हें जानकारी न थी और इस कारण इन्होंने यह समझ लिया था, कि मुझे फाँसी हो जायेगी। यह सोचकर उन्होंने एक दिन अपने पिताजी (जब कि जेलमें इनसे मिलने गये थे) से कहा, कि "अब मुझे इस संसारसे चला ही जानिये।" यह कहते वक्त पिताजीके सामने ही उनकी आँखोंमें आँसूके आ गये। बहादुर पुत्रके उस वीर पिताने कहा, "I don't expect tears in the eyes of my son") अर्थात्—"मैं अपने पुत्रकी आँखोंमें आँसू देखनेकी आशा नहीं करता।"

काकोरीके हवालातियोंमें एकको छोड़कर संभवत: सबसे छोटे श्री मन्मथनाथ ही थे। फिर भी ये बहुत गम्भीर थे। इनकी यह गम्भीरता स्यात् उनके विशेष अध्ययनके फलस्वरूप थी। मुक़द्दमेमें ये मुख्य अपराधियोंमें एक समझे जाते थे तथा सरकारकी दृष्टिमें बड़े ख़तरनाक व्यक्ति गिने जाते थे। मुक़द्दमेमें सेशन्ससे इन्हें १४ सालकी सख्त क़ैदकी सज़ा मिली। पुलिसने इसे कम समझ कर अपील की; पर इनके मामलेमें उसे मुँहकी खानी पड़ी। इनकी सज़ा और अधिक न बढ़ी। सज़ाके बाद श्रीविष्णु शरण दुबलिसके साथ नैनी जेलमें भेजे गये। वहाँ साधारण क़ैदीसा व्यवहार

श्री रामकृष्ण खत्री

[लेखक—श्रीयुत गणेशप्रसाद शर्मा]

श्री रामकृष्ण खत्रीका जन्म चिरवली (बुल्डाना-बरार) में सन् १९०३ ई० में हुआ था। आपके पिताका नाम श्री शिवलाल खत्री था और श्रीरामकृष्णके लड़कपनमें ही उनका देहान्त हो गया था। पिताके देहान्तके बाद इनके बड़े भाई ही इनके अभिभावक हुए। वे चाँदामें कपड़ेकी दूकान करते हैं; इसलिये रामकृष्णजीको भी वहीं रहना पड़ा। ये स्वभावके बड़े नटखट और चतुर हैं। इनकी बुद्धि और मेधा इतनी अच्छी है, कि स्कूलमें बहुत थोड़ा पढ़कर भी अपने क्लासमें सबसे अच्छे रहते थे। बचपनमें जब नीचेके दर्जेमें पढ़ते थे, तब इन्होंने एक दिन सुना, कि दूरके एक गाँवमें लोकमान्य तिलकका व्याख्यान होगा। घरपर बिना किसीसे कहे अपने भाईकी घोड़ी लेकर कई साथियोंके साथ वे वहाँ पहुँचे और लोकमान्यका दर्शन कर तृप्त हुए। लोकमान्यका भाषण हुआ; पर बच्चोंकी समझमें कुछ भी न आया। अन्तमें लोकमान्यने कहा, कि जिसको कुछ सन्देह हो, पूछे। लड़कोंके मनमें सन्देह-ही-सन्देह भरा था। उन्होंने विचारा, कि लोकमान्यसे पूछा जाये, कि बच्चोंके लिये भी कुछ काम है ? बात तो सोच ली गयी; पर प्रश्न करनेकी किसीकी हिम्मत ही न हो। अन्तमें श्रीराम कृष्णने प्रश्न किया। लोकमान्यने कहा,—'तुम माता, पिता और गुरुकी आज्ञा मानो, तथा उनकी सेवा करो।' पर इस उत्तरसे श्रीरामकृष्णको कुछ अधिक सन्तोष न हुआ, वे कुछ और ही उत्तर चाहते थे। घरपर रहना और बराबर पढ़ते रहना इन्हें अच्छा नहीं लगता था। कहते "दिन-रात पढ़ो-पढ़ो लगा रखा है। इससे तो कहीं अच्छा नहरमें तैरना और बागोंमें फल तोड़ना होता है। न मालूम किस दुष्टने नन्हें-नन्हें बच्चोंको कष्ट देनेके लिये लिखने-पढ़नेका आविष्कार किया था ?" खैर, किसी प्रकार दसवें दर्जेतक पहुँचे। इस समय एक विशेष प्रियपात्रके वियोगके कारण उनको वैराग्य हुआ और वे काशी पहुँचे और साधुओंके असरसे गेरुआ वस्त्र धारण कर साधु बन गये। अब इनका नाम ब्रह्मचारी गोविन्दप्रकाश हो गया। इस समय ये प्रादेशिक उदासी महामण्डल काशीके मन्त्री हो गये। धीरे-धीरे बहुतेरे साधुओंकी पोल उनके सामने खुलने लगी और उन्होंने अच्छी तरहसे जान लिया, कि कितने ही भारी दुराचारी, लोभी और ढोंगी होते हैं। एक बार एक बंगाली साधु भुलावा देकर उन्हें एक विचित्र मकानमें ले गया। वहाँ रामकृष्णने सामने कालीकी मूर्ति देखी! कुछ सन्देह-जनक बातोंसे उन्हें ज्ञात हो गया, कि साधु उन्हें वहाँ बलि देना चाहता है। वे किसी बहाने छत-पर खिसक गये तथा वहाँसे कूदकर भाग निकले। साधुओंको ये बड़ी घृणाकी दृष्टिसे देखते तथा कहते, कि "उन्हें जीतेजी गङ्गाजीमें डुबा देनेसे डुबानेवालेको मुक्ति मिलेगी, और देशका कल्याण होगा। ऐसे बेकार, व्यभिचारी और विलास-प्रिय व्यक्तियोंको क़ानूनन शादी करनेके लिये मजबूर करना या इनसे जेल में चक्की चलवानी चाहिये।" श्री रामकृष्णने असहयोग-के ज़मानेमें शराब तथा विलायती कपड़ेके बहिष्कारके लिये दूकानोंपर पिकेटिंग भी की थी। १९२३ ई० में ये क्रान्तिकारी दलमें शामिल हुए और धीरे-धीरे दलके एक प्रमुख कार्यकर्त्ता हो गये। वे युक्त-प्रान्तसे महाराष्ट्रमें संगठन और प्रचारकी दृष्टिसे भेजे गये थे। श्री लाहिड़ी और श्री रामप्रसादके नाम उनकी लिखी

होनेके विरोधमें दलकी आज्ञाके मुताबिक इन्होंने भी अनशन शुरू कर दिया और लगातार ४६ दिनोंतक बराबर अनशन करते रहे। अन्तमें देश नेताओंके कहनेसे उन्होंने अनशन त्याग दिया। इसके पहले हवालातमें रहते समय भी सबके साथ इन्होंने भी १५ दिनोंतक अनशन किया था।

चिट्ठियाँ, जो मुकदमेमें पेश हुई थीं, पटियाला, जबलपुर, चाँदा, पूना आदि जगहोंसे लिखी हुई थीं। एक जगहसे एक पत्रमें इन्होंने पं० रामप्रसाद 'बिस्मिल' को लिखा था, कि "यहाँ मेरी तिजारत अब शीघ्र ही अच्छी तरह चलेगी। कालेजके कुछ युवकोंने ग्राहक बनकर सहायता देनेका वचन दिया है।" रामकृष्णका चेहरा बहुतही गोरा है, और आँखोंसे एक अजीब ज्योति छिटकती है। शरीरसे दुबले, पर बड़े फुर्तीले हैं। हवालातमें बराबर कसरत करते थे। ये पूनामें गिरफ्तार किये गये। केवल एक इस आदमीको गिरफ्तार करनेके लिये १०० हथियार-बन्द फ़ौजी भेजे गये थे। हवालातमें ये सदा प्रसन्न-चित्त रहते और इनके अच्छे गुणोंके कारण सभी लोग इनसे बहुत प्रसन्न रहते थे। शारीरिक स्वच्छताके साथ-साथ मानसिक पवित्रताके भी ये बड़े पक्षपाती हैं। इनका स्वभाव बड़ा सरल और मिलनसार है, सहजमेंही एक अपरिचित व्यक्तिसे भी इनकी मित्रता हो जाती है। इन्होंने पंजाब, युक्तप्रान्त, बिहार, मध्यप्रान्त और महाराष्ट्रका भ्रमण किया है। उनकी बातें सदा रसीली और दिलचस्प होती हैं। लड़कपनमें इन्हें पढ़नेसे जितनी नफ़रत थी, इस समय पढ़नेका उन्हें उतना ही अधिक शौक़ बढ़ गया है। ये मराठी, गुजराती, गुरुमुखी, हिन्दी, अँगरेज़ी और बँगला अच्छी तरह जानते हैं। बंगला और गुजराती तो इन्होंने जेलमें ही सीखी है। पुस्तकें संग्रह करनेका इन्हें नशा सा है और जेलमें भी इन्होंने कितनीही अच्छी-अच्छी पुस्तकें ख़रीदी हैं। ये सदा लोकमान्य तिलकके इस वाक्यको कि "स्वराज्य मेरा जन्मसिद्ध अधिकार है और मैं इसे लेकर रहूँगा।" कहा करते हैं। हवालातमें रहते समय इन्होंने १६ दिनोंका अनशन किया था। काकोरी षड्यन्त्र केसमें इन्हें १०वर्षकी सख़्त कैदकी सज़ा हुई। ये हिन्दी और मराठीमें अच्छा व्याख्यान दे लेते हैं। ये पक्के साम्यवादी विचारके पोषक हैं।

श्री मुकुन्दी लाल।

——:*:०:*:——

[लेखक—श्रीयुत जटाधारी प्रसाद]

श्री मुकुन्दी लाल इटावा जिलेके उरइया कस्बेके रहनेवाले हैं। इनके पिता एक प्रसिद्ध अमीर व्यापारी थे। मरते वक्त वे काफ़ी धन छोड़ कर मरे थे। उस समय लाला मुकुन्दी लालकी उम्र सिर्फ १४ वर्षकी थी। इनका राजनीतिक जीवन मैनपुरी षड्यन्त्रके प्रसिद्ध नेता श्रीयुत गेंदालाल दीक्षितके सहवाससे, जो उरइयामें शिक्षक थे, आरम्भ हुआ। श्री गेंदालाल जी ही इन्हें इस पथपर लाये थे। ये उन्हें अपना गुरु मानते हैं। श्री गेंदालाल जी एक बार लोकमान्य तिलकसे मिलनेके लिये पूना गये थे। वहाँसे लौटनेमें देरी होनेके कारण वे नौकरीसे बर्खास्त कर दिये गये। उस समय ला० मुकुन्दी लालने जी खोलकर उनकी मदद की। श्री मुकुन्दी लालने श्री गेंदालालजी दीक्षितको उनके इस कार्यमें खूब आर्थिक मदद पहुँचायी। उन्होंने अपने मकानके एक बड़े हिस्सेको भी उनके रहनेके लिये दे दिया था। आरम्भसे ही ये क्रान्तिकारी दलके एक ज़िम्मेदार सदस्य रहे। कहते हैं, कि सन् १९१७ ई० में हिन्दीके क्रान्तिकारी पर्चोंके बाँटनेमें इनका ज़बर्दस्त हाथ था, जो एक ही दिन सारे युक्त-प्रान्तमें बाँटा गया था, और जिसके कारण प्रान्त-भरमें भारी हल-चल मच गयी थी। इसके कुछ ही दिनों बाद मैनपुरी षड्यन्त्रका मुक़द्दमा चला। ये भी उस सम्बन्धमें गिरफ़्तार हुए और छः सालकी सज़ा पायी। अपनी पूरी सज़ा नैनी-जेलमें काट कर सन् १९२६ई०में ये मुक्त हुए। पुलिस इनसे बहुत चिढ़ी हुई थी और सिर्फ इसी कारण १९२०ई० में जब और सब लोग राज घोषणामें छोड़े गये, ये नहीं छोड़े गये। उन दिनों जेलमें बड़ी धाँधागर्दी हुआ करती थी, जिसके कारण जेलमें इन्हें अनेक मुसीबतें सहनी पड़ीं। क़ैदियोंपर इनका बड़ा नैतिक प्रभाव रहा। जेलमें ये

महात्मा गाँधोके शिष्य कहे जाते थे। जेलसे लौटकर इन्होंने फिर देशके खुले कामोंमें हाथ बँटाया। सन् १९२४ में इनकी भेंट श्रीयुत शचीन्द्रनाथ बख़्शीसे झाँसीमें हुई। इन्हींकी मार्फ़त ये 'हिन्दुस्थान रिपब्लिकन एसोसिएशन' के सदस्य हुए। समितिके लिये इन्होंने दिल खोलकर काम किया। काकोरीके मुक़दमेके आरम्भसे ही ये फ़रार थे। फ़रारीके वक्तमें इन्हें अनेक मुसीबतोंका सामना करना पड़ा। आज यहाँ हैं, तो कल वहाँ। न किसीसे सहानुभूति मिलती थी, न किसीको मित्र बनाकर अपना सच्चा परिचय देनेका ही साहस होता था ; नियमित रूपसे खाना भी नहीं मिलता था। रातको सोते वक्त एक चूहेकी आवाज़से भी दहशत मालूम होती थी। ऐसी अवस्थामें भी ये सन् १९२५ की कानपुरको कांग्रेस देखनेका लोभ संवरण न कर सके। कांग्रेसमें खुफ़िया वालोंको भरमारके कारण गिरफ़्तार हो जानेकी पूरी सम्भावना थी। पर इसकी इन्होंने कोई परवा नहीं की। इसी अवस्थामें ये एक बार रेलमें जब वेश बदले हुए सफ़र कर रहे थे, आगरेमें एक इन्सपेक्टरने उनसे टिकट माँगा। पासमें पैसा न होनेके कारण ये टिकट न ले सके। इन्सपेक्टरने इनपर क़ानूनी कार्रवाई करनेकी इच्छा प्रकट की। मामला बहुत नाज़ुक था। किसी खुफ़ियासे भेंट हो जाना कोई असम्भव बात न थी। अन्तमें इस देश-भक्तने अपने पहननेके कपड़े बेचकर वहाँसे जान बचायी। उन दिनों सख्त जाड़ा पड़ रहा था। पाठक यह महसूस कर सकते हैं, कि मुल्कके लिये मरनेवालोंको अपनी ज़िन्दगीमें कैसी-कैसी विपत्तियोंका सामना करना पड़ता है ? इस घटनाके कुछही दिन बाद आप दिन दहाड़े काशीके कारमाइकेल पुस्तकालयमें गिरफ़्तार हुए। गिरफ्तार होनेकी घटना आश्चर्यजनक थी। इनके परिचित एक 'देश भक्त' महाशयने सहायता भेजनेके बहाने धोखा देकर, इनका बनारसका पता जान लिया और उन्हींके विश्वासघातके कारण ये वहाँ पकड़े गये। ये 'देशभक्त' महाशय भी काकोरीके अभियुक्तोंमें थे पर; अपनी करतूत और सरकारकी विशेष कृपासे बादको बरी हो गये ! काकोरीके मुक़दमेमें श्री मुकुन्दीलालको दस साल सख्त क़ैदकी सज़ा मिली; पर पुलिसने इनका नाम भी उन छहोंमें रखा, जिनकी सज़ा बढ़ानेके लिये उसने अपील की। फलस्वरूप इनको सज़ा बढ़ाकर आजन्म कालेपानीकी कर दी गयी। अपनी पत्नीके एकमात्र सहारा होते हुए भी इन्होंने पत्नीका भार भगवानको सौंप दिया है। भगवानही जानें, कि इस महिलापर क्या बीतती होगी ! मैनपुरी की क़ैदके बाद बाहर आकर इन्होंने अपनी सम्पत्तिको स्वाहा पाया था। फिर भी ये निराश न हुए और अपने हृदयको खोखला नहीं बनने दिया—देशका कार्य वैसे ही करते रहे। ये जेलमें बड़े धैर्य्य, शान्ति और सन्तोषके साथ रहते तथा चेहरेपर कभी उदासी नहीं आने देते। इनका शरीर बड़ा बलिष्ठ है। पहलवानीका शौक़ इन्हें बचपनसेही रहा है। इसमें नाम भी काफ़ी पैदा किया है। दोनों बारके अनशनमें इन्होंने भाग लिया था। इन्होंने अपने कस्बेके लोगोंको पुलिसके जुल्मोंसे भरसक बचाया था; इससे पुलिससे आपकी हमेशा खटपट बनी रही। काशीमें रहते वक्त आपने कितनी ही औरतोंको गुण्डोंके हाथसे बचाकर या तो उनको उनके घर भेजनेका प्रबन्ध करवा दिया या ऐसी संस्थाओंमें रखवा दिया, जहाँ उनके भरणपोषणका पर्याप्त प्रबन्ध हो गया है।

"यदि कोई दुबल मनुष्य तुम्हारा अपमान करे, तो उसे क्षमा कर दो ; क्योंकि क्षमा करना ही वीरोंका काम है। यदि अपमान करनेवाला बलवान न हो तो उसे अवश्य दण्ड दो।"

—गुरु गोबिन्दसिंह।

श्री राजकुमार सिनहा

[लेखक—श्रीयुत वृन्दावन दास]

श्री राजकुमार सिनहा कानपुरके प्रतिष्ठित बंगाली स्वर्गीय बाबू मार्कण्डेय दास सिनहाके पुत्र हैं। १८ दिसम्बर सन् १९०५ ई में मार्कण्डे-भवन कराँची खाना, कानपुरमें इनका जन्म हुआ था। इनके पिता परोपकारी, उदारचेता और धर्मपरायण व्यक्ति थे। अपनी फुर्सतके समय वे सदा अपने बच्चोंको धार्मिक कहानियाँ सुनाया करते थे। इनकी माता भी एक सुशिक्षिता महिला हैं। श्री राजकुमारके ऊपर अपने माता-पिताके उपदेश और पवित्र जीवनका बड़ा प्रभाव पड़ा है।

श्री राजकुमार जिस समय गिरफ्तार हुए, उस समय वे काशी हिन्दू-विश्व-विद्यालयके बी० एस-सी० में पढ़ते थे। स्कूली या कालेजकी पाठ्य पुस्तकोंकी अपेक्षा इनको अखबार तथा बाहरी पुस्तकोंसे अधिक प्रेम था और वे समय मिलतेही ऐसी चीज़ोंका अध्ययन करते थे। श्री राजकुमारका राजनीतिक जीवन दिल्ली की स्पेशल कांग्रेस—१९२३ ई० से आरम्भ हुआ। हृदयमें स्वदेशानुराग भरा था। फलतः उन्होंने क्रान्तिकारी दलमें प्रवेश किया। सन् १९२५ के शुरूमें समस्त भारतमें सुप्रसिद्ध (Revolutionary) 'क्रान्तिकारी' पर्चे बँटे। काशीके हिन्दू-विश्व-विद्यालयमें ये पर्चे खूब बँटे। सवेरे उठ कर ही छात्रोंने तथा विश्व-विद्यालयके अधिकारियोंने देखा, कि हरएक कमरेके प्रवेश-द्वारपर एक-एक पर्चा पड़ा है, तथा टट्टियोंकी दीवारोंपर भी बहुतेरे पर्चे चिपके हुए हैं। उसी वक्त मालवीयजीको तथा अन्य अधिकारियोंको इस बातकी खबर दी गयी; जिरह हुई; प्रश्न हुए; पर कुछ भी पता न लगा। इन्होंने भी अपने कमरेमें एक पर्चा पानेकी रिपोर्ट की थी!

हिन्दू-विश्व-विद्यालयके बङ्गाली नवयुवकोंकी 'बंगला-छात्र-परिषद्' नामक संस्था बहुत दिनोंसे चली आ रही है। इसका उद्देश्य विश्व-विद्यालयके बंगाली छात्रोंमें बंगला साहित्यके प्रति प्रेम बढ़ाना है। श्री राजेन्द्रनाथ लाहिड़ीके अनुरोधसे श्री राजकुमारने "भारतमें राष्ट्रीय आन्दोलन और छात्रोंका कर्त्तव्य" नामक एक बंगला निबन्ध लिखा। यह निबन्ध परिषद्के एक अधिवेशनमें पढ़ा गया, लोगोंने इसकी बड़ी प्रशंसा की। बादको यह निबन्ध अदालतमें भी पेश हुआ था और पुलिसने इसे राजद्रोहात्मक बतलाया था। इसमें सन्देह नहीं, कि यह निबन्ध राष्ट्रीयताके भावोंसे ओत-प्रोत था और भावुक नवयुवक लेखकके हृदयका प्रतिबिंब इसके पन्ने-पन्ने पर व्यक्त था। श्री राजकुमार अपने विश्व-विद्यालयके टेरिटोरियल फोर्सके सदस्य थे। उन्हें इस बातका बहुत दुःख है, कि गिरफ्तारीके कारण उनको सामरिक शिक्षा न मिल सकी। ये २६ सितम्बर १९२५ ई० को गिरफ्तार न हुए। पुलिसको उस समय तक उनका पता न था। बादको श्री लाहिड़ीके कुछ काग़ज़ातसे उनके ऊपर पुलिसको शक हुआ। और ३० अक्तूबरको बनारसमें उनके कमरेकी तलाशी हुई। उस समय वे बीमार होकर कानपुरमें पड़े थे। तलाशीमें एक विंचेस्टर राइफल, एक शेरउड राइफल तथा एक पुलिस दारोग़ाका झब्बा और पगड़ी मिली! फिर तो दूसरेही दिन वे कानपुरमें गिरफ्तार कर लिये गये। विंचेस्टर राइफलके सम्बन्धमें पुलिसने यह भी साबित किया, कि यही राइफल मैनपुरी-षड्यन्त्रमें भी इस्तेमाल किया गया था। पगड़ीके सम्बन्धमें सरकारी वकील पं० जगत्नारायणने कहा, कि कदाचित् इस पगड़ीसे क्रान्तिकारियोंने सरकारको या तो कहीं धोखा दिया, या भविष्यमें धोखा देनेका विचार कर रहे थे। गिरफ्तारीके बाद श्री राजकुमार कुछ दिनों तक कानपुर-जेलमें रखे गये। वहाँ इनपर हर तरीकेका दबाव डाला गया, कि वे सब बातें कुबूल कर लें। पर वे किसी तरह न डिगे। वे वहाँ दिन रात एक कोठरीमें बन्द रखे जाते थे और जिरह आदि द्वारा बहुत परेशान किये जाते थे।

५ दिसम्बरको वे मुक़द्दमेके लिये वहाँसे लखनऊ-जेल भेजे गये। इसके कुछही दिन बाद उनके पिताका देहान्त हुआ। इससे उनको बहुत चोट पहुँची। पर उन्होंने हृदयपर पत्थर रख कर सब कुछ सहन किया। करही क्या सकते थे? जिसका देश ग़ुलाम है, जो स्वयं बन्दी है, उसका पिताही क्या, और उसके लिये पितृ-शोकही क्या? उनकी प्रबल इच्छा हुई, कि ज्येष्ठ पुत्रकी हैसियतसे घरके लोगोंको जाकर सान्त्वना दें, इसके लिये ज़मानतकी दरख़्वास्त भी दी गयी; पर कौन सुनता है? जवाब मिला "तुम बाग़ी हो, न्याय तथा शान्तिके शत्रु हो; तुम्हें जेलमें ही रहना पड़ेगा।"

हवालातके सार्वजनिक जीवन उनका बड़ा भाग रहा। वे बहुत अच्छे गानेवाले हैं। उनका गाना सुननेके लिये हर वक्त लोग उत्सुक रहते थे। हार-मोनियम सिखानेको तो सबसे उस्ताद वही थे। वाद-विवाद वगैरहमें भी वे हमेशा भाग लेते रहे और लोगों-के कहनेपर उन्होंने एक बार चीनपर अंग्रेज़ीमें एक वक्तृता भी दी थी। हवालातमें उन्होंने फ्रेंच भाषा सीखनी आरम्भ की। अब वे कोई भी फ्रेंच पुस्तक आसानीसे पढ़ सकते हैं। इन दिनों वे मराठी तथा जर्मन-भाषाका अध्ययन कर रहे हैं। हवालातमें वे प्रति दिन नियमित रूपसे पढ़ा करते थे। उनको अन्त-र्राष्ट्रीय राजनीतिसे बहुत प्रेम है और वे इस सम्बन्धमें विशेष रूपसे अध्ययन करते रहते हैं। बाहर वे प्रतिदिन नियमित रूपसे १०-१२ अख़बार देखा करते थे, हवालातमें भी वे ५-६ अख़बार पढ़ ही लेते थे। वे कहते हैं, कि अख़बार पढ़नेको चाटसे ही मेरा दिल राजनीतिकी ओर झुका है। उन्होंने वाल्टेयर, रूसो, गोर्की, टाल्सटाय आदि प्रसिद्ध-प्रसिद्ध लेखकोंके ग्रन्थोंका अध्ययन किया है। बङ्गला मातृ-भाषा होनेके कारण उसके प्रति तो इनका स्वभावतः ही विशेष प्रेम है।

श्री राजकुमार सिनहाका क़द लम्बा और शरीर यथेष्ट मज़बूत है। वे साइकिल चढ़ने तथा दौड़नेमें बड़े दक्ष हैं। उन्होंने एक बार लखनऊसे कानपुर तक एकदममें साइकिलसे यात्रा की थी। फैसलेके बाद बरेली सेंट्रल जेलमें पहुँचते ही उन्होंने सरकारके अन्यायके प्रतिवादमें अनशन आरम्भ किया। उन्होंने लगातार ३८ दिनोंतक उपवास किया। इस बीचमें उनके मुँहमें पानीके अतिरिक्त और किसी चीज़का एक दाना भी नहीं गया। उनका वज़न प्रायः ४७ पौंड घट गया। एक बार तो उनकी हालत इतनी ख़राब हो गयी थी, कि जेलके इन्सपेक्टर जनरल कर्नल क्लीमेण्ट भी आ गये थे। हवालातमें इन्होंने एक बार १६ दिनतक अनशन किया था।

श्री राजकुमार आज-कलके नवयुवकोंकी भाँति सुकुमार नहीं हैं। उन्हें हर तरहके कामसे बड़ा प्रेम है। हवालातमें ये जहाँतक हो सकता था, अपना काम अपने ही हाथसे करते थे। इन्हें लड़कपनसे ही किसी तरहका हाथका काम सीखनेका शौक़ है। एण्ट्रेन्स पास करनेके बाद इन्होंने कानपुरके एक चमड़ेके कार-ख़ानेमें चमड़ेका काम सीखनेके लिये प्रवेश किया। इस कारख़ानेमें इनकी प्रशंसनीय उन्नति देख, कार-ख़ानेका साहब उनपर बहुत ख़ुश था। असहयोगके दिनोंमें इसी साहबने एक दिन आज्ञा दी, कि कोई भी छात्र या कर्मचारी गान्धी टोपी पहन कर कारख़ानेमें न आये। श्री राजकुमार बङ्गाली होनेके कारण यों तो कभी टोपी नहीं पहनते थे; किन्तु साहबको ऐसा हुक्म देते देख, उनसे न रहा गया। इस निर्भीक युवकने चुनौतीको स्वीकार कर लिया और दूसरे ही दिन वहाँ गाँधी-टोपी पहन कर पहुँचा। साहबने उन्हें बुलाया और बहुत समझाया; पर उन्होंने कहा,—"मैं आपसे यहाँ काम सीखता हूँ, आपको और किसी बातसे क्या मतलब?" साहबने बहुत खेद प्रकट करते हुए उनको कारख़ानेसे अलग कर दिया। इससे श्री राजकुमार सिनहाकी स्वाधीन मनोवृत्ति साफ़ ज़ाहिर होती है। जेलमें रहते समय भी वे अफ़सरोंसे कभी दब कर नहीं चले।

श्री गोविन्दचरण कर

—::❀::—

[लेखक—श्रीयुत शिवचन्द्र त्रिपाठी]

श्री गोविन्द चरण कर बङ्गाल प्रान्तके सुदूरपूर्व ढाका ज़िलेके रहनेवाले हैं। ये पुराने क्रान्तिकारी हैं। सोलह-सत्रह वर्षकी उम्रमें ही पढ़ना छोड़ कर ये क्रान्तिकारी दलमें सम्मिलित हो गये। कुछ दिनों बाद पुलिसकी दृष्टि इनपर पड़ी और सन् १९१० ई० से ही वह इनके पीछे पड़ गयी। ये बड़ी सावधानीसे काम करते रहे। पर अन्तमें १९१६ ई० में पुलिसने इन्हें गिरफ्तार कर ही लिया। पर ये सहज ही गिरफ्तार न हुए। पुलिसके साथ बड़ी देर तक लड़ते रहनेके बाद गिरफ्तार हुए। जब ये गिरफ्तार हुए, तब अर्द्ध मृत और प्राय: बेहोश अवस्थामें पाये गये। चलनेकी शक्ति नहीं थी, बदनकी जगह-जगहसे खूनकी धार बह रही थी! पर गिरफ्तारीके वक्त इनके पास हथियारका कोई नामोनशान भी न था। यह पूछनेपर कि "तमञ्चा कहाँ है?" उन्होंने आश्चर्यान्वित होकर कहा,—"तमञ्चा कैसा? मैं तो गोली चलाना भी नहीं जनाता। मैं अभी तक तो आप लोगोंकी ही गोलियोंकी बौछारसे आच्छादित था। पुलिसवाले ढूँढ़ते-ढूँढ़ते थक गये; पर तमंचेका कुछ भी पता न चला! गिरफ्तारीके बाद श्रीयुत कर बहुत दिनों तक हिरासतके अस्पतालमें रखे गये। अच्छे हो जानेके बाद उनपर 'पबना शूटिंग केस' चला। इस मुक़दमेंसे बङ्गालमें बड़ी खलबली मच गयी थी। पुलिसने उनपर हत्या करनेकी कोशिश करनेकी दफ़ा लगवानी चाही; पर पासमें हथियार न पाये जानेके कारण मुक़दमा जम न पाया। फिर भी इन्हें दस साल काले पानीकी क़ैदकी सज़ा हुई। कालेपानीमें आप कई साल रहे। उन दिनों अंडमानमें क्रान्तिकारियोंकी भरमार थी। अधिकारियोंके सब अत्याचारोंके रहते हुए भी कर महाशयका कहना है, कि वहाँका जीवन बड़ा आदर्श था। वहाँ बड़े-बड़े विद्वान एकत्र थे। सम्पादकों और लेखकोंकी कोई कमी न थी। देश-पूज्य सावरकर, भाई परमानन्द वग़ैरह उस वक्त वहीं थे। कहनेका मतलब यह, कि एक रास्तेपर चलनेवाले बहुतसे सिद्धान्तवादी मुसीबतके कारण सौभाग्यवश एक स्थानपर एकत्रित हो गये थे। समयकी कोई कमी नहीं थी। किताबोंके पासल बराबर पहुँचते रहते थे। वहाँ एक ख़ासा पुस्तकालय बन गया था। सरकार तो यह समझती थी, कि वह अपने शत्रुओंकी शक्ति उन्हें वहाँ बन्द कर कुचल रही है; पर वास्तवमें ज़्यादातर लोग वहाँ अपना भविष्य-निर्माण कर रहे थे। कर महाशयने वहाँ काफ़ी अध्ययन किया। वे अपने उस जीवनको सदा याद किया करते, तथा काकोरी केसमें हवालातमें समय अण्डमानके राजनीतिक कैदियोंके जीवनकी अनेक जानने लायक बातें वे बड़े ही रोचक ढंगसे

श्री राजकुमार सिनहाके ख़यालात बिलकुल साम्यवादी हैं। वे जात-पाँत बिलकुल नहीं मानते, तथा हर तरहके धार्मिक कुसंस्कारोंको त्याज्य समझते हैं। इस समय (१९२९ ई०) उनकी उम्र केवल २४ सालकी है। श्री राजकुमारको हमेशा विदेशी मामलोंमें बहुत दिलचस्पी रही। ये भारतीय इतिहासको समसामयिक विश्व-इतिहाससे मिलाकर पढ़नेवाले विद्यार्थी हैं। वे समस्त दुनियाको स्वाधीन देखना चाहते हैं। और कहते हैं, कि भारतवर्षपर दुनियाको स्वाधीन करनेका भार है। उसके स्वाधीन होते ही सारी दुनिया खुद बखुद स्वाधीन हो जायेगी। काकोरी-षड़यन्त्र-केसमें दस वर्षकी कड़ी क़ैदकी सज़ासे श्री राजकुमार बिलकुल नहीं घबराये। ये कहते हैं, "जहाँतक मुझे राष्ट्रीय तथा अन्तर्राष्ट्रीय राजनीतिका पता है, उससे मैं कह सकता हूँ, मुझको सरकार १० सालतक क़ैद नहीं रख सकती और यदि रख भी ले, तो मुझे कोई खेद नहीं—मैं जेलसे प्रकाण्ड विद्वान् होकर निकलूँगा।"

दूसरे साथियोंसे कहा करते थे। इनकी इन बातोंके सुननेसे लोग कभी ऊबते न थे।

अभी पूरे चार साल भी न हो पाये थे, कि अस्वस्थताके कारण १९२० ई० में ये रिहा कर दिये गये। वहाँसे लौटते ही आपने असहयोग आन्दोलनमें भाग लेना शुरू कर दिया। आपने ढाकेके गाँव-गाँवमें बहुत प्रचार-कार्य किया। ढाका कांग्रेस कमेटीमें इनका काफ़ी प्रभाव था। इस ज़मानेमें भी दिन रात सी०आई०डी० पुलिस इनके पीछे लगी रहती थी। सन् १९२५ ई० में श्री शचीन्द्र नाथ सान्याल और श्रीयोगेश चन्द्र चटर्जीकी गिरफ्तारीके बाद संयुक्त-प्रदेशके विप्लव-आन्दोलनको ठीक तरहसे चलाते रहनेके उद्देश्यसे इन्हें बङ्गालसे उधर भेजा गया। संयुक्त-प्रान्तके बड़े-बड़े शहरोंमें घूम कर इन्होंने षड़यन्त्रकारी आन्दोलनका प्रचार भी किया। इस केसमें इनकी गिरफ्तारी लखनऊमें हुई। उन दिनों ये वहाँ वेश बदल कर अमीनाबादके पास एक मामूली होटलमें रहा करते थे। यहाँ रहनेका पता केवल एक 'देश-भक्त' महाशयको मालूम था, जिन्होंने विश्वासघात करके पुलिसको पता बतलाकर, इन्हें गिरफ्तार करवा दिया। इनकी गिरफ्तारीके बाद यह भी पता लगा, कि उधर बङ्गाल सरकार 'आर्डिनेन्स' के द्वारा इन्हें अपना मेहमान बनानेके लिये अलग परेशान थी। श्रीयुत करको सेशन जजने दस सालकी सज़ा दी थी। परन्तु पुलिसको इससे क्यों संतोष होने लगा? उसने औरोंके साथ इनकी भी सज़ा बढ़ानेके लिये अपील की और अपीलसे इन्हें आजन्म कालेपानीकी सज़ा दी गयी। काकोरी केसके हवालातियोंमें श्रीकर सबसे अधिक उम्रवाले होते हुए भी अपनेको 'लड़ाका' और 'योद्धा' कहनेमें गौरवान्वित होते थे। पहली बारकी गिरफ्तारीके समयके, पुलिसकी गोलियोंके तीन-चार चिह्न अब भी इनकी देहमें बने हुए हैं। आप कहते हैं, कि यही हमारा तमग़ा है। आप क्रान्ति और स्वाधीनता-प्राप्तिके विभिन्न पहलुओं पर सदा विचार करते रहते हैं और सदा दूसरे स्वतन्त्र देशोंके इतिहाससे अपने देशकी तुलना कर व्यग्र होते हैं। इन्होंने कितनीही रातें इन्हीं बातोंको सोचनेमें बितायी हैं। इनका जीवन लड़कपनसे ही त्याग-मय और कठोर रहा है। ये अभी तक अविवाहित हैं। इन्होंने पञ्जाब तथा बम्बई प्रान्तके प्रायः सभी नगरोंमें भ्रमण किया है। कई प्रकारके उद्योग-धन्धोंको भी ये अच्छी तरह जानते हैं। हवालातमें इन लोगोंका जो जमाव होता, उसमें ये बहुत प्रमुख भाग लेते थे। हवालातके समय लखनऊमें १५ दिनों तक, और सज़ाके बाद फतेहगढ़ जेलमें ४५ दिनों तक इन्होंने अनशन किया था। पहले कुछ दिनों तक ये ढाका हिन्दू-सभाके मन्त्री भी रह चुके हैं।

श्री प्रेमकिशन खन्ना

श्रीप्रेमकिशन खन्ना दिल्लीके रहनेवाले हैं। इनके पिता एक बड़े अमीर आदमी हैं। ये ई० आई० रेलवेके हवड़ा डिविज़नके चीफ़ इञ्जीनियर हैं। श्री प्रेमकिशन स्वयं ठेकेका काम करते और खूब द्रव्योपार्जन करते थे। बहुत दिनोंसे कांग्रेसके कार्योंमें भाग लेते थे। काकोरी-षड़यन्त्रके श्री रामप्रसादजी बिस्मिलसे इनकी घनिष्ठ मित्रता थी। श्री रामप्रसादजीके साथ अहमदाबाद, गया आदिमें होनेवाली कांग्रेसोंमें गये थे। श्री रामप्रसादजीकी गिरफ्तारीके बाद इनपर भी सन्देह हुआ और शाहजहाँपुरमें ही ये गिरफ़्तार कर लिये गये। तलाशीमें इनके यहाँ एक तमञ्चा पाया गया। मुक़दमेमें साबित किया गया, कि यही तमंचा काकोरी ट्रेन डकैतीमें इस्तेमाल किया गया था और इन्हें दस वर्षकी कड़ी क़ैदकी सज़ा हो गयी। पढ़नेका इन्हें बड़ा शौक़ है और पुस्तकोंका बड़ा अच्छा संग्रह कर रखा है। हवालातके समय इन्होंने बहुत-सी अच्छी-अच्छी पुस्तकें ख़रीदी थीं। अनशनमें इन्होंने भी भाग लिया था। ये स्वभावके बड़े सरल और अच्छे आदमी हैं। उम्र लगभग २९ सालकी है।

पञ्जाबमें बेगुनाहोंका खून।

[लेखक—श्रीयुत ख़्वाजा अब्बास अली बेग]

गत जर्मन-समरमें भारतने यदि अपने अपार धन-जनसे अँगरेज़ोंकी सहायता न की होती, तो कौन जाने, उस महासमरका परिणाम क्या होता ? तो भी इस उपकारका बदला अँगरेज़ोंने क्या दिया ? उस समयके अंगरेज अधिकारी कहते थे, कि "भारत इस महासमरमें हमारी सहायता करेगा, तो उसे स्वशासनाधिकार या स्वराज्य दिया जायेगा।" पर स्वराज्य देना तो दूर रहा, उलटे दमन-चक्र चौगुने वेगसे चलाया गया। जिन सहस्रों बेगुनाहोंका खून हुआ, उनकी विधवाएँ और बच्चे आज भी ब्रिटिश शासनकी जड़ अपने तप्त आँसुओंसे सींच रहे हैं।

युद्ध-कालमें पंजाबके भूतपूर्व लेफ्टिनेण्ट गवर्नर सर माइकेल ओडायरने बड़ी ही बेरहमीसे सेनाके लिये रंगरूटोंकी भर्ती करायी थी, और अनिच्छुक लोगोंसे जबर्दस्ती चूस-चूसकर धन लिया गया था। माइकेल ओडायरकी ज़बर्दस्तियोंसे पंजाबके अधिवासी यद्यपि बहुत पीड़ित हो रहे थे, तथापि वे शान्त थे। इसी समय आकाशसे फटी हुई बिजलीकी तरह रोलट बिलका प्रहार हुआ। यह बिल भारतके लिये बड़ा ही नाशकारी था। इसका उद्देश्य था—खूनी क्रान्तिकारियोंके दमनका ; पर इसका प्रहार सभी भारतवासियोंपर होना सम्भव था; इसलिये भारतके सभी नेताओंने एक स्वरसे इसका घोर विरोध किया। यहाँ तक कि महात्मा गाँधी सरीखे शान्ति-प्रिय मनुष्यका आसन भी हिल उठा और वे बिलके विरुद्ध सत्याग्रह करनेके लिये तैयार हो गये। पंजाबमें भी जागृति हुई, और जनता चैतन्य होकर अविश्वासके साथ सरकारके कार्योंको देखने लगी। जनताकी यह जागृति सर माइकेल ओडायरको बिल्कुल अच्छी न लगी।

छः अप्रैलको देशमें हड़ताल थी। इस हड़तालमें हिन्दुओं और मुसल्मानोंने मिलकर साथ दिया था। ९ वीं अप्रैलको श्रीयुत रामभज दत्त चौधरी, श्री गोकुलचन्द नारंग, श्री धरमदास सूरी और लाला दूनीचन्द आदि नेताओंने एकताके लिये ओजस्वी व्याख्यान दिये। अब तो माइकेल ओडायर बहुतही घबराया; इसलिये १० वीं अप्रैलको शान्तिरक्षाके नामपर म० गाँधीका पञ्जाबमें प्रवेश-निषेध हुआ और उसी दिन डा० सत्यपाल और डा० किचलूको देश निकालेका दण्ड दिया गया। यहाँपर माइकेल ओडायरकी एक और घटना उल्लेखयोग्य है। उन्हीं दिनों जालन्धरके माननीय रायजादा हंसराजसे माइकेल ओडायरकी भेंट हुई। ओडायरने उनसे पूछा,—"जालन्धरमें कैसी हड़ताल हुई ?" उन्होंने उत्तर दिया,—"पूर्ण हड़ताल हुई; पर उपद्रव नहीं हुआ।" ओडायरने पूछा,—"इसका क्या कारण है ? रायज़ादाने उत्तर दिया,—"मेरी समझमें यह महात्मा गांधीजीके आत्मबलका प्रभाव है।" इसपर ओडायरने अपनी मुट्ठी बाँध कर और ऊपर उठा कर कहा,—"रायज़ादा साहब ! याद रखिये, कि गाँधीके आत्मबलसे भी बढ़ कर कोई शक्ति है।" इससे मालूम होता है, कि सर माइकेल ओडायर राजनीतिक जागृतिको कुचल डालनेके लिये पहलेसे ही तैयार हो रहा था। इसके पहले ३० मार्चको अमृतसरमें हड़ताल हुई और उसके बाद प्रायः तीस हज़ार मनुष्योंकी विराट् सार्वजनिक सभा हुई, जिसमें डा० किचलूने सबको म० गान्धीका सत्याग्रह सन्देश पढ़ कर सुनाया था।

इसके बाद माइकेल ओडायरके दिमागका पारा बहुत चढ़ गया। फिर उन्होंने सब फसादकी जड़

डा० सत्यपाल और किचलूको समझा और उन्हें चुपचाप गिरफ़्तार करके न जाने कहाँ भेज दिया! इस ख़बरसे अमृतसरमें बड़ी सनसनी फैल गयी। सहस्रों मनुष्योंकी भीड़ नङ्गे सिर, नंगे पाँव, डिप्टी कमिश्नरके बँगलेकी ओर जाने लगी। भीड़ अपने नेताओंको छुड़ाना चाहती थी; पर रेलवे पुलके पास सैनिकोंने उन्हें रोका। सैनिकोंसे मुठभेड़ हुई और सैनिकोंने गोलियाँ चला दीं। इसके बाद बड़ा उपद्रव हुआ और बह्लोंके कई अँगरेज़ मार डाले गये। कई इमारतें ज़लायी गयीं। यदि सैनिकोंने गोलियाँ न चलायीं होतीं, तो यह उपद्रव कभी न होता। परन्तु अब नगरका भार सैनिक अधिकारियोंके सपुर्द कर दिया गया।

१३ अप्रैलको जनरल ओडायरने नगरमें प्रवेश किया और उसने यह घोषणा कर दी, कि नगरमें किसी प्रकारका जलूस न निकाला जाये। नगरमें सर्वत्र मार्शल ला (जंगी कानून) का बोलबाला था। १३ वीं अप्रैलको जलिआन वाला बाग़में एक विराट् सभा हुई, जिसमें प्रायः बीस हज़ार मनुष्य एकत्र थे। उस भीड़में बहुतेरे छोटे-छोटे लड़के भी थे, और बहुतेरे मनुष्य गोदमें दूध पीते बच्चोंके लिये बैठे थे। सभामें लाला हंसराज व्याख्यान दे रहे थे। उसी समय मृत्युके समान कराल रूपवाला जनरल डायर अपने शस्त्रधारी सैनिकोंको लिये वहाँ आ पहुँचा। २५ सैनिकोंको दायें और पचीसको बायें खड़ा करके उसने आज्ञा दी,—"फ़ायर !" (गोली चलाओ!)

फिर क्या हुआ, सो जनरल डायरके मुँहसे ही सुनिये। दङ्गेकी जाँच करनेके लिये जो "हंटर कमीशन" बैठा था, उसके सामने बयान देते हुए जेनरल डायरने कहा,—"मैंने वहाँ पहुँचते ही गोलियाँ दागनी आरम्भ कर दीं।"

कमीशनका प्रश्न—"क्या तुरन्त ?"

डायर,—"हाँ, तुरन्त। मैंने इसपर पहलेही विचार कर लिया था और अपना कर्त्तव्य सोचनेमें मुझे ३० सेकेण्डसे अधिक न लगा।"

कमीशनके सामने जनरल डायरने यह भी स्वीकार किया, कि "सम्भव है, सभामें उपस्थित बहुतेरे मनुष्योंने मेरी मनाही की आज्ञा न सुनी हो।"

कमीशनके अध्यक्ष लार्ड हंटरने पूछा,—"यह जान कर भी तुमने भीड़को पहले तितर-बितर होनेके लिये सावधान नहीं किया ?"

डायर,—"नहीं, उस समय मैंने यह नहीं सोचा। मैंने यही समझा, कि मेरी आज्ञा न मानी गयी। सभा करके मार्शल-लाकी उपेक्षा की गयी। इसीलिये मैंने गोलियाँ चलानाही ज़रूरी समझा।"

कई प्रश्नोत्तरके बाद उस रक्तपिपासु जेनरल डायरने कहा, कि मैंने १० मिनटतक उस भीड़पर धुँआँधार गोलियाँ चलायीं। मैंने भीड़को हटानेका उद्योग न किया। मैं बिना गोलियाँ चलाये भी भीड़को हटा सकता था; पर इससे लोग मेरी हँसी उड़ाते। कुल मिलाकर १६५० गोलियाँ दागी गयी थीं। गोली बरसाना तभी बन्द किया गया, जब वे ख़तम हो गयीं। सभामें भीड़ बहुत ही घनी थी, जहाँ गोलियाँ चलायी गयीं। जनरल डायरने यह भी स्वीकार किया, कि घायलोंको उठाने और उनकी मदद करनेका कोई प्रबन्ध नहीं किया गया। उसने कहा,—"उस समय उन घायलोंकी मदद करना मेरा कर्त्तव्य नहीं था।"

लाला गिरधारी लालका मकान जलियानवाला बागके ही निकट है, और उनके मकानसे बाग दिखाई भी देता है। जे० डायरकी गोलियोंका दृश्य वे अपने घरसे देख रहे थे, और उनका बयान है, "मैंने उस जगह सैकड़ोंको मरते देखा। गोलियाँ बागके दरवाज़ोंकी ही ओर चलती थीं, जिधरसे मनुष्य भागनेकी चेष्टा कर रहे थे। मैंने घूम-घूम कर वह स्थान देखा और जगह-जगह लाशोंके ढेर दिखाई दिये। कितनोंका माथा फटा था; कितनोंकी आँखोंमें गोली लगी

थी; कितनोंके हाथ, पैर, नाक, कान और भेजे चूर-चूर हो गये थे। मैं समझता हूँ, कि एक हज़ारसे अधिक मनुष्योंकी लाशोंके ढेर वहाँ पड़े थे।

दूसरे दिन जनरल डायरने शहरके रईसों, म्युनिसिपल कमिश्नरों, व्यापारियों आदिकी एक सभा कोतवालीमें की, जिसमें कहा गया,—"आप लोग क्या चाहते हैं, शान्ति या युद्ध? यदि शान्ति, तो सब दूकानें खुलवाइये; नहीं तो बन्दूकोंके बलसे दूकानें खुलवायी जायेंगी।" जनरल डायरके बाद मि० अर्विंग बोले,—"आप लोगोंने अंगरेजोंको मार कर बुरा काम किया है। आपसे और आपके बच्चोंसे बदला लिया जायेगा।" १५ वीं अप्रैलको सब दूकानें खुल गयी थीं। लोगोंने समझा था, कि बस, अब शान्ति हो गयी और आगे कुछ न होगा। पर मार्शल-लाकी घोषणा करनेके बाद ९ वीं जूनतक लोगोंको निम्न-लिखित भिन्न-भिन्न कष्ट सहन करने पड़े:—

(१) जिस गलीमें मिस शेरउडपर मार-पीट हुई थी, वहाँ लोगोंको कोड़े लगाये गये और उधरसे जानेवालोंको पेटके बलसे रेंगाया गया। (२) सभी अँगरेजोंको सलाम करना पड़ता था, नहीं तो गिरफ्तारी और अपमानका भय था। (३) मामूली बातोंके लिये लोगोंको आम तौरसे कोड़े लगवाये जाते थे। (४) शहरके सभी वकील अकारण ही स्पेशल कानिस्टेबल बनाये गये और साधारण कुलियोंकी भाँति उन्हें चलना और काम करना पड़ता था। (५) बिना प्रतिष्ठाका विचार किये लोग अधाधुन्ध पकड़े जाते थे और उनसे अपराध स्वीकार कराने या दूसरे सबूतके लिये या केवल उनका अपमान करनेके लिये नाना प्रकारके कष्ट दिये जाते थे; अपराधोंकी जाँचके लिये ख़ास अदालत बनायी गयी थी, जहाँ कानूनके नामपर घोर अन्याय हुआ। पीड़ितोंको अपील करनेका भी अधिकार न था।

इस प्रकार अमृतसरमें अगणित मनुष्योंपर नाना प्रकारके रोमांचकारी अत्याचार किये गिये। जिनका देखनेवाला सिवाय ईश्वरके और कोई नहीं था। अमृतसरके निकट तरन-तारनमें भी बहुतेरे मनुष्योंको सजाएँ मिली थीं। लाहोरमें भी अधाधुन्ध मची थी; वहाँ विद्यार्थियोंपर विशेष रूपसे दमनका प्रकोप था। एक अवसरपर एक बरात इस कारण पकड़ ली गयी थी, कि उसमें दससे अधिक मनुष्य थे; पुरोहित तथा अन्य बरातियोंको कोड़े लगे थे।

लाहोरमें ४० मीलकी दूरीपर कसूरमें खूब दमन किया गया। पहले वहाँ कोई आन्दोलन न था; पर ११ वींके सवेरे म० गान्धीकी गिरफ्तारी तथा डा० सत्यपाल और किचलूके निर्वासनके समाचारसे वहाँ भी जनताने उग्र रूप धारण कर लिया। उस दिन वहाँ हड़ताल रही और सन्ध्याको सार्वजनिक सभा हुई। आन्दोलन और भी बढ़ा। उत्तेजित भीड़ने एक दिन दो अँगरेजोंको मार डाला। अन्तमें पुलिसने भीड़पर गोलियाँ चलायीं। १६ वीं अप्रैलको वहाँ मार्शल-ला जारी कर दिया गया। उसी दिन वहाँ ६५ वर्षके वृद्ध वकील श्री धनपत राय पकड़े गये। वे उन्हें लाहौरकी सेण्ट्रल जेलमें ४६ दिन तक क़ैदमें रखे गये। फिर अन्य गिरफ्तारियाँ भी हुईं और १७२ मनुष्य पकड़े गये, जिनमेंसे ५१ को सज़ाएँ मिलीं।

कसूरमें ४० मनुष्योंको ७१० बेंत मारे गये। इसके बाद स्कूलके मोटे-मोटे स्वस्थ शरीरवाले विद्यार्थियोंको बेरहमीसे बेंत मारे गये। कसूरसे कुछ मीलकी दूरीपर पट्टी खेमकरनमें स्टेशनके सामान लूटे गये, और तार काट डाले गये। इसलिये वहाँ भी मार्शल ला जारी कर दिया गया।

गुजरानवालामें १३ वीं अप्रैलतक कोई गोलमाल नहीं हुआ। पर म० गान्धीके आदेशानुसार छठी अप्रैलको वहाँ पूरी हड़ताल रही। इससे अधिकारी चिन्तित हुए। पर बादमें म० गान्धी, सत्यपाल और किचलूकी गिरफ़्तारीपर वहाँ भी उत्तेजना फैली। उत्तेजित भीड़ स्टेशनकी ओर बढ़ी और डाकघर, तहसील, कोर्ट-हाउस स्टेशन वग़ैरः नष्ट किये गये। पुलिसने

उपद्रवियोंको रोकनेका कोई चेष्टा न की। इसके बाद हवाई जहाज़ोंके द्वारा बम बरसाये गये। बम गिरे थे, खालसा बोर्डिंग-हाउसपर। जब गोलियाँ चलने लगीं, तो लोग गाँवोंकी ओर भागने लगे। कुछ गोलियोंसे किसानोंके घरोंको भी हानि पहुँची। फिर डिफ़ेन्स आफ़ इण्डिया ऐक्टके अनुसार वहाँ गिरफ्तारियाँ हुईं। दो म्युनिसिपल कमिश्नर भी पकड़े गये, जिनमेंसे एक हिन्दू और दूसरा मुसलमान था। प्रतिष्ठित निरपराध मनुष्योंकी बड़ी बेइज्जती की गयी।

इसी प्रकार बज़ीराबाद, नज़ीमाबाद, रामनगर हाफ़िज़ाबाद, सांगलाहिल, मोमन, मनियाँवाला, नवालपिंड, चूहड़खाना, शेखपुर, लायलपुर, गुजरात, जलालपुर, मलकवाला आदि स्थानोंमें भी अँगरेज़ अधिकारियोंने नाना प्रकारके अकथनीय अत्याचार किये। मनियावालामें अत्याचारोंकी कोई सीमा न थी। वहाँ कितनी ही गिरफ्तारियाँ हुईं, जिनमें एक १०० वर्षका बूढ़ा था। इन सबको लोहेके पिंजरेमें बन्द किया गया, जो दिन-भर धूपमें तपाये जाते थे। स्त्रियोंपर भी वहाँ जो-जो अत्याचार हुए, वे वर्णनातीत हैं। मंगल जाटकी वृद्धा विधवा स्त्री गुरुदेवीका कथन है, कि

"मार्शल-लाके दिनोंमें अँगरेज़ अफ़सर मि० बोसवर्थ स्मिथने हमारे गाँवके ८ वर्षके ऊपरके सब पुरुषोंको अपने बँगलेपर बुलवाया, जो गाँवसे कई मीलकी दूरी पर था।"

वह वृद्धा आगे कहती है,—"जब पुरुष बंगलेपर चले गये, तो पुलिस-दल सहित अँगरेज़ अफ़सर हमारे घरोंकी ओर आये। जो स्त्रियाँ अपने पुरुषोंके लिये बँगलेपर भोजन लिये जाती थीं, उन्हें भी वे लौटाते लाये। गाँवमें पहुँचकर वे गली-गलीमें गये और सब घरोंकी औरतोंको बाहर निकलनेकी आज्ञा दी। सब स्त्रियाँ निकलीं; उन्होंने साहबोंके हाथ जोड़े। कुछ स्त्रियोंको उन्होंने छड़ीसे मारा और बकी बुरी-बुरी बातें कहीं। उन्होंने दो बार मुझे ठोकर दी और मेरे मुँहपर थूका। एक जबर्दस्ती औरतोंका मुँह खोल दिया, और छड़ीसे उनके घूँघट हटाये। इसके बाद वह उन्हें गधी, कुतिया, मक्खी और सूअरी कहकर गालियाँ देने लगा। उसने कहा,—'तुम अपने शौहरोंके बिस्तरोंपर पड़ी थीं, फिर तुमने उन्हें बुराइयाँ करनेसे क्यों नहीं रोका? अब तुम्हारे पायजामोंके भीतर पुलिसवाले देखेंगे।'" उसने मुझे एक ठोकर मारी और हम लोगोंको झुक कर पैरोंके भीतरसे हाथ निकाल कर कान पकड़नेके लिये कहा।' इस बयान का समर्थन वहाँकी अन्य स्त्रियोंने भी किया है।

इसी प्रकार कितने ही अत्याचार हुए, जिनकी कहीं कोई सुनवाई नहीं हुई। पञ्जाबके इस रोमाञ्चकारी हत्याकाण्डकी जाँच करनेके लिये जो हण्टर कमीशन बैठा था, उसने भी कुछ न किया; बल्कि अपराधी अँगरेज़ अफ़सरोंपर बादमें कोई मामला न चला सके, इसलिये सरकारने एक "इण्डेमनिटी बिल" पास करके उन अफसरोंको दोष मुक्त कर दिया। इसपर अन्धेर यह, कि उस समय अधिकारियोंने पञ्जाबको ठीक परिस्थिति जाननेके लिये किसी बाहरी मनुष्यको पञ्जाबमें न जाने दिया; यहाँ-तक, कि मि० सी० एफ० एण्डरूज सरीखे ईसाके परम भक्त अङ्गरेज़ सज्जनको भी पंजाबमें जानेकी मनाही थी। पर पंजाबको खूनसे लाल रंगकर अङ्गरेज़ सरकार आजतक स्वेच्छाचारोंकी कालिमा अपने मुँहसे नहीं मिटा सकी है! अङ्गरेज़ोंका राज्य चाहे जितना दयालुतापूर्ण हो; पर पंजाबके उन अत्याचारोंको याद करके यही मालूम होता है, कि अङ्गरेज़ तुच्छ-से-तुच्छ बातोंके लिये बड़े-से-बड़े अमीर और प्रतिष्ठित पुरुषों तथा स्त्रियोंको भी न छोड़ेंगे—जैसे अत्याचार चाहेंगे, उनपर करेंगे। जनरल डायर सरीखा बेहरम खूनी सेनापति और सर माइकेल ओ'डायर सरीखा निरकुंश शासक किसी भी सरकार या जातिको लाञ्छित करनेमें सङ्कोच न करेगा।

पर सबसे बड़ा आश्चर्य यह है, किजिस जेनरल डायरने जलियानवाला बाग़में मालवीयजीके शब्दोंमें

"निःशस्त्र निरस्त्र, निरपराध और अरक्षित जनता" (Armless, harmless and defenceless people were murdered....) पर गोलियाँ बरसायीं, उसी पिशाच, उसी शैतान जेनरलकी प्रशंसा इङ्गलैण्डको ब्रिटिश जनताने की। विलायतवाले उसे "साम्राज्यका रक्षक" कहकर प्रसिद्ध करने लगे। इतना ही नहीं, भारतमें रहनेवाले कितने ही अँगरेज़ोंने खूनी डायरका स्मारक बनवानेके लिये चन्दा (D.er's fund) भी एकत्र किया था। धिक्कार है उन अँगरेज़ों को, जो भारतका अन्न-जल और नमक खाते हैं, भारतकी शान-शौकतसे अपनी शान शौकत बनाते हैं और फिर भारतकी ही सन्तानों तथा भारतीय पुत्रियोंपर ऐसे अत्याचार करते हैं, जो संसारमें शायद किसी जाति या शासकने न किये होंगे। पर ईश्वरीय न्यायके दिन अत्याचारियोंको अपने कलङ्कित मुख छिपानेके लिये भी कहीं शरण न मिलेगी!

श्री रामदुलारे त्रिवेदी

[लेखक—श्रीयुत 'हरेन्द्र']

रामदुलारे त्रिवेदी कानपुर ज़िलेके रहनेवाले हैं। ये कानपुरमें स्काउट-मास्टर थे। इन्होंने १९२३ ई० में श्री योगेशचन्द्र चटर्जीके साथ शाहजहाँपुर, अलीगढ़, झाँसी आदि स्थानोंमें क्रान्तिकारी दलके संगठनके लिये भ्रमण किया था। बँगला, हिन्दी और अँगरेज़ी अच्छी तरह जानते हैं। असहयोगके ज़मानेमें भी जेलकी सज़ा भुगत चुके हैं। इनकी अवस्था लगभग ३२ सालकी है। काकोरी षड़यन्त्रवाले मामलेमें इन्हें पाँच वर्षकी सख्त क़ैदकी सज़ा दी गयी थी।

श्री विष्णुशरण दुबलिस

[लेखक—श्री० 'सुरेन्द्र']

श्री विष्णुशरण दुबलिस मेरठके रहनेवाले हैं। असहयोगके जमानेमें इन्होंने बी० ए०से अपना पढ़ना छोड़ दिया था और डेढ़ सालके लिये जेल भी गये थे। इनके साथ लखनऊ-जेलमें विशेष व्यवहारकी आज्ञा हुई थी; पर इन्होंने जब देखा, कि अन्य कई असहयोगियोंके साथ वहींपर साधारण कैदियोंका सा व्यवहार होता है, तब इन्होंने अपने साथ विशेष व्यवहार किये जानेसे इनकार कर दिया था। ये सन १९२३ से पहले ही क्रान्तिकारी दलमें शामिल हो गये थे तथा प्रान्तीय दलके एक योग्य संगठनकर्ता थे। जिस समय ये गिरफ्तार हुए, उस समय मेरठके वैश्य अनाथालयके मैनेजर थे। इन्होंने इस औषधालयको बड़े परिश्रमसे एक मज़बूत संस्था बना दिया। यद्यपि ये आर्यसमाजी हैं, फिर भी इनमें धार्मिक कट्टरता नहीं है। उन दिनों ये मेरठके एक बड़े उत्साही कांग्रेस-कार्यकर्त्ता और सार्वजनिक नेता थे। इनकी वक्तृत्व शक्ति बहुत अच्छी है। काकोरी-केसमें हवालातके समय १६ दिनों तक और फ़ैसलेके बाद नैनी जेलमें ४४ दिनों तक इन्होंने अनशन किया था। इन्हें काकोरी केसमें ७ वर्षको सख्त क़ैदकी सज़ा हुई। जनवरी १९२७ में नैनी-जेलमें जो दंगा हो गया था, उस सम्बन्धमें इनपर दंगा करानेका अभियोग लगाया गया था और इस मामलेमें इन्हें आजन्म कालेपानीकी सज़ा दी गयी है। उस दिन जब इस दंगेके सम्बन्धमें अन्य अभियुक्तोंको फांसीकी सज़ा सुनायी गयी, तो दयार्द्र होकर ये रोने लगे और कहने लगे, कि मुझे भी फाँसीकी सज़ा क्यों न दी गयी? ये बड़े सहृदय, निर्भीक और वीर प्रकृतिके आदमी हैं।

श्री सुरेशचन्द्र भट्टाचार्य ।

[लेखक—श्रीयुत 'महेन्द्र']

श्री सुरेशचन्द्र भट्टाचार्यका जन्म बनारसमें पहली अगस्त १८९७ ई० को हुआ था। इनके पिताका नाम पं० ईश्वर चन्द्रजी शिरोरत्न था। १६ वर्षकी अवस्थामें इन्होंने बङ्गाली टोला हाई स्कूलसे मैट्रिक परीक्षा पास की और उसके बाद बनारसके सेण्ट्रल हिन्दू कालेजमें पढ़ने लगे। इन्हीं दिनों पुलिसवालोंकी निगाह इनपर पड़ी, और १९१४ ई० में पकड़ कर ये उरई (जालौन) में चार वर्ष तक नज़रबन्द कर दिये गये। इस प्रकार इनकी कालेजकी पढ़ाई बन्द हो गयी। नज़रबन्दीसे रिहा होनेके बाद ये उरईसे ही निकलने वाले 'उत्साह' नामक हिन्दी साप्ताहिक पत्रका दो वर्षतक सम्पादन करते रहे। फिर कानपुर के 'वर्त्तमान' तथा 'प्रताप' के सहकारी सम्पादक रहे, और जिन दिनों 'प्रताप' में काम कर रहे थे, उन्हीं दिनों काकोरी-केसके सम्बन्धमें गिरफ्तार हुए। सेशन जजने इन्हें सात सालकी सख्त क़ैदकी सज़ा दी थी; पर अपीलसे यह सज़ा बढ़ा कर दस वर्ष कर दी गयी। श्री सुरेशचन्द्र भट्टाचार्य बचपनसे ही बड़े तेज़, बहादुर और साहसी रहे हैं। इनका स्वभाव मिलनसार, व्यवहार मधुर तथा आचरण सादा और पवित्र है। यह इनकी सच्चरित्रता और पवित्रताका ही फल है, कि इस अवस्थामें भी इनका चेहरा दमकता रहता है और इन्हें देखकर एक बार दूसरोंके हृदयमें भी आनन्द उल्लसित हो उठता है। सदा प्रसन्न रहना और मज़ाक करना, इनका ख़ास गुण है। कोई भी व्यक्ति एक बार इनसे मिलकर इन्हें कभी भूल नहीं सकता। गानेमें ये बड़े निपुण हैं और जिस समय मस्त होकर गाने लगते हैं, उस समय सुननेवाले गद्गद् हो उठते हैं। ये बड़े उदार प्रकृतिके मनुष्य हैं।

श्री रामनाथ पाण्डेय ।

[लेखक—श्रीयुत 'वीरेन्द्र']

श्री रामनाथ पाण्डेयका जन्म आश्विन कृष्ण १२ संवत् १९६७ (वि०) में सूरजकुण्ड, बनारसमें हुआ था। इनके पिताका नाम श्री देवकीनन्दन पाण्डेय था। बचपनमें ही इनके पिताका स्वर्गवास हो गया। जिस समय ये काकोरी-षड़यन्त्रके मुक़द्दमेमें गिरफ्तार हुए, उस समय इनकी अवस्था साढ़े पन्द्रह वर्षकी थी और काशीके सेण्ट्रल हिन्दू स्कूलके दसवें दर्जेमें पढ़ रहे थे। इनके परिवारमें इस समय भरण-पोषण करनेवाला इनके सिवा कोई नहीं है। इनके यहाँ जब तलाशी हुई, तो पुलिसको श्री गोविन्दचरण कर और श्री इन्दु-भूषण मित्रके पते मिले, जिससे पुलिसने ख़ूब फ़ायदा उठाया। साथही यहाँपर पुलिसको १२ बातोंवाला एक पर्चा भी मिला। यह पर्चा क्रान्तिकारी दलके नियमानुसार छावनियों, नहर आदिके अच्छे-अच्छे रास्तों आदिके सम्बन्धमें था। श्री रामनाथ कसरतके बड़े ही पक्षपाती हैं और हवालातके समय जेलमें ये बराबर कसरत करते रहे। उम्रसे तुलना करते हुए अभियुक्तोंमें इनके स्वास्थ्यके जैसा अच्छा स्वास्थ्य एकाधको छोड़कर शायद ही किसीका था। ये नियमानुसार नित्यप्रति पूजा-पाठ भी किया करते हैं। मिजाज इनका बड़ा सीधा-साधा और बाल-प्रकृति लिये हुए है। अपनी माँके एक मात्र सहारा होते हुए भी इन्होंने इस चिन्ताको कभी अपने दिलमें नहीं आने दिया। कहते हैं, कि "मैं एक और बड़ी मांके प्रति अपना कर्त्तव्य पालन कर रहा हूँ, फिर चिन्ता काहेकी ? इतनी छोटी उम्रके होते हुए भी इनमें बड़ी दृढ़ता है। हवालातमें १५ दिनों तक अनशन करके इन्होंने प्रशंसनीय साहस और दृढ़ताका परिचय दिया। इनके व्रतको तोड़नेके लिये इन्हें अनेक तक-

श्री भूपेन्द्रनाथ सन्याल

[लेखक—श्रीयुत 'रमेश']

श्री भूपेन्द्रनाथ सान्याल श्री शचीन्द्रनाथ सान्यालके सबसे छोटे भाई हैं। इनका जन्म पहली जनवरी सन् १९०६ ई० में कलकत्तेमें हुआ। जन्मके दूसरे ही वर्ष इनके पिताका देहान्त हो गया। इसके बाद इनका बाल्य-काल अपनी माताके साथ बनारसमें बीता। बनारस-षड्यन्त्रके मुक़द्दमेके समय इनकी अवस्था ९-१० सालकी थी। खुफ़िया विभागवाले अक्सर इन्हें मिठाइयाँ देकर श्री शचीन्द्रनाथ सान्यालके सम्बन्ध में पूछ-ताछ किया करते थे। परन्तु भूपेन्द्र नाथ उन्हें कुछ भी उत्तर नहीं देते और उन्हें सदा निराश होना पड़ता था। बनारस-षड्यन्त्रमें इनके तीनों भाइयोंको सज़ा हुई थी। श्री शचीन्द्र नाथको आजन्म काले-पानी, श्री यतीन्द्रनाथको दो वर्षकी सख्त कैद और श्री रवीन्द्रनाथ (जो आज कल सेण्ट एण्डरूज़ कालेज गोरखपुरमें प्रोफ़ेसर हैं) नज़रबन्द कर दिये गये थे। श्री भूपेन्द्रनाथपर अपनी माताका बहुत असर पड़ा और सदा इनका जीवन उत्साहमय रहता आया गोरखपुरसे स्कूल लीविंग परीक्षा पास कर ये इलाहाबाद चले आये, और यहां पर इविंग क्रिश्चियन कालेजसे आई० एस० सी० पास कर जब यूनिवर्सिटी कालेजके बी० एस० सी० (चतुर्थ वर्ष) में पढ़ रहे थे, काकोरी षड्यन्त्रके मुक़द्दमेमें गिरफ्तार कर लिये गये और इन्हें प्रत्येक धाराके अनुसार ५।५ वर्षकी कड़ी क़ैदकी सज़ा दी गयी। यूनिवर्सिटीके वाद-विवादमें यह खूब भाग लेते थे। शरीरसे अधिक हट्टे-कट्टे होते हुए बड़े परिश्रमी, उद्यमशील और फुर्तीले व्यक्ति हैं। फुटबाल तथा हाकीके अच्छे खिलाड़ी हैं। इनके चेहरेसे गम्भीरता, उत्साह और साहस प्रत्यक्ष प्रकट होते हैं। मातृभूमिके उद्धारके लिये इनके हृदयमें उत्साह है।

लीफ़ें दी गयीं; पर वे बराबर दृढ़ रहे। हवालातमें पुलिसने सेण्ट्रल हिन्दू स्कूलके एक सम्भ्रान्त शिक्षकको बुलवाकर उनके द्वारा इन्हें फुसला कर सब बातें खुलवानेकी चेष्टा की। पर श्री रामनाथकी दृढ़ताके सामने उक्त शिक्षक महाशयको असफल होकर लौटना पड़ा। इन्हें काकोरी-केसमें ५ वर्षकी कड़ी क़ैदकी सज़ा दी गयी थी। ये बराबर पढ़ते रहे, तथा शान्तिसे जेल जीवन व्यतीत कर रहे हैं। ये हिन्दी, अंगरेज़ी और बंगला जानते हैं। हवालातमें इनपर सभी बड़ा स्नेह रखते थे। इन्हें गुस्सा होते तो किसीने कभी देखा ही नहीं।

यदि मनुष्य सीखना चाहे, तो उसकी प्रत्येक भूल उसे कुछ न-कुछ शिक्षा दे सकती है।

—डिकेन्स।

किसीके गुणोंकी प्रशंसा करनेमें अपना समय व्यर्थ नष्ट न करो, उसके गुणोंको अपनानेका यत्न करो

—मार्क्स।

संसार ही महापुरुषोंको ढूँढ़ता है; न कि महापुरुष संसारको।

—कालिदास।

अपार धन-शाली कुबेर भी यदि आमदनीसे अधिक खर्च करे, तो कंगाल हो जाता है।

—चाणक्य।

जिनमें कुटिलता नहीं है, जिनमें असत्य नहीं है, और जिनमें माया नहीं है, वे पुरुष अक्षय ब्रह्म-धामको प्राप्त होते हैं।

—उपनिषद्।

माँगना, एक लज्जास्पद कार्य है। अपने उद्योगसे कोई वस्तु प्राप्त करना ही सच्चे मनुष्यका कर्त्तव्य है।

—महात्मा गान्धी।

विप्लव-आन्दोलनकी एक झलक !

[लेखक—श्रीयुत 'धनञ्जय']

नयी जागृतिका सूत्रपात ।

कोई भी जाति हमेशा पराधीनताको बेड़ियोंसे जकड़ी नहीं रह सकती और न कभी रही है। भले ही कुछ समयके लिये वह किसी प्रबलतर शक्तिके फ़ौलादी पञ्जोंके फन्देमें फँस जाये; पर उस हालतमें भी उस जातिमें कुछ लोग ऐसे रहते हैं, जो स्वाधीनता-के बीजको कंजूसकी कौड़ियोंसे भी अधिक मानते और उसे अपने हृदयकी तहोंमें छिपाये रखते हैं। यही बीज पुनः उपयुक्त क्षेत्र और अवसर पाकर अङ्कुरित होता है और फिर तो धीरे-धीरे सारे देशमें फैल जाता है।

भारतवर्षमें भी यही हुआ है। मुसलमानी शासन-कालमें भारत स्वाधीनताकी चेष्टा प्रायः बराबर ही करता रहा है। महाराष्ट्र-केसरी छत्रपति महाराज शिवाजीने हिन्दू-राज्यकी प्रतिष्ठाके लिये जो उद्योग किया था, उसे महाराष्ट्रने जारी रखा था। महाराष्ट्रों-के मनसे वह भाव दूर नहीं हुआ था। स्वाधीनता-प्रेमियोंने उसके बीजको बड़ी हिफ़ाज़तसे अँगरेज़ों-द्वारा भारत अधिकृत होनेपर भी अपने अन्तःकरणमें सञ्चित कर रखा था। वही बीज सन् १८९४ ई० में पहले पहल दोनों चापेकर भाइयोंके उद्योगके रूपमें अङ्कुरित और परिस्फुटित होता देखा गया। दामोदर चापेकर और बालकृष्ण चापेकर नामक दोनों सहोदर भाइयोंने मिलकर एक सङ्घ स्थापित किया। इस सङ्घका उद्देश्य देशके युवकोंके शरीर और मनको देश-कार्य करने योग्य बनाना था। शरीरको बलवान बनानेके लिये व्यायामका प्रचार और मनको बलवान एवं उन्नत बनानेके लिये छत्रपति शिवाजीकी कीर्ति-कथाकी चर्चा करना—येही दो प्रधान कार्य इस संघके थे। यह सङ्घ 'चापेकर-संघ' के नामसे प्रसिद्ध है।

इसी संघके उद्योगसे सन् १८९७ ई० की १२ वीं जनवरीको शिवाजी-उत्सव मनानेकी तैयारी हुई। इसी अवसरपर लोकमान्य तिलकने 'केसरी' में शिवाजीकी वीरताकी प्रशंसामें एक कविता प्रकाशित की। एक सार्वजनिक सभामें किसी वक्ताने कहा,—"हम अपनी खोयी स्वन्त्रताको प्राप्त करनेकी चेष्टा कर रहे हैं। हमारी चेष्टासे वह अवश्यही प्राप्त होगी।

अत्याचारका प्रतिकार।

सन् १८९७ ई० में पूनामें प्लेगका भयङ्कर प्रकोप देखनेमें आया। प्लेगके प्रकोपको रोकनेके नामपर सरकारी कर्मचारियोंने ऐसा अत्याचार करना शुरू किया, कि वहाँके लोग ऊब उठे। लो०तिलकने 'केसरी' में उनके अत्याचारोंका पूरा-पूरा हाल छापा। श्री दामोदर चापेकरने मि० रैण्ड तथा उनके सहकारी एवं लेफ्टनैण्ट आयर्स्टको (जिनपर प्लेग रोकनेके उपाय करनेका सरकारकी ओरसे भार दिया गया था और जिनके अत्याचारोंसे जनता अकुला उठी थी) मार-कर अत्याचारोंका बदला लिया। उन्हें फाँसी दी गयी।

सन् १८९९ ई० में चापेकर सङ्घके कई आदमि-योंने पूनाके प्रधान पुलिस-आफिसरकी हत्या करनेकी चेष्टा की। पर चेष्टा व्यर्थ हुई। दामोदर चापेकरको गिरफ्तार करानेमें दो देशी आदमियोंने सरकारकी मदद की थी और इसके लिये उन्हें इनाम भी दिया गया था। चापेकर संघके आदमियोंने उन दोनों देश-द्रोहियोंको दुनियाके पर्देपरसे हटा दिया। फलतः चापेकर-संघके चार आदमियोंको फाँसी दे दी गयी और एक आदमीको दस वर्षके लिये कठोर कारावास-दण्ड दिया गया। इस प्रकार फाँसीके मञ्च-परसे स्वाधीनताका जो मन्त्र घोषित होने लगा, वह

देखते-देखते सारे देशमें प्रचारित होने लगा। देशमें एक अजीब नयी लहर बह चली। लोकमान्यका 'केसरी' गम्भीर हुंकारके साथ स्वाधीनताका मन्त्र गुञ्जाने लगा। अन्तमें राजद्रोहका मामला चला। लोकमान्यको कारावास-दण्ड दिया गया। देशमें आग धधक उठी।

श्री श्यामजी कृष्ण वर्मा।

प्लेगके प्रकोपके समय सरकारी कर्मचारियोंके विरुद्ध जो आन्दोलन हुआ। उसके फलस्वरूप दोनों नाटू-भाइयोंका निर्वासन-दण्ड दिया गया। इसी समय श्यामजी कृष्ण वर्मा इङ्गलैंडको रवाना हुए। इनके विलायत जानेका प्रधान उद्देश्य रैण्ड-हत्याकाण्ड-के सम्बन्धमें कोई प्रतिकार करना था। पर उनकी कोई चेष्टा सफल नहीं हुई। कुछ दिनों तक अज्ञात रूपसे रह कर उन्होंने सन् १९०५ में "इण्डियन होम-रूल सोसाइटी" नामकी एक समिति स्थापित की। साथ ही "इण्डियन सोशियलिस्ट" नामक एक पत्र प्रकाशित किया। विलायतमें भारतवर्षके स्वशासनकी स्थापनाका आन्दोलन करना ही उनका उद्देश्य था।

सन् १९०५ ई० में श्री श्यामजी कृष्ण वर्माने यह एलान किया, कि हमें ऐसे छः आदमियोंकी आवश्यकता है, जो भारतमें स्वाधीनताका भाव प्रचारित करनेके लिये विलायतमें जाकर शिक्षा पाना चाहते हों। उन्हें एक-एक हज़ारकी वृत्ति दी जायेगी।

इसी समय परिससे मि० एस० आर० राणाने भी महाराणा प्रतापसिंह, छत्रपति शिवाजी तथा एक मुसलमान वीरके नामकी दो-दो हज़ार रुपयेकी तीन छात्र-वृत्तियोंकी घोषणा की।

इस वृत्तिके लिये कई भारतीय छात्र श्री श्यामजी कृष्ण वर्माकी सोसाईटीमें जा मिले। इन्हीं लोगोंमें एक श्री विनायक दामोदर सावरकर भी थे। युवकोंमें देशात्मबोधका भाव जागृत करनेके लिये इन्होंने 'मित्र-मेल' नामक एक समिति स्थापित कर रखी थी। इस समितिके संचालनका भार अपने छोटे भाई गणेश दामोदर सावरकरपर छोड़कर वे विलायत चले गये।

इन्हीं दिनों लण्डनमें 'इण्डिया-हाउस' नामक एक मिलन-मन्दिर बना। यहीं मिलकर हिन्दुस्थानके युवक स्वाधीनताके मन्त्रसे दीक्षित हुआ करते थे।

बङ्गालमें आन्दोलन-प्रचार।

राजा राममोहन राय, स्वामी विवेकानन्द आदिने बङ्गालमें एक नयी चिन्ताधारा बहा दी थी। समाज-में नयी जागृति आ चुकी थी। साहित्यिकों और लेखकोंने भी इस भावके प्रचारमें काफी सहायता की थी। मतलब यह, कि बङ्गालमें भी विचार-क्रान्ति पूरी तरह हो चुकी थी। इसके बाद सन १९०४ के अन्तमें बंगाल प्रदेशको सरकारने दो भागोंमें विभक्त करना चाहा। सारे प्रदेशके विरोध करते रहनेपर भी लार्ड कर्ज़नने प्रदेशको विभाजित करनेकी घोषणा सन् १९०५ में कर दी और १९०६की १६ वीं अक्तूबर-को वह घोषणा कार्य-रूपमें परिणित हुई।

बंगाल चुपचाप रह कर इस अपमानको सहन नहीं कर सका। प्रदेश-भरमें विक्षोभका भाव जाग्रत हो उठा। इसी मौक़ेपर स्वाधीनताके उपासकोंने आकर विप्लवका बीज चारों ओर बो दिया। आरज़ू मिन्नतें करके बंगाल जब थक गया, तब उसने विप्लवके द्वारा सफलता प्राप्त करनेकी चेष्टा शुरू की।

चापेकर-संघके अनुकरणपर स्थान-स्थानपर संघ खोले जाने लगे। भीतरसे विप्लवकी आग सुलगायी जाने लगी। ऊपरसे 'वन्दे मातरम्' 'सन्ध्या' और 'युगान्तर'आदि पत्र-पत्रिकाओंने अग्निवर्षा करनी शुरू की।

बंगालके कोने-कोनेमें विप्लवियोंके छोटे-मोटे केन्द्र स्थापित होने लगे। इनका सम्बन्ध लण्डनके उक्त 'इण्डिया-हाउस'से जोड़ा गया।

विप्लवका बाहरी रूप।

सन् १९०७ ई० में बङ्गलके छोटे लाट साहब जिस ट्रेनसे मेदनीपुर जा रहे थे, छठी दिसम्बरको उस ट्रेनको उलट देनेके लिये बम फेंका गया। ट्रेन के कई डब्बे पटरीसे उतर गये; पर छोटे लाट साहबको कहीं चोट नहीं आयी। यहींसे विप्लव प्रकट हुआ।

१९०७ में ही २३ दिसम्बरका ढाकेके भूतपूव मैजिस्ट्रेट मि० बी० सी० एलेनपर ग्वालन्दो स्टेशनपर अपार जनताके भीतरसे किसीने तमंचा चलाया। इसके बादही कुष्ठियाके पादरी हिकेनको गोली मारी गयी। चारों ओर सनसनी फल गयी। सन् १९०७ ई० के दिसम्बरमें चन्दननगरमें एक स्वदेशी सभाका आयोजन किया गया। फ्रेंच अधिकारियोंने उसे रोक दिया। फलत: १९०८ की ११ वीं अप्रैलको चन्दननगरके फ्रेंच मेयरके बंगलेमें बम फटा।

खुदीराम बोस।

जब स्वदेशी आन्दोलन खूब ज़ोरोंपर चल रहा था, उन्हीं दिनों पुलिसके साथ लड़ने-झगड़नेके कारण कलकत्तेके पुलिस मैजिस्ट्रेट मि० किंग्स फार्डने सुशील सेन नामक बालकको बेतोंसे पिटवाया था। कुछ दिन बाद किंग्सफोडकी बदली मुज़फ्फरपुरका हुई। उनकी हत्या करनेके लिये खुदीराम बोस और प्रफुल्लकुमार चाकी—ये दो छोटे-छोटे लड़के भेजे गये। ३० अप्रैल १९०८ को इन दोनोंने ग़लतीसे एक दूसरी गाड़ीपर बम फेंक दिया, जिसपर मि० केनेडीकी स्त्री और बच्चे थे।

खुदीराम गिरफ्तार कर लिये गये, पर उसके साथी प्रफुल्ल चाकीने, मुकामा स्टेशनपर पुलिसके आ पहुंचनेसे, तमञ्चा निकाल कर आत्महत्या कर ली। दुनियाने देखा, कि देशके कामके लिये विप्लवी केवल खून नहीं किया करते; अपने आपको बलिदान भी करते हैं। खुदीरामपर मामला चला। फाँसीकी सज़ाका हुक्म सुनाया गया और उसने उसे सहर्ष गले लगा लिया।

मानिकतल्लेमें बमका कारखाना।

कुछ ही दिनों बाद कलकत्तेका प्रधान विप्लव-केन्द्र मानिकतल्लेमें बमका कारखाना पकड़ा गया। पुलिस गाड़ियोंपर लाद-लाद कर बन्दूक-तमंचे, कारतूस तथा अन्यान्य विप्लवी सामग्रियाँ ले गयी। लोग देखकर दंग रह गये! १९०८ की दूसरी मईको इस कारखानेसे सम्बन्ध रखनेवाले ३४ युवक पकड़े गये, जिनमें १५ आदमियोंको दण्ड दिया गया।

१९०८ मेंही कलकत्तेकी ग्रे-स्ट्रीटमें बम फटा और दूसरी जूनको ढाका जिलेके एक गाँवमें एक भयंकर डाका पड़ा। इसमें ४ आदमी मरे और बहुतेरे आदमी बुरी तरह घायल हुए।

नरेन गोस्वामीकी हत्या।

मानिकतल्लेके बमके कारखानेके सम्बन्धमें श्री अरविन्द घोष आदि तीस आदमियोंपर जो मामला चला, उसमें नरेन गोस्वामी नामक एक आदमीने सरकारी गवाह बनकर बहुतेरी बातें बता दीं। जेलमें रहते समय ही कन्हाई लाल दत्त और सत्येन्द्रनाथ वसुने किसी प्रकार एक तमंचा हथियाया और नरेन गोसाईंको १ अप्रैल १९०८ को मार डाला। इसके लिये १० वीं नवम्बरको कन्हाईलालको फाँसी दी गयी। उसके शवके साथ लाखों आदमी गये। बड़ी भारी उत्तेजना देखनेमें आयी। कन्हाईलालको जिस दिन फाँसी दी गयी, ठीक उसके एक दिन पहले नन्दलाल नामक जासूस कलकत्तेकी सर्पेण्टाइन लेनमें गोलीसे मारा गया। इसीने मुकाममें प्रफुल्ल चाकीको पकड़वाना चाहा था।

१० वीं फरवरी १९०९ को चारुचन्द्र नामक एक युवकने अलीपुर बम-षड्यन्त्रवाले मामलेमें सरकारकी ओरसे पैरवी करनेवाले पब्लिक प्रोसिक्यूटर आशुतोष विश्वासको मार डाला।

२४ जनवरी १९१० को पुलिसके डिपटी सुपरिण्टेण्डेण्ट समशुल आलमको वीरेन्द्रनाथ दत्त गुप्तने कलकत्ता हाईकोर्टके दरवाज़ेपर तमंचेसे मार गिराया। उसे फाँसी दी गयी, जिसके लिये वह पहलेसे ही तैयार था।

१९०९ में प्रधान घटना ढाका षड्यन्त्रवाली थी। इसमें पुलिन बाबू इत्यादि ४४ आदमियोंपर मामला चला, जिनमें १५ आदमियोंको कठोर दण्ड दिया गया। १९१० में प्रेस ऐक्ट जारी होनेसे 'युगान्तर' तथा अन्यान्य कई अख़बार बन्द कर दिये गये।

सन् १९११ ई० में १८ विप्लवी कार्य प्रकट हुए,

जिनमें १६ तो केवल पूर्व बङ्गालमें और बाकी २ पश्चिम बङ्गालमें हुए।

सन १९१२ ई० में विप्लव-आन्दोलनका ज़ोर कुछ घट गया था। इसका कारण बहुत अंशोंमें यही होगा, कि बंग-भंगकी समस्या हल होनेको थी। श्रीमान् सम्राट्ने आकर पूर्व और पश्चिम बंगालको एक कर दिया था। परन्तु १९१३ में फिर आन्दोलनने ज़ोर पकड़ा। २९ सितम्बरको कलकत्तेके कालेज स्क्वेयरमें हरिपदो दे नामक एक हेड-कान्सिटेबल मारा गया, जो विप्लवियोंकी खोजमें फिर रहा था। इसके दूसरे ही दिन यानी ३० वीं सितम्बरको पूव-बंगालके विप्लवियोंके प्रधान शत्रु इन्सपेक्टर बंकिमचन्द्र चौधरी अपने घरमें बैठे हुए थे। एकाएक बम फटा और वे मारे गये।

इस सालमें बरीसाल षड़यन्त्रवाले मामलेकी एक विशेष घटना है। इसमें २६ आदमी थे, जिनमें १२ ने अपराध स्वीकार कर लिया और हँसते-हँसते दण्ड प्राप्त किया। कलकत्ता राजा बाज़ारवाले बम-काण्डके मामलेमें श्रीयुत अमृतलाल हाजराको १६ वर्षकी सज़ा हुई थी, जो अभी कुछ काल पहले छूटकर आये हैं।

सन् १९१४ ई० में 'विप्लववादियोंके दो काम बड़े मार्केके हुए। चटगांवमें सत्येन्द्र सेनको १९ जूनको आम सड़कपर मार डाला गया। यह विप्लवकारियोंके साथ मिला रहता था। साथ ही पुलिसको भी भीतर-ही भीतर पूरी खबर दे दिया करता था। इसके ठीक एक महीने बाद ढाकेमें रामदासको किसीने गोली मार दी। वह मर गया। यह रामदास पहले विप्लववादियोंका साथी था; पर पीछेंसे पुलिससे मिल गया था। जर्मन-समरके आरम्भमें सशस्त्र विद्रोहकी बड़ी भारी तैयारी विप्लवियोंने की; पर वह चेष्टा भी विफल हुई। *इसके बाद विप्लवियोंका आन्दोलन बहुत कुछ दब सा गया।

---

*'यतीन्द्रनाथ मुकर्जी' शीर्षक लेखमें इसका पूरा हाल आया है।

स्व० लाला लाजपत राय।

—— **:०:**:०:** ——

[लेखक—श्रीयुत एच० के० शुक्ल]

पंजाब-केसरी लाला लाजपतरायका जन्म सन् १८६५में पंजाबके अन्तर्गत जागरन नामक स्थानमें हुआ था। आप जातिके वैश्य थे। आपके पिताका नाम लाला राधाकिशन था। जन्मके कुछ वर्ष बाद लालाजीने स्थानीय सरकारी विद्यालयमें उर्दू भाषाकी शिक्षा पानी शुरू की। सन १८७७ में आप प्रातःस्मरणीय स्वामी दयानन्द सरस्वतीके शिष्य हुए और यहींसे आपको जीवनीमें अद्भुत परिवर्त्तन होने लगा।

यथासमय एण्ट्रेन्सकी परीक्षा पास कर लाहोरके सरकारी कालेजमें भर्ती हुए। वहाँ दो वर्षतक विद्याध्ययन करनेके पश्चात् विश्वविद्यालयसे वृत्ति मिलने लगी। तत्पश्चात् उन्होंने पढ़ना ध्ययन करना शुरू किया और सन् १८८५ में केवल २० वर्षकी अवस्थामेंही क़ानूनकी परीक्षा पास करली। विश्वविद्यालयके ३० विद्यार्थियोंमें आपका दूसरा नम्बर था। अब आप हिसारमें स्थानमें वकालत करने लगे। जिस समय लालाजी विद्यार्थी थे, उसी समय पंजाबमें स्वामी दयानन्दने वैदिक धर्मका प्रचार करना प्रारम्भ किया। पर पंजाबमें किसी प्रकार भी आर्यसमाजकी प्रतिष्ठा न हो सकी। इसी समयमें लालाजी अपने और दो सहपाठियों सहित स्वामी दयानन्दके शिष्य हुए। युवक होनेपर भी लालाजीने इस बातका अनुभव कर लिया था, कि स्वामीजीके इस आन्दोलनसे देश व समाजका कल्याण अवश्यम्भावी है।

वकालत करते समय ही सन् १८८८ में आपक राजनीतिक जीवनका आरम्भ हुआ और १८८८ की इलाहबाद कांग्रेससे आपने प्रत्येक वर्षकी कांग्रेसमें योगदान देना आरम्भ किया। कुछ समय बाद लालाजी तथा श्री० गोखले कांग्रेसके आज्ञानुसार इङ्गलैण्ड भेजे गये।

१९०५ में भारतमें नवीन युगकी सृष्टि हुई और इसी समय १६ अक्टूबरको 'बंग-भंग' भी हुआ। लालाजी स्पष्ट-वक्ता थे। आप कभी अन्याय सहन नहीं करते थे और यही मुख्य कारण हुआ, कि लालाजी 'ऐंग्लो इडियन' समाजकी आँखोंके काँटे हो गये। ऐंग्लो इण्डियन समाजके समाचार-पत्र लालाजीको घोर विप्लववादी प्रचारित करने एवं उन्हें दण्ड देनेके लिये सरकारका ध्यान आकर्षित करने लगे। रावलपिण्डीमें कुछ दंगा हुआ। उत्तेजित जनताने डाकघर लूट लिया, एक गिर्जा-घर गिरा दिया गया तथा लोगोंने अन्दर प्रवेश किया फौजने आकर इस झगड़ेको शान्त करनेका नाटक दिखाया। इसी सिलसलेमें सरदार अजितसिंह और लाला लाजपतराय बिना विचार किये ही भारतसे निर्वासित कर दिये गये।

निर्वासनका समाचार बिजलीकी तरह सारे भारतवर्षमें फैल गया तथा भारतकी जनता सरकारके इस कार्यकी आलोचना करने लगी।

लालाजीको मण्डालेमें निर्वासित कर दिया गया।

निर्वासनके कुछही महीनों बाद उनको तथा सरदार अजित सिंहको छोड़ दिया गया। किन्तु फिर भी छोड़नेका कारण न ज्ञात हो सका। जिन 'ऐंग्लो इण्डियन' समाचार पत्रोंमें लालाजीके नाम तरह-तरह के अभियोग लगाये थे, छुटकारा पानेपर अभियोग-की सत्यता प्रमाणित करनेके लिये लालाजीने सबको ललकारा; किन्तु इस ललकारका उत्तर किसीने नहीं दिया। सन १९०५ लालाजी काँग्रेसके प्रतिनिधि होकर जब इङ्गलैण्ड गये, तभी इङ्गलैण्डसे आप अमेरिका भी गये; किन्तु वहाँ अधिक दिनों तक नहीं ठहर सके और तीन सप्ताहके बाद ही उन्हें पुनः इङ्गलण्ड वापस आना पड़ा।

विदेश यात्रा समाप्त कर सन् १९२० की २० फरवरीको आप बम्बई वापस आये। वहाँ असंख्य जनता द्वारा आपका शानदार स्वागत किया गया। बम्बईसे आपने अपनी कर्मभूमि लाहोरको प्रस्थान किया। लाहोरवासियोंने बहुत बड़ी तादादमें इकट्ठे होकर लालाजीका स्वागत किया। कुछ दिन बाद वहाँ एक विराट सभाका अधिवेशन हुआ, जिसमें श्रीनिवास शास्त्रीने नये शासन-संस्कारके सम्बन्धमें भाषण दिया। लालाजीने इस नये शासन-संस्कारके सम्बन्धमें अपना कोई भी मत प्रकट नहीं किया। इसके पश्चात् 'हण्टर कमेटी' आयी। हण्टर कमेटी' से उन्होंने बहुत कुछ आशा की थी; किन्तु कमेटीका सिद्धान्त देखकर लालाजीकी आशा निराशाके रूपमें परिणत हो गयी!

सन् १९२० ई० में कलकत्तेमें कांग्रेसका जो विशेष अधिवेशन हुआ, उसके सभापति आपही मनोनीत किये गये थे। उस समय आपका यहां बड़े समारोहसे स्वागत हुआ था।

सन् १९२१ के मार्च महीनेमें मद्रास प्रान्तके बैजवाड़ा शहरमें अखिल-भारत कांग्रेस कमेटीके विशेष अधिवेशनमें स्थिर हुआ, कि तिलक स्वराज्य-फण्डके के लिये एक करोड़ रुपया, कांग्रेसके एक करोड़ सदस्य और बीस लाख चर्खा संग्रह करना चाहिये। लालाजी उस समय पंजाब प्रादेशिक काँग्रेस कमेटीके सभापति थे। आपने अल्प समयमें ही पंजाब प्रान्तमें निर्दिष्ट रुपये, चर्खे तथा सदस्य संग्रह कर लिये। आपका प्रभाव देखकर सरकारने आपके लिये पेशावर 'सीमाप्रान्त' प्रदेशमें जानेकी मनाही कर दी। रावलपिण्डीके रास्तेमें आपकी गाड़ी रोकी गयी। कपूरथलाके राजाने भी अपने राज्यमें लालाजीको नहीं आने दिया।

१७ नवम्बरको युवराजके भारत-आगमनपर देशमें सर्वत्र हड़ताल करनेका निश्चय हुआ। उस दिन बम्बईमें भीषण दंगा हो गया। लालाजी उसके बाद ही बम्बई पहुँचे। लाहोर वापस आनेपर बम्बईके दंगेके अपने सम्बन्धमें विस्तृत रूपसे एक लेखमें देशवासियोंका कर्त्तव्य दर्शाया। इसी सिलसिलेमें अन्य तीन सहकर्मियोंके साथ लालाजी पुनः गिरफ्तार कर लिये गये। भारतमें सर्वत्र सरकारकीदमन-नीति चलती रही।

७ जनवरी सन् १९२२ में लालाजीको ६ मासकी सादी कैद तथा ५००) रु० जुर्मानेका दण्ड हुआ। उसके अतिरिक्त फिर एक वर्षकी सख्त क़ैदकी सज़ा घटा कर सादी क़ैदकी सज़ा कर दी गयी। कारावाससे छूटनेपर आपका स्वास्थ्य ठीक न रहनेके कारण बहुत दिनों तक आपको विश्राम लेना पड़ा। लोगोंके परामर्शसे आप स्वास्थ्य-लाभकी आशासे विलायत भी गये। किन्तु वहांसे वापस आनेपर भी स्वास्थ्यमें किसी प्रकारका परिवर्तन नहीं हुआ। पर लालाजीकी कर्मशक्ति कम नहीं हुई। जीवनके अन्तिम दिन तक लालाजीने देशका ही काम किया और देशके लिये ही आपने अपने जीवनकी आहुति दे दी।

अक्टूबर १९२८ में साइमन-कमीशन लाहौर पहुँचा। कांग्रेसके आज्ञानुसार लाहौरवासियोंने भी साइमन-कमीशन बहिष्कारका प्रदर्शन किया। स्टेशनपर साइमन-कमीशनकी स्पेशल ट्रेन आनेपर बहिष्कारका शंखनाद गूँज उठा। इस उबालको पुलिसने लाठियों द्वारा ठंढा करना चाहा। लालाजीके वक्षस्थलपर भी कई वार किये गये और यही मार लालाजीकी मृत्युका कारण हुई। चोट लगनेके पश्चात् आपने एक सभामें सिंह गर्जन करते हुए कहा था, कि—"आज मेरे ऊपर किये गये प्रहारके लहूकी एक-एक बूँद ब्रिटिश-साम्राज्यके कफ़नकी एक-एक कील होगी। जिसने वह दृश्य देखा है, वह उसे कभी नहीं भूल सकता। इससे हमारे हृदय में दृढ़ विश्वास है, कि सरकारकी इस कायरताका बदला उसपर कायरतापूर्वक आक्रमण करके नहीं; बल्कि स्वतन्त्रता प्राप्त करके लेना चाहिये।

लालाजी आज संसारमें नहीं हैं; किन्तु उनकी भविष्यवाणी आज भी प्रत्येक भारतीयके हृदयमें अङ्कित है।

स्व० स्वामी श्रद्धानन्द।

[लेखक—श्रीयुत राजनारायण सिंह]

श्रीस्वामी श्रद्धानन्दका जन्म संवत् १९१५ विक्रमीमें पञ्जाब-अन्तर्गत जालन्धर ज़िलेके एक छोटेसे ग्राम तलवनमें हुआ था। स्वामीजी जबतक गृही थे, तबतक उनका नाम मुन्शीराम था। बाँदा, बलिया, बरेली और बनारस आदि स्थानोंमें आपने शिक्षा पायी था। आपके पिता पहले सरकारी फ़ौजमें रिसालदार थे। पीछेसे आप पुलिस आफ़िसर बनाये गये। बाँसबरेलीमें रहते समय स्वामी दयानन्दके व्याख्यानोंका नवयुवा मुन्शीरामपर ऐसा असर पड़ा, कि उन्होंने तमाम रूढ़ियों और प्रथाओंको त्याग, सच्चे आर्य-धर्मका अवलम्बन किया। आपने कई वर्षतक जालन्धर और लाहौरमें वकालत की। वर्षों तक 'सद्धर्म-प्रचारक' नामक एक पत्र निकाल कर उसका सम्पादन करते रहे। प्राचीन आदर्श और शिक्षा-प्रणालीके आप अनन्य प्रेमी थे और देशमें वैसी ही शिक्षाके प्रचारके उद्देश्यसे आपने हरद्वारके पास काँगड़ीमें 'गुरुकुल' की स्थापना की। आपने वर्षों उद्योग करके केवल इस आदर्श पाठशालाकी स्थापना ही न की; बल्कि सन् १९०० से १९१७ तक आप निरन्तर इसका निरीक्षण और अध्यापन कार्य भी करते रहे। १९१७ में आपने संन्यास ले लिया और तभीसे आपका नाम स्वामी श्रद्धानन्द हुआ। रौलट कानूनके कारण जब पञ्जाबमें मार्शल ला जारी किया गया, तब आप राजनीतिक संग्राममें एक महारथीकी भाँति आगे बढ़ आये और सैनिकोंकी बन्दूकों और सङ्गीनोंके आगे अपनी छाती खोल कर रख दी। इसके बादही अमृतसरमें कांग्रेसका जो अधिवेशन हुआ, उसकी स्वागत-समितिके आपही सभापति हुए। गुरुके बागके लिये सरकारके साथ सिक्खोंका जो झगड़ा हुआ, उसमें आपने सिक्खोंके

पत्रमें अमृतसरमें एक व्याख्यान दिया। आपका व्याख्यान आपत्ति-जनक बताया गया। मामला चला। एक साल क़ैदकी सज़ा हुई। आप सहर्ष जेल चले गये; पर सरकारने ६ महीने बादही आपको छोड़ दिया। खिलाफ़त आन्दोलनके समय आपने मुसलमानोंको भाई समझ कर उनकी बहुत कुछ सहायता की। आप बराम्बर साम्प्रदायिकताके विरोधी रहे और बराबर यही चाहते थे, कि सब मिलकर भाई-भाईकी तरह रहें। इस समय मुसलमानोंने आपकी इतनी इज्ज़त की, जितनी किसी हिन्दूकी नहीं की और आपको दिल्लीकी जुमा मसजिदके मिम्बरपर बैठा कर आपका व्याख्यान सुना। इसके बादसे आपको भारतके समस्त हिन्दू-समाजकी दुर्गतिका अनुभव बुरी तरह होने लगा। अतः आपने राजनीतिक क्षेत्रसे अलग होकर हिन्दू सङ्गठन और शुद्धिका कार्य करना आरम्भ किया। आपने कई हज़ार मलकाना राजपूतोंको शुद्ध कर हिन्दू बनाया। आपके इस कार्यसे मुसलमान नाराज़ होने लगे; परन्तु अछूतोद्धार और हिन्दू-सङ्गठनके कार्यसे आप तनिक भी विचलित नहीं हुए और अन्तमें जब वे सम्भवत: अन्तिम रोग शय्यापर ही पड़े हुए थे, कि हत्यारेने आपके कमरेमें प्रवेश कर एक साथही पिस्तौलकी चार गोलियाँ मारीं, और २३ दिसम्बर १९२६ को आप मर कर भी अमर हो गये! हत्यारा अब्दुल रशीद फ़ौरन पकड़ा गया। उस पर मामला चला और अन्तमें उसे फाँसी दे दी गयी।

"सदा सिरपर रखे हुए और बड़े स्नेहसे पालित बाल भी एक दिन रङ्ग बदल ही देते हैं। एक रङ्गमें कोई नहीं रहता। अन्तमें सब रङ्ग बदल देते हैं।

—व्यास।

मनुष्यकी इच्छा ही उसके पुनर्जन्मका कारण होती है।

मीराबाई।

स्व० यतीन्द्रनाथ दास

स्व० यतीनदास श्रीयुत बङ्किम विहारी दासके पुत्र तथा स्वर्गीय श्रीयुत महेन्द्रनाथ दास मुन्सिफके पौत्र हैं। आपका जन्म सन् १९०४में हुआ था। आप कलकत्तेके भवानीपुरवाले इन्स्टीट्यूशनके छात्र थे। आपने सन् १९२० में मैट्रिक्युलेशनकी परीक्षा पास की। १९२१ में असहयोग-आन्दोलनमें पड़कर आपने कालेजका पढ़ना छोड़ दिया और कांग्रेसका कार्य करने लगे।

१९२१ में पश्चिम बङ्गालमें भयङ्कर बाढ़ आयी थी। उस समय दूसरे कार्यकर्ताओंके साथ बाढ़ पीड़ित स्थानोंमें जाकर आपने अपनी शक्ति भर बाढ़-पीड़ितोंकी सहायता की थी। वहांसे वापस आते ही आप भद्र-अवज्ञाके अपराधमें गिरफ्तार कर लिये गये थे। किन्तु चार दिनके बाद छोड़ दिये गये।

उस समय आपके पिताने इन सब कामोंके करनेमें रुकावट डाली। पिताके साथ मतभेद होनेके कारण आपने घर-बार छोड़ दिया और देश-सेवाका व्रत ले लिया। सन् १९२१ के अन्तिम दिनोंमें आप फिर भद्र अवज्ञा (सिविल डिसओबीडियन्स) करनेके लिये गिरफ्तार किये गये। इस बार आपको एक महीनेकी सख्त कैद हुई! जेलसे वापस आकर आपने फिर अपनेको देश-सेवा-हित अर्पण कर दिया। सन् १९२२ में बड़े बाज़ारमें पिकेटिङ्ग (धरनाके समय) कर आप फिर दूसरे ६ कार्यकर्त्ताओंके साथ गिरफ्तार कर लिये गये और इस बार आपको ५ महीनेकी कड़ी क़ैद की सज़ा मिली। आप हुगली-जेलमें रखे गये थे। कहा जाता है, कि जेलमें आपके साथ बड़ा दुर्व्यवहार किया गया। तीन महीने बाद जब आप जेलसे वापस आये, उस समय आपके शरीरमें हड्डियां ही शेष रह गयी थीं। आप डेढ़ मास तक रोग-शय्यापर पड़े रहे। इसके बाद आपके पिता आपको मनाकर घर वापस ले गये। सन् १९२२ में आप आशुतोष कालेजमें भर्ती हो गये। कालेजके समयके बाद

आप अपनी मातृभूमिको गुलामीकी जञ्जीरसे मुक्त करनेके लिये जो-तोड़ परिश्रम करने लगे। १९२४ में आप दक्षिण कलकत्ता कांग्रेस-कमिटीके सहायक मन्त्री चुने गये। आप अपनी ज़िम्मेदारीको बड़े उत्साह और योग्यताके साथ पूरा करने लगे।

विगत ९ नवम्बर सन् १९२८ को आधी रातके समय आप अपने मकानमें बङ्गाल आर्डिनेन्सके अनुसार गिरफ्तार किये गये। पहले आप कलकत्ता प्रेसिडेन्सी जेलमें रखे गये। बादको वहाँसे हटा कर आपको मेदिनीपुर सेण्ट्रल जेलमें भेज दिया गया। जहाँपर जेठकी भीषण गर्मीके कारण आपका ब्रह्माण्ड इतना अधिक गर्म हो उठा, कि आप मृत्युके द्वारतक पहुँच गये किन्तु समयपर दूसरे जेली साथियोंकी मदद पहुंच जानेके कारण उस मृत्यु-यात्रासे बच गये। इस घटनाके कारण चिकित्साके लिये फिर आप कलकत्ता सेण्ट्रल-जेल भेज दिये गये। सम्भवतः इस बार यहाँसे फिर हटा दिये जानेका कारण यह था, कि उसी समय जेलमेंही खुफिया पुलिसके विशेष सुपरिण्टेण्डेण्टकी हत्या कर डाली गयी थी। ढाका जेलमें आपको बड़ी तकलीफें झेलनी पड़ीं। कुछ दिनोंके बाद आप मैमनसिंह सेण्ट्रल जेल भेज दिये गये। यहाँपर भी आपके साथ बड़ा ख़राब व्यवहार किया जाने लगा और एक दिन जेल सुपरिण्टेण्डेण्टके साथ हाथा-पायी भी हो गयी। इसके फलस्वरूप आपको इस बेरहमीके साथ पीटा गया, कि आप मरते-मरते बचे।

यतीनदासके ऊपर मारपीट, दुर्व्यवहार एवं बहुतसे अभियोग लगाकर मामला चलाया गया। इसपर उन्होंने उपवास करना शुरू कर दिया और २३ दिनतक खाना-पीना छोड़े रहे। अन्तमें बंगाल-सरकारके बीचमें पड़नेसे आपने उपवास करना छोड़ दिया। सुपरिण्टेण्डेण्टको अपनी करतूतके लिये माफ़ी माँगनी पड़ी और उनकी जितनी मांगें थीं, सब पूरी की गयीं। यद्यपि इस प्रकार उस अनशनका अन्त कराया गया ; किन्तु सरकारने मन-ही-मन इसका बदला चुकानेका निश्चय कर लिया था। अतएव एक दूसरे साथीके साथ वे मियाँवाली जेल (पञ्जाब प्रान्त) को भेज दिये गये। यहांपर आपके कष्टोंकी सीमा न रही। आप यहां हदसे अधिक सताये जाने लगे। ख़ैर, किसी तरह बसन्त ऋतु बीत गया; किन्तु गरमीमें वहाँकी गरमी अत्यन्त भयङ्कर हो उठी। जो कमरा रहनेको दिया गया था, उसमें हवा आने जानेके लिये खिड़कियाँ भी न थीं। अन्तमें नौबत यहाँतक पहुँच गयी, कि वे फिर अनशन करनेका विचार करने लगे। किन्तु इसी बीच वे फिर कलकत्ते वापस भेज दिये गये। कुछ दिनोंके बाद वे फिर वहाँसे हटाकर चटगाँव ज़िलेके एक छोटेसे गाँवमें नज़रबन्द करके रख गये। घरसे जानेके कुछ ही दिन बाद यतीनकी बहनका स्वर्गवास हो गया। किन्तु यतीनदासने हिम्मत नहीं छोड़ी। २९ सितम्बर १९२८ को नज़रबन्दीकी हालतसे रिहा कर दिये गये।

वापस आते ही आप फिर देशके काममें लग गये। यद्यपि आप उस समय बहुत कमज़ोर थे, तथापि गत कलकत्ता कांग्रेसके अधिवेशनके अवसरपर आपने दृढ़ और सुसङ्गठित स्वयंसेवक दल स्थापित करनेमें कोई कसर बाकी नहीं रखी। कांग्रेस अधिवेशन समाप्त हो जानेके बाद आपने दक्षिण कलकत्तामें स्वयंसेवक-दल सञ्चालनका भार लिया और आप उसके आफिसर इन-कमाण्ड बनाये गये। आपने फिर अपना कालेज-जीवन आरम्भ किया और बङ्गवासी कालेजमें आप बी० ए० क्लासमें अध्ययन करने लगे।

इसके बाद आप फिर लाहोर हत्याकाण्ड और षड़यन्त्रमें सम्मिलित होनेके अभियोगमें गिरफ्तार कर लाहोर भेज दिये गये और वहीं ६२ दिनोंतक अनशन करनेके बाद आप अमर लोकको सिधार गये।

वीर बोल्शेविकोंका बलिदान

बोल्शेविक वचनकी मर्यादा—अपूर्व क्षमादान ।

[लेखक—श्री० शैलकुमार विश्वास]

"Blessed is he who visited this world,
In moments of its fateful deeds."
—Tyutchev (Russian poet)

(१)

ज़ारशाहीके पतनके पश्चात् रूसमें अमीर साम्य-वादियों और पुराने मन्त्रियोंकी एक सरकार क़ायम हुई थी, जिसका प्रधान था—एम० केरन्सकी। रूसका अभिमानी सम्राट ज़ार निकोलस अपनी सम्राज्ञी और बच्चों सहित एक महलमें नज़र-बन्द कर दिया गया, और सम्राटके "विण्टर पैलस" नामक राज-मन्दिरमें एम० केरन्सकीने अपना डेरा जमाया। उसी "विण्टर पैलस"में एम० केरन्सकीका आफ़िस भी था, जहाँ नयी अमीर सरकारके मन्त्री लोग जाकर केरन्सकीसे परामर्श किया करते थे। केरन्सकी उसी राज-मन्दिरमें रहता और सोता था, जैसे पहले सम्राट् ज़ार उसमें रहता और सोता था।

सन् १९१७ के प्रारम्भिक महीनोंमें केरन्सकीके हाथमें रूसकी राज-सत्ता आ गयी थी। यहाँपर यह याद रखना चाहिये, कि उस समय फ्रान्सके रण-क्षेत्रोंमें जर्मनीसे घोर युद्ध भी हो रहा था। उस जर्मन महायुद्धमें प्रारम्भसे ही सम्राट ज़ारका रूस मित्र-राष्ट्रों (फ्रान्स, इंगलैण्ड आदि) के पक्षमें था। उत्तरसे रूसी सेनाके प्रबल हमलोंके कारण जर्मनोंको फ्रान्समें बढ़नेका सुभीता नहीं मिलता था, इसलिये बादमें जर्मनीने भी रूसको परास्त करनेमें अपनी शक्ति लगा दी और प्रायः ढाई वर्षके अन्दर जर्मनीने रूसको मृतप्रायसा कर दिया था। दक्ष जर्मन-सेनाओंके थपेड़े खाकर रूसी सेनाओंके छक्के छूट गये। युद्धसे रूसी घबरा उठे और अब वे लड़ना भी नहीं चाहते थे।

इसी समय रूसी मन्त्रियों और अमीरोंने क्रान्ति करके सम्राट ज़ारको राज्यच्युत कर दिया; किन्तु अमीर क्रान्तिकारियोंने रूसी जनताके विचारोंकी अवहेलना करते हुए रूसमें पूँजीपति शासन-पद्धति ही जारी रखी। साथ ही, इस अमीर सरकारके प्रधान मन्त्री एम० केरन्सकीने, मित्रराष्ट्रोंके पक्षसे जर्मनीसे उसी तरह युद्ध भी जारी रखा, जैसे सम्राट ज़ारने किया था। यही केरन्सकीकी सबसे बड़ी ग़लती थी। उस समय इङ्गलैण्ड, फ्रान्स आदि मित्रराष्ट्रोंके राजनीतिज्ञोंने, ज़ारशाहीके पतनपर केरन्सकीके पास बधाई-सूचक तार भेजे थे, जिनका यह आशय था, कि "अब रूसमें स्वेच्छाचारी शासनका अन्त हुआ!" और, एम० केरन्सकीकी तुलना उस समयके अँगरेज़ प्रधान मन्त्री मि० लायड जार्जसे की जाती थी। किन्तु दोनों ही अधूरे हैं!

किन्तु ज़ारशाहीका पतन हो जानेपर भी रूसमें स्वेच्छाचारी शासनका वास्तवमें अन्त नहीं हुआ। एम० केरन्सकी सरीखा स्वेच्छाचारी मनुष्य अब भी अपने ख़ूनी रंगमें मस्त था। उसने जर्मनीसे लड़ाई जारी रखी—सेनाके लिये रंगरूटोंकी भरती होती रही और लाखों रूसी योद्धा रणक्षेत्रोंमें सब तरहके कष्ट भोगते रहे। इतना ही नहीं; गोले बारूद और अन्य सामरिक सामग्रियोंकी कमीके कारण सेनाएँ बेहथियारकी होने लगीं, और इन सब विपत्तियोंके ऊपर दुर्भिक्ष राक्षस अपना कराल मुँह फाड़े ग़रीब प्रजाका भक्षण

कर रहा था। एम० केरन्सकीने किसी भी विपत्तिसे जनताकी रक्षा नहीं की; रन उसने रूसकी विपत्तियाँ और भी बढ़ा दीं।

इधर देशमें सर्वत्र दुर्भिक्षका हाहाकार फैला था, जिसके कारण भीतर-ही-भीतर साम्यवादी बोल्शेविक क्रान्तिकी आग सुलग रही थी। प्रायः सभी भूखे मजूर, मल्लाह और किसान लेनिनके बोल्शेविक दलका बल बढ़ाने लगे। एम० केरन्सकीने बड़े ही क्रूर हाथोंसे निर्दयता-पूर्वक बोल्शेविक आन्दोलनकारियों-का दमन किया। न जाने कितने मजूर और किसान केवल बोल्शेविक होनेके लिये मार डाले गये। पर वीर बोल्शेविक मृत्युसे कभी भयभीत नहीं हुए; बल्कि क्रान्तिकी वेदीपर उन्होंने खुशीसे अपने प्राण वलि चढ़ा दिये। बोल्शेविकोंका दमन और संहार चारों ओर होने लगा; पर बोल्शेविक सिद्धान्तोंका संहार नहीं किया जा सका। बोल्शेविकोंके समता, स्वतन्त्रता, और सहयोगके सिद्धान्त देशके कोने-कोनेमें गूँज उठे, और रूसके असंख्य मजूर एवं किसान उन सिद्धान्तोंसे उत्साहित होकर महाक्रान्ति करने तथा पूँजीवादका नाश करनेके लिये अकुला उठे।

उधर एम० केरन्सकी एक ओर जमनोंसे युद्ध कर रहा था, और दूसरी ओर देशके भीतर साम्यवादी आन्दोलनकारियोंका भरपूर दमन भी कर रहा था। इस दमनका प्रकोप यहाँ तक बढ़ा, कि उसने बोल्शेविक आचार्य लेनिन और ट्रोजकीके नाम भी गिरफ्तारीके वारण्ट निकाल दिये थे। किन्तु आचार्य लेनिन इन वारण्टोंकी बात सुन कर हँसा करते थे, और अपने सहयोगियोंसे कहते थे—"We hear the voice of approval not in the sweet murmur of praise, but in the loud shouts of anger of an entire burgouise world."

अर्थात् "हम अपने कार्यों का समर्थन, किसी मीठी प्रार्थनामें नहीं; वरन् समग्र पूँजीपति संसारकी क्रुद्ध चिल्लाहटमें सुन रहे हैं।"

(२)

"लाल अक्टूबर" या ख़ूनी क्रान्ति

एम० केरन्सकीकी अमीर सरकारका अस्तित्व पाँच महीनेसे अधिक न रहा। सन् १९१७ के अक्टूबर मासमें बोल्शेविकोंकी लाल-क्रान्ति आरम्भ हो गयी। लेनिनका क्रान्तिकारी प्रबन्ध इतना पूर्ण था, कि क्रान्तिके एक ही धक्केसे केरन्सकीके पैर उखड़ गये और वह किसी तरह वेश बदल कर रूससे भाग निकला। बोल्शेविक नेताओंकी ज़बर्दस्त दलीलोंके सामने पूँजी-पति शासक फीके पड़ गये। बोल्शेविक उनसे कहते थे,—"यदि तुम लोग शासनाधिकार लेकर जमनीसे युद्ध नहीं रोक सके, तो हटो उस स्थानसे; हम आते हैं—शासनाधिकार लेते हैं और जमनीसे युद्ध बन्द करके शान्ति करते हैं!"

७ नवम्बरको राजधानी पीट्रोग्राडके "स्मोलनी" भवनमें बड़ी धूम-धाम थी। सोविएट यानी बोल्शेविक दल वालोंका प्रभाव जम चुका था। उस भवनमें अखिल रूसी कांग्रेसके अधिवेशन आरम्भ हुए, जिसमें बहुसंख्यक बोल्शेविक नेता भी मौजूद थे। आरम्भमें कांग्रेसके पदाधिकारियोंका चुनाव हुआ। इस चुना-वमें बोल्शेविक दलके चौदह तथा अन्य राजनीतिक दलोंके ग्यारह सदस्य चुने गये। इस तरह 'वोटों' के बलसे पराजित होकर पुराने अमीर पदाधिकारियोंको नीचे उतर आना पड़ा और बोल्शेविक नेता जो अब-तक बड़े ही बदमाश और पतित समझे जाते थे, ऊपर मञ्चपर चढ़े।

पुराने अमीर पदाधिकारी अपनेको बड़ा ही विद्वान्, बुद्धिमान, नीति-कुशल, तत्वज्ञानी और दार्शनिक समझते थे; पर इस समय अपनी हार देखकर उन्हें लज्जित होना पड़ा। जिन बोल्शेविकोंको वे अत्यन्त निकृष्ट श्रेणीके मनुष्य समझते थे, वे ही बहुमतके बलसे विजयी हुए। अमीर नेता दार्शनिक या वैज्ञानिक सिद्धान्तों तथा क़ानूनोंपर अच्छी बहस करके अपनी विद्वत्ता दिखा सकते थे; पर वहाँ अब कोरी विद्वत्ता और निर

र्थक दलीलोंका आलसी युग बीत चुका था। अब काल्पनिक बातोंको छोड़कर वास्तविक विषयोंपर विचार होता था और अब वहाँ एक कठोर समस्या उपस्थित थी—शासनकी !

रूसका शासन कौन करेगा ?—अमीर या ग़रीब ? अब रूसका भाग्य-विधाता कौन होगा ?—पूँजीपति शासक या श्रमजीवियोंका समूह ? बोल्शेविक सदस्योंके बहुमतने कांग्रेसके सामने यही कठिन प्रश्न उपस्थित कर दिया था—"क्या अब रूसका शासक सोविएट्स (मज़ूर-सभा) को घोषित किया जाये ?" इस प्रश्नपर विराट रूसी काँग्रेसमें खलबली मच गयी ! अमीर लोग भला मज़ूरों और किसानोंकी सोविएट सरकारको कैसे मानते ? उनके साथ पढ़े-लिखे मध्यम श्रेणीके प्रतिनिधि भी थे, जो सोविएटको सरकार माननेके लिये तैयार नहीं थे। उन्होंने कहा,—शासकोंके विरुद्ध यह बोलशेविक क्रान्ति जघन्य अपराध है ! बोलशेविकोंको शासनका कुछ भी अनुभव नहीं है—वे मूर्ख हैं—दुष्ट हैं—पागल हैं !"

किन्तु समुद्रकी तरह उमड़ा हुआ विराट जन-समूह पुराने अमीर शासकोंको धिक्कारता था और उन स्वार्थी शासकोंके बदले जन-समूह सोविएटको सरकार माननेके लिये तैयार था। पुराने शासकोंके प्रतिनिधियोंने उद्धत जन-समूहको शान्त करने तथा समझौता करनेके हेतु लम्बे-लम्बे प्रस्ताव पेश करनेकी कोशिश की और कहा, कि सब राजनीतिक दलोंको मिलकर सरकार संगठित करनी चाहिये।

पर उत्सुक जन-समूहने कहा,—"हमें तुम्हारे लम्बे प्रस्ताव नहीं चाहिये—हम सोविएटको चाहते हैं !" अमीरोंकी ओरसे कहा गया,—"सब दल पारस्परिक मेल करके सरकार बनाओ !"

इसपर जन-समूहने उत्तर दिया,—"अब केवल मज़ूरों, किसानों और सिपाहियोंका ही मेल हो सकता है—हम लोग अमीरोंसे मेल न करेंगे ! अमीरोंसे मेल करनेका फल हम खूब चख चुके हैं !"

इतनेमेंही अमीरोंके एक अफ़सरने जन-समूहको भयभीत करनेके लिये कहा,—"सोविएटके विरुद्ध सारी सेना है, और अब सोविएट कटकर अलग हो गये हैं।"

"झूठा है ! मक्कार है ! हम सिपाही चाहते हैं, कि सोविएटको ही शासनाधिकार दिया जाये।" जन-समूहने चिल्लाकर कहा।

अमीरोंके एक प्रतिनिधिने क्रुद्ध होकर कहा,—"हम लोग ऐसी गड़बड़में शरीक होकर अपराधोंके लिये ज़िम्मेदार न होंगे। हम समस्त रूसी प्रतिनिधियोंसे कहते हैं, कि वे इस पतित कांग्रेससे बाहर चले जायें।" इतना कहकर वह आगे बढ़ा और उसके साथ प्रायः ८० अमीर प्रतिनिधि उठकर चले गये।

इसी समय बोल्शेविकोंके वीर नेता श्री लिओ ट्रोज़कीने चिल्लाकर कहा,—"उन्हें जाने दो ? उन्हें जाने दो ! वे सब ऐसे गन्दे हैं, जिनका इतिहासमें नाम भी नहीं दिया जायेगा।"

अमीर नेता जिस समय भवनको जा रहे थे, उस समय उद्धत जनता उन्हें गालियाँ दे रही थी।

प्रतिक्षण बोल्शेविक क्रान्तिकारियोंकी विजयके समाचार एक-एक कर आ रहे थे। अमीरोंके मंत्री गिरफ्तार किये गये ; स्टेट-बंक, टेलिग्राफ़, टेलिफ़ोन, आदिपर क्रान्तिकारियोंका अधिकार हो गया अनेक स्थानोंकी बड़ी-बड़ी सेनाएँ क्रान्तिके पक्षसे लड़ने लगीं।

इतनेमें ही अन्तिम सुखदायी समाचार आया—"अमीरोंकी सरकार नष्ट कर दी गयी और उसकी जगह मज़ूरों, सिपाहियों तथा किसानोंकी सोविएट सरकारने शासनाधिकार ले लिया। सोविएट अधिकारी तुरन्त समस्त देशोंसे सुलह करेंगे, और समस्त रणक्षेत्रोंमें युद्धके नगाड़े बन्द हो जायेंगे।"

रूसी काँग्रेसके अधिवेशन रात भर होते रहे।

(३)

प्रति-क्रान्तिकारियोंकी कुचेष्टा

अमीर शासकोंको हर तरफ़ हारना पड़ा। उसी दिन ७ नवम्बरको रूसकी राजधानी पीट्रोग्राडमें अम-

जीवियोंकी साम्यवादी "सोविएट" सरकार स्थापित हो गयी। भीषण क्रान्तिका प्रबल वेग रोकनेका साहस किसी अमीरमें नहीं था। कितने ही अमीर तो बोल्शेविक तलवारके घाट उतार दिये गये और कितनेही रूसी अमीर देश छोड़ कर भाग गये। बोल्शविकोंकी लाल-क्रान्तिके आतङ्कसे न केवल रूस; बल्कि समग्र युरोप काँप उठा था।

किन्तु क्रान्तिके विरोधी प्रति-क्रान्तिकारी अब भी कहीं-कहीं सिर उठा रहे थे। केरन्सकीके पक्षपाती जनरल कारनीलोवने दक्षिण दिशासे राजधानीपर चढ़ाई कर दी। यह समाचार पीट्रोग्राडके बोल्शेविक अधिकारियोंको मिलते ही वे मुक़ाबलेकी तैयारी करने लगे। बोल्शेविकोंके इशारेसे हज़ारों मज़ूर और किसान बन्दूकें लिये दौड़े जाते थे। पीट्रोग्राडके बाहर प्रति-क्रान्तिकारियोंसे गहरी लड़ाई हुई, जिसमें उन्हें परास्त होना पड़ा।

राजधानीके बाहर बोल्शेविक-दल प्रति-क्रान्तिकारियोंसे युद्ध कर रहा था; पर इधर राजधानीके भीतर ही प्रति-क्रान्तिकारियोंने उपद्रव आरम्भ कर दिये। बोल्शेविकोंका जिस समय पीट्रोग्राडपर अधिकार हुआ था, उस समय उन्होंने दया करके इन दुष्ट प्रति-क्रान्तिकारियोंको क्षमा कर दिया था; इसलिये वे नगरके भीतर ही रहने पाये थे। किन्तु जनरल कारनीलोवके आक्रमणका हाल सुनते ही इन प्रतिक्रान्तिकारियोंने नगरके भीतर लड़ाई आरम्भ कर दी। उन्होंने सर्वप्रथम टेलिफ़ोन स्टेशनपर अधिकार कर लिया। यह टेलिफ़ोनका स्टेशन बड़ी ही मज़बूत इमारतमें है और यह पीट्रोग्राडमें एक बड़े मार्केका स्थान है, जहाँसे सैनिक हमलेका बड़ा सुभीता है। प्रति-क्रान्तिकारी लोग इस मज़बूत इमारतपर मोर्चेबन्दी करने लगे और इस कार्यमें एक फ्रेञ्च सैनिक अफ़सर भी उनकी सहायता कर रहा था।

इसी समय सोविएटका युद्धमन्त्री एम० एण्टोनोव अपनी मोटरमें जाता हुआ दिखाई दिया। प्रति-क्रान्तिकारी दलने तुरन्त इस मोटरको रोका और एण्टोनोवको गिरफ्तार कर लाये। उन्होंने समझा, कि बोल्शेविक युद्ध सचिवको पकड़कर उन्होंने सोविएटका अन्त कर दिया। टेलिफ़ोन-भवनके कई कमरोंमें बोल्शेविक सैनिक और युद्ध-मंत्री एम० एण्टोनोव क़ैद किये गये। टेलिफ़ोनका काम करनेवाली सैकड़ों स्त्रियोंको भी प्रति-क्रान्तिकारियोंने गिरफ्तार कर लिया था, जो भयभीत होकर रोती-चिल्लाती थीं।

कहना व्यर्थ है, कि पीट्रोग्राडके बाहर जनरल कारनोलोवको शस्त्रधारी मजूर-सेनाओंसे लड़कर हारना पड़ा। विजयी लाल सेनाएँ जब फिर राजधानीकी ओर लौटती हुई दिखाई दीं, तब प्रति-क्रान्तिकारियोंके होश उड़ गये—वे जनरल कार्निलोवकी विजय मना रहे थे; पर इस बार भी बोल्शेविक दल विजयी रहे!

इस अन्तिम हारके बाद प्रति-क्रान्तिकारियोंका जोश ठण्डा पड़ गया। उनके अफ़सर अपने बचनेकी फ़िक्र करने लगे। कुछ अफ़सर अस्पताली मोटरोंमें छिपकर भागे। प्रति-क्रान्तिकारी दलके सिपाहियोंने घबराकर और चिल्लाकर कहा,—"हमारे अफ़सर कहाँ हैं?" किन्तु इसका उत्तर देनेवाला वहाँ अब कोई नहीं रह गया था। तब उन सिपाहियोंने बड़े ही क्षोभ और दुःखसे कहा,—"धिक्कार है, उन कायरोंको! उन्होंने हमें भी छोड़ दिया!"

इतनेमेंही एक 'आरमर्ड कार' आती दिखाई दी, जिसपर बोल्शेविक सैनिक सवार थे। इन्होंने गोलियोंकी वर्षा उस टेलिफ़ोन-भवनपर की। बस, प्रति-क्रान्तिकारियोंने यह समझ लिया, कि उनकी मृत्यु अब निकट है। नीचे जिन कमरोंमें बोल्शेविक सेनापति एण्टोनोव और अन्य बोल्शेविक क़ैद थे, उन्हें किसीने जाकर स्वतन्त्र कर दिया। एण्टोनोव एक अत्यन्त ही धीर-वीर गम्भीर क्रान्तिकारी योद्धा था—जो न मृत्युसे डरता और न विजयसे विशेष प्रसन्न होता था।

एण्टोनोवने अपनी टोपी पहनी और ऊपर आया। यहाँ समस्त प्रति-क्रान्तिकारी रो-कलप रहे थे। उन्होंने

रोकर कहा,—"सेनापति एण्टोनोव ! हमें बचाओ ! हम जानते हैं, कि हम अपराधी हैं; पर अब हमने अपनेको क्रान्तिकी कृपापर छोड़ दिया है ।"

एण्टोनोव बड़े विचारमें पड़ गया । प्रति-क्रान्तिकारी फिर गिड़गिड़ा कर बोला,—"भाई एण्टोनोव ! आप एक सच्चे बोल्शेविककी तरह हमें अपना बचन दीजिये ! हम आपकी ही दयापर हैं !"

फिर एण्टोनोवने कुछ सोच कर कहा,—"हाँ, मैं तुम्हें अपना बचन देता हूँ—तुम्हारी रक्षा होगी !"

डरते-काँपते हुए कुछ प्रति-क्रान्तिकारियोंने कहा,—"पर वे लोग आते ही हमें अवश्य मार डालेंगे ।"

"नहीं, उसके पहले वे मुझे मारेंगे ।" एण्टोनोवने गम्भीरतापूर्वक कहा ।

बाहर सहस्रों शस्त्रधारी बोल्शेविक क्रान्तिकारी आकर एकत्र हो गये थे । इमारतका फाटक बन्द था । इतनेमें ही फाटक खुला; बाहरके बोल्शेविकोंने बन्दूकें छतियाँ लीं । किन्तु फाटकसे एण्टोनोव आता हुआ दिखाई दिया ।

उसे देखते ही बोल्शेविक सैनिक प्रसन्न हो गये और "हमारा एण्टोनोव ! एण्टोनोव चिरजीवी हो !" के नारे बुलन्द करने लगे; फिर उन उद्धत बोल्शेविकों-की भीड़ने कहा,—"प्रति-क्रान्तिकारी कहाँ हैं ? उनके अफसर कहाँ हैं ?"

एन्टोनोवने कहा,—"उनमें अब कुछ दम नहीं रह गया है ! उन्होंने हथियार गिरा दिये हैं !"

इसपर सहस्रों कण्ठ-ध्वनिसे यही शब्द निकले,—"प्रति-क्रान्तिकारियोंके लिये मृत्यु ! वे सब हमारी क्रान्तिके शत्रु और हत्यारे हैं ! उनके अफ़सरोंके लिये मृत्यु ! वे कहाँ हैं ?"

इसके बाद हर तरफ़ सन्नाटा छा गया । एण्टोनोव चुपचाप फाटकपर खड़ा था । 'लाल' बोल्शेविक फिर गगन-भेदी ध्वनिमें चिल्लाये,—"उन हत्यारोंको, कसा-इयोंको साफ़ कर दो ! एक-एकको मार डालो ! एक भी जीवित न बचने पाये !"

अब, एण्टोनोवने अपना एक हाथ हिलाकर, उच्च ध्वनिमें कहा,—"कामरेडस् ! तुम उन्हें नहीं मार सकते ! प्रति-क्रान्तिकारियोंने आत्मसमर्पण कर दिया है ! वे अब हमारे क़ैदी हैं !"

बोल्शेविकोंको भीड़ कुछ चकित हुई और फिर उन सबने चिल्लाकर कहा,—"नहीं-नहीं, वे हमारे क़ैदी नही हैं ! क़ैदी कैसे ? वे सब मृतक मनुष्य हैं !"

एण्टोनोवने कहा,—"उन्होंने अपने शस्त्र दे दिये हैं और मैंने उन्हें जीवन-दान दे दिया है ।"

भीड़ने कहा,—"तुम भले ही उन दुष्टोंको जीवन-दान दो, पर हम तो संगीनें देंगे !"

"हाँ, प्रतिक्रान्तिकारियोंको संगीनोंसे मारो ! मारो !" भीड़ने कहा ।

एण्टोनोव हाथमें भारी तमञ्चा लिए हुए क्रुद्ध भीड़के सामने आया और बोला,—"मैंने प्रतिक्रान्ति-कारियोंको क्षमा करके उनकी रक्षा की है ! अब मैं अपना शब्द इस तमञ्चेसे वापस लूँगा ।"

भीड़ने कहा,—"हैं ! यह क्या बात है ! प्रिय सहयोगी एण्टोनोव ! तुम्हारा क्या मतलब है ?"

एण्टोनोवने हाथमें तमञ्चा लिये हुए कहा,—"मैंने उन्हें रक्षाका वचन दिया है ! यही मेरा मतलब है ! और कुछ नहीं ।"

इसपर भीड़ने गरजकर एण्टोनोवको कहा,—"धिक्कार है इसे ! यह देशद्रोही है ! विश्वासघाती है ! प्रतिक्रान्तिकारियोंका रक्षक बना है ! तुम बदमाशोंको बचाना चाहते हो; पर नहीं बचा सकोगे ! हम उन्हें मारेंगे !"

एण्टोनोवने कहा,—"जो कोई उनपर हाथ उठा-येगा, मैं उसे वहीं गोली मारूँगा ।"

"हमें मारोगे ?" बोल्शेविक भीड़ने कहा,—"हाँ, हमें मारो ! मारो !!"

अन्य बोल्शेविकोंने कहा,—"क्या उन दुष्ट प्रति-क्रान्तिकारियोंकी रक्षा करनेके लिये हम क्रान्तिकारि-योंको तुम मारोगे ?"

एएटोनोवने व्यङ्गसे कहा,—"तुम लोग क्रान्तिकारी हो ? मैं यहाँ सच्चे क्रान्तिकारियोंको कहाँ देखता हूँ ? कहीं नहीं ! तुम लोग क्रान्तिकारी बनते हो, और निःसहाय कैदियोंको मारना चाहते हो ?"

यह बात सुनकर बोल्शेविक भीड़ चुप-सी होगयी। एएटोनोवने फिर कहा,—"सुनो ! क्या तुम जानते हो, कि तुम लोग क्या कर रहे हो ? इस पागलपनका अन्त कहाँ होगा ? जब तुम किसी क़ैदी प्रति-क्रान्तिकारीको मारते हो, तो प्रतिक्रान्तिकारीको नहीं मारते; बल्कि क्रान्तिको मारते हो ! इसी क्रान्तिके लिये मैंने अपने जीवनके बीस वर्ष कारावास, कालेपानी, और निर्वासनमें बिताये हैं ! तुम क्या यह समझते हो, कि मैं क्रान्तिकारी खड़ा होकर यह देखूँगा, कि क्रान्तिकारी लोग साक्षात् क्रान्तिकी हत्या करें ?"

तब, एक बोल्शेविकने कहा,—"यदि उन्होंने हमें पकड़ा होता, तो हमें ज़रूर मार डाला होता।"

"हाँ, यह सच है !" एएटोनोवने कहा,—"वे हमें मार डालते; पर इससे क्या ? वे क्रान्तिकारी नहीं हैं ! वे पुराने पूँजीपतियों, ज़ार और हत्यारोंकी श्रेणीमें हैं ! पर हम क्रान्तिकारी हैं ! और क्रान्तिका लक्ष्य कुछ विशेष रूपसे उच्चतम है ! क्रान्ति सबको समान रूपसे स्वतन्त्रता और जीवन देती है ! इसीलिये तुम लोग ऐसे उत्तम ध्येयके लिये अपना जीवन और रक्त दे रहे हो ! पर तुम्हें इससे भी अधिक देना पड़ेगा। उसे अपना शुद्ध विवेक दो, या विवेकसे काम लो ! अपनी उद्धत लालसाओंको पूर्ण करनेके पूर्व शुभ क्रान्तिकी अच्छी तरह सेवा करो। क्रान्तिकी विजयके लिये तुम वीर और साहसी हुए। अब क्रान्तिकी उज्ज्वल मार्य्यादाके लिये तुम दयालु भी बनो ! तुम क्रान्तिसे प्रेम करते हो ! मैं केवल तुमसे यही कहता हूँ, कि तुम उस चीज़की हत्या मत करो, जिसे तुम प्रेम करते हो !"

उस समय वीर क्रान्तिकारी एएटोनोवका मुखमण्डल अग्निकी तरह प्रज्ज्वलित हो रहा था; उसकी कण्ठ-ध्वनि प्रेमका आह्वान करनेमें बड़ी ही कारुणिक हो गयी थी और उसके दोनों हाथ मानों समझा रहे थे। बोल्शेविकोंकी भीड़पर उसके एक-एक शब्दका असर हुआ और वे वीर एएटोनोवके सामने पालतू भेड़ोंकी तरह ख़ामोश हो गये।

एएटोनोवने फिर कहा,—"भाइयो ! जाओ, उन गुमराह प्रति-क्रान्तिकारियोंसे बातचीत करो और देखना, कि वे भी तुम्हारी ही तरह क्रान्तिके उपासक हो जायेंगे।"

बोल्शेविकोंकी भीड़ उस मकानमें घुसी। एएटोनोव बराबर उनके साथ था। बोल्शेविकोंने उन प्रति-क्रान्तिकारियोंसे बातें कीं, और उनके अपूर्व क्षमादानसे प्रति-क्रान्तिकारियोंको अपनी गुमराही मालूम हुई। वे भी सब बोल्शेविक दलमें मिलकर पूँजीवादकी जड़ खोदनेका काम करने लगे।

❁ ❁ ❁ ❁

किन्तु, कई अवसरोंपर क्रान्तिके शत्रुओंको क्षमा कर देनेसे बोल्शेविकोंको बहुत हानि भी उठानी पड़ी, जिसकी शिकायत एक बार बोल्शेविक युद्ध-मन्त्री श्री लिओ ट्रोज़कीने भी की। "क्रान्तिके दिनोंमें हमारा यही अपराध था, कि हम लोग शत्रुओंको बहुत क्षमा करते थे।" ट्रोज़कीने कहा,—"फ्रेञ्च और अमेरिकन क्रान्तियोंकी अपेक्षा बोल्शेविक क्रान्तिमें बहुत कम आदमी मारे गये, यह उनकी राय है, जिन्होंने वह क्रान्ति अपनी आखों देखी थी।"

संसारके राजनीतिक कैदियोंकी दुर्दशा

[लेखक—श्रीयुत राजर एन० बाल्डविन,
अध्यक्ष—इण्टरनेशनल कमिटी फ़ार पोलिटिकल प्रिज़नर्स]

विभिन्न देशोंमें स्वेच्छाचारी साम्राज्यवादियोंके शासनका बोलबाला है। इस स्वेच्छाचारके शासनमें स्वतन्त्र विचार रखनेवाले स्वतन्त्रता-प्रेमियोंके ऊपर बड़े-बड़े कठोर अमानुषिक अत्याचार हो रहे हैं, जिनकी ख़बर जनताको बिल्कुल नहीं है। स्वतन्त्रता-प्रेमी जो जेलख़ानोंमें हैं, उन्हें राजनीतिक क़ैदी कहा जाता है। इन बुद्धिमान्, विद्वान् आदर्शवादी ज्ञानियोंपर जो-जो अत्याचार हो रहे हैं, उन्हें वे ख़ुशीसे सहन कर रहे हैं; क्योंकि कठोर शासकोंसे भी बढ़कर वे दृढ़प्रतिज्ञ हैं, और उन्होंने यह व्रत ले लिया है, कि पृथ्वीपरके पापाचार दूर किये बिना—मानव जातिको सच्चा सुख, शान्ति दिये बिना—वे चैन न लेंगे। सचमुच वर्त्तमान युगके यही राजनीतिक कैदी, तपस्वी, त्यागी, योगी और महर्षि हैं।

किन किन देशोंमें कितने राजनीतिक कैदी हैं, इसका पता लगानेके लिये युरोपमें एक "अन्तर्राष्ट्रीय कमिटी" स्थापित हुई है। यह कमिटी लिखती है, कि राजनीतिक कैदियोंकी संख्या बताना कठिन है; पर इस समय जितने अधिक राजनीतिक कैदी हैं, इतने शायद संसारके इतिहासमें कभी नहीं थे। इसका कारण यह है, कि इस समय युरोप और दक्षिण अमेरिकामें "डिक्टेटरशिप" (एक मनुष्यका शासन) बहुत अधिक बढ़ गया है और इस कठोर शासन-पद्धतिमें "डिक्टेटर" लोग किसी तरहका राजनीतिक विरोध सहन नहीं करते। उनके शासनके विरुद्ध जो मनुष्य ज़रा भी कुछ कहता या सोचता है, उसे ख़तरनाक मनुष्य समझ कर कारावरुद्ध किया जाता है।

राजनीतिक क़ैदियोंकी ठीक-ठीक संख्या नहीं बतायी जा सकती; पर तो भी ४०,००० मनुष्यसे कम नहीं हैं। इन कैदियोंमें कितने ही तो मजूर और किसान हैं, जो जातीय स्वतंत्रता या क्रान्तिकारी सुधारोंके लिये कैद किये गये हैं। इनमें हज़ारों धुरन्धर विद्वान् मनुष्य भी हैं, जो विशेष कर "डिक्टेटरशिप" के शासनोंमें क़ैद किये गये हैं। साम्यवादी और अराजक सिद्धान्तोंके अनुयायी भी हैं। इटाली और रूसमें दमनचक्र ख़ूब चल रहा है।

निम्नलिखित देशोंमें दमनका ज़ोर बढ़ा है:—

यूरोपमें—इटाली, रूस, हङ्गेरी, पोलैण्ड, जुगोस्लाविया, स्पेन, लिथुआनिया और एलबानिया।

एशियामें—तुर्की, इण्डो चाइना, भारत, कोरिया, चीन और जापान।

अफ़्रिकामें—मिश्र, समस्त फ्रान्सीसी उपनिवेशों और बेलजियनके कांगोमें।

दक्षिण अमेरिका—वेनिज़ुला, क्युबा, हेटी, चीली, पेरू और बालिविया।

आंस्ट्रेलिया—डचके ईस्ट इण्डीज़ टापुओंके राज्यमें दमनकी खुब धूम है।

कैदियोंकी मददके लिये

इन सब देशोंसे राजनीतिक क़ैदियोंपर अत्याचार होनेकी ख़बरें आती हैं। इन कैदियोंकी संख्यामें वे हजारों मजूर क़ैदी नहीं हैं, जो हड़तालोंपर दङ्गोंमें पकड़े गये हैं और न इस संख्यामें वे कैदी हैं, जिन्होंने आत्माका आदेश मानकर सरकारी सेनामें नौकरी नहीं की है।

इन आँकड़ोंसे यह मालूम होता है, कि ग्रेट-ब्रिटेन, संयुक्त-राष्ट्र अमेरिका, फ्रान्स, जर्मनी, आस्ट्रिया, नार्वे-स्वीडन, अर्जेण्टाइन, ब्रेजील तथा ब्रिटिश उपनि-

देशों (केनाडा, आष्ट्रेलिया आदि) में राजनीतिक दमन बहुत ही कम है।

राजनीतिक क़ैदियोंकी मदद करने तथा उन्हें छुड़ानेके लिये कई संस्थाएं बड़ा काम कर रही हैं, इनमें मुख्य है—"इण्टरनेशनल रेड एड", जिसका सदर मुकाम रूसकी राजधानी मास्कोंमें है; पर इसकी शाखाएँ यूरोममें सर्वत्र फैली हुई हैं। यह संस्था प्राय: सभी देशोंके राजनीतिक कैदियोंकी मदद करती है; पर रूसके कैदियोंकी नहीं। रूसमें वही मनुष्य राजनीतिक अपराधमें कैद हैं, जो प्रति-क्रान्तिकारी सोविएट प्रजातन्त्र सरकारके विरोधी हैं या पूँजीपति राष्ट्रोंसे आर्थिक सहायता लेकर सोविएटके विरुद्ध आन्दोलन प्रचार करते हैं।

रूसके "साम्यवादी इण्टरनेशनल" का एक कमीशन भी है, जो राजनीतिक क़ैदियोंके लिये विज्ञप्तियाँ निकालता है। ऐसी ही एक संस्था फ्रान्सकी राजधानी पेरिसमें भी है, जिसका नाम है,—"इण्टरनेशनल लीग फार दि राइटस आफ़ मेन।" (मनुष्यके अधिकारोंके लिये अन्तर्राष्ट्रीय संघ) रूसको छोड़कर युरोपके प्राय: सभी देशोंमें स्वेच्छाचारी पूँजीपतियोंका राज्य है। फ्रान्समें प्रजातन्त्र है; पर शासनकी बागडोर पूँजीपतियोंके हाथमें है। इटालीका सर्वेसर्वा मुसोलिनी है। और स्पेनमें, कहनेके लिये राजाओंका राज्य है; पर उन दोनों देशोंमें शासनके सर्वेसर्वा प्रधान मन्त्री हैं—इटालियन प्रधान मन्त्रीका नाम है श्री मुसोलिनी और स्पेनिश प्रधान मंत्रीका श्री प्राइमो डिरिवेरा—ये दोनोंही अपने-अपने देशोंमें "डिक्टेटर" हैं और निहायत संगदिलीसे हकूमत करते हैं। ग्रेट ब्रिटेनमें अङ्गरेज़ राजा है; पर शासन पूँजीपति राजनीतिज्ञोंके हाथमें है। नार्वे, स्वीडन, हालैण्ड, बेलजियम आदिमें भी राजाओंका राज्य है।

फ्रान्समें दमन।

फ्रान्स सरीखे उदार प्रजातन्त्रवादी देशमें साम्यवादियों (कम्युनिस्टों), विदेशी क्रान्तिकारियों और अन्य राज-द्रोहियोंपर, जिन्होंने फ्रान्समें शरण ली है, बहुत ही दमन होता है। पहले फ्रान्समें यथेष्ट विचार स्वातन्त्र्य था और राजनीतिक आन्दोलनकारियोंको पूरी स्वतन्त्रता थी, पर अब वैसा नहीं है। अब तो राजनीतिक वहाँ कड़ाईके साथ दबाये जाते हैं, और इधर कई वर्षोंमें फ्रान्सकी नीति और भी कड़ी हो गयी है। विदेशी मजूर, जो फ्रेंच मजूरोंकी हड़तालोंमें भाग लेते हैं, देशसे निकाल दिये जाते हैं। वहाँ कैसा दुर्व्यवहार होता है, और वे कैसे निकाले जाते हैं, उसका भी नमूना देखिये:—

इटालियन "डिक्टेटर" या प्रधान मन्त्री श्री मुसोलिनीके 'फ़ेसिस्ट' शासनके विरोधी कितनेही इटालियन फ्रान्सकी राजधानी पेरिसमें किसी तरह कालक्षेप करते हैं। उन्होंने और बेसराबियाके कुछ पीड़ितोंने अपनी-अपनी सभाएँ कीं; पर फ्रेंच पुलिसने आकर उन्हें भङ्ग कर दिया। फ्रान्समें "ह्युमेनिटी" नामका एक साम्यवादी समाचार-पत्र है। उसकी तलाशी पुलिसने ली और पत्रपर मुक़दमा भी चलाया गया; क्योंकि उसने फ्रेंच शासकोंका कुछ विरोध किया था। स्पेनके एक महान् पुरुष प्रोफ़ेसर एडवर्ड-ओर्टिंगे-गेसट पेरिसमें रहते थे। स्पेनिश लीगकी "मनुष्यके अधिकार" नामकी एक संस्था है, और प्रो० गेसट इस संस्थाके अध्यक्ष हैं; पर हालमें ही प्रोफ़ेसर महोदय वहाँसे निकाल दिये गये।

फ्रान्समें इन विदेशी क्रान्तिकारियोंपर ऐसे दमन क्यों होते हैं? वे फ्रान्सके किसी भी राजनीतिक या सामाजिक जीवनमें कोई हस्तक्षेप नहीं करते, तब क्यों फ्रेंच-सरकार उनपर दमन करनेके लिये तुली है? इसका कारण यह है, कि फ्रान्स, इटाली और स्पेनमें पूँजीपतियोंका शासन है; इनके शासनके विरुद्ध जो साम्यवादी या क्रान्तिकारी आन्दोलन करेंगे, उन्हें दबानेके लिये तीनों ही सरकारें खूब दमन करेंगी, इस प्रकार विद्रोहियोंका दमन करनेमें पूँजीपति शासक आपसमें सहमत हो गये हैं। 'फ़ेसिस्ट' शासनका

विरोध करनेमें मुसोलिनीकी सरकारने लोहेके पञ्जे से काम लिया है—अनेक 'फ़ेसिस्ट' विरोधियोंकी हत्याएँ कीं; उन्हें निर्वासित और कैद किया, शेष जो कुछ आदमी अपने प्राण लेकर फ्रान्स भागे, उनके लिये मुसोलिनीने फ्रेञ्च सरकारको निजी रूपसे लिखा कि फ्रान्समें रहनेवाले 'फ़ेसिस्ट' विरोधियोंका दमन किया जाये। बदलेमें इटालियन सरकार इटालीमें रहनेवाले फ्रेंच शासकोंके विरोधियोंपर दमन करेगी। इस प्रकार इटाली और फ्रान्सने राजनीतिक क्रान्तिकारियोंके दमन करनेके निमित्त आपसमें समझौता कर लिया है। ऐसाही पारस्परिक समझौता फ्रान्स और स्पेनने भी किया है। ऐसाही पारस्परिक समझौता प्रायः सब पूँजीपति शासकोंने किया है; इसलिये अब किसी भी देशमें विदेशी क्रान्तिकारियोंका अस्तित्व संकटापन्न हो गया है।

पोलेण्डमें गिरफ्तारियाँ

पोलैण्डका प्रधान शासक (डिक्टेटर) साम्यवादियोंका कट्टर विरोधी है। पोलिश मजूर इस शासकको पसन्द नहीं करते। मजूरोंने पोलिश पार्लमेण्टके लिये सात साम्यवादियोंको चुना; किन्तु प्रधान शासक उन्हें हटाना चाहता था, इसलिये उसने पार्लमेण्टपर प्रभाव डालकर चार साम्यवादी सदस्योंको गिरफ्तार कराया, जो अदालतके सामने पेश किये गये। एक डिपटी (सदस्य) श्री वेकजिन्सकी रूस गये थे, इस लिये उन्हें आठ वर्षका कारावास दण्ड मिला। इसी तरह डिपुटी लेंकुकी भी जेल दण्ड भोग रहे हैं।

बलकानमें स्वेच्छाचार

बलकान-प्रायद्वीपमें राजनीतिक-हलचल है। जुगोस्लावियाके नये डिक्टेटरने अधिक संख्यामें राजनीतिक क़ैदियोंको कठिनाइयोंमें डाल रखा है। रूमानियामें भी स्वतन्त्र विचार रखनेवालोंकी यही दुर्गति है, और वहाँ राजनीतिक कैदियोंकी संख्या बढ़ी हुई है। बलगारियामें राजनीतिक क़ैदियोंकी संख्या बढ़ रही है, जिन्हें क्षमा करनेके उपाय हो रहे हैं।

हङ्गेरीमें दमन

युरोपके प्रायः सभी पूँजीपति देशोंमें साम्यवादियोंका घोर दमन हो रहा है; पर हङ्गेरीमें साम्यवादी दलका अस्तित्व क़ानूनी रूपसे मान लिया गया है। तो भी साम्यवादी दलके एक प्रख्यात सदस्य डा० यूजेन कीज़को, एक पुस्तिका छापनेके लिये तीन वर्ष कारावासका दण्ड मिला। यह पुस्तिका हङ्गेरीके बाहर छापी गयी थी और इसमें हङ्गेरियन 'डिक्टेटरशिप' शासनपर साम्यवादी दृष्टिसे विचार प्रकट किये गये थे। डा० कीज़की दण्डाज्ञापर युरोपके समस्त साम्यवादियोंने घोर विरोध प्रदर्शन किया था।

साम्यवादियोंपर अत्याचार

कई महीने हुए, लिथुआनियाके कट्टर 'डिक्टेटर' के प्राण लेनेका प्रयत्न किया गया था, जिसके लिये एक विद्यार्थीको गोली मार दी गयी। इसके बाद कई गिरफ्तारियाँ भी हुईं और साम्यवादियोंका आम तौरसे दमन होने लगा। साम्यवादी समाचार-पत्रोंका 'सेन्सर' हुआ। लिथुआनियामें 'कम्युनिस्ट' दल ग़ैरकानूनी माना गया है। लिथुआनियन 'डिक्टेटर' की इस स्वेच्छाचारिताका विरोध समग्र युरोपमें हो रहा है।

सोविएटके विरोधी

रूसी मजूरों और किसानोंके सोविएट प्रजातन्त्रके विरोधी वेही लोग हैं, जो पुराने पूँजीपतियों, सेनापतियों और ट्रोज़कीके घनिष्ठ सहयोगी हैं। ये सब मजूरोंके प्रजातंत्रके विरुद्ध गुप्त रूपसे षड़यन्त्र आदि करते हैं; किन्तु सोविएट सरकार फ़ौलादी पञ्जेसे उनका दमन करती है। अनेक षड़यन्त्रकारियोंको कारावास, निर्वासन और प्राणदण्ड दिये गये हैं, जिसमें श्रमजीवियों (मजूरों) का प्रजातंत्र सुरक्षित रहे।

स्वीजरलैंड, जुगो-स्लाविया, रूस और हालैण्डमें ऐसे भी कैदी हैं, जिन्होंने ज़बरदस्ती सेनामें भरती होने-

से इनकार कर दिया। ऐसे कैदियोंकी संख्या ५०० से कम नहीं है।

युरोपमें प्राय: ३००,००,००० मनुष्य ऐसे हैं, जो अपने-अपने स्वदेशकी सीमाओंके बाहर रहनेके लिये मजबूर हैं। वे अपनी सभ्यता और अपने राजनीतिक अधिकारोंकी प्राप्तिके लिये उद्योग कर रहे हैं। पर क्रूर हाथोंसे उनका दमन किया जाता है। उन्होंने राष्ट्र-सङ्घसे भी प्रार्थना की; पर कोई फल नहीं हुआ। पोलेएड, जुगो-स्लाविया, दक्षिण टाइरोल, रूमानिया और पोलिश-यूक्रेनमें उनपर दमन हो रहा है। जुगो स्लावियामें सैकड़ों मेसिडोनियन जेलोंमें हैं और सैकड़ों मार डाले गये हैं।

उपनिवेशोंमें अत्याचार

भारतमें स्वतन्त्रताके आन्दोलनका दमन बढ़ रहा है। भारतीय कांग्रेसने इस बार स्वशासनाधिकार या स्वतन्त्रता प्राप्तिकी घोषणा की है। अँगरेज अधिकारियोंने प्राय: ३० आन्दोलनकारियोंको गिरफ्तार किया है और मेरठमें उनपर मुकदमा भी चलाया जा रहा है। जहाँ बिना 'ज्युरी' के मुकदमा चल रहा है। इस मुकदमेका विरोध केवल भारतमें नहीं; बल्कि यूरोपमें भी हो रहा है। ब्रिटेनकी वर्तमान मजूर सरकारने इस मुकदमेको खारिज करना भी मंजूर नहीं किया। इस मुकदमेके लिये "साम्राज्य-विरोधी-संघ" चन्दा जमा कर रहा है; पर यह चन्दा सीधे भारत भेजा भी नहीं जा सकता; क्योंकि डर है, कि अधिकारी लोग कहीं इसे रोक न लें!

मिश्रमें महमूद पाशाके "डिक्टेटरशिप" की सहायता अंगरेज़ अधिकारी कर रहे हैं। पर मिश्रका राष्ट्रीय "वफ़्द" दल उसका विरोध कर रहा है; क्योंकि वह मिश्री जनताके लिये स्वतन्त्रता चाहता है।

काँगोमें अत्याचार

अफ्रिकाके काँगो देशमें बेलजियमका स्वेच्छाचारी शासन जारी है। भूमिका अधिकार वहाँके देशी निवासियोंसे छीनकर कम्पनियोंको दे दिया गया है। भूमिके उन देशी मालिकोंसे केटंगाकी ताँबेकी खानोंमें जबर्दस्ती काम लिया जाता है। इसका परिणाम यह हुआ, कि जमीनें जोती-बोयी नहीं गयीं, और वहाँ दुर्भिक्ष फैल गया। सरकारने दुर्भिक्ष-पीड़ितोंकी वहाँ कुछ भी सहायता नहीं की; इसलिये कई जगह दङ्गे और उपद्रव हो गये। उन दंगोंको दबानेके लिये बेल्जियन सरकारने सेना भेजी। देशियोंके जो नेता यूगैएडा प्रदेशमें भाग गये, उन्हें अङ्गरेज़ अधिकारियोंने पकड़ कर फिर बेलजियन अधिकारियोंके पास भेज दिया।

जो दशा काँगोकी है, वही दशा अफ्रिकाके अन्य उपनिवेशोंकी भी है।

देवी जोन

[लेखक—श्री० मेवाराम चतुर्वेदी, बी० ए०]

(१)

सायंकालका समय था। भगवान भास्कर अपना नित्य प्रतिका कर्त्तव्य पूर्ण कर सुख-निद्राके अङ्कमें जानेकी शीघ्रता कर रहे थे। आकाश पश्चिम दिशामें रक्त वर्णसे आच्छादित था। गौएँ दिन-भर मैदानमें चरती और कूदती-फाँदती आनन्दसे आह्लादित हो, घरकी ओर आ रही थीं और उनके पैरोंकी उड़ायी हुई धूल उड़कर गगन-मण्डलमें छा रही थी। इसी समय बालिका जोन अपने साथियोंके साथ हँसती हुई गौओंके पीछे पीछे चली आ रही थी। इतनेमें ही बालिका जोन बोल उठी,—

"प्यारे साथियो! इन सब बातोंको जाने दो। कम-से-कम यह तो मनमें विचारो, कि तुम्हीं—बालकों तथा बालिकाओंके ऊपर देशका भविष्य है, और यह देश अब भी स्वार्थी अँगरेजोंके अत्याचारोंसे धूलि धूसरित हो रहा है। क्या तुम्हारा यह कर्त्तव्य नहीं, कि

तुम अपने प्यारे फ्रान्सको पराधीनताकी बेड़ीसे मुक्त करो ? यदि नहीं, तो तुम कायर हो, डरपोक हो, कापुरुष हो; तुम्हारा जीवन जीवन नहीं है; तुम जीवित रहनेपर भी मृतकके समान हो।"

अल्पवयस्क द्वादशवर्षीया बालिकाके मुखसे इतने ओजपूर्ण शब्दको सुनकर साथकी सब बालक-बालिकाएँ आश्चर्यान्वित हो, एकटक उसके मुखकी ओर देखने लगीं।

जोन फिर बोली,—"बोलो, यदि मनुष्य हो; यदि तुम्हारे हृदयमें स्वदेश-भक्तिकी अग्नि प्रज्ज्वलित है; यदि तुम अपने जीवनको सुखमय बनाना चाहते हो; यदि विदेशियोंका बर्बरतापूर्ण व्यवहार सहन करनेमें असमर्थ हो, तो आओ; ईश्वरसे प्रार्थना कर अपने राजा प्यारे चार्ल्सकी मदद करनेके लिये रणक्षेत्रमें कूद पड़ो। संसारको दिखला दो, कि तुम्हारे हृदयमें भी मनुष्यता है—तुम निरे पशु नहीं हो; तुम भी स्वतन्त्रता-देवीके परम उपासक हो, और इस पशुताके व्यवहारको सहनेमें असमर्थ हो।"

बालकों तथा बालिकाओंमें जोश उमड़ आया। प्रत्येक बालक अपनी-अपनी लाठियोंको कन्धेपर उठाने लगा। प्रत्येक बालिका रस्सीको घुमाने लगी। अपूर्व उत्साह छा गया और सबके मुखसे एक स्वरसे यही गगनभेदी आवाज़ निकली,—"हमलोग अपने देशके लिये खून भी बहानेको तैयार हैं। हम अपने प्यारे फ्रान्सके लिये सर्वस्व अर्पण कर देंगे।"

जोन बोली,—"मुझे ईश्वरसे आज्ञा मिली है, कि 'जा, तू ही अपने देशका उद्धार करेगी'।"

एक बालक बोल उठा,—"देवी जोन हमलोगोंका नेतृत्व करेंगी और हमलोग उसके सैनिक होंगे।"

देखते देखते वहाँ एक छोटी सेनाका दृश्य उपस्थित हो गया। सब बालक पंक्तिमें खड़े हो गये और जोन सबसे आगे जाकर खड़ी हो गयी। मार्च हुआ और सब बालक तथा बालिकाएँ अपने गाँवमें फ़ौजी क़वायदके साथ उपस्थित हुए।

दूसरेही दिन सारे गाँवमें यह बात फैल गयी, कि जोनको ईश्वरने आज्ञा दी है, कि वह अपने देशको स्वतन्त्र करे।

(२)

चौदहवीं शताब्दीकी बात है, जिस समय फ्रान्स देशमें क्रान्ति पैदा करनेवाली कुमारी जोनने (Domremi) नामक एक छोटेसे ग्राममें जन्म लिया था।

इस समय फ्रान्सकी हालत बड़ी ही हृदय-विदारक थी। अंगरेज़ लोग फ्रान्सके राजा चार्लसको कमज़ोर पाकर तरह-तरहसे दिक़ किया करते थे। ओर्लियेन्सपर, (Orleans) जो कि फ्रान्स देशके दक्षिणी भागका प्राकृतिक फाटक था, अँगरेज़ लोग अपना अधिकार जमाना चाहते थे और ओर्लियेन्सपर अधिकार जमाना एक तरहसे फ्रान्सपर ही अधिकार जमाना था। बलहीन राजा बेचारा चार्ल्स चुपचाप इन सब अत्याचारोंको सहन कर रहा था।

एक दिन शिगोन नगरके राज-दरबारमें एक देहाती बालिका उपस्थित हुई। वह बड़ी भोली-भाली थी। उसका चेहरा सुन्दर और क़द कुछ लम्बा था। उम्र चौदह वर्षकी होगी।

उसने बड़े विनीत भावसे चार्ल्ससे कहा,—"महामान्य नरेश! ईश्वरने मुझसे स्वप्नमें कहा है, कि मैं तुमसे मिलूँ और तुम्हें खबर दूँ, कि रीम्स (Reims) के गिरजा-घरमें तुम्हें फिरसे फ्रान्स देशका राज-मुकुट पहनाया जायेगा!"

किसीको उस भोली बालिकाकी बातोंपर विश्वास नहीं हुआ। किन्तु चार्ल्स बोल उठा,—"पर कैसे?"

बालिका बोली,—"मैं सेनाका सञ्चालन करूँगी और अत्याचारियोंसे लड़ूँगी।"

चार्ल्सने पूछा,—"तुम्हारा नाम?"

बालिकाने बड़े मृदु स्वरमें कहा,—"जोन!"

राजाने उसी समय उसे सेना-नायकके पदपर विभूषित कर अपनी तलवार उसके हाथमें दे दी।

(३)

ओर्लियेन्स (Orleans) में बड़ी चहल-पहल मची हुई थी। नगरवासी इधरसे उधर और उधरसे इधर टोलियोंमें आते-जाते दिखलाई देते थे। सब जगह यही चर्चा थी, कि एक देहाती बालिकाने फ्रान्स देशको अंगरेज़ोंके हाथसे स्वतन्त्र करनेका बीड़ा उठाया है। प्रत्येक नगरवासीके मुखसे उस बालिकाके लिये सम्मानसूचक शब्द निकल रहे थे। सभी एक मुखसे उसकी प्रशंसा कर रहे थे और जिसे देखो वही, उसका गुणगान कर रहे थे।

इतनेमें ही ढोल बजाता हुआ एक आदमी आ पहुँचा। चारो ओरसे स्त्री-पुरुषों तथा बालक-बालिकाओंने उसे घेर लिया। उसने ज़ोर-ज़ोर ढोल पीट-पीटकर कहना शुरू किया:—

"प्यारे देशवासियो, यह बड़े ही सौभाग्यका विषय है, कि देवी जोन हमलोगोंको स्वतन्त्र करनेके लिये ईश्वर द्वारा उत्साहित की गयी हैं। इसलिये आज शामको एडन-बग़ीचेमें एक सभा होगी, जिसमें देवी जोन तथा महाराज चार्ल्स भी पधारेंगे। प्रत्येक देशवासीसे उपस्थित होनेकी प्रार्थना की गयी है।"

यह खबर बात-की-बातमें बिजलीकी तरह चारों ओर शहरमें फैल गयी। प्रत्येक फ्रान्सवासी उत्साहित दिखाई दे रहा था—उमङ्गकी लहर प्रत्येक फ्रान्सवासीके हृदयमें हिलोरें ले रही थीं।

❃ ❃ ❃ ❃

शामके ठीक पाँच बजे सभा-स्थान खचाखच भर गया। नरमुण्ड-ही-नरमुण्ड दृष्टिगोचर होने लगे। सभा-स्थानमें बड़ा उत्साह छा रहा था। हर दर्जेके मनुष्य सभामें दिखलाई देते थे—सैनिक, राजनीतिक, बड़े बड़े व्यवसायी, साधारण मज़दूर इत्यादि सभी तरहके लोग उपस्थित थे।

ठीक समयपर महाराज अपने साथियोंके साथ सभास्थानमें पधारे। साथमें कुमारी जोन शुभ्र वस्त्र धारण किये; हाथमें शुभ्र पताका लिये सुशोभित थी। इन लोगोंके आते ही चारों ओर नारे लगने लगे। कोई कुमारीकी जय बोल रहा था, तो कोई महाराजकी जय! कोई चिल्ला रहा था, तो कोई बैठा हुआ यह दृश्य देख रहा था।

महाराज चार्ल्स अपनी सीसे उठे और चारों ओर, जहाँ इतना कोलाहल था, बिलकुल शान्ति हो गयी। कोई मनुष्य नहीं बोलता था। शान्तिको भङ्ग करके महाराज बोले,—"प्यारे देशवासियो! ईश्वरको धन्यवाद है, जिसने हमलोगोंकी सुधि ली। देवी जोन पधारी हैं और वे आप लोगोंके सम्मुख अपना भाषण पेश करेंगी। आपलोग शान्तिपूर्वक सुनिये और फिर जो आपलोगोंका कर्त्तव्य हो, कीजिये।"

कुमारी जोन अपने स्थानसे उठी और उसने बड़े उत्साहसे कहना शुरू किया:—

"मेरे देशवासियो! आपका देश महान् सङ्कटमें है। अत्याचारी अपने अत्याचारसे बाज़ नहीं आते। क्या इतना अत्याचार सहते सहते अभी आपलोगोंकी सुख-निद्रा भङ्ग नहीं हुई। क्या आपको अपनी प्यारी मातृभूमिको इस बुरी हालतमें देख कर भी इसके दुःख दूर करनेकी नहीं सूझी? यदि ऐसा है, तो मर जाइये, अपना मुँह संसारमें मत दिखाइये। क्या आप लोगोंसे यह भी कहना पड़ेगा, कि पराधीनताकी बेड़ियोंमें पड़े रहना मर जानेसे भी बदतर है तथा इस दुःखके बराबर और दूसरा दुःख नहीं है।"

कुमारी जोनके मुँहसे इतने शब्द निकलते ही सब उत्साहसे चिल्लाने लगे,—"हमलोग अपनी मातृभूमिके लिये अपने प्राण भी दे देंगे।" उसके शब्दोंमें कुछ ऐसा जादू भरा था, कि चारों ओरसे—"इन आततायियोंको देशसे निकाल कर ही दम लेंगे! इन अत्याचारियोंको अत्याचारका मज़ा चखा कर ही छोड़ेंगे!" इत्यादि आवाज़ें आने लगीं।

जोन बोली,—"अच्छा, यदि ऐसा है, तो मैं तैयार हूँ। आप लोगोंपर पूरा भरोसा है और ईश्वरकी सहायतासे हमलोग अवश्य विजयी होंगे।"

(४)

१४२९ ई० की घटना है। ओर्लियेन्सके समीप ही युद्धके बिगुल बजने लगे। दोनों ओरसे दनों सेनाए अस्त्र-शस्त्रोंसे सुसज्जित अपूर्व्व उत्साहसे सामने आ डटीं। अँगरेज़ लोग अपने अभिमानमें चूर थे और फ्रान्सीसी अपनी आराध्य देवी जोनके ऊपर विश्वाससे प्रेरित होकर अपूर्व उत्साहसे रण-मदमें चूर थे।

देवी जोन शुभ्र वस्त्रोंसे सुसज्जित, शुभ्र अश्वपर आरूढ़, शुभ्र पताका हाथमें फहराती हुई आगे-आगे थी। स्वतन्त्रताके उपासक फ्रान्सीसी अपूर्व उत्साहसे उसका अनुसरण कर रहे थे।

रण भेरी बजने लगी और दोनों सेनाएँ एक दूसरेसे जा भिड़ीं। जिसको देखो, वही एक दूसरेको अपना शिकार बना रहा था। ख़ूनकी नदियाँ बहने लगीं। देवी जोन स्वयं रण-चण्डीकी तरह मुँहमें लगाम पकड़े, दोनों हाथोंमें तलवार लिये मूलीकी तरह शत्रु-सेनाको काटने लगी। चारों ओर हाहाकार मच गया। अँगरेज़ोंकी हिम्मत उस सरला कुमारीके विकराल रूपको देखकर टूटने लगी। उस समय फ्रान्सीसियोंका उत्साह सराहनीय था—उनकी वीरता प्रसंशनीय थी। वे अपने प्राणोंका भय छोड़, द्विगुणित उत्साहके साथ अँगरेज़ोंपर टूट पड़े। वे अपनेको एक तरहसे भूल ही गये। स्वतन्त्रताके प्रेमने तथा बालिकाकी वीरताने उन्हें मन्त्र-मुग्ध कर दिया।

अपने साथियोंकी इस वीरताको देख, कुमारी जोन आनन्दसे गद्गद् हो गयी। वह और भी भयानक रूपसे शत्रुओंपर टूट पड़ी। कुमारीके इस वीरतापूर्ण धावेको अँगरेज़ संभाल न सके और भागे। उनको भागते देख, जोन बड़े ज़ोरसे चिल्लायी, "भाइयो! यह समय हाथसे न जाने पाये। पकड़ो इन अत्याचारी शत्रुओंको, और एक-एक कर सबको अपनी प्यासी तलवारके घाट उतार दो!"

फ्रान्सीसी दल भूखे शेरकी तरह अँगरेज़ोंके पीछे टूट पड़े और अँगरेज़ अधिक द्रुतगतिसे भागे। मारते-काटते वीर फ्रान्सीसियोंने करीब १३ मीलतक उनका पीछा किया और खदेड़ कर भगा दिया।

❀ ❀ ❀ ❀

कई बार अँगरेज़ोंने इस अपमानका बदला लेना चाहा; किन्तु उनकी आशा निराशाके रूपमें परिणत हुई। जब-जब उन्होंने धावा किया, तब-तब उन्हें उल्टे मुँहकी खानी पड़ी। कई वर्षों तक युद्ध जारी रहा और अन्तमें स्वतन्त्रता-प्रेमी फ्रान्सीसियोंने एक-एक कर अपना सब देश उनसे छीन लिया और फ्रान्स स्वतन्त्र हो गया।

राजा चार्ल्सको जोन द्वारा ही रीम्स नगरमें राजमुकुट पहनाया गया। अब सर्वत्र सुख-समृद्धि विराजने लगी।

❀ ❀ ❀

किन्तु एक दुर्घटना घटी। जोन अँगरेज़ों द्वारा कपटसे पकड़ ली गयी। अपने देशको स्वतन्त्र करनेवाली बालिका जादूगरनी ठहरायी गयी। भोली और कोमल-हृदया बालिका जोनको खुली जगहमें हजारों मनुष्योंके सम्मुख बाँधकर आगमें जला दिया गया और वह देवीकी मूर्त्ति हँसती हुई 'वलिदान' हो गयी। आज भी फ्रान्स-निवासी देवीकी भाँति बड़ी श्रद्धाके साथ उसकी पूजा करते हैं।

"स्वेच्छाचारोंके विरुद्ध मानवताकी कल्याण-कामना करनेवाले सदा ही बुरे नामोंसे याद किये गये हैं—उन्हें दुष्ट, लम्पट, पाखण्डी और जादूगर तक कहा गया है। पर वास्तवमें देवी जोन, ईसा, सुकरात और लनिन सरीखे जादूगर अधःपतित मानवताकी काया पलट करने ही आते हैं। जादूगरकी ही तरह वे पापाचारका पर्दा उलटकर पुण्यकी ऐसी धारा बहा देते हैं, जिससे समस्त मानवता पवित्र हो जाती है।"

—जुम्बस्की।

पिता-पुत्रीका अपूर्व बलिदान!

[लेखक—श्रीयुत जे० एन० समद्दार]

प्रबल पराक्रमी वीर ड्यूक आफ़-बर्गेण्डीने सन् १४७६ ई० में लोरेन प्रान्तके अन्तर्गत नैन्सीनगरपर घेरा डाल दिया। उन दिनों युरोपमें ड्यूक-आफ़-बर्गेण्डीके समान और कोई भी पराक्रमी और प्रतापी वीर न था। ड्यूक जैसेही क्रोधी थे, वैसेही बेरहम भी थे। सब लोग उनसे बेतरह भय खाते थे। वे भी अकसर अपनी क्रूरता और क्रोधका परिचय देनेसे बाज़ नहीं आते थे। लोग इसके लिये उनकी शिकायत भी काफ़ी करते थे। उन दिनों ऐसा कोई आदमी नहीं था, जो ड्यूक-आफ़ बर्गेण्डीका नाम सुनकर भयभीत न होता हो।

नान्सी नगर उन दिनों एक बूढ़े शासकके अधीन था। यद्यपि ये बहुत वृद्ध थे, तथापि उनमें उत्साहका अभाव नहीं हुआ था। वे बड़ेही उत्साही और साहसी शासनकर्त्ता थे। अपनी जवानीमें बहुतेरी लड़ाइयाँ जीतनेके कारण इनकी भी काफ़ी प्रसिद्धि थी। सन्तान के नाम इनको एक कन्या मात्र थी। जब नगर चारों ओरसे शत्रु-सेना द्वारा घेर लिया गया, तब बूढ़े शासकके नेतृत्वमें जिस प्रकार नागरिक वीरताके साथ नगरकी रक्षा करते हुए शत्रुका सामना करते थे, उसी-प्रकार उनकी कन्याकी अधीनतामें नागरिक रमणियों-की टोली सैनिकोंका सेवा-कार्य करनेमें व्यस्त थी। वह जैसीही सुन्दरी थी, वैसीही सुशिक्षिता और सच्चरित्रा भी थी। न केवल सेवा कार्य करनेवाली रमणियाँ ही उसकी बात मानती थीं; वरन् नागरिक और सैनिक सबपर उसका बड़ा भारी प्रभाव था। रमणियोंकी इस टोलीका संचालन, नागरिक लोगोंकी आव-भगत, आहत सैनिकोंकी सेवा-सुश्रूषा और चिकित्साकी व्यवस्था करना, साथ-ही-साथ डरपोक तथा दुर्बल-हृदय नागरिकोंमें साहस और वीरताके भाव भरना तथा उन्हें बहादुर सैनिक बनाकर पिताकी सहायताके लिये भेजना—ये ही उसके दैनिक कार्य थे। इन कामोंके अतिरिक्त शत्रुओंपर आक्रमण करनेके लिये नगरकी चहारदीवारीपर सीढ़ियाँ लगाने और ईंट-पत्थर पहुँ-चानेके काममें सहायता करनेके लिये इसने मज़बूत रमणियोंकी एक सहायक सेना भी तैयार कर ली थी।

पिता और कन्याकी तत्परता, बुद्धिमत्ता और अविचल धीरताने शत्रु-पक्षको नाकों चने चबवा दिये। जो ड्यूक सदा अप्रतिहत गतिवाले समझे जाते थे; जिन्होंने अपने सामने शत्रु सेनाको मिनट-भरके लिये भी खड़ा होने नहीं दिया था; जो कभी किसीसे परा-जित नहीं हुए थे, उनके लिये भी नगर घेरे रहना असम्भव हो उठा। अन्तमें उन्होंने सन्धिके प्रस्तावके साथ नगराधिपतिके पास अपना दूत भेजा।

जो ड्यूक-आफ़ बर्गेण्डी जीते हुए नगर या गाँव-को लूटनेमें अपार आनन्द पाते थे, जो किसी नगरपर घेरा डाले रहनेके बाद, जब उसपर अधिकार करते, तब उसके चुनिन्दे वीरों और बहादुर सिपाहियोंको सबसे पहले कड़ी सज़ाएँ देते थे; शत्रु-पक्षका कोई सैनिक हो या असैनिक, जिनके हाथों दण्ड पानेसे कोई भी बचता नहीं था, आज उन्हें अपने जीवनमें सबसे पहले सन्धिका प्रस्ताव करनेको तैयार होना पड़ा। सन्धिकी शर्त्तोंमें उन्होंने लिखा था, कि नगर-वासियोंको कुछ भी क्षति पहुँचने नहीं पायेगी; किसी सैनिकका बाल भी बाँका नहीं होगा, किसीको किसी प्रकारकी असुविधा न होगी। परन्तु सन्धिकी इन शर्त्तोंको सुन, सभी नागरिक चौंक पड़े—उनके आश्चर्यका ठिकाना न रहा। भला ड्यूक-आफ़-बर्गेण्डी कभी इस प्रकारका प्रस्ताव कर सकते हैं? कोई ऐसी आशा सपनेमें भी नहीं कर सकता था; पर ऐसे सुभीतेके सन्धि-प्रस्तावको स्वीकार करनेमें नगराधिपति सोलह आनेमें एक पाई भी राज़ी नहीं हुए। उन्होंने अपनी सेनाओंके पास अपनी यह सम्मति कहला भेजी, कि सैनिक लोग यदि मुझे जीते जी दफ़ना

देनेको तैयार हो जायें, तब भी मैं ऐसे ओछे और अपमानजनक प्रस्तावोंको स्वीकार नहीं कर सकता। नगराधिपतिके अग्नि-बाण रूपी इन वाक्योंको सुन, नागरिकों एवं सैनिकोंका टूटा हुआ बल जुड़ गया और उनकी हिम्मत दूनी-चौगुनी हो गयी। आत्मसमर्पण करनेकी अपेक्षा मृत्युको आलिंगन करना उन्हें सहस्रगुणा उत्तम जान पड़ा। सबने एकमत होकर शत्रु-पक्षके सन्धि-प्रस्तावको बैरंग वापस कर दिया—ड्यूक आफ़-बर्गैण्डी जैसे प्रतापी एवं विजयी वीरके सन्धि-प्रस्तावको लातों ठुकरा दिया।

नगराधिपतिकी प्यारी कन्या भी नागरिकोंको उत्साहित करने लगी। उसके उत्साह-वर्द्धक वाक्योंको सुन-सुनकर उनमें काफ़ी जोश आ गया और सबने प्रतिज्ञा कर ली, कि जान रहते हम कभी अपने आपको शत्रुके हाथों नहीं सौंपेंगे। इस प्रकार सब लोग नित्य नये उत्साहके साथ नगर-रक्षाका काम पूरी दृढ़ताके साथ करने लगे।

ड्यूक-आफ़-बर्गैण्डीको जब यह संवाद मिला, तब उनके क्रोधकी सीमा न रही। जितने प्रकारके दाँव-पेच उन्हें मालूम थे, उनमेंसे एक भी उन्होंने उठा न रखा। सेनापतियोंको नगर आक्रमण करनेके लिये भेज-भेजकर जब वे थक गये, तब स्वयं सेनापति बनकर नगरपर चढ़ाई करनेमें अपूर्व रण-पाण्डित्य और वीरत्व दिखाने लगे। क्या दिनके वक्त, और क्या रातके वक्त, कभी एक मिनटके लिये, भी वे नगरपर अधिकार करनेकी कोशिशसे बाज़ नहीं आये।

ड्यूक-आफ़-बर्गैंडी अपने जीवनमें कभी इस प्रकार अपमानित नहीं हुए थे, जिस प्रकार इस छोटेसे नगरपर अधिकार करनेकी चेष्टामें हो रहे हैं। एक तो नगरपर घेरा डालना बेकार हुआ; दूसरे उनके द्वारा भेजा हुआ सन्धिका प्रस्ताव भी लातों ठुकरा दिया गया। भला इतना अपमान वे क्योंकर सहते? उनके लिये यह घोर अपमान असह्य हो उठा। सबसे अधिक कुपित वे इस बातसे हो रहे थे, कि इस नगरका रक्षक एक कमजोर बुड्ढा है। वह बुड्ढा ही नागरिकोंको उत्तेजित कर लड़ रहा है; उसीकी चेष्टासे हमारी सेना असफल और व्यर्थ-मनोरथ हो रही है।

ड्यूक बर्गैण्डीकी विपुल-वाहिनी सेनाके सामने एक छोटा-सा नगर आखिर कबतक ठहर सकता था? वह अपनी परिमित शक्तियोंसे कबतक उस नित्य बढ़ती रहनेवाली सेनाका मुक़ाबिला कर सकता था? अन्तमें ड्यूकही विजयी हुए। जिस नगरने उनकी इतने दिनोंकी समस्त चेष्टाओंको व्यर्थ कर दिया था, वही नगर उनके हाथोंमें आ गया। ड्यूकने अपने सब पिछले अपमानोंका बदला लेनेका पक्का संकल्प कर लिया। जिस बुड्ढेने उनका इतना अपमान किया और कराया था, जिसके कारण उनके कितनेही रण-बाँकुरे वीर सैनिक काम आये थे, उसका तो कहना ही क्या है? उससे तो पूरी कसर मय सूद-ब्याजके लिये बिना ड्यूक मानही नहीं सकते। ड्यूकने निश्चय कर लिया, कि "सबसे पहले इसी बुड्ढे नगराधिपतिकी बुरी गति कर करके जान लूँगा।" तभी इस नगरके लोगोंको मालूम होगा, कि ड्यूक-आफ़-बर्गैण्डी जैसे प्रतापी और वीर पुरुषसे ढिठाई करनेका क्या फल होता है।"

अधिकृत नगरका कोना-कोना छान डाला गया; पर नगराधिपतिका कहीं पता न चला। वे ग़ायब हो गये हों, ऐसी बात नहीं है। वे थे वहीं; पर नागरिकोंके साथ एक सामान्य नागरिकके रूपमें थे; इसलिये विजयी वीर ड्यूक उनका पता न पा सके। अन्तमें ड्यूकने यह घोषणा कर दी, कि यदि नगरवासीगण उन्हें खोज कर न निकालेंगे अथवा उनका पता न बतायेंगे, तो सारा-का-साराही नगर भस्म कर दिया जायेगा; नगरका अवशिष्ट चिह्न तक न रहेगा। साथ-ही-साथ उन्होंने इस बातकी भी ड्योंड़ी पिटवा दी, कि जो कोई नगराधिपतिका पता बता देगा या उन्हें पकड़वा देगा, उसे मुँहमाँगा इनाम दिया जायेगा।

नागरिकों और सैनिकोंकी विराट्-सभा ड्यूककी तरफ़से बुलायी गयी और उपर्युक्त आदेश भी सुनाया

गया। दण्ड और पुरस्कारकी घोषणा भी सभामें सुनायी गयी। यह सब कुछ हुआ; पर किसीने नगराधिपतिका पता नहीं बताया। तब एक बूढ़ा नागरिक आगे बढ़ा और बोला,—"अगर ड्यूक इस बातका वादा करें, कि वे नगरको ध्वंस नहीं करेंगे और किसी व्यक्तिपर किसी प्रकारका अत्यांचार नहीं करेंगे, तो मैं नगराधिपतिका जहाँतक हो सकेगा, ठीक-ठीक पता बता दूँगा।" परन्तु ड्यूक इस बातपर राज़ी न हुए। कहनेकी आवश्यकता नहीं, कि ये बूढ़े नागरिक ही नगराधिपति थे। दम्भ और अहङ्कारसे उन्मत्त ड्यूकने हुक्म दिया, "कि इस नगरमें जितने आदमी हैं—चाहे स्त्री हों या पुरुष, बालक हों या बूढ़े, ग़रीब हों या अमीर—सबको एक क़तारमें खड़ा होना पड़ेगा। इसके बाद हर दसवें व्यक्तिको कुत्तेकी मौत मरना पड़ेगा।"

सभी नागरिक सपरिवार एक क़तारमें खड़े हुए। उनमें माता-पिता, पुत्र-कन्या, स्त्री-पुरुष, बूढ़े-बच्चे सभी थे। सबके चेहरेपर हवाइयाँ छूट रही थीं। मृत्युकी विभीषिकाने मानों सबके चेहरोंपर काली घटा छा दी। इस भीषण निर्यातनसे छुटकारा मिलना सबको असम्भव प्रतीत हो रहा था। किसीको कोई उपाय नहीं सूझ पड़ता था। वास्तवमें ड्यूक-आफ बर्गेण्डी जैसे अत्याचारीके पंजेसे बचनेका कोई भी साधन नहीं था।

नगराधिपतिकी लड़की उनके पासही खड़ी थी। पिताके प्रति अविचल भक्ति और श्रद्धा रखने वाली लड़कीने देखा, कि उसके बापही पंक्तिमें दसवें व्यक्तिके स्थानपर खड़े हैं। नगराधिपपिको यह बात मालूम भी न होने पायी थी, कि वे दसवें व्यक्तिके स्थानपर हैं। इसी बीचमें पिताकी रक्षा अपनी जान देकर करनेके इरादेसे उनकी लड़की झट उनकी दाहिनी ओर जाकर खड़ी हो गयी। लड़कीके इस प्रकार एक जगहसे हट कर दूसरी जगह खड़ी होनेका कोई कारण बूढ़े नगराधिपतिको पहले तो नहीं मालूम हुआ; पर जब उन्होंने गिनती की, तब उसका मतलब समझ गये। समझते ही ड्यूकके सेनाध्यक्ष तथा गिनती करनेवाले अफ़सरोंसे उन्होंने प्रार्थना की, कि मेरी इस लड़कीके बदले मेरी ही जान ली जाये। मेरी जान बचानेके लिये ही मेरी लड़की दसवें स्थानपर आकर खड़ी हो गयी है।

लड़की भी ऐसी-वैसी न थी। वह अपने पिताके प्राणोंका मूल्य भली भाँति समझती थी। वह नहीं चाहती थी, कि उसकी आँखोंके आगे उसके देवतुल्य पिताके प्राण लिये जायें। वह अपने पिताके बदले अपने प्राणोंको ड्यूककी आज्ञापर बलिदान करनेके लिये दृढ़ संकल्प कर चुकी थी। उसने ड्यूकके आदमियोंसे कहा,—"आपको ड्यूकने जो आज्ञा दी है, उसे आप अवश्यही भूले न होंगे। आपका कर्त्तव्य है, कि उनकी आज्ञाका पालन करें। मैं दसवें स्थानमें हूँ। ऐसी अवस्थामें मुझे छोड़कर मेरे पिताको वध-स्थानमें ले जानेका आपको कोई अधिकार नहीं है। यदि आप उन्हें ले जायेंगे, तो आप अपने मालिककी आज्ञाका उलङ्घन करनेके लिये अपराधी भी क़रार दिये जा सकते हैं। अतः आपसे हमारा यही निवेदन है, कि आप वही काम करें, जो आपका कर्त्तव्य हो। और आपका कर्त्तव्य यही है, कि आप मुझे वधके लिये भेज दें; क्योंकि मैं ही दसवें व्यक्तिकी जगहपर खड़ी हूँ।"

उसकी बात सुन, उसके पिताने उसे समझाना चाहा। पर लड़की ऐसे मौक़ेपर उनकी बात कैसे मान लेती? जीवन-भर उसने उनकी सब आज्ञाओंका शब्दशः पालन किया है; पर आजका मौक़ा कुछ और ही है। आत्म-बलिदानके भावोंकी प्रेरणा आज उसे पितृ-आज्ञासे भी अधिक बलवती जान पड़ती है। उसने पितासे दलील करनी शुरू की। पिता-पुत्रीमें वाद-विवाद होने लगा। एक ओर अविचल और प्रगाढ़ पितृभक्ति थी, तो दूसरी ओर सुदृढ़ अपत्यस्नेह! कोई किसीसे दबनेवाला नहीं था। दोनों एक दूसरेके

'हिन्दू-पञ्च'

—०:०—

[रचयिता—श्री० मधुसूदन ओझा, "स्वतन्त्र"]

(१)

मुर्दोंमें सञ्जीवन-बूटी, देकर जान जिलानेको,
कर्मयोगका मन्त्र बताकर ; निज स्वतन्त्रता पानेको;
बलिदानोंसे बलि-वेदीपर, हँस-हँस शीस कटानेको,
अरे ! गुलामीके टीकेको, भारत-भाल मिटानेको ।
"लज्जा रखनेको हिन्दूकी, हिन्दू-नाम बचानेको !
आया, 'हिन्दू-पञ्च' हिन्दमें, हिन्दू-जाति जगानेको !!"

(२)

जब, हिन्दूपन ख़तरेमें था; सब प्रकार मिटानेका,
सदियोंसे संकट-घन घिर आये थे प्रलय मचानेको;
अबला-नारी-जीवनको, गुण्डोंके हाथ बचानेको,
कायर हिन्दूको मरनेका, अमर-पाठ सिखलानेको ।
"लज्जा रखनेको हिन्दूकी, हिन्दू-नाम बचानेको !
आया, 'हिन्दू-पञ्च' हिन्दमें, हिन्दू-जाति जगानेको !!"

(३)

अपनी हस्ती रखनी हो तो, कमर कसो हक़ पानेको,
आज़ादी यारो ! पूरी हो, हासिल सुखसे खानेको;
रहे न अत्याचारी कोई, ज़ुल्म-सितम अब ठानेको,
शुभ स्वतन्त्रता स्वत्व हमारा, जीवन-फूल चढ़ानेको ।
"लज्जा रखनेको हिन्दूकी, हिन्दू-नाम बचानेको !
आया, 'हिन्दू-पञ्च' हिन्दमें, हिन्दू-जाति जगानेको !!"

(४)

यहाँ कृषक मरते हैं भूखों देखो दाने-दानेको,
तनपर कपड़े अरे ! कहाँ हैं, सर्दी-धूप बचानेको ;
साहूकार ज़मींदारों तक, मुँह बाये खा जानेको,
इस सङ्कटसे कौन उबारे, हैं ग़रीब मिट जानेको ।
"लज्जा रखनेको हिन्दूकी, हिन्दू-नाम बचानेको !
आया, 'हिन्दू-पञ्च' हिन्दमें, हिन्दू-जाति जगानेको !!"

(५)

सड़ी-गली बातोंको तजकर, गहो वीरता-बानेको ,
जगो, जगाओ मज़लूमोंको जो हैं अब पिस जानेको ;

मुर्दोंमें नवजीवन आये, ज़िन्दा जाति बनानेको,
जीवन-ज्योति जगाकर जगमें विजय-ध्वजा फहरानेको।
"लज्जा रखनेको हिन्दूकी, हिन्दू-नाम बचानेको !
आया, 'हिन्दू-पञ्च' हिन्दमें, हिन्दू-जाति जगानेको !!"

(६)

उठो वीरगण ! देश-समरमें शान्ति ध्येय निज पानेको,
प्यारा देश, तक़ाज़ा करता निज जौहर दिखलानेको ;
अरे, नपुंसक अब भी चेतो अपने दौलतख़ानेको,
हाय ! बचा लोगे तुम कबतक हिन्द-'स्वतन्त्र'-ख़ज़ानेको ?
"लज्जा रखनेको हिन्दूकी, हिन्दू-नाम बचानेको !
आया, 'हिन्दू-पञ्च' हिन्दमें, हिन्दू-जाति जगानेको !! ❀

सिपाही-विद्रोहका आद्य बलिदान !

[रचयिता—श्रीयुत छबीलदास "मधुर"]

वीरवर मंगल पाँड़े !

प्रति हिंसाके पथकी तूही हुआ प्रथम चट्टान।
स्वतन्त्रता-वेदीपर तेरा स्वीकृत था बलिदान ॥
धर्म-दीपपर पतित हुआ, तू बनकर क्षुद्र पतंग।
चढ़ा मातृ-मूर्त्ति पर मानो अग्रिम पुष्प समान ॥ १ ॥

वीरवर मंगल पाँड़े !

तू था वह चिनगारी जिससे भड़क उठी थी आग।
तू था वह वैराग्य मिटा जिससे सारा अनुराग ॥
पारावार ज्वार जब आया तू था प्रथम तरंग।
लूकी लपट बना तू पहले फिर झुलसा था बाग ॥ २ ॥

वीरवर मंगल पाँड़े !

तड़ित्-पतित पश्चात् हुई, तू आदिम उल्कापात।
बढ़ा झकोरा होकर तू पीछे था झंझावात ॥
मूसलधार झड़ीकी होकर बरसा पहली बूँद।
चण्ड सूर्य था पीछे आगे तू था अरुण उदात्त ॥ ३ ॥

वीरवर मंगल पांड़े !

समयातीत कार्य था यद्यपि पर तेरा वह त्याग।
कौन कहेगा किसी स्वार्थवश था तव आत्मविराग ?
स्वधर्म-हित उन्मत्त हुआ तू होगा यह आक्षेप।
यह दूषण है नहीं, किन्तु है भूषणही बड़भाग ॥ ४ ॥

वीवर मंगल पाँड़े !

रहे स्मृति या होवे विस्मृति सैनिकगणकी आज।
पर तेरा स्मरणीय रहेगा नाम सदा द्विजराज ॥
और बना यदि नहीं रहेगा यह चिर "स्मृति-स्तम्भ"।
पद्य-पुष्प यह पाठ करेगा जबतक सभ्य-समाज ॥ ५ ॥

शान्त क्रांति

[रचयिता—श्रीयुत "स्वतन्त्र"]

(१)

क्रान्ति आज़ादीका सत्पथ है, शांत चित्त हो स्वागत करना।
प्रलय भयङ्कर ध्येय मार्गपर; आत्मिक-बल ले आगे बढ़ना ॥
होगा पतन निरंकुशताका, वीरो ! किंचित भय मत करना।
कंटक-पूर्ण पथिक ! तवपथ है, होगी विजय, डटेही रहना ॥
कड़ी-कड़ी जंजीरोंकी, ख़ुद टूक-टूक हो जायेगी।
बन स्वतन्त्रता स्वयं नायिका, सुन्दर मार्ग दिखायेगी !!

(२)

उसके भीषण उद्घोषोंसे जंगी—सत्ता काँप उठेगी।
उसके दावानलसे प्रचलित, सारी पशुता ख़ूब जलेगी ॥
हैं तेरे चिर-ऋणियोंमेंसे हम होंगे तुझपर बलिदान।
'स्वतन्त्र'—राष्ट्र होना है सत्वर, शान्त—क्रान्तिमें हो कुर्बान ॥
उठो-उठो ! हे वीरो ! सत्वर-समर, क्षेत्रमें दे दो प्रान !
फहरा दो आज़ादी-झण्डा, हो स्वतन्त्र भारत-सन्तान ॥

बलिदान ।

——:०:——

[रचयिता—श्री० जगदीश झा "विमल"]

(१)

उज्ज्वल भविष्य आशा-प्रसूति,
बहुमूल्य जगत् जीवन विभूति;
बिखरी है, निखरी वह नवीन,
बन-ज्योत्स्ना होती प्रभा-हीन।
हो रहा तिरोहित नभ अनन्त,
अंचल अवगुण्ठित दिगदिगन्त;
दुनियाकी देखी गयी रीति,
होती परिवर्त्तित नियति नीति ॥

(२)

वेदना विहँसती बजा गाल,
अधरोंपर आसव रही ढाल;
करती बाधाएँ मौन प्यार,
होती है सबकी जीत-हार।
लहराती तूफ़ानी झकोर,
होता विक्षुब्ध अम्बुधि अकोर;
आगे बढ़ आती प्रलय प्रीति,
परिवर्त्तित होती नियति नीति॥

(३)

सरिता-हिलोर सागर-तरंग,
समता तज जगती ज्वार जंग;
लहराती नभमें नव उमंग,
पूर्णेन्दु प्रीतिका प्रेम रंग।
ग्रह राहु भयानक विकट अंग,
करता उसका रस-रंग भंग;
होती चंचल छाया सभीति,
परिवर्त्तित होती नियति नीति॥

(४)

जग शरद शीत हेमन्त अन्त,
सुरभित सुमनोंसे बन बसन्त;
हो दग्ध ग्रीष्म ज्वाला ज्वलन्त,
पावसके पीछे हुआ शान्त।
मिटता उगता है प्रकृति-तन्तु।
जीते मरते हैं जीव-जन्तु॥
उत्थान पतनपर यश अकीर्ति,
परिवर्त्तित होती नियति नीति॥

(५)

उच्छ्वास गरल तीखा उसास,
सुनाता क्या अतीत इतिहास;
देशपर धर्म-प्राण बलिदान,
नये जीवनमें लाता जान।
चमक कर मिटती विद्युत लड़ी,
पथिक-पथकी होती है छड़ी;
रेणु था शैल सुनाता गीति,
परिवर्त्तित होती नियति नीति॥

———

हो जायें सहर्ष बलिदान !

[रचयिता—श्रीयुत बी० एल० 'बाबू']

जीवनका उद्देश्य यही हो,
भारत-स्वत्व-स्वतन्त्र मही हो।
जननी-जन्म-भूमिके ही प्रति,
मातृ-भूमि गौरवके सम्प्रति—
हो जायें सहर्ष बलिदान !

कुचल कुटिल कायरताधनको,
अर्पण कर दें तन-मन-धनको;
सन्तत—सेवा निरत देशमें,
यही कामना रहे शेषमें—
हो जायें सहर्ष बलिदान !

जीवन न्योछावरका सारा,
जिसमें रहे स्वदेश हमारा,
धर्म पूर्ण हो भारत प्यारा,
बहे प्रेमकी पावन धारा—
हो जायें सहर्ष बलिदान !

———

उमंग

[रचयिता—श्री० कुमार बदरीनारायण सिंह "कुमुद"]

स्वप्न देखता था मैं अब तक, हाय, हमारा यह अपमान !
देखो ! देखो !! क्षणक मात्रमें, कर देता हूँ पीस—पिसान ॥
नभसे चिनगारी बरसेगी, चिता बनेगा यह संसार।
भूतनाथ भयसे कातर हो, भागेंगे वैराग्य विसार ॥
मैं खुश हो, उस शुभ प्रकाशमें, देखूँगा सब परिवर्तन।
कितना सुखदायक होता है, प्रलयङ्कर ताण्डव-नतन ॥
फिर तैरूंगा रक्त-सिन्धुमें, लूंगा एक-एकसे शोध।
कर न सकेंगे कोई जगमें, मेरे पथ-गतिका अवरोध ॥

कर्त्तव्य !

[रचयिता—श्री० चतुर्भुज माहेश्वरी "चतुर"]

बनो अब सत्याग्रही महान्।
उठो-उठो, हे "चतुर" बन्धुवर धरो देशका ध्यान।
वीरो ! अब तुम त्यागी बन कर करो देश-कल्यान ॥ बनो अब०॥
हिंसाहीन वृत्तिको धारो रक्खो अपनी आन।
खद्दरका दृढ़ कवच पहिनकर करो युद्ध घमसान ॥ बनो अब०॥
बालक, वृद्ध, जवान सभीमें ऐसा हो अभिमान।
मरें, मिटें, सब करें देश-हित न्योछावर धन-प्रान ॥ बनो अब०॥

युवक

[रचयिता—श्री० कपिलेश्वर झा 'कपिल']

शुभ कामनाके नव विटप प्रिय, कुसुम कान्ति-कुमार हे।
मानव-गगनके बाल-रवि अति-विमल बुद्धि-निधान हे ॥
निज देश तरणि सुधीर नाविक, विकच कमल समान हे।
नन्दन-कुसुम-परिजात-कोमल, सकल शोभा धाम हे ॥
कल-कण्ठ—कूजित—कोकिलाके—सुभग सुन्दर गान हे।
मुग्धा सतीके स्वर विनिन्दित, विमल शुभ सौन्दर्य्य हे ॥
कविता जनित उत्फुल्ल हृदया, नन्दके झङ्कार हे।
रणमें विकल झञ्झा सदृश रण-चण्डिके हुँकार हे ॥
सद्भावनाओंके जलद औ, प्रेमके आगार हे।
उत्साह-सदन सुविन्ध्य साहस, बल रुचिर भण्डार हे ॥
निन्द्रा तजो, उठकर लड़ो, वर-पुत्र मांके वीर हे।
विप्लव मचा, माँ पीर हर, ऋण शोध कर दो धीर हे ॥

जज़्बए शहीद !

(संकलित)

हैफ़ हम जिस पै :कि तैयार थे मर जानेको ।
यक—ब—यक हमसे छुड़ाया उसी काशानेको ॥
आसमाँ क्या यही बाक़ी था ग़ज़ब ढानेको ।
लोके ग़ुरबतमें जो रक्खा हमें तड़पानेको ॥
क्या कोई और बहाना न था तरसानेको ॥१॥
फिर न गुलशनमें हमें लायेगा सय्याद कभी ।
क्यों सुनेगा तू हमारी कोई फ़रियाद कभी ॥
याद आयेगा किसे यह दिले नाशाद कभी ।
हम भी इस बाग़में थे क़ैदसे आज़ाद कभी ॥
अब तो काहेको मिलेगी यह हवा खानेको ॥२॥
दिल फ़िदा करते हैं क़ुरबाने जिगर करते हैं ।
पास जो कुछ है वह माताकी नज़र करते हैं ॥
खाने वीरान कहाँ देखिये घर करते हैं ।
खुश रहो अहले वतन हम तो सफ़र करते हैं ॥
जाके आबाद करेंगे किसी वीरानेको ॥३॥
देखिये कब यह असीराने मुसीबत छूटें ।
मादरे हिन्दके अब भाग खुलें या फूटें ॥
देश-सेवक सभी अब जेलमें मूजें कूटें ।
हम यहाँ ऐशसे दिन रात बहारें लूटें ॥
क्यों न तरजीह दें इस जीनेपे मर जानेको ॥४॥
कोई माताकी उमीदों पे न डाले पानी ।
ज़िन्दगी भरको हमें भेजके काले पानी ॥
मुँहमें जल्लाद हुए जाते हैं छाले पानी ।
अब खञ्जरका पिला करके दुआ ले पानी ॥
भरने क्यों जायें हम इस उम्रके पैमानेको ॥५॥
हम भी आराम उठा सकते थे घरपर रह कर ।
हमको भी पाला था माँ-बापने दुःख सह-सहकर ॥
वक्त़ रुख़सत उन्हें इतना भी न आये कहकर ॥
गोदमें आँसू जो टपकें कभी रुख़से बह कर ॥
तिफ़्ल उनकोही समझ लेना जी बहलानेको ॥६॥
देश-सेवा ही का बहता है लहू नस-नसमें ।
अब तो खा बैठे हैं चित्तौरके गढ़की क़समें ॥
सर-फ़रोशीकी अदा होती है यों ही इसमें ।
भाई खंजरसे गले मिलते हैं सब आपसमें ॥
बहनें तैयार चिताओं पे हैं जल जानेको ॥७॥
नौजवानो ! जो तबीयतमें तुम्हारी खटके ।
याद कर लेना कभी हमको भी भूले भटके ॥
आपके अज़्ो बदन होवें जुदा कट-कटके ।
और सर चाक हो माताका कलेजा फटके ॥
पर न माथे पे शिकन आये क़सम खानेको ॥८॥
अपनी क़िस्मतमें अज़लसे ही सितम रक्खा था ।
रंज रक्खा था मेहन रखा था ग़म रक्खा था ॥
किसको परवाह थी और किसमें यह दम रक्खा था ।
हमने जब वादिये गुरबतमें क़दम रक्खा था ॥
दूरतक यादे वतन आयी थी समझाने को ॥९॥
अपना कुछ ग़म नहीं पर यह ख़याल आता है ।
मादरे हिन्द पे कब तक यह ज़वाल आता है ॥
हरदयाल आता है योरुपसे न पाल आता है ।
क़ौम अपनी पे तो रह-रहके मलाल आता है ॥
मुंतज़िर रहते हैं हम ख़ाकमें मिल जानेको ॥१०॥
मैकदा किसका है यह जामे सबू किसका है ?
वारे किसका है मेरी जाँ यह गुलू किसका है ?
जो बहे क़ौमकी ख़ातिर वह लहू किसका है ?
आसमाँ साफ़ बता दे तू उदू किसका है ?
क्यों नये रंग बदलता है ये तड़पानेको ?॥११॥
दर्द मन्दोंसे मुसीबतकी हलावत पूछो ।
मरनेवालोंसे ज़रा लुत्फ़ शहादत पूछो ॥
चश्म मुश्ताक़से कुछ दीदाकी हसरत पूछो ।
कुश्तये नाज़से ठोकरकी क़यामत पूछो ॥
सोज़ कहते हैं किसे पूछो तो परवानेको ॥१२॥
बात तो जब है कि इस बातकी ज़िद्दें ठानें ।
देशके वास्ते क़ुरबान करें सब जानें ॥
लाख समझाये कोई एक न उसकी मानें ।
कहता है ख़ूनसे मत अपना गरेबाँ सानें ॥
नासिहा आग लगे तेरे इस समझानेको ॥ १३॥

—

विदेशोंके बलिदान !

साम्यवादके प्रवर्तक महर्षि कार्ल मार्क्स

[लेखक—श्रीयुत "साम्यवादी"]

पीड़ित संसारको सब तरह सुखी और तृप्त करनेका सुख-स्वप्न कौन देखता है? आनन्द-भोगमें दिन-रात मग्न रहनेवाले अमीर, धर्माचार्य या सरकार, अथवा अधिकारी लोग इस प्रश्नकी ओर क्या कभी ध्यान देते हैं? नहीं; और न उन्हें अपने स्वार्थोंसे इतनी फ़ुर्सत मिलती है, कि वे पीड़ितों और दलितोंके उद्धारके लिये कुछ कर सकें या सोच सकें। दीन-दुखियोंकी समस्याओंकी ओर ध्यान देनेवाला करोड़ों मनुष्योंमें कोई ऐसा ही बिरला माताका सपूत होता है, जो अपने सुख-ऐश्वर्यको लात मार, केवल दीन-दुखियोंकी समस्यापर विचार करता है और उस कठिन समस्याको सुलझाकर उनका उद्धार करनेमें सफल होता है।

सत्य, धर्म, न्याय, पुण्य, दया, सहानुभूति आदि सद्गुणोंकी रक्षाके निमित्त अपने प्राणोंको बलि-वेदीपर चढ़ा देनेवाले वे महापुरुष धन्य हैं, जो दुखिया संसारको सुखी बनानेके लिये स्वयं कभी सुखकी नींद नहीं सोते—जो पतितों और अनाथोंकी दुर्दशा देखकर सदैव सन्तप्त रहा करते हैं! दरिद्र और अनाथ मनुष्य ही उनके भाई-बन्धु हैं—अपने इन्हीं भाइयोंके लिये वे सोचते और जीते हैं, उन्हींके लिये वे कारावरुद्ध होते हैं, उन्हींके लिये वे ज़हरके प्याले पीते हैं, फाँसीके तख्तोंपर चढ़ते हैं और अपनी खालें भी हँसते-हँसते खिँचवाते हैं।

उन महापुरुषोंका तप और त्याग इतना महान् होता है, कि हम साधारण श्रेणीके मनुष्य उसकी कल्पना भी नहीं कर सकते। उनके त्यागों और बलिदानोंका अमरतत्व, जहाँ अत्याचारियोंको नष्ट करता है, वहाँ पीड़ितों और दुखियोंको नवजीवन भी प्रदान करता है। अत्याचारियोंके रक्त-रञ्जित कलुषित कार्य्योंको संसार कुछ दिनोंमें भूल जाता है; पर उनके द्वारा सताये गये महापुरुषोंको वह कभी नहीं भूलता।

ऐसा ही एक बहुत सताया गया नरपुङ्गव कार्ल मार्क्स था, जो ऋषियोंमें एक महर्षि और योगियोंमें योगि-श्रेष्ठ था। यह वही महर्षि कार्ल मार्क्स है, जो धनी पुरुषका पुत्र होनेपर भी अत्यन्त ग़रीबीके साथ रहता था—जो ग़रीबोंके लिये पीड़ित रहता और सदैव उनके उद्धारके निमित्त उपाय सोचता और तदनुसार कार्य्य करता था। यह वही कार्ल मार्क्स है, जिसके साम्यवाद और समष्टिवादके सिद्धान्तोंने आज संसारके राजसिंहासनोंको जड़से ऐसा हिला दिया है, जैसे वे पहले कभी नहीं हिले थे और यह महर्षि मार्क्सके ही अपूर्व तप और त्यागका फल है, कि आज संसारके दीन श्रमजीवी—मजूर और किसान अपने स्वर्गीय साम्यवादी राज्यके सुखोंकी कल्पना करना सीख रहे हैं। कार्ल मार्क्स पहला मनुष्य था, जिसने ग़रीबी और अमीरीकी समस्त समस्याओंका, सभी दृष्टि-कोणोंसे विचार किया और फिर सम्राटों तथा अमीरोंको कम्पायमान करनेवाला यह निर्णय सुनाया,—"अमीरोंका और उनके पूँजीवादका नाश करो; क्योंकि उन्हींकी अमीरीने आज मानवताको पद-दलित कर रखा है। समस्त देशोंके मजूरो! तुम सब आपसमें मिल जाओ; क्योंकि पूँजीवादको मिटाकर अब तुम्हें ही राज्य करना है!"

कार्ल मार्क्स एक जर्मन यहूदी वकीलका पुत्र था। मार्क्सका जन्म ५ मई सन् १८१८ ई० को जर्मनीके ट्रेवेस नगरमें हुआ था। उसका पिता एक विख्यात वकील था, जिसने जवानीमें ही ईसाई-धर्म स्वीकार कर लिया था। उसके सब पुत्रोंमें कार्ल मार्क्स अत्यन्त

बुद्धिमान और तेजस्वी बालक था। मार्क्सने बर्लिन और बोनके विद्यालयोंमें विज्ञान-शास्त्र, दर्शन-शास्त्र और न्याय-शास्त्रका अध्ययन किया था। मार्क्स प्रारम्भमें कविता और उपन्यास लिखा करता था; परन्तु बादमें उसने अनुभव किया, कि वह चैनसे कविता लिखनेके लिये नहीं पैदा हुआ है।

इसके बाद उसने दर्शन-शास्त्रके अध्ययनमें ख़ूब मन लगाया और सुविख्यात जर्मन दार्शनिक हेजलका अनुयायी हुआ; किन्तु बादमें उसे हेजल भी बहुत फीका मालूम हुआ और उसने उसे त्याग दिया। उसके दिल और दिमाग़में न जाने कैसे-कैसे तूफ़ान उठा करते थे, कि जिनके कारण वह हर समय एकान्तमें चिन्ताग्रस्त और मौन बैठा रहता एवं भीतर-ही-भीतर तिलमिलाया करता था—ग़ज़बकी वह तिलमिलाहट और बेचैनी थी! उसने यद्यपि क़ानूनी परीक्षा पास कर ली थी; तथापि वह सरकारी अदालतमें जाकर वकालत न करता था। वह यद्यपि एक धुरन्धर विद्वान् था, तथपि वह कुछ भी धन उपार्जन नहीं करता था। फिर वह क्या करता था? बस, दिन-रात ग़रीबोंके दुःख देखता और उन दुःखोंको दूर करनेकी चिन्ता किया करता था।

किन्तु उसका सांसारिक वकील पिता उसकी इस बेकारीसे बिलकुल असन्तुष्ट था। सभी पिताओंकी तरह मार्क्सका पिता भी यही चाहता था, कि मेरा पुत्र नामी वकील होकर धन उपार्जन करे और ख़ूब धनाढ्य होकर नाम पाये; परन्तु मार्क्स किसी और ही मार्गपर जा रहा था, जिसका पता उसके पिताको बिलकुल न था। एक बार मार्क्स जब कहीं अन्यत्र ग़रीब मजूरोंके संगठनकी स्कीमें सोच रहा था, तब उसके पिताने उसे बड़ी डाँट-फटकारकी एक चिट्ठी लिखी, जिसके कुछ वाक्य इस प्रकार हैं:—

"विज्ञानकी समस्त शाखाओंका अध्ययन करनेके बाद, रात-रात भर लम्पका तेल जलाकर अध्ययन करके तुमने क्या किया? तुम निरे जंगली हो गये। केवल एक ही बात, तुम्हारे विचारोंके सम्बन्धमें अबतक मेरी समझमें न आयी और उस विषयपर तुम बड़ी चालाकीसे चुप रहते हो! अरे, मेरा मतलब है उस नापाक स्वर्णसे, जिसकी आवश्यकता एक परिवारवर्गवालेके लिये कितनी है, यह तुमने अबतक न समझा।...... यद्यपि तुम नासमझोंसे यह कहा करते हो, कि मैं तुम्हारे विचार नहीं समझ सकता।"

लेकिन, दीन दुखियोंका हिमायती कार्ल मार्क्स इन बातोंकी क्या परवाह करता? उसने अपने तरीक़े नहीं सुधारे; बल्कि उसने एक ऐसी क्रान्तिकारी दार्शनिक पुस्तक लिख डाली, जिससे उसकी 'डाक्टरी' की उपाधि भी छिन जाती, जिस उपाधिके लिये उसके पिताने इतना धन व्यय किया था। क्रान्तिकारी विचारोंके कारण वह सरकारी अधिकारियोंकी दृष्टिमें बदनाम हो गया और उसे प्रोफ़ेसरीका पद भी नहीं मिला। पुत्रकी इस निष्फलतापर माता और पिता—दोनों दुखी हुए। उसके माता-पिताने यह नहीं सोचा था, कि उनका पुत्र ग़रीबोंके लिये स्वयं ग़रीबी और उपवास तथा कभी-कभी उपवासकी कठिन पीड़ा सहन करनेके लिये पैदा हुआ है। माता-पिताको दुखी छोड़कर पुत्र सारे संसारको सुखी करनेका उद्योगी है। जो मनुष्य दूसरोंको सुखी करनेके लिये पैदा हुआ है, वह अपने घरवालोंको सुखी नहीं कर सकता, और जो केवल अपने घरवालोंको सुखी करता है, वह दूसरोंकी सेवा नहीं कर सकता। किसी-न-किसीको अवश्य रोना पड़ेगा, जिसमें सब सुखकी हँसी हँसें। कार्ल मार्क्स समस्त मानव-जातिका एक ऐसा ही अनन्य सेवक और त्राता था, जो स्वयं कष्ट झेलकर दूसरोंको सुखी बनानेका ध्येय रखता था। आज संसारके समस्त देशोंमें फैले हुए साम्यवादको देखकर यह कौन कह सकता है, कि मार्क्सने वृथा ही सब कष्ट झेले?

पुराने ज़मानेमें लोग ग़रीबोंकी आर्थिक समस्याको इस दृष्टिसे नहीं देखते थे और ग़रीबी तथा अमीरीके भेद-भावको भी वे इतनी तीक्ष्ण दृष्टिसे नहीं देखते

थे। इसीलिये पुराने ज़मानेमें अमीरोंको दान करने, तथा ग़रीबोंको धैर्य रखनेका उपदेश दिया जाता था और ग़रीबोंसे यह कहा जाता था, कि "इस जन्ममें तुम लोग ग़रीबीके कष्ट सहन करोगे, तो इसके बदलेमें तुम्हें मरनेके बाद स्वर्ग मिलेगा।" पुराने ज़मानेके दार्शनिक समझते थे, कि धन और पूँजीका बँटवारा सब मनुष्योंमें बराबर नहीं हो सकता; इसलिये वे ग़रीबोंको धनसे विरक्ति करना ही सिखाते थे; किन्तु वे मूल रोगका निदान नहीं करते थे। कुछ लोग ग़रीबोंको यह समझाते थे, कि तुम लोग पूर्व-जन्मके कर्मोंका फल भोग रहे हो" या "ईश्वरने तुम्हारे भाग्यमें ग़रीबी ही लिखी है" पर ऐसी बातोंसे न तो ग़रीबीकी समस्या हल हुई और न धनियोंके स्वेच्छाचारोंमें कमी हुई।

यदि किसी मनुष्यको ख़राब भोजन मिलता है या वह दूषित स्थानमें रहता है, तो किसी तरहका शास्त्रीय या दार्शनिक उपदेश उसे प्लेग या अन्य बीमारियोंसे नहीं बचा सकता। धार्मिक उपदेशोंने मुक्ति, स्वर्ग, नरक और ऐसी ही कपोल-कल्पित बातोंने जनताका दिमाग़ ख़राब कर दिया; पर उन उपदेशकोंने मनुष्यकी आर्थिक समस्याको कभी सुलझानेका प्रयत्न नहीं किया। आर्थिक दुरवस्था वास्तविक उपायोंसे दूर करनेके बदले, उसे ईश्वरीय ज्ञान या निरर्थक युक्ति-वादसे समझानेकी चेष्टा करना वृथा है। देशमें भूमि है, सम्पत्ति और धन है, और इस भूमि, सम्पत्ति तथा धनमें प्रत्येक देशवासीका समान भाग है। तब क्या कारण है, कि थोड़ेसे मनुष्य तो ख़ूब धनवान्, सम्पत्ति-सम्पन्न, ज़मींदार बने हुए चैन कर रहे हैं और अधिकांश मनुष्य ग़रीबीके कष्ट भोग रहे हैं?

और भी देखिये। इसका क्या कारण है, कि एक मनुष्य बहुत अधिक धन संग्रह कर लेता है, और दूसरे नहीं कर सकते? एक कुली या मजूर दिन-भर कठिन परिश्रम करनेके बाद चार-छः आने पैसे मुश्किलसे कमा सकता है, और एक कम्पनीका 'शेयर होल्डर' (हिस्सेदार) घरमें चैनसे बैठा-बैठा लाखों-करोड़ों रुपये पैदा कर लेता है! इसका क्या कारण है, कि किसान लोग दिन-भर धूपमें कठिन परिश्रम करनेके बाद भी अपने लिये मुट्ठी-भर अन्न नहीं पाते; पर उसी गाँवका एक महाजन सूदख़ोरीसे ख़ूब धन कमाता है। इसे आप कैसे समझेंगे, कि समुद्रमें ग़ोता लगाकर, अपनी जान जोखिममें डालकर एक ग़ोताख़ोर अमूल्य मोती निकालता है; पर वह उस मोतीको कभी पहन नहीं पाता और उस मोतीको बेचनेवाला बम्बई या कलकत्तेका व्यापारी ख़ूब मालामाल बना हुआ है? इसी तरह जितने कठिन शारीरिक परिश्रम करनेवाले मजूर हैं, उन्हें बहुतही कम मजूरी क्यों मिलती है और कुछ भी परिश्रम न करनेवाला एक पूँजीपति धनवान् क्यों बना है?

इन कूट प्रश्नोंका उत्तर चाहे अन्य लोग न दें; पर कार्ल मार्क्सके मस्तिष्कमें यही सब प्रश्न घूमा करते थे। तर्क करनेवालोंसे वह यही एक प्रश्न करता था—"युरोपकी साधारण जनता इतनी ग़रीब क्यों है? वैज्ञानिकोंने स्टीम और अन्य मशीनोंका इसलिये आविष्कार किया, जिसमें मनुष्योंके कष्ट कम हों और जन-साधारणकी ग़रीबी दूर हो; फिर भी आम जनता ग़रीब क्यों है?" ऐसा प्रश्न करते हुए उसका मुख्य लक्ष्य उन देशोंकी ओर रहता था, जहाँ फैक्टरियाँ और कल-कारख़ाने ख़ूब खुले हैं। मार्क्सके सामने केवल आर्थिक ग़रीबीका प्रश्न था और इस ग़रीबीको दूर करनेका ही उपाय वह हर समय सोचा करता था; क्योंकि सब मनुष्योंकी ग़रीबी जबतक दूर नहीं होगी, तबतक मनुष्य-जातिकी—शान्तिदायी समाजकी उत्कृष्ट सभ्यताका विकास कदापि न होगा। आजकलकी यह राक्षसी सभ्यता केवल थोड़ेसे चुने हुए अमीरोंकी सभ्यता है, जिससे जन-साधारणको कुछ भी लाभ नहीं पहुँचता। यह वर्त्तमान सभ्यता ऐसी पैशाचिक है, कि इसके द्वारा आम जनता कुचली और पीसी जाती है। ग़रीबीके कारण जन-साधारणकी नैतिक उन्नति नहीं होने पाती। समस्त दासताकी जड़ ग़रीबी है, और इसी ग़रीबीके कारण मनुष्य

ठिंगने, कमज़ोर और मति-सन्द हो जाते हैं। ग़रीबी मानव-उन्नति और सभ्यताकी सदासे शत्रु रही है। ऐसे भयङ्कर शत्रुका सर्वनाश कैसे किया जाये? कार्ल मार्क्स इन्हीं विचारोंमें सदैव निमग्न रहता था।

मार्क्सके उन्नतिशील विचारों तथा अकाट्य युक्तियोंको जो मनुष्य सुनता, वही अवाक् रह जाता था। उसकी युक्तियाँ नवीन मालूम होती थीं और वितण्डावादी तो उसके सामनेसे घबरा कर भागते थे। मार्क्सका अपूर्व त्याग और उसका निःस्वार्थ भाव देख कर कितनेही शिक्षित मनुष्य उसकी बातें सुनने और मानने लगे। धीरे-धीरे उसका दल बढ़ने लगा। उसके साम्यवादका सिंहनाद जर्मनीसे बाहर अन्य देशोंमें भी गूँजने लगा। उस सिंहनादसे राजा, शासक और सरकारी कर्मचारी घबराने लगे; पर ग़रीब मनुष्य उसकी बातें बड़ी ही शान्तिसे सुनते थे और मार्क्सको अपना सच्चा हितैषी समझते थे।

सन् १८४३ ई० में मार्क्सकी शादी एक लड़कीसे हुई, जो उसकी बाल्य-सहचरी थी। इस सुन्दरीका नाम था—"श्रीमती जोना-बेरथा-जूली-जेनी वौन वेस्टफ़ेलन।" यह बालिका एक धनाढ्य जर्मन-वंशकी थी; पर वह मार्क्सको इतना प्रेम करती थी, कि उसने उसी दरिद्र मार्क्सके साथ विवाह किया। उत्साहपूर्वक शादी हुई और पति-पत्नीका प्रेम अन्त समय तक अटल बना रहा; बल्कि कई अवसरोंपर उस विदुषीने अपने परम सात्विक पतिको ग़लत मार्गपर चलनेसे बचाया भी है। श्रीमतो जेनी अपने पतिसे भी बढ़ कर निर्भीक साम्यवादी थी और मार्क्स जब अत्यन्त विपत्तियोंमें पड़नेसे निरालम्ब हो जाता, तब यही स्त्री उसे सान्त्वना देती थी। वह श्रमजीवियोंके उद्देश्यको इतना मानती थी, कि उसने अपने दो पुत्र भी ग़रीबीके कारण बलिदान कर दिये; पर इस पुत्र-शोकने उसे सच्चे लक्ष्यसे कभी विचलित न किया और न मार्क्सको ही विचलित होने दिया।

सन् १८४२ ई० में कार्ल मार्क्सने अपने राजनीतिक और क्रान्तिकारी विचारोंको फैलानेके लिये एक पत्र निकालनेका उद्योग किया। उस समय प्रुशियाके राजाने अपने स्वेच्छाचारी शासनसे जर्मनीमें अन्धेर मचा रखा था। कठोर नौकरशाही विचारोंकी स्वतन्त्रताका क्रूर हाथोंसे दमन करती थी। जर्मनीके सभी विचारवान् पुरुष उस कुशासनसे बचनेके उपाय सोच रहे थे। उन लोगोंने "रेहनिश ज़ीटुङ्ग" (रेहनिश गज़ट) पत्र निकालना आरम्भ किया, जिसका प्रधान सम्पादक कार्ल मार्क्स नियुक्त किया गया। मार्क्सने उस पत्रका सम्पादन बड़ी योग्यतासे किया और सरकारपर मार्मिक प्रहार करने आरम्भ किये। उसके लेखोंसे अधिकारिवर्ग बिगड़ उठा। सन् १८४३ के अप्रैल महीनेमें पत्रपर सरकारका कोप हुआ और पत्र बन्द कर दिया गया।

अब मार्क्सने देखा, कि वह जर्मनीमें रह कर कुछ नहीं कर सकता; अतः उसने फ्रान्स जानेका विचार किया। उस समय फ्रान्समें भी साम्यवादका ज़ोर बढ़ रहा था। मार्क्स पेरिसमें पहुँचा। उसके वहाँ पहुँचतेही फ्रेञ्च-राजधानीमें एक नया जीवन आरम्भ हो गया। वहाँ वह एक नये सुधारक पत्र "वार-वार्टस"का सम्पादक हो गया। इस पत्रके द्वारा मार्क्स जर्मन-राजनीतिक आन्दोलनका प्रचार करने लगा। उसने जर्मन-सरकारकी कटु आलोचना करनी आरम्भ की। जर्मन-सरकार घबरायी और उसने फ्रेञ्च-सरकारसे प्रार्थना की, कि पत्रका दमन किया जाये। उस समय फ्रान्समें लुई फ़िलिप नामक राजाका शासन था, जो बड़ाही दुष्ट और स्वेच्छाचारी था। स्वेच्छाचारी सरकारें एक-दूसरेको अनुगृहीत करना ख़ूब जानती हैं। फ्रेञ्च-सरकारने तुरन्त मार्क्सको और उसके साथियोंको फ्रान्ससे निकल जानेकी आज्ञा दी। मार्क्सने विवश होकर अपनी स्त्री और बच्चे-सहित बेलजियमकी राजधानी ब्रुशेल्समें शरण ली। ब्रुशेल्समें अन्य जर्मन क्रान्तिकारियोंसे उसकी भेंट हुई, जो उसीकी तरह जर्मनीसे निकाले गये थे। उसने वहां

तीन वर्षतक जर्मन-क्रान्तिकारियोंके सहयोगसे मजूरोंका आन्दोलन जारी रखा और मजूरोंकी एक समिति स्थापित की तथा एक समाचार-पत्र भी निकाला।

मार्क्स मजूरोंकी सभाओंमें बड़े ओजस्वी भाषण देता था और उन्हें राजनीतिके गूढ़तम सिद्धान्त समझाता था। उसने फ्रान्स और जर्मनीके क्रान्तिकारियोंसे पत्र-व्यवहार भी बराबर जारी रखा। वहाँको साम्यवादी समितियोंका भी उसने संगठन किया और उन बिखरी हुई समितियोंका एक दल बनाया। लण्डनमें उस समय जर्मन-साम्यवादियोंका एक 'क्लब' था, जिससे सम्बन्ध स्थापित करना उसने आवश्यक समझा। मार्क्सने उन्हें लिखा, कि तुम सब ब्रुशेल्समें चले आओ, तो मैं साम्यवादी आन्दोलनकी देख-रेख कर सकूँ। इस प्रकार ब्रुशेल्समें बहु-संख्यक साम्यवादी एकत्र हो गये, और तब मार्क्सने सन् १८४३ के फ़रवरी मासमें वहाँ एक बृहत् साम्यवादी अधिवेशन किया। इसी अधिवेशनमें जगद्विख्यात "कम्युनिस्ट मेनिफेस्टो" प्रकाशित हुआ था और उसी दिन संसारको यह भी मालूम हुआ, कि फ्रान्सकी राजधानी पेरिसमें प्रजातन्त्रवादी क्रान्ति आरम्भ हो गयी और फ्रान्सका बादशाह लुई फ़िलिप (जिसने मार्क्सको पेरिससे निकाला था) बनावटी वेशसे छिपकर पेरिससे भागा। जिस मन्त्रीने मार्क्सको पेरिससे निकल जानेकी आज्ञा दी थी, उसे भी फ्रान्स छोड़ कर किसी अन्य देशमें शरण लेनी पड़ी। पेरिसमें प्रजातन्त्रवादी सरकार स्थापित हो गयी।

इस बीचमें जर्मन-सरकारने बेलजियम-सरकारको कई बार लिखा, कि मार्क्सको बेलजियमसे निकाल दो; पर सफलता नहीं मिली। किन्तु इधर मार्क्सके साम्यवादी सिद्धान्तोंका असर श्रमजीवियों (मजूरों और किसानों) पर ख़ूब पड़ रहा था। इस आन्दोलनको बढ़ता हुआ देख, बेलजियम-सरकार भी कुछ डर गयी और अन्तमें सरकारी आज्ञासे मार्क्स पकड़ा गया, और बेलजियमसे निकाल दिया गया। किन्तु इस बार फ्रान्समें क्रान्ति होनेके कारण मार्क्सके लिये वहाँ स्थान हो गया था। सचमुच, प्रजातन्त्रवादी फ्रेञ्च सरकारके एक मन्त्रीने मार्क्सको चिट्ठी लिखकर प्रार्थना की, कि "आप श्रमजीवियोंके बड़े ही वीर और सच्चे नेता हैं; इसलिये आप फ्रान्स आइये। हम लोग आपका स्वागत करेंगे।" मार्क्स उस देशमें फिर लौटा, जहाँसे वह अत्याचारियोंके द्वारा एक समय निकाला गया था। इस बार वह पेरिसमें कई महीने रहा; किन्तु उसका ध्यान स्वदेशकी ओर लगा था। इसलिये वह जर्मनी चला गया। इस बार जर्मनी पहुँचनेपर सन् १८४८ के जून महीनेसे उसने फिर एक संवाद-पत्र निकालना आरम्भ किया। किन्तु इस पत्रपर भी जर्मन-सरकारका कोप हुआ; परन्तु पत्र निर्भीकतापूर्वक बराबर चलता रहा।

सन् १८४८ ई० की ग्रीष्म ऋतुमें जर्मनीके कोलोन नगरमें एक "डेमोक्राटिक कांग्रेस" का अधिवेशन आरम्भ हुआ। इस कांग्रेसकी कार्रवाइयोंमें मार्क्सने प्रमुख भाग लिया था। अमेरिकन साम्यवादी एलबर्ट ब्रिसबेन भी उस कांग्रेसमें गया था और उसने मार्क्सका हुलिया इस प्रकार लिखा था:—

"मैंने वहाँ श्रमजीवी आन्दोलनके अग्रगण्य नेता श्रीमान् कार्ल मार्क्सको देखा। मार्क्सने मजूर और पूँजीवादकी समस्यापर जितना लिखा है, उतना किसीने नहीं लिखा, और उसके लेखोंका प्रभाव जितना युरोपके साम्यवादी आन्दोलनपर पड़ा, उतना किसी लेखक या नेताके लेखोंका नहीं पड़ा है।...उसकी आयु लगभग तीस वर्षकी थी। वह एक सुन्दर पुरुष है और उसका शरीर बहुत ही बलवान् है। उसमें शक्ति खूब भरी हुई मालूम होती थी और उसके संयमके पीछे प्रदीप्त आत्माकी अग्नि जल रही थी। वह पूँजीपतियोंसे बड़ी घृणा करता था; क्योंकि वे मजूरोंसे काम लेते-लेते उन्हें पीस डालते हैं। पूँजीपतियोंकी आर्थिक पद्धतिके विरुद्ध जिस समय वह जोशके साथ व्याख्यान दे रहा था, उस समय मुझे ध्यान होता था,

कि एक दिन उसके सिद्धान्त सारे संसारको हिला देंगे। वह मनुष्य मुझे ईसाई-संसारके समस्त सम्राटोंसे बढ़कर ज़रूरी मालूम हुआ। पुराने ज़मानेमें जैसे सेएट-पाल हो गया है, वैसा ही इस ज़मानेमें कार्ल मार्क्स है।"

मार्क्सका संवादपत्र अधिक समय तक जर्मन-सरकारके कोपसे न बच सका। सरकारी कर्मचारियोंकी आलोचना करनेके कारण सन् १८४९ ई० की ७ फरवरीको मार्क्स और उसके कई सहयोगियोंपर मुक़दमा चलाया गया। मार्क्सने अपनी पैरवी स्वयं की और एक घएटेतक अदालतके कटघरेसे व्याख्यान देता रहा। उसने मन्त्रिमएडलकी बड़ी कटु आलोचना करते हुए, अन्तमें कहा,—'जर्मनीकी परिस्थिति इतनी ख़राब हो गयी है, कि अब हमारा यह कर्त्तव्य हो गया है, कि हम सरकारके प्रत्येक कार्यको बड़े ही अविश्वासके साथ देखें और उसकी घोर निन्दा करें। संवादपत्रका यह कर्त्तव्य है, कि वह पीड़ित मनुष्योंकी ओरसे आगे बढ़कर आन्दोलनमें भाग ले, और सरकारी कुकर्मोंकी निन्दा करे।"

जूरियोंने मार्क्स और उसके साथियोंको छोड़ दिया। पर दो ही दिनके बाद ९ फ़रवरीको वह फिर पकड़ा गया; इसलिये कि उसने जर्मनीके राजाके विरुद्ध सशस्त्र-विद्रोह करनेके लिये जनताको उत्तेजना दी थी। यह एक बड़ा ही गम्भीर मामला था, और इसमें मार्क्सका बचना मुश्किल था; किन्तु इस बार भी मार्क्सने अपनी पैरवीमें जो व्याख्यान दिया, उसका असर जूरी पञ्चोंपर ऐसा पड़ा, कि उन्होंने उसे "निर्दोष" कह कर छोड़ दिया। इतना ही नहीं, उनमेंसे एकने ऐसा महत्वपूर्ण क़ानूनी व्याख्यान देनेके लिये 'जूरी' पञ्चोंकी ओरसे मार्क्सको धन्यवाद दिया।

इसके बाद सन् १८४९ ई० के मईमें ड्रेसडेन तथा राईन-प्रदेशके अन्य स्थानोंमें दंगे और उपद्रव हुए। अब जर्मन-सरकारका धैर्य जाता रहा और उसने मार्क्सको प्रशियासे निकल जानेके लिये आदेश दिया। उसका पत्र भी दबा दिया गया। पत्रका अन्तिम अङ्क लाल रङ्गसे छपा था, जिसमें बिदाईकी एक ज़ोरदार कविता थी। सरकारी आज्ञासे मार्क्सको स्वदेश छोड़ कर फिर पेरिस जाना पड़ा। उन दिनोंका दुःखद वृत्तान्त श्रीमती मार्क्स इस प्रकार लिखती हैं:—

"पेरिसमें हम लोग एक मास भी चैन न करने पाये, कि पुलिसका अफ़सर एक दिन सवेरे आया और उसने मार्क्सको सपत्नीक पेरिससे २४ घएटेके अन्दर चले जानेके लिये कहा।...हमने फिर अपने थोड़ेसे बरतन आदि जमा किये और लन्दन रवाना हो गये।"

कार्ल मार्क्स सन् १८४९ के जून महीनेमें लन्दन पहुँचा और इस बार श्रीमती मार्क्सके चौथा पुत्र पैदा हुआ। इस घटनाका उल्लेख करते हुए मार्क्सका जीवन-चरित्र लिखनेवाला विद्वान् जोन स्पेर्गो लिखता है,—"यह बच्चा जन्मते ही ग़रीबीका शिकार हुआ और उसी तरह शीघ्रही मर गया, जिस तरह हज़ारों ग़रीब बच्चे मर जाया करते हैं।"

लएडनमें निवास करते हुए मार्क्स अत्यन्त दरिद्रताका जीवन व्यतीत करता था। कभी-कभी सूखी रोटी खाकर ही पति-पत्नी और बच्चे दिन बिता देते थे और कभी-कभी बच्चोंका पेट भरनेके लिये मार्क्स सूखी रोटी भी नहीं खाता था। क्षुधित और कठोर शीतसे पीड़ित मार्क्स लन्दनके ब्रिटिश म्युज़ियममें चला जाता और वहीं सारा दिन बैठा पुस्तकें अध्ययन किया करता था। वह कुछ लेख आदि लिखकर कमा लेता था; पर यह आमदनी बहुतही थोड़ी थी।

एक बार मार्क्सने ग़रीबीसे बचनेके लिये रेलवेमें क्लर्ककी नौकरी करनी चाही; पर आश्चर्य यह, कि मार्क्सको वह नौकरी भी न मिल सकी; क्योंकि उसके हाथकी लिखावट बहुत ख़राब थी। आह! न केवल जर्मनी और युरोपका, बल्कि संसारका एक सर्वश्रेष्ठ तत्वज्ञानी, दार्शनिक और साम्यवादका प्रवर्त्तक लिखावट ख़राब होनेसे ज़लील क्लर्कीकी भी नौकरी न पा सका! धिक्कार है, उस शासन-पद्धतिको, जिसमें मार्क्स सरीखे महर्षि भूखों मरते हैं! बादमें मार्क्स

एक पौंड प्रति सप्ताहपर "न्यूयार्क ट्रिव्यून" पत्रका संवाददाता नियुक्त किया गया। महीनों इसी एक पौंड प्रति सप्ताहपर मार्क्सने कालक्षेप किया। वह जिस ग़रीबीके स्थानमें रहता था, वहीं बड़े-बड़े विद्वान् और प्रतिष्ठित लोग उससे मिलने आते और राजनीतिक तथा सामाजिक संगठनके उपाय उससे पूछते थे। श्रीमती मार्क्स उन दिनोंकी दुर्दशाका विवरण अपनी एक चिट्ठीमें इस प्रकार लिखती हैं:—

"बरसों तक जिस आत्म-त्यागसे हमने कालक्षेप किया है, उसके लिये हमने किसीसे शिकायत नहीं की—उसने (पतिने) पत्रकी सब आमदनी काम करनेवालोंको दे दी और फिर वह देशसे निकाल भी दिया गया। फ्राङ्कफ़ोर्ट (जर्मनीके एक नगर) में मैंने अपने चाँदीके अन्तिम बरतन गिरवी रख दिये; कोलोन नगरमें हमने अपना सब असबाब बेच डाला। तीन बच्चे थे, और चौथा होनेवाला था। बच्चेके लिये दासी रखना असम्भव था। मेरी छाती और पीठमें बराबर पीड़ा रहती थी और नवजात शिशु पहले ही दिनसे पीड़ित रहने लगा। एक दिन मकानकी मालकिन आकर किराया माँगने लगी। हम उसे २५० सिक्के शीत-कालके किरायेमें दे चुके थे और शेषके लिये उससे ठीका कर लिया था। पर वह मुकर गयी और झट दो पुलिसके सिपाही लाकर मेरे बचे हुए माल असबाबको उसने 'एटेच' करा दिया। बिस्तर, कपड़े, बच्चेका पालना और दो लड़कियोंके खिलौने सब उसने ले लिये। खिलौने छीनते समय मेरी दोनों पुत्रियाँ रोने-चिल्लाने लगीं। मैं ख़ाली ज़मीनपर अपने ठिठुरते हुए बच्चेको लिये पड़ी थी...दूसरे दिन हमको वह घर ख़ाली कर देना पड़ा। उस दिन बड़ी ठण्ड थी; वर्षा हो रही थी और आकाशमें अन्धकार था। मेरे पति कमरा खोजने गये थे; पर जब लोग हमारे चार बच्चोंकी बात सुनते, तो स्थान देनेके लिये कोई राज़ी नहीं होता था। अन्तमें एक मित्रने मदद की। अपना सब असबाब बेच डालनेके बाद हम सब दूकानदारोंका ऋण चुका सके। फिर हमलोग एक होटलमें रहने चले गये...हे सखी! यह न समझना, कि इन कठोर यन्त्रणाओंके झेलनेसे हमारी आत्माएँ कुछ भी झुकी हैं! मैं यह ख़ूब अच्छी तरह जानती हूँ, कि ये कष्ट और यन्त्रणाएं सहन करनेवाले हमीं नहीं हैं और मुझे इसकी प्रसन्नता है, कि मैं सौभाग्य-शालिनी हूँ; क्योंकि मेरे परम प्रिय पति मेरे साथ हैं।"

इन वाक्योंको पढ़कर ऐसा कौन होगा, जिसके हृदयके टुकड़े न हो जायेंगे? पर इससे भी दुःखद वृत्तान्त वह है, जब कि उसकी एक लड़कीकी मृत्यु हो गयी और कफ़न तकके लिये उसके पास पैसा न था। श्रीमती मार्क्स लिखती हैं:—

"कठिन रोग-ग्रस्त रहनेके बाद हमारी प्यारी बेटी फ्रान्सिसका मर गयी।...ये दिन हमारे लिये अत्यन्त ग़रीबीके थे। हमारे किसी जर्मन मित्रने हमारी सहायता न की। इसके बाद मैं एक फ्रेञ्च क्रान्तिकारीके पास गयी, जो हमारे निकट ही रहता था। मैंने उससे अपनी सब कठिनाइयाँ बयान कीं और उस बेचारेने दया करके मुझे दो पौण्ड दे दिये। इसीसे हमने अपने कलेजेके टुकड़े बच्चेके लिये कफ़न ख़रीदा, जिसमें लपेटकर उसे शान्तिकी क़ब्रमें सुला दिया।"

इस समय एक मनोरञ्जक घटना और हुई, जिसके कारण एक सूदख़ोर महाजन भी मशहूर हो गया। कार्ल मार्क्स चाँदीके कई चमचे गिरवी रखनेके लिये उस महाजनके पास गया। ये चमचे श्रीमती मार्क्सके धनाढ्य माता-पिताने दिये थे और उनपर "आरगाइल वंश" की मुहर भी खुदी हुई थी। महाजन उन मूल्यवान् चमचोंको देखकर घबराया और उसने मार्क्सको पुलिससे पकड़वा देना चाहा; पर मार्क्सने पुलिसको समझाकर अपना छुटकारा किया।

ग़रीबीके दुःख दूर करनेके लिये मार्क्सने नौकरी करनी चाही; पर उसकी धर्म-परायणा स्त्रीने उसे यह कहकर रोका, कि "नौकरी करनेसे तुम अपने ऊँचे सिद्धान्तोंसे गिर जाओगे।" श्रीमती मार्क्स पतिके सिद्धा-

न्तोंकी रक्षाके लिये कोई भी अनुचित कार्य्य पतिसे कराना न चाहती थीं। इतने कष्ट भोगनेपर भी मार्क्स मजूरोंसे कभी एक पैसा भी नहीं लेता था। लण्डनके मजूरोंकी सभामें मार्क्स प्रायः व्याख्यान दिया करता था और मजूर लोग उसे उन व्याख्यानोंके लिये पुरस्कार देना भी चाहते थे; पर मार्क्स उसे लेनेसे इनकार कर देता था; क्योंकि उसने यह प्रतिज्ञा कर ली थी, कि मजूरोंकी सेवाके लिये वह कभी पुरस्कार न लेगा।

मार्क्स जब ऐसे संकटका जीवन व्यतीत कर रहा था, तब उधर जर्मन-प्रधान-मन्त्रीकी चतुराई देखिये। जर्मन-प्रधान मन्त्री प्रिन्स बिसमार्कने मार्क्सको प्रकारान्तरसे रिश्वत देकर साम्यवादी आन्दोलनसे अलग करके अपने पक्षमें मिला लेनेका उद्योग किया। मार्क्सका एक पुराना साथी बूचर जर्मन-सरकारका एक कर्मचारी हो गया था और बिसमार्क उसे बहुत मानता था। बिसमार्कने इस बूचरसे मार्क्सको एक चिट्ठी लिखवायी, जिसका यह आशय था, कि—"यदि आप मासिक बाज़ार-दरकी रिपोर्ट लिख कर भेजा करेंगे, तो जर्मन-सरकार यथेष्ट पुरस्कार देगी। कृपया लिखिये, कि आप अपने लेखोंके लिये कितना पुरस्कार लेंगे?"

यदि कोई कमज़ोर दिलवाला मनुष्य होता, तो दुर्दिनोंमें इस पुरस्कारसे फूला न समाता; किन्तु समस्त सुखोंके त्यागी मार्क्सने जर्मन-सरकारके इस पुरस्कारको ठुकरा दिया। वह महापुरुष धन्य है, जिसने अपना लक्ष्य न छोड़ा और सब तरहकी विपत्तियाँ झेलते हुए भी वह अपनी ग़रीबीके महाव्रतपर सदा समान भावसे अटल रहा।

सन् १८६४ में कार्ल मार्क्सने अपने अन्य युरोपीय सहयोगियोंके साथ मजूरोंकी एक अन्तर्राष्ट्रीय समिति (इण्टर नेशनल वर्किङ्ग मेन्स एसोसिएशन) स्थापित की। इस समितिका प्रभाव छः-सात वर्षतक युरोपकी राजनीतिपर रहा; इस समितिमें इटालियन मजूरोंका प्रतिनिधि मेज़िनी भी सम्मिलित था; पर मेज़िनीका ध्यान उस समय इटालियन मजूरोंकी दुर्दशाकी ओर अधिक था, और वह मार्क्सके चरम कोटिके साम्यवादी सिद्धान्तोंसे सहमत न हुआ। इसलिये वह समितिसे कुछ दिनोंके बाद अलग हो गया। किन्तु मार्क्सकी समिति उन्नति करती रही और फिर वह केवल "इण्टर नेशनल" नामसे प्रसिद्ध हुई।

इस "इण्टर नेशनल" शब्दका प्रभाव फ्रान्स, इटली, स्विट्जरलैण्डके नवयुवकोंपर जादूकी तरह पड़ता था और इसी एक शब्दने युरोपीय मजूरोंमें पारस्परिक मेल और सद्भाव बढ़ाया। कार्ल मार्क्सकी युद्ध-ध्वनि थी,—"हे समस्त देशोंके मजूरो! तुम सब आपसमें एकता करो!" (Workers of the world, unite!) इस वाक्यका असर समग्र युरोपमें बिजलीकी तरह फैल गया। उस समय लण्डनके सुप्रसिद्ध "टाइम्स" पत्रने लिखा था:—"प्राचीन संसारके नष्ट होनेके बाद, ईसाई-धर्मके स्थापित होनेपर, किसीने कभी ऐसी प्रकाण्ड जागृति नहीं देखी, जैसी कि आज मजूरोंकी देखनेमें आती है। वास्तवमें मजूरोंकी उस भयानक जागृतिने युरोपको हिला दिया था।

मार्क्सकी विद्वत्ता अपार थी और यदि यह कहा जाये, कि उसके समान धुरन्धर विद्वान् दार्शनिक उस समय युरोपमें कोई नहीं था, तो कुछ अत्युक्ति न होगी। उसने पूँजीवादकी ऐसी मार्मिक आलोचना की है, जैसी उसके पहले संसारमें किसीने नहीं की थी। उसने पूँजीवाद और मजूरोंकी परिस्थितिपर अगणित लेख, निबन्ध, प्रबन्ध, पत्र, पुस्तकें और विज्ञप्तियाँ (मेनिफेस्टो) लिखी हैं। उसकी पुस्तक "मूल्य, उपयोग और लाभ" (Price, Value and Profit) तथा "ए क्रिटिक आफ़ पोलिटिकल इकानोमी" अत्यन्त ही मूल्यवान ग्रन्थ हैं; किन्तु उसका लिखा सबसे अद्वितीय ग्रन्थ है—"केपिटल"। कई हज़ार पृष्ठोंका यह मोटा ग्रन्थ "साम्यवादका वेद" है। संसारकी समस्त भाषाओंमें इस ग्रन्थका अनुवाद हुआ है। कोई भी बड़े से बड़ा अर्थशास्त्रका पण्डित, चाहे वह किसी भी मत या सम्प्रदायका माननेवाला क्यों न हो, इस

ग्रन्थके सामने सिर झुकाता है। महर्षि मार्क्सने इस "केपिटल" ग्रन्थमें पूँजीवादपर समस्त दृष्टियोंसे विचार किया है और अमीर सिद्धान्तोंके पोषक अर्थशास्त्री उसकी उमेठनेवाली युक्तियोंके सामने चकरा जाते हैं। संसारका कोई भी विद्वान्-से-विद्वान् मनुष्य उस ग्रन्थकी किसी दलीलको काट नहीं सकता ; बल्कि उसकी नवीनताके सामने वह किं-कर्त्तव्य-विमूढ़-सा हो जाता है। किन्तु यहाँपर यह याद रखना चाहिये, कि पूँजीवादके पोषक उस ग्रन्थसे या ग्रन्थके लेखकसे प्रसन्न नहीं हैं ; क्योंकि उसमें पूँजीपतियोंकी पोलें ऐसी खोली गयीं हैं, जैसी पहले किसीने नहीं खोली थीं; क्योंकि मार्क्ससे बढ़कर किसी मनुष्यने पूँजीपतियोंके अत्याचारों तथा निर्धन मनुष्योंकी दरिद्रतापर इतना डूबकर विचार नहीं किया था। "केपिटल" ग्रन्थ स्वयं एक शास्त्र है, जिसका शास्त्रीय ढङ्गसे अध्ययन किये बिना कोई पूँजीवादके छल-छिद्रोंको समझ नहीं सकता। मार्क्स अपने जीवन-कालमें इस ग्रन्थको समाप्त नहीं कर सका था ; पर उसकी लिखी अगण्य पाण्डु-लिपियोंसे बादमें यह ग्रन्थ पूरा किया गया है।

यदि मार्क्स भी लुटेरे पूँजीपतियोंके दलमें मिल गया होता, तो उसके लिये यह कोई कठिन बात नहीं थी, कि वह जर्मन-मन्त्रिमण्डलका सदस्य होता और समस्त पूँजीपति और साम्राज्यवादी उसका सम्मान करते ; किन्तु मार्क्स तो ग़रीब निबलोंकी रक्षा करनेके लिये पैदा हुआ था ; तब वह उस पथका क्यों अनुसरण करता, जो निबलोंका विरोध करता है ? उसने पूँजीवादका विरोध किया और संसारके श्रमजीवियोंको साम्यवादका सिंहनाद सुनाकर ऐसा जगा दिया, कि वे अब फिर कभी नहीं सोयेंगे।

सन् १८८१ ई० में मार्क्सकी पतिप्राणा स्त्रीका स्वर्गवास हो गया। दो वर्षके बाद लण्डनमें सन् १८८३ ई० की १४ मार्चको मार्क्सकी भी मृत्यु हो गयी। उस समय वह महापुरुष एक आराम-कुर्सीपर लेटा था और उसके होठोंपर मुस्कराहट थी। उसने जीवनके अन्तिम १३ वर्षोंमें बीमारी बहुत उठायी। वह अत्यन्त अधिक सोचता था; अत्यन्त अधिक लिखता और काम करता था; पर ग़रीबीके कारण भोजन बहुत ख़राब खाता था, इसलिये प्रायः बीमार रहा करता था। त्यागी महर्षियोंकी तरह उसका सारा जीवन आत्म-त्याग और आत्म-बलिदानसे भरा था। मृत्युके बाद मार्क्सका शव हाईगेटके क़ब्रिस्तानमें गाड़ दिया गया, जहाँ उसकी धर्मपत्नीकी क़ब्र थी। कुछ वर्षके बाद मार्क्सके भक्त शिष्योंने लिखा,—"मार्क्सका स्मारक पीतल, ताँबे या पत्थरकी मूर्तियोंमें नहीं, बल्कि मानव-जातिके हृदयमें बना है। समस्त विश्वव्यापी साम्यवादी आन्दोलन ही मार्क्सका स्मारक है और साम्यवादियोंकी एक-एक विजय महर्षि मार्क्सका स्मारक ऊँचा उठाती है।" वास्तवमें यह ठीक भी है।

यहाँपर मार्क्सके एक महान् विजयी भक्त शिष्यकी चर्चा अप्रासंगिक न समझी जायेगी। उस शिष्यका नाम था—निकोलाय लेनिन, जिसने मार्क्सके सिद्धान्तानुसार रूसमें श्रमजीवियोंका "सोविएट" प्रजातन्त्र शासन स्थापित कर दिया और रूसके बादशाहों तथा अमीरोंका नाम-निशान मिटा दिया। मार्क्सके उसी साम्यवादका सिंहनाद आज संसारके साम्राज्योंकी जड़ें हिला रहा है और साम्राज्यवादी तथा पूँजीपति मार्क्स तथा लेनिनके नामसे ऐसा भयभीत होते हैं, जैसे बच्चा हौएसे डरता है। यहाँपर मार्क्सके एक सहयोगी, मित्र और भक्त शिष्य फ्रेडरिक एंजिल्सकी भी चर्चा करनी अनुचित न होगी, जो सदा उसके साथ रहता था। मार्क्सका नाम एंजिल्सके साथ ही लिया जाता है।

अब हम यहाँ मार्क्सके कुछ सिद्धान्तोंपर विचार करेंगे, और देखेंगे, कि अमीरी और ग़रीबीकी समस्याओंपर वह किस दृष्टिसे विचार करता था। इस संसारको सब मनुष्य अपनी-अपनी दृष्टिसे भिन्न-भिन्न रूपमें देखते हैं। जैसे, धर्माचार्य्य उपदेशककी दृष्टिमें संसार पापियोंसे भरा है ; जूता सीनेवाला मोची सबके जूतोंको फटा हुआ देखता है, जिन्हें सीनेकी ज़रूरत

है और राजाके लिये संसार प्रजासे भरा हुआ है, जिसपर शासन करना ही वह अपना एकमात्र ईश्वरीय धर्म समझे बैठा है, उसी तरह प्रत्येक मनुष्य संसारको अपनी ही दृष्टिसे देखता है। कार्ल मार्क्स भी संसारको अपनी भिन्न दृष्टिसे देखता था, और समझता था, कि संसार ग़रीब मनुष्योंसे भरा हुआ है, जिनकी ग़रीबी दूर करना ही उसका एक मात्र ध्येय था।

मार्क्सके मुख्यतः तीन विचार थे। पहला यह, कि देशकी आर्थिक परिस्थितिका प्रभाव मनुष्योंको बनानेमें पूर्ण रूपसे पड़ता है और आर्थिक प्रभावके कारण ही मनुष्योंको राजनीति, समाज-नीति और धर्म-नीति बनती-बिगड़ती है। इसे वह "Materia'-istic Conception of History" अर्थात् 'इतिहासको आर्थिक या भौतिक दृष्टिसे समझना' कहा करता था। फिर इस भावको वह समझाता इस प्रकार था—"मानव-समाज विकासके कुछ नियमोंको मानता है, और ये नियम देशकी आर्थिक परिस्थितिपर निर्भर हैं।" या यों समझिये, कि देशमें जो कुछ धन-सम्पत्ति है, उनका उपयोग करते हुए समाज बनता है। अब, समाजके सब मनुष्य सुखी तभी होंगे, जब देशमें पैदा होनेवाले अनाज, धन, सम्पत्तिका ठीक-ठीक बँटवारा किया जायेगा। यदि बँटवारा ठीक न होगा, तो समाजके कुछ मनुष्य तो बहुत सुखी रहेंगे; पर अधिकांश मनुष्य दुःखोंमें कालक्षेप करेंगे, जो दशा आज सब देशोंकी है। मार्क्स इस आर्थिक परिस्थितिको सुधारनेके लिये चिन्तित रहता था।

उसका दूसरा सिद्धान्त था,—"श्रेणी-युद्धका" (The Theory of the Class struggle) अर्थात्, मानव-समाज विभिन्न श्रेणियोंमें इस समय बँट गया है और उसमें भी मुख्यतः दो श्रेणियाँ हैं—अमीरों और ग़रीबोंकी। मार्क्सने अपने "कम्युनिस्ट मेनिफेस्टो" में लिखा था,—"स्वतन्त्र मनुष्य और दास, कारबारी मनुष्य और नौकर तथा अत्याचारी और दलित एक दूसरेके बिलकुल विरुद्ध हैं—ये दोनों बराबर एक-दूसरेका विरोध किसी-न-किसी रूपमें, कभी खुलकर और कभी गुप्त रूपसे, करते रहते हैं...... समाज धीरे-धीरे दो बड़ी श्रेणियोंमें बँट गया है। वे हैं अमीर और ग़रीब।" इन दोनोंकी लड़ाई तबतक चलती रहेगी, जबतक कि आर्थिक सामञ्जस्य सर्वत्र ठीक न हो जायेगा।

मार्क्सकी तीसरी सफलता थी—विशेष लाभ धनकी विवेचना करनेमें। उसने देखा, कि पूँजीपति कारबारी नित्य ही धनाढ्य होता रहता है; क्योंकि वह अपने कारख़ानेमें काम करनेवाले मजूरोंको बहुत ही कम मजूरी देता है। लाभ-धन जो पूँजीपति लेता है, उसका उसे कोई हक़ नहीं है; क्योंकि वह मजूरोंके परिश्रमका फल है। मार्क्सने इस सिद्धान्तको समझानेमें बड़ी निपुणता दिखायी है। उससे पहले कभी किसी मनुष्यने इस विषयपर इतना गहन विचार न किया था।

अब वह साम्यवाद, या समष्टिवाद (कम्युनिज़्म) क्या है, जिससे बढ़कर और कोई प्यारा विषय मार्क्सके लिये नहीं था? साम्यवाद एक बहुत ही सहज विषय है, जो प्रत्येक मनुष्य सरलतापूर्वक समझ सकता है। वह कहता था, कि भूमिपर किसी एक मनुष्यका अधिकार नहीं हो सकता; बल्कि वह देशमें बसनेवाले समस्त मनुष्योंकी समान रूपसे है। भूमिसे ही भोजन, वस्त्र, लकड़ी, और औषधि मिलती है। सचमुच पृथ्वीको इसी लिये माता कहा है। यदि कोई मनुष्य भूमिका किसी तरह जबरदस्ती मालिक बन जाये, तो अन्य मनुष्योंको मजबूर होकर उसकी सेवकाई करनी होगी। ज़मींदार या ताल्लुक़दार लोग भूमिको अपने स्वार्थोंके लिये भी काममें ला सकते हैं; जैसे, वे जहाँ चाहें अपने रंगमहल बनवायें या आनन्द-उपवन बनायें, जब कि अन्य बहु-संख्यक मनुष्य भूखसे मर रहे हैं। इस तरह भूमिपर किसी व्यक्ति विशेषका अधिकार हो जानेसे ग़रीबी, दासता और सामाजिक पतन होने लगता है। मार्क्सके साम्यवादका यही लक्ष्य है, कि भूमिपर किसी व्यक्ति विशेषका

अधिकार न रहे; बल्कि वह समस्त जातिकी रहे और एक साम्यवादी प्रजातन्त्र सरकार उसके समान बँट-वारेका ऐसा प्रबन्ध करे, जिससे समस्त जातिका समान रूपसे कल्याण हो, यही उच्चतम नियम है। मार्क्स इस प्राकृतिक नियमका कट्टर अनुयायी था।

मार्क्स पीड़ित मानवताका त्राता था। वह मजूरों, किसानों और श्रमजीवियोंको केवल प्यार ही नहीं करता था; बल्कि उनमें पूर्ण विश्वास करता था। मार्क्ससे पहले युरोपके साम्यवादी नेता केवल मुखसे साम्यवादकी बातें किया करते थे; पर कभी हृदयसे मजूरों-का संगठन करनेका प्रयत्न नहीं करते थे, और वे मजूरों-की दशा सुधारनेके लिये उनसे यही कहते, कि—"अमीरोंका मुंह देखो; अमीरोंसे प्रार्थना करो।" किन्तु मार्क्स पहला मनुष्य था, जिसने मजूर-समुदायसे यह कहा,—"मजूरोंका समस्त विपत्तियोंसे उद्धार उन्हीं-के उद्योगसे होगा!" मार्क्स उनसे कहता था, कि "तुम्हारा बल अपार है, और तुम लोग अपने संगठन तथा सहयोगसे सब कुछ प्राप्त कर सकते हो!" मार्क्स उनसे कहता था,—"मैं तुम्हारे बलमें विश्वास करता हूं।"

"समस्त देशोंके मजूरो! जागो और एकता करो! तुम्हें कुछ भी खोना नहीं है, केवल पराधीनताकी जञ्जीरें तोड़नी हैं। इन जञ्जीरोंको तोड़ डालो, और संसार तुम्हारा है!" मार्क्सकी इस युद्ध-ध्वनिने मजूरों-को चैतन्य किया। मजूर अपनेको कमज़ोर समझते हैं; पर मार्क्स उनसे कहता था, कि तुम बड़े बलवान् हो। इस तरह मजूरोंको उनके बलमें विश्वास दिला कर पूँजीवाद और साम्राज्यवादकी जड़ोंपर उसने प्रहार किया। आज सारा साम्राज्यवादी संसार मार्क्सके सिद्धान्तोंकी पूर्ति होते देख, काँप रहा है और साम्य-वादी आन्दोलनको हर तरह दबानेका प्रयत्न किया जा रहा है। सन् १९१७ ई०में जब रूसमें मजूरोंका सोवि-एट प्रजातन्त्र स्थापित हुआ, तब संसारने समझा, कि मार्क्सके सिद्धान्तोंको अब अन्य देशोंमें भी कार्यरूपमें परि णत होनेमें विलम्ब नहीं है। इसी लिये आज समस्त साम्राज्यवादी देशों द्वारा साम्यवादियोंपर घोर दमन हो रहा है। किन्तु इस दमनका भी निकट-भविष्यमें एक दिन अन्त होगा, जैसे रूसमें स्वेच्छाचारी ज़ारों और पूँजीपतियोंका अन्त हुआ है।

संसारमें जब दासता और दरिद्रताके दिन न रहेंगे और समस्त देशोंमें साम्यवादी प्रजातन्त्र प्रच-लित होगा, तब उस दिन समस्त मानवता महर्षि कार्ल मार्क्स और उसकी सतीसाध्वी प्रतिप्राणा स्त्रीको अनु-गृहीत होकर याद करेगी, और मानवता यह भी याद करेगी, कि संसारसे ग़रीबी और दासताका नाम मिटाने-वाले उस महापुरुष मार्क्स तथा उसकी स्त्रीने कैसे-कैसे कष्ट सहन करके संसारको स्वर्ग बनानेका प्रयत्न किया था। तब माताएँ उस माताकी कारुणिक कहानी अपने बच्चोंको सुनायेंगी, जिसने समस्त ऐश्वर्यपर लात मारकर, क्षुधित रहकर, निर्वासित होकर और अपने बच्चोंको साम्यवादकी वेदीपर बलि चढ़ाकर मानवताका सच्चा लक्ष्य पूरा किया था। धन्य है वह पिता और धन्य है वह माता, जिन्होंने मानवताको सुखी बनानेके लिये सब तरहके कष्ट सहन किये और कभी उफ़ तक न की! साम्यवादके लिये ही उनके तप और त्याग थे—ग़रीब मनुष्योंमें भ्रातृ-प्रेम स्थापित करना, उनमें सहयोग, समानता और स्वतंत्रताका प्रचार करना उस समय कितना कठिन था, यह केवल मार्क्स और उसकी धमपत्नीने ही जाना था। साम्यवाद स्थापित होनेपर ही संसारमें सत्ययुग आयेगा—जिस सत्ययुगके लिये समस्त समयोंमें ऋषि-मुनियों तथा योगियोंने उद्योग किया है। काल मार्क्स उन योगियों और ऋषियोंमें सर्वश्रेष्ठ था।

"ग़रीबोंकी पुकार सुनकर जो मनुष्य अपने कानों को बन्द कर लेता है, निश्चय जानो, कि वह भी एक दिन उसी तरह चिल्लाये चीखेगा, मददके लिये पुकार मचायेगा; पर कोई उसकी एक न सुनेगा।"

—ओल्ड टेस्टामेण्ट।

सुकरातका ज़हरका प्याला

[लेखक—श्रीयुत पं० विश्वम्भरनाथ जिज्जा]

(१)

यूनानका पतन।

प्राचीन परम्पराओं तथा कुत्सित रूढ़ियोंमें फँसे हुए समाज निरन्तर अवनति और पतनकी ही ओर जाते हैं। ऐसे समाजके धनी-मानी मनुष्य उन रूढ़ियों-के पालनमें बड़ी कट्टरता, तत्परता और भक्ति दिखावे हैं—उन्हें नवीन उन्नतिशील विचारोंसे बड़ी घृणा होती है, और चाहे जो कुछ हो जाये; पर वे नवीन विचारों-का सदा ही विरोध करते और उनके माननेवालोंका निर्दयी हाथोंसे दमन करते हैं। ऐसे अन्ध परम्परानु-गामी मूर्ख मनुष्योंका समाज अपने महापुरुषोंको भी नहीं पहचानता; क्योंकि उनके नेत्रोंपर धर्मान्धताकी पट्टी बँधी रहती है।

आजसे प्रायः दो हज़ार वर्ष पूर्व यूनान (ग्रीस) का शासन भी ऐसे ही कट्टर स्वेच्छाचारियोंके हाथोंमें था, जो पुरानी रूढ़ियोंमें फँसे हुए हर तरहके अत्या-चार तथा पापाचार करते थे। वे मिथ्या, ढोंगी धर्म और ईश्वरके पुजारी थे। यूनानियोंका सामाजिक तथा धामिक जीवन बहुत ही बिगड़ा हुआ था। सब तरहकी कुरीतियाँ उनमें भर गयी थीं और अन्ध-विश्वास तथा मिथ्या अभिमानके कारण उनका सामा-जिक विकास नष्ट-भ्रष्ट हो चुका था। यूनानका राज-नीतिक शासन यद्यपि प्रजातन्त्रवादी (डेमोक्रैसी) था, तथापि शासक सब तरहके स्वेच्छाचार और अत्याचार करते थे। आज अमेरिका और फ्रान्समें भी प्रजातन्त्र-वादी शासन-पद्धति है; पर प्रजातन्त्र होते हुए भी इन देशोंमें जैसे घृणितसे घृणित एवं अमानुषिक अत्याचार हो रहे हैं,वैसे ही उस समय यूनानमें भी होते थे। इसी कारण यूनानके सर्व-श्रेष्ठ महापुरुष करात (साक्रीटीज़) को ज़हरका प्याला पीना पड़ा, जिसके लिये उस समय यूनानी दुःखी नहीं हुए। पर मानव-जाति आज भी सुकरातके उस गरल-पानसे शोकाकुल होकर उन अत्याचारी शासकोंको अभिशाप देती है; क्योंकि सुकरात केवल यूनानका ही नहीं, वरन् समस्त मानव-जातिका एक श्रेष्ठ पुरुष था। जबतक संसारमें विद्या, बुद्धि, ज्ञान, सत्य, धर्म, न्याय आदिका आदर रहेगा, तबतक सुकरातकी याद भी विद्यमान रहेगी। सुकरात एक उद्भट विद्वान्, परम ज्ञानी और धार्मिक महापुरुष था, जिसे समस्त युगोंमें मानव-जाति श्रद्धा-भक्तिसे याद करेगी।

सुकरातका जीवन-चरित्र कितने ही यूनानी और अन्य विदेशी लेखकोंने लिखा है; पर उसके शिष्य प्लेटो (अफ़लातून) और उसकी स्त्री जेनोफ़नने जो कुछ उसके सम्बन्धमें लिखा है, वह विशेष रूपसे प्रामाणिक है। सुकरातका जन्मकाल ईसाके ४६० वर्ष पूर्व माना जाता है। उसका पिता एक सङ्गतराश था, और उसका नाम था—सोफ़रो निसकस। उसके माता-का नाम फ़ेनेरेट था, जो दाईका काम करती थी। सुक-रातके जीवनका प्रारम्भिक वृत्तान्त प्रायः मिलता ही नहीं; पर ईसासे ४२८ वष पूर्व वह पोटिडिआके युद्धमें लड़ा था, जब उसकी आयु चालीस वर्षकी थो। उस समय यूनान एक अत्यन्त उन्नतिशील देश था। वहाँ साहित्य, कला, कविता, इतिहास, व्यवसाय, राज-नीति आदिकी ख़ूब उन्नति थी। यूनानकी राजधानी एथेन्समें अत्यन्त उच्च कोटिके विद्वान्, दार्शनिक और राजनीतिज्ञ रहते थे। यूनानकी शासन-पद्धति प्रजातन्त्र-

वादी थी, जिसे हम आजकलकी भाषामें प्रजा-प्रतिनिधि शासन-प्रणाली भी कह सकते हैं। उसकी एक शासन-सभा (एसम्बली) थी; प्रत्येक स्वस्थ नागरिक उस शासन-सभाका सदस्य था और यही सभा यूनानी साम्राज्यपर शासन करती थी। प्रत्येक नागरिकको शासन-सम्बन्धी बातें सुननेका, और उसमें योग देनेका अधिकार था। यूनानके प्राचीन कालके जितने बड़े-बड़े विद्वान् पुरुष हुए थे, सुकरातने उन सबके ग्रन्थों और विचारोंका अध्ययन किया था ; साथही वह एक बड़ा बलवान् योद्धा भी था।

ईसासे प्रायः ४३२ वर्ष पूर्व पोटीडिया नामक अधीन देशमें यूनानके विरुद्ध विद्रोह कर दिया गया था। इस विद्रोहका दमन करनेके लिये जो यूनानी सेना गयी थी, उसमें सुकरात भी एक योद्धा था और उसने बड़ी वीरताके साथ उस विद्रोहका दमन करनेमें साथ दिया था। सुकरातने यूनानकी ओरसे और भी कई विकट संग्रामोंमें भाग लिया था। इसके बाद यूनानमें विचारोंकी एक नवीन क्रान्ति हुई, जिसमें पुरानी रूढ़ियोंका घोर खण्डन किया गया। उन आन्दोलनकारियोंमें सुकरातने प्रमुख भाग लिया था। सुकरात पुराने विचारोंको अन्धा होकर माननेवाला नहीं था ; किन्तु यूनानमें उस समय धर्मान्धता इतनी बढ़ गयी थी, कि सुकरातके स्वतन्त्र विचारोंको सुनकर कितने ही लोग उसके शत्रु हो गये। उसके एक मुख्य शत्रु एरिस्टोफेनने उसकी बदनामी करनेमें कोई कसर न उठा रखी। वह कहा करता था, कि 'सुकरात एक बड़ा ही दुष्ट और कुकर्मी आदमी है, जो पृथ्वीके नीचे और आकाशके ऊपरकी बातोंका अन्वेषण किया करता है। वह बुरी बातोंको अच्छे रूपमें दिखाता है और लड़कों तथा नवयुवकोंको माता-पिताकी अवज्ञा करना सिखाता है।'

किन्तु सुकरात एक बड़ा ही निर्भीक महापुरुष था, जो किसी भी भयानक शक्तिसे डरना जानता ही न था। यद्यपि वह शासन-सभाका एक सदस्य था, तथापि अपनी आत्माके विरुद्ध कोई काम न करता था। वह प्रायः कहा करता था, कि "मैं केवल शब्दोंसे नहीं; बल्कि अपने कार्योंसे यह दिखाता हूँ, कि मैं मृत्युसे बिल्कुल नहीं डरता ; पर मैं कोई ग़लत काम करनेसे बहुत ही डरता हूँ।" वह यह भी कहा करता था, कि "ईश्वरने मुझे मनुष्योंकी परीक्षा करनेके लिये भेजा है और मैं इससे पीछे नहीं हट सकता ; क्योंकि ऐसा करना ईश्वरकी अवज्ञा करना होगा।" वह राह चलते शिक्षा दिया करता था। लोगोंसे कड़ी जिरह करके उनकी परीक्षा लेता था। वास्तवमें वह एक अद्भुत तार्किक था। जो कोई मनुष्य उसकी बातें सुनता, उसीसे वह बातें करने लगता और उसे कोई-न-कोई उपदेश देता था। वह कहता था, कि 'मैं ज्ञानका भूखा हूँ। जहाँ कहीं और जिससे भी जो ज्ञान मिलेगा, मैं उसे अवश्य प्राप्त करूँगा।' उसकी इस ज्ञान-पिपासाके विषयमें अफ़लातूनने ग्रन्थ लिखा है, जिससे सुकरातके चरित्रका उत्कृष्ट परिचय मिलता है। वह शत्रु और मित्रको सचमुच समान दृष्टिसे देखता था। उस महान् पुरुषकी तुलना किसी भी प्राचीन या अर्वाचीन पुरुषसे नहीं की जा सकती। वह कभी-कभी किसी एक स्थानपर खड़ा हुआ घण्टों विचार किया करता था। एक समय वह रातभर खड़े-खड़े न जाने किन विचारोंमें निमग्न था। जब प्रातःकाल हुआ और सूर्य निकला, तब उसने सूर्यको देखकर प्रणाम किया और मुँहसे धीरे-धीरे कोई प्रार्थना पढ़ता हुआ वहाँसे चला गया। रण-क्षेत्रमें उसकी अद्भुत लीला देखकर शत्रु और मित्र दोनों चकित रह जाते थे।

(२)

सुकरातकी अद्भुत तर्क-प्रणाली।

यूनानके पुराने कट्टर धर्माचार्य, जो कुछ राजनीति या धर्मनीति-सम्बन्धी बातें सिखाते थे, सुकरात उनका विरोध करता था। एक बार वह मार्गसे चला जा रहा था। उसने देखा, कि एक पुराना धर्माचार्य ख़ूब बढ़-बढ़ कर लोगोंको गुमराह करनेवाले उपदेश सुना

रहा है। सुकरातने भीड़में पहुँचकर उस मूर्खसे बातें करनी शुरू कीं; पर सुकरातके अकाट्य तर्कोंके सामने उस मनुष्यकी एक न चली। सुकरातने उससे बराबर इतने प्रश्न किये, कि अन्तमें वह घबरा गया और चुप हो रहा। तब सुकरातने उससे कहा,—"Will you cease to get something out of nothing" अर्थात्, "तुम्हारे अन्दर जो कुछ भी ज्ञान नहीं है, तो क्या तुम उस 'कुछ नहीं' मेंसे कुछ निकालना बन्द कर दोगे?" वह मूर्ख धर्माचार्य लज्जित होकर चला गया!

सुकरातने अपनी ज़बरदस्त दलीलोंसे पुराने धर्माचार्योंकी निरर्थक युक्तियों तथा रीति-रिवाजोंका घोर खण्डन किया। उन पुराने लोगोंकी तरह सुकरात भी राजनीति, धर्मनीति, समाज-सङ्गठन आदि विषयोंपर बिचार प्रकट करता था; पर उसके विचारोंमें ऐसी नवीनता थी, जो उन कट्टर लोगोंने पहले कभी नहीं सुनी थी। उसकी स्त्री जेनोफ़न कहती थी, कि 'वह (सुकरात) केवल मनुष्योंके सम्बन्धमें बातें करता है। वह सदा यही पूछा करता था,—"दया-धर्म क्या है? सत्य क्या है? पवित्रता क्या है? आदर और सम्मान किसमें है? मित्रता क्या है? नीच कौन है? न्याय और अन्याय किसे कहते हैं? पागलपन क्या है? साहस क्या है? कायरता क्या है? राज्य क्या है? राजनीति क्या है? सरकार क्या है? कौन मनुष्य शासन करने योग्य है?" आदि ऐसे ही प्रश्न वह किया करता था और कहता था, कि जो इन प्रश्नोंके ठीक उत्तर दे सकते हैं, वे ही सज्जन पुरुष हैं और जो इन प्रश्नोंके उत्तर नहीं दे सकते, बे दासों और गुलामों से भी बदतर हैं।

पुराने कट्टर धर्मान्ध लोग प्रकृतिकी बातोंमें बहुत मन लगाते थे; पर सुकरात मनुष्योचित कर्म्मोंमें मन लगाता था। वे प्रकृतिकी लीला देखनेमें मग्न रहते थे;पर सुकरात मनुष्योंकी लीला देखता था और उनकी भूलें उन्हें सुझाता था। यूनानी जनता पुरानी गुमराही की बातोंमें ही मस्त रहती थी; पर सुकरात नवीन उन्नतिशील प्रणालीसे विचार करनेका आग्रह करता था। पुरानी ग़लत बातों और ग़लत तरीक़ोंको, जो यूनानी लोग वास्तविक ज्ञान समझे बैठे थे, उन्हें सुकरात पापाचार कहता था। सारांश यह, कि वह केवल उसी सत्य और ज्ञानको मानता था, जो विवेक एवं तर्क-युक्तिके द्वारा सिद्ध किया गया हो। विवेक-रहित बातोंको वह नहीं मानता था।

किन्तु पुरानी लकीरके फ़कीर यूनानी लोग सुकरातके सत्य-विवेक और ज्ञानसे घबराते थे और उन्हें ऐसा मालूम होता था, कि सुकरात नास्तिकोंकी तरह उपदेश देकर सबको नष्ट-भ्रष्ट करना चाहता है। अज्ञान और पापाचारमें डूबा हुआ एथेन्स अपने सर्वश्रेष्ठ पुरुषको न पहचान सका।

(३)

सुकरातपर अभियोग।

ईसासे ३९९ वर्ष पूर्व यूनानी अदालतके सामने सुकरातपर कई संगीन अभियोग लगाये गये, जो इसप्रकार थे,—"सुकरात एथेन्सके देवताओंमें विश्वास नहीं करता। वह नवयुवकोंको बिगाड़ता है। वह यूनानी शासन पद्धतिकी निन्दा और आलोचना करता है। वह लड़कोंसे कहता है, कि अपने मां-बापकी आज्ञा मत मानो। वह बहुत तर्क करता है और कहता है, कि सम्मान उन्हीं लोगोंका करना चाहिये, जो दूसरोंके काम आयें। वह सरकारको सुधारनेके लिये तर्क करता है और कहता है, कि सरकार एक कला है और इस कलाको वही लोग संभालें, जिन्हें उसकी शिक्षा, बुद्धि और ज्ञान है। वह राजनीतिक प्रश्नोंको अशिक्षित लोगोंके बहुमतपर नहीं छोड़ना चाहता। सारांश यह, कि सुकरातका सारा जीवन दूषित, अनैतिक और अपराधोंसे भरा हुआ है।"

ये अपराध लगानेवाले एथेन्सके तीन मनुष्य थे, जिनके नाम थे—मेलिटस, लाइकोन और एनिटस। ये तीनों मनुष्य उस अन्यायकारी दलके थे, जिनकी सुकरात खुलकर निन्दा किया करता था। मेलिटसने

ईश्वरकी शपथ करके उक्त अपराध लगाये थे। एथेन्समें उस समय 'ज्युरी' पञ्चोंके द्वारा न्याय होता था। मुकदमा सुननेके बाद जजों और ज्युरियोंने विचार किया और बहुमतसे सुकरातपर सब अपराध प्रमाणित हो गये। सुकरातके पक्षमें २२० और विपक्षमें २८१ वोट आये। मेलिटसने एक भाषणमें सुकरातको प्राण-दण्ड देनेके लिये कहा और बहुमत इसपर सहमत हो गया। सुकरात यदि चाहता, तो वह अपने अपराधोंके लिये क्षमा प्रार्थना करके तथा जजोंको खुशामद करके आसानीसे छूट सकता था; पर उस सरीखे महापुरुषके लिये ऐसी बातें असम्भव थीं।

सुकरातकी अपूर्व योग्यता उस व्याख्यानसे प्रकट होती है, जो उसने अदालतके सामने दिया था। मृत्यु की तो वह बिल्कुल परवाह ही न करता था और कहता था,—"किसी अच्छे मनुष्यको मृत्युसे भय नहीं करना चाहिये। मृत्यु एक शान्तिकी निद्रा है। मृत्यु एक यात्राकी तरह है, जो इस संसारसे दूसरे संसारके लिये होती है। दार्शनिक मनुष्य मृत्युका अध्ययन करते हैं, और वे इस शरीरको छोड़ देना ही पसन्द करते हैं; क्योंकि वे ज्ञान चाहते हैं, और ज्ञानकी प्राप्ति मृत्युके बादही होती है। जो मृत्युसे डरते हैं, वे ज्ञानसे प्रेम नहीं करते; क्योंकि वे अपने शरीर, धन और सांसारिक सम्मानसे प्रेम करते हैं।" सुकरातने आत्माके अमरत्वपर भी विचार प्रकट किये हैं, और उसने गीताके उपदेशकी तरह यह सिद्ध किया है, कि इस जीवनके पहले भी हमारी आत्माका अस्तित्व था और मृत्युके बाद भी रहेगा।

सुकरातने अपने अन्तिम भाषणमें जिस ढङ्गसे पैरवी की है, वह भी बड़ी मनोरञ्जक और अपूर्व है। आरम्भमें वह कहता है—"एथिनियन्स! मैं नहीं कह सकता, कि मुझपर अभियोग लगानेवालोंने तुम लोगोंपर कैसा प्रभाव डाला है; पर मैं यह जानता हूँ, कि उन्होंने एक शब्द भी सत्यका नहीं कहा है। वे मुझे एक चतुर वक्ता बताते हैं; पर यदि सत्य कहना चतुराई है, तो मुझे दावा है, कि मैं उन सबसे कहीं बढ़ कर महान सत्यवादी वक्ता हूँ। मेरी आयु इस समय ७० वर्षके पार है, और यह पहला अवसर मुझे अदालतके सामने आनेका है।" इसके बाद उसने बुद्धि और ज्ञानके सम्बन्धमें कहा,—"एक बार मैंने एक मनुष्यको ज्ञानकी बातें करते हुए सुना और मैं उसके पास गया। वह अपनेको बुद्धिमान कहा करता था और मैंने समझा, कि मैं इससे कुछ ज्ञानकी बातें सुनूँगा। मैंने उससे तर्क करने आरम्भ किये; पर वह एक राजनीतिज्ञ था। बातचीत करनेके बाद मुझे मालूम हुआ, कि मैं उससे अधिक बुद्धिमान हूँ। वास्तवमें बात यह है, कि मैं या वह सत्यको नहीं जानते; पर वह समझता है, कि सत्य ज्ञानको वह जानता है, और मैं समझता हूँ, कि मैं नहीं जानता, इसलिये मैं उससे अधिक बुद्धिमान हूँ। तब मैं एक दूसरे विख्यात बुद्धिमान मनुष्यके पास गया, और उसे भी मैंने वैसा-ही मिथ्यावादी पाया। इस प्रकार मेरे शत्रुओंकी संख्या बढ़ने लगी। राजनीतिज्ञोंके बाद मैं कवियोंके पास गया; क्योंकि उन्हें अपनी कविताओंका बड़ा अभिमान था, इसलिये मैंने उनकी कविताओंका अध्ययन किया। पर मुझे यह कहते शर्म मालूम होती है, कि परिणाम विपरीत निकले। कवि लोग अपनी कविताएँ स्वयं नहीं समझते। वे कविताएँ लिखकर लोगोंको चकित करते हैं, इसलिये समझते हैं, कि अन्य विषयोंको भी वे जानते हैं। पर वास्तवमें ऐसा नहीं है। इसलिये मैंने सोचा, कि जिस तरह राजनीतिज्ञोंसे बढ़कर मैं बुद्धिमान हूँ, उसी तरह कवियोंसे भी अधिक मुझे बुद्धि है। इस प्रकार मैं सभी भिन्न-भिन्न पेशेवाले आदमियोंसे मिला और हर बार मुझे अपना ही निर्णय ठीक मालूम हुआ। लोग मुझे बुद्धिमान कहते हैं; पर मैं समझता हूँ, कि बुद्धिमान केवल ईश्वर है और मनुष्योंकी बुद्धि बिलकुल परिमित है।"

अदालतमें अपने अपराधोंपर बहस करते हुए सुकरातने कहा,—"मुझपर यह अभियोग लगाया गया

है, कि मैं एथेन्सके देवताओंमें विश्वास नहीं करता और मैं युवकोंको बिगाड़ता हूं। अच्छा, मेलिटस! मेरी बातोंका जवाब दो। क्या तुम नहीं चाहते, कि नवयुवक लोग अत्यन्त उत्तम श्रेणीके मनुष्य हों?"

मेलिटस,—"हां, ऐसा ही है।"

सुकरात,—"अच्छा, अब तुम जजोंको यह बताओ, कि उनकी उन्नति कौन करता है? नवयुवकोंको अच्छा नागरिक कौन बनाता है?"

मेलिटस,—"कानून।"

सु०,—"महाशय, मेरा यह प्रश्न नहीं है। कौन मनुष्य युवकोंको सुधारता है, जिसे कानूनोंका ज्ञान है?"

मे०,—"निश्चयही यहांके जज, सुकरात!"

सु०,—"इसका क्या मतलब है, मेलिटस? क्या जज लोग युवकोंको सुधार सकते हैं?"

मे०,—"निश्चय ही।"

सु०,—"वे सब, या उनमेंसे कुछ?"

मे०,—"वे सब।"

सु०,—"यह तुमने एक विचित्र बात कही। और, क्या यहाँ सुननेवाले भी वैसा ही कर सकते हैं?"

मे०,—"वे करते हैं।"

सु०,—"और सिनेटर लोग भी?"

मे०,—"हाँ।"

सु०,—"शासन-सभाके सदस्य भी करते हैं?"

मे०,—"हाँ, वे भी उन्हें सुधारते हैं।"

सु०,—"तब तुम्हारा यह मतलब है, कि समस्त एथेन्स निवासी नवयुवकोंको सुधारते हैं?"

मे०,—"हाँ, यही मेरा मतलब है।"

सु०,—"अच्छा, घोड़ोंके विषयमें तुम यह बताओ, कि क्या एक मनुष्य उन्हें हानि पहुँचाता है, और शेष सब मनुष्य उन्हें लाभ पहुंचाते हैं? या यह, कि केवल एक मनुष्य, या कुछ थोड़ेसे मनुष्य जो घोड़ोंको सुधारना जानते हैं, वे ही उन्हें सुधार सकते हैं, शेष सब मनुष्य उन्हें हानि पहुँचाते हैं। मेलिटस! क्या यही बात समस्त पशुओंके लिये नहीं है? निश्चय ही नवयुवकोंका बड़ा दुर्भाग्य है, यदि केवल एक मनुष्य उन्हें बिगाड़ता है और शेष सब मनुष्य उन्हें सुधारते हैं। सच तो यह है, मेलिटस! कि नवयुवकोंको सुधारनेकी ओर तुमने अपने जीवनमें कभी ध्यान भी नहीं दिया..."

इस तर्क-प्रणालीसे मालूम होता है, कि सुकरात कैसा अपूर्व विद्वान् और अद्भुत तार्किक था। ईश्वरके अस्तित्वपर भी उसने ऐसी ही मार्मिक बहस की है। उसने कहा,—"किन्तु मैं ईश्वरमें ऐसा विश्वास करता हूँ, जैसा मुझपर अपराध लगानेवाले कोई भी नहीं करते।" जब मृत्यु-दण्ड सुनाया गया, तब सुकरात बिल्कुल विचलित नहीं हुआ। उसने अन्तमें कहा,—"विदा होनेका समय आ गया है; मुझे मरना होगा, तुम लोग जीओगे। किसके लिये जीवन या मृत्यु अच्छी है, यह केवल ईश्वर ही जानता है।"

(४)

भागनेसे इनकार किया।

प्राणदण्डकी आज्ञा देनेके बाद सुकरात काराबासमें रखा गया। उस समय उसका एक भक्त शिष्य 'क्रीटो' उससे भेंट करने गया। कुछ बातचीत होनेके बाद क्रीटोने उससे कहा,—"कि तुम यहांसे भाग चलो। हमने तुम्हारे भागनेका सब प्रबन्ध कर लिया है। मेरा धन तुम्हारे लिये हाज़िर है। किसी अन्य स्थानमें तुम जाकर रहना, जहां कोई आपदा न आयेगी।"

किन्तु सुकरातने यह बात न मानी और जेलसे बचकर भागना उसने पसन्द नहीं किया। क्रीटोसे इस विषयपर बहुत बहस हुई और अन्तमें सुकरातने कहा, कि—"मैं केवल विवेकका आदेश मानता हूँ। मैं एथिनियन्सकी रज़ामन्दीके बिना कभी न भागूँगा—जिस देशमें पैदा हुआ, जहाँ मेरे पिता-माता रहे, जहाँके अन्न-जल-वायुसे मैं पला हूँ, उस देशकी इच्छाके विरुद्ध मैं कोई कार्रवाई न करूंगा।" इस तरह महापुरुष सुकरातने उन दुष्ट देशवासियोंकी अवज्ञा करके भागना भी पसन्द नहीं किया, जो उसके प्राण ले रहे थे।

प्राण-दण्ड पानेके एक दिन पहले, रातके-समय सुकरात जेलकी कोठरीमें अपने कई शिष्यों तथा मित्रोंसे बातें कर रहा था। बातें सत्य, ज्ञान और विवेक आदि विषयोंपर हो रही थीं, और सुकरात अपने स्वभावके अनुसार ख़ूब तर्क करते हुए ज़ोरोंमें समझा रहा था।

उस समय क्रीटोने आकर कहा,—"जो मनुष्य आपको ज़हर पिलायेगा, वह आया है, और कहता है, कि सुकरातको मना करो, कि वह इतने ज़ोर-ज़ोरसे बातें न करे; क्योंकि ज़ोरसे बोलनेके कारण ख़ून गर्म हो जाता है, और फिर ज़हर नहीं चढ़ता। क़ातिल कहता है, कि पहले ऐसा अन्य कैदियोंको भी हो चुका है और उन्हें दो, तीन बार ज़हर पिलाना पड़ा, तब उनके प्राण निकले!"

सुकरातने कहा,—"जाओ, कातिलसे कहो, कि वह अपने कामका ध्यान करे, और मुझे कई बार ज़हर पिलानेका इन्तज़ाम तैयार रखे!"

क्रीटोने कहा,—"मैं आपका यह उत्तर जानता था, पर वह मनुष्य आग्रह करता है।"

"कुछ परवाह नहीं!" सुकरातने कहा,—"जाओ, उस क़ातिलसे यही कह दो!" इसके बाद सुकरात फिर अपने मित्रोंसे बातें करने लगा। ज़हर पीनेके पहले उसने स्नान किया और अपने तीन पुत्रों तथा स्त्रीसे मिला। इसके बाद क़ातिल ज़हरका प्याला लाया; जिसे सुकरातने बड़ी शान्तिसे पी लिया।

क्रीटो, पोलोडोरस और अन्य मित्र चिल्ला-चिल्ला कर रोने लगे। चारों ओर शोकके दरिया उमड़ आये। सुकरातने कहा,—"मेरे मित्रो, तुम लोग यह क्या करते हो? इसी लिये तो मैंने स्त्री-बच्चोंको यहाँसे भेज दिया, कि वे व्यर्थ रोयेंगे!"

यह सुनतेही उसके शोकग्रस्त मित्र चुप हो गये। ज़हर पीकर सुकरात टहलता रहा। इसके बाद वह सदाके लिये लेट गया। इस तरह यूनानके एक सबसे बुद्धिमान, न्यायी और धर्मात्मा पुरुषका अन्त हो गया, जो आज भी संसारमें परम भक्तिसे याद किया जाता है।

लेनिनका भाई फाँसीके तख़्तेपर!

[लेखक—श्री० शैलेन्द्र शिव]

"Everyone has a different impression of the diety called Humanity. The pilgrim Ulianov believed that it called for Sacrifice."

रूसके ज़ालिम 'ज़ार' शहन्शाहोंका कुशासन और कुचरित्र न केवल युरोपमें; बल्कि समग्र संसारमें ख़ूब बदनाम हो चुका था। सम्राट ज़ारोंके अगणित अन्यायों और जघन्य अत्याचारोंसे प्रजा त्राहि-त्राहि बोल उठी थी। जहाँ-तहाँ गली-कूचोंमें नंगे, भूखे, सरदीमें ठिठुरते रूसी मजूर किसान दयालु ईश्वरकी यादमें सिसकियाँ भर रहे थे। देशके कोने-कोनेमें अनाचार था—अन्धेर फैला था—सत्य और न्यायका निरादर हो चुका था! स्वेच्छाचार, स्वार्थपरता और अटल अज्ञानताके निविड़ अन्धकारमें प्रकाशकी रेखा कहाँ छिपी थी?

ऐसी पतित दशामें क्या देश और जातिका पुनरोद्धार होना सम्भव है? आशावादी आशा त्याग चुके थे। जानपर खेल जानेवाले क्रान्तिकारी भी अपने कूटचक्रके प्रयत्नोंमें हार चुके थे! ज़ारकी निर्दयी जासूस (खुफिया) पुलिस न जाने कैसे गुप्त-गुप्त षड़यन्त्रोंको सूँघ लेती थी और फिर देशके कोने-कोनेसे कर्मठ देशभक्तोंको गिरफ्तार करके कारावरुद्ध करती, तथा प्राण-दण्ड देती थी। सहस्रों देशभक्त क्रान्तिकारियोंका साइबीरियाकी बर्फीली भूमिमें निर्वासित किया जाता, जो वहीं बर्फमें गल-गलकर मर जाते थे। जेलख़ाने और पागलख़ाने, टिकटियाँ और अस्पताल क्रान्तिकारियोंसे भरे रहते थे। विशाल रूस देश एक बड़ा भारी जेलख़ाना, पागलख़ाना और कसाईख़ाना बन गया था, जिसमें मानवताका गला ऐसा चुपचाप घोंट दिया जाता था, कि किसीको कानो कान ख़बर

नहीं लगती थी। सहस्रों रूसी वंश अपने-अपने प्यारे नवयुवक लालों, पत्नियाँ अपने प्रियतम पतियों, और बच्चे अपने पिताओंके शोकमें हर समय मातम मनाया करते थे। निरीह मानवताके आर्त्त नादसे पृथ्वी और आकाश कम्पायमान हो रहे थे!

स्वेच्छाचारी ज़ार देशमें कुछ भी शासन-सुधार नहीं करता था! देशकी राजनीति, धर्म-नीति और समाज-नीति सभी भ्रष्ट हो रही थी; पर उनका सुधार करनेवाला कोई भी नहीं था, हालाँ, कि सम्राट ज़ार स्वयं रूसी था। संसारके इतिहासमें ऐसे उदाहरण बहुत कम मिलते हैं, कि किसी देश और जातिका राजा या सम्राट अपनी ही जातिपर अत्याचार करे! पर रूसी ज़ार करता था और उसके उन अत्याचारोंसे रक्षा करनेवाला कोई नहीं था! देशभक्त क्रान्तिकारियोंके जब सभी कूटचक्र, गुप्त षड़यन्त्र और प्रयत्न विफल हुए, तब उनके भी छक्के छूट गये और उनमेंसे कितने ही लघुचेता क्रान्तिकारी तो स्वतन्त्रताकी आशा भी त्यागकर अलग बैठ गये! हर तरफ़ निराशा ही निराशा थी!!

और यह निराशा सन् १८८४ ई० के बाद बहुत बढ़ गयी, जब कि रूसी नवयुवकोंने हताश होकर सफल क्रान्तिका स्वप्न देखना भी छोड़ दिया। अन्य देशोंमें क्रान्ति-युगमें लोग बढ़कर भाग लेते हैं और काम करते हैं; किन्तु रूसमें लोग शान्तिसे समय बितानेके लिये ईश्वरको याद किया करते थे—किन्तु अफ़सोस! ईश्वर उनकी सहायता करने न आया। लोगोंने यहाँतक समझ लिया,— कि "सचमुच ईश्वर भी ज़ारके ही पक्षमें है।" कितने लोग तो जासूस पुलिसके हाथोंकी कठपुतली हो गये और डरके मारे अपने गुप्त षड़यन्त्रोंका पता पुलिसको बताने लगे। उस समय यह जानना कठिन हो गया था, कहीं हमारा ही भाई, मित्र या पड़ोसी पुलिसका खुफिया तो नहीं है? सभी एक दूसरेपर सन्देह करते थे—घृणा करते थे और ऐसे ही घृणा तथा सन्देहोंके वातावरणमें स्वेच्छाचारी सम्राट ज़ार निकोलस, एक हाथमें शराबका प्याला और दूसरेमें तलवार लिये चैनसे शासन करता था।

(२)

किन्तु निविड़ अन्धकारमें भी प्रकाशकी एक प्रदीप्त रेखा छिपी थी—महानाशकी राखके नीचे एक चमकती हुई चिनगारी चमक रही थी!

अब भी रूसमें मुट्ठी-भर लोहेके तपाये ऐसे क्रान्तिकारी मौजूद थे, जो जानोंपर खेल जानेवाले, निर्भीक सिंहकी तरह साहसी थे। उनके भीषण गुप्त दल बम और तमञ्चे लिये घूमते थे और जहाँ-तहाँ स्वेच्छाचारी शासकोंको अपनी गोलियोंका निशाना बनाते थे।

किन्तु उनमें एक अत्यन्त वीर नवयुवक मन-ही-मन कुछ भुनभुनाया करता, मानों उसे कुछ भी अच्छा नहीं मालूम होता था। उसने एक बार असन्तुष्ट होकर कहा,—"हमारे आन्दोलनमें यथेष्ट वीरता नहीं है—वीरताके अभावसे हमारा आन्दोलन निर्बल और असफल हो गया है!" उसने कहा,—"मैं इस मृतक आन्दोलनमें नवीन जीवन दूंगा। मैं अत्याचारी सम्राट ज़ारका वध करके समस्त जातिमें सनसनी और उत्साह फैलाऊँगा।" उस नवयुवकने अपने तीन सहयोगियोंसे कहा,—"मैं पीछे नहीं हटूँगा।"

विश्वस्त सहयोगियोंने कहा,—"हम भी नहीं हटेंगे।"

उस समय रूसमें शाही घरानेके लिये यह एक प्रथा चल पड़ी थी, कि भूतपूर्व सम्राट एलकजेंडरकी बरसी मनानेके लिये सम्राट ज़ार उसकी क़ब्रपर जाया करते थे। (इस सम्राट एलकजेंडरकी हत्या हुई थी!)

उस साहसी नवयुवकने अपने तीनों सहयोगियोंसे कहा,—"हम इस अवसरपर ज़ारको बमके द्वारा मारेंगे।" राय पक्की हो गयी।

किन्तु ज़ारकी हत्या करनेके लिये पहले बहुतसी ज़रूरी बातोंको भी जानना था। उन्होंने कई बार ज़ारका रहन-सहन, और मार्गमें उसका आवागमन

देखा—उसे अच्छी तरह पहिचान लिया। वीर नवयुवकने अन्तिम बार अपने मित्रोंसे पूछा,—"सहयोगियो! क्या तुम तैयार हो?"

प्रत्युत्तर आया—"हाँ, युलिआनोव! तैयार हैं!"

उस साहसी नवयुवकका नाम था—एलकज़ेंडर युलिआनोव; जो अभी केवल छात्रावस्थामें था, और जो हिंसात्मक क्रान्तिके शोणित-तर्पणके लिये अपना रक्त देनेको तैयार था!

बादमें उन्होंने अपना दल बढ़ा लिया, जिसके पन्द्रह सदस्य हो गये थे। एलकजेंडर युलिआनोव इस गुप्त दलका मुख्य सञ्चालक था।

सन् १८८७ की २५ फरवरीको ए० युलिआनोवने अपने दलकी अन्तिम सभा की। युलिआनोवने खड़े होकर देशका राजनीतिक और सामाजिक कार्यक्रम समझाया और कहा,—"देश और जाति यदि निर्जीव हो गयी है, तो हम अपना जीवन देकर उनमें नव-जीवन और दिव्य उत्साह पैदा करेंगे। इस समय इससे बढ़कर और किसी बातकी आवश्यकता नहीं है।"

किन्तु, इसके बाद दलके एक सदस्यकी मूर्खतासे भण्डा फूट गया। इस सदस्यने काजान प्रान्तके एक विद्यार्थीको हिंसात्मक उपायोंका हाल एक चिट्ठीमें लिख दिया। चिट्ठी जब जासूस पुलिसने पकड़ी, तो पुलिसवालोंको बड़ी घबराहट हुई। वे सतर्क हो गये।

पुलिसवाले उस गुप्त दलपर कड़ी निगाह रखने लगे। सन् १८८७ की १ मार्चको, जिस दिन युलिआनोवका गुप्त दल सम्राट एलेकज़ेंडरपर बम फेंकने वाला था, उसी दिन पन्द्रहो षड़यन्त्रकारी गिरफ्तार कर लिये गये। उनमेंसे दसको द्वीपान्तरवास तथा पाँचको प्राणदण्डकी आज्ञा हुई। प्राणदण्ड पानेवालोंमें एलेकजेंडर युलिआनोव भी था।

अदालतमें ए० युलिआनोवने अपने सब साथियोंमें नेताके रूपमें जो वक्तव्य पेश किया, वह संसारके क्रान्तिकारी इतिहासमें चिरस्मरणीय रहेगा। उसने सम्राट ज़ारपर बम फेंकनेकी सब ज़िम्मेदारी अपने ऊपर ले ली। उसने अद्वितीय निर्भीकतासे डपटकर कहा,—"अत्याचारी ज़ारशाहीका अन्त करनेके लिये हिंसात्मक उपायोंकी अतीव आवश्यकता है।"

युलिआनोवका सुकोमल मुखमण्डल एक अपूर्व तेजसे तमतमा उठा। उसने एक विचित्र मस्ती और लापरवाहीसे कहा,—"मैं मृत्युसे नहीं डरता। चाहे जो हो; पर मैं भविष्यवाणी करता हूँ, कि मेरे बाद अन्य साहसी कार्य्य-कर्ता मेरे इस ज़रूरी कामको अपने हाथोंमें लेंगे और इस स्वेच्छाचारी शासनका अन्त करेंगे।" यही बात अन्य षड़यन्त्रकारियोंने भी कही।

किन्तु एलेकज़ेंडर युलिआनोव एक धुरन्धर विद्वान, तत्वज्ञानी और आत्मदर्शी पुरुष था, जिसके लिये रूसी जातिको अभिमान था। जाति यह नहीं चाहती थी, कि ऐसे विद्वान नवयुवकके प्राण लिये जायें। इसलिये रूसके बहुतेरे प्रभावशाली व्यक्तियोंने सम्राट ज़ारसे उसे छोड़ देनेकी प्रार्थना की। बहुत अनुनय-विनय करनेपर पत्थर कुछ पसीजा—ज़ालिम ज़ारका क्रूर हृदय इसपर राज़ी हुआ, कि "वह अपने अपराधोंके लिये क्षमा माँगे, और फिर कभी बम फेंकनेका साहस न करे।"

(३)

रूसके एक अत्यन्त पुराने और डरावने कारावास-श्लुसेलबर्गमें क्रान्तिकारी युवक एलेकज़ेंडर युलिआनोव फाँसीके तख्तेपर खड़ा था—उसके सिरपर फाँसीका फन्दा लटक रहा था। वह फन्दा अब उसके गलेमें पड़ने ही वाला था।

इसी समय जेलरने प्रवेश किया। जेलरने उस क़ैदीसे कहा,—"युलिआनोव! तुम प्रसन्न हो, कि तुम्हें हमारे दयालु सम्राटने छोड़ देनेकी आज्ञा दी है। किन्तु इस शर्तपर, कि भविष्यमें तुम फिर कभी बमके षड़यन्त्रोंमें शरीक न हो और जो कुछ तुमने किया है, उसके लिये क्षमा माँगो।"

इसी समय एक प्रौढ़ा स्त्री भी रोती हुई वहाँ पहुँची। उसने रोकर कहा,—"अरे बेटा! माफी माँग ले

और तू जीवित रह, नहीं तो तेरे वियोगमें मैं भी तड़प-तड़पकर मर जाऊँगी।" यह स्त्री और कोई नहीं, शहीद युलिआनोवकी—माता थी।

जेलर क्षमादान लिये खड़ा है—सामने माता फूट-फूटकर रो रही है। पर उस वीर युवकने पहले जेलरकी ओर घृणासे देखा और कहा,—"मुझे तुम्हारे कीड़े सम्राटकी कोई दया नहीं चाहिये—तुम अपना काम पूरा करो।"

और फिर रोती-बिलखती माताकी ओर देखकर कहा,—"माता! मैंने एक मनुष्य (ज़ार) की जान लेनेकी कोशिश की; पर मैं अपने इस प्रयत्नमें निष्फल रहा। अब उस मनुष्यने मुझे पकड़ा है और उसे अवश्य मेरा प्राण लेना चाहिये। माता! इसमें क्षमा-प्रार्थना कैसे हो सकती है? यदि मैं क्षमा माँगूँ भी, तो मैं आत्माके साथ विश्वासघात करूँगा।"

फिर, उसने गम्भीरता-पूर्वक लेकिन गर्जती हुई आवाज़में कहा,—"आज मैं जिस सदुद्देश्यके लिये अपने प्राण दे रहा हूँ, वह कभी निष्फल नहीं जायेगा। मेरा छोटा भाई लेनिन इस अधूरे कामको पूरा करेगा। माता! तू लेनिनको मेरे भी बदलेमें प्यार करना, उसे आशीष देना और मुझे पूर्ण निश्चय है, कि वह मेरे उद्देश्यको कभी निष्फल नहीं जाने देगा। अच्छा, अब विदा! माता! जाओ, और संसारको अनित्य समझकर अपने मनको धैर्य दो!"

इसके बाद उस वीर युवकने जल्लादकी ओर देखा और मृदु हास्यके साथ बोला,—"हाँ क़ातिल, अब शीघ्र-से-शीघ्र अपना काम पूरा करो! मैं तैयार हूँ!!"

मनुष्योंके प्राण लेनेमें पूर्ण अभ्यस्त काले क्रूर क़ातिलने फाँसीका फन्दा युलिआनोवकी गर्दनमें डाल दिया। क्षण-भरमें लाश रस्सीमें झूलने लगी। संसारके समस्त मनुष्योंसे बढ़कर जिस मनुष्यकी रक्षा होनी चाहिये थी, उसका निर्जीव शरीर उसकी माताके सपुर्द कर दिया गया।

उफ़! वह कैसी रोमांचकारी और कारुणिक घड़ी होगी, जब कि एक माता स्वयं अपने पुत्रकी ऐसी लाश देख रही होगी! किन्तु माताका वज्र हृदय सब कुछ सहन करनेके लिये प्रकृतिने बनाया है!

लेनिनके भाईके इस अपूर्व आत्म-बलिदानने समग्र रूसमें सनसनी पैदा कर दी और सम्राट ज़ारके जुल्मोंके एक और उदाहरणसे लोग काँप उठे।

एलेकज़ेंडर युलिआनोवकी हत्या करनेके बाद जनरल शेबिकोव (इसी अफसरने जाँच की थी) सम्राट ज़ारके सामने शानसे गया। उसने सम्राटसे कहा,—"आज आपके प्रतापसे मैंने उस बदमाश खूनी युलिआनोवका अन्त कर डाला। यही मनुष्य रूसमें हिंसात्मक दलका अन्तिम संगठनकर्त्ता था; उसके अन्तके साथ आज रूसमें रक्त-पिपासु विद्रोहियोंका भी अन्त हो गया। अब फिर कभी इस देशमें ऐसे क्रान्तिकारी पैदा न होंगे। क्रान्तिकारी आन्दोलन और साम्यवाद युरोपके अन्य देशोंमें भले ही फैले, पर हिज़ मेजिस्टी सम्राट ज़ारके देशमें ऐसे आन्दोलन अब फिर कभी स्थान न पायेंगे। आज उनका अन्त हो गया!"

कहना व्यर्थ है, कि अभागे सम्राट ज़ारने उस हतभाग्य जनरलको सोने-चाँदीके पारितोषिकोंसे विभूषित किया। रूसमें क्रान्ति और साम्यवादका अन्त हो गया; इसलिये उस दिन सम्राट और साम्राज्यवादियोंने वारुणी और वेश्याओंका विशेष रूपसे आनन्द मनाया।

❁ ❁ ❁ ❁

एलकज़ेंडर युलिआनोवकी मृत्युका महाशोक वीर बालक लेनिन अपने हृदयमें सदैव दबाये रहता था। अनन्त विचारोंमें मग्न रहनेवाला लेनिन एक दिन अपनी बहनसे बोला,—"नहीं, यह माग ठीक नहीं; इससे तो हम कहीं भी न पहुँचेंगे!"

इसके बाद लेनिन अपने कार्य्योंमें ऐसा लग गया, जैसा आजतक संसारमें कोई भी पुरुष-सिंह न लगा होगा। उसने तीस वष तक केवल महाक्रान्तिकी

योजना तैयार की—दिन-रात केवल यही एक भीम व्रत उसे पूरा करना था। और सन् १९११ में संसारने देखा, कि ब्लाडिमीर इलिच निकोलाय लेनिन-मजूर और किसानोंका हितैषी, बोलशेविक महाक्रान्तिका जन्मदाता, और 'सोविएट' प्रजातन्त्रका प्रवर्त्तक रूसकी उसी राजधानीमें अपनी विजयी 'लाली सेना' के साथ घुसा, जहाँ एक समय सम्राट ज़ारने उसके भाईको निर्दयता-पूर्वक मार डाला था।

अब यह लेनिनका अवसर था, और उसने भी इस बार ज़ारपर दया नहीं दिखायी, जैसे ज़ारने उसके प्यारे भाईको मार डालनेमें दया नहीं दिखायी थी। प्रेसिडेण्ट लेनिनकी आज्ञासे सम्राट ज़ार सपरिवार क़ैद किया गया। ज़ारकी स्त्री ज़ारीना, उसकी चार लड़कियाँ, और एक लड़का कुछ समय तक इकाटरिन-बर्गमें कैद रखे गये, और फिर बादमें बोलशेविक अधिकारियोंकी आज्ञासे वे सब मार डाले गये। सम्राट ज़ारने यदि उसके एक भाईको मारा था, तो लेनिनने अपने भाईका बदला इस तरह लिया, कि उस स्वेच्छाचारी राज-वंशका ही नाम संसारसे मिटा दिया। जिस पीड़ित रूसमें साम्यवादके उत्पन्न होनेकी सम्भावना भी नहीं थी, आज उसी रूसमें एलेकज़ेण्डर युलिआ-नोवके भाई लेनिनने ऐसा साम्यवादी प्रजातन्त्र स्थापित कर दिया, कि सारे संसारके साम्राज्यवादी सिंहासन काँप रहे हैं।

सक्को और वेञ्जेटी।

[लेखक—श्रीयुत के० एम० भारद्वाज।]

(१)

प्राय: सभी लोग जानते हैं, कि अमेरिकाका युक्त-राष्ट्र या 'युनाइटेड् स्टेट्स् आफ़ अमेरिका छोटे-छोटे एकतालीस राज्योंसे मिलकर बना हुआ है। इन्हींमेंसे एकका नाम मैसेचुसेट-राज्य है। यह काफ़ी बड़ा और एटलाण्टिक-महासागरतक विस्तृत है। इसी राज्यमें साउथ बेण्ट्री नामक एक नगर है। कहनेकी आवश्यकता नहीं, कि अमेरिकाके छोटे-छोटे नगर भी हमारे यहाँके बड़े-बड़े नगरोंकी अपेक्षा धन-वैभव और व्यवसाय-वाणिज्य आदिमें बहुत कुछ उन्नत और समृद्ध हैं। इसी साउथ बेण्ट्री नगरमें 'स्लेटर एण्ड मोरिल' नामक एक बहुत बड़ा जूतोंका कारखाना है। इसमें सैकड़ों कर्मचारी काम करते हैं। हर महीनेकी १५ वीं तारीख़को कमचारियोंका वेतन चुकाया जाता था। जिस दिनकी घटना यहाँ लिखी जा रही है, उस दिन भी सन् १९२० ई० के अप्रेल महीनेकी १५ वीं तारीख़ थी। सब कर्मचारी इसी आशामें थे, कि आज शामतक तनख़ाह मिल जायेगी। नौकरी पेशा करनेवाले तनख़ाह पानेके दिन कितने ही मनसूबे बाँधते हैं! कौन कह सकता है, कि इस कारख़ानेके किस कर्मचारीके मनमें कौनसी तरंग उठ रही होगी?

कारख़ानेका ख़ज़ाञ्ची पारमेण्टर एक दरवानके साथ कारख़ानेके बड़े आफ़िससे साउथ बेण्ट्रीकी प्रधान सड़क तय करता हुआ कारख़ानेकी ओर जल्दी-जल्दी चला आ रहा था। दिनके तीन-सवा तीन बजेका समय था। दोनोंके हाथोंमें एक-एक बक्स था और बक्सोंमें नोट भरे हुए थे। एकाएक इसी समय किसीने एक साथ ही दोनोंको तमंचेका निशाना बनाया। दोनों गिर पड़े। साथ-ही-साथ पीछेकी ओरसे एक मोटर-गाड़ी घटना-स्थलपर आ खड़ी हुई। उनमेंसे दो-तीन आदमियोंने उतर कर दोनों बक्स उठा लिये और बात-की-बातमें मोटरपर जा

बैठे। मोटर हवासे बातें करती हुई पासकी रेलवे-लाइन पार कर न जाने कहाँ ग़ायब हो गयी !

बेण्ट्रीसे कुछ दूरपर 'ब्रिज वाटर' नामक एक दूसरा छोटा शहर है। उपर्युक्त घटनाके कुछ ही दिन पहले ब्रिजवाटरमें भी प्रायः इसी तरहका एक मोटर-डाका हो चुका था। पुलिस उस मामलेकी तहक़ीकातमें लगी हुई थी। ब्रिजवाटरका पुलिस-अफ़सर स्टूआर्ट इस मामलेके साथ पिछले काण्डका सादृश्य देखकर सहज ही समझ गया, कि दोनों काण्ड एक ही डाकू-दलके द्वारा किये गये होंगे। पर ये डाकू हैं कौन ? उनका पता कैसे लगे ?

इन दिनों अमेरिकामें इटाली, जर्मनी आदि विभिन्न देशोंके साम्यवादी मतके पोषक और समर्थक आगये थे। इन्हें वहाँकी सरकार 'रेड' कहा करती है। ये सुसङ्गठित रूपसे सच्चे प्रजातन्त्रवादका प्रचार चाहते थे और इसके लिये शान्ति-पूर्वक प्रचार काय भी किया करते थे। पर वहाँकी सरकार ऐसे मतवादके समर्थकोंको अपने शासन-तन्त्रका भयङ्कर शत्रु समझती है। अतएव ऐसे विदेशियोंको पकड़-पकड़ कर निर्वासित किया जा रहा था। उपर्युक्त पुलिस-अफ़सर स्टूआर्टको भी विदेशी 'रेडों' को गिरफ्तार करनेका काम दिया गया था।

उसके दिमाग़में एक ऐसा फ़ितूर भर गया था, कि उसे हरएक काण्डमें, हरएक बातमें और हर जगह विदेशी रैडिकल, रेड या बोलशेविक मतवाद वाले ही दिखाई देते थे। घटनाओंकी खोज करते-करते उसे एक ऐसी मोटरका पता लगा, जो किसी कारख़ानेमें मरम्मतके लिये पड़ी थी। उसने उसे देखकर अनुमान किया, कि यही वह गाड़ी है, जिसपर चढ़कर डाकुओंने दोनों जगह डाके डाले हैं। उसने यह भी पता लगाया, कि उस गाड़ीका मालिक 'बोडा' नामका एक इटालियन है।

स्टूआर्ट ने उस कारख़ानेके मालिकको इस बातकी हिदायत कर दी, कि जो कोई इस गाड़ीको मांगनेके लिये आये, और चाहे जब आये, तभी पुलिसको उसकी ख़बर दी जाये। ५ वीं मईकी संध्याको बोडा और भी तीन आदमियोंके साथ वहाँ गाड़ी मांगने पहुँचा। कारख़ानेके मालिककी स्त्रीने पूर्व आदेशके अनुसार पुलिसको ख़बर दे दी।

गाड़ीकी मरम्मतका काम ख़तम नहीं हुआ था; इस लिये गाड़ी न मिल सकी। चारों इटालियन लौट गये। बोडा और आरिसिन साइकिलपर चढ़कर एक ओरको चल दिये। बाक़ी दोनों इटालियन एक करायेकी मोटरसे दूसरी ओर रवाना हुए। इन्हींमेंसे एक सक्को है और दूसरा वेञ्जेटी।

* * *

पुलिसको टेलीफ़ोनसे ख़बर मिल ही चुकी थी। कुछ ही दूर आगे बढ़नेपर सक्को और वेञ्जेटीकी मोटर पकड़ ली गयी। दोनों गिरफ्तार कर लिये गये। तीसरा व्यक्ति आरिसिन भी दूसरे दिन गिरफ्तार किया गया; पर बादको जब यह प्रमाणित हो गया, कि उक्त दोनों घटनाओंकी तारीख़ोंपर वह अपनी नौकरीमें हाज़िर था, तब उसे छोड़ दिया गया। बोडाका आज तक कहीं पता न चला !

सक्को स्टाउटनके एक कारख़ानेमें काम करता था। उसने १५ अप्रैलको एक दिनके लिये छुट्टी ली थी। पर ब्रिजवाटरवाली घटनाके दिन वह अपने कामपर मौजूद था। वेञ्जेटी प्लाइमाउथमें फेरी करके माल बेचा करता था। वह कब कहाँ फेरी करने जाता था, इसकी कोई लिखा-पढ़ी नहीं थी। इसलिये उसकी ओरसे यह प्रमाणित नहीं हो सका, कि उक्त दोनों घटनाओंमें वह उक्त स्थानोंपर नहीं गया था। अतएव उसपर दोनों ही डाकोंका अभियोग लगाया गया।

१४ वीं सितम्बर १९२० को सक्को और वेञ्जेटीपर बाक़ायदा बेण्ट्रीके हत्याकाण्ड और लूटका अभियोग लगाया गया और ३१ मई १९२१ से उनके मामलेकी पेशी डेडहम शहरके विचारक मि० वेबस्टर थेयरकी अदालतमें शुरू हुई। मामलेपर विचार करनेके लिये

जिस जूरीका संगठन हुआ, उसमें अधिकतर सदस्य स्थानीय अमीर और रईस थे। अभियुक्तोंकी ओरसे जो वकील खड़े हुए, वे ख़ुद गरम दलके एक नेता थे। और वे गर्मदल वालोंकी पैरवी किया करते थे।

(२)

अदालतमें विचार काय-आरम्भ करते समय दो बातें तो बिलकुल ही निश्चित सी मान ली गयीं। एक यह, कि जिस प्रकार मामूली डाके होते हैं, यह मामला भी वैसा ही है। इसमें कोई राजनीतिक अथवा अन्य रहस्य नहीं है। दूसरी बात यह थी, कि पारमेण्टर और बेरारडेलीका ख़ून हुआ है। यह बात तो निश्चित थी ही। अब रह गया यही निश्चय करना, कि हत्या करनेवाले येही दोनों सक्का और वेञ्जेटी हैं या नहीं?

सब समेत सरकारी गवाहोंकी संख्या ५९ थी और प्रतिवादियोंकी ओरसे जो लोग गवाही देनेको तैयार हुए थे, उनकी सख्या ९९ थी। सरकारकी ओरसे यही साबित किया जा रहा था, कि सक्कोने गोली मारी है और वेञ्जेटी हत्यारेका साथी और मददगार होकर उसके साथ मौजूद था।

सक्को और वेञ्जेटीकी पहचान करनेके लिये सरकारी पक्षके जितने गवाहोंके बयान अदालतमें लिये गये, उनमेंसे बहुतेरोंकी कलई एक दूसरेके बयानसे ही खुल गयी। उनकी गवाहियोंका बनावटीपन बहुत कुछ भरी अदालतमें ही प्रकट हो गया। इसके अतिरिक्त प्रतिवादी-पक्षके गवाहोंके बयान और सरकारी वकीलके द्वारा किये गये प्रश्नोंके जवाबोंसे भी यह भली भाँति प्रति-पादित हो गया, कि वास्तवमें किसीने भी सक्को और वेञ्जेटीको हत्याकाण्डके समय नहीं देखा और न वे उसे पहचान ही सकते थे।

किसी मनुष्यको शिनाख्त करानेके पहले जो तरीक़े न्यायानुकूल हैं और जिनके द्वारा सर्वत्र काम लिया जाता है, उन तरीक़ोंसे सक्को और वेञ्जेटीके मामलेमें काम नहीं लिया गया। सरकारी वकीलने भी अपने कर्त्तव्यका पालन नहीं किया। उनके लिये जहाँ उचित था, कि वे दोनों तरफ़के गवाहोंकी ठीक-ठीक जाँच करें और जो सत्य एवं न्यायानुमोदित निष्कर्ष निकले। उसेही जजके आगे रखें, वहाँ ऐसा करनेके बदले उन्होंने ऐसे ढँगसे मामलेको चलाया, जिससे जज, जूरी और सवसाधारण जनतामें अभियुक्तोंके विषयमें ख़ामख़ाह ग़लतफ़हमियाँ फैलें; जज और जूरीगण उत्तेजित हो उठें तथा विचारका निष्कष भी तदनुकूल हो।

सरकारी पक्षके जिन गवाहोंने हलफ़ ले-लेकर सक्को और वेञ्जेटीको पहचाननेका दावा किया; जिरह करनेपर उनमेंसे कई गवाहोंको यहाँतक स्वीकार करना पड़ा, कि गिरफ्तारीके कई दिन बाद शिनाख्त करनेमें वे असमर्थ हुए थे। लोला ऐण्डरूज़ नामकी एक चरित्र-हीना स्त्रीने भी सरकारकी ओरसे गवाही दी थी। पर उसकी बात भरी अदालतमें उसके साथकी अन्य स्त्रियों-के द्वारा बुरी तरह खण्डित हो गयी। फिर भी सरकारी वकीलकी हैसियतसे मि० कैज़मैनने उसकी तारीफ़का पुल बाँध दिया और यहाँतक कहा, कि मैं इतने दिनोंसे यह काम कर रहा हूँ; पर ऐसा सच्चा बयान देनेवाला एक भी गवाह नहीं देखा।

इसी प्रकारकी कितनी ही आश्चर्यप्रद बातें इस मामलेमें देखनेमें आयीं।

❈ ❈ ❈ ❈

यहाँतक तो हुई शिनाख्त करनेवालोंकी गवाहियां और उनकी अयोग्यताकी बातें। अब एक और बात विशेष रूपसे देखने योग्य है। सक्को और वेञ्जेटीके अपराधी होनेके बारेमें जो पक्का प्रमाण बताया गया, वह गिरफ्तारीके बादका उनका व्यवहार था। जिस समय वे गिरफ्तार किये और थानेमें लाये गये, उस समय उन्होंने कई बातें छिपानेकी कोशिश की थी, जो पीछेसे प्रकट हो गयीं। इसका मतलब यह लगाया गया, कि यदि अभियुक्तोंका बेण्ट्री-हत्याकाण्डके साथ कोई सम्बन्ध नहीं होता, तो वे इस प्रकार डर क्यों जाते? क्यों उन्होंने अपनेको छिपानेकी कोशिश की?

अदालतमें प्रतिवादियोंकी ओरसे यह स्वीकार किया गया, कि उन लोगोंने थानेमें अपनेको झमेलेसे बचानेके लिये कुछ झूठी बातें ज़रूर कही थीं। साथ ही उन्होंने इस प्रकार झूठ बोलनेका जो कारण बताया, वह स्वभावतः विश्वास योग्य था; परन्तु उसपर विश्वास नहीं किया गया।

(३)

सको और वेञ्जेएटी दोनों ही 'रैडिकल' मतवादके समर्थक थे। युरोप और अमेरिकामें जो लोग वर्तमान शासन-प्रणालीमें आमूल परिवर्तन चाहते हैं, उन्हें 'रैडिकल' कहा जाता है। दोनों अभियुक्त इसी दलके सदस्य थे। इन्हें 'रेड' भी कहते हैं। जिस समयकी घटना वर्णित हो रही है, उसके कुछ पहलेसे अर्थात् १९१९-२० की शीत-ऋतुके आरम्भकालसे अमेरिकाके संयुक्त राष्ट्रके विचार-विभागने बड़े ज़ोर-शोरके साथ वैदेशिक रैडिकल मतवादियोंके विरुद्ध दमन-चक्र चलाना आरम्भ किया था। जिस किसी विदेशीके विषयमें यह सन्देह हो, कि वह विदेशी कम्युनिस्ट (साम्यवादी) दलका समर्थक है, वही गिरफ्तार किया जाये और मामला चलाकर उसे देशसे निकाल दिया जाये। इस सम्बन्धमें न्याय-विभाग (Department of justice) ने ऐसे नृशंस और अवैध उपायोंसे काम लेना शुरू किया था, कि युक्त-राष्ट्रकी बहुतेरी ऊँची अदालतोंके व्यवहारका भी बड़ा ही तीव्र प्रतिवाद होने लगा था।

बोस्टन नगर और उसके आस-पास यह दमन और भी ज़ोरोंसे चल रहा था। दमन-नीति यहाँ उन्मत्त रूप धारण कर चरम सीमापर पहुँच गयी थी। बोस्टनके आस-पास ही अधिकतर विदेशी रहते थे। मज़दूरोंके दंगेने इस नीतिको पराकाष्ठा तक पहुँचानेमें सहायता दी थी। सर्वसाधारण जनता भी 'रैडिकलों' को हौआ समझने लगी थी। रैडिकलोंके प्रति विद्वेषका भाव खूब जोरोंसे प्रचारित हो रहा था। दैनिक अख़बारोंमें पूरे-पूरे पृष्ठ इन रेडोंके षड़यंत्रों, उनके भण्डाफोड़ों और सरकारके द्वारा निर्द्धारित किये गये उपायोंके भयङ्कर विवरण छपा करते थे।

ऐसी परिस्थितिमें जो कोई भी उस दलका था, वह स्वभावतः बहुत ही डर गया था। सको और वेञ्जेटीके डरनेका और भी एक कारण यह था, कि पुलिसने उनके नाम अपनी डायरीमें चढ़ा लिये थे। अमेरिकन सरकार और पुलिसका कोप इन दोनोंपर इस कारणसे भी कम नहीं था, कि युरोपीय महासमरके समय जब सैनिकोंकी भर्ती हो रही थी, तब ये वहांसे हटकर मेक्सिकोमें चले गये थे।

न्यू-यार्कमें इटालियनोंकी रक्षा करनेवाली एक संस्था थी। यह संस्था इटालियन रैडिकलोंकी सहायता किया करती थी। मामले-मुक़द्दमेके खर्च देने और पैरवीके लिये वकील नियत करनेका भी प्रबन्ध किया करती थी। इसी संस्थाके वकीलसे परामर्श करके वेञ्जेटी हालमें ही लौटा था। वकीलने सबको सावधान होनेकी राय दी थी और कहा था, कि रैडिकल मतवादके सम्बन्धमें जितने भी काग़ज़ात हैं, उन्हें हटा देना अच्छा है। सको-वेञ्जेटी इसी प्रबन्धमें लगा चाहते थे। वे आस-पासके अपने सब साथियोंको सावधान कर दिया चाहते थे। यह काम ऐसा था, कि मोटर-गाड़ीकी ज़रूरत थी और इसी कामके लिये एक ख़ास मोटर ठीकेपर लेनेके लिये वे उक्त कारख़ानेमें गये थे, जिसमें जानेके बाद ही वे पकड़ लिये गये थे।

थानेमें झूठ बोलनेके लिये और झूठ बोलकर हत्याकाण्डके मामलेसे बचनेके लिये चेष्टा करनेकी बात कहकर सको और वेञ्जेटीका अपराधी होना साबित किया जा रहा था। उनके अपराधका यही प्रमाण माना जा रहा था। इसी सन्देहके निवारणार्थ उपर्युक्त सब बातें अदालतमें अभियुक्तोंकी ओरसे कही गयीं।

इस मौक़ेसे लाभ उठाकर सरकारी वकीलने इस तरहके प्रश्न करने शुरू किये, जिसमें अभियुक्तोंको

रैडिकल-सिद्धान्तोंपर अच्छी तरह प्रकाश डालना पड़े। कहाँ मामला था मामूली डाकेका और कहाँ प्रश्न बिलकुल दूसरे ही ढङ्गके किये गये। इस प्रकार करनेमें सरकार-पक्षका इसके सिवा और क्या मतलब हो सकता था, कि अभियुक्तोंके मतवादसे जनता और अदालत दोनों चिढ़ जायें ?

(४)

सरकारी वकील सक्कोसे बारम्बार घुमा-फिराकर इस प्रकारके प्रश्न करने लगे, ताकि वह उत्तेजित होकर अपने रैडिकल-मतवादकी प्रशंसा करनेपर उतारू हो जाये। सक्कोने उनके कई प्रश्नोंके उत्तरमें केवल यही कहा, कि मैं इस बातका जवाब एक वाक्यमें नहीं दे सकता। यदि आप मुझे कहनेका मौक़ा दें, तो मैं कहूँ। लगातार प्रश्नपर प्रश्न करनेके बाद सरकारी वकीलने कहा,—"अच्छी बात है, मैं तुम्हें मौक़ा देता हूँ। कहो, क्या कहना चाहते हो।"

इसपर सक्कोने कहना शुरू किया,—"जब मैं बालक था और इटालीमें रहता था, तब मैं एक रिपब्लिकन (प्रजा-तन्त्रवादी) था। इसीसे मैं मन-ही-मन सोचा करता था, कि सब प्रकारकी शिक्षा प्राप्त करना, परिवारवर्गका भरण-पोषण करना, बाल-बच्चोंको पढ़ाना-लिखाना और उनका लालन-पालन करना—इत्यादि विषयोंमें रिपब्लिकन लोग बहुत ही अच्छे होंगे। मैं ऐसाही समझता था। लेकिन जब मैं यहाँ आया, तो देखा, कि वैसा कुछ भी नहीं है, जैसा मैं सोचा करता था; बल्कि वहाँकी अपेक्षा यहाँ मुझे बहुत अधिक मेहनत करनी पड़ती है; फिर भी वहाँ मैं यहाँसे अच्छा खाता-पीता था यानी शुद्ध और ख़ालिस चीज़ें खाने-पीनेको मिलती थीं। यहाँ भी बढ़िया चीज़ें मिल सकती हैं; पर केवल उन्हींको, जो काफ़ी दाम ख़र्च कर सकते हैं—मजूरोंको वे मुयस्सर नहीं हो सकतीं। इटालीमें यहाँकी अपेक्षा सभी चीज़ें हरी और ताज़ी मिलती हैं। फिर मैं क्यों यहाँ आया ? शुरू-शुरूमें मुझे यहाँ प्रति दिन १३ घण्टेतक काम करना पड़ता था, तथापि मैं अपने परिवारवर्गको सुखी नहीं कर सकता। न कुछ रक़में ही जमा कर सका। लड़केको पढ़नेके लिये स्कूल न भेज सका। यहाँ मेरे साथ जो लोग रहते हैं, मैंही उन्हें पढ़ना-लिखना सिखाता हूँ। × × ×
× × × ×

× मैंने देखा, कि देशके अच्छे-अच्छे आदमी जेल जाते हैं। पढ़े-लिखे और शिक्षित लोग जेल खटते-खटते वर्षों बिता देते और वहीं मर भी जाते हैं। डेब्स बड़ा ही योग्य आदमी है; पर वह आज भी जेलमें सड़ रहा है; क्योंकि वह साम्यवादी है। वह चाहता था, कि मज़दूरी पेशा करनेवालोंकी अवस्थामें सुधार हो; उन्हें कुछ अच्छा खाद्य खाने और अच्छा कपड़ा पहननेको मिले; वे अपने बाल-बच्चोंको लिखा-पढ़ा कर उन्नत जीवन व्यतीत करने योग्य बना सकें। बस, यही उसका अपराध था। इसी लिये वह जेलमें ठूँस दिया गया। क्यों ? इसलिये कि पुलिस समझती है, कि अमीर लोग यह नहीं चाहते, कि हम मजूरोंके लड़के-लड़कियोंको ऊँची शिक्षा पानेका मौका मिले। वे नहीं चाहते, कि मजूर लोग शिक्षित बनें। वे मजूरोंको पैरों तले दबाये रखना चाहते हैं और इसी चेष्टामें रहते हैं, कि मजूर किसी तरह अपना मस्तक ऊँचा न कर सकें। आप कभी-कभी देखते होंगे, कि राकफेलर, मारगन तथा इसी तरहके और-और अमीर आदमी कभी हार्वर्ड कालेजको १०१५ लाख डालर दान कर देते हैं तो कभी किसी स्कूलको ही १०१५ लाख दे देते हैं। इस प्रकारके दानोंपर लोग उनको वाहवाही देते और उनकी उदारताकी हज़ार मुँहसे प्रशंसा करते नहीं अघाते हैं। इस प्रकार उनकी तारीफ़ोंके पुल बाँधनेवालोंसे मैं पूछना चाहता हूँ, कि हार्वर्ड कालेजमें कौन पढ़ता है ? राकफेलर जो मोटी रक़में दान करता है, उससे मजूरोंका क्या हित होता है ? कुछ नहीं। मजूरोंके लड़के न तो उस कालेजमें भर्ती हो सकते हैं और न उनके लिये कोई सुभीता ही वहाँ हो सकता है। × × ×

× यह विषमता विषतुल्य है। मनुष्य होकर भी मजूर

पशुताका जीवन क्यों बितायें? प्रकृतिसे जो उत्तम पदार्थ प्राप्त होते हैं, उनपर मजूरोंका भी हक़ है। इन्हीं सब बातों और व्यवहारोंसे मेरी धारणा पलट गयी है। इसी लिये जो लोग मेहनत-मज़दूरी करते हैं, अपनी अवस्थाको उन्नत बनाया चाहते हैं और लड़ाईमें खून बहाना नहीं चाहते, मैं उन्हें प्यार करता हूँ। हम लोग बन्दूकसे लड़ना अथवा देशके युवकोंके रक्तसे पवित्र भूमिको सींचकर कलङ्कित करना नहीं चाहते। माता असीम कष्टोंको सहकर पुत्रका लालन-पालन करती है। जब वह जवान होता है, तब उसे आशा होती है, कि लड़का अब उसकी सहायता करेगा; परन्तु इसी बीच लड़ाई छिड़ गयी और राकफेलर-मारगन आदि जैसे बड़े आदमियोंने उन दीन-हीन माताओंकी सन्तानोंको उनकी गोदसे एक प्रकारसे बलपूवक युद्धमें भेज दिया। क्यों? आज-कलकी लड़ाइयाँ क्यों होती हैं? ये लड़ाइयाँ देशकी स्वाधीनताके लिये नहीं लड़ी जातीं; गोरोंके सिवा कालोंकी शिक्षाके लिये भी नहीं लड़ी जातीं—ये लड़ी जाती हैं केवल करोड़-पतियों और अरबपतियोंके हितोंके लिये। मानव-जाति-की सभ्यताके लिये ये लड़ाइयाँ नहीं होतीं। ये होती हैं व्यवसाय-वाणिज्यके लिये। इनका परिणाम यही है, कि लखपतियों और करोड़पतियोंके पास और भी धन एकत्र होता है। हमें क्या अधिकार है, कि आपसमें लड़ाई करें? मैंने आइरिश लोगोंके लिये उनके साथ काम किया है; जर्मनोंके साथ काम किया है; फरौं-सीसियोंके साथ काम किया है। इनके अलावा मैंने और-और जाति एवं देशवालोंके लिये भी काम किया है। मैं उन्हें उतना ही प्यार करता हूँ, जितना कोई अपने भाई और स्त्रीको करता है। फिर मैं क्यों उनके साथ लड़ाई करने जाता? उन्होंने हमारा क्या बिगाड़ा है? तोप-बन्दूकोंको हम धूलमें मिला देना चाहते हैं। अस्त्र-शस्त्रों और गोली-बारूदको हम सदाके लिये अथाह समुद्रके गर्भमें डाल देना चाहते हैं। हम चाहते हैं, संसारमें स्थायी शान्ति स्थापित करना। हम सरकारसे केवल यही कहा चाहते हैं, कि वह हमें शिक्षा दे।"

❀ ❀ ❀ ❀

१४ वीं जुलाई १९२१ को, अर्थात् इसके ६।७ सप्ताह बाद जूरीने सको और वेञ्जेटीको हत्याका अपराधी क़रार दिया। इसके बाद बहुतेरे नये गवाह मिले और अभि-युक्तोंकी ओरसे मोशन (अपील) के लिये दरख्वास्तें की गयीं। पर इन गवाहोंकी बातें सुनी-अनसुनी कर दी गयीं।

इन नये गवाहोंके बयानसे सको और वेञ्जेटी अनायास छुटकारा पा सकते थे; पर सरकारका अभि-प्राय अपराधी और निरपराधका सच्चा विचार करना होता, तब तो वैसा होता! यहाँ तो इरादा ही यह था, कि जैसे-तैसे दोनोंको कठोर दण्ड दे दिया जाये। इन गवाहोंके अतिरिक्त अन्तमें मादिरस नामका एक ऐसा गवाह भी अभियुक्तोंको निर्दोष प्रमाणित करने-वाला मिला, जिसने अपने बयानमें साफ़ तौरसे यह भी बता दिया, कि मैं हत्यारेको जानता हूँ। उसने उसका पूरा हुलिया भी बता दिया। यह हत्या क्यों की गयी थी, इसका पूरा हाल भी उसने बता दिया और उस मामलेमें अपने शरीक होनेकी बात तक उसने स्वीकार कर ली। लूटका माल कब और कहाँ बाँटा गया था, यह भी उसने बता दिया। मतलब यह, कि मादिरसकी गवाहीसे यह साफ़-साफ़ ज़ाहिर हो गया, कि बेण्ट्री वाले इस हत्याकाण्डसे रैडिकल लोगोंका अथवा सको और वेञ्जेटीका कोई भी सम्बन्ध नहीं था।

परन्तु इतनेपर भी सरकारने उन्हें न छोड़ा और लगातार ६ वर्षतक मामला चलाते रहनेके बाद सन १९२७ ई० की २३ वीं तारीखको दोनों निरपराध अप-राधी फाँसीपर लटका दिये गये! यह है प्रजातन्त्रवादी बननेकी लम्बी-चौड़ी डींगें हाँकनेवाले अमेरिकनोंकी काली करतूत!

(५)

सको और वेञ्जेटीको इस प्रकार प्राण-दण्ड क्यों दिया गया? अमेरिका जैसे प्रजातन्त्र देशमें ऐसा

अत्याचार क्यों हुआ ? उपर्युक्त घटनाको पढ़कर इस प्रकारके प्रश्न पाठकके मनमें स्वभावतः उत्पन्न हो सकते हैं। इस प्रश्नके समाधानके लिये अमेरिकाके कुछ पिछले इतिहासकी ओर दृष्टि ले जानेकी आवश्यकता है।

सबसे पहले जो लोग अपने घर-द्वार और विषय-सम्पत्ति त्याग कर युरोपसे अमेरिकामें जा बसे थे, वे अधिकतर अंगरेज़ थे; उनका धर्म प्रोटेस्टैण्ट था। इन्हीं लोगोंने अमेरिकाके जंगलोंको साफ़ कर युरोपियन तरीकेसे नगर-गाँव बसाये थे। इनके बादही स्काटलैण्ड, आयर्लैण्ड, जर्मनी, वेल्स, फ्रान्स, बेलजियम, हालैण्ड, स्वीज़रलैण्ड, डेनमार्क, स्वीडेन और नारवे आदि देशोंसे निकल-निकलकर बहुतेरे आदमी अमेरिका पहुंचे और वहाँ बस गये थे। ये लोग भी प्रोटेस्टैण्ट मतावलम्बी थे। १९ वीं सदीके अन्तमें युरोपके विभिन्न देशोंसे—इटाली, आस्ट्रिया, हंगेरी, रूस और बालकन आदिसे—और भी लोग अमेरिकामें आ-आकर बसने लगे। ये लोग अधिकतर रोमन-कैथोलिक सम्प्रदायके हैं।

अब यहाँ देखनेकी बात यह है, कि पहले जो लोग अमेरिका पहुंचे थे, वे उत्तरी और पश्चिमी युरोपके निवासी थे; उनका धर्म प्रोटेस्टैण्ट था तथा उनमें अधिकतर अमीर आदमी थे। उनके बाद जो लोग अमेरिकामें आ-आकर बसने लगे, वे पूर्वी और दक्षिणी युरोपके निवासी थे; ये कैथोलिक सम्प्रदायके थे और ग़रीबीके सताये हुए तथा अधिकतर श्रमजीवी थे।

इस प्रकार २० वीं सदीके आरम्भ तक अमेरिकामें विभिन्न जातियों और देशोंके काफ़ी आदमी आकर बस गये थे। सबने मिलकर एक अद्भुत 'अमेरिकन' मिश्र-राष्ट्र बना रखा था। परन्तु युद्ध छिड़नेके समय यह बात प्रत्यक्ष हो गयी, कि यह मेल खीरेके समान था—अर्थात् ऊपरसे मेल और भीतरसे भारी भेद था। पहले पहुंचे हुए अमेरिकन पीछे आनेवाले अमेरिकनोंको अपनी मुट्ठीमें रखना और अपने साँचेमें ढालना चाहते थे। पर ये अपनी पुरानी रीति-नीति, चाल-ढाल और धर्मको छोड़ना नहीं चाहते थे। दोनों ही बातें स्वाभाविक थीं। सन् १९२० में जो मनुष्य-गणना हुई, उससे पुराने अमेरिकनोंकी आँखें और भी खुल गयीं। उन्होंने देखा, कि यदि इसी प्रकार दूसरे पक्षवालोंकी संख्या बढ़ती रही, तो हमारा पक्ष कमज़ोर पड़नेमें अधिक समय नहीं लगेगा। अतः बड़ी होशियारीसे ऐसे-ऐसे क़ानून बनाये जाने लगे, जिसमें इनका आना रुक जाये। हिन्दुस्थान, चीन और एशियाई रूसके निवासियोंके प्रवेश-निषेधके क़ानून-क़ायदे पहले ही बन चुके थे।

युरोपीय महासमरकी समाप्तिके साथ-ही-साथ एकाएक रूसकी काया पलट गयी। साम्राज्यवादका अन्त हो गया। पूंजीवादका सर्वनाश हो गया! इससे अमेरिकन पूँजीवादी और भी डरे तथा पीछेके आये श्रमजीवियोंको दबाये रखनेके उद्देश्यसे दमन-नीतिका अवलम्बन किया गया। इस दमन-नीतिने कितना प्रचण्ड रूप धारण कर रखा था, यह बात पहले ही बतायी जा चुकी है। इसी नीतिका यह फल था, कि सको और वंजेण्टो निरपराध होनेपर भी केवल अपने राजनीतिक मतवादके लिये फाँसीपर लटका दिये गये।

ऊपरसे अमेरिकावाले प्रजातन्त्रके लिये चाहे जितनी डींगें हाँक लें; परन्तु वास्तविक बात यह है, कि अमेरिका पूँजीपतियों द्वारा शासित होता है और उन्हींकी सुख-समृद्धिके लिये वहाँके सब कानून-क़ायदे बनते हैं। अमेरिकाके विषयमें प्रायः समस्त एशियाई देशोंमें यह धारणा फैली हुई है, कि अमेरिकाका शासन बहुत ही अच्छा है और वहाँ प्रजाको हर प्रकारके सुख प्राप्त होते हैं; परन्तु इस घटनासे तथा इसी प्रकारकी अन्य घटनाओंसे यह बात भली भाँति मालूम हो जाती है, कि वहाँका शासन कितना दूषित और ग़रीब प्रजाजनोंके लिये कितना भयंकर है।

आयरिशोंका अपूर्व बलिदान

(लेखक—श्री० नरेन्द्रस्वामी)

वीरवर डीवेलराका रण-कौशल

(१)

"Boys! you have one life to live, and one death to die. See, that do both like men."

—Mr. Emon Develra.

सैकड़ों वषसे पराधीन आयलैंण्ड स्वतन्त्रता-प्राप्तिके लिये छटपटा रहा है, पर अंगरेजोंके फौलादी पंजेसे उसने अबतब छुटकारा नहीं पाया है। देशको पराधीनतासे मुक्त करनेके लिये कितने ही आयरिश नेता हुए, जो आयरिश जातिको जगाते, आन्दोलन और संगठन करते; पर शासकोंका दमन-चक्र उनके उत्साहपर पानी फेर देता था। अन्य 'लिबरल' नेता थे, जो विधि-विहित-रूपसे आन्दोलन करनेकी सलाह देते और जनताको यह समझाते, कि अङ्गरेज़ सरकारसे मिले रहो, तो ब्रिटिश पार्लमेण्टके किसी 'रिफ़ार्म एक्ट' से आयलैंण्डका उद्धार हो जायेगा।

किन्तु मातृभूमिकी पूर्ण स्वतन्त्रता चाहनेवाले आयरिश देशभक्त सदा ही बेचैन रहते और उद्देश्य-पूर्तिके निमित्त उपाय ढूंढ़ते थे। सन् १८९८ में ऐसे ही देशभक्तोंके उद्योगसे "उल्फ टोन क्लब" संगठित हुआ, जो कुछ समयके बाद आपसके मतभेदोंसे भङ्ग होगया। सन् १८९९ ई० में "नवयुवा-आयलैंण्ड-समिति" संगठित हुई, जो राष्ट्रीयताके अनुसार दो वर्षतक काम करती रही। "फेनियन" दलके पुराने सदस्य भी इसमें सम्मिलित थे, जो 'फेनियनिज़्म' के सिद्धान्त मानते हुए एक ओर आयरिश जनतामें नवजीवनका संचार करना चाहते थे और दूसरी ओर ब्रिटिश पार्लमेण्टरी दलके विरुद्ध सार्वजनिक बोर्डोंमें अपना प्रभुत्व स्थापित करनेके लिये उतावले थे। इनमें प्रजातन्त्रवादी भी थे, जो गुप्त रूपसे कार्य करनेके पक्षपाती थे। सन् १८९९ में मि० आर्थर ग्रिफिथने "यूनाइटेड आयरिशमेन" नामक पत्र निकाला। इस पत्रके द्वारा समस्त आयरिश समितियोंको उत्साह मिलता था। सन् १९०५ में समस्त समितियाँ एक महान् राष्ट्रीय सङ्घमें मिला ली गयीं और इसका नाम "सिनफ़िन" दल रखा गया। इसकी कार्यकारिणी समितिका नाम था—"नेशनल कौंसिल।" सिन-फ़िन आन्दोलनके द्वारा समग्र देशमें जागृति उत्पन्न की गयी और दूसरी ओर पार्लमेण्टरी पद्धतिका भी विरोध किया जाता था। इस प्रकार आयलैंडमें एक नया राजनीतिक क्षेत्र तैयार होने लगा, और इस क्षेत्रमें प्रजातन्त्रवादी श्री ईमोन डीवेलरा बढ़कर भाग लेने लगे। उत्साही आयरिश नवयुवकोंमें एक दल ऐसा भी था, जो ब्रिटेनसे पृथक् होकर राज्य-प्रबन्ध करना चाहता था। इस दलका नाम था "सेपरेटिस्ट" (Separatist) आग भीतर-ही-भीतर सुलगती रही; सब भीषण बिस्फोट करनेकी इन्तजारीमें थे।

उधर अँगरेज़-सरकार भी बिलकुल बेखबर न थी। उसने आयलैंडमें स्वतन्त्रता और प्रजातन्त्रवाद कुचलनेके लिये अल्सटर-प्रान्तमें शस्त्रधारी स्वयंसेवक-दल तैयार किये। मि० रेडमांड सरीखे नेता, जो ब्रिटिश पार्लमेण्टके सदस्य थे, उन स्वयंसेवकोंको उपेक्षाकी दृष्टिसे देखते थे; किन्तु प्रजातन्त्रवादियोंने उनका अभिप्राय समझ लिया और आपसमें कहा, कि आयरिश प्रजातन्त्रकी भावना कुचलनेके लिये अल्सटरमें इंग्लिश टोरी-दलने शस्त्रधारी स्वयंसेवकोंका सङ्गठन किया है; इसलिये अब हमें भी वही करना होगा। सन

१९१३ के नवम्बर मासमें प्रजातन्त्र वादियोंने स्वयं-सेवक सङ्गठन करनेकी घोषणा की। ज़िले-ज़िलेमें स्वयं-सेवक-दल तैयार करनेकी सूचना भेजी गयी। प्राय: तीस हज़ार मनुष्य स्वयं-सेवक सेनामें भरती हुए और उन्हें प्रजातन्त्रवादी नेता सैनिक-शिक्षा देने लगे। उन्होंने विदेशोंसे हथियार मँगाने चाहे; पर अङ्गरेज सरकारने न आने दिये।

सन् १९१४ में युरोपीय महायुद्ध आरम्भ होनेके प्राय: दो सप्ताह पूर्व डबलिनके स्वयंसेवकोंने अपने लिये जहाज़से बन्दूकें मँगवायी थीं; पर डबलिनकी पुलिस और सेनाने उन्हें रोका। पुलिससे मुठभेड़ हुई, और स्वयंसेवक किसी तरह पुलिसको धोखा देकर बन्दूकोंके बक्स लिये निकल गये। इसके बाद सरकारकी क्रुद्ध सेनाने निःशस्त्र जनतापर गोलियाँ चलायीं, जिनसे कितनेही मनुष्य मरे और घायल हुए। इस घटनाके बाद स्वयंसेवकोंकी भरतीमें और भी वृद्धि हुई और प्राय: तीन लाख आयरिश स्वयं-सेवक शस्त्रोंसे सुसज्जित तैयार थे। इन स्वयंसेवकोंके सङ्गठनमें श्री डीवेलराने अपनी जान लड़ा दी थी।

(२)

सन् १९१४ में जिस समय जर्मनी और इङ्गलैण्डमें युद्ध आरम्भ हुआ, उस समय आयरिश प्रजातन्त्र-वादियोंमें खूब उत्साह था; पर जान रेडमण्ड और ब्रिटिश पार्लमेण्टके अन्य आयरिश नेता आयरिश आन्दोलनको दबानेकी चेष्टा कर रहे थे। लेकिन "आयरिश रिपबलिकन ब्रदरहुड"के सञ्चालनमें स्वयंसेवक-दल बराबर आन्दोलन बढ़ा रहा था। यह "ब्रदरहुड" एक गुप्त संस्था थी, जिसका संचालक डीवेलरा स्वयं था। ये सब उग्र रूपसे क्रान्ति करनेके पक्षपाती थे। सन् १९१५ में क्रान्तिकारी नेताओंने निश्चय कर लिया, कि अब क्रान्ति करनेका ठीक समय आ गया है। देशके प्रत्येक विभागमें तैयारियाँ होने लगीं। सन् १९१६ के ईस्टरके दिनोंमें, २३ अप्रैलको क्रान्ति आरम्भ करनेका निश्चय किया गया।

इस समय डीवेलरा अपने शस्त्रधारी स्वयंसेवकोंको लिये बोलेण्ड मिल्सके निकट डटा था। उसने स्वयं-सेवकोंको उत्साहित करते हुए कहा,—"जवानो! तुम्हें एक ही जीवन जीना है और एक ही मौत मरनी है—ध्यान रहे, कि ये दोनों काम मनुष्योंकी तरह होने चाहियें।" उसके मुट्ठी-भर नौजवान अन्त समय तक दक्ष ब्रिटिश सैन्यका सामना करते रहे। अन्तमें क्रान्तिकारियोंके सदर मुक़ामसे आदेश मिलनेपर डीवे-लराने युद्ध करना बन्द किया। उस युद्धमें डीवेलराके साथ आयरिश वीरांगना श्रीमती काउन्टेस मारकीवीज़ भी थी, जो अद्वितीय साहससे लड़ी। पर अंगरेज़ोंके जङ्गी तोपखानोंके सामने उन्हें आत्मसमर्पण करना ही पड़ा। श्री डीवेलरा, काउण्टेस मारकीवीज़ और अन्य नेता गिरफ्तार किये गये। डीवेलरा और मारकी-वीज़ भयंकर षड़यन्त्रकारी समझे गये, इसलिये पहले उन्हें प्राणदण्डकी आज्ञा मिली थी; पर बादमें वह आज्ञा आजन्म कारावासमें बदल दी गयी। सन् १९१६ के बड़े दिनों (दिसम्बर) में सब क़ैदी आम तौरसे माफ़ कर दिये गये। उस समय इङ्गलैंडके प्रधान मन्त्रीने यह सोचा था, कि उन्हें छोड़ देनेसे वे उग्रता छोड़कर ख़ामोश हो जायेंगे; पर डीवेलरा आदिने जेल-से छूटते ही फिर प्रजातन्त्रवादी आन्दोलन आरम्भ किया।

सिन-फ़िन दलके अध्यक्ष श्री आर्थर ग्रिफ़िथसे जब डीवेलराने भेंट की, उस समय आयरिश स्वयंसेवक-सेनाके प्रधान श्री केथल ब्रुघा थे, जो हिंसात्मक प्रणालीके पोषक थे; पर श्रीग्रिफ़िथ नर्म मिज़ाजके थे और हिंसा या रक्तपात करना नहीं चाहते थे। डीवेलराने इन दोनों नेताओंसे विचार-विनिमय किया और उन्हें समझाया, कि देशके कल्याणके लिये तुम दोनोंकी एकता परमावश्यक है। पर इन दोनों नेताओंने डीवे-लराको अधिक योग्य पाया और सञ्चालन-भार उसे ही दिया। सन् १९१७ के सितम्बर मासमें सिन-फ़िन दलका एक वृहत् अधिवेशन हुआ, जिसमें ग्रिफ़िथ

ने अपना अध्यक्षपद और केथल ब्रुघाने सेनापतिका प्रधान पद डीवेलराके सुपुर्द किया। इस तरह डीवेलरा मुल्की और जङ्गी पदोंका प्रधान बनकर अंगरेज़ोंके विरुद्ध सामरिक तैयारियां करने लगा; साथ ही वह आयरिश प्रजातन्त्र-राज्यका प्रेसिडेण्ट (राष्ट्रपति) भी घोषित किया गया।

उस समय अँगरेज़ोंका घमासान युद्ध जर्मनोंसे जारी था, और अंगरेज़ सरकार स्वस्थ शरीरके बलवान आयरिशोंको ज़बर्दस्ती सेनामें भरती करना चाहती थी। किन्तु डीवेलराने इसका घोर विरोध किया—केवल विरोध ही नहीं, वरन् उसने अमेरिकाके राष्ट्रपति उडरो विल्सनके पास एक आवेदन-पत्र भेजनेकी भी तैयारी की, जिसमें यह लिखा, कि आयलैंडने कभी अँगरेज़ोंका अधिकार स्वीकार नहीं किया; इसलिये एक विदेशी पार्लमेण्टका निर्णय माननेके लिये आयलैंड तैयार नहीं है।

किन्तु यह आवेदन-पत्र अभी लिखा ही जा रहा था, कि अँगरेज़ अधिकारियोंने डीवेलरा, आर्थर ग्रीफ़िथ और अन्य नेताओंको गिरफ्तार करके इङ्गलैंडमें कारावरुद्ध किया। उनपर यह अभियोग लगाया गया, कि वे जर्मन-षड़यन्त्रमें शरीक थे। पर यह अभियोग प्रमाणित नहीं हुआ और बीर आयरिश नेता कुछ दिनों डार्टमूरके कराल-कारावासमें रखे गये। उस समय जर्मनीसे किसी तरहका भी सम्बन्ध रखना अङ्गरेज़ सरकारकी दृष्टिमें भयङ्कर अपराध समझा जाता था।

सन् १९१८ में इङ्गलैण्डमें ब्रिटिश पार्लमेण्टरी चुनावकी धूमधाम आरम्भ हुई। आयलैंडमें राष्ट्रीय दल "सिनफ़ीन"का बोलबाला था; इस समय तक डीवेलरा फिर जेलसे छूटकर आ गया था और वह काउण्टी क्लेयरसे ब्रिटिश-पार्लमेण्टका सदस्य चुना गया। किन्तु पार्लमेण्टमें बैठनेके लिये सम्राटके प्रति राज-भक्तिकी शपथ करनी पड़ती है, और सच्चा राष्ट्रीय नेता डीवेलरा अपने उच्चतम सिद्धान्तोंका ख़ून किये बिना वैसी शपथ कर ही नहीं सकता था; इसलिये उसने शपथ न की और न वह ब्रिटिश-पार्लमेण्टमें कभी बैठा। उसने फिर वही सन् १९१६ वाला प्रजातन्त्रवादी कार्यक्रम अपने सामने रखा और तदनुसार सङ्गठन-कार्य करने लगा।

"सिनफ़िन" दलके और भी कितने ही व्यक्ति पार्लमेण्टके सदस्य चुने गये थे; पर पार्लमेण्टमें बैठनेकी अपेक्षा डीवेलराके साथ मिलकर काम करना वे अधिक उचित समझते थे। सन् १९१९ के जनवरी मासमें आयलैंण्डकी राजधानी डबलिनके 'मेन्शन हाउस' भवनमें उन्होंने अपनी सभा की, और आयरिश राष्ट्रीय पार्लमेण्टके सङ्गठनकी घोषणा की। इस पार्लमेण्टका नाम रखा गया "डेल ईरेन"। "डेल ईरेन"को शासन-सम्बन्धी समस्त अधिकार सौंप दिये गये, और आयलैंडकी पूर्ण स्वतन्त्रता घोषित की गयी।

घोषणामें यह कहा गया, कि आयलैंण्ड एक पूर्ण स्वतन्त्र देश है, और अब आयलैंण्डकी प्रजातन्त्रवादी सरकार "डेल ईरेन" की आज्ञाएँ मानेगी। सरकारका शासन-सम्बन्धी कार्य चलानेके लिये एक प्रबन्धकारिणी समिति बनायी गयी। डीवेलरा उसका प्रधान चुना गया। आर्थर ग्रीफ़िथ परराष्ट्र-मन्त्री तथा केथल ब्रुघा युद्ध-मन्त्री नियुक्त हुए। इसके बाद आयरिश प्रजातन्त्रके लिये ऋण लेना उचित मालूम हुआ, और यह काम पूरा करनेके लिये डीवेलरा अमेरिकाको रवाना हो गया। इसमें उसे बहुत कुछ सफलता भी मिली।

इधर केथल ब्रुघाके नेतृत्वमें आयरिशोंका युद्ध अङ्गरेज़ोंसे जारी हो गया। अङ्गरेज़ भला आयरिशोंकी स्वतन्त्रता कब माननेवाले थे? हर तरह अंगरेज़ी फ़ौजें आयरिश प्रजातन्त्र-दलोंको तोड़नेका प्रयत्न कर रही थीं पर वे टूटते नहीं थे। सन् १९२० में जब डीवेलरा अमेरिकासे खूब धन लेकर फिर आयलैंण्ड लौटा, तब कार्कके वीर नेता श्री टेरन्स मेकस्विनीकी मृत्यु हो चुकी थी। डीवेलरा

अपने एक विश्वस्त सहयोगी श्री इर्सकिन चाइल्डर्सके साथ डबलिनके बाहर रहता था। पुलिस पता लगाती हुई वहाँ पहुँची, और उसे साथियों सहित गिरफ्तार किया। उस समय डीवेलराके पास ऐसे बहुतेरे काग़ज़-पत्र थे, जिन्हें वह प्रेसिडेण्टकी हैसियतसे प्रकाशित करनेवाला था। किन्तु वह फिर दूसरेही दिन छोड़ दिया गया और इसके बाद इङ्गलैण्ड-आयर्लैण्डके बीच सन्धिकी बातें शुरू हो गयीं। अँगरेज़ प्रधान मन्त्री मि० लायड जार्जने बड़ीही चतुराईसे यह सब काम किया, और वह भी इस उद्देश्यसे, जिसमें आयरिशोंमें फूट पड़ जाये और वास्तवमें ऐसा हुआ भी। डीवेलराका एक वीर सहयोगी माइकेल कालिन्स भी था, जिसने सिन-फ़िन सैन्य-संगठनमें बड़ा काम किया था। इस नेताकी चर्चा हम आगे चलकर करेंगे।

मि० लायड जार्ज और श्री डीवेलरामें सन्धिकी बहुत बातें जब हो चुकीं, तब लायड जार्जने सार्वजनिक रूपसे यह घोषित किया, कि "डीवेलरा अधिक आयरिश जातिका मुख्य प्रतिनिधि है।"

(३)

सन् १९२१ ई० के मध्यमें जो एंग्लो-आयरिश सन्धि-परिषद् हुई, उसमें डीवेलराने अपना यही सन्देश भिजवाया, कि आयर्लैंडको पूर्ण स्वतन्त्र राष्ट्र समझ कर सन्धिकी बातचीत की जाये। १३ सितम्बरको श्री डीवेलराने फिर लायड जार्जके पास एक तार भेजा, जिसका यह आशय था, कि शासितोंकी स्वीकृतिपर सरकार स्थापित होनेका सिद्धान्त लागू होना चाहिये। किन्तु अंगरेज़ राजनीतिज्ञोंको ऐसा कोई भी सिद्धान्त मानना नहीं था। वे तो केवल शासन करना जानते थे—चाहे अच्छा शासन हो या बुरा; पर वे शासन करेंगे और ऐसा करनेमें उन्होंने कभी शासितोंकी परवाह नहीं की है।

आयरिश प्रतिनिधि लण्डन बुलाये गये; डीवेलरा तो नहीं गया; पर माइकेल कालिन्स, आर्थर ग्रिफ़िथ आदि गये थे। कई दिनोंतक सन्धिकी बातचीत होती रही। पहले तो आयरिश प्रतिनिधि अङ्गरेजोंकी शर्तें न स्वीकार करते थे; पर अन्तमें साम, दाम, दण्ड और भेदकी नीतिने काम किया। डीवेलराकी इच्छा न होनेपर भी कालिन्स, ग्रिफ़िथ आदिने सन्धि स्वीकार कर ली। यही सन्धि आयरिश "फ्री स्टेट" के नामसे विख्यात हुई है और इसीके द्वारा आज आयर्लैण्डमें फ्री स्टेट सरकार है।

यह सन्धि जिस समय सिन-फिनोंकी पार्लमेण्ट "डेल ईरेन" में आयी, उसपर बड़ी गर्म बहस हुई थी। ग्रिफ़िथ और कालिन्स उस सन्धिको लण्डनमें स्वीकार कर आये थे और "डेल" में भी उसे पास करानेका प्रयत्न कर रहे थे। ग्रिफ़िथने बहुतेरे आयरिश सदस्योंको सन्धिके पक्षमें मिला लिया; उसने कहा,—"देखो, यदि हम सन्धि न स्वीकार करेंगे, तो ब्रिटिश-सेना फिर आयर्लैण्डमें खूनकी नदियाँ बहा देगी और इस बार जो रक्तपात होगा, उसकी ज़िम्मेदारी हम अपने ऊपर न लेंगे।" यही कौलिन्सने भी कहा। अन्तमें जब सन्धिपर वोट लिये गये, तो सन्धिके पक्षमें ६७ और विपक्षमें ५७ वोट आये। इस प्रकार "आयरिश फ्रीस्टेट" की सन्धि मान ली गयी और डीवेलरा क्रोधसे काँपता हुआ अपने साथियों सहित "डेल" से बाहर चला गया। इस सन्धिके आधारपर वहाँ जो सरकार संगठित हुई, उसका नाम "फ्री स्टेट" सरकार रखा गया और इस सरकारके अध्यक्ष श्री आर्थर ग्रिफ़िथ तथा युद्ध-मन्त्री माइकेल कालिन्स बनाये गये। डीवेलराने जो एक राष्ट्रीय एकता स्थापित की थी, वह खण्डित हो गयी। सिनफ़िन दलके दो टुकड़े हो गये—एक दल (जो बहुमतका था) श्री ग्रिफ़िथके पक्षमें और दूसरा दल श्री डीवेलराके पक्षमें था।

'फ्री-स्टेट' सन्धि माननेवाले शासन करने लगे और डीवेलरा उनके विरुद्ध फिर युद्धकी तैयारियाँ करने लगा। इस बारके संग्राममें अङ्गरेजोंके बदले, ग्रिफ़िथ

और कौलिन्स ही डीवेलरासे युद्ध करने लगे। फ्री-स्टेट सरकारकी सेनाएँ, जो वास्तवमें अङ्गरेज़ोंकी सेनाएँ थीं, डीवेलराको परास्त करनेकी कोशिश करने लगीं। फिर तो, प्रायः दो वर्षतक वह घमासान युद्ध हुआ, कि फ्री-स्टेट सरकार और उसके साथ अङ्गरेज़-सरकारके भी छक्के छूट गये।

डीवेलराके प्रजातन्त्रवादी सैनिक-दल, मशीनगनों और बमके गोलोंसे हर तरफ़ आक्रमण करने लगे। सन् १९२२ के जून मासमें प्रजातन्त्रवादियोंने आयर्लैंण्डकी राजधानी डबलिनमें बड़ी-बड़ी इमारतों और होटलोंपर अधिकार कर लिया। उन इमारतोंपर उन्होंने मशीनगनें ऐसे कौशलसे लगायी थीं, कि फ्री-स्टेट सेनाका आगे बढ़ना रुक गया। डबलिनमें "फ़ोर कोर्टस" नामकी एक विशाल इमारत है, जिसमें प्रजातन्त्रवादी दलोंने ऐसी मोर्चेबन्दी की, कि ढाई दिन तक फ्री-स्टेटकी सेनाएं हानि उठानेके अतिरिक्त और कुछ भी न कर सकीं। फ्री स्टेटकी धुँआधार गोलाबारीके सामने वीर डीवेलरा अपने मुट्ठी-भर सैनिकोंको लिये बराबर अग्नि-वर्षा कर रहा था। वह अन्त समय तक अपने स्थानसे नहीं हटा। इन सब भीषण लड़ाइयोंमें उसके वीर सेनापतियों—रोरी ओकनोर, इर्सकिन चाइल्डर्स, लि आम लिञ्च, आस्टिन स्टाक आदिने ऐसे रण-कौशल दिखाये, कि आयरिश इतिहासमें उनका अपूर्व बलिदान स्वर्णाक्षरोंमें लिखा जायेगा।

उस समय आयरिश फ्री-स्टेट सरकारने यहांतक बेशर्मी अख़्त्यार कर ली थी, कि प्रजातन्त्रवादियोंको मारने और परास्त करनेके लिये इङ्गलैण्डसे कितनेही हवाई जहाज़ भी मँगवाये गये, जो डीवेलराकी सेनापर बम बरसाने लगे। पर डीवेलरा तब भी हताश नहीं हुआ। उसके सच्चे निशानेबाज़ उन हवाई जहाज़ोंको भी गोली मारकर गिराने लगे। लण्डनमें अंगरेज सरकार बहुत ही घबरायी हुई थी। अङ्गरेज़ोंके सहस्रों सैनिक हवाई जहाज़, और जङ्गी जहाज़ आयर्लैंडको घेरे हुए थे। प्रधान जल-सेनापति एडमिरल अर्ल बिएटी उस समय उत्सवोंमें जाना भूल गये; केवल दत्तचित्त होकर आयरिश परिस्थिति देख रहे थे। अंगरेज़ प्रधान-मन्त्री लायड जार्ज ब्रिटिश पार्लमेण्टमें कहते थे कि "ब्रिटिश साम्राज्य-भरकी सेनाएँ मिलकर इस आयरिश विद्रोहको कुचल डालेंगी।" इस प्रकार स्वतन्त्रता-प्रेमी आयरिशोंको हर तरह कुचलनेका प्रयत्न किया गया और इस प्रयत्नमें डीवेलराके मुख्य सहयोगी आर्थर ग्रिफ़िथ और माइकेल कालिन्स (जो अब फ्री-स्टेट सरकारके मुख्य अधिकारी थे) शरीक थे। डीवेलराने जिन आदमियोंको प्रजातन्त्रके लिये तैयार किया था, वे ही उसके कट्टर शत्रु हो गये। राजनीतिका ऐसा विचित्र खेल है!

डीवेलराने देखा, कि अब ग्रिफ़िथ और कालिन्सका अन्त किये बिना काम न चलेगा। उसने कई बार उन्हें चेतावनी दी, कि "अब भी सँभल जाओ, नहीं तो मार डाले जाओगे!" पर उन्होंने न माना; क्योंकि वे दोनों ब्रिटिश-बलपर भूले थे। डीवेलरा अब अधिक सहन न कर सका और उसने उनकी हत्या कर डालनेकी आज्ञा दे दी। किन्तु, इस बीचमें आर्थर ग्रिफ़िथ बीमार हुआ और मर गया। अब केवल कालिन्स बचा गया था। एक दिन कालिन्स अपने कई सेनापतियोंके साथ मोटरपर आ रहा था—रक्षाके लिये आरमर्ड कार्स भी साथ थीं। किन्तु बेडन स्थानके निकट प्रायः दो सौ प्रजातन्त्रवादी सैनिकोंने कालिन्सके दल पर हमला किया। कहते हैं, उस समय कालिन्सके साथ केवल बीस ही आदमी थे। जो हो, कालिन्स भी वीर था, और डीवेलराका सबसे बहादुर पट्ठा था; उसने प्रबल आक्रमणकी आशंका की और वह हाथमें एक बन्दूक लिये तुरन्त मोटरसे बाहर कूद पड़ा। दोनों ओरसे धूआँधार गोलियाँ चल रही थीं। इतनेमें ही एक गोली आकर कौलिन्सके मस्तकमें लगी, और वह तुरन्त गिर गया; साथ ही उसके प्राण भी निकल गये।

कौलिन्सके मरते ही अँगरेज़ मन्त्री लायड जार्ज

चर्चिल, रोमका पोप, और ब्रिटिश समाचार-पत्र आदि कालिन्ससे बड़ी सहानुभूति दिखाने लगे और आयरिश प्रजातन्त्रवादी दलोंको धिक्कारने लगे ; किन्तु उनका धिक्कारना व्यर्थ था। यदि अँगरेज़ मन्त्रियों-को कालिन्ससे सच्ची सहानुभूति हुई थी, तो क्यों नहीं कालिन्सका देश ब्रिटिश-अधिकारसे खाली कर दिया ? कालिन्सकी तो देश-द्रोहियों और विश्वासघातियोंकीसी मृत्यु हुई, जो वीरोंके लिये बड़ी ही लज्जास्पद है ! ग्रिफिथ और कालिन्सकी मृत्युसे फ्री-स्टेटका शासन-क्षेत्र फिर खाली हुआ; पर अधिकारी मिलनेमें कठिनाई नहीं हुई। इस बार मि० कासग्रेव फ्री-स्टेटके प्रधान बनाये गये, जो आजतक उसी पदपर आसीन हैं।

ऐसे-ऐसे भीषण संग्राम लड़कर और अपने अच्छे-से-अच्छे योद्धाओंको गवाँकर डीवेलरा भी कुछ हताश होने लगा ; तो भी उसने युद्ध नहीं रोका। फ्री-स्टेटकी बहु-संख्यक सेना घेरा डालने लगी और अन्तमें चारों ओर निराशा देखकर डीवेलरा वीरता-पूर्वक धीरे धीरे पीछे हटा। जिन इमारतों और स्थानोंको वह खाली करता था, उनमें बारूदके भयानक धड़ाके होते थे। अन्तमें ३० अप्रैल (सन् १९२३) को डीवेलराने युद्ध रोकनेकी घोषणा की। फ्री स्टेटके बहुसंख्यक सैनिक-दल प्रजातन्त्रवादियोंसे बराबर लड़ रहे थे ; डीवेलराकी ओरसे युद्ध बन्द हो गया; पर अँगरेज़ सरकारकी पिट्ठू फ्री-स्टेट सरकारने युद्ध नहीं बन्द किया। फ्री-स्टेटकी सेना धुआँधार गोलियाँ चलाती रही। फ्री-स्टेटकी आरमर्ड कार्स और जंगी मोटरें सड़कोंपर आतङ्क पैदा कर रही थीं।

युद्ध बन्द करनेके बाद डीवेलरा महीनों तक अपने बचे हुए सहयोगियोंके साथ गुप्त रूपसे पहाड़ि-योंमें छिपा रहता था। वह अपने दलकी गुप्त सभाएं करता, हर तरहके उपायोंपर विचार करता और आयर्लैण्डके भविष्यके लिये सदा चिन्तित रहता था। डीवेलराने अपनी सब तरहकी कमज़ोरी देखकर फिर शान्तिप्रद उपायोंसे काम लेनेके मन्सूबे बाँधे। अगस्तमें फ्री-स्टेट पार्लमेण्टका चुनाव होनेवाला था। डीवेलराने इस चुनावमें भाग लेनेका निश्चय किया और उसने घोषणा की, कि "मैं अब खुली सभामें आकर व्याख्यान दूँगा।" वह एक मोटरमें सवार होकर इनेस नगरकी खुली सभामें आया। जनताने उस वीरका बड़ा स्वागत किया। डीवेलरा व्याख्यान देनेके लिये खड़ा हुआ; किन्तु वह कुछ ही देर बोलने पाया था, कि फ्री-स्टेटसे सैनिक दल वहाँ पहुँच गये; सैनिकोंने उसे चारों ओरसे घेर लिया। जनतामें घबराहट मच गयी, और डीवेलरा वहीं एक विचित्र शानसे मंचपर गिर गया; नहीं तो, क्या जाने उसे गोली लग जाती; क्योंकि फ्री-स्टेट सेनाने धुआँधार गोलियाँ चलायी थीं।

इसके बाद डीवेलराने आत्मसमर्पण कर दिया। सेना उसे गिरफ्तार कर बैरकमें ले गयी, और वहीं उसे कारागारमें डाल दिया। इसके बाद एक सरकारी सूचना निकाली गयी, कि वह अपनेको पार्लमेण्टरी चुनावकी आड़में छिपाना चाहता है। लण्डनके मन्त्री और राजनीतिज्ञ खुशीसे उछल पड़े; पर उन्होंने यह भी कहा, कि डीवेलराकी शक्लमें फ्री स्टेट सरकारको अब एक बड़ेही ख़तरनाक कैदीका सामना करना पड़ेगा। गिरफ्तारीके बाद डीवेलराका बारह वर्षका एक लड़का डबलिनकी एक सार्वजनिक सभामें आया, और उसने भी कम जोश नहीं दिखाया। डीवेलराके विषयमें यह सत्यही कहा जा सकता है, कि वह संसारके वीर शिरो-मणि योद्धाओंमें ऐसा भयङ्कर वीर योद्धा था, जिसने शत्रुओंको कभी पीठ नहीं दिखायी और महाराणा प्रतापकी तरह उसने मुट्ठीभर योद्धाओंसे संसारको सबसे बड़ी शाही सेनाका मुकाबिला किया, और उस शाही सेनाको नाकों चने चबवा दिये। महाराणा प्रतापकी तरह वह देशकी स्वतन्त्रताके लिये मर मिटा। वह कोई खुशी या जातीय त्योहार भी नहीं मनाता था और आ-यर्लैण्डसे अङ्गरेज़ोंको निकाल बाहर करनाही उसकी एक मात्र महदाकांक्षा थी। अङ्गरेज़ी पत्र उसे Dare Devil Develra" लिखा करते थे। एक बार

अङ्गरेज़ोंके पक्षमें मिले हुए अमेरिकन पादरियोंने डीवेलराके नाम एक विज्ञप्ति निकाली, जिसमें उसे बहुत डाँटा, कि "देशका नाश क्यों करते हो?" डीवेलराने उन्हें मुँहतोड़ जवाब दिया, कि "देशको स्वतन्त्र करनेके बाद सब नुक़सान पूरे हो जायेंगे।"

डीवेलरा सात-आठ महीने जेलमें रखा गया; इसके बाद वह फिर छोड़ दिया गया। इस बार छूटनेपर उसने युद्धकी नीति नहीं अख़्त्यार की; पर ब्रिटिश सम्राटकी भक्तिकी शपथ करना उसने अब भी अस्वीकार किया। इनेसमें पहला भाषण करते हुए उसने कहा, कि "हमें नयी नीतिकी ज़रूरत नहीं है। सन् १९१७-२१ तककी नीति अब भी हमारे लिये लाभदायी है। हम किसी विदेशी राजाकी राजभक्ति नहीं कर सकते। मजबूरीसे दबाकर हमसे चाहे जो कुछ करवा लिया जाये; पर हम उसके लिये अपनी स्वीकृति कभी नहीं दे सकते।"

डीवेलराके प्रायः सभी पुराने वीर साथी अब इस संसारमें नहीं हैं; पर डीवेलरा अब भी आयर्लैंडमें जीवित है। ईश्वर उसे चिरजीवी करे; क्योंकि वह आयर्लैंडकी उन्नतिशील आत्मा है, जो किसी तरहकी परतंत्रता सहन नहीं कर सकता।

आस्टिन स्टाक।

श्री आस्टिन स्टाक नामक प्रजातन्त्रवादी नेता सब कामोंमें डीवेलराका दाहिना हाथ समझा जाता था। स्वयंसेवकोंका संगठन करने और उन्हें क़वायद आदि सिखानेमें उसने बड़ा भाग लिया था। केरीके स्वयंसेवक दलका वही संचालक था। केरीके समुद्र-तटपर विदेशोंसे जो शस्त्र आदि आये थे, उनके उतरवानेका प्रबन्ध उसीने किया था; पर शस्त्रोंका जहाज़ तीन दिन जल्दी आया और प्रबन्धमें कुछ गड़बड़ होजानेसे वह जहाज़ अङ्गरेज़ी पुलिसने पकड़ लिया; साथही श्री आस्टिन स्टाक और सर राजर केसमेण्ट भी गिरफ्तार किये गये। श्री स्टाकको आजन्म कारावास-दण्ड मिला; पर बादमें सब क़ैदियोंको माफ़ी मिलनेपर वह छोड़ दिया गया। दोही महीने बाद, सन १९१७ के अगस्त मासमें वह फिर गिरफ्तार किया गया। माउण्टजाय जेलमें उसने अन्य कैदियोंके साथ अनशन-व्रत आरम्भ कर दिया। इस उपवासके आन्दोलनमें टामस एशी नामक आयरिश नेताकी मृत्यु हो गयी थी। वह छोड़ा गया; पर सन् १९१८ के अप्रैलमें फिर गिरफ्तार हुआ। उसने बेलफास्टके कारावासमें सौ क़ैदियोंके साथ विद्रोह मचा दिया था।

सन् १९१८ के दिसम्बर मासमें वह सिन-फ़िन पार्लमेण्ट "डेल ईरेन"का सदस्य चुना गया। जबकि वह जेलमें ही था। सन् १९१९ के अक्तूबर मासमें वह मैंचेस्टरके कारावाससे निकल भागा था। बादमें वह "डेल ईरेन" का 'होम' मन्त्री चुना गया। प्रजातन्त्रवादियोंकी अलग अदालतें क़ायम करनेमें उसने बड़ा भाग लिया था। अंगरेज़ोंसे की गयी फ्री स्टेट सन्धिका उसने घोर विरोध किया, और अपने नायक श्री ईमोन डीवेलराके साथ वह सन्धिके विरुद्ध आन्दोलन करता रहा। किन्तु इस बीचमें उसे अमेरिका जाना पड़ा और जब वह अमेरिकासे लौटा, तब सन्धि स्वीकृत हो चुकी थी। फिर वह प्रजातन्त्र-दलोंको क़वायद सिखानेके लिये पहाड़ियोंमें जा छिपा और वहीं गुप्त रूपसे सैनिक तैयारियाँ करता रहा। श्रीमान डीवेलरा जब प्रजातन्त्र सरकारके प्रेसिडेण्ट चुने गये, तब आस्टिन स्टाक उस सरकारका अर्थ-सचिव नियुक्त हुआ, और इस पदपर रहकर उसने आयरिश जनतासे सफलता-पूर्वक कर (टैक्स) भी वसूल किया था।

श्री स्टाकका पिता भी बड़ा देश-भक्त था, और अपने कर्मठ पिताकी तरह उसने भी ब्रिटिश शासकोंके हाथोंसे बहुत कष्ट पाये।

लिआम लिंच

डीवेलराका निर्भीक सहयोगी श्री लिआम लिंच आयरिश प्रजातन्त्र-सेनाका "चीफ़ आफ़ दि स्टाफ़" था। उसने सन् १९२० से गर्म आन्दोलनोंमें बढ़कर

भाग लेना आरम्भ किया। बादमें उसने अंगरेज़ोंकी कई बैरकोंपर हमले किये; अंगरेज़ो सिपाहियोंको मारा और बैरकोंसे अस्त्र-शस्त्र तथा गोला बारूद छीन लाया था। अंगरेज़ोंसे युद्ध आरम्भ होनेपर उसने डबलिन तथा अन्य स्थानोंमें अत्यन्त ही वीरतापूर्वक ब्रिटिश सेनाओंका सामना किया। फ्री-स्टेट सन्धिका वह घोर विरोधी था। उसका रणकौशल अद्वितीय था और जिस विचित्र मोर्चेबन्दीसे वह लड़ता था; उससे उसके शत्रुओंके दिल-काँप उठते थे। किन्तु १० अप्रैल (१९२३) को न्युकैसलके निकट वह युद्धमें बुरी तरह घायल हुआ और बादमें गिरफ्तार भी हो गया। उसके शवकी रथी निकलनेपर सहस्रों आयरिश अमीर, ग़रीब, आबाल-वृद्ध-वनिता टूट पड़े थे। सैकड़ों मोटरों और घोड़े-गाड़ियोंके हजूममें रास्ते रुक गये थे। सहस्रों नर-नारी रो रहे थे। किन्तु सबसे कारुणिक दृश्य वह था, जहाँकि उसकी सुन्दरी प्रेमिका मिस कीज़ रोती हुई रथीके साथ-साथ जा रही थी—उन दोनोंका शीघ्र ही विवाह होनेवाला था; पर दानवी शक्तिने लिआम लिञ्चको जीने न दिया। मिस कीज़के करुण रोदन और विलाप देखकर दर्शकोंके हृदय उमड़ आते थे। प्रजातन्त्रकी भूमिपर लिआम लिञ्चका शव सैनिक सम्मानके साथ गाड़ा गया। उस समय श्रीमान डीवेलराका सन्देश पढ़कर सुनाया गया, जो इस प्रकार था,—"जब आयर्लैण्डकी स्वतन्त्रताके दिव्य इतिहासकी रचना होगी, तब लिआम! तुम्हारा नाम स्वर्णाक्षरोंमें लिखा जायेगा।—ईमोन डीवेलरा।"

डेन ब्रीन।

सरकारसे युद्ध करनेवाला श्री डेन ब्रीन एक कट्टर योद्धा था। वह आयर्लैण्डको परतन्त्र रखकर अँगरेज़ोंसे किसी तरहका समझौता करना नहीं चाहता था। अँगरेज़ सरकारने उसे गिरफ्तार करनेके लिये बहुत बड़े इनामकी घोषणा की थी, जैसे एक बार डीवेलराको गिरफ्तार करनेके लिये दस हज़ार पौंड इनामकी घोषणा की गयी थी। अँगरेज़ गुप्तचरों और सैनिकोंके बहुत पीछा करनेपर भी डेन ब्रीन हमेशा बचकर निकल जाता था, और कभी-कभी वह गुप्तचरोंको छकाता भी खूब था। जिस समय घायल लिआम लिञ्च पकड़ा गया, उस समय डेन ब्रीन उसके साथ था; पर बाल-बाल बचकर निकल भागा। वह प्रजातन्त्र सेनाकी एक टुकड़ीका नायक था। वह केवल एक बार पकड़ा गया, और जब उसे गिरफ्तार करके एक घरमें रखा गया, तब कुछ ही मिनटोंके बाद उसने गुप्तचरोंके दो अफ़सरों—मेजर स्मिथ और कैप्टन ह्वाइटको बन्दूककी गोलियोंसे मार गिराया, और स्वयं निकल भागा। उसके शरीरमें कम-से-कम २४ गोलियाँ लगी थीं। वह बराबर डीवेलराके साथ रहा; पर कभी-कभी पुराने घाव उभरकर उस वीरात्माके शरीरको बहुत कष्ट पहुँचाते थे।

श्री इर्सकिन चाइल्डर्स।

श्री इर्सकिन चाइल्डर्स जातिका अङ्गरेज़ था। कुछ लोग कहते थे, कि वह इङ्गलैण्डके प्रति हार्दिक घृणाका भाव धारण करता था। पर नहीं, वह किसीसे घृणा नहीं करता था; पर अङ्गरेज़ोंका अत्यन्त अविश्वास करता था। उसने पहले अँगरेज़ सरकारकी बहुत सेवाएँ की थीं। वह बोयर-युद्धमें लड़ा था और आयरिश होम-रूलका पक्षपाती था; पर बादमें तो वह आयर्लैण्डके लिये पूर्ण स्वतन्त्रता चाहनेवालोंमें था। वह इङ्गलैण्ड छोड़कर आयर्लैण्ड चला आया और श्री डीवेलराके साथ मिलकर काम करने लगा। कुछ लोग कहते हैं, वही डीवेलराको अंगरेज़ सरकारके विरुद्ध भड़काता और उत्साहित करता था! पर सच तो यह है, कि वह स्वयं डीवेलराकी असीम वीरतापर मुग्ध था, और उसका अनन्य भक्त हो गया था। विदेशोंसे शस्त्र मँगवानेमें उसने बड़ी सहायता की थी, और प्रजातन्त्र सेनाका सङ्गठन करनेमें उसने अपनी जान लड़ा दी

थी। ईर्सकिन चाइल्डर्स स्वयं बहुत बड़ा रण-पण्डित था; आयरिश युद्धमें उसने कितनी ही बार शत्रु-सैन्य के छक्के छुड़ा दिये थे। वह बराबर डीवेलराके साथ रहता, और प्रजातन्त्र सेनाका सञ्चालन करता था। युद्धके अन्तमें वह एक तमञ्चे के साथ पकड़ा गया; उसे छुड़ानेके सभी उद्योग व्यर्थ हुए, और अन्तमें उसे फ्री-स्टेट सरकारकी आज्ञासे गोली मार दी गयी। उसके अन्तिम वाक्य यही थे—"मुझे मालूम होता है, कि तमाम दिन कठोर परिश्रम करनेके बाद मैं अब सोने जा रहा हूँ।"

सर राजर केसमेण्ट।

सर राजर केसमेण्ट बड़े ही विद्वान् और अनुभवी राजनीतिज्ञ थे। उनके हृदयमें मातृभूमि आयर्लैण्डको स्वतन्त्र करानेकी सदा तीव्र ज्वाला सुलगा करती थी; पर वे अपने उन सब भावोंको दबाये और छिपाये हुए अंगरेज़ सरकारकी "डिप्लोमेटिक सर्विस" में काम करते थे। सरकारने उन्हें विभिन्न देशोंमें अपना राजदूत भी नियुक्त किया था। उनकी सेवाओंसे सन्तुष्ट होकर सरकारने सन् १९११ ई० में उन्हें "सर" की उपाधिसे विभूषित किया। सन् १९१४ में जब जर्मनीसे युद्ध आरम्भ हुआ, तब सर राजर केसमेण्ट जर्मनी चले गये और बड़े-बड़े जर्मन अधिकारियोंसे मिलकर अङ्गरेज़ोंके विरुद्ध तैयारियाँ करने लगे। उन्होंने जर्मनीसे बन्दूकें और शस्त्रास्त्र मँगवानेका पूरा प्रबन्ध किया था; पर ठीक अन्तिम समयमें भेद खुल गया और सर-राजर केसमेण्ट वहीं समुद्र तटपर गिरफ्तार कर लिये गये। कुछ समयतक वे जेलमें रखे गये। इसके बाद लण्डनके चीफ़ जस्टिस लार्ड रीडिंग (जो भारतके वाइसराय थे) की अदालतमें उनका मुकदमा सुना गया। अन्तमें उन्हें प्राणदण्डकी आज्ञा सुनायी गयी। सर राजरने अपनी पैरवीमें जो बयान पेश किया था, उसकी कुछ भी सुनवाई नहीं हुई और उन्हें फाँसी दे दी गयी। उनकी लाश भी उनके रिश्तेदारोंको नहीं दी गयी। सर राजर केसमेण्टने सरकारी नौकर रहते हुए भी अपनी जातिको जगानेमें बड़ा भारी भाग लिया था और कभी-कभी वे डीवेलराके सहयोगसे भी काम करते थे।

शहीद मेकस्विनी।

महान आयरिश देशभक्त श्री टेरेन्स मेकस्विनीका जन्म २८ मार्च सन् १८७९ को कार्क नगरमें हुआ था। आपके पिता भी बड़े कट्टर देश-भक्त थे और राष्ट्रीय शिक्षाके प्रबल पक्षपाती थे। बालक मेकस्विनी राष्ट्रीय वायुमण्डलमें पला था, और उसने आरम्भसेही राष्ट्रीय शिक्षा प्राप्त की थी। उसने बाल्यावस्थासे ही स्वतन्त्रताके उच्चतम सिद्धान्तोंका अध्ययन और मनन किया था। मेकस्विनीको आयरिश साहित्यका बड़ा शौक़ था। उसने साहित्य समितिमें रह कर अपनी लेखन और भाषण-शक्ति बढ़ायी। वह आयरिश जातीयताका महान प्रचारक बन गया। मेकस्विनीकी सबसे बड़ी अभिलाषा यही थी, कि वह अपने देशका सिपाही बन कर युद्ध करे; स्वतन्त्रताके लिये रण-क्षेत्रमें सैन्य-सञ्चालन करे और आवश्यकता हो, तो युद्धमें काम आये। उसका दिमाग़ विशेष रूपसे सैनिकका दिमाग था और वह सैनिक बातें ख़ूब समझता था। कठिनसे कठिन परिस्थितिमें भी उसके संगठन-कार्योंमें कभी शिथिलता नहीं आने पायी। "आयरिश रिपबलिकन ब्रदर हुड" नामक संस्था गुप्त रूपसे सैनिक तैयारियाँ कर रही थी; पर मेकस्विनी पहले गुप्त षड्यन्त्रोंका पक्षपाती नहीं था।

मेकस्विनीका विश्वास जातीय भाषाके आन्दोलनमें बहुत था और वह समझता था, कि साहित्यिक आन्दोलनके द्वारा राष्ट्रीय आन्दोलन बढ़ानेमें बड़ी सहायता मिलेगी। कार्कको साहित्यिक समितिमें रह कर उसने एक नाट्य-समितिकी भी स्थापना की, जिसके द्वारा उसने राष्ट्रीय भावोंके नाटकोंको लिखने और दिखानेका प्रबन्ध किया। मेकस्विनीने स्वयं कई भाव-पूर्ण नाटक लिखे। उसके लिखे "कोलके युद्ध" "Manners masketh man" और "रेवोल्युशनरो" नामक नाटक समग्र देशने पसन्द किये थे। उसका "रेवोल्युशनरी" अर्थात् "क्रान्तिकारी" नाटक बड़ाही प्रभावशाली था। इस नाटकका नायक "क्रान्तिकारी" एक जगह कहता है,—"जबतक देश पूर्ण स्वतन्त्र न होगा, तबतक शान्ति न मिलेगी। जीवन एक ईश्वरीय साहस है, और जिस मनुष्यका साहस और विश्वास सर्वोत्तम होगा, वही सबसे आगे जायेगा।" कहना व्यर्थ है, कि मेकस्विनीके लिखे नाटकोंने आयरिश जनतामें देश-भक्तिकी आग फूंक दी थी।

इसके बाद वह "सिन-फ़िन" आन्दोलनमें शरीक होकर काम करने लगा। जब आयरिश प्रजातन्त्रके स्वयं-सेवकोंका संगठन आरम्भ हुआ, तब मेकस्विनीने कार्कमें संगठनका कार्य जोरोंमें आरम्भ किया। मेकस्विनी स्वयं सङ्गठनमें भाग लेता, स्वयंसेवकोंको क़वायद सिखाता और उन्हें हर तरह उत्साहित करता था। मेकस्विनीने अपने सहयोगियोंसे कहा,—"खेल इस समय हमारे हाथमें है। यदि हम धीरतापूर्वक चैतन्य रहें, और जल्दबाज़ीमें कोई अनुचित कार्य न करें, तो हम इङ्गलैण्डके मुकाबलेमें इतनी बड़ी सेना खड़ी कर देंगे, जितनी स्वयं इंगलैण्डकी है।" समस्त आयरिश अपने मतभेद भुलाकर स्वयंसेवक सेना तैयार करने लगे। सन् १९१४ के सितम्बरमें मेकस्विनीने "फ़िअन्ना फ़ेल" नामक साप्ताहिक पत्र भी निकाला था; पर उसके उग्र लेखोंके कारण पत्रके केवल ग्यारह अङ्क निकल पाये। मेकस्विनीने उसी पत्रमें एक बार लिखा था,—"हम आयर्लैण्डमें नवजीवनकी आग भड़का देना चाहते हैं। हम समझते हैं, कि हमारा आत्मबलिदान बहुत मूल्यवान नहीं है। आत्म-त्याग और आत्मबलिदानके रहस्यको समझो; हमारे शत्रुओंका रक्त आयर्लैण्डमें अवश्य बहे, पर पहले नहीं। पहले आयरिश रक्त आयरिश भूमिपर बहना चाहिये। तब देशमें स्वतन्त्रताकी एक ऐसी मशाल जल उठेगी, जिसे नरककी सारी शक्तियाँ भी नहीं बुझा सकेंगी।" सचमुच, इसके बाद कार्क और अन्य आयरिश नगरों तथा गाँवोंमें स्वयंसेवकोंकी ऐसी तीव्र भर्ती, क़वायद और तैयारियाँ बढ़ने लगीं, कि अँगरेज सरकारका सिंहासन डोल उठा। लण्डनके मन्त्री और कूटनीतिज्ञ घबराकर आयरिश स्वयंसेवकोंका संगठन देखने लगे।

कार्कमें ये सब सङ्गठन-कार्य श्री मेकस्विनीने किये थे; इसलिये अंगरेज़ सरकारकी शनि-दृष्टि पहले मेकस्विनीपर ही पड़ी। सन् १९१६ की १३ जनवरीको मेकस्विनी अपने घरपर गिरफ्तार किया गया। पुलिसने उसके घरकी तलाशी भी ली। बन्दूक या बमके गोलोंके बदले पुलिसको कुछ कागज़-पत्र मिले। मेकस्विनीपर एक राजद्रोही व्याख्यान देनेका अपराध लगाया गया, जो उसने २ जनवरीको दिया था। सरकारी वकील मि० एच० ए० ह्वाइनने राजद्रोहका भयानक रूप दिखाकर मेकस्विनीको अपराधी सिद्ध करनेकी बहुत चेष्टा की; पर अदालतने मेकस्विनीपर केवल एक शिलिङ्ग (१२ आना) जुर्माना किया; जो उसी समय दे दिया गया, और मेकस्विनी छूट गया। परन्तु "ईस्टर" की क्रान्तिके बाद ३ मई (१९१६) को मेकस्विनी फिर पकड़ा गया, और दिसम्बरमें जब सब क़ैदियोंको "आम माफ़ी" मिली, तब वह भी छोड़ दिया गया। किन्तु इस बार छूटनेपर मेकस्विनी फिर "प्रजातन्त्र" के लिये ज़ोरोंमें काम करने लगा। इसके बाद सन् १९१७ की २२ फरवरीको वह फिर पकड़ा गया, और जूनके अन्तमें छोड़ दिया गया। उसने कार्कमें स्वयंसेवकोंका संगठन फिर तीव्र वेगसे आरम्भ किया; किन्तु अक्टूबरमें वह फिर पकड़ा गया। इस बार उसे छः मास क़ैदकी सज़ा मिली; पर उसने जेलमें अनशन व्रत करना आरम्भ किया, इसलिये नवम्बरमें वह छोड़ दिया गया।

सन् १९१८ के मार्चमें वह फिर गिरफ्तार हुआ, और अब उससे पहलेकी छः मासकी सज़ा फिर पूरी करायी गयी। ४ सितम्बरको वह छोड़ दिया गया; पर

छूटकर केवल जेलके फाटकतक पहुँचने पाया, कि फिर गिरफ्तार किया गया। इस बार वह इंगलैण्डकी लिङ्कन-जेलमें रखा गया और यहाँ उसकी भेंट श्री ईमान डीवेलरा तथा अन्य गर्म आयरिश कैदियोंसे हुई। डीवेलरा आदि जर्मन-षड़यन्त्रके सम्बन्धमें पकड़ गये थे। उन दिनों अङ्गरेज़-सरकार बौखलहाटमें पागल होकर लोहेके ज़ालिम पञ्जोंसे आयरिश आन्दोलनको कुचलनेका प्रयत्न करने लगी; पर नेताओंके जेलमें रहनेपर भी बाहर निर्द्वन्द रूपसे प्रजातन्त्र आन्दोलन बढ़ने लगा। दिसम्बर (१९१८) में जो पार्लमेण्टरी चुनाव हुआ, उसमें ७३ प्रजातन्त्रवादी नेता थे, जिनमें अधिकांश जेलमें थे, और जेलके इन कैदियोंमें वीरव्रती मेकस्विन भी था। कार्कसे वह पार्लमेण्टका सदस्य चुना गया था। मईमें सब क़ैदी छोड़ दिये गये। पर इन दृढ़-प्रतिज्ञ कैदियोंने ज़ेलसे छूटतेही फिर प्रजातन्त्र आन्दोलन आरम्भ किया। इस बार श्री डीवेलराकी अध्यक्षतामें आयरिश प्रजातन्त्र सरकार सुचारु रूपसे संगठित हुई।

कार्कका प्रथम प्रजातन्त्रवादी लार्ड मेयर था श्री टामस कार्टिन, जो १९२० की जनवरीको चुना गया, पर दो ही महीने बाद कुछ नक़ाबपोशोंने घरमें घुसकर उसे गोली मार दी। बादमें मालूम हुआ, कि वे हत्यारे नकाबपोश पुलिसके गुप्त घातक थे। ३० मार्चको कार्क कारपरोशेनने दूसरा लार्ड मेयर मेकस्विनीको चुना। उस समय मेकस्विनीने मृतक मित्र टामस कार्टिनके कार्य्योंकी याद दिलाते हुए बड़ाही ओजस्वी व्याख्यान दिया, जिसमें देशकी शोचनीय दशापर अपनी हार्दिक व्यथा प्रकट की थी। लार्ड मेयर बनकर मेकस्विनीने म्युनिसिपैलिटीकी उन्नतिके लिये बड़ा काम किया; पर प्रजातन्त्रका बढ़ता हुआ आन्दोलन अंगरेजोंको पसन्द न था। पुलिसने एक दम प्रजातन्त्रकी अदालतें भंग करनी आरम्भ कीं। १२ अगस्तको संध्या समय सेना दलने "सिटी हाल" पर हमला किया। उस समय प्रजातन्त्र अदालत बैठी एक धनाढ्य अंगरेज़ी इन्श्योरेन्स कम्पनीका मामला सुन रही थी। मेकस्विनी और दस प्रजातन्त्र वादी जो मामला सुन रहे थे, पकड़ लिये गये। इसके बाद सब कैदियोंने उपवास करना शुरू कर दिया। १५ अगस्तको मेकस्विनीके अतिरिक्त सब कैदी छोड़ दिये गये। १६ अगस्तको मेकस्विनी कोर्ट मार्शल (जंगी) अदालतके सामने पेश किया गया और उसे दो वर्षके कारावास-दण्डकी आज्ञा दी गयी। १८ अगस्तको वह लण्डन पहुँचाया गया और फिर ब्रिस्टल जेलमें रखा गया। इसी कराल कारावासमें शहीद मेकस्विनीने अपना जगत्प्रसिद्ध अनशन-व्रत आरम्भ किया।

उसने ७३ दिनतक उपवास किया। उसे छुड़ानेका बहुत प्रयत्न किया गया; पर आयर्लैण्डके एक उन्नतिशील महापुरुषका तिल-तिल कर मरना अंगरेज सरकार सन्तोषपूर्वक देखती रही और उसे छोड़नेके लिये किसी तरह राज़ी नहीं हुई। उपवाससे मेकस्विनीका शरीर घटने लगा; पर उसकी आत्माकी शक्ति एवं दृढ़ता बहुत बढ़ गयी थी। मृत्युके दिन उसके उपवासका ७४ वाँ दिन था। मृत्युके कुछ दिन पहले सरकारने ज़बरदस्ती मेकस्विनीकी दो बहनोंको जेलसे बाहर निकाल दिया, जो उसकी सेवा-सुश्रूषा करती थीं और फिर उन्हें उनका प्यारा भाई न देखने दिया गया। मरनेपर उसकी लाश देनेमें भी सरकार आनाकानी करने लगी; पर बादमें उसे देनी ही पड़ी। मेकस्विनीकी लाश जब कार्क पहुँची, तब हजारों नर-नारी और बच्चे उसके अन्तिम दर्शन करने आये। उसका मुर्दा, चमकीला चेहरा ताँबेकी मूर्ति-सा दिखाई देता था। उस वीर पुरुषकी मृत्युपर न केवल आयर्लैण्ड; बल्कि सारे सभ्य संसारने आँसू बहाये। मेकस्विनी उसी तरह सत्य और न्यायकी वेदीपर वलि चढ़ गया, जैसे उसके पहले और पीछे कितने ही ईसा, सुकरात, मन्सूर और यतीन्द्र अपने प्राणोंको न्यायकी वेदीपर वलि चढ़ा चुके हैं।

रोरी ओकनोर।

आयरिश प्रजातंत्र दलका वीर नायक रोरी ओकनोर विद्वान् और दार्शनिक होनेके साथ ही साथ एक

निर्भीक सङ्गठनकर्ता और भयङ्कर योद्धा था। वह डीवेलराका ही शिष्य था और सन् १९२२ के आयरिश युद्धमें उसने अपूर्व रण-कौशलका परिचय देते हुए सरकारी सैन्यके छक्के छुड़ा दिये थे। आयर्लैण्डकी राजधानी डबलिनकी "चार अदालतें" (फ़ोर कोर्ट्स) नामक भवनपर उसीने कब्ज़ा कर लिया था। वह उस समय प्रजातन्त्र-सेनाका प्रधान सेनापति था। २८ जूनके घोर संग्राममें रोरी ओकनोर "चार अदालतों" से खड़ा हुआ सरकारी सैन्यपर भयङ्कर अग्निवर्षा कर रहा था। फ्री-स्टेट सरकारके युद्ध-मंत्री मि० माइकेल कालिन्स (जो पहले डीवेलराके साथ था) ने आत्म-समर्पण करनेके लिये कहा; पर रोरी ओकनोरने इनकार किया। इसके बाद देश-द्रोही कालिन्सकी आज्ञासे "चार अदालतों" पर घोर आक्रमण किया गया, जिसमें हज़ारों सरकारी सिपाही गोलेबारी करने लगे। बड़ी-बड़ी तोपें मशीन-गनें, ट्रेञ्च-मोटरें और "आरमर्ड कार्स" से काम लिया गया! चारों ओरसे घेरकर अग्निवर्षा होने लगी, और इधर रोरी ओकनोर भी अपने मुट्ठी-भर सिपाहियोंसे अग्निवर्षाका उत्तर अग्निवर्षासे दे रहा था। १ ली जुलाईको भीषण संग्राम हुआ, जिसमें "चार अदालतों" की इमारत भयानक धड़ाकेसे विध्वंस हो गयी। ढाई दिनतक उस इमारतको अपने कब्ज़े में रखकर रोरी ओकनोरने सरकारी सेनासे घोरतर संग्राम किया था। लड़ाईमें वह वीर पुरुष घायल भी हुआ।

१३० सिपाहियोंके साथ रोरी ओकनोर भी पकड़ा गया। फ्री-स्टेटकी सेनाएँ बड़े व्यापक रूपमें, प्रजातन्त्र दलोंपर हमले करने लगीं, और डावेलरा उसी डबलिनमें अपने आग उगलनेवाले योद्धाओंके साथ लड़ता रहा। इधर रोरी ओकनोर, लिआम मेलोज़ आदि जेलोंमें क़ैद किये गये। इसके बाद फ्री-स्टेट सरकारने रोरी ओकनोर तथा उसके अन्य तीन साथियोंको गोलियोंका निशाना बनाया। ८ दिसम्बरकी सरकारी सूचनामें कहा गया, कि फ्री स्टेट पार्लमेण्ट का एक सदस्य विद्रोहियोंके द्वारा मारा गया था, अतः उस हत्याका बदला लेनेके लिये फ्री-स्टेट सरकारने चार विद्रोही नेताओंको गोलीसे मारनेकी आज्ञा दी, और वे मार डाले गये; उन चारोंके नाम हैं—रोरी ओकनोर लिआम मेलोज़, जोसेफ मेकलवी और रिचर्ड बेरेट। इनको मारकर फ्री स्टेट सरकारने विद्रोहियोंको सावधान किया है।" इस प्रकार फ्री स्टेटने उन वीरोंका अन्त कर दिया, जो आयर्लैण्डको स्वतन्त्र देखनेके अभिलाषी थे। अँगरेज़ सरकारकी सहायतासे फ्री स्टेटने आयरिश प्रजातन्त्रका आन्दोलन दबा दिया। किन्तु सब वीर सहयोगियोंके स्वर्गारोहण होनेपर भी महान क्रान्तिकारी डीवेलरा आज भी जीवित है—वह आज भी स्वतन्त्र आयर्लैण्डका सुख-स्वप्न देख रहा है!

आयर्लैंडके आधुनिक इतिहासमें प्रजातन्त्रवादी दलोंका आत्मत्याग और बलिदान बड़ा ही महत्वपूर्ण है; पर इन सबमें श्रीमान डीवेलराके अपूर्व बलिदान-का उदाहरण मिलना कठिन है। रणपण्डित डीवेलराने सहस्रों संग्राम लड़े हैं—ऐसे भीषण संग्राम, जिनमें प्रतिक्षण उसकी मृत्यु हो सकती थी; पर वह आत्माके अमरत्वमें विश्वास करनेवाला शहीद किसी शस्त्र या शक्तिसे मर नहीं सका। वह अपने प्राणसे भी बढ़कर अपने देशका प्रेमी है, और इस प्रेमकी पूर्त्तिके लिये उसे सहस्रों बार भी मरना पड़े, तो वह हर बार नयी-नयी सैनिक अदासे हँसता हुआ मरेगा। उसने अब भी अंगरेज बादशाहकी इताअत कबूल नहीं की, और जो कोई उससे यह हलकी बात कहता है, वह उसीको फटकारता है। वास्तवमें डीवेलरा स्वतन्त्र आयर्लैण्डकी एक उन्नतिशील प्रदीप्त आत्मा है।

सोविएट प्रजातन्त्रका विधाता—

बोल्शेविक आचार्य महात्मा लेनिन।

(लेखक—श्रीयुत विनोदविहारी शुक्ल)

"Lenin was the greatest man of action in our Century, and at the same time the most Selfless."

—Romain Rolland.

"In a religious age people would have made him a saint."

—Maxim Gorky

(१)

स्वेच्छाचारी शासकों और सम्राटोंके शासनसे जब जनता बहुत पीड़ित होती है, तब उसके उद्धारके लिये प्रत्येक युगमें एक दिव्य महापुरुष अवश्य अवतीर्ण होता है, जो उन मदान्ध शासकोंका अन्त करके जनताका राज्य स्थापित करता है। शासक समझते हैं, कि वे मनमाने अत्याचार करते रहेंगे और उन्हें कोई रोक न सकेगा। किन्तु कालकी गति विचित्र है! सन् १९१४ के पहले यह कौन जानता था, कि सम्राट ज़ार सरीखे शक्तिशाली शासकका भी एक दिन पतन होगा, और साम्राज्यवादी रूस श्रमजीवियोंके प्रजातन्त्रमें बदल जायेगा! तब यह कौन जानता था, कि गौकी तरह सीधी निरीह जनता एक दिन भयङ्कर भूखे सिंहकी तरह क्रुद्ध होकर तड़प उठेगी, और दम-के-दममें ज़ारशाही छत्र-सिंहासन धूल-धूसरित हो जायेंगे? सचमुच, सोये हुए मजूरों और किसानोंको जगानेके लिये लेनिन सरीखे महापराक्रमी सिंहकी आवश्यकता थी। लेनिनकी भीम-प्रतिज्ञा, दृढ़ इच्छा, और कार्यपटुताही उन्हें उठा सकती थी।

लेनिन सदा मजूरोंके साथ रहता और उनका संगठन किया करता था। उसने मजूरोंसे कहा,—"तुम्हीं भूमिके स्वामी हो!" सिंहकी यह हुंकार-ध्वनि मनुष्योंके जङ्गलमें गूँज उठी। समग्र रूसके श्रमजीवी लेनिनकी ओर आशासे देखने लगे। उसने तीस वर्षके अन्दर अपनी तीक्ष्ण बुद्धि और शक्तिसे धृष्ट-स्वेच्छाचारी ज़ारशाहीको तहस नहस कर डाला और फिर मजूरोंकी साम्यवादी सोविएट-शासन प्रणाली ऐसी स्थापित की, जो आज समस्त दलित देशोंके लिये एक अपूर्व आदर्श हो रही है। एक मनुष्यके जीवनका कार्य कितना महान मालूम होता है! सन् १९१७ के नवम्बर मासमें, जब कि बोल्शेविक विजयी हुए, यदि लेनिन चाहता, तो अखिल रूसका शहन्शाह बन सकता था और ऐसा शहन्शाह, जिसे रूसी प्रजा खुशीसे मान लेती; पर लेनिन स्वार्थी या लोभी नहीं था, कि राज-सिंहासनके लिये वह साम्यवादके साथ विश्वासघात करता। इसके पहले इतिहासमें कभी किसी मनुष्यने इतनी उदारतासे जनताका राज्य जनताको नहीं सौंप दिया। निस्सन्देह लेनिन इस युगका एक अग्रगण्य सफल नेता, सुधारक और क्रान्तिकारी हुआ है। उसने अमीर शासकोंका नाश करके और दीन श्रमजीवियोंका राज्य स्थापित करके इतिहासमें एक नया पृष्ठ लिखा है।

उसका पूरा नाम था—ब्लाडिमीर युलिअोनोव इलिच निकोलाय लेनिन; पर संसारमें वह केवल लेनिनके ही नामसे विख्यात है। यही तीन अक्षरोंका नाम समस्त पददलित मनुष्योंको जगानेके लिये काफ़ी है। उसका जन्म सन् १८७० की १० अप्रैलको सिम्बरस्क नगरमें हुआ था। उसके माता-पिता बड़े ही विद्वान् थे। उसका पिता सम्राट ज़ारके शिक्षा-विभागका प्रधान संचालक था। लेनिनकी माता मेरिया एलक-

जंड्रोवना उच्च कोटिकी विदुषी महिला थी, जो अपने बच्चोंके लालन-पालन और पठन पाठनका पूरा ध्यान रखती थी। लेनिनका एक बड़ा भाई भी था, जिसका नाम था—एलकज़ेण्डर युलिओनोवं और तीन बहनें थीं। ये पाँचों भाई-बहन विद्या प्रेमी थे; साथही पढ़ते-लिखते थे। एलकजेंडर युलिओनोव स्वयं दिन-रात अध्ययन करता और अपने भाई-बहनोंको भी शिक्षा देता था। किन्तु सम्राट ज़ारकी हत्या करनेके षड़यंत्रमें वह पकड़ा गया और बादमें उसे फाँसी दे दी गयी। वह यदि चाहता, तो सरकारसे माफ़ी माँग कर छूट भी सकता था; पर उसके जैसा महापुरुष शत्रुओंसे माफ़ी माँगनेके लिये नहीं पैदा हुआ था। लेनिनकी आयु उस वक्त सत्रह वर्षकी थी। बड़े भाईको फाँसी पाते देखकर बालक लेनिनका खून अवश्य ही खौल उठा होगा, और उसने उस अत्याचारी सम्राटको मारनेकी निश्चय ही प्रतिज्ञा की होगी, जिसने उसके भाईको मारा था। अब, यह कौन कह सकता है, कि भीमव्रती लेनिनने अपनी वह प्रतिज्ञा पूरी नहीं की?

भाईको प्राणदण्ड मिलनेपर लेनिन कुछ भी विचलित न हुआ। वह राजधानी सेण्ट पीटर्सवर्गमें न्यायशास्त्रका अध्ययन करना चाहता था। पर वह एक भयंकर षड़यन्त्रकारीका भाई था; इसलिये उसे आज्ञा नहीं मिली। तब वह काज़ानके विद्यालयमें गया; पर वहाँ विप्लवकारी विद्यार्थियोंके आन्दोलनमें भाग लेनेके कारण उसे वहाँसे भी निकलना पड़ा। लेनिनने हर तरहकी बाधाओं तथा असुविधाओंका सामना करते हुए अन्तमें बैरिस्टरी पास कर ही ली। पर बैरिस्टरीके पेशेमें उसका चित्त न लगा और उसने मुशकिलसे दो-तीन दिन बैरिस्टरी की होगी। उसे अदालतकी क़ानूनी कार्रवाइयोंमें बड़ी दिल्लगी मालूम होती थी। वह बहुत दिनोंके बाद भी अपने मित्रोंमें अदालती दिनोंकी चर्चा दिल्लगीके साथ करता और हँसता था।

वह जर्मन साम्यवादी महात्मा कार्ल-मार्क्सका शिष्य था, और उसे अपने गुरुका बड़ा अभिमान था। उस पूज्य गुरुसे बढ़कर संसारमें किसीको अनुभवी न समझता था। उसने मार्क्सके प्रायः सभी ग्रन्थ घोंट डाले, और उन्हीं सिद्धान्तोंके आधारपर वह अपनी तर्क-प्रणाली आरम्भ करता था। उसने मार्क्सके आर्थिक सिद्धान्तोंकी खूब खरी आलोचनाएँ लिखी हैं, जिन्हें पढ़कर युरोपके बड़े-बड़े अर्थशास्त्री-दङ्ग रह जाते हैं। उस समय एक फ्रेंच अर्थशास्त्रीने कहा, कि "यह लड़का (लेनिन) एक दिन प्रलय कर देगा!" उस ज़मानेमें कितने ही छद्मवेशी साम्यवादी नेता, अमीरोंकी ओरसे मजूर-सभाओंमें घुसे हुए थे; जो मजूरोंको गुमराह करते थे। लेनिनने अकेले ही विभिन्न अवसरोंपर उन स्वार्थी नेताओंसे बहसें कीं, और उन्हें परास्त करके अपना 'मार्किस्ट' साम्यवादी सिद्धान्त स्थिर किया। वह केवल रूसमें ही नहीं, वरन् युरोपके समस्त देशोंमें घूमकर मजूरोंका आन्दोलन बढ़ाता, और उन्हें गुप्त संगठनके उपाय बताता। उसने रूसी मजूरोंमें क्रान्तिकी ऐसी आग भड़का दी थी, कि सम्राट ज़ारकी सरकारने उसे एक बहुत ही ख़तरनाक षड़यंत्रकारी समझा; इसलिये सन् १८९० में उसका निर्वासन किया गया। देशभक्त क्रान्तिकारियोंके लिये कारावास और निर्वासन मामूली सज़ाएँ हैं, जिनका कटु स्वाद लेनिनने भी चखा था। उसपर जितना ही दमन किया जाता, वह उतना ही निर्भीक और उद्दण्ड होकर उग्र आन्दोलन करता था। उसने विदेशोंकी भी यात्रा खूब की थी, और हर जगहके मजूरोंके आन्दोलनका उसने यथेष्ट ज्ञान एवं अनुभव प्राप्त किया था।

सन् १९०३ में उसने "इस्करा" (चिनगारी) नामका एक पत्र निकला। इस पत्रके द्वारा उसने मजूर-आन्दोलन और रूसी क्रान्तिका पूरा कार्यक्रम जनताके सामने पेश किया; उसने मजूरोंकी माँगें बहुत ही सरल और सीधी भाषामें लिखकर पेश कीं, जिन्हें जनता पसन्द करती और उत्साहित होती थी। साथ

ही लेनिनने अन्दोलन-कार्य्य भी प्रचण्ड रूपसे जारी रखा। सन् १९०७ में उसने दूसरी बार विदेशोंकी यात्रा की। उसने इस बार जेनेवा और पेरिससे दो ग़ैर-क़ानूनी पत्र निकाले थे। इन पत्रोंकी भाषा, अमीरोंके लिये गाली-गलौज़से अधिक भरी रहती थी। लेनिन उस समय सपत्नीक फ्रान्सकी राजधानी पेरिसमें रहता था। सन् १९१० में लेनिनके हाथमें तीन साम्य-वादी पत्र थे, जिनसे वह क्रान्ति, ग़दर और बग़ावत करनेके लिये मजूरोंको भड़काता था। रूसी पार्लमेण्ट "ड्यूमा" के भी कई प्रतिष्ठित सदस्य लेनिनके दलमें मिल गये थे, जो रूसमें क्रान्ति भड़कानेका काम करते थे। सन् १९१२ के जनवरी मासमें साम्यवादियोंने प्रेगमें एक सभा की। लेनिन उस समय अपने कई सहयोगियों सहित क्राकोके किसी गुप्त स्थानमें रहता था और समस्त रूसके मजूर आन्दोलनका संचालन करता था।

सन् १९१४ में जब युरोपीय महायुद्ध आरम्भ हुआ, तब लेनिन अपने प्रिय साथी श्री ज़ीनोवीफ़के साथ गेलेशियाके एक पहाड़ी गाँवमें गुप्त रूपसे रहता था। उस महायुद्धको वह पूँजीपति साम्राज्यवादी शक्तियोंकी एक मामूली "सिविल-वार" (मुल्की लड़ाई) कहा करता था और समझाता था, कि यूरोपीय मजूरों और साम्य-वादियोंको इस नापाक युद्धमें भाग न लेना चाहिये। सन् १९१५ में स्वीज़रलैण्डकी सरकारने लेनिनको देशसे निकल जानेकी आज्ञा दी; पर वह दो वर्षतक वहीं स्विस सरकारकी नाकके नीचे गुप्त रूपसे रहता था। उस समय लेनिनके साथ "चालीस बलवान" बोल्शेविक सहयोगी थे। जब सन् १९१७ के मार्च महीनेमें रूसी मंत्रियों और अमीरोंने ज़ारको राज-सिंहासनसे उतारा, तब लेनिनने अपने लिये क्रान्ति करनेका अच्छा अवसर देखा। उसने जर्मनीसे समझौता करके अपने लिये एक मोहरबन्द रेलगाड़ी ठीक की, जिसने उसे स्विस सीमासे जर्मनीकी अन्तिम सीमा, समुद्र तटतक पहुँचा दिया। वहाँसे एक सुरक्षित जहाज़में वह अपने "चालीस बलवान" बोल्शेविकोंके साथ स्टाक होम होता हुआ रूस पहुँचा, और फिर रूसमें मजूर-क्रान्तिकी वह आग भड़कायी, कि अमीर सरकार डाँवा-डोल होने लगी। लेनिन और उसके साथी ट्रोज़कीकी गिरफ्तारीके लिये वारण्ट भी निकाले गये; पर कोई भी सरकारी गुप्तचर लेनिनकी हवा तक न पा सकता था। लेनिनने सरकारी सेनाओंको भड़काया। उसने कहा, कि "तुम लोग अपने अफ़सरोंको सलाम मत करो; बल्कि अफ़सरोंको जहाँ पाओ, वहीं मारो!" उद्धत सिपाहियोंने जहाँ-तहाँ अपने अफसरोंको मारना-काटना शुरू किया। यही क्रान्तिकारी दशा हर तरफ़ फैल गयी।

सन् १९१७ के अक्तूबर मासमें लेनिनकी आज्ञासे भीषण बोल्शेविक महाक्रान्ति आरम्भ हुई। लेनिन बहुतही शान्तिके साथ, धीरे-धीरे, दृढ़ता-पूर्वक एक-एक शब्द ऐसा बोलता था, कि मजूर और सैनिक अदम्य उत्साहसे क्रान्ति करनेके लिये मतवाले हो जाते थे। मजूरों, किसानों, सैनिकों और मल्लाहोंमें उसका प्रभाव समान रूपसे काम कर रहा था। उसने अमीरोंका महासंहार करनेके लिये उन्हें उत्तेजित किया। फिर क्या था? पीट्रोग्राड और मास्कोमें खूनकी नदियाँ बहने लगीं। रूसके बड़े-बड़े अमीरों महाजनों, रईसों और व्यापारियोंके सिर काट कर लालटेनों और तारके खम्भोंमें टाँग दिये गये। बोल्शेविकोंका आतङ्क सवत्र छा गया। बहु-संख्यक अमीर मारे गये और बहुतेरोंने भाग कर विदेशोंमें शरण ली। विजयी लेनिनने आम तौरसे मजूरोंमें घोषणा कर दी थी, कि "इन पूँजीपतियोंको कभी मत छोड़ना। इनके जब अच्छे दिन थे, तब इन्होंने ग़रीब मजूरोंके साथ कभी दया नहीं दिखायी थी। अब ऐ मजूरो! तुम्हारे भी अच्छे दिन आये हैं; किन्तु सावधान! इन साँपके बच्चोंको जीवित न छोड़ना! अमीरोंको, जो तुम्हारे लुटेरे हैं, मारो और उनका सर्वस्व हरण कर लो। समस्त भूमि, धन, सम्पत्ति

मजूरोंकी है, इसलिये मजूरो ! तुम अपने हकोंके लिये खड़े हो जाओ ! तुम्हारे अपार बलके सामने संसारकी कोई शक्ति खड़ी नहीं रह सकती !" ऐसे ही ओजस्वी व्याख्यानोंसे उत्साहित होकर शस्त्रधारी मजूरोंने सर्वत्र क़तले आम मचा दिया, और न केवल रूसमें; वरन समग्र युरोपमें लेनिनके अत्याचारोंसे त्राहि-त्राहि मच गयी। लेनिनने अमीरोंका कतल करनेमें ज़रा भी दयासे काम नहीं लिया। वह कहता था,—"पूँजीवाद मानवजातिकी पीठमें ज़हरबादका फोड़ा है। इस फोड़ेको काटकर फेंक दो; नहीं तो सारे शरीरका रक्त बिगड़ जायेगा।" नवम्बरके प्रथम सप्ताहमें जब लेनिनकी अध्यक्षतामें वहाँ सोविएट सरकार स्थापित हो गयी, तब लेनिनने वोल्शेविकोंकी विराट सभामें कहा,—"आज हमने संसारके इतिहासमें सर्व-प्रथम मजूरों और किसानोंकी सरकार (Dictatorship of the proletariat) स्थापित की है। इसके पहले संसारमें बड़े-बड़े अभिमानी बादशाहोंके राज्य क़ायम हुए हैं; पर श्रमजीवी राज्य आज हमीं लोग स्थापित कर रहे हैं। तुम अपने इस शासनमें पूँजीवाद कभी मत फैलने देना, और न पूँजी-पतियोंको आश्रय देना; नहीं तो मजूरोंका यह स्वर्गीय प्रजातन्त्र नष्ट हो जायेगा।" लेनिनकी विजय-के बाद पुराने अमीर शासकोंमेंसे कितनेही मार डाले गये और कितनोंने विदेशोंमें शरण ली। अमीरों के लिये अमीर बन कर रूसमें रहना असम्भव हो गया। लेनिनकी इस बोल्शेविक क्रान्तिमें उसके वोर सहयोगी ट्रोज़की, जीनोवीफ़, क्रासीन, स्टालीन केमिनीव आदिने बड़े बड़े काम किये। ये सब लेनिनके फ़ौलादी हाथ थे; जिन्होंने लाल-क्रान्तिको सफल बनाया।

लेनिनकी धमपत्नी श्रीमती नेडज़डा कोन्स्टएिटनोबना-क्रुपुस्का रूसकी सर्वोच्च विदुषी महिला हैं। लेनिनके समस्त कार्य्योंमें श्रीमती क्रुपुस्काने बड़ी सहायता की थी। लेनिनको दो बार गोलियाँ लगी थीं और इस दूसरी गोलीके कारण उसका शरीर अधिक अस्वस्थ होने लगा। बीमारी बढ़ती गयी। सन् १९२४ की २२ जनवरीको उस महापुरुषका स्वर्गवास हो गया। उस दिन सारे संसारके साम्यवादी मजूरोंने मातम मनाया था। वह अब मरा, जब उसने अपना सारा ध्येय पूरा कर लिया; सचमुच उसीको मरनेका हक था।

लेनिनसे भेंट करनेके लिये अनेक फ्रेञ्च, अङ्गरेज़, अमेरिकन, जर्मन लेखक और राजनीतिज्ञ आदि जाया करते थे और वे सब उसकी दिन-चर्य्या देखकर बहुत ही घबराते थे। वे देखते थे, कि लेनिनका रहन सहन अत्यन्त दरिद्र मजूरकी तरह है। वह केवल मजूरोंकी "काली रोटियाँ" मामूली शोरबेके साथ खाता था; बिना मीठेकी चाय पीता था। काठकी कुर्सियोंपर बैठता था और काठके तख्तेपर सोता था। वह अपने लिये कोई भी सुख नहीं चाहता था; पर रूसी मजूरों और किसानोंके लिये वह समस्त सुख चाहता था। वह किसी मनुष्यको छोटा नहीं समझता था। उसके हृदय-सागरमें दया, सहानुभूति और करुणाकी अनन्त तरंगें लहरें मारा करती थीं। वह सबके साथ सहानुभूतिका व्यवहार करता—पर छली संसारके स्वार्थी मनुष्योंसे वह सदा सावधान रहता था। वह किसीका विश्वास जल्दी नहीं करता था;पर बच्चोंको सदा ही प्रेम करता था। उसका हृदय कभी कभी स्त्रीकी तरह कारुणिक हो जाता और वह मजूरोंकी ग़रीबीपर सचमुच आँसू भी बहाता था। वह जो कुछ करता था, ठीक समझकर करता था। कोई मनुष्यउससे हुज्जत न कर सकता था। लेनिनका प्रकाण्ड मस्तक विद्या, बुद्धि और ज्ञानका महाभाण्डार था और उसके सभी सहयोगी उसके सामने मस्तक झुकाये रहते थे।

लेनिन इस युगका महात्मा था। वह किसी भी युगमें पैदा होता, तो लोग उसे महात्मा मानते। वह त्यागी साधुओंकी तरह अत्यन्त कठोर तपस्याका जीवन व्यतीत करता था। उसके चित्तकी अविचलित

शान्ति देखकर नये आदमी घबराते थे। ब्रिटिश पार्लमेण्टके मज़ूर सदस्य श्री जार्ज लेन्सबरी लेनिनसे भेंट करने रूस गये, और फिर लेन्सबरीने लिखा—

"क्रेमलिन राजमन्दिरके एक बड़े कमरेमें मैं लेनिनसे मिला। टाइप करनेवाली भुण्ड-की-भुण्ड लड़कियाँ अपनी मशीनोंपर काम कर रही थीं। लेनिन उस समय कड़ी बीमारी उठाकर अच्छा हुआ था, तो भी वह बड़ा प्रसन्न और परिश्रमी मालूम होता था। वह दोहरे अर्थकी भाषा नहीं बोलता ; बल्कि अभिप्राय सीधे सरल शब्दोंमें समझा देता है। उसने मुझे बारम्बार यही समझाया, कि जो लोग इस समय अमीर हैं, वे मजूरोंको लड़नेके लिये बराबर मजबूर करते रहेंगे। लेनिनमें सर्वत्र मानसिक, शारीरिक और चरित्रका महान नैतिक बल दिखता है। उसकी तीक्ष्ण दृष्टि अन्य मनुष्योंके हृदयोंकी तलाशी लेती है, और उसके सामने कुछ छिपाना असम्भव सा है। वह बड़ा ही शान्त है। वह फाँसीपर लटकनेके लिये उसी शान्तिके साथ जायेगा, जैसे वह अपने मन्त्रि-मण्डलकी बैठकमें जाता है। वह रूसकी एक उन्नतिशील आत्मा है।"

किन्तु लेन्सबरीके अन्तिम शब्द बड़े ही मार्मिक और महत्वपूर्ण है :—

"यदि मानवजातिमें धर्म कोई चीज़ है, तो आज तक मैं जितने मनुष्योंसे मिला हूँ, उस धर्मका अंश मैंने लेनिनमें सबसे अधिक पाया है! वह सारे संसार-को अपना स्वदेश समझता है और समस्त मनुष्योंको समान भावसे देखता है।"

"समस्त मनुष्योंके शिक्षित और ज्ञानवान होनेपर ही यदि साम्यवादी सिद्धान्तोंके अनुसार काम करना सम्भव हो, तो हम कम-से-कम पाँच सौ वर्षतक साम्य-वादके दर्शन भी नहीं करेंगे।" —लेनिन।

कप्तान ओसाका

[लेखक—श्रीयुत मुखोपाध्याय।]

(१)

छोटी-छोटी नदियाँ कठोर पर्वतोंका हृदय विदीर्ण कर, उनमेंसे असंख्य रत्न-राजि आहरण कर उन्हें अत्यन्त गुप्त भावसे, अपने हृदय-कोटरके अन्दर छिपाये-छिपाये अनन्त समुद्रके अतल-तलमें डाल देती हैं। इस अपहृत धनको समुद्र तक पहुँचाते समय उन्हें मार्गमें हज़ारों विघ्न-बाधाओंका सामना करना पड़ता है ; पर वे उन कठिनाइयोंकी कुछ भी परवाह न कर अहर्निश अपना कर्त्तव्य पालन करती रहती हैं। इसका फल क्या होता है? समुद्र रत्नाकर कह-लाता है और जो नदियाँ उन रत्नोंको लाकर समुद्रके अर्पण करती हैं, उनकी ओर कभी कोई भूल कर भी नहीं देखता, मानों समुद्रके यशसे ही वे अपनेको यश-स्विनी समझती हैं।

कुबेरकी सम्पत्तिका अधिकारी कोई सेठ यदि दस ग़रीबोंको एक-एक कम्बल बाँट देता है, तो दूर-दूर तक उसकी ख्याति फैल जाती है—क्रमशः उसकी मात्रा यहाँ तक पहुँचती है, कि कम्बलके दुशाले और दस ग़रीबोंको जगह हज़ारों आदमियोंकी बात सुनाई देने लगती है। परन्तु, यदि किसी ग़रीबने, जिसे नित्य दोनों शाम भर पेट भोजन भी नहीं मिलता, अपने आगे की परोसी हुई थाली किसी क्षुधार्त्त मुमूर्षु व्यक्ति-के आगे रख दी और उसे मृत्युके मुखसे बचा लिया, तो उसका कोई नाम तक नहीं लेता।

इसीसे कभी-कभी ऐसा प्रतीत होता है, कि दुनिया बड़ोंका ही आदर करती है—छोटे लोग यदि महान् कार्य भी साधित कर डालते हैं, तो वह उनका कुछ ख़याल नहीं करती। परन्तु छोटे होकर भी जो लोग महान कार्य करते हैं, असीम उदारता दिखलाते हैं, वे इस दुनियाकी इज्ज़त या फज़ीहतका कुछ भी ख़याल

नहीं करते। उनके हृदयमें अपने कर्त्तव्य-पालनकी जो प्रबल आकांक्षा सञ्चित रहती है, उसीसे उनका हृदय पूर्ण रहता है। उसमें यशकी आकांक्षा बिलकुल नहीं रहती। परन्तु ऐसे महान् व्यक्तियोंके नाम किसी-न-किसी दिन कभी म्लान न होनेवाले स्वर्णाक्षरोंमें लिखे जाते हैं और वे संसारको चकित विस्मित कर देते हैं।

कप्तान ओसाका इसी कोटिके उच्च हृदयके महान् पुरुष थे।

(२)

रूस और जापानका युद्ध ज़ोरोंसे चल रहा है। विशाल रणांगनके एक कोनेमें एक शानदार ख़ेमेमें जापान-सरकारके प्रधान सेनापति तथा अन्यान्य सेना-नायक गण बैठे हुए परामर्श कर रहे हैं। ख़ेमेमें एक तरफ़ कई टेलीफ़ोन रखे हुए हैं। जहाँ युद्ध हो रहा है, वहाँसे क्षण-क्षणपर युद्धकी ख़बरें आ रही हैं। ख़ेमेके बीचोबीच एक लम्बी-चौड़ी मेज़ बिछी हुई है। मेज़के ऊपर युद्ध-क्षेत्रका नक़्शा फैला हुआ है। नक़्शेपर यहाँ-वहाँ आलपीनोंमें लगे हुए भिन्न-भिन्न रंगोंके छोटे छोटे झण्डे लगे हुए हैं। टेलीफ़ोन हाथमें लिये हुए जो लोग युद्धकी ख़बरें सुन रहे हैं, उनकी बातोंको सुन, ये झण्डे इधर-उधर हटाये बढ़ाये जा रहे हैं।

सहसा संवाद मिला, कि रूसवालोंने बीस मील लम्बी एक पर्वतश्रेणीके तीन ओर अपने पैर जमा दिये हैं। दक्षिणकी ओर तेज़ धारवाली पहाड़ी नदी बह रही है। उधर जापानी वीर किसी तरह बढ़ नहीं पाते। वे जहाँ-के तहाँ अड़े हुए हैं; परन्तु अधिक देरतक उनका वहाँ अड़ा रहना मुश्किल है। उधर रूसियोंकी शक्ति क्रमशः बढ़ती जा रही है। वे तेज़ीसे आगे की ओर बढ़ते चले आते हैं। नक़्शेपर गड़े हुए रूसी झण्डे भी क्रमशः आगेकी ओर बढ़ाये जा रहे हैं।

सेनापतिने अन्यान्य सरकारी सेना-नायकोंसे इस ओर ध्यान देनेको कहते हुए कहा, कि अपनी ओरके सैनिक बड़ी निर्भीकतासे गर्दनें कटवा रहे हैं। इस समय आवश्यकता इस बातकी है, कि अपनी पूरी शक्ति इस ओर लगा दी जाये। किन्तु ऐसा करनेके लिये और-और स्थानोंसे सैनिक हटाकर वहाँ भेजने पड़ेंगे; परन्तु यदि यह बात शत्रु-पक्षको मालूम हो जायेगी, कि हम किधरसे सैन्य हटा रहे हैं, तो परिणाम बहुत भयङ्कर हो सकता है। ऐसी अवस्थामें हमें क्या करना चाहिये? शत्रुकी प्रगति रोकनेका और कौनसा उपाय है? यह कहकर सेनापति सोचमें पड़ गये।

❁ ❁ ❁ ❁

एकाएक उनकी आँखें चमक उठीं। उनके चेहरेपर आनन्दकी हल्की रेखा दिखाई दी। और-और सेनापति उत्कण्ठित नेत्रोंसे उनकी ओर देखने लगे। प्रधान-सेनापित बोले,—"मसकेटा! कप्तान ओसाकाको फ़ोनसे फ़ौरन आनेको कहो।" आज्ञा पाते ही ओसाकाको ख़बर दी गयी।

(३)

"बस, पिताजी! अब आज्ञा दीजिये—प्रणाम!"

बूढ़े, रोग-ग्रस्त, अन्तिम शय्यापर पड़े हुए पिताने कहा,—"जाओ, बेटा! आशीर्वाद करता हूँ। जाओ, मातृभूमिकी सेवा इस जराजीर्ण पिताकी सेवासे कहीं बढ़कर है। जाओ, मैं भी थोड़ीही देरका मेहमान हूँ।"

बूढ़ी माताने लड़केको गले लगाया। वे देरतक एक टक दृष्टिसे पुत्रके मुँहकी ओर निहारती रहीं। उन्होंने पुत्रको आशीर्वचन देनेकी—विदाई देनेकी चेष्टा की; पर उनके मुँहसे कोई शब्द न निकला! आँखें भर आयीं। उनके कोमल कलेजेमें एक ओरसे कर्त्तव्य-की आँधी चली, तो दूसरी ओरसे मातृ-स्नेहकी वर्षा होने लगी। आँधी दब गयी। वर्षा इतने ज़ोरकी आयी, कि आँखोंके पनालेसे पानी बह चला।

माताके चरणोंकी पवित्र धूलि माथेपर चढ़ा, ओसाका अपनी जीवन-सङ्गिनीके पास पहुँचे। यहाँ भी क्षणभरके लिये प्रेम और कर्त्तव्यका झगड़ा चला। कलेजेपर पत्थर रखकर पत्नीने पतिको विदा किया।

ओसाका चल पड़े। जबतक वे दिखाई देते रहे,

तबतक उन तीनों प्राणियोंकी आँखें उन्हींकी ओर अटकी रहीं। राह-चलतोंको विदाईका यह दृश्य देख, बड़ा आश्चर्य हुआ। उन्होंने पिता, माता और पत्नीके धैर्य्यकी बड़ी प्रशंसा की। उन्हें क्या मालूम, कि कप्तान ओसाकाके, आँखोंसे ओझल होते ही, वे बच्चोंकी तरह ज़ार-ज़ार रोने लग जायेंगे।

(४)

प्रधान-सेनापतिके ख़ेमेके बाहर एक सैनिक किसीके आनेकी पतीक्षा कर रहा है। वह हाथमें दूरबीन लिये बारम्बार रास्तेकी ओर देख रहा है। इसी समय उसे घोड़ेके खुरोंसे धूल उड़ती हुई दिखाई दी। जब वह घुड़सवार और भी पास आया, तब सैनिकने देखा, कि कप्तान ओसाका दौड़े चले आ रहे हैं। ख़ेमेके पास पहुँचते ही सैनिकने घोड़ेकी लग़ाम थाम ली और उन्हें सादर अन्दर जानेको कहा। ओसाका कुछ भी नहीं जानते थे, कि उन्हें किस लिये बुलाया गया है। प्रधान सेनापतिके आदेशानुसार और-और सेनापति वहाँसे अपने-अपने कामपर चले गये थे। वे कप्तान ओसाका को मेज़पर फैले हुए नक़शेके पास ले गये। ऊपर बतायी गयी पहाड़ी नदीके ऊपर जो पुल था, उसे दिखाकर उन्होंने कहा,—"देखो! कप्तान ओसाका! कल सवेरा होते-न-होते तुम्हें वह पुल तोड़ देना पड़ेगा। यदि पुल तोड़ दिया जायेगा, तो दुश्मन कभी आगे न बढ़ सकेंगे। देखो, अपनी तरफ़के बहुतेरे वीर योद्धा मुफ़्तमें प्राण गवाँ रहे हैं। अतएव रातो रात एक बड़ी तोप लेकर तुम वहाँ पहुँच जाओ। कुछ आदमी भी साथ ले लो। परन्तु यह काम तुम्हें बहुतही सावधानीके साथ करना पड़ेगा, जिसमें कि शत्रु-पक्षको इसका तनिक भी पता न लगे।

(५)

बहुतही थोड़े आदमियोंके साथ कप्तान ओसाका तोप लेकर किसी-किसी तरह मौक़ेपर पहुँच गये। राहमें उन्हें और उनके साथियोंको बड़ी-बड़ी तकलीफ़ें हुईं; पर वे अपने कर्त्तव्यसे तिल-भर भी विचलित नहीं हुए।

तोप अभी लगायी ही गयी थी, कि कप्तान ओसाका-को ख़बर मिली, कि रूसियोंने पुलसे आगे बढ़ना शुरू कर दिया है। अब पल-भर भी देर करनी उचित नहीं। वे तो यह चाहते ही थे। ज्यों ही शत्रु-सेना पुलके ठीक बीचोबीच पहुँची, त्योंही उन्होंने गोलन्दाज़को इशारा किया। गोलन्दाज़ तैयार हो गया। ओसाका दूरबीनके सहारे पुलकी ओर देखते रहे। 'एक,—दो,—तीन' कहतेही तोप दाग़ दी गयी। गोला अमित वेगसे निकला। पर यह क्या हुआ? सारी चेष्टा विफल हुई! तोपचीका निशाना बिगड़ गया। गोला नदीके पानीमें जा गिरा। गोलन्दाज़ का सारा शरीर काँप उठा। उसके मस्तकपर पसीना फूट निकला। पर कप्तान ओसाका तनिक भी विच-लित न हुए, धीरज देते हुए उन्होंने फिर तोप दाग़नेके लिये कहा। निशाना ठीक बैठा। अबकी बार ठीक पुलके बीचोबीच गोला जा गिरा। शत्रु-सेना चौंक पड़ी। घोड़े भड़क गये। दो-चार हिन-हिनाते हुए उछल कूद कर नदीमें गिर पड़े! शत्रु-दल पीछे हट चला। सारी सेनामें भगदड़ सी मच गयी। इसी समय तीसरा गोला भी दागा गया और दूसरे ही क्षण पुल उड़ गया। एक साथही सैकड़ों शत्रु-सैनिक आहत हुए। नदीकी छाती लाल हो उठी! आगे बढ़नेका रास्ता बन्द हो गया। पीछे हटनेके सिवा दूसरा उपाय न रहा। पर उधर हटना भी ख़तरेसे ख़ाली न था। भागते हुए भी जापा-नियोंसे भिड़ना पड़ेगा। नहीं तो चूहेदानीमें बन्द चूहेकी तरह मरना पड़ेगा।

रूसियोंने हिम्मत बाँधी। उनको सबसे पहले पासकी एक छोटी-सी पड़ाड़ीपर अधिकार जमानेके सिवा और कोई उपाय न सूझा। दैव-योगसे इसी-पर कप्तान ओसाका तोप और थोड़ेसे आदमियोंके साथ छिपे हुए थे। पर रूसियोंको यह मालूम न

था। वे आगे बढ़े। कप्तान ओसाकाने अपने मुट्ठी-भर सैनिकोंकी सहायतासे उस विशाल रूसी सेनाका सामना किया। वे ऐसी बहादुरीसे लड़े, कि दिनभर बहुत चेष्टा करनेपर भी रूसी आगे न बढ़ सके।

(६)

दिन बीत गया। संध्या हुई। रात भी आ पहुँची। चारों ओर गहरा अन्धकार छा गया। एकाएक रूसी भालुओंने थोड़ेसे परिश्रान्त जापानी वीरोंपर भीषण वेगसे आक्रमण किया। जापानी परास्त हो गये। ओसाकाको ऐसी चोट लगी, कि मूर्च्छित हो गये। उनके प्रायः सभी सैनिक मारे गये।

परन्तु जापानी सेनापति भी चुपचाप नहीं बैठे थे। उन्होंने सवेरे ही कप्तान ओसाकाकी मददके लिये सेना भेज दी थी। पर वह पहाड़ी रूसियोंके हाथमें आ गयी थी। वह बड़ी तोप भी उनके ही हाथ लग गयी थी, जो कप्तान ओसाकाके पास थी।

आधी रातके बाद कप्तान ओसाकाकी मूर्च्छा भङ्ग हुई। किसी-किसी तरह वे उठ बैठे। एक बार चारों ओर दृष्टि दौड़ायी। वहाँकी परिस्थिति समझनेमें उन्हें देर न लगी। उन्होंने सोचा—'हमारी तोपसे ही शत्रु हमारे भाइयोंका खून बहायेंगे! पर इसे इनके हाथसे छीननेका भी तो कोई उपाय नहीं है। फिर क्या किया जाये? जीवन रहते तो वह करुण दृश्य देखते न बनेगा। परन्तु मैं अकेला इनका कर ही क्या लूँगा? क्या ऐसा कोई उपाय नहीं है, जिससे यह तोप नष्ट कर दी जाये अथवा इनके हाथसे छीन ली जाये? क्या मैं अकेला इसे यहाँसे हटाकर किसी खाईमें नहीं गिरा सकता? नहीं, यह भी असम्भव है। ज़रा सी भी आवाज़ होगी, तो ये फ़ौरन मेरी हत्या कर, मेरा अभीष्ट सिद्ध न होने देंगे। तब फिर और कौन सा उपाय है? क्या इसके मुँहमें ईंट-पत्थर भर दूँ? पर इतनी बड़ी तोपका मुँह पत्थरके टुकड़ोंसे भरनेमें बहुत समय लग जायेगा। सम्भव है, तबतक सवेरा हो जाये। नहीं-नहीं,—इतना बखेड़ा क्यों करूँ? मैं स्वयं ही क्यों न इसके अन्दर घुसके बैठ जाऊँ? बस, यही ठीक है? इससे सहज उपाय और क्या हो सकता है? हाँ, यही उपाय ठीक है! परमात्मन्! ऐसे अवसरपर मुझे ऐसी सुबुद्धि प्रदान करनेके लिये तुम्हें जितना धन्यवाद दूँ, थोड़ा है। इस प्रकार सोच-विचार करते हुए वे धीरे-धीरे उठ बैठे और तोपके पास जा पहुँचे। चारों ओर भली-भाँति देख-भाल कर उसमें सिर घुसाया। इसी समय उनके ऊपरसे दो-तीन गोलियाँ निकल गयीं। साथ ही-साथ वे समझ गये, कि जापानी आ पहुँचे हैं। उन्होंने हमारे शत्रुओं-पर आक्रमण किया है। वे यदि शत्रुओंको परास्त कर इस तोपको ले लें, तो क्या समझेंगे? वे ज़रूर यही बात कहेंगे, कि ओसाका शत्रुओंके डरके मारे तोपके अन्दर घुस गया था। आह! उस अपमान-से मृत्यु ही हज़ार गुनी अच्छी है!'

पर उनके सौभाग्यवश जापानी सेना तोप अधि-कृत न कर सकी और न अपने शत्रुओंको ही वहाँसे-हटा सकी। पन्द्रह फुट लम्बी तोपके अन्दर कप्तान ओसाका अच्छी तरह, खूब भीतरकी ओर घुस गये। बर्फ़ गिरने और ठण्डी हवाके चलनेसे तोप एकदम ठण्डी हो रही थी। देरतक इस हालतमें बैठे रहना दुश्वार जान पड़ने लगा। हाथ-पैर ठिठुर गये। ऐसा जान पड़ा, मानों वे भी जम कर बर्फ़ हो जायेंगे। साथही उसके बाहर निकलना भी ठीक नहीं था। इसी प्रकार सोचते-विचारते उनका सारा शरीर अकड़ गया!

थोड़ीही देर बाद फिर गोले चलने लगे। बन्दूकें छूटने लगीं। सवेरा हुआही चाहता था। क्रमशः दोनों पक्षसे अधिकाधिक आक्रमण प्रत्याक्रमण होने लगे। उन्होंने पासही किसीको बातचीत करते सुना। किसीने किसीको वही तोप काममें लानेका आदेश दिया। एकाएक ओसाकाका हृदय आनन्द से भर गया। वे यह सोच कर बड़े प्रसन्न हुए, कि मेरे कष्टोंके समाप्त होनेमें अब अधिक देर नहीं है।

सहसा उन्हें जीनेकी इच्छा हुई। प्राणोंकी माया से नहीं, मृत्युके भयसे नहीं; बल्कि इस लिये कि इस तरह मर जानेसे किसीको मेरे दिलका हाल तो नहीं मालूम हो पायेगा? किसीको पता भी नहीं चलेगा, कि मैं कहाँ गया, क्या हुआ? तो क्या यहींसे ज़ोर-से चिल्लाऊँ? कोई तो मेरी बात सुन लेगा? किसी-को तो यह मालूम हो जायेगा, कि ओसाकाने किस प्रकार देशवासियोंके लिये प्राण विसर्जन किये हैं। पर नहीं, वह भी नहीं कर सकता। चिल्लाता हूँ, तो शत्रु-पक्षवाले मुझे तो मारही डालेंगे; साथही इसी तोपसे हमारे देशवासियोंका भी खून बहायेंगे। अतएव उन्हें चिल्लाना भी युक्ति-संगत न जान पड़ा।

परीक्षाके लिये तोप छोड़ी गयी। बात-की-बातमें धुआँ साफ़ हो गया। तोपमें शिकायत नहीं जान पड़ी। पर तोप छोड़नेके साथही उसके सामनेका एक पेड़ खूनसे भर गया। तोपचीने वह खून देखा। उसने औरोंको दिखाया। फिर तोपकी नलीकी ओर देखा, कि तोप ख़ून उगल रही है!

यह भयङ्कर दृश्य देख, अन्ध-विश्वास-परायण रूसी बेतरह डर और घबरा गये। उनकी अक़ल मारी गयी। उनके सरदारने कहा,—"ज़रूर जापानियोंने कोई जादू कर रखा है। तोपके पाससे फ़ौरन सब लोग हट जाओ। चलो, हम लोग इस पहाड़ीपरसे ही भाग चलें। यहाँ ठहरना ठीक नहीं है।"

राष्ट्रीय चीनके गुरु डा० सन-यात-सेन।

[लेखक—श्रीयुत तारानाथ राय।]

दक्षिणी चीनके केआङ्ग् ताङ्ग् प्रदेशके 'चैहूङ्ग, नामक गाँवमें डा०सन्-यात्-सेनका जन्म सन् १८६६ई० में एक ग़रीब किसान-वंशमें हुआ था। यद्यपि बाल्या-वस्थामें उन्हें ग्राम्य पाठशालामें भर्ती करा दिया गया था और इस प्रकार उन्हें प्राथमिक शिक्षा पानेका मौक़ा मिला था, तथापि उन्हें घर-गिरस्ती और खेती-बारीके कामोंमें काफ़ी समय देना पड़ता था। एक बार समुद्री डाकू उनके गाँवमें डाका मारने आये। उस समय बालक सेन् पाठशालामें था। डाकुओंके आनेका समाचार पाते ही अध्यापक और शिष्यवर्ग, जिसे जिधर मौक़ा मिला, उधर भाग निकला। पर सेन् नहीं भागा; वह छिपकर बैठ गया और डाकुओं की करतूतोंको छिपा-छिपा देखता रहा। गाँवके बड़े बूढ़ोंसे पूछनेपर उन लोगोंने कहा, कि 'इन डाकुओंसे बचनेका कोई उपाय नहीं है। इनके दमनका कोई भी रास्ता नहीं है।'

एक बार राजाके कुछ सैनिकोंका एक दल सेनके गाँवमें आया। गाँवके धनी ज़मीदारके बग़ीचेमें उसने पड़ाव डाला। जबतक वहाँ पड़ाव रहा, तबतक सैनि-कोंने ख़ूब ऊधम और उत्पात मचाये और जाते वक्त वे बिना किसी अपराधके ही उस बेचारे ज़मींदारको मय उसके दोनों भाइयोंके बाँध-बूँध कर ले गये। उन-मेंसे एकको तो उन लोगोंने मार ही डाला और बाक़ी दोको वे गिरफ्तार कर ले गये और राजधानीमें ले जाकर क़ैद कर दिया। गाँवके सब लोग रोने-पीटने लगे। सबके मनमें भयानक आतङ्क छा गया। पर किसीको यह हिम्मत न हुई, कि इन सैनिकोंके इस अन्याय और अन्धेरके विरुद्ध कुछ बोले। सब लोग हाय मार कर रह गये!

ये घटनाएँ सेन्की आँखोंके आगे घटित हुईं। उसके कोमल हृदयपर इनका बड़ा ही गहरा प्रभाव पड़ा। उसने पूछ-ताछ कर मालूम किया, कि यहाँका

राजा विदेशी है। प्रजाजनोंके प्राणोंका उसे कुछ भी मोह नहीं है; हो भी नहीं सकता। इन्हीं कारणोंसे ऐसे अन्धेर इस देशमें आये दिन हुआ करते हैं।

चौदह वर्षकी उम्रमें सेन् अपने बड़े भाई 'दा-को' के साथ 'होनोलूलू' नामक स्थानपर चला गया और वहीं भाईकी दूकानमें काम-काज करने लगा। साथ-ही साथ वह वहांके बिशप-स्कूलमें अंगरेज़ी सीखने लगा। बालक सेन्की चीनी पोशाक और लम्बी चुटिया देखकर वहांके सहपाठी उसकी हँसी उड़ाते, मज़ाक करते और कभी-कभी तो चुटिया पकड़ कर खींच भी लेते थे। सेन् उनकी इस शोख़ीको बर्दाश्त नहीं कर सकता था; वह बालकपनसे ही स्वाभिमानी था। जो सहपाठी उसकी हँसी करते, वह उन्हें घूसों और थप्पड़ोंसे उनका जवाब देता था। स्कूलकी पढ़ाई समाप्त हो चुकनेपर बड़े भाईने सोचा, कि ज्यादा अँग-रेज़ी पढ़नेसे दिमाग़ ख़राब हो जायेगा, इसलिये उन्होंने सेन्से घर लौट चलनेको कहा। यह काम सेन्की इच्छाके सर्वथा विरुद्ध था। फिर भी बड़ोंकी बात मानकर उसे पढ़ना छोड़ घर लौटना ही पड़ा। रास्तेमें जहाज़पर चीनी यात्रियोंके साथ राज-कर्मचारियोंके दुर्व्यवहारों और अत्याचारोंको सेन्ने अपनी आँखों देखा। सरकारी पुलिसवाले दल बाँध-बाँध कर यात्रियों-के माल-असबाबकी तलाशी लेने लगे और घूंस ऐंठनेके लिये मुसाफ़िरोंको तरह-तरहसे तङ्ग करने लगे। बालक सेन्ने उनकी इस स्वेच्छाचारिता और ज़बरदस्तीके प्रतिवादके लिये अपनी चीज़ोंकी तलाशी नहीं लेने दी।

होनोलूलूसे घर लौटनेपर सेनको ऐसा जान पड़ा, मानों गाँवके सभी आदमी पुराने ज़मानेके विचार रखनेवाले हैं। लड़कियोंके बलपूर्वक बनाये गये छोटे छोटे पैरों, पुरुषोंके माथेपर लम्बी-लम्बी चोटियों तथा और-और पुरानी चालोंको वह नहीं देख सकता था। वह इन बातोंको बड़ी घृणाकी दृष्टिसे देखता था। होनोलूलूमें उसने अमेरिकनोंके आचार-व्यवहार और हाव-भावको अच्छी तरह देखा था। उसपर उनकी सभ्यताका काफ़ी असर पड़ चुका था। इस लिये वह यही चाहता था, कि गाँवके लोग इन पुरानी चालोंको छोड़कर नयी चालपर चलें, तो बड़ा अच्छा हो। मन-ही-मन वह इन बातोंको ख़ूब सोचा-विचारा करता था। जहाँ कहीं गाँवके आदमी एक साथ बैठे रहते, सेन् झट वहाँ पहुंच जाता और पूछता,—"क्या आप लोग जानते हैं, कि हमारे देशका राजा किस जातिका है ?"

लोग जवाब देते,—"क्यों ? चीनी है।"

यह जवाब सुनकर वह झट कहता,—"नहीं-नहीं; हमारा राजा 'मंचू' जातिका है। उसने हमारे ऊपर अधिकार जमा रखा है। हम लोग पराधीन हैं। विदे-शियोंके अधीन हैं। देखते नहीं, कि प्रजाजनोंके दुःख-कष्टोंकी कुछ भी परवाह न कर वे अपनी मौजमें रहा करते हैं ? प्रजाजनोंके कष्टोपार्जित द्रव्यको लेकर राजा और उसकी जातिके और-और लोग मालदार बने हुए हैं और हम दरिद्रताको गले लगाये मौतकी घड़ियाँ गिन रहे हैं ? राजाकी ओरसे जो प्रतिनिधि नियुक्त होते हैं, वे भी हमारी तुम्हारी भलाई या बुराईका कुछ ख़याल नहीं करते। उनसे भी हमारा कोई सम्बन्ध नहीं है। साल-भरमें एक बार आकर अपना काम बना ले जाने यानी कर वसूल कर ले जानेके सिवा वे लोग हमारा और करते ही क्या हैं ?"

अपने गाँववालोंकी आँखोंपर पड़ा हुआ पर्दा हटानेके लिये सेन् इसी प्रकारकी चेष्टा किया करता था। एक बार युवक सेन्ने गाँवके नाकेपर खड़ी मञ्चू सम्राटकी लकड़ीकी मूर्त्तिकी उँगलियोंको तोड़ डाला और गाँवके लोगोंको बुलाकर कहा,—"लो, जिस देवता-के लिये तुम लोग समझते थे, कि तुम्हारे गाँवके रक्षक हैं; मैंने उसकी उँगलियोंको तोड़ डाला है। देवता ज्योंके त्यों चुपचाप खड़े रहे। उन्हें ज़रा क्रोध भी नहीं हुआ ? भला यह काठकी मूरत देवता कहलाने योग्य है ? हम भी कैसे अन्धे हैं ?"

युवक सेन्‌की इस कार्रवाईसे सब लोग एक बार डर गये। चारों ओर यह ख़बर फैल गयी। छोटे-छोटे बच्चे और नौजवान लोग इस बातसे प्रसन्न हुए; पर बड़े बूढ़े लोग बुरी तरह डर गये। गाँवकी पञ्चायत बुलायी गयी। सबने मिलकर तय किया, कि इस लड़केका इस गाँवमें रहना ख़तरनाक है। अतएव इसे यहाँसे हटा दिया जाये। सेन् बड़ी खुशी-खुशी उनकी बात माननेको तैयार हो गया। वह वहाँसे 'हांगकांग' चला गया। उसे जाते देख, उसकी माता रोने लगी। उसके हित-मित्र और आत्मीय-स्वजनोंकी आँखोंमें भी पानी भर आया।

हांग-कांगमें पहुँच कर सेन्‌ने क्वीन्स-कालेजमें नाम लिखाया। अब वह सोचने लगा, कि आगे कौन-से मार्गका अवलम्बन करना ठीक है? शिक्षकों और अध्यापकोंमें अधिकतर लोग अँगरेज़ हैं। क्रमशः बहुतेरे अँगरेज़ोंसे उसकी मित्रता होने लगी। इसी समय यानी सन १८८४ ई० में फरांसीसियोंने चीनकी स्थल-सेनाको एक बार हराया। सेन्‌ने देखा, कि चीन अगर आज विदेशी मंचुओंके अधीन न होता, विदेशियोंके विलास-वैभवकी सम्पत्ति न होकर वह चीनियोंकी स्वाधीन भूमि होती, तो शायद पराजयका यह अपमान उसे न सहना पड़ता। अपने अँगरेज़ मित्रोंके साथ सन् यात्-सेन पाश्चात्य ढँगकी युद्ध-नीतिकी आलोचना करने लगा। साथ ही वह मञ्चू-शासनका अन्त करनेके लिये अपने देशवासियोंको जगाने और गुप्त रूपसे मंचू सरकारकी सामरिक एवं आर्थिक शक्तिका पता लगाने लगा। उसने मन-ही-मन तय किया, कि मृत्युकी शंकासे रहित एक सेनादल तैयार करना होगा। कुछ समय तक सन् यात् सेन अपनी इस बातपर खूब सोच-विचार करता रहा। इसके परिणाम-स्वरूप क्रमशः उसका विचार कार्य-रूपमें परिणत होने लगा। एक सैनिक-दल तैयार हुआ। इसका नाम रखा गया—'डेयर-टू-डाइज' (Dare-to-Dies)।

इसी समय एकाएक होनोलूलूसे सेन्‌को बड़े भाईका एक पत्र मिला। उस पत्रमें उन्होंने सेनको फ़ौरन होनोलूलूके लिये प्रस्थान करनेको लिखा था। सेन् छुट्टी लेकर अपने भाईके पास चला गया। सेनके बड़े भाई 'दा-को' उस समय तक व्यवसाय-वाणिज्य द्वार काफ़ी धन संग्रह कर चुके थे। उन्होंने अपनी सम्पत्तिका आधा हिस्सा सेन्‌के नाम लिख दिया और कहा,—"विदेशी शिक्षा-दीक्षाने तुम्हें चौपट कर डाला है। तुम्हारी बुद्धि भ्रष्ट हो गयी है। तुम्हें उचित है, कि शान्त-शिष्ट बन कर अपना कारबार देखो; पर तुम उसके विरुद्ध समाज-द्रोह और राज-द्रोह फैलाया करते हो। भला इन बखेड़ोंमें पड़नेसे तुम्हारी कौनसी भलाई है? तुम्हारे कार्योंको देख कर मैं अत्यन्त दुखी हूँ और चाहता हूँ, कि तुम मेरी सम्पत्तिका आधा हिस्सा लेकर स्वतन्त्र रूपसे अपना कोई कारबार करो।"

सेन्‌ने इसके उत्तरमें कहा,—"मैं समाज-द्रोही और राजद्रोही होनेके लिये ही पैदा हुआ हूँ या यों समझिये, कि समाज और राजनीतिने ही मुझे द्रोही बना डाला है। आप मुझे इतनी सम्पत्ति बिना मेरी मेहनतके देनेको तैयार हैं, यह आपकी उदारता है; पर मैं इसे लेनेसे लाचार हूँ। आप मुझे माफ़ करें। मैं उसे लेनेको तैयार नहीं।"

इस प्रकार सेन्‌ने बिना मेहनतसे मिलने वाली भाईकी सम्पत्तिको पैरों ठुकरा दिया और वह एक प्रकार अपने परिवारवालोंसे अलग होकर रहने लगा। कालेजकी पढ़ाई समाप्त कर सेन्‌को युद्ध-विद्या सीखनेकी इच्छा हुई; पर युद्ध-विद्याकी शिक्षा पानेका कोई विशेष सुभीता न देख, वह काण्टनमें पहुँचा और वहाँ डाक्टरी पढ़नी शुरू कर दी। काण्टनमें रहते समय वह किसी गुप्त-समितिसे जा मिला। डाक्टरी पास कर जब डाक्टर सेन काण्टनमें डाक्टरी करने लगे, तब एक ओर डाक्टरी पेशा करते और दूसरी ओर विप्लवकी तैयारी। कहनेकी आवश्यकता नहीं, कि डाक्टरी बड़े ज़ोरोंसे चलने लगी थी और उससे इन्हें यश भी यथेष्ट मिला

था। परन्तु भीतर-ही-भीतर ये विप्लवकी बड़ी भारी तैयारी कर रहे थे। क्रमशः उनके उद्योग और परिश्रमसे विप्लववादियोंकी संख्या बढ़ने लगी।

जब चीनके साथ जापानका युद्ध छिड़ा, (यानी सन् १८९४ में) तब डाक्टर सन् यात सेनकी अवस्था कुल २८ वर्षोंकी थी। युद्धका मौक़ा देख, वे अमेरिका पहुँचे और वहाँके चीनियोंको विप्लवके लिये भड़काना शुरू किया। सब लोग उनका समर्थन करने लगे। कुछ धन संग्रह कर उन्होंने वहाँ छः सौ पिस्तौलें ख़रीदीं। निश्चय हो गया, कि 'डेयर-टु-डाइज़' सैनिक काप्टेन 'इयामेन' अधिकारमें कर लें। पर विश्वासघातक आदमियोंके फूट जानेसे पुलिसको सारा हाल मालूम हो गया। कई विप्लवी युवकोंको फाँसीकी सज़ा दी गयी। फिर भी विप्लवियोंने 'इयामेन' पर हमला किया ; पर कोई फल नहीं हुआ। सरकारकी ओरसे घोषणा निकली, कि जो कोई सेनको जीवित या मृत किसी भी अवस्थामें पकड़ लायेगा, उसे काफ़ी इनाम दिया जायेगा। मौक़ा ठीक न देख, डाक्टर सेन इङ्गलैण्ड भागे। लण्डनमें चीन लीगेशनके लोगोंने उन्हें गुम कर डालना चाहा। उनके विश्वास-पात्र साथियोंमें एक धूर्त्त भी था। वह सरकारी जासूस था। उसने डाक्टर सेन्को बातोंमें भुलाकर लीगेशनके घरमें पहुँचा दिया ; वहाँ वे एक प्रकारसे क़ैदमें रखे गये। डाक्टर सेन् वहाँ पहुँचते ही अपने आसन्न सङ्कटको समझ गये। पर यहाँ उन्होंने बड़ी चालाकी की। दो विज़िटिंग-कार्डोंपर छोटे-छोटे अक्षरोंमें उन्होंने एक पत्र लिखा और डाक्टर जेम्स कैंटलीके पास उसे बड़ी मुश्किलोंसे भेजा।

उस पत्रका मज़मून इस प्रकार था:—

"डाक्टर जेम्स कैण्टली,

४६, डेवेन शायर स्ट्रीट।

मुझे पिछले रविवारको चीनी लीगेशनने फँसा लिया है। मैं यहा क़ैदमें हूँ। छुटकारेका कोई उपाय मुझे नहीं दिखाई दिया, तब आपको यह पत्र भेज रहा हूँ। शायद मौतको गले लगानेके लिये मुझे इङ्गलैण्डसे चीनको जाना पड़ेगा। लक्षणोंसे जान पड़ता है, कि ये मुझे चीन भेजे बिना न मानेंगे। आप मेहरबानी कर मुझे इनके पञ्जे से छुड़ानेकी कोशिश करें। मुझे चीन भेजनेके लिये लीगेशनने पहलेसे ही जहाज़ ठीक कर रखा है। रास्तेमें यहाँसे चीनतक मुझे काल-कोठरीमें बन्द करके ले जायेंगे। किसीसे बात करने या किसीको ख़त लिखने भी न देंगे। सचमुच ये सब भाग्यके ही फेर हैं ! और इस बेचारे पत्र-वाहकका भी ख़याल रखियेगा। इसके लिये इसके योग्य किसी अच्छे कामका बन्दोबस्त ज़रूर करा दीजियेगा। केवल मेरे लिये एक देश-भाईके नाते इसने अपनी जान यों जोखिम डाली है।"

चिट्ठी पाते ही डाक्टर जेम्स कैण्टली पहले पुलिस कमिश्नरके आफ़िसमें और फिर होम आफ़िसमें सहायताके लिये पहुँचे। दोनोंही स्थानोंसे उन्हें हताश होना पड़ा; क्योंकि दोनोंने स्पष्ट रूपसे कह दिया, कि इस विषयमें हस्तक्षेप करनेका हमें अधिकार नहीं है। अन्तमें डाक्टर कैण्टली प्रधान मन्त्री और पर राष्ट्र-सचिव लार्ड सैलिसबरीके पास पहुँचे। उनसे इन्होंने सारा कच्चा चिट्ठा खोलकर सुना दिया। लार्ड सैलिसबरीने चीनी लीगेशनको धमकाते हुए एक पत्र भेजा, कि अगर निश्चित समय तक डाक्टर सन्-यात्-सेन छोड़ न दिये जायेंगे अथवा यदि उन्हें किसी प्रकार लीगेशनके कारण क्षतिग्रस्त होना पड़ेगा, तो निश्चित है, कि चीनी लीगेशनको इङ्गलैण्ड छोड़कर चले जानेके लिये परवाना दे दिया जायेगा। ख़ास पर-राष्ट्र-सचिवकी ऐसी चिट्ठी पाकर लीगेशनकी हिम्मत नहीं रही, कि वह डाक्टर सन् यात सेनको रोक रखे। उसे इस प्रकार वाध्य होकर डाक्टर सेन्को छोड़ देना पड़ा।

छुटकारा पाकर डाक्टर सन् यात् सेन सारे युरोपका दौरा करने और स्वाधीनताके मन्त्रसे अपने देश-भाई चीनियोंको दीक्षित करने लगे। देखते-देखते

उनके दलमें कितने ही नये-नये आदमी आकर भर्ती होने लगे। खास चीनमें भी जगह जगह छोटी-मोटी विप्लववादी सभा-समितियाँ स्थापित होने लगीं। वहाँके गाँव-गाँव और नगर-नगरमें राष्ट्रीय स्वाधीनता-का वातावरण निर्माण होने लगा। धीरे-धीरे स्वाधीनताकी यह आग भीतर-ही-भीतर स्कूल-कालेजोंके विद्यार्थियोंतक जा पहुँची। जापानकी राजधानी टोकियोमें एक विशेष केन्द्र-सभा स्थापित हुई। जो विद्यार्थी टोकियोके विश्व-विद्यालयमें पढ़ने आते, टोकियो-स्थित समिति उन्हें स्वाधीनताकी वार्त्ता सुनाया करती थी। वह क्रमशः स्वाधीनताकी प्राप्तिके लिये चीनी छात्रोंको आत्म-बलिदान करनेकी शिक्षा देने लगी। टोकियोसे इस प्रकार स्वाधीनताके मन्त्रसे शिक्षित और दीक्षित होकर जब ये विद्यार्थीगण अपने घर लौटते, तब वहाँ भी हित-मित्रों और पुरजन-परिजनोंको उसी प्रकारकी बातोंसे भरने लगते थे।

युरोपका प्रचार-कार्य समाप्त कर डाक्टर सेन् जब टोकियोमें वापस आये, तब समस्त विप्लववादियों-की संस्थाओंने मिल कर उनका स्वागत किया। डाक्टर सेनके कहनेसे ये सब संस्थाएं एकमें मिला दी गयीं और उसका नाम 'तुङ्ङ् मेंङ् हुई' रखा गया। अब इस बलिष्ठ संस्थाने सीधे सादे शब्दोंमें घोषणा की, कि हमारा उद्देश्य विदेशी मंचू शासनकी जड़ खोद कर फेंक देना है। इन विदेशियोंका नाश कर हमें चीनमें प्रजातन्त्रकी स्थापना करनी है। प्रजातन्त्र-वादी चीनियोंकी ओरसे उनके प्रधानकी हैसियतसे डा० सेनने घोषणा की:—

"तिन-मिङ-ऊ-चाङ्" यानी "राजाकी दैवी शक्ति सार्वकालिक नहीं होती—वह चिरस्थायी नहीं है।"

राह चलते मज़दूर भी इस बातको मानों हृदयंगम करने लगे। जो लोग अबतक राजाकी दैवी शक्तिपर अटूट विश्वास रखते और उसके विपरीत कुछ सोचनेमें भी मारे भयके काँप उठते थे, वे भी अब राजाकी ओर कुपित तथा सन्दिग्ध दृष्टिसे देखने लगे। औरत, बच्चे, बूढ़े, जवान—किसीको भी अब अहंकारी राज-कर्मचारियोंको देखकर भय नहीं जान पड़ता था। विप्लवी संघटन करनेवाले गाँव-गाँवमें घूमकर संयत भावसे, परन्तु दृढ़ताके साथ इसी वाणीका प्रचार करने लगे। दिशाएँ उनके स्वर-से-स्वर मिला-कर कहने लगीं,—"राजाकी दैवीशक्ति चिरस्थायी नहीं होती।"

अब समय अनुकूल जान, डा० सन् यात् सेनने सन् १९०७ में मिन-ताङ् दलकी नींव डाली। 'हुआन सिङ्' को उन्होंने अपना दाहिना हाथ बनाया, वे जापानमें रहकर विप्लववादी चीनी नवयुकोंको सामरिक शिक्षा देने लगे; जापानी उस्तादोंसे चीनी युवक तलवार चलाना सीखने लगे। उनके दलके लिये यह नियम बन गया, कि 'डेयर-टु-डाई' सेनाके प्रत्येक सैनिकको अपने पास गुप्त रूपसे एक छुरा सब समय रखना होगा।

उधर सन् १९०८ ई० में चीन-सम्राटकी मृत्यु हो गयी। राजगद्दीपर एक नाबालिग लड़का बैठाया गया। मंचू-सम्राटकी विधवा सम्राज्ञी और उस नाबालिग लड़केका पिता—ये दोनों वली मुक़र्रर हुए। पापके राज्यमें विश्रृङ्खलताने प्रवेश किया। विदेशी मंचू लोगोंने आ-आकर चीनियोंको सब ऊँचे-ऊँचे राज-पदोंसे हटाना शुरू किया। शासनमें जो बातें अच्छी थीं, वे रद्द की जाने लगीं। मंचू अधिकारिवर्गने प्रजाजनोंपर बड़े ज़ोर-शोरसे अत्याचार-अनाचार करने शुरू कर दिये। प्रजाके आर्त्तनादसे आकाश-मण्डल गूँज उठा। बक्सर-क्षति-पूर्त्ति के रुपये बटोरनेकी चेष्टामें सरकार नित्य नये-नये कर वसूल करने लगी। सर्वत्र अशान्ति फैल गयी। प्रजा जल-भुनकर खाक हो रही थी!

यह अवस्था देख, डाक्टर सेनने फिर घोषणा की, कि—"राजाकी दैवीशक्ति चिरस्थायी नहीं होती।"

अत्याचार-अनाचारसे पीड़ित प्रजाजनोंके कानोंमें विप्लवी युवकोंकी तलवारोंने झनझना कर कहा,—

"राजाको दैवीशक्ति चिरस्थायी नहीं है। भाइयो ! सोच क्या रहे हो ?"

समस्त प्रजाजनोंको वह वाणी स्पष्टतः सुनाई दी। वे उसे सुनकर आनेवाली शुभ घड़ीकी राह देखते हुए भीतर-ही-भीतर तैयार होने लगे।

१० वीं अक्टूबर १९११ ई० को 'उङ्‌चा' नगरमें विद्रोहकी घोषणा कर दी गयो। राज-सरकारकी तरफ़के बहुतेरे सैनिक आकर विप्लवियोंके साथ मिल गये। विप्लवियोंने फ़ौरन नगरपर अधिकार कर लिया। प्रादेशिक सरकारी अधिकारियोंकी कोठियों और इमारतोंपर अधिकार कर लिया गया। एक-एक कर कई शहर विप्लवियोंके हाथोंमें आ गये। लोग स्वेच्छासे आत्म-समर्पण करने लगे। विप्लवसे संक्रामक रोगकी तुलना की जाती है। देखते-देखते कई जगह अपने आप विद्रोहकी आग भड़क उठी। यह हाल देख, मंचू-अधिकारियोंके सारे अभिमान हवा हो गये। उनकी जानोंके लाले पड़ गये। मारे डरके वे अपने आपही यहाँ-वहाँ भागने लगे। इयांसी नदीका सारा दक्षिणी हिस्सा राष्ट्रीय दलके हाथोंमें आ गया।

राज-सरकारसे वेतन पानेवाली शिक्षित सेनाने जब पेकिनसे बाहर आकर विद्रोहियोंपर आक्रमण किया, तब इनपर बड़ी भारी मुसीबत आ पड़ी। परन्तु सर्व-साधारणकी सहायता और समर्थन पाकर विप्लवियोंने न केवल अपने आपको ही सम्हाला ; बल्कि सरकारी सेनापर भी आफ़त ढा दी। डाक्टर सेन्‌ने पहलेसे ही कह रखा था, कि "सर्वसाधारणपर किसी प्रकारके ज़ोर-जुल्म न होने पायें—अमेरिकनों और युरोपियनोंका ज़रा भी अपमान न हो।"

विप्लवियोंने डाक्टर सेनके इस आदेशका अक्षरशः पालन किया। सरकारी सेनाकी नाकमें दम आ गया। राजाकी ओरसे घोषणा की गयी, कि हम अङ्गरेज़ोंकी शासन-व्यवस्था-जैसी व्यवस्था करनेको तैयार हैं। विप्लवियोंकी ओरसे जवाब दिया गया, कि हम वैसी शासन-व्यवस्था भी नहीं चाहते। हम चाहते हैं, पूर्ण प्रजासत्तात्मक शासन। इसके बिना और किसी भी प्रकारकी शासन-व्यवस्थासे हम सन्तुष्ट नहीं हो सकते।

विद्रोहियोंने शंघाईके बन्दरपर कब्ज़ा कर लिया। नानकिन इनके हाथोंमें आ गया। राजा दंग हो रहे। उनकी सरकार किंकर्त्तव्य-विमूढ़ हो रही थी। एक ओर राज-कोष एकदम खाली था। दूसरी ओर अत्याचारी शासन-शक्तिका एक-मात्र सहारा था सेनाका; सो वह भी बहुत कुछ असन्तुष्ट हो रही थी। अधिकारिवर्गके प्रधान-प्रधान व्यक्ति राजाके विरुद्ध षड़यन्त्र कर रहे थे। राजाको हर तरहसे वाध्य होकर समझौतेका प्रस्ताव पेश करना पड़ा। बातचीत चलने लगी। पर अन्तमें सरकारने प्रजाको शासनाधिकार देनेसे अस्वीकार कर दिया। साथ-ही-साथ समझौतेकी सब बातें भी हवा हो गयीं।

अबतक डाक्टर सेन जापानमें बैठे हुए विप्लवको चरम सीमापर पहुँचानेकी तैयारी कर रहे थे। जययुक्त हो, अपनी स्वाधीनताकी खुशियाँ मनाते हुए विप्लवियोंने नानकिनमें प्रजातन्त्रकी स्थापना की। अब डाक्टर सन्‌यात्‌सेन स्वदेश लौटे। सब विप्लवियोंने मिलकर, एकमत होकर, उनसे राष्ट्रपति होनेके लिये अनुरोध किया। उन्होंने अस्थायी रूपसे इस पदको ग्रहण करना स्वीकार किया और १ली जनवरी १९१२ को वे चाइनीज़ रिपब्लिकनके (चीनी प्रजातन्त्र-शासनके) अस्थायी राष्ट्रपति मनोनीत हुए।

इयांसी नदीके दक्षिणमें जहाँतक चीनका राज्य था, वह सब अब राष्ट्रीय-सेनाके अधीन आ गया। रिपब्लिकन गवर्नमेण्ट यानी प्रजासत्तात्मक शासन-व्यवस्था प्रतिष्ठित हो गयो; परन्तु इयांसी-नदीके उत्तरी भागका चीन अबतक राज-सरकारके हाथोंमें ही पड़ा रहा। विप्लवी दक्षिणने सम्राट्‌के पास एक प्रस्ताव भेज दिया, कि "राजा गद्दी छोड़ दें।" उन दिनों राजा ना-बालिग़ थे। उनकी अभिभाविकाके आगे यह प्रस्ताव रखा गया। उन्होंने उसे स्वीकार किया।

सरकारी सेनाके ४६ सेनापतियोंने राजासे शान्ति और सुव्यवस्थाकी स्थापनाके नामपर गद्दी छोड़ देनेके लिये अनुरोध किया। २२ फरवरी १९१२ को मञ्चू-राजाके प्रधान अधिकारी और राज-मन्त्री यूआन-शीकाईने डाक्टर सेनके पास एक चिट्ठी भेजकर सूचना दी, कि मञ्चू-राजाने राज-गद्दी छोड़ दी है— वे तख्तसे उतर गये हैं।

कुछ दिनों बाद डाक्टर सन् यात् सेनने, न मालूम क्यों, भूतपूर्व विश्वासघातक यूआन शीकाईको राष्ट्रपति होनेके लिये बुलाया! यह एक ऐसा रहस्यपूर्ण तथ्य है, कि आजतक किसीको इसका ठीक-ठीक पता नहीं चला, कि उन्होंने ऐसा क्यों किया?

विप्लवी दल उनकी इस बातको स्वीकार करनेको तैयार न था। वह जानता था, कि यूआन शीकाई कितना बड़ा विश्वासघाती है। राष्ट्रवादियोंके साथ उसने जो विश्वासघात किया था, उसे राष्ट्रवादी भूल न सके थे। उन्होंने कहा,—"नहीं, हम अपने नेता और राष्ट्र-गुरुको नहीं छोड़ सकते। ऐसा नहीं हो सकता।"

इसपर डाक्टर सेनने कहा, कि यूयान शीकाई मेरी अपेक्षा अधिक योग्य व्यक्ति हैं। वे मुझसे अधिक काम कर सकते हैं। १४ वीं फरवरीको यूआन शीकाई चीनी प्रजातन्त्रके सर्व-प्रथम स्थायी राष्ट्रपति निर्वाचित हो गये। इसके बादही राजधानी नानकिनसे उठकर पेकिनको चली गयी।

डाक्टर सेनने जब स्वयं यूआन शीकाईको प्रेसिडेण्ट बनाया, तब उनके अनुयायी भी चुप हो रहे। पर वे ऐसा करनेको स्वेच्छासे तैयार नहीं थे। उनके अनुयायियोंने उन्हें बारम्बार इस विषयमें सावधान किया और विश्वासघातीपर विश्वास करनेसे उन्हें रोकना चाहा; परन्तु डाक्टर सेन उस समय यह न समझ सके, कि यूआन शीकाईकी आन्तरिक अभिलाषा मौक़ा पातेही सम्राट बननेकी है। यद्यपि यूआन शीकाई उन दिनों चीनके श्रेष्ठ और महान् पुरुषोंमें थे, तथापि यह इच्छा उनके हृदयमें छिपी हुई थी। इस बातको और लोग समझ रहे थे; पर डाक्टर सन यात सेनकी बातको वे एकाएक टाल न सके। अपनी इसी आन्तरिक अभिलाषाको पूर्ण करनेके लिये यूआन शीकाईने इङ्गलैण्ड, फ्रान्स, जापान और जर्मनीके पाससे अपर्याप्त ऋण लेना शुरू कर दिया। प्रादेशिक शासकों, सैन्य-सामन्तों और सेनापतियोंको वे अपने पक्षमें मिलाने लगे। बहुतोंको मिलाकर वे यथेच्छाचार करने लगे। विप्लवियोंके दो सेनापति बिना विचारे मार डाले गये। उनके इशारेसे बहुतेरे देशभक्त दुनियाके पर्देपरसे एक-एक करके हटा दिये गये।

डाक्टर सन यात् सेन कुछ समय तक यह सब काण्ड चुपचाप देखते रहे। पर अत्याचार और गुप्त घातकी मात्रा बढ़ते देख, वे व्याकुल हो उठे। उन्होंने विप्लवियोंको एकत्र कर फिर विद्रोहकी घोषणा की। पर धूर्त्त यूआन शीकाईने उनकी सब कोशिशोंको अपनी चालाकियोंसे बेकार कर दिया; उसने सारे देशमें प्रचारित कर दिया, कि डाक्टर सेन और उनके पक्ष-समर्थक विद्रोही और ग़ैरकानूनी हो रहे हैं—ये लोग वर्त्तमान शासन-व्यवस्थाको भी तोड़ डालना चाहते हैं। उसके आदेशानुसार राष्ट्रीय पार्लमेण्टसे उनके सभी सदस्य अलग कर दिये गये। परन्तु जब इतनेपर भी शान्ति नहीं हुई; बल्कि असन्तोष और उत्तेजन बढ़ता ही गया, तब यूआन शीकाईने सन् १९१४ ई० में प्रजातन्त्रकी पार्लमेण्ट ही तोड़ डाली। उसने अपने पक्ष समर्थकों और दलवालोंको लेकर स्वेच्छाचारिता करनी शुरू कर दी। शीकाई केवल अपने मुट्ठी-भर सलाहकारोंको लेकर शासन करने लगा। डाक्टर सेन और उनके साथी अन्यान्य विप्लवियोंको देश-निकालेकी सज़ा दे दी गयी। ये लोग फिर स्वदेश छोड़नेको वाध्य किये गये। बहुतेरे लोग जापान चले गये। विप्लवियोंका दल निराश होने लगा। उनका किया-कराया काम बिगड़ने और बना-बनाया घर टूटने लगा। वे हिम्मत हारने लगे। उनकी जमात टूटने और छोटी-छोटी गुटबन्दियोंमें बँटने लगी। एक दल

वाले कहने लगे,—"अब क्या होना-जाना है ? इतने काण्ड करनेपर भी जब कुछ फल न हुआ, तब अब और क्या आशा है ?" इस प्रकार निश्चय कर बहुतेरे लोग नरम दल वाले बन गये। इन लोगोंने विप्लवियोंका साथ छोड़ दिया। डा० सेन अपने बाकी बचे आदमियोंको ही लेकर 'को-मिन-ताङ्' यानी प्रजातन्त्रके कामका प्रचार-कार्य करने लगे।

सन् १९१५ ई०के दिसम्बरमें विश्वास-घातक यूआन शीकाईने अपने आपको चीन-सम्राट्के नामसे घोषित कर दिया। युरोपियन शक्तियोंने देखा, कि गृह-कलहका यह अवसर यहाँकी अतुल सम्पत्ति हिथयाने और आपसमें बाँट लेनेका बहुत ही बढ़िया मौक़ा है। इससे अच्छा मौक़ा और क्या हो सकता है ? इसलिये तमाम युरोपीय राष्ट्रोंने उसी समयसे यूआन शीकाईकी हर एक बातका समर्थन करना शुरू किया। वे उसके हर काममें सहारा भी देने लगे। 'को-मिन-तङ्' दलके बारेमें वे आरम्भसे ही बुरी भावनाओंका पोषण करने लगे। वह उनकी आँखोंमें काँटेकी तरह चुभने लगा। सन् १८८४ ई० से राजनीतिक पादरी (ईसाई धर्म प्रचारक) और सौदागर लोग जिस अभिप्रायको पूर्ण करनेकी ताकमें लगे हुए थे, उसका मौक़ा आज उन्हें साफ़ तौरसे मिलता दिखाई दिया। ज्योंही उन्हें यह मालूम हो गया, कि डाक्टर सन् यात् सेन उनके अभिप्रायोंकी जड़में कुठाराघात करनेपर तुले हुए हैं, ज्योंही वे यह बात समझ गये, कि 'को-मिन्-ताङ्' दलकी चेष्टाएँ भी स्वाभाविक गृह-कलह और साम्राज्य-विरोधी रुचिकी परिचायक नहीं हैं; बल्कि अत्याचार और शोषणके विरुद्ध किसी सोयी हुई जातिको जगाने वाली हैं—त्योंही वे डाक्टर सन्-यात् सेनके विरुद्ध उठ खड़े हुए। इस प्रकार वे एक ओर तो उस चेष्टाका विरोध करने लगे, जो मृत चीनी जातिको जागृत करना चाहती थी और दूसरी ओर अहंकारी, स्वार्थाभिमानी यूआन शीकाईकी प्रत्येक बातका समर्थन करने लगे।

जब चीनके सर्वसाधारणको मालूम हुआ, कि यूआन शीकाईके कामोंसे विदेशी लोग बड़े सन्तुष्ट और प्रसन्न हैं, तब उनकी आँखें खुलीं। वे चेते। उनमें उत्तेजनाका सञ्चार हुआ। विश्वासघातक और धूर्त्तमें साहसका होना असम्भव है। लोगोंमें उत्तेजन आते देख, यूआन शीकाई डर गया। उसने गद्दी छोड़ दी। उसके बाद फिर दूसरे राष्ट्रपति हुए विप्लवी दलके सेनापति ली यूआन हाङ्। ये सन् १९१६ ई० में राष्ट्रपतिके पदपर प्रतिष्ठित किये गये। इन्होंने फिर पार्लमेण्टकी रचना की। सन् १९१७ के जूनतक पार्लमेण्ट बदस्तूर चलती रही। इधर यूआन शीकाईने भी अपने दलवालोंको भड़काया। इसके पक्षवालोंने कहा,—"हम पार्लमेण्ट नहीं चाहते।" इन लोगोंने देखते-देखते अपना दल इतना मज़बूत कर लिया, कि प्रेसिडेण्ट 'ली' को पेकिन छोड़कर अन्यत्र हट जाना पड़ा।

इसके बाद एक-एक दल आगे बढ़ने लगा और दूसरे दलसे हार खाकर हटने लगा। कुछ काल तक यही हाल रहा। देशकी अवस्थाका किसीको कुछ ख़याल न रहा। सन् १९१७ ई० के अगस्तमें 'चाङ्-सू' ने पुनः मञ्चू-राजवंशको शाही गद्दीपर बैठानेकी कोशिश की; पर 'आन्-कू' दलने उनके इस कामको होने न दिया। १९२० तक आन्-कू दलकाही प्राबल्य रहा। इसके बाद 'चिहली' नामका एक दल आगे बढ़ा। यद्यपि यह दल 'चाङ्-सू' दलकी तरह साम्राज्यवादका सकर्थक नहीं था, तथापि यह दल अपने स्वार्थोंका बड़ा ही कट्टर पक्षपाती था। उ-पी-फू, साव कुन, और चाङ्-सो-लिन—ये ही इस दलके नेता थे। सन् १९२२ में उ-पी फू और चाङ्-सो-लिनमें झगड़ा हो गया। मतभेद बढ़ता गया। अन्तमें उ-पी-फू विजयी हुए और उन्होंने पुनः 'ली' को राष्ट्रपति बनाया। फिर पार्लमेण्टकी रचना हुई। सेना नायक साव कुनने पार्लमेण्टके सदस्योंको बीस लाख 'ली' (सिक्का) रिश्वत देकर सन् १९२४ ई० तक पार्लमेण्टमें अपनी प्रधानता हर बातमें क़ायम रखी। उधर शंघाई

ज़िलेके अधिकारके लिये उ-पी-फू और चाङ् सो लिन आपसमें लड़ने लगे। उ पी-फूने अपने ईसाई सेनापति फेङ् उ शियाङ् पर पेकिन जानेकी उत्तरी राहकी रखवाली करनेका भार सौंपा। २२ अक्टूबर १९२४ को फेङ् उ शियांने पेकिनमें प्रवेश कर साव कुनको क़ैद किया। शासन-भार अपने हाथोंमें ले लिया। एक वर्षतक याङ् और चाङ् दोनोंने आपसमें बाँटकर आधिपत्य किया। पर सन् १९२५ ई० के अक्टूबरमें दोनोंमें झगड़ा हो गया। फेङ्के उ पी फू दलसे अलग होनेके बाद चाङ् सो लिन शंघाईके ज़िलेपर अधिकार किये बैठे थे! अब फिर इसीके लिये लड़ाई छिड़ी। चाङ्, उ और शांतुङ् प्रदेशके शासक चाङ्चुङ् चाङ् इन तीन योद्धाओंने एक साथ मिलकर फेङ्को पराजित किया।

चीनियोंका गृह-युद्ध बढ़ताही गया। उत्तरी प्रान्तोंके विभिन्न शासक और सेनापति राज्य-लिप्साके लिये एक दूसरेपर हमले करते, विदेशियोंसे अभिसन्धि करके अधिकार बढ़ाना चाहते; पर इन लड़ाइयोंसे देशका नाश हो रहा था। देशकी सच्ची कल्याणकामना केवल सन्-यात्-सेनके अनुयायी "राष्ट्रीय" दलवाले चाहते थे, जो दक्षिणी प्रान्तमें समस्त सैनिक तैयारियाँ करनेमें लगे थे। इस कार्य्यमें उन्हें रूसी बोल्शेविकोंसे भी बहुत सहायता मिली थी। दक्ष बोल्शेविक सेनापतियोंने राष्ट्रीय सेनाका संगठन किया, जो उत्तरी सेनाओंको परास्त करनेमें सफल हुई। डा० सन् यात् सेन स्वयं बोल्शेविकों और उनकी सोविएट शासन-पद्धतिके अनुयायी थे; पर उनकी मृत्युके बाद राष्ट्रीय दल "को मिन ताङ्" में कितनेही अमीर और पूँजोपति चीनी भी घुस पड़े, जो बोल्शेविकोंसे दूर रहनेका उपदेश देने लगे। इन्हीं अमीरोंका मुख्य नायक चिआंग काई शेक राष्ट्रीय सेनाका प्रधान सेनापति हो गया। श्री चिआंग काई-शेक वास्तवमें एक बड़ेही दक्ष सेनापति हैं, और इनके संचालनमें राष्ट्रीय सेनाने उत्तरी प्रान्तोंको भी दख़ल करना आरम्भ किया। मंचूरियाके प्रधान शासक मार्शल चेङ्ग-सो-लिन, जो वास्तवमें जापानका मोहरा था, बम फटनेकी दुर्घटनासे मर गया, और उसकी मृत्युके बाद भी फिर उत्तरमें कोई प्रबल प्रतिद्वन्दी न रहा; इस लिये राष्ट्रीय सेना सहजही उत्तरी और दक्षिणी चीनको एक शासन सूत्रमें मिला सकी। इस विजयमें सहस्रों देश-भक्त चीनियोंके जो अपूर्व वलिदान हुए हैं, उनकी चिरस्थायी स्मृति चीनी इतिहासमें अंकित रहेगी। पर चीनका सङ्कट अभी पूर्णतया दूर नहीं हुआ है। विदेशी साम्राज्यवादी जैसे अङ्गरेज़, जापानी, अमेरिकन, फ्रेञ्च आदि ताक लगाये बैठे हैं, और किसी-न-किसी तरह चीनमें घुसकर अपना व्यापार या अधिकार बढ़ाना चाहते हैं। चीनका पूर्वी समुद्र-तट अब भी विदेशियोंके कब्जेमें है; और जबतक उनका प्रभाव वहाँसे नहीं हटाया जायेगा, तबतक चीनका जीवन संकटापन्न हो समझना चाहिये। राष्ट्रीय सरकार विदेशियोंसे अधिकार हटानेका आग्रह कर रही है; पर वे हटना नहीं चाहते। चीनका भावी संकट दूर करनेके लिये राष्ट्रीय दलवालोंको अभी और भी वलिदान करने होंगे, तब जाकर कहीं चीन पूर्ण रूपसे स्वतन्त्र होकर अपना मस्तक गर्वसे ऊँचा कर सकेगा।

"लगातार चालीस वर्षतक चीनकी स्वाधीनता और स्वतन्त्रताकी प्रतिष्ठाके लिये मैंने राष्ट्रीय विप्लवका काम किया है। इन लम्बे चालीस वर्षोंके समयमें मैंने जो ज्ञान अपने अनुभव द्वारा प्राप्त किया है, और जो मेरे हृदयके पर्दे-पर्देमें जम गया है, वह यही है, कि यदि हम लोग अपने आदर्शसे तनिक भी विचलित नहीं हों और सदा संसारके कल्याणको ध्यानमें रखते हुए अपना कर्त्तव्य करते जायें तथा जो समानताकी हैसियतसे हमारा सहयोग दें, उनसे सहायता लेते रहें, तो एक न एक दिन हम अवश्यही प्रजासत्तात्मक शासन प्रतिष्ठित कर सकेंगे।"

—डाक्टर सन यात् सेन।

(मृत्युके समयकी उक्ति)

(कविता-खण्ड)

बलिवेदिका

[रचयिता—श्रीयुत महेशप्रसाद मिश्र, 'रसिकेश']

(१)

ऐ मर्त्योंके मुक्ति-मार्गकी पूर्त्ति—सरलतासिक्त !
कभी-कभी क्यों बन जाती हो निज स्वभाव-अतिरिक्त ?
कि जिससे लाखों-लाखों लाल ;
निगलता जाता काल कराल ।
गोदी होती है जननीकी शून्य हाय ! तत्काल ।
बच रही अस्थि मात्र कंकाल ॥
विगत संज्ञा-सी अबला दीन ;
बिलखती यत्र-तत्र बेहाल ।
पिरोती मोती आँखों बीच ;
देख करुणा भी तेरी चाल ।
हृदय होता है चकनाचूर ;
विश्वका देख रूप विकराल ॥

(२)

घर-के-घर प्राणी-विहीन बन बनते तुल्य मसान ।
कभी-कभी सम्पन्न कुटम-के-कुटुम निछावर जान ॥
देवि ! करते हैं सहसा हाय ।
अनोखी अहो ! तुम्हारी शान ।
देखा और सुना है कितने देश हुए वीरान ।
मर गये सुनते सुनते कान ॥
नवल नन्दन निकुंज छवि पुंज ;
काम था जिनपर अर्पित-प्राण ।
हुए भस्मावशेष वे आज ;
हुए वे विस्मृत स्वप्न समान ।
परम पापात्मा, परम-कृतघ्न ;
विश्वने किया खूब ही मान ॥

(३)

कह सकता है, कौन कि तुमने खेले कितने खेल ?
खेले कितने मेल-जोलके औ कितने बे-मेल ?

यथा विद्युत्-प्रकाश प्रतिपत्ति ;
रचाती रंग-विरंगे चित्र ।
अस्ताचल-धावित दिनेशकी किरणावली पवित्र ।
छितिज पर पड़कर चित्र विचित्र ॥
अखिल रंगोंकी रूप समष्टि ;
सृष्टि स्वर्धनुकी करती मित्र !
बदल कर त्योंही पट-परिधान,
विविध विधि, चारु कुचारु चरित्र ।
सुमनके सतत खींचती देवि !
अहो रहती हो—अद्भुत इत्र ॥

(४)

पर कृतज्ञता मूर्तिवती-सी तुम हो देवि ! विशाल ।
मिट्टीके बदले देती हो सुठि सुमेर तत्काल ॥
शहीदोंकी लेकरके देह—
बनाती जाँ निसार संसार ॥
कितना आदर, मान, प्रतिष्ठा, गौरवका भांडार ।
किये तुमने उनपर न्योछार ॥
हुए वे निराकार—साकार ।
हुए वे त्रिभुवन-अंकित-अंक ;
रमे रामेव सकल संसार ।
हुई सृष्टी उनका घर-द्वार ;
हुए वे विश्वात्मा घर-द्वार ॥

(५)

अग्रगण्य-अनरण्य अवधपति कैसे होते आज ?
मातृ-भूमिकी बलि-वेदीपर यदि न गिराते ताज ॥
पूछता कौन कहो हाँ आज ?
यदि न दशकंठ बाँहकी खाज—
मिटाता—रामचन्द्रके साथ बजाकर लोहा कठिन कठोर ।
यदि न करके झंझा-झकझोर ॥
धनञ्जयका धन, धसकर शत्रु—
सैन्य-सरितेश महा घनघोर !
वीरगति किये न होता प्राप्त ;
कहाँ था उसे यहाँ तब ठौर ?

तोड़ दी होती कलम न व्यास ;
महाभारतमें उसपर और ॥

(६)

महिष मर्दिनी आदि शक्ति-रूपिणी चण्डिका तुल्य ।
झाँसीकी रानी अरि-अम्बुद-झंझासी बहु मुल्य ॥
पता अबकहीं न उसका, किन्तु;
कमीकी चली गयी सुर—धाम !
कहाँ गयी वह मूर्ति-द्वयी गोरा, बादलकी पूत ?
भीमकर्मा वह सिंह-सपूत ।
भीम सीं कहाँ आज है हाय-,
शक्र सा समर सिंह अदभूत ?
हुआ कबका अपहृत बल-युक्त;
कालके हाथों—शक्ति प्रभूत !
हाथ मल-मल करके निरुपाय;
सहे हम बज्राघात अकूत ॥

(७)

कहाँ ?—कहाँ ? वह राय पिथौरा पृथीराज चौहान ?
कहाँ ?—कहाँ ? वह राना साँगा वीर बाँकुड़ा ज्वान ?
कहाँ वह राज स्थानी शेर—
प्रतापी वीर प्रताप प्रचण्ड ?
अमर सिंह राठौर कहाँ वो परम प्रबल बरबण्ड—?
सलावत जंग धृष्ट उद्दंड—
हुआ था भरी सभाके बीच—
वार से जिसके चट दो खण्ड ।
युद्ध ताण्डवी तांतिया कहाँ—
कहाँ वह धुन्ध पन्त मार्तण्ड ?
कहाँ वह वीरोंका सरताज;
कुँवर सीं ग्रीष्म-मीष्म रवि चण्ड ?

(८)

कहाँ शिवा वह शूर-शिरोमणि जिसने शाही शान—
शेखी सारी धूल मिला दी रख कर हिन्दू आन ?
कहाँ वह छत्रसाल-शमशेर—
किया म्लेच्छोंका काम तमाम ?

एकैक स्मृतिसे होता है उथल-पुथल हृद्धाम।
द्वन्द्व मचता है आठो याम॥
जगाती जीवन-ज्योति अनूप;
सरल बनता जीवन संग्राम।
नपुंसकता पाती पुंसत्व;
बदौलत जिसकी-वाञ्छित काम।
प्रवाहित कर देती अविलम्ब;
विपुल विद्युत् प्रवाह उर-ठाम॥

(९)

अंगारे बनती हैं आँखें किसकी नहीं तुरन्त—?
बिस्मिलकी झाँकी एकाकी झाँक हृदय एकान्त।
ख्याल आता अशफ़ाकुल्लाह;
चीख़ उठता न कौन कह आह!
पूर्ण यतीन्द्र-यतीन्द्र नाथके गुन-गुन कर गुण गान—
तड़प उठते किसके नहिं प्राण?
न हो उठता है पागल कौन;
देख कर बटूक, भगतकी शान?
जान कर भी कि लाजपतिराय;
हुए थे कैसे मर्द्दित मान—?
न होती सिंह-शक्ति संचरित;
बताओ किस कृतघ्न-हृद्धाम?

(१०)

योंही देवि! अनादि कालसे भारत भूमें नित्य।
सिखलाती आती हो हम नवयुवकोंको औचित्य॥
पेश कर परम स्फूर्ति-समुद्र—
नवल अति अमल मनोज्ञ मिसाल।
हिन्दी, हिन्दू, हिन्द-भक्तिकी छुरिका की कल-धार—
तनिक भीहोती कुन्द विचार॥
शान तुम धरती हो तत्काल;
शक्तियोंकी ले भेंट अपार।
लहर सी प्रलय कालकी एक;
जहर सी, कहर-सनसनी दार—
देशके काने-कोने देवि!
शीघ्र कर देती हो संचार।

(११)

उऋण न हम सब हो सकते हैं कभी किसी भी काल।
मातरि:! उपकारोंसे तेरे, आभारी हम बाल॥
आजकल किन्तु सभी जा देवि!
चल पड़ी है सभ्योंकी चाल!
'शब्दों' में कृतज्ञता-ज्ञापन उपकारी समकक्ष।
इसीका हम भी लेते पक्ष॥
अनेकों धन्यवादके साथ;
पाद प्रणिपात हमारे लक्ष।
याँचते हैं पुनि आशीर्वाद;
'जन्म-भू दु:ख दहनमें दक्ष।
बनें हम, संगीनों समकक्ष—
खोल दें अपने-अपने वक्ष॥

बलिदान

[रचयिता—श्रीयुत छैलबिहारी दीक्षित 'कण्टक']

(१)

निपट-निराशाकी रजनीमें आशाके प्रदीप, सुकुमार—
लिये टिमटिमाते हाथोंमें भटक रहे पागल दो-चार।
देख दासता-दूषित-दुबल-दीन देशका हाहाकार—
सहमे, हृदय हिल गया,—आँखोंसे निकली आँसूकी धार॥
धधकी अन्तस्तलकी ज्वाला,
कठिन हो गया पाना त्राण।
सुखसे समराङ्गणमें कूदे,
लिये हथेलीपर निज प्राण॥

(२)

रोका—किन्तु कहीं रुकता है उमड़े नदका प्रबल-प्रवाह?
बन्धन तोड़, मोड़ मुख सुखसे उबल उठा सोया उत्साह।
मन्द-हास अधरोंपर आँखोंमें ले अल्हड़ताकी चाह—
सरसे कफ़न बाँधकर आये 'सिंह' सपूत मुक्तिकी राह॥
भड़कीं प्रतिहिंसक प्रवृत्तियाँ,
देख न सके अधिक अन्धेर।
हृदय उछलने लगा हर्षसे,
सुन कर वलि-वेदीकी टेर॥

(३)

बढ़े—रुक गये, देखा सम्मुख सात सयानोंका वह खेल—
न्याय स्वत्व जो आये देने दूर देशसे सङ्कट (?) झेल।
किन्तु हुआ उनके आते ही इस बिखरे समाजमें मेल,
वह क्या? बहिष्कार—! स्वागतके समय; हुई बहुतोंको जेल॥
ज्वाला जलती हुई रुईसे,
रुकी न फिर फड़के कुछ क्लान्त।
चिनगारी फूटी पल भरमें,
हुए प्रान्तके प्रान्त अशान्त॥

(४)

देखो, वीर-भूमि है, जाना इधर दिखा समुचित सम्मान,
अमिट अक्षरोंमें अङ्कित है, यहाँ शहीदोंका गुण-गान।
मिट्टीके कण-कणमें मिश्रित रक्त-राजपूतोंकी शान—
ठौर-ठौर है यहाँ निछावर 'थर्मापोली' के बलिदान॥
पड़ी ठेस-पर-ठेस, न सोचा
करते कुछ भी भारी भूल।
बढ़े सगर्व कुचल कर वे
पदसे प्राचीन कीर्तिके फूल॥

(५)

कैसे सह सकते थे कोमल-दिलपर ऐसे कठिन प्रहार,
पिघल पड़े, हाँ, रह न सके जब, लख अमानुषिक अत्याचार।
सिंहासन हिल गया...शान्ति-रक्षक सहमे...चौंका संसार,
कोटि-कोटि कण्ठोंको करते देख मूक दुखका प्रतिकार॥
विषम-बेड़ियाँ बजीं, खुल गये
बन्दी-गृहके बन्द कपाट।
आये, उन्हें रोकने आये,
वे प्रतिनिधि स्वरूप सम्राट॥

(६)

क्यों निर्दय-कायर प्रहार यों निपट-निरस्त्रोंपर नादान?
तीस कोटि हृदयोंके स्वामीका ऐसा अनुचित अपमान।
अरे, वार-पर-वार—मार—उफ़!—हाथ छोड़ते हैं शैतान,
करते निबलोंपर पशुबलके क्रूर प्रदर्शनपर अभिमान।
वह देवता-स्वरूप 'केशरी'
अचल रहा बन कर पाषाण

वक्षःस्थलपर सहे वार—पर

मांगा नहीं प्राणका त्राण ॥

(७)

लो, देखते-देखते फूटा फिर आरत भारतका भाल,
डूबा असमय सूर्य, लुट गया शक्ति-हीन हाथोंका लाल ।
रोना ही रह गया, न होना कुछ अब, पूछ रहे क्या हाल ?
सच कहना,—क्या क़द्र कहीं भी पाते हैं गुलाम-कंगाल ?

रे नपुंसको ! कुछ न बनेगा,

है नामर्द क्रोध यह व्यर्थ ।

कौन रोक सकता है उनको,

सब प्रकार वे सबल समर्थ ?

(८)

देखा, नवयुवकोंने देखा, खुले आम यह अत्याचार—
रक्त उतर आया आँखोंमें हुआ हृदयपर वज्र-प्रहार ।
इन शब्दोंके साथ चुनौती की दीवानोंने स्वीकार—
"कर देंगे हम कील कफ़नकी शासनके—उन परके वार ।"

"या तो मर-मिट मुक्त बनेंगे,

तजकर पराधीनता पाश ।

या फिर निश्चय कर जायेंगे,

इस नौकरशाहीका नाश ।"

(९)

शासक हँसे नृशंस ऊपरी मनसे सुन कर सारा हाल,
उतरा देश-वासियोंके दिलसे भी क्रम-क्रमसे सब ख्याल ।
सहसा एक दिवस सन्ध्याको कान पड़ा कुछ "हुआ कमाल,
जुग-जुग जियें पूर्ण प्रण करने वाले वे माईके लाल ॥"

सन्नाटा-सा हुआ, शत्रु-कुल काँपा,

निकल गया—'हा, हन्त !'

देखा दुष्टोंने दिल दाबे,

अत्याचारीका वह अन्त !!

(१०)

मौन-दिशाएँ हुईं गुञ्जरित, दिया सुनाई यह सन्देश,—
'पराधीन लोगो ! उठ बैठो, बुला रहा है पूज्य स्वदेश।
देखो, अरे मिटा कर सेवक, श्रमजीवी,कृषकोंके क्लेश,
वह हँसती स्वतन्त्रता देवी करती है फिर पुण्य-प्रवेश ॥
समय आ गया जौहर कर दो……
उठो, देखकर अद्भुत ओज।
चले लाल पगड़ीके बुत्ते,
इधर-उधर करनेको खोज ॥

(११)

देखा जिसे देशपर मरते, करते कृषकोंका कुछ काम,
या सभी स्वराष्ट्र-सेवामें ठुकराते वैभव-यश-नाम;
बस, उसको ही लगे छेड़ने, पीछे पड़कर आठो याम,
झपटे कहीं, किसीको काटा, किया किसीका काम तमाम ॥
देख रहे हैं गदर, बगावत,
विप्लव, साम्यवादका भूत।
इन दुधमुहे बालकोंमें भी
ये पूँजी-पतियोंके दूत ॥

(१२)

हथकड़ियाँ हिल उठीं, सुन पड़ी जंज़ीरोंकी मृदु-झङ्कार,
सँभलो—अस्त्र-शस्त्र सज्जित हो—एक बार फिरसे सरकार।
राजद्रोह-षड्यन्त्र-क्रान्तिकी गली-गलीमें मची पुकार,
नौजवान लेनेको दौड़े कर-भर कर सुन्दर उपहार ॥
दमन, दमनका नग्न रूप लख
भूल गये सब अपना खेल।
हँसते चले देखने राधापतिकी
जन्म-भूमि वह जेल ॥

(१३)

हँय ! यह क्या ? कैसी पुकार है ? मचा हुआ है कैसा शोर ?
इधर आ रहे हैं ये कैसे मतवाले नवयुवक किशोर ?
आज शहीदोंका चुनाव था,—आयी सदियों बाद हिलोर,
गाते गीत क्रान्तिके जाते, देखो, वे वेदीकी ओर ॥

हो उन्नत नत मस्तक माँ का
है निश्चय इतना ही ध्यान।
लड़ते हैं आपसमें, पहिले
करनेको अपना बलिदान॥

(१४)

उदय हुए हैं भाव भयानक, पुनः जगे हैं जीवन-त्याग,
जले हुए हृदयोंकी आहें फूंक रहीं अम्बरमें आग।
बनें देशके कोने कोनेमें फिर जालियाँवाले बाग़,
बुझनेको हैं अमर-घरोंके ये कुछ जलते हुए चिराग़॥
उठो वीरगण! उठो आरती—
लेकर स्वागत करो सहर्ष।
मुक्त गुलामोसे होनेको
फिर है आरत—भारतवर्ष॥

(१५)

धीर शहीदोंकी कबरोंपर हँसते होंगे मंगलमूल,
बरसा रहे गगनसे, देखो, सादर सुर-समूह भी फूल।
ये रहस्यसे भरे न कोई इनको सकता यों ही भूल,
तरुण-तपस्वी तर जाते हैं धर कर इनके पदकी धूल।
जिस दिन जहां करेंगे ये सब,
स्वर्ग-लोकको चिर-प्रस्थान।
वह दिन होगा पर्व और
होगा वह स्थल तीर्थ-स्थान॥

(१६)

चमकेगा—दिन-दिन चमकेगा—वीरोंका निस्पृह बलिदान,
उठा सकेगा जगके सम्मुख फिर सगर्व सिर हिन्दुस्थान।
नस-नसमें बिजली दौड़ेगी सुनकर इनका गौरव-गान,
गर्म खून खौलेगा, फड़केगी फिर शूरोंकी सन्तान॥
पढ़ कर यह इतिहास गुलामीका—
सचमुच आयेगा रोष।
देखेंगे दाँतोंमें उँगुली दिये—
लोग वह जीवित-जोश॥

पवित्र बलिदान ।

—:❀o❀:—

[रचयिता—श्री० शिवदुलारे त्रिपाठी 'नूतन']

स्वत्वके समरमें समोद बलिदान होंगे,
राखेंगे न ऋण मातृ-भूमिका चुकायेंगे ।
सामना करेंगे शक्तिशाली नर-राक्षसोंका,
अबल-अनाथन पै हाथ ना उठायेंगे ॥
पंच-सत्ववालेका प्रमुत्व नहीं माननेको,
छोड़ेंगे न धर्म नाकों चने चबवायेंगे ।
माथ न नवायेंगे गँवायेंगे न गौरवको,
नाथ न कहेंगे औ न दास कहलायेंगे ॥
दमन दुनालीसे डरेंगे न करेंगे क्रान्ति,
कैसी भय भ्रान्ति है भरोसा भगवानपर ।
मान-अपमान धन-धामकी न परवाह,
प्राण तक देंगे वीर-पूजाके विधानपर ॥
स्वीय त्याग देखि स्वर्गीय राष्ट्र वीरनकी,
प्रफुलित होंगी आत्माएँ आसमानपर ॥
मित्र मित्र ही हैं यह दावा है कि शत्रु तक,
बलि बलि जायेंगे हमारे बलिदानपर ॥

जन्म-भूमि ।

[रचयिता—श्रीयुत धनञ्जय भट्ट "सरल"]

पाल-पोस कर जिसने मुझको,
इतना बड़ा बनाया है ।
जिसके जल-मिट्टी आदिकसे,
मेरा तन गया रचाया है ॥
उस जन्म-भूमिकी रक्षा हित,
तन, मन, धन सब वार करें ।
यही जीवनोद्देश्य हमारा,
जननीका सन्ताप हरें ॥

कुरबानियाँ कब तक ।

[रचयिता—श्रीयुत रामलाल भट्ट, 'हकीम']

हमें भी देखना है यह रहेंगी सख्तियाँ कब तक ?
किये जायंगे, वह बरबाद, अपना आशियाँ कब तक ?
सितमगारो, जफ़ाकारो, गुनहगारी व मक्कारो ।
उड़ायेंगे, कफ़नको फाड़कर, वह धज्जियाँ कब तक ॥
मुहब्बत तक, अपनोंकी, हुई गैरोंसे उलफ़त है ।
करोगे यारो आपसमें भला, नादानियाँ कब तक ?
मुक़ाबिल "डैम-फूल" अपने, वो कह-कह कर सुनावे हैं।
रहेंगा शेख़ियां कब तक, बकेंगे गालियाँ कब तक ?
नवाबुल्मुल्क थे पर आज, क्या हस्ती हक़ीक़त है ?
तकब्बुर करनेवालोंकी, बढ़ी बालाइयाँ कब तक ॥
मुसीबत रोज़ ताज़ा है, बलायें लाखों नाज़िल हैं ।
रहेंगी ज़िन्दगीमें, अपने ये दुशवारियाँ कब तक ?
यहाँ बदक़िस्मतीसे तख्ता, पलटा रहता है हरदम ।
भला तैयार खिरमनपर, गिरेंगी बिजलियाँ कबतक ?
बहेंगी गन्दी मेओंकी, भला यह नालियाँ कब तक ?
कहो उस्तादके हक़में, ये हैं गुस्ताख़ियाँ कब तक ॥
हुईं, और होती जाती हैं, कहाँ तक और होयेंगी ?
हमारी बेज़बानोंकी तरह, "कुरबानियाँ" कब तक ?
"हकीम" अब ग़ैबसे सामान, कोई होनेवाला है ।
यहींके आबादानेपर, बजेंगी तालियाँ कब तक ?

संकल्प ।

[रचयिता—श्रीयुत दीनानाथ, 'अशंक']

देशावमानना जब दिन रात हो रही है,
एवं विपन्न जनता रक्ताश्रु रो रही है
तब क्या कपूत हैं हम जो धीरता धरेंगे ?
जिस देशमें जिये हैं, उसके लिये मरेंगे !
क्या प्रिय स्वदेशको हम स्वाधीन कर सकेंगे ?
फिर मान-शैल-शिरपर आसीन कर सकेंगे ?

हाँ, क्यों न कर सकेंगे, उद्योग जब करेंगे ?
जिस देशमें जिये हैं, उसके लिये मरेंगे !
ले ढाल दृढ़ क्षमाकी, असि सत्यकी स्वकरमें—
रिपु-वर्गसे लड़ेंगे अविराम शम्र-समरमें।
उसके अनात्म—भौतिक बलसे नहीं डरेंगे,
जिस देशमें जिये हैं, उसके लिये मरेंगे !
अन्यायको गद्दीको जड़ खोद ढायँगे हम,
नयकी विजय-पताका नभमें उड़ायँगे हम।
भयभीत भाइयोंकी भय-भावना हरेंगे,
जिस देशमें जिये हैं, उसके लिये मरेंगे !
सर्वस्व जानते हैं जब देशका सदा हम,
उसपर करें निछावर तब क्यों न सम्पदा हम ?
माँका दिया चुकावें, जगसे तभी तरेंगे।
जिस देशमें जिये हैं, उसके लिये मरेंगे !

आबले दिलके।

—:०&#0:—

[रचयिता—श्रीयुत चन्द्रकिशोर जैन।)

दिखाना चाहते हैं आपको,
हम आबले दिलके।
छिपा सकते नहीं सीनेमें,
टुकड़े ये जले दिलके॥
अदू की आशनाईमें,
बनें हम बाग़वाँ दिलके।
मगर फूटी यह किस्मत थी,
वे पत्थरसे मिले दिलके॥
बहुत कुछ जल चुके हैं हम,
बनाये कोयले दिलके।
क़ज़ा भी है नहीं आती,
जो झञ्झट ये टलें दिलके॥

यौवन-ज्वाला !

[रचयिता—श्री० केदारनाथ मिश्र "प्रभात" बी० ए० विद्यालङ्कार]

(१)

अलि दौड़ छिपेंगे जाकर,
काँटोंके अन्तस्तलमें;
कल्लोल न मधुर उठेगा,
फूलोंके सौरभ-जलमें !

(२)

फीकी-सी पड़ जायेगी,
सन्ध्या-ऊषाकी लाली;
बेहोश बनेगी सारी—
स्मृतियाँ नीरव मतवाली !

(३)

कामना कहीं न रहेगी,
सपनोंका खेल न होगा !
कल्पना और भावोंका—
मन-मोहक मेल न होगा !

(४)

मुस्कान पिघल जायेगी,
बिजली शीतल होवेगी !
अँगारे रुदन बनेंगे,
वसुधा वैभव खोवेगी !

(५)

माधुर्य न लुटा सकेगी,
किरणोंकी थिरकन प्यारी;
काननकी कली-कली में—
चमकेगी बन-चिनगारी !

(६)

मलिन बन 'आह' रचेगी,
अरमानोंकी मधु-माला;
विष-सा उन्माद हँसेगा,
सुलगेगी यौवन-ज्वाला !

स्वातन्त्र्योद्‌गार

[रचयिता—श्री० मधुसूदन ओझा, 'स्वतन्त्र']

अन्याय, अनीति, कपट, छल-छद्मोंकी क्षोभ-क्षुधासे।
समता, अधिकार-विवेचन, उठ जाते जब वसुधासे।
सबलोंकी बन आती है; हा! निर्बल कुचले जाते।
बन वीर, वधिक, बंचक, वक, मन फूले नहीं समाते।

(२)

आसव अभिमानोंका छक पीते हैं भर-भर प्याला!
भीषण ताण्डव नर्त्तनसे; पड़ता जनतापर पाला!!
दारुण दुःख देख दुखी-जन; प्राणोंकी ममता तजकर।
हँस-हँस देते हिय-शोणित, माताकी प्यास बुझाकर॥

(३)

हियमें दुख-देश दलित जन, रह-रहकर अग्नि जलाती।
परवशता भी डाइन बन हा! निशि दिन खाती जाती॥
पग-पग पर ठोकर खाकर, हम तौभी नहीं लजाते।
इतराते टुकड़ोंपर ही, श्वानों-सी रार मचाते॥

(४)

सदियोंसे नस-नसमें जब, छाया है नशा गुलामी।
है नाश किया तन, मन,धन;बन गये भिखारी स्वामी॥
विष पान किया जब हमने, निश्चित है मृत्यु हमारी।
हे देव! हमारे मन क्यों, यह बात न आयी सारी॥

(५)

जगती, परिवर्त्तन युगका; कैसा दृष्टान्त मनोहर।
दिखलाई पड़ता जगमें, निशि दिन सा कहते मुनिवर॥
है छिटको ज्योति निराली, जनताके मानस-नभपर।
बलिदान करे सर्वस निज, माताके पद-पंकज पर॥

(६)

उमड़ा तूफान हृदयमें, धारण कर रूप भयंकर।
बन गया हृदय विद्रोही, कह उठा देश संकट-हर॥
त्यागोंका त्याग सफल हो, इसीको है देव! प्रतीक्षा।
निकलूं बन सच्चा सोना, देकर निज कठिन परीक्षा॥

(७)

वह समय आज है आया, माताके वीर-पुजारी।
अब तो बलिदान करो निज, कायरता छोड़ो सारी॥
निज त्याग-तपस्या बलसे, अब जीवन ज्योति जगाओ।
भय-भूत भगा कर वीरो! अब देश स्वतन्त्र बनाओ॥

(८)

भगवान भले ही भूलें, निज भक्तोंका अपमान।
पर, तुम भूलोगे कैसे; मायापति श्री भगवान?
निज मनमें प्रणको ठानो, ले लो स्वातन्त्र्य महान।
अन्तिम दमतक देकरके निज जन्म कोटि बलिदान॥

ग़ज़ल

[रचयिता—श्री० आनन्दीप्रसाद मिश्र "निर्द्वन्द्व"]

कैफ़े ग़ममें ख़ाक है जामे शराबे ज़िन्दगी।
आब शारे दर्द है बहरे सुराबे ज़िन्दगी॥
देख आँखें खोलकर ऐ महवे ख़्वाबे ज़िन्दगी।
जाँ बलब बादे अज़लसे है हबाबे ज़िन्दगी॥
टूटनेको है तिलिस्मे आमदो शुद बेख़बर।
दम ज़दनमें होगा बरहम आह ख़्वाबे ज़िन्दगी॥
मुन्तशर हो जायेंगे सब नग़महाये इम्बिसात।
जिस घड़ी टूटा कोई तारे रबाबे ज़िन्दगी॥
यास्मन शबनम बदामाँ गुलगरेबाँ चाक हैं।
मञ्ज़रे हसरत है, नैरंगे शबाबे ज़िन्दगी॥
आस्माने ज़ीस्तपर दिखलाके जलवा दोपहर।
ग़ोशये मरक़दमें डूबा आफ़ताबे ज़िन्दगी॥
ख़ाक उड़ती है गुलोंकी, बुलबुलें ख़ामोश हैं।
मुख़्तसर सा है यही बाबे किताबे ज़िन्दगी॥
बक़्क़ नाकामी है हर एक ज़र्रए बज़्मे जहाँ।
कौन कह सकता है, मैं हूँ कामयाबे ज़िन्दगी?
खेल है लड़कोंका साज़े ज़िन्दगीका मशग़ला।
मौतकी नज़रोंसे देखे कोई ख़्वाबे ज़िन्दगी॥
कब छिपेगी बदलियाँ, निकलेगा कबतक आफ़ताब?
बारिशे ग़म कर रही है, यह सहाबे ज़िन्दगी॥
ग़ोशये तारीक मरक़द आह कब होगा नसीब।
हाँ बता! कबतक रहेगा पेच-ताबे ज़िन्दगी॥
कशमकशसे इसकी है, वेहद परीशाँ दिल मेरा।
देखिये, कबतक रहे, यह इज़्तराबे ज़िन्दगी॥

विप्लवको हृदय

[रचयिता—श्रीयुत बालकृष्ण बलदुवा]

(१)

न्यायालय था लगा हुआ, वे आज थे
स्वयं कथन कर रहे, सभी स्वीकृत किया।
न्यायाधीश मौन, मुँह उनका ताकते,
कुछ न लिखा; बोले—"बन्दी! सब समझ लो,
क्या परिणाम तुम्हारे इन सब कथनका?"
मस्त अदासे मुसका कर बोले तुरत,—
"फाँसी ही दोगे न, और क्या करोगे?
यहाँ न डर उसका है किञ्चित मात्र भी।"
न्यायालय उठ गया, एक अवसर पुनः
दिया गया, यदि वे चाहें, तो बदल दें
स्वयं कथित। न्यायालयकी थी धारणा
बन्दीके कथन न अपने—स्वयमके,
किसी दूसरेके हाथों वह नाचता।
न्यायाधीश न कुछ भी पाये समझ थे
विप्लव-वादी तरुण-हृदय-गाम्भीर्य्यको।
दिवस दूसरे उनके कथन बढ़े-चढ़े
पहिलेसे भी, स्वीकृति-सूचक पूर्ववत्।
जब सब कुछ हो चुका, कहा—"अपराधका
दण्ड मिलेगा फाँसी, निश्चित नहीं तो
जीवन कारावास। स्वयं मैं चाहता
प्राण-त्यागका दण्ड, कि जिससे जन्म ले
पुनः यहीं—निज देश बीच, फिर मैं करूँ
निज उत्सग मातृ-चरणोंपर; युद्ध मैं
करूँ निरन्तर जबतक माँ न स्वतन्त्र हो।"

(२)

प्राण-त्यागका दण्ड मिला, वे बन्द थे
काल कोठरीमें, जाड़ेका दिवस था,
कम्बल मिला, लपेट लिया सिरपर उसे।
थोड़ी-सी अफीम कोनेमें बाँध दी
कम्बलके शरारतीने, अपवाद फिर
लगा दिया निज हत्या करना चाहते।
हुई जाँच, जब प्रश्न हुआ, अत्यन्त ही
शान्ति साथ उत्तरमें कहने लगे यों,—
"मृत्यु सामने खड़ी।" ललक प्रस्तुत हुआ
आलिङ्गनको। कुछ भी भय उसका नहीं।
क्यों, किसलिये आत्महत्या मैं करूँगा?
गर्व, मृत्युका दण्ड मिला अपराधमें
विद्रोही बननेके, माँ दुःख हरणके
यत्न जहाँ विद्रोह, वहाँ विद्रोह ही
निज सौभाग्य! मृत्यु-भय कैसा? मुझे तो
होगा अति उल्लास, चढ़ूँगा जिस समय
फाँसीके तख्तेपर, दूँगा प्राण जब
हँसते-हँसते, वीर-भावनासे भरा,
करता अन्तिम अभिलाषा "माँ-त्रास सब
मिटे शीघ्र, अति शीघ्र न क्रन्दन और हो।"

(३)

प्राण-दण्ड मिल गया, दिवस निश्चित हुआ
फाँसीका। अनुरोध बहुत होने लगे,
"क्षमा माँग लो। प्राण-दण्डसे बचो तुम।"
किन्तु न कुछ भी सुना, क्षमाका माँगना
अङ्गीकार किया न कभी भी उन्होंने।
निश्चित दिन आ पहुँचा; होने लगी सब
तैयारी। फाँसीका तख्ता, साथमें
रस्सीका फन्दा जब प्रस्तुत हो चुका,
हुआ पुनः अनुरोध क्षमा वे माँग लें।
मृत्यु सामने मुँह फैलाये खड़ी थी,
काल कहरवा नाच शुरू कर चुका था,
सभी बँधी टकटकी देखने लगी थीं
उनकी ओर। मृत्यु-नदमें वे खड़े थे
कन्धोंतक, भैरवतरङ्ग अति तुमुल गति
आ-आ टकराती थीं उनके कण्ठसे,
करती घोर गर्जना; पर अधिकार था
उन्हें हटें पीछे या आगे बढ़ चलें।

फ्रेञ्च-क्रान्तिके ख़ूनी छींटे

(ले०—श्रीयुत सिद्धबहादुर सिंह)

(१)

अट्ठारहवीं शताब्दीमें फ्रान्सकी भीषण रक्त-रञ्जित क्रान्तिसे यूरोप काँप उठा था, जैसे बीसवीं शताब्दीकी रूसी बोल्शेविक क्रान्तिसे संसार काँप उठा है। ठीक बोल्शेविक क्रान्तिकी तरह उस समयके फ्रेंच क्रान्तिकारियोंने देशमें ख़ूनकी नदियाँ बहायीं, राजा-रानीको मारा डाला और फ्रान्समें प्रजातन्त्र स्थापित किया। किन्तु फ्रेंच क्रान्ति और बोल्शेविक क्रान्तिमें अन्तर इतनाही है, कि फ्रेंचोंका प्रजातन्त्र राज्य अमीरों और धनवानोंकाही राज्य रहा; पर आजकल रूसी बोल्शेविकोंका सोविएट प्रजातन्त्र मज़ूरों और किसानोंका राज्य है। उद्देश्य दोनों ही क्रान्तिकोंका एक था—यानी विलासी और अत्याचारी राजासे छुटकारा पाना; फ्रेंचोंने स्वेच्छाचारी राजासे छुटकारा पानेके बाद भी अमीरोंका ही शासन बराबर जारी रखा, जो आजतक विद्यमान है।

क्रान्ति होनेके पूर्व फ्रान्सकी बड़ी ही बुरी दशा थी। फ्रान्सका राजा पन्द्रहवाँ लुई अत्यन्त स्वेच्छाचारके साथ प्रजापर शासन करता था। उर्वरा भूमि जोते-बोये बिना पड़ी रहती थी। राजाकी विलास-सामग्रियाँ जुटानेके लिये प्रजाका धन चूसा जाता था। खेतोंके बिगड़नेसे अनाज कम पैदा होने लगा और प्रति वर्ष दुर्भिक्ष पड़ने लगा। नमकपर भी भारी कर लगाया था; इसी तरह जीवनके समस्त आवश्यक पदार्थोंपर कर बढ़ाया गया था। सरकारी आज्ञा-भङ्ग करने वाले कठोर-से-कठोर दण्ड पाते थे। मनुष्यको अत्यन्त कष्ट देकर मारनेवाली मशीनें बनायी गयीं। एक बार राजाकी हत्या करनेके सन्देहपर एक पागल मनुष्यका माँस गर्म जलते हुए लोहेके यन्त्रोंसे नोचा गया; उसके घावोंमें जलता-बलता शीशा पिलाया गया और अन्तमें चार हिंसक पशुओंसे वह चिरवा डाला गया।

जालिम राजाके अधिकार इतने बढ़े हुए थे, कि वह जिस मनुष्यको चाहता, बिना कुछ भी तहक़ीक़ात किये, पकड़ कर कारावरुद्ध करता और उसकी जायदाद जब्त कर लेता। राजाके विरुद्ध बोलनेवाले पार्लमेंएटके सदस्योंको देश-निकालेका दण्ड दिया जाता; इसलिये राजाकी अत्यन्त अन्यायपूर्ण आज्ञाएं भी टालनेका कोई साहस नहीं करता था। राजाने ऐसी अन्यायकारी आज्ञाएँ कम-से-कम बीस हज़ार बार निकाली थीं, जिनके कारण फ्रान्सके बड़े-बड़े विद्वान, बुद्धिमान, राजनीतिज्ञ और धनवान मनुष्य, निरपराध होते हुए भी निर्वासित किये गये। जब राजा ही ऐसा राक्षस था, तब उसके मन्त्री और दरबारी लोग भी घूस लेकर मनमाने अत्याचार क्यों नहीं करते और करवाते? घूसखोरी, व्यभिचार, जुआ और वेश्यागमन खूब बढ़ा था। धर्मका उपदेश देनेवाले भी पूरे लम्पट और दुराचारी हो गये थे! गिर्जाघरोंमें हर तरहके अनाचार होते थे। राजा रोमन कैथोलिक सम्प्रदायका था; इसलिये उसने प्रोटेस्टैंट सम्प्रदायवालोंपर भीषण-से-भीषण अत्याचार किये। नास्तिकताका भी बड़ा ज़ोर था। इस तरह फ्रान्सके राजा, मन्त्री, सरदार, रईस, धर्मोपदेशक इत्यादि सभी घोर पापाचारमें डूबे हुए थे, जिनका विषैला प्रभाव देशकी दीन प्रजाको नष्ट-भ्रष्ट कर रहा था। उस समय इङ्गलैण्ड और अमेरिकामें जब युद्ध हुआ, तब फ्रान्स-नरेशने अमेरिकनोंकी सहायताके लिये अपनी सेना भेज दी थी। यह फ्रेञ्च सेना अमेरिकनोंका प्रजातन्त्र राज्य देखकर लौटी और यही प्रजातन्त्रकी भावना उनके हृदयोंमें भर गयी और वे भी फ्रान्समें प्रजातन्त्र राज्य स्थापित करनेका सुख स्वप्न देखने लगे।

फ्रान्सका राजा पन्द्रहवाँ लुई बड़ाही दुष्ट और व्यभिचारी था तथा इस दुराचारके कारण वह बहुतही निर्बल और अशक्त हो गया था। तो भी वह अन्तमें

एक सुन्दरी युवतीपर फिर आसक्त हुआ। इस लड़कीको हालमें ही माताके दाने निकले थे; जब वह अच्छी हुई तब राजाके भी सारे शरीरमें माता निकल आयी। उसके शरीरमें घाव हो गये, जिनके पीप-मवादसे इतनी दुर्गन्ध आती, कि उसके सेवकोंका उसके पास मौजूद रहना कठिनहो गया। लोग अपनी नाकें दबाकर वहाँसे भागते थे। राजाकी दो पुत्रियाँ केवल उसके निकट बैठकर उसकी सेवा-टहल करती थीं। अन्तिम कालमें राजा अपने समस्त पाप-कर्मोंको याद करके पछताता था। सन् १७७४ की १० वीं मईको पन्द्रहवें लुईका देहान्त हो गया।

इसके बाद उसका पुत्र सोलहवें लुईके नामसे राज-सिंहासनपर बैठा। यह राजकुमार अपने लम्पट पितासे दूर रहता था; इसलिये उसमें पिताके दोष नहीं आने पाये। तो भी पापी पिताका पुत्र कितना सुधरता और अन्तमें वह भी दुर्व्यसनोंमें फँस ही गया। उसकी रानी मेरी एण्टोनैण्ट बड़ी ही विलासिनी थी। धनका अपव्यय करनेमें वह मुक्तहस्त थी। उसके विषयमें एक जगह लिखा है, कि उसने केवल आठ वर्षके अन्दर चौंतीस करोड़ रुपये ख़र्च कर डाले थे। राजा सोलहवाँ लुई उसपर जी-जानसे मुग्ध था। राजाके मन्त्री भी बड़े ही धूर्त, कपटी और लम्पट थे। इतना होनेपर भी राजा कुछ उदार अवश्य था। एक-बार उसने पेरिस नगरके भिखारियोंमें ८०,००० रुपये बँटवाये थे। किन्तु यह ध्यानमें रखना चाहिये, कि फ्रान्सकी आर्थिक स्थिति उस समय बहुतही ख़राब हो गयी थी। खजाने बिल्कुल खाली हो गये थे। कुशासनके कारण जनताका असन्तोष क्रमशः अधिकाधिक बढ़ता जाता था।

(२)

इस असन्तोषको दूर करनेके लिये राजाने कई सभाएं भी कीं; पर शासन-सुधार कुछ भी नहीं हुआ और न पीड़ित प्रजापरसे करका बोझ ही घटाया गया। प्रजाकी लोक-सभामें हलचल मचने लगी और अधिक संख्यामें लोग इस लोक-सभामें बढ़ने लगे। राजाकी सेनाके मुक़ाबलेमें प्रजाकी सेना तैयार होने लगी। राजाकी सेनाने जो दमनके उपाय किये, वे सब व्यर्थ हुए। अनेक प्रान्तोंकी प्रजाने लोक-सभाका साथ दिया। प्रजाके सेना-दल समस्त शस्त्रोंसे सुसज्जित होकर उत्तेजित होने लगे। उन्होंने उपद्रव आरम्भ कर दिये। और सर्व-प्रथम उन्होंने बेस्टाइल नामक प्रसिद्ध क़िलेपर अधिकार कर लिया। यह किला एक भयानक कारावास था, जिसमें राजनीतिक क़ैदी बड़ीही बेरहमीसे क़ैद किये जाते थे। वहाँकी काल-कोठरियाँ इतनी डरावनी थीं, कि वहाँ सूर्य्यका प्रकाश कभी पहुँचने ही नहीं पाता था। उस जेलख़ानेसे अभागे कैदी जीवित नहीं निकलते थे। वहाँके जेलर और सिपाही भी कैदियों पर बड़े अत्याचार करते थे। क़ैदियोंको कष्ट पहुँचानेके लिये वहाँ अनेकों कील-काँटोंकी कटीली मशीनें थीं, जिनमें मनुष्य दबाकर मार डाले जाते थे। इस भीषण क़िलेपर अधिकार करनेके बाद प्रजाकी सेनाने वहाँके जेलर और अन्य सरकारी आदमियोंको निर्दयता-पूर्वक मार डाला।

बेस्टाइल किलेपर उपद्रवियोंका अधिकार होते देख, राजा लुईके होश उड़ गये। पहले तो उसे विश्वासही नहीं हुआ कि इतने मज़बूत और सुरक्षित किलेपर भी उपद्रवियोंका अधिकार हो जायेगा; पर जब उसे इसका निश्चय हो गया, तब वह बहुत घबराया। दूसरे दिन सवेरे वह तुरन्त लोक-सभामें पहुँचा, और उद्धत प्रजाको सन्तुष्ट करनेवाली बातें कहने लगा। पर राजाका यह समझाने-बुझानेका व्यवहार देख कर उसके मन्त्री और दरबारी बहुत ही घबराये; क्योंकि उन्होंने देखा, कि अब शायद उनका पूर्ववत् अधाधुन्ध प्रभाव न रहे। इस लिये वे विश्वासघाती मनुष्य फ्रान्स छोड़-छोड़ कर विदेशोंको भागने लगे। देशमें राज्य-क्रान्तिका आन्दोलन आरम्भ हो चुका था। फ्रान्सकी राजधानी पेरिस और वर्सेल्समें ही नहीं;

बल्कि विभिन्न प्रान्तोंके निवासियोंमें भी राजद्रोहका आन्दोलन बढ़ने लगा। उन प्रान्तोंके निवासियोंने जब पेरिसके बलवेका हाल सुना, तब वे भी अपने-अपने नगरोंमें अमीर जागीरदारों और ज़मीनदारोंपर नाना प्रकारके अत्याचार करने लगे। वे उनसे कहते,—"तुम ने हमें बहुत कष्ट पहुँचाया है! तुमने हमारा ख़ून चूसा है।" उपद्रवी और क्रान्तिकारियोंने कोई दण्ड या ज़ुल्म उठा नहीं रखा। अमीरोंके घरवालों तथा कुटम्बी जनोंकी रोमांचकारी दुर्दशाएँ की गयीं। उनकी गरदनोंपर चढ़ कर, उनकी छातियोंपर तलवारें रखकर, और उनके गलेमें फाँसियाँ डालकर उनसे ज़मीनोंकी सनदें छीन ली गयीं। बहुतेरे अमीर नर-नारियोंके टुकड़े-टुकड़े कर के उनके अङ्ग रास्तोंमें फेंक दिये गये।

यह उद्धत प्रजाका क्रोध था। और उस क्रोधका जिसने उस क्षणमें कुछ भी विरोध किया, वह बड़ी बे-दर्दीसे मारा गया। एक बड़े अमीर जागीरदारकी प्राण-रक्षाके लिये क्रान्तिकारियोंकी सभाके ही एक आदमीने अनुनय-विनय की, कि वह छोड़ दिया जाये। इसपर सभा बिगड़ गयी, और क्रुद्ध क्रान्तिकारियोंने उस पैरवी करनेवाले अपने सभासदको आगकी जलती हुई भट्ठीमें फेंक दिया। इसके बाद उन्होंने उस अमीर जा-गीरदारको कुएँके क़ैदख़ानेसे निकाला और बड़ीही बेरहमीसे उसे मार डाला। इसी प्रकार उन्होंने सभी अमीरोंपर अत्याचार किये, और अमीर-शासक उनकी रक्षा करनेमें बिलकुल असमर्थ थे; क्योंकि स्वेच्छाचारी राजा ख़ुद क्रान्तिकारियोंका शिकार हो रहा था! देशमें कोई शासन न होनेसे व्यापार वग़ैरह सभी नष्ट होने लगा। पेरिस, वर्सेल्स और प्रायः सभी नग तथा देहातोंमें दंगे बढ़ने लगे। सब तरह प्रजा क्रुद्ध होकर प्रतिहिंसा लेनेको तैयार थी। यह दशा देखकर व्यापा-रियों और व्यवसायियोंने काम धन्धोंसे अपने-अपने हाथ खींच लिये। रोज़गार-धन्धा बिलकुल बन्द हो गया; दूकानें, कारख़ाने सब बन्द हो गये। इधर दीन-हीन प्रजाके ग़रीब मनुष्योंने देखा, कि अब अन्नका अकाल पड़ेगा, और घोर दुर्भिक्षका सामना करना होगा। गरीबोंको बड़ी परेशानी हुई और वे "अन्न-अन्न" चिल्लाते हुए इधर-उधर दौड़ने लगे। उधर लोकसभाके गुमाश्ते दुर्भिक्षके भयसे लाखों मन अनाज संग्रह करने लगे! इस तरह समग्र देशमें बड़ी गड़बड़ मची हुई थी।

क्रान्तिकारी लोग भी अपने प्रयत्नोंमें लगे थे, और ज़ोरोंकी क्रान्ति भड़कानेके लिये वे धड़ाधड़ राजद्रोही तथा विप्लवकारी पुस्तकें प्रकाशित करके जनतामें बँटवा रहे थे। राजा सोलहवें लुईका अधिकार लुप्तप्राय हो गया था। प्रजासे कर वसूल नहीं होता था। मंत्री नेकरने अमीर सेठ-साहूकारोंसे ऋण लेना चाहा; पर राज्यकी अव्यवस्थित दशा देखकर कोई साहूकार व्यर्थ रुपये फँसाना नहीं चाहता था। अन्तमें लोकसभाने ही अधिकार अपने हाथमें लिये और मनुष्योंकी स्वतं-त्रता तथा समानताका घोषणा-पत्र तैयार किया, जिस-में यह कहा गया:—

"सब मनुष्य समान हैं, और सबका अधिकार समान है। प्रत्येक मनुष्यको स्वाधीन रहने देना, उसकी रक्षा करना और उसपर कोई अन्याय न होने देना, यही मनुष्योंके एकत्र रहनेका मुख्य उद्देश्य है। सत्ता सब मनुष्योंकी समान रूपसे है, और इसलिये राजत्व भी उन्हींके पास है। सब लोगोंकी इच्छाही न्याय है। शासन चलानेके लिये जो सज्जन चुने जायें, उनके विषयमें प्रत्येक मनुष्योंको अपना मत देनेका अधिकार है।

इस घोषणाके बाद लोकसभामें भी मतभेद होने लगे। कोई प्रजातन्त्र राज्य चाहता और कोई कहता था, कि फ्रान्सको राजाके शासनमें रहनेकी आदत पड़ गयी है; इसलिये राजाको रहने दिया जाये। कोई कहता था, कि जैसे इङ्गलैण्डमें राजा और उसकी पार्ल-मेण्ट है, वैसेही फ्रान्समें भी रहे। इस तरह प्रायः सवा महीना बीत गया; पर कुछ निश्चय न हो सका। शासन चलानेके लिये धनका बिल्कुल अभाव था, और साहूकार लोग ऋण देनेके लिये राज़ी नहीं थे। पेरिसमें बहुसंख्यक गरीबोंके दल "अन्न-अन्न" चिल्ला

रहे थे। उन्होंने यह समझ लिया, कि हमारे समस्त कष्टोंका मूल कारण राजा है, इसलिये उन्हें उसीपर धावा करनेकी सूझी। ग़रीब स्त्रियोंका भी जोश बढ़ा हुआ था और उनके भी विराट दल भूखी शेरनियोंकी जमातकी तरह इधर-उधर डोलने लगे।

इसके बाद सहस्रों नर-नारियोंके दल वर्सेल्स पहुँचे, जहाँ राजा अपनी प्रियतमा रानीके साथ था। उन बलवाइयोंने वहाँ जबर्दस्ती एक मकानमें सभा की; पर बादमें राजाकी सेनाने पहुँचकर उनकी सभा भङ्ग कर दी। बलवाई वहाँसे भगा दिये गये। पर इसके बाद बलवाइयोंके दलने राजापर ही धावा बोल देनेका निश्चय किया। वे जबर्दस्ती राजमहलके अहाते-में घुस गये, और राजाको पुकारने लगे। उनके कुछ प्रतिनिधि राजासे बातचीत करनेके लिये गये। उन्होंने राजासे कहा, कि आप लोक-सभाकी व्यवस्थाको मानें, और वर्सेल्स छोड़कर पेरिसमें चल कर रहें। राजाने पहले आनाकानी की; पर बादमें मान लिया और राजा सपरिवार पेरिसके लिये रवाना हुआ।

(३)

राजाकी गाड़ीके साथ बहुसंख्यक मनुष्योंकी भीड़ भी थी। पेरिस पहुँचतेही उद्धत मनुष्योंका जोश और भी अधिक बढ़ा, और वे सब चिल्लाकर कहने लगे,—"मित्रो, अब कोई चिन्ता नहीं; धैर्य धरो। अब अन्नका अभाव नहीं होगा; क्योंकि हमलोग सब अन्न हड़प-जानेवाले राजाको उसके स्त्री-बच्चों सहित यहीं घसीट लाये हैं।" राजा पेरिसमें पहुँचा; पर उसका तेज लुप्त हो गया था। उसका राज्याधिकार छिन गया और उसके साथ मामूली आदमीकी तरह व्यवहार होने लगा। राजाको रहनेके लिये एक पुराना महल दिया गया। किन्तु लोक-सभाको धनकी बड़ी ज़रूरत थी। प्रधान मंत्री नेकर, मिराबो तथा अन्य अधिकारियोंके सभी प्रयत्न निष्फल हुए। अन्तमें उन्होंने धर्माचार्योंको लूटना शुरू किया; क्योंकि उनके पास बहुत धन था। लोक-सभाकी आज्ञासे उनकी जायदादें लूटकर नीलाम कर दी गयीं। इसके बाद लोकसभाके उद्योगसे उपद्रव बन्द हुए, और राजा-रानीके लिये प्रायः दो करोड़ रुपये वार्षिक पेन्शन नियत कर दी गयी।

सन् १७९१ में मिराबोका देहान्त होगया। यह मनुष्य बड़ा ही धूर्त्त और कपटी था, और उसका ढंग ऐसा था, कि राजा और प्रजा दोनों ही उसे अपना पक्षपाती समझते थे। मिराबोकी मृत्युके बाद राजाने अपनी जान ख़तरेमें समझी और वह एक दिन गुप्त रीतिसे रानी-बच्चों सहित गाड़ीपर सवार होकर भागा। किन्तु वारेन स्थानमें पहुँचनेपर वहाँके क्रान्तिकारियोंने राजाको पहिचान लिया, और उसे क़ैद कर लिया। राजा फिर पकड़ कर रानी बच्चों सहित पेरिस भेजा गया। पेरिसमें ख़ूनी क्रान्तिकारियोंके दल तैयार हुए, जिनमें मुख्य "जेकोबिन" और "फुलातेस" दल थे। क्रान्तिका वेग बढ़ने लगा।

राजा सोलहवाँ लुई बड़ीही शान्तिसे सब तरहके अपमान सहन करता था। एक दिन राजा सपरिवार फिर लोक-सभामें पहुँच गया। उसकी अनुपस्थितिमें प्रायः तीस-चालीस हज़ार क्रान्तिकारियोंने राजमहलपर हमला कर दिया। राजाके स्विसगार्ड सैनिक-रक्षक काट डाले गये। उनकी लाशोंको काट कर, और जीवित तथा अर्ध-जीवित मनुष्योंको तेलकी कढ़ाईमें डालकर तलवाया, और उन्हें खा गये। इससे बढ़ कर राक्षसी क्रूरता और क्या हो सकती है? रूसी बोल्शेविक क्रान्तिकारियोंने तो कभी ऐसे-ऐसे अमानुषिक अत्याचार किये ही नहीं। उस दिन पाँच सहस्र मनुष्योंका संहार हुआ, जिनकी लाशोंके ढेरसे सड़कें भर गयी थीं। कितनेही धनवान धर्माचार्य, परोपदेशक पादरी, रक्तशोषक रईस आदि गाजर-मूलीकी तरह काट डाले गये। सारे देशमें भयंकर मार-काट मची हुई थी।

अन्तमें राजा भी सपरिवार पकड़ा गया, और उन्हें अलग-अलग कैद किया गया। क्रान्तिकारियों-की अदालतने बहुमतसे उसे प्राणदण्डकी आज्ञा

सुना दी। राजाकी प्रार्थनापर उसे स्त्री-बच्चोंसे मिलनेकी आज्ञा दी गयी। सन् १७९३ की २० वीं जनवरीको राजा उनसे मिला, और २१ वीं जनवरीको उसे सार्वजनिक बधस्थलमें पहुँचाया गया। जल्लादकी कुल्हाड़ीके एकही वारसे राजाका सिर धड़से कट कर गिर गया। जल्लाद सोलहवें लुईका सिर उठाकर उत्सुक एवं उन्मत्त दर्शकोंको दिखाने लगा, और दर्शकोंने ज़ोर-ज़ोरसे "प्रजातन्त्रकी जय! लोकमतकी जय" के नारे बुलन्द किये।

लुईका बध करनेके बाद क्रान्तिकी भयङ्कर लहरें उठने लगीं। पहले क्रान्तिके नेताओंका पतन हुआ, और अब उनकी जगह दान्ते, मारे और रोबेस्पियर आदि भीषण नेताओंका सञ्चालन आरम्भ हुआ। ये तीनों बड़ेही क्रूर हाथोंसे खून बहाने लगे। उस समय प्रायः सारा युरोप फ्रान्सके विरुद्ध हो गया था; पर उसका भी सामना करनेकी तैयारियाँ शासकगण कर रहे थे। शासनके सभी विभागोंमें सुधार होने लगे। लोक-सभाके विरोधी मार डाले जाते और उनकी लाशोंके ढेर गाड़ियोंपर फेंकनेके लिये भेजे जाते थे।

राजाकी मृत्युके बाद रानी और उसके बच्चोंकी बड़ी दुर्दशा हुई। राजकुमार जेलकी कोठरीमें ही सब तरहके कष्ट सहन करता हुआ मर गया। सन् १७९३ के अक्तूबरमें रानीपर कई अपराध लगाये गये और उसे प्राणदण्डकी आज्ञा दी गयी। १४ वीं अक्तूबरको उसका भी सिर काट डाला गया। उस समय सड़कके दोनों ओर तीस-चालीस हज़ार शस्त्रधारी सैनिक खड़े थे और इनसे तिगुने-चौगुने मनुष्य तमाशा देख रहे थे। लोग रानीको बुरी-बुरी गालियाँ दे रहे थे।

इसके बाद भी कितनेही बड़े-छोटे अमीरों और धर्माचार्योंकी गर्दनें काटी गयीं। समग्र फ्रान्समें धर-पकड़ और भीषण नर-संहार जारी था। प्रजातन्त्र दलमें रोबेस्पियरका प्रभाव खूब बढ़ा था। उसीकी बात मानी जाती थी। वह वास्तवमें बड़ाही निर्दयी और धूर्त्त था। उसने अपने विरोधियोंको चुन-चुन कर मरवा डाला। अन्तमें दान्ते सरीखे महान क्रान्तिकारीको भी उसने मरवा डाला। प्राण-दण्डकी आज्ञा सुननेके पूर्व दान्तेने भविष्यद्वाणी की थी; कि "मेरे बाद रोबेस्पियर भी मारा जायेगा। दान्तेके साथ उसके कुछ साथी भी मारे गये। 'जेकेबिन' दलके दो-तीन हज़ार मनुष्य प्रबन्धके बहाने देश-भरमें मनमाने अत्याचार कर रहे थे। उस समय राजा सोलहवें लुईकी बहन एलिज़ाबथ भी मार डाली गयी।

कुछही दिनोंके बाद अत्याचारी रोबेस्पियरका मृत्यु-काल आ गया। उसे हत्याका डर सदैव लगा रहता था, और इसी लिये वह अपने साथ शस्त्रधारी रक्षक भी रखता था। पर राज्यक्रान्तिके अनर्थ-कारी समुद्रमें एकके ऊपर एक जो भयंकर लहरें उठ रही थीं, उनका कम होना असम्भव था। रोबे-स्पियरके राक्षसी अत्याचारोंके कारण सैकड़ों प्रभाव-शाली क्रान्तिकारी उसके विरुद्ध हो गये। उसका यह क़ायदा था, कि जिन लोगोंको वह मृत्यु-दण्ड देना चाहता, उनकी एक सूची बना कर अपनी जेबमें रख लेता! एक दिन इत्तिफ़ाकसे यह सूची किसी विरोधीके हाथमें पड़ गयी, जिससे मालूम हुआ, कि—रोबेस्पियर बड़े-बड़े प्रतिष्ठित सभासदोंका बध करने-वाला है।

इसपर शासन-सभा बिगड़ उठी, और रोबेस्पि-यरको गिरफ्तार करनेकी आज्ञा दी गयी। वह पकड़ा गया; पर उसके अन्ध भक्त अनुयायियोंने उसे छुड़ा लिया। इसपर शासन-सभा और भी क्रुद्ध हुई, और रोबेस्पियरको फिर पकड़नेकी आज्ञा दी गयी। इस बार उसे पकड़ते समय दोनों पक्षोंमें खूब युद्ध हुआ। इस लड़ाईमें एक गोली रोबेस्पियरके जभड़ेमें लगी, जिससे उसका जभड़ा टूट गया, और वह भूमि-पर गिर पड़ा। सरकारी सिपाहियोंने समझा, कि वह मर गया और वे उसे घसीटते हुए लाये। बादमें उसके जभड़ेमें पट्टी बाँधकर उसे जेलमें डाल दिया गया!

इसके बाद शासन-सभाकी अदालतने रोबेस्पियर-पर कई जघन्य अपराध लगाये, और उसके लिये मृत्यु-दण्डकी आज्ञा हुई। सन् १७९४ की २९ वीं जुलाईको उसका शिरच्छेद किया गया और उसके कितने ही साथी भी मार डाले गये। रोबेस्पियरकी मृत्युके बाद फ्रान्सका भीषण अन्यायकारी यम-युग समाप्त हो गया और वहाँ शान्तिका शासन आरम्भ हुआ।

मूक बलिदान!

——:०:——

[लेखक—श्रीयुत योगेन्द्रनाथ एम० ए०]

पैरिस-नगर घेर लिया गया है। खाना-पीना मिलना दुश्वार हो रहा है! लोग भूखों मर रहे हैं। मकानोंमें रहने वाले कबूतरों और पक्षियों तककी जान-पर आफ़त है! जहाँ कहीं कोई छोटी-सी भी चिड़िया दिखाई दी, कि लोग उसे मार कर खा जाते हैं।

मारिसेट घड़ियोंका कारबार करता था। एक दिन सबेरेके समय अपने ओवर-कोटकी जेबोंमें हाथ डाले हुए, भूखसे व्याकुल हो, वह दूकानकी ओर चला जा रहा था। जनवरीका महीना था। मारे जाड़ेके हाथ-पैर ठिठुर रहे थे। घना कोहरा भी पड़ रहा था। रास्तेपर दो गज़ आगेकी चीज़ नहीं सूझती थी। एकाएक मोशिये मारिसेट किसी राहीसे टकरा गया। घूमकर देखा, तो वह उसका पुराना परिचित मित्र सोवेज़ निकला।

लड़ाई छिड़नेके पहले मारिसेट हर रविवारको ख़ूब तड़के उठकर शहरके बाहर एक झीलमें मछलीका शिकार करने जाया करता था। हर रविवारको उसके साथ यहीं, इसी झीलके किनारे कपड़ेकी फेरी करने-वाले सोवेज़की मुलाक़ात होती थी। सोवेज़ भी प्रति रविवारको छीप और बन्सी वग़ैरह लेकर यहाँ मछलि-योंका शिकार खेलने आया करता था।

इसी झीलपर दोनोंकी जान-पहचान हुई थी। जब जान-पहचान नहीं थी, तब दोनों अपने-अपने काममें लग जाते और बीच-बीचमें एक दूसरेको देखा करते थे। फिर धीरे-धीरे दोनोंमें दो-दो बातें भी होने लगीं। अन्तमें परस्पर गाढ़ी मित्रता हो गयी।

इस समय पैरिस नगर घिरा हुआ है। छीप-बन्सी लेकर अब नगरके बाहर जाना असम्भव है। इसीसे दोनों दोस्तोंकी मुलाक़ात भी नियमित रूपसे नहीं होती। आज जब एक दूसरेसे सहसा टकरा गये और इस प्रकार कई दिनों बाद मुलाक़ात हो गयी, तब दोनोंने बड़े प्रेमसे हाथ मिलाये।

सोवेजने एक लम्बी साँस भर कर कहा,—"भाई! ऐसी मुसीबतमें जान फँसी है, कि कुछ कहा नहीं जाता!"

मारिसेट बोला,—"कुछ न पूछो यार! आज रविवार है। कैसा सुहावना सवेरा है और सबसे बढ़ कर आज पहली जनवरी है। भला आज हम लोग यहाँ होते? झीलके किनारे बैठ, वह मौज उड़ाते, कि जिसका नाम!"

सोवेज,—"अहा! कैसे-कैसे दिन बीत गये हैं! कितना आनन्द मनाया गया है! उनकी याद भर रह जायेगी। वे दिन अब नहीं आनेके।"

इस प्रकार बातें करते हुए दोनों एक काफ़ीख़ानेमें गये और ज़रा तबीयत गरमाकर फिर रास्तेपर चल निकले।

एकाएक सोवेज बोल उठा,—"क्यों भाई! अगर हमलोग फिर जायें, तो क्या हो?"

"कहाँ?"

"क्यों, छीप-बन्सी लेकर?"

"हाँ-हाँ, यह तो समझ गया; पर जाओगे कहाँ?"

"वहीं, उसी झीलपर। और कहाँ?"

"वाह यार! अच्छे आदमी हो? क्या तुम्हें पता नहीं, कि तमाम नाके-बन्दी हो रही है? भला इन दिनों कोई आदमी बाहर जा सकता है?"

"अजी, इसकी तुम्हें क्या चिन्ता है ? दक्षिणी सीमापरके सेनापति डुमोली मेरे मित्र हैं। उनसे मुलाक़ात हो जानेपर हमें बाहर जानेका परवाना अनायासही मिल जायेगा।"

मारिसेटकी प्रसन्नताकी सीमा न रही। दोनों आदमी फ़ौरनही अपने-अपने घरसे साजो सरञ्जामसे लैस होकर चल पड़े। सेनापति डुमोलीने बाहर जानेकी इजाज़त दे दी। फिर क्या था ? दोनों दोस्त मारे ख़ुशीके उछलते-कूदते हुए झीलपर जा पहुँचे।

जब वे लोग वहाँ बैठ गये और झीलके उस पार पहाड़की ओर देखा, तो जर्मन पड़ाव दिखाई दिया। आजतक वे जर्मनीवालोंकी बातचीत ही सुन रहे थे। सुनते थे, कि जर्मनोंने उनकी मातृ-भूमिको घेर लिया है, देश-भरमें लूट-खसोट मचा रखी है और वे बड़ेही ज़बरदस्त लड़ाके हैं, किसी तरह उनकी सेना नहीं रोकी जा सकती।

मारिसेट बोला,—"कहीं वे हमको देख लें, तो ?"

सोवेजने कहा,—"तो क्या हर्ज है ? हम लोगोंको आज जो मछलियाँ मिलेंगी, उनमेंसे थोड़ी उन्हें भी दे देंगे। खानेके लिये ही तो दुनियामें लड़ाई होती है ? जब हम उन्हें खानेको दे देंगे, तब फिर वे हमसे क्यों लड़ाई करेंगे ?"

दोनों छीप फेंक-फेंक कर शिकार खेलने लगे। शिकारमें उन्हें वह आनन्द आने लगा, कि वे सब कुछ भूल गये। उन्हें किसीकी कोई चिन्ता न रही। धीरे-धीरे दिन चढ़ने लगा।

इसी समय एकाएक तोपकी आवाज़ सुनाई दी। मारिसेटने देखा, कि सामनेवाली पहाड़ीपरसे एक तोप भयङ्कर गोले बरसाने लगी। साथ-ही-साथ उसके जवाबमें पैरिसके क़िलेपरसे भी तोप दागी जाने लगी।

सोवेजने कहा,—"लो, देखो; फिर गोले बरसाये जाने लगे !"

मारिसेट,—"ओफ़ ओह ! कैसा अन्धेर है ! आदमी होकर आदमीकी जान ले रहे हैं।"

सोवेज,—"बिलकुल जानवरोंका-सा वर्त्ताव है !"

इसी समय उन्हें पीछेकी तरफ़ किसीके पावोंकी आहट सुन पड़ी। मुड़कर देखा, तो चार आदमी बन्दूकें ताने हुए खड़े हैं; परन्तु यह भयङ्कर दृश्य देखकर भी दोनोंमें किसीके भी हाथसे छीप नहीं गिरे। वे चुप-चाप उन सैनिकोंकी ओर देखने लगे। बात-की-बातमें सैनिकोंने उन्हें रस्सियोंसे बाँध डाला और शिविरकी ओर ले चले। अबतक मारिसेट और सोवेजने जो मछलियाँ पकड़ी थीं, उन्हें ले जाना भी वे नहीं भूले।

शिविरके बाहरही एक जर्मन अफ़सर बैठा हुआ था। सैनिकोंने उसके पैरोंके पास मछलियोंकी झोली रख दी और अदबके साथ फ़ौजी सलामी देकरके आदेश पानेकी राह देखने लगे।

अफ़सरने मारिसेट और सोवेजकी ओर देखकर कहा,—"जान पड़ता है, तुमलोग फ़राँसीसी जासूस हो। अगर तुम हमें आजका निशान * बता दो, तो ठीक है; नहीं तो अभी बन्दूककी गोलियोंसे तुम्हारी खोपड़ी उड़ा दी जायेगी।"

दोनों चुप ! किसीने कोई उत्तर नहीं दिया, और न वे डरे या घबराये ही। उनके चेहरेसे गम्भीरता, धीरता और दृढ़ता टपक रही थी।

जर्मन-सेनापति फिर आप-ही-आप बोला,—"किसीको भी यह बात मालूम नहीं होने पायेगी। मेरे सिवा और कोई न जान सकेगा। बस, वह संकेत भर बता दो और चले जाओ। तुम्हारे ऊपर किसी प्रकारका अत्याचार नहीं होगा। अगर नहीं बताते हो, तो फ़ौरनही मार डाले जाओगे।"

फिर भी चुप ! कोई जवाब नहीं। दोनों दोस्त पत्थरकी मूर्त्तिकी तरह चुपचाप खड़े रहे। जर्मन-सेनापति फिर बोला,—"सोच लो और जल्द जवाब दो।

---

* जासूस लोगोंको एक गुप्त संकेत या निशान बता दिया जाता है, और उसीके सहारे वे युद्धके समय सर्वत्र आज़ादीसे आ-जा सकते हैं।

पाँच मिनटके अन्दर या तो तुम हँसते-खेलते घर लौट जाओगे या उस झीलके पानीमें तुम्हारी लाशें तड़पती हुई दिखाई देंगी।"

इतनेपर भी दोनोंमेंसे किसीने कोई जवाब नहीं दिया।—दोनों चुप!

सेनापतिने जर्मन-भाषामें अपने सैनिकोंसे कुछ कहा। साथ-ही-साथ बीस जर्मन सैनिकोंने उन्हें घेर लिया। बन्दूकें तन गयीं। फिर न मालूम क्या सोच कर सेनापति उठा और मोशिये सोवेजको अलग ले जाकर कहा,—"क्यों नाहक इस प्रकार जान दे रहे हो? बता दो, धीरे से बता दो। तुम्हारे दोस्त तकको नहीं मालूम होगा।"

फिर भी कोई असर नहीं हुआ। इसी प्रकार सेनापतिने मोशिये मारिसेटको अलग ले जाकर प्रश्न किया; परन्तु बेकार! वे डिगनेवाले जीव हों, तब तो उनको दाल गले।

अन्तमें दोनों दोस्त एक ही स्थानपर लाये गये। सैनिकोंने निशाना साधा। मारिसेटने एक बार मछलियोंकी झोलीपर निगाह डाली; फिर सोवेज़ने हाथ मिलाया। दोनोंने हाथ मिलाकर कहा,—"बस, दोस्त! विदा!—विदा!"

सेनापतिने कहा,—"फ़ायर!"

एकही साथ बीस बन्दूकें चलीं। सोवेज और मारिसेटकी लाशें एक-पर-एक गिरकर ढेर हो गयीं!

❃ ❃ ❃

मारिसेट और सोवेजने निर्वाक् रहकर प्राण दे दिये; पर नगरसे बाहर निकलते समय सेनापतिने उन्हें जो गुप्त संकेत बताया था, जिसे दिखाकरही वे पुनः नगरमें प्रवेश कर सकते थे, वह जर्मन सेनापतिको बताकर उन्होंने अपने देशके साथ विश्वासघात नहीं किया। सामान्य व्यक्ति होकर संसारके आगे इन दोनोंने अपने स्वदेश-प्रेम और अपनी प्रगाढ़ देशभक्तिका अपूर्व आदर्श रख दिया। सोचनेकी बात है, कि दोनोंमें कोई भी न तो भारी-भरकम नेता था और न हो-हल्ला मचा, लोगोंको भड़का कर आप पीछे हट जानेवाला वाक्‌वीर। धन्य है उनका स्वदेश-प्रेम, जो मूक रहकर भी इतना बड़ा बलिदान और आत्मत्याग कर सकते हैं!

रीफ़-रण-बाँकुरा अब्दुल करीम।

[लेखक—श्रीयुत एन० के० चट्टोपाध्याय।]

साम्राज्यवादने आज सारे संसारको अपने फ़ौलादी पञ्जे से जकड़ रखा है। युरोपीय महासमर जैसे ज्वलन्त उदाहरणको देख कर भी साम्राज्यवादी शक्तियोंकी आँखें नहीं खुलीं। आँखोंका खुलना तो दूर रहा, लड़ाईकी भयंकर हानियोंसे जब उनके शरीरमें ठठरियाँ भर रह गयीं, तब वे संसारके छोटे-छोटे राष्ट्रोंको चाट जानेके लिये एकदम गीधकी तरह टूट पड़ीं। इसी लिये महासमरके बाद यह देखनेमें आया, कि जिन छोटे-छोटे राज्योंने रण-चण्डीके खप्परमें अपने आपको भस्मीभूत नहीं किया था, जिन्होंने अपने धन-बल और जन-बलकी रणाग्निमें आहुति नहीं दी थी, उन्हींपर साम्राज्यवादियोंकी शनिदृष्टि भयंकर रूपमें पड़ी। युरोपीय राष्ट्र बाज़की तरह हमेशा इसी ताकमें लगे हुए हैं, कि कहाँ ज़मीनके अन्दर मूल्यवान खान है; कहाँकी भूमि अब भी उर्वरा है; और कौनसे देशासे कच्चा माल मिल सकता है।

छोटे-से-रीफ़ राज्यमें दो महाराष्ट्र फ्रान्स और स्पेनने जो बर्बरता दिखायी तथा जो अन्धेर किये, उनकी जड़में भी यही साम्राज्यवादी पर-धन-लोलुपता थी। रीफ़के लिये सबसे दुर्भाग्यकी बात यह है, कि उसकी

भूमि सर्वश्रेष्ठ कोयलेकी बड़ी-बड़ी खानोंसे भरी हुई है। यही उसका प्राकृतिक विभव है।

स्पेन और फ्रान्सवालोंने तरह-तरहके उपायोंका अवलम्बन कर रीफ़में व्यवसाय करना शुरू किया। धीरे-धीरे अपनी कूटनीतिज्ञताके द्वारा उन्होंने रीफ़को अपनी मुट्ठीमें कर लिया। रीफ़-राज्यका सारा व्यवसाय वाणिज्य, उसकी भूमिकी सारी उपज और समस्त खनिज पदार्थ—संक्षेपमें रीफ़का सारा पार्थिव विभव स्पेनवालोंने हथिया लिया। कोयलेके लोभसे जर्मनी भी पहुँचा था; पर स्पेनके साथ प्रतियोगिता करनेमें अपनेको असमर्थ पाकर वह उलटे पाँवों लौट गया था।

अली हुसेमस् उपसागरके आस-पासके प्रान्तमें कोयलेकी बहुतही बड़ी-बड़ी और अच्छी खानें थीं। वहाँ अपना अधिकार सब तरहसे क़ायम रखनेके लिये स्पेनवालोंको रीफ़का तेक़ासत नामक नगर अपने कब्ज़ेमें रखना बहुतही ज़रूरी जान पड़ा। सन् १९२० ई० में स्पेनने बलपूर्वक उसपर अधिकार कर लिया। धीरे-धीरे उसका लोभ और भी आगे बढ़ने लगा। वह रीफ़-सरदारकी ख़ुशामद करने और नज़राने भेजने लगा; फिर पर्याप्त धन देनेका प्रलोभन दिखाया। अब रीफ़ सरदारकी आँखें खुलीं। उसने समझ लिया, कि ये घूस देकर मुझे अपने चंगुलमें फाँसा चाहते हैं। रीफ़ लोग अरबके रहनेवाले हैं। उनकी नसोंमें रेगिस्तानकी गर्म हवा चलती है। स्पेनवालोंकी इन चालबाज़ियोंको देख, उनके ख़ूनमें उबाल आ गया। अल्पसंख्यक और कमज़ोर होनेपर भी स्पेनके विरुद्ध वे लोहा ले कर खड़े होनेको तैयार हो गये।

यहाँ रीफ़वालोंका संक्षिप्त हाल बता देनेसे विषय समझनेमें बहुत सुभीता होगा। अफ्रिकाका मोरक्को प्रदेश फ्रान्स और स्पेनवालोंने आपसमें बाँट-बूँट लिया था। इसके उत्तरी हिस्सेको स्पेनवालोंने अपने अधिकारमें कर रखा था और दक्षिणी हिस्सा फ्रान्सवालोंके बाँटे पड़ा था। इन्हीं दोनोंके बीचमें रीफ़ोंने अपने छोटे-से प्रदेशको बड़ी-बड़ी कठिनाइयोंसे स्वतन्त्र बना रखा था।

स्पेनवालोंके अत्याचार जब नित्य-प्रति बढ़ते जा रहे थे, तभी सन् १८८८ ई० में रीफ़में अब्दुल करीमका जन्म हुआ था। इनका पूरा जीवन-वृत्तान्त हिन्दुस्थानवालोंके लिये अभीतक दुष्प्राप्य है। हालमें निर्वासित अवस्थामें ही अब्दुल करीमने अपना जीवन वृत्तान्त संक्षेपमें लिखा है। पर वह पुस्तक 'री-यूनियन' द्वीपसे बाहर नहीं आ सकती, जहाँ ये इस समय निर्वासित हैं।

अब्दुल करीमके पिता रीफ़-प्रदेशके एक ज़मींदार और सरदार थे। अब्दुल करीमकी प्रारम्भिक शिक्षा फेज़के मदरसेमें हुई थी। यहाँकी परीक्षामें ये ससम्मान उत्तीर्ण हुए थे। उच्च शिक्षा प्राप्त करनेके लिये अब्दुल करीम फ्रान्स और स्पेनमें गये थे। इन पाश्चात्य देशोंमें रहकर इन्होंने वहाँकी भाषाओंका भी यथेष्ट ज्ञान अर्जन किया। फ्रान्स और स्पेनके विभिन्न विश्वविद्यालयोंमें इन्होंने विज्ञानकी शिक्षामें बड़ी निपुणता दिखायी! विज्ञानका अध्ययन समाप्त कर इन्होंने माडरिडके सामरिक विद्यालयमें युद्ध-विद्याका सम्यक् रूपसे अध्ययन किया। रीफ़के भावी नेता बननेके लियेही मानों इन्होंने इन युरोपीय देशोंमें आकर अभीसे हर तरहकी विद्याओं और कलाओंका ज्ञान लाभ किया हो। इसी समय घरसे पिताके देहान्तकी ख़बर मिली। लाचार, इन्हें अपने मुल्कको लौट आना पड़ा। कुछ कालतक घरमें रहनेके बाद इन्होंने मेलिला-बन्दरमें स्पेनिशोंके अधीन एक नौकरी कर ली।

स्पेनिशोंके अत्याचारों और आर्थिक शोषण-नीतिके मारे उस समय सारे रीफ़-निवासी त्राहि-त्राहि कर कर रहे थे। मेलिला बन्दरमें रीफ़ोंने एक गुप्त समिति स्थापित कर रखी थी! अपने देश और देशबासियोंकी शोचनीय दशा देख, अब्दुल करीमका चित्त व्याकुल और व्यग्र हो उठा। इस गुप्त समितिका पता लगतेही वे उसमें सम्मिलित हो गये। यह समिति स्पेनिशोंके विरुद्ध विद्रोह फैलानेकी कोशिशमें थी। अब्दुल करीम

पाश्चात्य शिक्षा दीक्षामें तथा सैनिक कार्यों में दक्ष थे। समितिने विद्रोह मचाना चाहा; पर उसमें सफलता नहीं मिली।

स्पेनिशोंकी सेनाने बड़ी आसानीसे उस विद्रोहको दबा दिया। उस समितिके सदस्यों एवं नेताओंको गिरफ्तार कर लिया। अब्दुल करीम भी गिरफ्तार करके क़ैद कर लिये गये। वे जेलमें ठूँस दिये गये। पर अब्दुल करीम बड़ेही दुस्साहसी युवक थे। किसी-किसी तरह वे जेलसे निकल भागे और गुप्त रूपसे रीफ़में पहुँच गये। वे रीफ़में आकर फिर सैनिक संग्रह करने लगे। रीफ़के लोग खेती-गृहस्थी करते और शान्तजीवन व्यतीत करते थे। पाश्चात्योंकी तरह उनका यान्त्रिक जीवन नहीं था। पाश्चात्योंके विरुद्ध युद्ध करनेकी न तो उनमें शक्ति थी और न योग्यता ही। परन्तु अब्दुल करीमके अविराम उद्योगसे वहाँके किसानोंने हलके बदले बन्दूक पकड़ना सीखा। कुछही समयमें अब्दुल करीमने रीफ़ोंकी एक सुशिक्षित सेना तैयार कर ली। गुप्त रीतिसे विदेशोंसे पिस्तौल-तमंचे, गोले-बारूद और तोप-बन्दूक आदि युद्ध-सामग्रियाँ मँगायी गयीं। अन्तमें प्रकाश्य रूपसे स्पेनवालोंके साथ युद्ध छेड़ दिया गया। पाश्चात्य राष्ट्र हँस पड़े! मज़ाक उड़ा कर लोगोंने कहा,—"छोटा-सा रीफ़ भला स्पेनवालोंके साथ क्या लड़ेगा?" पर दुनियाँकी हँसीकी परवाह न कर रीफ़ स्पेनके विरुद्ध लोहा लेकर खड़ा हो गया और उसने सारे संसारको दिखा दिया, कि छोटा होनेपर भी रीफ़ कितना भयङ्कर संग्राम कर सकता है। संसार रीफ़ वीर अब्दुल करीमके उस अपूर्व रण-कौशलको देखकर दङ्ग रह गया। स्पेनने बारम्बार उसे पराजित करनेके लिये अमित बलके साथ उसपर आक्रमण किया; परन्तु हर बार रीफ़के रण-बाँकुरे वीरने उसकी सेनाके छक्के छुड़ा दिये। अन्तमें स्पेनवालोंको हार माननी पड़ी। रीफ़ नेताके अधिकारमें बहुतसे अस्त्र-शस्त्र आ गये।

स्पेनको हराकर अब्दुल करीमने रीफ़में प्रजातन्त्रात्मक-शासन स्थापित किया। समस्त रीफ़-प्रजाजनोंने मिलकर उन्हें ही इस शासन-तन्त्रका सभापति मनोनीत किया। कहीं किसीने भी उनके सभापतित्वका विरोध नहीं किया।

(२)

परन्तु युद्धमें पराजित होकर भी स्पेन चुप नहीं रहा। कुछ दिनोंतक शान्त रहकर अथवा यों समझिये, कि युद्धकी भारी तैयारी कर उसने पुनः रीफ़पर बड़ी भारी सेना लेकर चढ़ाई करदी। अब्दुल करीम उसकी अपार सेनासे भी भयभीत नहीं हुए; बल्कि ऐसे अपूर्व कौशलसे मोर्चेबन्दी की, कि सारी-की-सारी स्पेनिश सेना चारों ओरसे घिर गयी। अब्दुल करीमकी थोड़ीसी सेना उस विशाल वाहिनीको घेर कर भस्म करने लगी। स्पेनिश सेनापर तबाही आ गयी। उसे बुरी तरह इस युद्धमें भी हार खानी पड़ी और उसके बहुतेरे बड़े-बड़े जेनरल मार डाले गये। इस बारकी लड़ाईमें स्पेनको बड़ी भारी हानि उठानी पड़ी। इस हानिके कारण स्पेनकी राजधानी मैड्रिडमें हलचल मच गयी। स्वयं प्रधान-मन्त्री और वर्त्तमान युरोपके अन्यतम सर्वश्रेष्ठ सामरिक नेता जेनरल प्राइमो डिरिवेरा मरको पहुँचे।

इनके आगमनका समाचार सुनकर इधर रीफ़-प्रधान अब्दुल करीमने घोषणा निकाली, कि 'अगर स्पेनवाले रीफ़ जीत लेंगे, तो उन्हें एक भी रीफ़-बच्चा जीता-जागता नहीं मिलेगा।' मतलब यह, कि जबतक एक भी रीफ़ जीवित रहेगा, तबतक मजाल नहीं, कि स्पेनवाले उसपर अधिकार करलें।

वास्तवमें यह घोषणा सच्ची उतरी। वीर रीफ़ोंके ख़ूनमें उबाल आ गया। स्पेनिशोंको उनके भीम-विक्रमके आगे पुनः पराजित होना पड़ा। इस प्रकार बारम्बार पराजित होकर स्पेन वाले थक गये। उनकी सारी हेकड़ी भूल गयी और सारे हौसले पस्त हो गये! स्पेनको अपने अपार धन-बल और जन-बलका बड़ा भारी अहङ्कार और मद था तथा वह अपने उस बलसे

एक स्वाधीन देशको पराधीनताकी बेड़ियोंमें जकड़ कर अपना स्वार्थ सिद्ध करना चाहता था। इधर रीफ़ोंके खूनमें स्वाधीन रेगिस्तानी वायुमण्डलका स्वच्छन्द समीर प्रवाहित होता था और प्रत्येक रीफ़ अपने प्राणोंकी बाज़ी बदकर उसे क़ायम रखना चाहता था। यही कारण था, कि छोटे-से रीफ़-राज्यको पराजित करने जाकर स्पेनको स्वयं ही भयङ्कर हानि उठानी पड़ी।

स्पेनके लिये अब सन्धि करनेके सिवा और कोई उपाय नहीं रह गया। वह सन्धि करनेकी चेष्टामें व्यस्त हुआ। युरोपकी दो-तोन शक्तियोंने बीच-बिचाव कर मामला निपटा देना स्वीकार किया। उन दिनों इङ्गलैण्डके प्रधान-मन्त्री यही मि० रैमसे मैकडोनाल्ड थे, जो इस समय उक्त पदपर पुनः विराज रहे हैं। सन्धिके प्रस्तावके विषयमें अब्दुल करीमने मि० मैकडोनाल्डके पास लिखा था:—

"हम अपने देश और जातिकी रक्षाके लिये, उसकी स्वाधीनताको अखण्डित बनाये रहनेके लिये मौतकी बाज़ी लगाकर युद्ध करते आ रहे हैं। स्पेनने हमें बारम्बार पराधीनताकी ज़ञ्जीरोंसे जकड़नेकी चेष्टा की है। परन्तु आज उसने हमारे साथ सन्धि करनेका प्रस्ताव भेजा है। हम ऐसी सन्धि हर्गिज़ नहीं करेंगे, जिसकी शर्तोंसे रीफ़के गौरवमें ज़रा-भी ठेस लग सकती होगी। वैसी शर्तोंपर सन्धि करनेकी अपेक्षा हम इसी प्रकार लड़ते और मरते-मारते रहनाही अधिक पसन्द करेंगे। यदि युरोपकी विभिन्न शक्तियाँ हमारी स्वाधीनताके जन्मगत अधिकारको स्वीकार नहीं कर लेंगो, तो रीफ़ तबतक स्पेनके साथ इसी प्रकार जूझता रहेगा, जबतक एक भी रीफ़-योद्धाके शरीरमें प्राण रहेंगे।"

अन्तमें सम्मान-जनक सन्धिकी शर्तें बनीं और स्पेनने रीफ़-प्रधानको चालीस लाख रुपये दण्ड देकर युद्धमें क़ैद किये गये अपने सैनिकोंको वापस लिया।

स्पेनिश सरकारकी इस भयंकर हार और हानिके येकारण स्पेनकी प्रजा सरकारपर अविश्वास करने लगी। सरकारी कार्रवाइयोंकी कड़ी आलोचनाएँ होने लगीं। साथ-ही-साथ ग़रीब जनतामें विद्रोहकी आग भड़क उठी। खुली सड़कोंपर आक्रमण होने लगे। बमके धड़ाके भी जहाँ-तहाँ होने लगे। पर वहाँकी सरकारने कुछ ही समयमें विद्रोहियोंको, क़ैद और फाँसीका दण्ड देकर दबा दिया।

(३)

उन्हीं दिनों दक्षिण अमेरिकाके Beunos Aires प्रदेशके विश्वविद्यालयके विद्यार्थियोंने अपने यहाँके प्रजातन्त्रका शताब्दि-उत्सव मनानेकी तैयारी की। उन्होंने रीफ़-प्रजातन्त्रके सभापति अब्दुल करीमको योगदान करनेके लिये निमन्त्रित किया। यद्यपि इस निमन्त्रणको पाकर वे वहाँ उपस्थित नहीं हो सके, तथापि उन्होंने विद्यार्थियोंके पास जो सन्देश भेजा था, उसका कुछ अंश यहाँ उद्धृत किया जाता है। इस सन्देशसे यह मालूम होता है, कि अब्दुल करीम कोई डाकू या रेगिस्तानी लुटेरे नहीं हैं; बल्कि संसारके किसी भी सभ्य देशके बड़े-से-बड़े नेताके समकक्षी व्यक्ति हैं। अपने इस सन्देशमें रीफ़-प्रधान लिखते हैं:—

"आप लोगोंकी स्वाधीनताके स्मृति-उत्सवके निमन्त्रणका उत्तर देते हुए मेरा हृदय गौरव और आनन्दसे पूर्ण हो रहा है।

"प्रत्येक राष्ट्रको, अपनी राष्ट्रीय विशेषताओंके अनुकूल अपनी शासन-प्रणाली तैयार करनेका पूर्ण अधिकार है और संसारके समस्त अधिकारोंमें यह परम पवित्र अधिकार है। इसमें किसी अन्य राष्ट्रका हस्तक्षेप करना एक महान मानवीय पाप है।

"अबसे सौ वर्ष पहले आप लोगोंके पूर्व-पुरुषोंके मनमें जिन भावोंने उत्पन्न होकर अपने देशकी स्वाधीनताका अर्जन किया है; आज ठीक वेही भाव इस छोटे-सेरीफ़के निवासियोंके हृदयोंको आन्दोलित कर रहे हैं। उन्हीं भावोंकी प्रेरणासे आज हम रीफ़वासीगण जीवनकी-एक मात्र काम्य वस्तु स्वाधीनताके लिये अपना सर्वस्व अर्पण कर रहे हैं।

"गत महासमरने युरोपके अन्तःकरण-को विषाक्त

कर दिया है। शोषण-नीतिकी प्रेरणासे उत्पन्न हुई राज्य-लोलुपताने उसे अन्धा बना दिया है। नैतिक अनाचारोंसे युरोपका सारा शरीर कलङ्कित हो रहा है। फिर भी युरोप समझता है, और विश्वास करता है, कि उसकी सभ्यता बिलकुल निष्कलङ्क और उदार है तथा अन्यान्य समस्त राष्ट्रोंको उसे ग्रहण करना होगा।

"हम चाहते हैं, शान्ति और शृङ्खलाकी नींवपर भावी मानव-समाजका दुर्ग निर्माण करना। हम मुक्त वायु और स्वाधीन मरुभूमिके विचरनेवाले अरब हैं; हम विदेशियोंके बन्धनमें बँध कर भला कैसे जीवित रह सकते हैं ? हमारे मिश्री भाइयोंने पहलेसेही यह काम शुरू कर दिया है। आज हम भी मरक्कोमें उसी मार्गपर चल रहे हैं। सम्भव है, वह समय शीघ्र ही आ उपस्थित होगा, जब अलजीरिया, टिउनिस और ट्रिपोली भी जाग उठेंगे।

"हमारे इस संग्रामके पीछे कोई अन्याय या पाप नहीं छिपा है। यह बात बिलकुल ग़लत है, कि हम स्पेन वालोंके प्रति घृणा करते हैं और उसी घृणासे हमने यह आन्दोलन शुरू किया है। भला हम इस बातको क्योंकर भूल सकते हैं, कि यह स्वतन्त्र भूमि हमारे पूर्व-पुरुषोंकी है ? कौन ऐसा शिक्षित स्पेनिश है, जो हमारे पूर्व-पुरुषोंके उन्नत युगको नहीं जानता ? हमारे पूर्व-पुरुषोंके ज्ञान, कला और शिल्पने जिस भूमिको अलंकृत किया था ; उनके अक्लान्त परिश्रम और उद्योगने जिस भूमिको सुन्दर और उर्बर बनाया था, वही भूमि हमारे बहिष्कृत होते ही श्रीहीन और मृत होने लगी थी। हम इसे क्योंकर भूल सकते थे ?

"आप लोग यह न समझें, कि हम आपके पास स्पेनवालोंकी शिकायत कर रहे हैं अथवा उसके प्रति आपके भावको विषाक्त बनाया चाहते हैं। आशा है, आप हमारी बातोंको ठीक-ठीक समझेंगे; उल्टा अर्थ नहीं लगायेंगे।"

(४)

स्पेन तो शान्त हो गया—उसने किनारा कस लिया; पर बेचारे छोटेसे रीफ़को छुटकारा नहीं मिला। फ्रान्सकी सरकार अब्दुल करीमके ढंग-ढर्रेको देख कर सशंकित हो उठी। युरोपकी अन्यान्य जातियोंकी अपेक्षा फ्रेञ्च जाति ख़ूब अच्छी तरह जानती है, कि स्वाधीनता-प्राप्तिकी उत्तेजनाके समान और कोई भी उत्तेजना नहीं होती। वह इसके भयङ्कर प्रकोपका खूब अनुभव कर चुकी है और जानती है, कि एक बार भड़क उठनेपर यह आग फिर दबाये नहीं दबती। फ्रेञ्च सरकारने सोचा, कि कहीं उसके द्वारा अधिकृत टिउनिस जाग उठा और कहीं ट्रिपोलीने भी रीफ़ोंकी देखा-देखी सिर उठाया, कहीं विजयी वीर अब्दुल करीमने उन प्रान्तोंको भी सचेत कर दिया, तो हमारे ऊपर भी बड़ी भारी विपत्ति आ उपस्थित होगी। इस आशङ्कासे विशाल फराँसीसी राज्य काँप उठा। फ्रेञ्च-सरकार मानो सोते-सोते भी रीफ़ आतङ्कसे काँप उठती थी। इस आशङ्काका अन्त करनेके लिये रीफ़ोंको पराधीन करना फ्रेञ्च-सरकारने अत्यावश्यक समझा। अतएव फ्रेञ्चों और रीफ़ोंमें युद्ध छिड़ा। थोड़ेसे आदमियोंके छोटे-से रीफ़ प्रान्तके विजयी वीर अब्दुल करीमको बाध्य होकर फ्रेञ्चोंके विरुद्ध लोहा लेना पड़ा। अब्दुल करीमने अपने मुट्ठी-भर आदमियोंके साथ, असहाय अवस्थामें पड़ कर भी, अपने स्वाधीनता-प्रेम और अपनी अपूर्व वीरताका जो परिचय दिया है, वह दुनिया जानती है।

मृत्यु-प्रण करके युद्ध करनेवाले रीफ़ वीरके चपेटेमें पड़ कर पहले तो फ्रान्सको बुरी तरह हार खानी पड़ी। फ्रान्सकी इतनी अधिक हानि हुई, इतने अधिक सैनिक काम आये, कि फ्रान्सके प्रजाजन युद्ध बन्द करनेके लिये सरकारसे कहने और आन्दोलन करने लगे। परन्तु नामको प्रजातन्त्रवादी और वस्तुतः पूँजीवादी फराँसीसी सरकारने देशवासियोंकी बातें सुनी-अनसुनी कर दीं और लोकमतका उपमर्द करके पुनः प्रचुर धन तथा सैन्य संग्रह करके अपार शक्तिके

साथ छोटे-से रीफ़पर आक्रमण किया। बारम्बार युरोपीय महाशक्तियोंके साथ जूझते रहनेके कारण रीफ़ बहुत कुछ शक्ति सामर्थ्य-हीन हो गया था। फिर भी वह फ्रान्सके साथ लड़ा और उसको काफी हानि पहुँचायी। परन्तु अन्तमें उसे पराजित होना पड़ा।

रीफ़-रण बाँकुरे अब्दुल करीम गिरफ्तार किये गये। जन-हीन 'री यूनियन-द्वीपकी' एक पुरानी टूटी हुई इमारतमें वे नज़र-बन्द करके रखे गये हैं। स्वाधीनता, समता, मित्रता और शान्तिका नगाड़ा पीटनेवाली फ्रेञ्च जातिने इस प्रकार एक स्वाधीनता एवं समता-प्रेमीको उसके साहसका दाम चुकाया।

(५)

रीफ़-प्रधान अब्दुल करीम जिस भग्न दुर्गमें कैद हैं, उसका नाम Chateaux Morange हैं। यह एक बहुतही पुराना क़िला है। जहाँ-तहाँ इसकी दीवारें टूटी हुई हैं; छतें गिर गयी हैं। अब्दुल करीम इसीमें सपरिवार जीवन बिता रहे हैं।

अभी हालमें युरोपके किसी समाचार-पत्रका रिपोर्टर (संवाददाता) उनसे मिलने गया था। उसने उनसे पूछा,—"आपको यह द्वीप कैसा मालूम होता है?"

अब्दुल करीमने कहा,—"मैंने इस द्वीपका कुछ भी नहीं देखा है।"

संवाददाता,—"मगर यह किला और इसके आस-पासकी भूमि तो बहुतही अच्छी है?........."

अब्दुल करीम,—"यह मकान बिलकुल टूटा-फूटा है। इसमें जो हवा आती है, वह हानिकारक है।"

संवाददाता,—"यहाँका प्राकृतिक पहाड़ी दृश्य बहुत कुछ आपकी जन्मभूमिके ही समान है। आपको शायद यह अच्छा लगता होगा? मगर......"

अब्दुल करीम,—"मैं क़ैदी हूँ। क़ैदीके लिये अच्छा और बुरा लगनेका कोई मूल्य नहीं है। किस क़ैदीके अन्तःकरणमें सुखका अनुभव होता है? मेरी जन्म-भूमि—मेरे देशबासी आज मुझसे बहुत दूर हैं; इससे अधिक दुःखकी बात और क्या हो सकती है?"

संवाददाता,—"पर युद्धमें आपने जो अपूर्व वीरता दिखायी है, वह......"

इस बातको सुनतेही वीर बन्दीका मुख-मण्डल उज्ज्वल हो उठा! उन्होंने कहा,—"मैं स्पेनवालोंको तो पराजित करही चुका था। उन्हें क्या अधिकार है, कि हमारे देशमें क़दम रखें? वे तो लुटेरोंसे भी बदतर हैं—हमारे रीफ़की स्वाधीनताको वे ज़बर्दस्ती हमसे छीन लिया चाहते हैं। हम और हमारे देशवासी भाइयोंने अन्तिम दमतक युद्ध किया था; पर फराँसीसियोंकी अपार सेनासे हमें हार खानी पड़ी।"

यह संवाददाता जब बातें कर विदा हुआ, तब रास्तेमें एक फ्रेञ्च सेनानायकने उससे कहा,—"अब्दुल करीम बड़ाही साहसी और चालाक आदमी है। हमें हमेशा इस बातका ख़ौफ़ बना रहता है, कि कहीं वह इस द्वीपसे भी किसी दिन निकल न भागे और फिर रीफ़में पहुँच जाये!"

❀ ❀ ❀ ❀

पाठक समझ सकते हैं, कि स्वदेशकी स्वतन्त्रताका यह पुजारी अपने आन्तरिक स्वदेशप्रेमका कैसा और कितना मूल्य दे रहा है! स्वाधीनताकी उपासनाही उसका महान् अपराध है और उसीके लिये वह बन्दी-जीवन व्यतीत कर रहा है!!

स्वर्गमें पहुँचनेके लिये एकही छलाँग काफी नहीं है। पर हम बारम्बार चेष्टाएँ करके उस सीढ़ीको तैयार करते हैं, जिसके द्वारा हम और हमारी भावी पीढ़ियाँ मानवताके उस उच्च स्तरमें चढ़ सकती हैं। किसी ऊँचे पहाड़के ऊपर एकही बारमें, सीधे ऊपर चढ़ जाना असम्भव है। उसको चोटीपर पहुंचनेके लिये हमें उसके चारों तरफ़ घूम-घूम कर ऊपर चढ़ना पड़ता है। —जे० जी० हालैण्ड।

साहसी बोल्शेविकोंका सामूहिक बलिदान।

[लेखक—श्रीयुत परमानन्द अवस्थी]

रूसी बोल्शेविक क्रान्तिके कट्टर शत्रु, जिन्हें "ह्वाइट गार्डस" या काउटएर रेवोल्युशनरी (प्रति-क्रान्तिकारी) कहते थे, किस तरह अत्याचार-पूर्वक क़ैदियों को मारा करते थे, यह जान कर रोमाञ्च हो आता है। उत्तरके प्रति-क्रान्तिकारियोंके एक सैनिक संवाद-पत्रके सम्पादकसे मि० एन० शिफरिनकी भेंट हुई। सन् १९१९ की ७ सितम्बरको "डेर टेग" नामक बोल्शेविक-विरोधी पत्रमें इस प्रकार प्रकाशित हुआ:—

सम्पादकने कहा,—"आप जानते ही हैं, कि बाल्शेविक लोग पुरानी सेनाओंके नाम बदल देते हैं। मास्कोकी 'लाल' बोल्शेविक सेनाके कन्धेपर जो पट्टे बँधे थे, उनपर "के० एल०" छपा था—यह कार्ल-लिबनेक्ट नामक जर्मन बोल्शेविकका संक्षिप्त नाम था। हमने इन्हीं रेजिमेण्टों (सेनाओं) में से एक रेजिमेण्ट गिरफ़्तार की, और "ह्वाइट" न्यायालयमें उसपर मुक़दमा चलाया। इस तरहके मुकदमोंको कार्य्यवाही हमारी अदालतोंमें बहुतही मामूली ढङ्गसे की जाती है। 'लाल' रेजिमेण्टके प्रत्येक सिपाहीकी परीक्षा ली जाती है। और उससे पूछा जाता है, कि क्या तुम साम्यवादी (बोल्शेविक) हो? यदि वह 'हाँ' कहता है, तो उसे तुरन्त फाँसी दे देते, या गोली मारते हैं। बोल्शेविक कैदियोंको यह बात मालूम थी।

"कैदी बोल्शेविक रेजिमेण्टको हमने एक कतारमें खड़ा किया और लेफ़टिनेण्ट के० ने जाकर उनसे कहा,—"तुममेंसे जो सच्चे साम्यवादी बोल्शेविक हों, वे आगे बढ़नेका साहस दिखायें।" इसके बाद कुछ क्षणोंके लिये बड़ीही भीषण शान्ति हो गयी...इसके बाद 'लाल' रेजिमेण्टके आधेसे अधिक योद्धा आगे बढ़े, और उन्होंने कहा, कि 'हम सच्चे बोल्शेविक हैं।' इसके बाद हमारी "ह्वाइट" अदालतने उन्हें गोली मारनेकी आज्ञा दी। पर मरनेके पूर्व उन्हें अपनी क़ब्रें भी खोदनी चाहिये; इस लिये उन्हें आज्ञा दी गयी, कि तुम लोग पहले अपनी कब्रें खोद लो।"

"चाँदनी रात थी। जाड़ा खूब कड़ाकेका था, और शीतल वायुसे नाना प्रकारके फूलोंकी मस्त सुगन्ध आ रही थी। गाँवके गिर्जा-घरकी हरी मीनार दिखाई देती थी, जिसके चारों ओर ग़रीब मनुष्य सिमटे हुए सो रहे थे। किसान, उनकी स्त्रियाँ और बच्चे तथा सिपाही लोग मैदानमें एकत्र थे, जैसे किसी तूफ़ानके बाद भेड़ें एकत्र होती हैं।

"प्राण-दण्ड पानेवाले बोल्शेविक योद्धाओंसे कहा गया, कि तुम लोग पहले अपने सब वस्त्र उतार डालो; क्योंकि "ह्वाइट" सेनाके सिपाहियोंको वर्दियाँ चाहिये। एक ध्यान यह भी था, कि गोली लगनेसे उनकी वर्दियोंमें छेद हो जायेंगे, और फिर उनके खून से वर्दियाँ तर होकर खराब हो जायेंगी; इस लिये बोल्शेविक योद्धाओंको आज्ञा दी गयी, कि 'तुम लोग:तुरन्त अपनी वर्दियाँ उतार दो! इसके बाद बोल्शेविक योद्धाओंने अपनी वर्दियाँ, और कमीजें उतारीं और उनका बण्डल बाँध कर अलग रख दिया।

"नील गगनके नीचे, चाँदनी रातमें वे बहुसंख्यक बोल्शेविक योद्धा नंग-धड़ंग खड़े थे; कठोर शीतसे उनके शरीर बर्फ़की तरह जम गये। उनके श्वेत शरीरकी खालें काचकी तरह चमक रही थीं। प्रत्येक क़ैदीको एक-एक कुदाली दी गयी और उनसे कहा गया, कि 'तुम लोग अपनी कब्रें खोदो!' उन्होंने चुपचाप कब्रें खोदनी आरम्भ की। आकाशसे ओस-की बूँदें उनके नग्न शरीरोंपर मोतियोंकी तरह चमक

रही थीं और देखनेवाले दर्शकोंके नेत्रोंमें आँसू छलक आये। बोल्शेविक क़ैदी बराबर कब्रें खोद रहे थे।

"अन्तमें कब्रोंके गढ़े तैयार हो गये। थके हुए कैदियोंने साँस ली और उनमेंसे कितने ही तो वहीं ओससे भीगी भूमिपर लेट गये। यही उनका अन्तिम सुख था। उस समय कितने ही बोल्शेविक क़ैदियोंके पैरोंमें पट्टियाँ बँधी दिखाई दीं, जिनसे मालूम हुआ, कि वे लड़ाईमें घायल भी हो चुके हैं।

"लेफ्टिनैण्ट के० ने उनसे उनकी अन्तिम इच्छा पूछी। दो क़ैदियोंने अपनी-अपनी उङ्गलियोंसे अँगूठियाँ उतार कर देदीं। अन्य कैदियोंने कुछ नहीं कहा, यद्यपि रूसके गावोंमें उनकी स्त्रियाँ और बच्चे रहते थे।

"मैंने एक क़ैदीसे पूछा,—"तुम बोल्शेविक कैसे हो गये?"

"उसने उत्तर दिया,—"पतित जीवनके कष्टोंसे! संसार-सुख और शान्ति चाहता है!"

"गोली मारनेवाले 'ह्वाइट' सिपाहियोंका दल बन्दूकें लिये खड़ा हो गया। नग्न बोल्शेविक क़ैदी एक कतार बाँधकर खड़े हो गये। उस चन्द्र-रजनीमें उनकी कतार एक सफेद दीवारकी तरह मालूम होती थी।...

"इसके बाद फ़ायरिंग (गोली चलाने) की आज्ञा हुई। एक चमक निकली और फिर गोलियाँ चलीं। बोल्शेविक अब भी खड़े थे। फिर गोलियाँ चलीं। इस बार प्रत्येक बोल्शेविकके हृदयमें गोली लगी और उनका गाढ़ा रक्त पृथ्वीको लाल करने लगा। बहुतेरे बोल्शेविक तो मर गये; पर कुछ घायल होकर कराहने लगे। फिर गोलियाँ चलीं—और फिर गोलियाँ चलीं! पर अब भी कितने ही घायल पड़े हुए कष्टोंसे कराह रहे थे, वे चिल्लाकर कहने लगे,—"अरे भाई! ठीक निशान लगाओ!"

एक घायल बोल्शेविकने अपना हृदय दिखाकर कहा,—"यहाँ मारो!"

"फिर गोलियाँ चलीं, तो भी जो बच गये, वे चुन-चुनकर मार डाले गये। बोल्शेविकोंकी आधीसे ज्यादा रेजिमेण्ट रक्तप्लावित होकर मृतक पड़ी थी। उनकी लाशें क़ब्रोंमें डाल दी गयीं। फिर शान्ति थी; पर कैसी भयानक शान्ति थी!"

संसारके इतिहासमें ऐसा अपूर्व बलिदान शायदही मिले, जब कि किसी उत्तम सिद्धान्त और ध्येयके लिये एक नहीं; बल्कि बहुसंख्यक मनुष्य एक साथ मरनेके लिये तैयार हो जायें। ऐसा संयम और ऐसी दृढ़ता वास्तवमें सच्चे बोल्शेविक क्रान्तिकारी ही दिखा सकते थे। "ह्वाइट गार्डस्ने समझा था, कि इस तरह भीषण नर-संहार करके वे बोल्शेविकोंको भयभीत कर देंगे और वे मैदान छोड़कर भाग निकलेंगे और "ह्वाइट गार्ड्स" का प्रभुत्व हो जायेगा; पर यह उनकी दुराशा मात्र थी। शहीदोंके खूनसे जब भूमि तृप्त हो जाती है, तब उस स्वच्छ-पवित्र भूमिपर लम्पट, चोर, नीच और कमीने मनुष्य कभी नहीं ठहर सकते। इसीलिये "ह्वाइट गार्ड्स" के नाशके बाद आज संसार समग्र रूसमें बोल्शेविकोंका शान्तिप्रद 'सोविएट' शासन देख रहा है।

बलिदान ।

—:※:—

[लेखक—श्रीयुत कृष्णचन्द्र 'मुद्गल']

(१)

कोरियाकी राजधानी स्यूल नगरीकी एक पाठशालामें एक दिन एक विराट सभा की गयी थी। इस सभामें वहाँके समस्त धनाढ्य व्यापारियोंने राजभक्ति-पूर्ण व्याख्यान दिये थे। पाठशालाके अधिकारि-वर्गने आगत जनताका उचित सम्मान तथा गण्य-मान्य सज्जनोंको पुष्प-हार अर्पित किये। प्रत्येक विद्यार्थी आतुरतासे सभा समाप्त होनेकी प्रतीक्षा करने लगा।

परन्तु यह प्रतीक्षा क्यों? मिठाईके हेतु! अन्तमें एक बारह वर्षीय बालक आगे आया। उसने एक सुन्दर तथा प्राञ्जल भाषामें भाषण दिया। भाषण करते समय उस किशोर बालककी छाती हर्षसे फूली जाती थी। उसकी आँखोंमें गम्भीर निश्चयका भाव झलक रहा था।

यह निश्चय था—मृत्युको आलिंगन करनेका—मातृभूमिकी बलि-वेदीपर बलिदान होनेका! बालक ऐसे शब्द कह रहा था, कि जिन शब्दोंपर हज़ारों मस्तक झुक जाते थे, उसने निर्भयतासे कहा,—"मुझे भी दो शब्द बोलने दीजिये; मैं आप लोगोंसे एक वस्तु चाहता हूँ!" यों कह, उसने अपना हाथ छातीपर रखा; इसके साथ ही सभामें बैठे हुए कितने ही बालकोंने उसका अनुकरण किया। जनता यह देख कर विस्मित हो उठी। उसे यह शंका उत्पन्न हुई, कि ये अपनी जेबोंमें पिस्तौल अथवा बम्ब आदि लाये होंगे।

भाषण करनेवाले बालकका हाथ पुनः बाहर आया। उसके हाथमें एक नन्हीं-सी पताका थी। वह गर्जना करता हुआ बोल उठा,—"हमारी मातृभूमि हमें दे दो। अमर रहो माता कोरिया!"

उसके साथ ही बहुतेरे बालकोंने भी इन वाक्योंको दुहराया तथा जनताको वहीं उसी प्रकार छोड़कर असंख्य वीर बालक कतार बाँधकर सैनिकको तरह चल दिये। कुछ ही दूरपर और भी बालक-बालिकाएँ उनसे आकर मिल गयीं। यह समुदाय एक स्वरसे "कोरिया माताकी जय! अमर रहो माता कोरिया!" की जय-ध्वनिसे आकाश गुंजा रहा था।

यह तमाशा न था! कोरियाका प्रत्येक बालक यह जानता था, कि मातृ-भूमिकी पताका उठानेवाले बालकका सर धड़से अलग कर दिया जायेगा। परन्तु मातृ-भूमिके लिये ये मर-मिटनेको भी तत्पर थे।

(२)

ज्योंहीं यह जलूस बाज़ारमें पहुँचा, त्योंही क्रूर सिपाही नङ्गी तलवारें लेकर इन वीर बालकोंपर टूट पड़े। हज़ारों बालक-बालिकाओंको गिरफ़्तार किया गया। पादरियोंके अस्पतालसे १५ स्वयंसेविकाएँ घायलोंकी सहायतार्थ दौड़ीं; परन्तु सिपाहियोंने उन्हें भी क़ैद कर लिया। इन वीर कुमारियोंको नग्न कर उनपर कोड़ोंकी वर्षा की गयी। कोड़ोंकी मारसे उनके शरीरसे ख़ून गिरने लगा। यह दृश्य देख, क्रूर सिपाही हँसने लगे।

अपनी बहनोंका भयंकर अपमान देख कोरियाके वीर पुत्रोंकी आँखें लाल हो गयीं। उनकी आँखोंसे अग्निकी लपटें निकलने लगीं। जनताने विप्लवकी रण-भेरी बजा दी। प्रजा फरियाद लेकर अधिकारियोंके पास गयी। शासकोंने उत्तर दिया,—"स्त्रियोंको नग्न करना जापानी क़ानूनमें जायज़ है!"

ऐसा निर्दय उत्तर सुन, कोरियाके वीर आज़ादीके हेतु रणांगणमें उतर पड़े। अनेकों माताओंने अपने इकलौते पुत्रोंको स्वतन्त्रतादेवीकी बलिवेदीपर होम कर दिया। अनेक युवतियाँ विधवा हुईं; कोरियाके बालवीर मातृभूमिकी स्वतन्त्रताके हेतु मर मिटे।

(३)

कोरियाके बालवीरोंका झुण्ड एक स्थानपर खड़ा था। एक वीर बालक निर्भय वाणीमें गर्जना कर रहा था, कि—"मातृभूमिकी मुक्तिके हेतु जागृत होकर

बलिवेदीपर बलि चढ़ जाओ और जापानी अधिकारियों को उनके अत्याचारका मज़ा चखा दो !" इतनेमें अचानक पिस्तौलकी आवाज़ आयी और वह बालक पृथ्वी पर गिर पड़ा। मरते-मरते भी वह बोल उठा,—"अमर रहो माता कोरिया !" पिस्तौलकी आवाज़से वीरबालक चौंक उठे। उन्होंने दृष्टि फेरकर देखा, कि हज़ारों सैनिक उन्हें घेरे खड़े हैं। सैनिकोंके हथियारोंकी परवाह न करते हुए उन्होंने गर्जना की, "अमर रहो माता कोरिया !" और एक क्षणमें प्रत्येक बालकके हाथोंकी ध्वजा फड़कने लगी। जापानी सैनिकोंसे बालकोंका यह हठ न देखा गया। उनके कमाण्डरने आज्ञा की, कि "बालकोंपर टूट पड़ो" बस, फिर क्या था सिपाही बालकोंपर टूट पड़े। वीर बालक तलवारोंसे बड़ीही निर्दयताके साथ कत्ल किये गये। वीर बालक मरते-मरते भी एक स्वरसे कह रहे थे—"अमर रहो माता कोरिया।" देखते-देखते असंख्य बालकोंके शवोंका ढेर लग गया। इन शवोंको क्रूर सिपाही निर्दयतासे कुचलते हुए चले गये।

(४)

आज कोरियाकी अदालतमें दो बालकोंके जुमका मामला चल रहा है। "बाज़ारमें कोरियाकी ध्वजा उठा कर उसकी जय बोलना" ही उनका भयङ्कर अपराध था। केवल इतनेके लिये न्यायाधीशने उन्हें कोड़ोंसे पिटवाया। उन वीर बालकोंने कहा,—"मातृ-भूमिकी जय कहना और उसकी ध्वजा उड़ाना कोई जुर्म नहीं है। जिस प्रकार प्रत्येक देशको अपनी राष्ट्र-ध्वजा उठानेका अधिकार है। उसी प्रकार हमें भी है। इसके लिये यह दण्ड तो क्या यदि हमें फाँसीके तख्तेपर भी चढ़ा दिया जाये, तो उसे भी हम सहर्ष स्वीकार करेंगे। मातृ-भूमिके हेतु हम अपने प्राण देनेको तैयार हैं।"

अन्तमें उन सुकुमार बालकोंपर कोड़ोंकी वर्षा की गयी। रक्तकी सरिता बह चली। परन्तु उन बालकोंकी आँखोंसे अश्रु तक न निकले। वे मुस्कराते हुए "कोरिया माताकी जय" बोल रहे थे, "अमर रहो माता कोरिया" की भयङ्कर गर्जनाके साथ उन्होंने मातृ-भूमिकी बलि-वेदीपर अपनी देह न्योछावर कर दी।

महात्मा ईसाका बलिदान।

[लेखक—श्रीयुत उमेशचन्द्र पन्त]

(१)

महात्मा ईसाने क्रान्ति मचा दी। संसारके भोले-भाले पथिकोंको सच्ची राह बता दी। उसने सारे धर्मके ठेकेदारोंके मार्गको उल्टा बताया। लोगोंसे उनसे बचनेको कहा। उसने लोगोंके हृदय बदल दिये।

महायाजकोंके आसन हिल गये। बूढ़े कहने लगे,—"क्रान्ति हो गयी ! क्रान्ति हो गयी !!" वे सब मिले, उन्होंने अपनी विचार सभामें कहा,—"विद्रोही ईसाको किसी प्रकार पकड़ कर संसारसे विदा करो; नहीं तो अनर्थ हो जायेगा।"

उन्होंने निश्चय कर लिया। ईसाका एक विश्वासी शिष्य फाँसा गया। उसने सोचा, कि अच्छा मौक़ा है। वह प्रधान याजकके पास गया। उसने कहा,—"तुम मुझे क्या दोगे ? मैं ईसाको पकड़वा दूँगा।"

याजकोंको मानो मुँह-माँगी वस्तु मिल गयी। सौदा ठीक हो गया। ईसाको पकड़वा देनेके लिये वह तैयार हो गया।

(२)

सन्त सर्वज्ञ होते हैं। संसारकी कोई भी बात उनसे छिपी नहीं रहती। मैथ्यू लिखता है,—"जब वे खा रहे थे, तब ईसाने शिष्योंसे कहा,—'मैं तुमसे सत्य कहता हूँ, कि तुममेंसे एक मुझे धोखा देगा।' उनमेंसे प्रत्येक दुखी होकर पूछने लगा,—"क्या वह मैं हूँ ?"

कहा,—"यह जो मेरे साथ अभी थालीमें हाथ डालता है, वही मुझे धोखा देगा। मैं तो मरूँगाही; लेकिन इसके लिये खेद है।"

कुछ देर बाद सशस्त्र सेना आ पहुँची और ईसा पकड़ लिया गया।

(३)

अदालत लगी हुई थी। चारों ओर याजकोंकी भीड़ थी। ईसाका सच्चा प्रेमी वहाँ कोई नहीं था। वहाँ थे ईसाके जानी दुश्मन—याजकगण! उसपर दोष लगाया गया। गवाहोंके बयान लिये जाने लगे। सच-झूठको कोई पूछ नहीं। पाइलेट न्यायाधीश था। उसने सब लोगोंको बुलाया। लेकिन वहाँ कौन आता? केवल याजकगण आये।

पाइलेटने उनसे कहा,—"तुम इसे लोगोंको बहकानेवाला मनुष्य ठहराकर मेरे पास लाये हो और देखो, मैंने तुम्हारे सामने इसकी जाँच की। मैंने इसको सर्वथा निर्दोष पाया। इसका कोई अपराध मृत्युदण्डके योग्य नहीं है। अतएव मैं इसको सिर्फ पिटवा कर छोड़े देता हूँ।"

चारों ओर हलचल मच गयी। याजकगण समझते थे, कि पाइलेट उसे मृत्यु-दण्ड देगा। लेकिन पाइलेट सच्चा न्यायाधीश था। वह ऐसा नहीं कर सका। याजक चारों ओरसे चिल्लाने लगे,—"उसे सूलीपर चढ़ाओ। उसे क्रूसपर चढ़ाओ।"

नियम था, कि दो आदमियोंको किसी त्योहारके दिन मृत्युदण्डकी आज्ञा न दी जाये।

पाइलेटने कहा,—"बरबस (जो एक डाकू था) को फाँसी दो और ईसाको छोड़ दो।"

लोग बोले,—"नहीं, नहीं; बरबसको छोड़ दो। इसको फाँसी दो।"

पाइलेटने फिर उनसे ईसाको छोड़नेकी प्रार्थना की और कहा,—"मैंने मृत्युदण्डके योग्य उसमें कोई दोष नहीं पाया है। उसने क्या बुराई की है? मैं इसे पिटवाकर छोड़े देता हूँ।"

चारों ओरसे आवाज़ें आयीं,—"नहीं, इसको फाँसी दो, सूलीपर चढ़ाओ।"

पाइलेट निराश हो गया। वह कुछ न कर सका। उसने मृत्युदण्डकी आज्ञा दे दी।

(४)

ईसा वधस्थानकी ओर लाया जा रहा था। चारों ओर लोगोंकी अपार भीड़ थी। औरतें रो रही थीं। ईसाने कहा,—"पुत्रियो! रोओ मत, मेरे लिये दुःख न करो।"

उसके सिरपर काँटोंका ताज पहनाया गया। खूब हँसी उड़ायी गयी। उसके सिरपर लिखा गया "The king of Jews." यहाँतक, कि कुछ लोगोंने उसपर थूका भी!

लेकिन ईसा! वह ईसा!! जिसको आज आधा संसार ईश्वरका पुत्र मानता है, चुप था। उसके हृदयमें शान्ति विराजमान थी।

उसको सूलीपर चढ़ाया गया। हाथ-पैरोंमें कीलें ठोंक दी गयीं। उनसे रुधिरकी धार बहने लगी।

याजकोंने कहा,—"ईश्वरका पुत्र! अपनेको बचा। सूलीसे नीचे आ।"

प्रधान याजकोंने ताना मारा,—"उसने औरोंको बचाया; लेकिन वह अपनेको नहीं बचा सकता।"

हाथों और पैरोंसे रुधिर बह रहा था। असह्य वेदना हो रही थी।

ईसा कहता था—"हे जगत्पिता! इनको क्षमा कर; क्योंकि ये नहीं जानते, कि ये क्या कर रहे हैं?"

छः घण्टे बीत गये। तीन घण्टेतक चारों ओर अँधेरा छाया रहा। मन्दिरका पर्दा ठीक बीचसे फट गया। चारों ओर हाहाकार मच गया।

वह ज़ोरसे ईश्वरका नाम लेकर चिल्लाया। साथही उसने प्राण त्याग दिये। मानव-मात्रके कल्याणके लिये ईसाने इस प्रकार अपने आपको बर्बरताके विनाशकी बलि-वेदीपर चढ़ा दिया।

स्वर्गीय जगलूल पाशा ।

——※:०:※——

[लेखक—श्रीयुत अमरनाथ वर्मा]

ममियोंका मुल्क मिसर ममियोंकी ही मानिन्द मुर्दा बनकर मुद्दतसे पड़ा हुआ था। प्राचीन विभव और दिगन्तव्यापी गौरवकी स्मृतिके सिवा उसके पास और कुछ भी नहीं रह गया था; परन्तु १९ वीं सदीके मध्यभागमें वहाँ एक ऐसे महापुरुषने जन्म ग्रहण किया, जिसके कार्य-कलापको देखकर सारे संसारकी दृष्टि एकबार मिसरकी ओर आकृष्ट हुए बिना नहीं रही। मिसरके इस महापुरुषका नाम श्री जगलूल-पाशा था।

सन् १८५० ई० में एक प्रतिष्ठित किसानके घरमें जगलूलका जन्म हुआ था। गाँवकी पाठशालाका अध्ययन समाप्त कर ये उच्च शिक्षा पानेके लिये अल-अज़हर विश्वविद्यालयमें भेजे गये। जमालुद्दीन-अल-अफ़गानीके साथ यहीं इनकी मुलाकात हुई। ये जमालुद्दीन मुसलमान जगत्को बहुत दिनोंकी नींदसे जगानेवाले एक महापुरुष हो गये हैं। इन्होंने नवयुवक जगलूलके प्राणोंमें स्वाधीनताका मन्त्र भर दिया था।

जगलूल सर्व प्रथम 'आफिशियल जर्नल' नामक पत्रके सम्पादक रूपमें सर्व साधारणसे परिचित हुए। पर यह काम छोड़ कर इन्होंने बैरिस्टरी करनी शुरू की। इस काममें ये अपना सानी नहीं रखते थे। वहाँके मन्त्री मुस्तफ़ा फ़हमीकी कन्याके साथ इनका विवाह हुआ था।

सन् १८८२ ई० में अङ्गरेजोंने मिसरपर अधिकार किया था। इसके कुछही दिन बाद अत्यधिक लोक-प्रिय नेता जगलूलको किसी राजनीतिक मामलेमें जेल-की सज़ा दी गयी थी। पर जेलसे छूटनेके बाद इन्हें जजका पद दिया गया। मिसरके पहले हाई कमि-श्नरने इन्हें सन् १९०६ में शिक्षा-विभागके मन्त्रीका पद प्रदान किया। सन् १९१४ में अङ्गरेजों द्वारा प्रतिष्ठित मिसरकी व्यवस्थापिका सभाके सहकारी सभापतिका आसन भी इन्हें ही दिया गया था।

पर युरोपीय महासमरका अवसान होनेपर जब मिसरवालोंकी सारी आशाओंपर पानी फिर गया, तब श्री जगलूल पाशाने मिसरकी पूर्ण स्वाधीनताके लिये (१९१८ में) आन्दोलन करना शुरू किया। १३ वीं अप्रैल १९१८ को जगलूलने हाई कमिश्नर विनगेटके पास इंगलैण्ड जाकर अपनी माँगके विषयमें बातें करनेके लिये पास-पोर्ट पानेकी दरख्वास्त की। पर उन्हें इसके लिये मंजूरी नहीं मिली। इससे जगलूल-को बड़ा ही क्षोभ और दुःख हुआ। अब उन्होंने मित्र राष्ट्रोंकी शान्ति परिषदके सामने मिश्रकी माँगें रखने-की मंजूरी चाही। पर इस बार भी उन्हें पासपार्ट नहीं दिया गया। १९१९ के मार्चमें वे क़ैद करके 'माल्टा' में निर्वासित किये गये। उनके निर्वासन-दण्डसे सारे देशमें आग भड़क उठी। विद्रोह लण्डन तक पहुँच गया। जगलूल छोड़ दिये गये। सारे देशने वीर नेताको हृदयसे लगा लिया।

इसके बाद मिलनर-कमिशन मिश्र वालोंकी योग्य-ताकी परीक्षा लेनेके लिये विलायतसे भेजा गया। पर इस कमिशनका मिश्रवालोंने जगलूलपाशाकी बात मानकर पूर्ण वहिष्कार किया। पर इसकेलिये १९२१ के अन्तमें जगलूल फिर क़ैद करके 'सिंघाली' द्वीप भेज दिये गये; परन्तु मिश्रका आन्दोलन बढ़ता ही गया। १९२३केअप्रैलमें नयी शासन-व्यवस्था दी गयी। जगलूल क़ैदसे छोड़ दिये गये। पर इस शासन-व्यवस्थासे भी जगलूलके साथ मिश्रीलोग सन्तुष्ट नहीं हो सके हैं। जगलूलपाशा अब इस संसारमें नहीं हैं; पर वे जो बात चाहते थे, जिसकेलिये उन्होंने अपना सारा जीवन उत्सर्ग कर दिया था, वह बात अबतक नहीं हुई है। वह बात कबतक पूरी होगी, इसका भी कुछ ठीक नहीं है।

———